CHONG QING ECONOMY YEAR BOOK

2024

重庆经济年鉴

重庆市人民政府办公厅 主管　　刘嗣方 主编

CHONG QING ECONOMY YEAR BOOK

社会科学文献出版社
SOCIAL SCIENCES ACADEMIC PRESS (CHINA)

《重庆经济年鉴》编辑部

唯实争先　砥砺前行

春华秋实，岁物丰成。2023年是全面贯彻党的二十大精神的开局之年，是全面建设社会主义现代化新重庆的起步之年。我们牢记习近平总书记殷殷嘱托，贯彻落实党中央重大决策部署，主动在中国式现代化宏大场景中谋划推进各项工作，团结一心、埋头苦干，在困难中承压前行，在挑战中逆势而上，奋力交出经济社会发展高分报表。

这一年的重庆，扎实推进成渝地区双城经济圈建设。我们把双城经济圈建设作为“一号工程”和全市工作总抓手总牵引，部署实施“十项行动”，打表推进“四张清单”，18条跨区域协作经验做法在全国推广。重大政策加快落地，双城经济圈规划政策体系基本形成。重大项目有序推进，248个共建重大项目完成年度投资4138.4亿元。重大平台实现突破，成渝综合性科学中心启动建设，10个毗邻地区合作平台总体方案全部出台，第二批双城经济圈产业合作示范园区获批，全国一体化算力网络（成渝）国家枢纽节点建设扎实推进。重大改革蹄疾步稳，出台经济区与行政区适度分离改革推进方案，发布首批川渝“一件事一次办”和“免证办”事项清单，“川渝通办”事项全面落地。

这一年的重庆，全力推进稳增长提信心强主体。我们积极稳定恢复消费市场，举办“爱尚重庆·渝悦消费”等系列促销活动，餐饮消费分别增长8.5%、20.6%，过夜游客接待人数突破1亿人次、增长88.1%。投资质量稳中有升，实施抓项目促投资专项行动，全市工业、基础设施投资分别增长13.3%、7%。房地产市场逐步企稳，推出“10+5+10+7”系列支持政策，策划“金九银十”促销活动，统筹推进“三保”“两久”“两改”工作，保交楼项目新交付15.7万套、完成任务总量的90%。经营主体活力增强，启动实施高新技术企业和科技型企业“双倍增”行动计划，推进企业上市“千里马”行动和“独角兽”企业培育计划。

这一年的重庆，加快推进新型工业化。我们锚定建设国家重要先进制造业中心目标，紧盯高端化、智能化、绿色化方向，着力构建以先进制造业为骨干的现代化产业体系。制造业发展提质增效，接续实施智能网联新能源汽车产业集群发展规划，出台食品及农产品加工产业高质量发展意见和十条政策措施，制定新一代电子信息制造业、先进材料等产业集群高质量发展行动计划，积极构建“33618”现代制造业集群体系。科技创新能力持续增强，着力构建“416”科技创新战略布局，启动“渝跃行动”和新重庆引才计划。现代服务业加快发展，大力推进西部金融中心和国际消费中心城市建设，启动实施“智融惠畅”工程，成功创建全球设计之都。

这一年的重庆，统筹推进城乡融合发展。我们稳步推进城市更新提升行动，完成41个区县和开发区国土空间总体规划编制，实施226个城市更新试点示范项目，积极推进中心城区交通缓堵保畅。抓好两江四岸治理提升，建成开放14个节点公共空间，着力打造城市绿地、口袋公园、山城步道等城市提升工程，沙磁步道等6个项目获中国人居环境奖。乡村振兴“四千行动”启动实施，脱贫人口人均纯收入增长14.1%。城乡融合发展体制机制持续完善，加快推进国家城乡融合发展试验区重庆西部片区建设，开展国家县城新型城镇化建设示范，启动“小县大城”“强镇带村”试点，城乡居民人均可支配收入比缩小至2.28∶1。

这一年的重庆，全面推进数字重庆建设。我们布局实施数字重庆“1361”整体构架，梯次推进“三个一批”重大改革项目。数字重庆建设重点能力总体形成，一体化智能化公共数据平台建成投用，“渝快办”全面重构，“渝快政”日活跃用户达到43万，数字化城市运行和治理中心实现三级贯通。国资国企改革持续深化，央地合作力度加大，市属国企重组整合、经营性国有资产集中统一监管稳步推进。民营经济企稳向好，出台促进民营经济高质量发展实施意见，制定优化营商环境激发市场活力108条改革举措，出台构建亲清政商关系行为清单，9家企业上榜中国民营企业500强。

这一年的重庆，大力推进西部陆海新通道建设。我们制定实施西部陆海新通道五年行动方案。通道枢纽功能持续完善，西部陆海新通道通达全球120个国家和地区的490个港口，重庆成为全国首个“五型”国家物流枢纽城市。平台支撑能力持续增强，在全国率先实施铁路运输单证金融服务试点。外贸外资结构持续优化，实施“百团千企”国际市场开拓计划，市场采购贸易方式出口实现“破冰”。国际交往水平持续提升，成功举办智博会、西洽会、“一带一路”陆海联动发展论坛等活动，设立中希文明互鉴中心，渝港合作会议机制正式建立，新增国际友城和友好交流城市10个。

两江潮涌千帆竞，巴山渝水气象新。2023年这一年来现代化新重庆建设的可喜变化，是以习近平同志为核心的党中央坚强领导的结果，是全市上下攻坚克难、共同奋斗的结果！每一个奋斗的日子都闪闪发光，每一段难忘的记忆都温润人心。3400万个拼搏身影支撑起新重庆“四梁八柱”，3400万双前行脚印走出了新重庆发展之路，3400万张奋斗笑脸凝结成新重庆精神底色。

2024年是新中国成立75周年，是现代化新重庆建设从全面部署到纵深推进的重要一年。让我们更加紧密地团结在以习近平同志为核心的党中央周围，唯实争先、拼搏奋进，努力跑出新速度、积累加速度，为中国式现代化谱写更加壮美的重庆篇章，为强国建设、民族复兴贡献更加强大的巴渝力量！

目　录

第一编　特载

第二编　部门经济运行与管理

第三编 产业发展

第四编 开发区与园区建设

第五编 区县经济

第六编 附录

CONTENTS

第一编　特载

重庆市人民政府工作报告

——2024 年 1 月 21 日在重庆市第六届人民代表大会第二次会议上

重庆市人民政府市长　胡衡华

各位代表：

现在，我代表市人民政府向大会报告工作，请予审议，并请市政协委员和其他列席人员提出意见。

一、2023 年工作回顾

刚刚过去的 2023 年，是全面贯彻党的二十大精神的开局之年，是全面建设社会主义现代化新重庆的起步之年，也是三年新冠疫情防控转段后经济恢复发展的一年。一年来，在以习近平同志为核心的党中央坚强领导下，在中共重庆市委直接领导下，在市人大、市政协监督支持下，我们坚持以习近平新时代中国特色社会主义思想为指导，全面贯彻党的二十大精神和习近平总书记对重庆的重要指示批示精神，深入贯彻落实党中央、国务院决策部署，认真落实市委六届二次、三次、四次全会精神，坚持稳中求进工作总基调，完整、准确、全面贯彻新发展理念，积极服务融入新发展格局，主动把全市工作放在中国式现代化宏大场景中来谋划，统筹推动高质量发展、创造高品质生活、创新高效能治理，现代化新重庆建设迈出坚实步伐。

——这一年，我们坚持“总书记有号令、党中央有部署，重庆见行动”，全力推动现代化新重庆建设开局起步。系统谋划全面贯彻党的二十大精神的抓手载体，深入推动成渝地区双城经济圈、西部陆海新通道、长江经济带高质量发展等国家战略落地实施，整体布局数字重庆、美丽重庆、平安重庆建设，全面部署新时代制造强市、文化强市、科技创新和人才强市建设，现代化新重庆的美好蓝图一步步变为施工图、实景图。

——这一年，我们牢记“学思想、强党性、重实践、建新功”总要求，全力推动主题教育见行见效。实施党的创新理论“走心走深走实”工程，开展“大学习大调研大服务大落实”行动，实实在在抓好理论学习和调查研究，实实在在检视整改突出问题，实实在在办好便民惠企实事，全市干部群众更加深刻感受到习近平新时代中国特色社会主义思想的真理力量和实践伟力。

——这一年，我们突出稳进增效、除险清患、改革求变、惠民有感工作导向，全力推动各项工作变革重塑。迭代优化目标体系、工作体系、政策体系、评价体系，聚焦改革发展中的紧迫问题实施六大攻坚战，以数字化变革引领全面深化改革，以党建统领“885”机制激发干事创业热情，全市上下保持奋进者姿态、创造性张力，争先创优氛围更浓、劲头更足。

——这一年，我们锚定目标不松劲、不懈怠、不停步，全力推动经济回升向好。年初用较短时间实现疫情防控平稳转段，更好统筹疫情防控和经济社会发展，各项政策靠前协同发力，引导经济逐步摆脱疫情影响、回归常态化增长轨道；妥善应对多重约束条件叠加的复杂局面，高频高效开展经济运行调度，全力以赴强信心、稳投资、扩消费、优结构、抓创新、促开放，地区生产总值迈上3万亿元新台阶、达到30145.79亿元、增长6.1%，规上工业增加值、固定资产投资、社会消费品零售总额分别增长6.6%、4.3%、8.6%，一般公共预算收入增长16%，全体居民人均可支配收入增长5.4%，主要指标符合预期、实现争先进位，全市经济在波浪式发展中稳住了大盘，在承压前行中实现了螺旋式上升。

一年来，主要做了以下工作。

（一）扎实推进成渝地区双城经济圈建设，全市域融入、全方位推进形成新格局

把双城经济圈建设作为“一号工程”和全市工作总抓手总牵引，部署实施“十项行动”，打表推进“四张清单”，18条跨区域协作经验做法在全国推广。重大政策加快落地，联合印发成渝共建“一带一路”科技创新合作区、双城经济圈市场一体化、电子信息先进制造集群培育提升等方案，出台实施先进制造业“渝西跨越计划”，双城经济圈规划政策体系基本形成。重大项目有序推进，渝昆高铁川渝段进入全线铺轨阶段，成渝中线、渝西、渝万、成达万等高铁项目进展顺利，重庆新机场选址获批，川气东送二线项目开工，川渝特高压交流工程提速建设，川渝省际建成及在建高速公路达到21条，248个共建重大项目完成年度投资4138.4亿元。重大平台实现突破，成渝综合性科学中心启动建设，10个毗邻地区合作平台总体方案全部出台，第二批双城经济圈产业合作示范园区获批，全国一体化算力网络（成渝）国家枢纽节点建设扎实推进。重大改革蹄疾步稳，出台经济区与行政区适度分离改革推进方案，发布首批川渝“一件事一次办”和“免证办”事项清单，“川渝通办”事项全面落地。

（二）全力推进稳增长提信心强主体，扩大内需、提振经济取得新成效

消费市场稳定恢复，举办“爱尚重庆·渝悦消费”等系列促销活动，建成投用万象城二期、重庆印象城等一批标志性消费场景，培育引进品牌首店469个，创建中华老字号13个，推动2000余家商贸企业上限升规，汽车、餐饮消费分别增长8.5%、20.6%，过夜游客接待人数突破1亿人次、增长88.1%。投资质量稳中有升，实施抓项目促投资专项行动，藻渡水库主体工程、疆电入渝特高压直流输电工程、丰都栗子湾抽水蓄能电站等项目开工，巫镇高速、万州和黔江机场T2航站楼、长江九朝段航道整治、合川双槐储能电站、永川港桥燃机等项目建成投用，渝西水资源配置工程、乌江白马航电枢纽等项目加速推进，安意法半导体、长安汽车渝北新工厂等26个50亿元级以上产业项目落地建设，全市工业、基础设施投资分别增长13.3%、7%。房地产市场逐步企稳，推出“10+5+10+7”系列支持政策，出台中心城区旧城改造20条举措，调整优化住房公积金、差别化住房信贷等惠民措施，策划“金九银十”促销活动，统筹推进“三保”“两久”“两改”工作，保交楼项目新交付15.7万套、完成任务总量的90%，全市房地产开发投资连续7个月回升，商品房销售面积连续6个月回升。经营主体活力增强，启动实施高新技术企业和科技型企业“双倍增”行动计划，推进企业上市“千里马”行动和“独角兽”企业培育计划，持续降低企业融资成本，新增减税降费540亿元，科技型企业、高新技术企业、专精特新企业分别达到5.85万家、7565家、3694家，新增上市企业10家，全年新增经营主体64.8万户、增长21.8%。

（三）加快推进新型工业化，产业升级、创新发展迈出新步伐

锚定建设国家重要先进制造业中心目标，紧盯高端化、智能化、绿色化方向，着力构建以先进制造业为骨干的现代化产业体系。制造业发展提质增效，立足产业基础、着眼未来趋势，接续实施智能网联新能源汽车产业集群发展规划，出台食品及农产品加工产业高质量发展意见和十条政策措施，制定新一代电子信息制造业、先进材料等产业集群高质量发展行动计划，深化工业企业技术改造，积极构建“33618”现代制造业集群体系；中国长安线控底盘、吉利动力电池、奥松 MEMS 传感器等项目落地开工，庆铃博世氢动力系统、海辰储能电池、卡涞新材料、日立能源变压器等项目建成投产；汽车产量排名升至全国第二，新能源汽车产量达到 50 万辆，AITO 问界系列、阿维塔系列等中高端新车型持续热销，功率半导体及集成电路、传感器及仪器仪表增加值分别增长 15%、11.2%，智能手机产量占全国的 6.7%，光伏玻璃、玻璃纤维等重点产品产量实现两位数增长，先进材料增加值增长 12.3%，发布首台（套）重大技术装备 96 个，规上食品及农产品加工企业增至 886 家。科技创新能力持续增强，着力构建“416”科技创新战略布局，启动“渝跃行动”和新重庆引才计划，举办首届“一带一路”科技交流大会和重庆国际人才交流大会，完成 10 个全国重点实验室重组，新增 12 个国家级科创平台，金凤实验室、国家硅基混合集成创新中心、国家生猪技术创新中心建设成果显现，超级智能汽车平台、18 兆瓦集成海上风电机组等一批重大关键核心技术攻关和成果产业化实现突破，重庆造“天目一号”气象星座在轨组网运行，全社会研发投入强度预计达到 2.45%。现代服务业加快发展，大力推进西部金融中心和国际消费中心城市建设，启动实施“智融惠畅”工程，成功创建全球设计之都，工业设计、科技服务、金融服务、现代物流等业态增势良好，检测认证、电子商务、服务外包等产业集聚示范区加快建设。数字经济快速成长，建成投用重庆人工智能创新中心，全市算力规模超过 1000P；启动实施制造业数字化转型八大行动，新建 17 个智能工厂、224 个数字化车间；深入推进软件和信息服务业“满天星”行动计划，加大“启明星”“北斗星”企业培育力度，软件和信息服务业从业人员超过 34 万人、主营业务收入增长近 20%。

（四）统筹推进城乡融合发展，城市品质、乡村面貌发生新变化

城市更新提升行动稳步推进，完成 41 个区县和开发区国土空间总体规划编制，实施 226 个城市更新试点示范项目，新开工改造城镇老旧小区 4534 万平方米、棚户区 1.8 万户；推进中心城区交通缓堵保畅，轨道交通 18 号线、9 号线二期等 60 公里线路开通，15 个轨道站点步行便捷提升项目投用，新开行小巷公交 18 条，33 个片区完成路网更新，打通未贯通道路 50 条，新增公共及小微停车泊位 8 万个；抓好两江四岸治理提升，14 个节点公共空间建成开放，新增城市绿地 1500 万平方米，建成口袋公园 117 个、山城步道 107 公里，海绵城市建设达标面积增加 106 平方公里，沙磁步道等 6 个项目获中国人居环境奖。乡村振兴“四千行动”启动实施，脱贫攻坚成果巩固拓展，脱贫人口人均纯收入增长 14.1%；新建和改造提升高标准农田 200 万亩，粮食产量连续 9 年稳定在 1050 万吨以上；新创建 3 个全国农业现代化示范区、3 个国家农村产业融合发展示范园和 2 个国家现代农业产业园，麦制品、蔬菜产业入选全国农业优势特色产业集群，农产品

网络零售额、乡村旅游经营收入分别增长 12%、11.8%；创建巴渝和美乡村示范村 107 个，新改建“四好农村路”3360 公里，实施农村公路安防工程 4102 公里，新改造农村危房 5759 户，2 个区县获评全国传统村落集中连片保护利用示范区县；新型农村集体经济持续壮大，村集体经营性收入较快增长。城乡融合发展体制机制持续完善，加快推进国家城乡融合发展试验区重庆西部片区建设，开展国家县城新型城镇化建设示范，启动“小县大城”“强镇带村”试点，城乡居民人均可支配收入比缩小至 2.28 ：1。

（五）全面推进数字重庆建设，数字化变革、重点领域改革释放新活力

布局实施数字重庆“1361”整体构架，梯次推进“三个一批”重大改革项目。数字重庆建设重点能力总体形成，一体化智能化公共数据平台建成投用，“渝快办”全面重构，“渝快政”日活跃用户达到 43 万，数字化城市运行和治理中心实现三级贯通，上线运行“突发事件直报快响”“危岩地灾风险管控”“民呼我为”等 10 个典型应用，“141”基层智治体系覆盖全部镇街。国资国企改革持续深化，央地合作力度加大，市属国企重组整合、经营性国有资产集中统一监管稳步推进，重庆物流集团完成组建，三峡银行股权重组，渝富控股集团改革实质启动，2000 亿元产业投资母基金组建运行。民营经济企稳向好，出台促进民营经济高质量发展实施意见，制定优化营商环境激发市场活力 108 条改革举措，出台构建亲清政商关系行为清单，9 家企业上榜中国民营企业 500 强。重点领域改革多点突破，市级机构改革有序展开，国防动员体制改革落地，园区开发区改革全面推开，制造业“亩均论英雄”改革、投融资多元化改革、强村富民综合改革等取得积极进展，累计完成 123 项中央部署我市改革试点任务。

（六）大力推进西部陆海新通道建设，通道能级、开放水平实现新提升

制定实施西部陆海新通道五年行动方案，一体打造大通道、大枢纽、大口岸、大物流、大平台，更高水平开放型经济体系加快构建。通道枢纽功能持续完善，西部陆海新通道通达全球 120 个国家和地区的 490 个港口，成功开行中老泰国际铁路测试班列，全年运输箱量增长 21%；中欧班列（成渝）覆盖欧亚 110 个城市；果园港大件码头、鱼嘴铁路货运站南货场等建成投用，沪渝直达快线集装箱班轮开行量增长 8.9%；江北机场国际航线恢复至 33 条，旅客吞吐量增长 106%；重庆成为全国首个“五型”国家物流枢纽城市。平台支撑能力持续增强，自贸试验区累计培育重点制度创新成果 148 项，在全国率先实施铁路运输单证金融服务试点；中新互联互通项目新签约政府和商业合作项目 61 个、金融服务项目 29 个；两江新区、高新区、经开区等园区开放功能不断完善，永川综保区、两路果园港综保区封关运行。外贸外资结构持续优化，实施“百团千企”国际市场开拓计划，“新三样”出口增长 1 倍，汽车出口额增长 51.9%，市场采购贸易方式出口实现“破冰”，一般贸易占比达到 38.9%，全市新设外商投资经营主体 782 家，实现外贸进出口 7137.4 亿元。国际交往水平持续提升，成功举办智博会、西洽会、“一带一路”陆海联动发展论坛等活动，设立中希文明互鉴中心，渝港合作会议机制正式建立，新增国际友城和友好交流城市 10 个。

（七）系统推进美丽重庆建设，生态优先、绿色发展厚植新优势

坚决打好长江经济带污染治理和生态保护攻坚战，持续巩固长江上游重要生态屏障。生态修

复力度加大，新建“两岸青山·千里林带”50.5万亩、国家储备林101.5万亩，新增治理水土流失面积2133平方公里、石漠化面积266.7平方公里，缙云山生态环境整治、秀山锰渣场整治成效明显，渝北铜锣山矿区和广阳岛生态修复入选全国山水工程典型案例，忠县三峡橘乡田园综合体获批全国“两山”实践创新基地。污染治理有力有效，强化城镇生活污水治理，实施农村黑臭水体治理清零行动，启动50个美丽幸福河湖建设，加强交通、扬尘、工业、生活污染防治，推进全域“无废城市”建设，城市生活垃圾分类体系全面建立，74个国控断面水质优良比例达到100%，空气质量优良天数达到325天。绿色低碳转型提速，累计创建国家级绿色园区12个、绿色工厂133家，碳市场累计成交4753万吨，全域绿色金融改革创新试验区建设扎实推进，绿色贷款余额超过6800亿元，气候投融资项目入库497个。

（八）深入推进惠民暖心优服行动，民生福祉、生活品质有了新改善

10项主题教育民生项目取得阶段性成效，15件年度重点民生实事全面完成。就业形势保持稳定，落实促进青年就业创业35项措施，城镇新增就业73.9万人，全年城镇调查失业率平均值5.4%。社会保障体系不断健全，城乡养老保险参保人数达到2650万，基本医保参保率超过97%，“渝快保”参保人数超过620万，城乡居民最低生活保障标准稳步提高，“救助通”改革全面推开，新筹集保障性租赁住房8.4万套（间），新配租入住公租房3.5万套，退役军人服务管理保障能力进一步提升。“一老一小”得到更多关爱，制定实施婴幼儿照护服务能力提升三年行动计划，出台基本养老服务清单，推动社区养老服务设施社会化运营和家庭养老床位试点，全市新增公办幼儿园学位1.7万个、托位4万个，新增养老床位4080张，长期护理保险试点覆盖所有区县。教育质量稳步提升，新增基础教育学位6.3万个，义务教育巩固率达到95.8%，打造市域产教联合体4个，获批现代职业教育体系建设新模式试点城市，重庆中医药学院正式招生，重庆科技学院更名为大学，成功承办第八届中国国际“互联网+”大学生创新创业大赛总决赛。健康服务水平持续提高，市区（县）两级疾控局挂牌成立，4个国家区域医疗中心建设项目有序推进，新增三级医院23家、三甲医院8家，免费为符合条件的19.3万女学生接种HPV疫苗，药品和医用耗材集中带量采购累计为群众减负65亿元。文化体育事业蓬勃发展，举办首届长江文明论坛、石窟寺保护国际论坛，启动红岩文化公园二期建设，革命文物保护中心、西部国际传播中心挂牌成立，重庆开埠遗址公园全面开放，永川科技影视片场建成投用，舞剧《绝对考验》获第十三届中国舞蹈“荷花奖”；高质量承办第九届中俄青少年运动会，铜梁龙足球队升入中甲，群众性体育活动广泛开展，重庆体育健儿在杭州亚运会取得历史最好成绩。

（九）持续推进平安重庆建设，安全防线、发展底线得到新巩固

经济金融风险总体可控，深入推进房地产、金融、地方债务等领域风险防范化解攻坚，区县政府债务和平台公司风险治理取得积极进展，高风险金融机构动态清零，完成网络小贷整改规范任务。安全生产形势稳定，坚持遏重大、降较大、减总量，开展安全生产、火灾防控、道路交通、燃气安全、特种设备、食品药品安全等专项整治行动，生产安全亡人事故起数和死亡人数实现“双下降”，全年未发生重特大生产安全事故。防灾减灾基础不断夯实，开展三峡库区危岩地灾治理攻坚战行动，实施河道治理、城市防洪

排涝等重大治理工程，动态监测管控灾害风险，加快推进应急避难所建设，有效应对极端暴雨洪涝灾害，“全灾种、大应急”综合灾害防救体系进一步完善。基层治理效能提升，健全媒情网情社情“三情”联动机制，深化信访工作法治化试点，一体推进信访问题源头治理和突出问题化解攻坚，建成投用“情指行”一体化实战平台，3个区县成功创建国家食品安全示范城市，非法集资、电信网络诈骗等违法犯罪得到有效遏制，八类主要案件发案量持续下降，社会大局保持和谐稳定。

各位代表！过去一年，我们坚持把党的全面领导贯穿政府工作各领域全过程，认真落实强党性九项措施和持续修复净化政治生态十项举措，加快建设新时代“红岩先锋”变革型组织，政府系统党的领导力组织力不断提升。严格执行请示报告制度，主动接受人大和政协监督，办理人大代表建议1141件、政协提案1097件。深入推进法治政府建设，提请市人大常委会审议地方性法规草案12件、立改废政府规章12件，普遍建立行政处罚裁量基准，深化乡镇（街道）综合行政执法改革，推动行政争议实质高效化解。严格落实过紧日子要求，压减财政一般性支出、非急需非刚性支出55亿元。严格贯彻中央八项规定及其实施细则精神，扎实推进清廉重庆建设，守牢意识形态安全底线。国家安全、国防动员、民族宗教、双拥、外事、侨务、港澳台、审计、统计、档案、保密、参事、史志、气象、地震等工作取得新成效，工会、妇女、儿童、青年、老龄、慈善、残疾人、红十字等事业实现新进展。

各位代表！回顾过去一年，我们在困难中承压前行，在挑战中逆势而上，步伐走得很坚实、很有力量、很见神采、很显底气，成绩来之不易。我们深切感到，现代化新重庆建设的每一点进步，巴渝大地的每一处变化，根本在于习近平总书记作为党中央的核心、全党的核心掌舵领航，在于习近平新时代中国特色社会主义思想科学指引，是党中央、国务院亲切关怀和大力支持的结果，是市委团结带领全市干部群众拼出来、干出来、奋斗出来的，每一个平凡的人都作出了不平凡的贡献。在此，我代表市人民政府，向全市各族人民，向人大代表和政协委员，向各民主党派、工商联、人民团体和社会各界人士，向驻渝解放军和武警部队官兵、公安干警、消防救援人员，向关心支持重庆发展的中央各部门、兄弟省区市及港澳台同胞、海外侨胞和国际友人，表示崇高的敬意和衷心的感谢！

我们也清醒看到，对照2023年政府工作报告确定的目标，部分指标没有达到预期，全市发展依然面临一些困难和问题，主要是：经济持续回升向好基础还不够稳固，项目投资存在堵点卡点，居民消费能力和意愿有待进一步提升，外贸外资还需促稳提质；产业转型升级任务依然较重；营商环境还需优化；超大城市治理面临不少难题，乡村全面振兴还有大量工作要做；生态环境仍需持续改善；就业、教育、医疗、托育、养老等民生事业还有不少短板，增加居民收入还要想更多办法；安全生产、防灾减灾不能有丝毫松懈，统筹化风险与促发展、保民生压力较大；政府系统部分干部推进现代化建设的能力素质有待提高。我们要增强忧患意识，增强信心底气，有效应对和解决这些问题。

二、2024年主要任务

今年是实现“十四五”规划目标任务的关键之年，是现代化新重庆建设从全面部署到纵深推进的重要之年，是改革攻坚突破的奋斗之年。做好政府工作的总体要求是：坚持以习近平新时代中国特色社会主义思想为指导，全面贯彻党的二十大、二十届二中全会和中央经济工作会议精神，全面落实市委六届二次、三次、四次全会和市委经济工作会议部署，坚持稳中求进工作总基调，完整、准确、全面贯彻新发展理念，积极服务融入新发展格局，着力推动高质量发展，牢牢把握稳进增效、除险固安、改革突破、惠民强企工作导向，全面深化改革开放，统筹扩大内需和深化供给侧结构性改革，统筹新型城镇化和乡村全面振兴，统筹高质量发展和高水平安全，全面落实国家重大战略，以科技创新引领现代化产业体系建设，切实增强经济活力、防范化解风险、改善社会预期，巩固和增强经济回升向好态势，持续推动经济实现质的有效提升和量的合理增长，增进民生福祉，保持社会稳定，加快建设现代化新重庆，努力为全国大局作出更大贡献。

今年经济社会发展的主要预期目标是：地区生产总值增长6%左右，规上工业增加值增长7%，固定资产投资增长4%，一般公共预算收入增长6%，居民消费价格涨幅3%左右，节能减排降碳指标完成国家下达的目标任务。

上述目标，立足我市发展阶段性特征，统筹考虑增长潜力、现实条件和“十四五”目标要求，是“跳一跳、够得着”的，体现了自我加压、主动作为，力争在实际工作中取得更好结果。实现上述目标，困难不容低估，信心不可动摇，干劲不能松懈。我们要牢记高质量发展是新时代的硬道理，把推进中国式现代化作为最大的政治，聚焦经济建设这一中心工作和高质量发展这一首要任务，在转方式、调结构、提质量、增效益上积极进取。我们要抓住国家战略叠加的机遇期，深入推动成渝地区双城经济圈、西部陆海新通道、长江经济带高质量发展等国家战略落地实施，在服务构建新发展格局中抢位发展。我们要讲求工作推进的方法论，坚持稳中求进、以进促稳、先立后破，强化系统观念、树牢底线思维，深化改革创新、做好存量文章、用好市场力量。我们要把握政策举措的时度效，注重政策取向的一致性，在政策储备上打好提前量、留出冗余度，在政策实施上强化协同联动、放大组合效应。我们要保持奋发有为的好状态，在发展中拼作风、拼干劲、拼决心、拼效率，大胆试、大胆闯，不“躺平”、不“休眠”，努力交出让总书记和党中央放心、让全市人民满意的答卷。

今年，重点抓好十个方面工作。

（一）纵深推进成渝地区双城经济圈建设，合力打造带动全国高质量发展的重要增长极。把握“一体化”和“高质量”两个关键，加快构建“一体两核多点”新格局，当好国家战略腹地建设“排头兵”

强化双核联动联建。推进公共服务共建共享，实施交通通信、畅游巴蜀等十大便捷行动，扩大高频电子证照跨区域互认、高频事项“免证办”范围，强化成渝政策协同，提升两地公共服务一体化便利化水平。推进文旅融合发展，联合创建文化和旅游区域协同发展国家试验区，加快建设巴蜀文化旅游走廊，合作开发旅游线路，共同打造“宽洪大量”“点石成金”等文旅品牌组合，支持体育赛事、演艺活动异地联合举办。推进交通互联互通，启动渝宜高铁、黔江至吉首高铁、重庆站改造、成渝高速扩容、涪江航道整治等项目，加快建设重庆东站等项目，建成渝昆高铁重庆段、渝武复线高速北碚至合川段等项目，联合争取航权航班配额和国际航线。推进产业协同协作，主动服务国家战略性产业基地、战略性物资储备基地和战略性基础设施建设，加强两江新区与天府新区等平台合作，共建成渝综合性科学中心，争创国家级燃料电池汽车示范城市群，深化能源共保互济，加快建设成渝“氢走廊”“电走廊”。

促进成渝中部地区高质量一体化发展。依托渝西地区谋划建设国际开放合作平台，提高交通、能源、水利综合保障能力，打造世界级智能网联新能源汽车零部件产业基地和现代农业融合发展示范区。提升涪陵、长寿、南川、綦江—万盛综合实力，支持承接中心城区非核心功能疏解，加快人口和产业集聚，打造新材料、新能源等产业集聚区，建设产城融合、职住平衡、生态宜居、交通便利的现代化新城，更好发挥战略支点作用。加强川渝毗邻地区合作，深化经济区与行政区适度分离、双城经济圈市场一体化等改革，纵深推进毗邻地区合作平台建设，加强产业合作示范园区协作，持续优化成渝中部地区协同发展格局。

“一县一策”推动山区库区高质量发展。支持渝东北生态优先、绿色发展，持续推进万开云同城化，因地制宜打造新材料、清洁能源等特色产业集群，高水平建设长江三峡国际黄金旅游带，做强三峡制造、三峡农家、大三峡旅游。支持渝东南文旅融合、城乡协同，培育壮大中药材、绿色食品等“武陵加工”特色产业集群，打造乌江画廊生态文化旅游示范带和生态康养基地，加快建设世界知名民俗生态旅游目的地。深化区县对口协同发展，建立健全成本共担、收益共享机制，强化联合招商和产业协作，拓展消费帮扶，促进土地、资金、人才等要素协同高效配置，在全面融入双城经济圈建设中互促共进、联动发展。

（二）坚持以科技创新推动产业创新，加快构建现代化产业体系。坚持把制造业高质量发展放到更加突出的位置，持之以恒抓龙头带生态，促进产业集聚、技术创新、融合发展，大力培育新质生产力

壮大制造业集群。实施重点产业链高质量发展行动和招大引强行动，一体推进稳链强链、基础再造、能级跃升，持续优化产业布局，健全“33618”现代制造业集群体系。智能网联新能源汽车，按照整零协同、软硬结合、共建生态的思路，以长安系、赛力斯等企业为重点加速整车产能释放，推进孔辉空气弹簧、信质驱动电机、青山瑞浦兰钧动力电池等零部件配套项目建设，加快氢燃料电池商用车推广应用，促进新能源汽车与电网融合互动，发展汽车后市场；新一代电子信息制造业，加快推动安意法、芯联等6个晶圆项目，带动芯片设计、封装测试、半导体专用设备及材料等协同发展，加大AI及机器人、算力设备等产业培育力度，推进仁宝、萤石、三安衬底材料、台达电源转换器等项目建设，拓展电子终端品类，完善产业配套体系；先进材料，加快调结构、育新品，新开工西南铝升级扩能、东方希望玻璃纤维、华峰新材料一体化、万凯新材料PET四期扩能等重点项目，放大产业集群效应；智能装备及智能制造，加快无人机、高速高精工业机器人等项目建设，促进整机与零部件“双提升”；软件信息，深入实施“满天星”行动计划，加快“启明星”“北斗星”企业培育和软件人才“超级工厂”建设，持续抓好人才、场所、场景、企业、生态等关键环节，力争主营业务收入超过4000亿元；食品及农产品加工，聚焦七大主要品类，深入实施以“三百”企业为重点的“头羊计划”引育工程，加快推进重点加工园区、重点在建产业项目、重点招商引资项目建设，支持企业开展数字化、智能化改造，狠抓全链条质量安全提升。“一业一策”推动特色优势产业优化升级，提速MLED面板产业化进程，推进绿源电动车、博赛氧化铝升级、顾家整体家居、智睿生物医药产业园、众能太阳能电池组件等项目建设，加快培育产业新增长点。实施未来产业和高成长性产业发展行动，推动卫星互联网产业园建设，深化

北斗规模应用及配套产业发展，加快开辟低空经济、生物制造等新领域新赛道，不断塑造发展新动能新优势。

深化科技赋能。加快构建“416”科技创新战略布局，力争全社会研发投入强度达到2.55%。建强战略科技创新人才队伍，深化“渝跃行动”和新重庆引才计划，建好“渝才荟”数字平台，加强科技人才和卓越工程师培育聚集，营造最优人才生态，让城市与人才双向奔赴。优化科技创新体系，集中力量加快建设西部（重庆）科学城、两江协同创新区、广阳湾智创生态城等科创核心承载区，争取国家实验室重庆基地建设，提质发展10个全国重点实验室，有序建设金凤、嘉陵江、明月湖、广阳湾4个重庆实验室，加快推进超瞬态实验装置、大规模分布孔径深空探测雷达、国家健康战略资源中心、碳基集成电路研究院等项目，提质发展重庆国际免疫研究院等新型研发机构，支持重点高校建设前沿技术交叉研究院。强化企业科技创新主体地位，实施核心软件、高端器件与芯片等5个重大专项和新能源和绿色低碳等8个重点专项，组织开展产学研协同攻关，深入推进“双倍增”行动，力争高新技术企业、科技型企业分别突破8500家和6万家。加快科技成果产业化、商业化，升级打造重庆高新技术产业研究院，启动建设重庆市技术转移研究院，发挥重庆产业投资母基金和“产科金”平台作用，推广“产业研究院＋产业基金＋产业园区”科技成果转化路径，促进创新链、产业链、资金链、人才链“四链”融合。

发展现代服务业。深化服务业扩大开放综合试点，加快构建优质高效的服务业新体系。做强生产性服务业，加快建设西部金融中心，深入实施“智融惠畅”工程，推进绿色金融改革创新试验区建设，一体推动中新互联互通、自贸试验区、西部陆海新通道和渝港金融开放合作，建好西部金融中央法务区，做好科技金融、绿色金融、普惠金融、养老金融、数字金融五篇大文章，提高金融服务重大战略和实体经济质效；完善“五型”国家物流枢纽功能，增强物流协同服务能力；加快全球设计之都建设，强化巴渝特色文化、工业遗产遗存、传统工艺美术保护利用，大力发展工业设计，壮大全链条设计产业集群；大力发展咨询评估、法律服务、检验检测、会计审计、科技服务、税务服务、工程设计等服务业态，推动生产性服务业品质化升级。做优生活性服务业，出台推进高品质生活城市建设政策措施，提质发展餐饮、物业、健康、家政等社区便民服务，以“数字＋”“智能＋”赋能教育、医疗、文娱、商贸等业态升级，塑造“重庆服务”品牌。培育服务业新业态新模式，推进先进制造业和现代服务业融合发展试点，支持组建跨界融合产业集团和产业联盟，推动制造业企业向“产品＋服务”解决方案提供商转型，培育个性化定制、共享制造、供应链管理、总集成总承包等新业态，建设高水平服务业创新集聚示范区。

推进数字化转型发展。加快全国一体化算力网络（成渝）国家枢纽节点建设，争取国家支持建设先进制造智能计算重点实验室，打造全市统一算力调度平台，提升信息基础设施能级。加强生成式人工智能等研发，建设开源社区，推动新一代信息技术在生产生活各领域深度植入渗透，拓展数字产业化新空间。健全工业互联网标识解析体系，深化数字化装备、信息系统集成应用，实施“机器人＋”行动，扩大“一链一网一平台”试点示范，启动5个行业产业大脑建设，新建5个未来工厂、10个智能工厂和100个数字化车间，加快构建“产业大脑＋未来工厂”产业数字化新生态。

（三）多措并举稳投资促消费，充分激发需求潜力和经济活力。激发有潜能的消费，扩大有效益的投资，形成消费和投资相互促进的良性循环

持续扩大有效投资。树立大抓项目导向，优化项目时序，做深前期工作，加强精准调度，更好发挥投资的关键性作用。促进工业投资放量，以补链强链、智改数转为重点，提速 164 个在建重点工业项目，新开工 98 个重点工业项目，推进新一轮工业企业技改工程，新实施 1500 个技术改造项目，力争全市工业投资增长 14%、技改投资增长 15%。稳定基础设施投资，强化跨省域、跨流域、涉安全、补短板等重大项目谋划，加快交通强市建设，力争高铁、高速公路通车里程分别突破 1100 公里、4500 公里；加快现代水网建设，促进水网与水电、航运等功能协同融合发展，推进藻渡、跳磴、向阳水库和渝西水资源配置等工程建设，实施一批农田水利、防洪避险等项目；提速建设两江燃机二期、川渝天然气千亿立方米产能基地、LNG 加工基地等项目，力争开工武隆银盘抽水蓄能项目，启动建设一批储煤基地，建成川渝特高压交流工程；提速建设润泽（西南）国际信息港等项目，新增一批大型智能计算中心，新建充电桩 2 万个。推动房地产投资回暖，深入实施保障性住房建设、“平急两用”公共基础设施建设、城中村改造等“三大工程”，基本完成保交楼任务，开展“两久”项目处置攻坚行动，合理确定供地规模、结构和时序，促进房地产市场平稳健康发展。激发民间投资活力，落实扩大民间投资支持政策，动态调整民间投资清单，加大民间投资增信支持和要素保障力度，用好政府和社会资本合作新机制，推动基础设施领域 REITs 试点，支持社会资本参与重点领域项目建设运营。增强招商引资质效，强化制造业为主的产业招商，健全基于“产业图谱 + 产业地图”的项目生成招引机制，加强专班招商、驻外招商和产业链精准招商，统筹做好招商项目要素资源配置，实行重大项目提级管理、首报首谈，加强项目全周期全环节服务保障，引进一批链长链主企业和具有牵引性带动性的重大项目，提高招商项目落地转化率。

促进消费扩容提质。以国际消费中心城市培育建设为抓手，强化供需两端发力，丰富消费供给，改善消费环境，持续激发消费潜能，社会消费品零售总额增长 7.5%。提振大宗消费，完善落实新能源汽车、电子产品、智能家居、绿色建材等消费促进政策，以提高技术、能耗、排放等标准为牵引，推动大规模设备更新和消费品以旧换新。激活房地产消费，调整个人住房房产税政策措施，优化公积金使用方式，完善二手房交易等政策工具箱，增加改善性住房供给，推动房地产与装修装饰、家电销售、金融信贷等联动，更好满足工薪群体刚性住房需求，激发改善性住房群体、新就业群体、返乡群体等住房需求。扩大文旅消费，支持国家文化产业和旅游产业融合发展示范区建设，积极创建 5A 级景区和国家级旅游度假区，抓住不夜重庆、研学露营、冰雪避暑、后巷经济等消费热点，加强与周边省市旅游联动，用好便利过境停留、离境退税等政策，开发更多沉浸式消费场景，推出更多国货潮品、文创精品。挖潜农村消费，深入推动工业品下乡和农产品进城，加强乡镇电子商务、商贸设施和到村物流站点建设，开发景观农业、农耕体验等农文旅融合业态，丰富农村消费产品和服务。发展新型消费，深化“巴渝新消费”行动，统筹推进中央商务区、寸滩国际新城建设，提档升级城市商圈和特色商业街区，打造一批品质消费地标和特色消费场景，壮大“四首”经济、楼宇经济、银发经济等新业态，培育数字消费、绿色消费、健康消费、休闲消费等新模式。

（四）加快推动数字重庆建设面上突破，引领带动全面深化改革纵深发展。下决心闯深水区、啃硬骨头，用改革的办法解决前进中的问题，激发高质量发展内生动力

迭代升级数字化改革。优化"1361"整体构架，探索建立数字重庆标准规范体系，加强数字安全和网络安全治理，推动数字重庆建设整体成势。完善一体化智能化公共数据平台，建强数字资源系统，加强数据归集共享，推动云网迁移和业务专网整合，集成优化"渝快办""渝快政"服务功能。升级数字化城市运行和治理中心，紧扣设施运行、生产生活服务、应急动员等六大板块，开发多跨协同数字化应用场景，构建韧性安全城市体征，推动城市治理"一网通办""一网统管""一网协同"多维融合。丰富六大应用系统，聚焦重要、高频、急迫、多跨事项，做好"一件事"场景谋划，推出100个以上便民利企服务应用。增强基层智治体系实战能力，推动线上智治平台与线下"141"体系深度融合，构建一体贯通、高效协同的履职能力体系，用数字化为发展赋能、为服务提质、为治理增效。

推动"三攻坚一盘活"改革突破。打赢国企改革攻坚战，深化国企"瘦身提质"，加快国有企业战略性重组、专业化整合，"一企一策"明确国企主营业务和经营范围，强化差异化精准考核，培育核心竞争力强的现代新国企。打赢园区开发区改革攻坚战，完成园区开发区优化整合和机构压减，编制园区开发区发展规划，制定园区开发区权责清单，强化发展产业、服务企业功能，分行业分区域推进"亩均论英雄"改革，使园区开发区布局更优、运转更畅、效能更高。打赢政企分离改革攻坚战，分类推进机关事业单位与所属企业全面"脱钩"，构建责权利明确的政企关系，促进经营性国有资产集中统一监管全覆盖。推动国有资产盘活，加强全面预算管理，健全府院联动机制，加大"三资"统筹力度，综合运用特许经营权转让、股权合作、资产置换等方式，引进有实力的央企、民企参与盘活，提升国有资产管理效能、运行效率。

促进民营经济发展壮大。完善落实"两个毫不动摇"的体制机制，激发民营经济发展活力和内生动力。提振民营企业信心，在市场准入、要素获取、公平执法等方面推出一批标志性举措，加强涉企收费长效监管和拖欠账款常态化预防清理，依法保护民营企业产权和企业家权益。完善惠企强企政策，健全科技创新、数字转型、绿色发展等赋能民营企业发展机制，实施新版减负清单，加大融资信贷、场景应用、库存消化、能源保障等支持力度，推动政策精准对接、直达快享。构建新型政商关系，完善领导联系重点民营企业制度，健全民营企业家参与涉企政策制定机制，开展"万家民企评营商环境"活动，营造亲清统一、良性互动的政商交往氛围。大力弘扬企业家精神，迭代升级"龙头引领"行动，落实新时代渝商培养计划，支持民营企业建立现代企业制度，让民营企业敢闯、敢投、敢担风险。

持续优化营商环境。深化营商环境创新试点，做好迎接世行新一轮营商环境评估工作，营造市场化、法治化、国际化一流营商环境。建设高标准市场体系，全面落实市场准入负面清单制度，健全公平竞争审查机制，强化质量支撑和标准引领，深入清理妨碍统一市场建设的政策措施，持续纠治损害营商环境行为，制定降低全社会物流成本行动方案，加快建设西部数据交易中心。完善信用评价体系，落实信用修复协同联动机制，强化守信联合激励和失信联合惩戒，推广信易贷模式，持续打造"信用重庆"升级版。提升政务服务质效，落实企业服务专员制度，用好"企业吹哨·部门报到""渝企零距离"等平台，

推进线下办事“只进一门”、线上办事“一网通办”、企业和群众诉求“一线应答”。支持企业做优做强，实施领军企业跨越发展鲲鹏计划，持续开展企业上市“千里马”行动和中小企业多元融资提升行动，梯度培育优质中小企业，推动个转企、小升规、规改股、股上市，新培育专精特新企业400家，新发展经营主体数量增长12.5%。

（五）高水平建设西部陆海新通道，打造内陆开放高地。坚持改革先行、需求牵引、政策支撑，持续扩大高水平对外开放，释放“通道＋经贸＋产业”联动效应

增强开放通道带动力。深入实施西部陆海新通道五年行动方案，统筹推动基础设施“硬联通”和规则标准“软联通”。提升运输通道能力，加大增值物流和业务创新力度，探索开行辐射印度洋周边的中老泰马国际铁路专列和公海联运路线，推动重庆—新疆班列常态化开行，探索开行商品车滚装共享公共班轮，提升沪渝直达快线、渝甬班列运输时效和服务品质，促进物流与产业供需适配。完善多式联运体系，优化国家物流枢纽、物流园区、物流中心三级物流网络，加快推进江北机场T3B航站楼及第四跑道、西部陆海新通道集装箱多式联运示范工程等项目，完善重庆公路物流基地综合货运功能，建成新田港二期、龙头港铁路专用线等项目，加强物流通道、节点、园区连接道路建设，促进西部陆海新通道与中欧班列、长江黄金水道、国际航空枢纽高效联动。建设数字陆海新通道，构建“通道大脑＋智慧物流链”体系，推动国际贸易“单一窗口”智慧化发展，开展航运贸易数字化改革，加大数字提单推广力度，拓展智慧长江物流重大应用，打造更加经济、高效、便捷、绿色、安全的对外开放大通道体系。

增强开放平台集聚力。深化拓展中新互联互通项目，巩固提升重点领域合作，打造示范性重点项目，推进数字化绿色化转型合作，加快枢纽港产业园、生命科技城建设。深入实施自贸试验区提升战略，对接国际高标准经贸规则，持续开展陆上贸易规则、通关便利化等改革探索，聚焦重点产业开展全链条集成创新，复制推广先进地区制度创新成果，深化联动创新区建设。推动两江新区、高新区、经开区高水平开发开放，加快建设国家外贸转型升级基地、国家加工贸易产业园、进口贸易促进创新示范区，争创“一带一路”国际技术转移中心，完善园区开发区知识产权、科技金融、研发设计等服务功能。充分发挥海关特殊监管区和海关监管作业场所的功能作用，加强口岸药品和生物制品检测能力建设，加快建设智慧口岸、智慧综保区，争取设立重庆国际铁路港综保区和鱼嘴铁路货运站海关监管场所，推动将符合条件的陆路港口纳入启运港退税试点。

增强开放型经济竞争力。实施多元化国际市场拓展战略，推动外贸外资保稳提质。全力稳住外贸规模，开拓东盟、南美、非洲等新兴市场，挖掘关键设备、高端装备、生物医药、食材原料等进口潜力，探索开展能源、矿产、粮食等大宗商品进口分拨业务；稳住笔电、手机、通机等优势产品出口，实施“渝车出海”行动计划，推动“新三样”产品和成套设备出口，拓展中间品贸易、服务贸易、数字贸易，大力发展市场采购贸易，建设跨境电商综合试验区，促进内外贸一体化发展，全年进出口总值增长3%。更大力度吸引外资，瞄准欧洲、中东、新加坡、日韩、中国香港等重点地区，深入实施外资招商专项行动，加强外商投资全流程服务，争取引进一批先进制造业、现代服务业重大外资项目，引导存量企业扩大投资规模和经营领域，打造高质量外资集聚地。加快建设中西部国际交往中心，办好智博会、西洽会等活动，推进重庆外交外事历史陈列

馆建设，促进澜湄旅游城市合作联盟总部落地，支持墨西哥、越南来渝设立领事机构，争取国际科技组织落户。

（六）深入推进以人为本的新型城镇化，提高城市综合承载能力。加快转变超大城市发展方式，大力推进创新、开放、便捷、宜居、生态、智慧、人文“七个城”建设，打造现代化国际大都市

优化城镇体系布局。出台实施全市国土空间总体规划，加快构建大中小城市和小城镇协调发展格局。提升中心城区发展能级，强化产业引领、科技创新、门户枢纽、综合服务等核心功能，规划建设一批具有辨识度的重点功能区，优化城市形态、自然生态和滨江业态，保护城市天际线、山脊线、水岸线，规划控制景观视廊和建筑形态，加强街头小景和小微空间设计，增强城市的时代性和现代感。推进以区县城为重要载体的城镇化建设，分类引导区县城特色化差异化发展，完善区县城交通、市政、商贸流通、消费等基础设施，推动医疗、教育、养老、托育等公共服务加快覆盖常住人口，深化“小县大城”试点，促进区县城扩容提质，壮大区县域经济，更好支撑农业转移人口市民化。建设特色名镇强镇，培育发展以文化旅游、食品及农产品加工、商贸物流等为特色的专业功能镇，支持有条件的城镇打造区县域副中心，统筹推进“强镇带村”试点和美丽宜居示范乡镇建设，促进县乡村功能衔接互补。

提升城市功能品质。突出“留改拆增”和“四增三减”，持续改善城市人居环境。推进城市更新，全市域开展城市体检，编制实施城市综合交通体系、15 分钟生活圈等专项规划，接续推进城市更新项目，推动 109 公里两江四岸治理提升，新开工改造城市危旧房 7043 户，强化城市供排水管网和地下综合管廊建设，创建国家节水型城市。抓好城市缓堵保畅，推进 7 号线一期、15 号线等 262 公里轨道交通在建项目，持续实施路网更新改造和交通堵点乱点治理，加强次支路网优化提升，深化停车综合治理改革，加快“充储泊配”设施建设，增开一批小巷公交，新建和提档升级一批立体过街设施，完善“轨道 + 公交 + 慢行”绿色出行体系，提高城市交通运行效率。促进城市绿化美化，开展国家生态园林城市创建和“四山”保护提升，实施“增绿添园”“增花添彩”行动，精心打造“金角银边”，增加城市开敞空间，推动城市绿地更新提质和公园绿地开放共享，擦亮山城步道、山城夜景等“山城品牌”。传承城市文化基因，实施城市历史文化遗产保护行动，加强对老建筑、老巷子、老街区的保护和活化利用，建设修缮一批历史文化名城、名镇、名村和传统风貌区，留住重庆记忆、山城味道、烟火气息。

增强城市治理能力。深化城市管理综合行政执法改革，推动市、区县、镇街三级联动执法，建设专业化城市治理队伍。实施“城管进社区、服务面对面”行动，开展城乡环境卫生“拉网”清理整治，启动垃圾分类先锋创建。加强社区物业治理和服务体系建设。推进韧性城市、海绵城市建设，深化拓展城市治理风险清单管理，实施路桥隧安全整治三年行动和城市基础设施生命线安全工程，加强防洪排涝、消防救援、公共卫生、应急处突等能力建设，确保城市安全运行、有序运转。

（七）有力有效推进乡村全面振兴，加快建设巴渝和美乡村。学习运用“千万工程”经验，深入实施“四千行动”，筑牢现代化新重庆建设的乡村底色

坚决守牢底线红线。全面落实粮食安全和耕地保护党政同责，实施“稳粮扩油”工程和大

面积粮食单产提升行动，加强地方储备粮管理和流通监管，抓好重要农产品稳定安全供给。健全耕地数量、质量、生态“三位一体”保护制度体系，完善耕地占补平衡制度，分类稳妥开展违规占用耕地整改复耕，加强撂荒地治理，持续整治“大棚房”，新建和改造提升高标准农田200万亩。健全防止返贫动态监测帮扶机制，提高产业和就业帮扶实效，加大重点区域、重点群体帮扶力度，深化鲁渝协作和中央定点帮扶，研究推动防止返贫帮扶政策和农村低收入人口常态化帮扶政策并轨，确保不发生规模性返贫。

大力发展乡村产业。做好“土特产”文章，聚力打造火锅食材、粮油、生态畜牧三大千亿级产业，壮大预制菜、柑橘、中药材、榨菜、茶叶、重庆小面六个百亿级产业。统筹推进现代农业产业园、农业现代化示范区创建，加快成渝现代高效特色农业带建设，支持区县创建国家农业高新技术产业示范区。鼓励发展农村电商。抓好农业生产“三品一标”建设。做大做强“巴味渝珍”“三峡柑橘”等区域公用品牌，支持区县打造特色农业品牌，提升特色农产品附加值和美誉度，把农业建成现代化大产业。

全面提升乡村建设治理水平。深入实施农村人居环境整治提升行动，一体推进农村“五网”建设，深化农村厕所、垃圾、污水“三个革命”。开展“智慧农业·数字乡村”发展行动，抓好“邮运通”试点。实施农村基本公共服务提升行动，加快补齐教育、医疗、养老等社会事业短板。建强农村基层党组织，完善党建统领“四治融合”乡村治理体系，深化乡村建设和乡村治理融合试点，创建全国乡村治理示范村镇。持续推进移风易俗，涵养优良乡风民风，传承活化乡土文化，大力塑造乡村文明新风尚。

深化强村富民综合改革。稳慎推进宅基地制度改革和农村集体经营性建设用地入市试点，扩面深化“三变”改革，推进生产、供销、信用“三位一体”改革，开展农村产权流转交易市场建设先行示范。深化城乡融合发展改革试点，实施规划、科技、经营、资金进乡村和能人、青年、务工人员回乡村“四进三回”行动，促进城乡要素双向流动。鼓励基层改革探索和创新，持续壮大新型农村集体经济，完善联农带农机制，让农民群众的钱袋子尽快鼓起来。

（八）全面融入长江经济带高质量发展战略，扎实推进美丽重庆建设。坚持共抓大保护、不搞大开发，一体推动治水、治气、治土、治废、治塑、治山、治岸、治城、治乡，构建城乡整体风貌大美格局

深入打好污染防治攻坚战。建设美丽幸福河湖，落实“河湖长制”,“一河一策”加强河流保护，实施流域面积200平方公里以上河流整治，深化入河排污口排查整治，实施高标准治理城市生活污水三年行动，加快污水溢流、侵占岸线、水土流失等问题治理，强化川渝跨界河流联防联治和库区水域清漂，持续改善水环境。守护美丽蓝天，实施空气质量持续改善行动计划，以主城都市区治气攻坚为重点，加强臭氧污染防治、柴油货车污染治理和重污染天气消除攻坚，力争空气质量优良天数稳定在320天以上。打造净土家园，加强土壤污染源头防控，实施农业面源污染防治巩固提升工程，深化限塑减废协同治理攻坚，提高重点建设用地和受污染耕地安全利用率。

加强生态系统保护修复。强化“三线一单”生态环境分区管控，严格执行准入清单。全面落实林长制，持续实施三峡库区腹心地带山水林田湖草沙一体化保护修复等重大工程，做好缙云山生态环境综合提升“后半篇”工作，深入推进锰污染综合整治和锰矿山生态修复，提质建设“两

岸青山·千里林带”和国家储备林，打造科学绿化试点示范市。共建“六江”生态廊道，持续推进长江十年禁渔。做好三峡后续工作。支持重庆环境资源法庭建设。完善生态产品价值实现机制，深化集体林权制度改革，升级“长江绿融通”服务系统，优化“碳惠通”平台，拓宽绿水青山转化为金山银山的路径。

实施绿色低碳转型行动。推进工业、城乡、交通等重点领域碳达峰行动计划，加快工业园区循环化和节能降碳改造，坚决遏制“两高一低”项目盲目发展，有序推动能耗“双控”向碳排放“双控”转变，单位地区生产总值能耗下降3%。构建绿色低碳供应链，推动低碳数字能源试点示范，打造绿色工厂和绿色园区，培育壮大节能环保装备、废弃物资源化利用等绿色产业，大力发展绿色制造、装配式建筑，推进智能建造试点城市建设。鼓励绿色低碳产品消费，倡导绿色低碳生活方式。

（九）加快打造新时代文化强市，增强城市文化软实力。学习贯彻习近平文化思想，坚定文化自信、秉持开放包容、坚持守正创新，培育重庆文化新标识，构建文化建设新格局

巩固壮大主流思想舆论。加强习近平新时代中国特色社会主义思想研究机构和平台建设，实施哲学社会科学创新工程。培育践行社会主义核心价值观，深化新时代文明实践中心建设，开展“渝见有礼”精神文明教育，系统构建红岩精神育人体系。建设全媒体矩阵，完善意识形态工作机制，加强意识形态阵地建设和管理。

繁荣发展文化事业和文化产业。实施重庆历史文化研究工程，推进“考古中国—巴蜀文明进程研究”和巴渝文库出版，高标准建设长江、长征国家文化公园（重庆段），一体保护提升“红色三岩”。创新文艺创作生产全生命周期管理机制，启动筹备第十四届中国艺术节。深化全民阅读活动，健全公共文化场馆免费开放机制，建设一批城乡书房、文化驿站、乡情陈列馆。创建国家级文化生态保护区。建设西部科普中心。推动文化产业高质量发展，打造一批全国知名的文艺院团，发展文创产业、新型媒体、智慧广电、数字出版等新业态，力争文化产业增加值增长7%左右。

扩大对外文化传播。打造西部国际传播中心核心平台，推广“感知重庆”等城市传播品牌项目。大力实施巴渝文化“出海计划”，发挥高校、医院、文艺团体、民间组织的作用，打造一批对外文化交流基地，拓展共建“一带一路”国家文化交流平台和渠道，不断提高重庆文化的传播力、吸引力、影响力。

（十）更大力度保障和改善民生，提升人民生活品质。坚持尽力而为、量力而行，集中力量抓好办成一批群众可感可及的实事，兜住、兜准、兜牢民生底线，在高质量发展中增进民生福祉

加强就业服务和社会保障。实施“稳岗扩岗”就业容量拓展工程，城镇新增就业60万人以上、城镇调查失业率控制在5.5%左右，确保高校毕业生、退役军人、农民工等重点群体就业稳定。健全工资合理增长机制，实施中等收入群体倍增计划，全体居民人均可支配收入增长6%以上。实施社保扩面提质专项行动，发展多层次、多支柱养老保险体系。建立健全分层分类的社会救助体系，做好城乡特困人员和全失能低保老年人集中照护服务。加强妇女儿童、残疾人关爱和权益保障。推进全市域青年发展型城市建设。健全退役军人服务保障体系。完善生育支持政策，提升婴幼儿照护服务能力。实施渝悦养老行动，推进乡镇敬老院提档升级，完成特殊困难老年人家庭适老化改造1万户。

推进教育强市建设。优化普惠性学前教育资源供给。实施义务教育城乡一体化计划，推动义务教育薄弱环节改善和能力提升，创建全国义务教育优质均衡发展区县。加快推动县域普通高中特色化高质量发展。办好特殊教育。引导规范民办教育发展。实施职业教育提质领跑行动，推进本科层次职业技术大学建设，支持组建产教联合体和产教融合共同体，高水平建设西部职教基地。加强“双一流”建设和“四新”特色高校建设，筹建重庆柴可夫斯基音乐学院，办好卓越工程师学院和现代产业学院，促进高等教育内涵式发展。深化新时代教育评价改革。推动数字教育迭代升级。

优化卫生健康服务体系。深化医药卫生体制改革，促进医保、医疗、医药协同发展和治理。创建国家医学中心和国家区域医疗中心，建设区县域医疗卫生次中心，深化紧密型城市医疗集团和县域医共体改革。加强疾控机构基础设施建设，开展等级疾控机构创建。实施区县精神卫生中心标准化建设工程。建立职工医保门诊统筹保障制度，将长期护理保险覆盖到中度失能人员，不断扩大普惠性保险保障范围。深化医保支付方式改革，加大药品和医用耗材集中带量采购力度，加强医保基金常态化监管。建立“一人一码一档”全生命周期电子健康档案，推动跨机构检查检验结果数字化互认。实施中医药振兴发展八大工程。深入推进健康中国重庆行动。扎实开展爱国卫生运动。办好市七运会、亚洲青少年乒乓球锦标赛和中韩青少年体育交流活动。

建设更高水平的平安重庆。迭代风险闭环管控机制，防范化解房地产、金融、地方债务等领域风险，守住不发生系统性风险底线。深入推进三峡库区危岩地灾治理攻坚战行动，分类实施工程治理、避险搬迁、加固维护，及时消除隐患点。开展安全生产治本攻坚三年行动，推进安全生产风险隐患专项整治，强化极端天气、洪涝地灾、森林火灾风险防范，完善防灾减灾工程体系，提升应急管理能力和本质安全水平。严格食品药品安全监管。依法管理民族宗教事务。推动国防动员高质量发展，加强双拥工作。完善城乡社区治理体系。深化新时代“枫桥经验”新重庆新实践，开展安全稳定“四最”和四个重点问题专项整治，深入推进信访工作法治化。加强社会治安整体防控体系建设，推行主动警务、预防警务，防范打击电信网络诈骗、跨境赌博等违法犯罪，做好反恐禁毒工作，推动扫黑除恶长效常治，全力守护城市安全、社会安定、百姓安宁。

各位代表！解决老百姓的操心事、烦心事，是政府的分内事。今年，我们将继续加大民生投入，接续实施一批重点民生实事，包括：新开工改造城镇老旧小区4186万平方米；实施100个街头绿地提质项目，建设100公里山城绿道；建设100个口袋公园、10座体育公园；新开工15个轨道站点步行便捷提升项目；新增“错时共享”停车泊位4.5万个；安装1000台化粪池安全监测系统，完成2万个窨井盖专项整治；实施农村公路安防工程4000公里；完成500个农村黑臭水体治理项目；开展农业社会化服务180万亩；新增婴幼儿托位1.1万个；义务教育学校课后服务对有需求的学生保持100%全覆盖；为13万名困境留守儿童提供心理健康教育辅导；建设“渝馨家园”100家以上；建设24个妇女儿童综合服务体；启动35个城乡公益性殡葬服务设施建设。每件实事都要量化、细化，所有任务都要责任到人、落实到位，确保把好事办好、实事办实、难事办妥，让老百姓过上更好的日子。

三、全面加强政府自身建设

今年经济社会发展任务重、挑战多，全市政

府系统要以忠诚为本、法治为基、发展为重、实干为要，持续提升政府治理能力和水平，奋发有为把现代化新重庆建设推向前进。

（一）强化政治铸魂，做对党忠诚、立场坚定的明白人

始终保持高度的政治敏锐性，坚决拥护“两个确立”、坚决做到“两个维护”。自觉用习近平新时代中国特色社会主义思想凝心铸魂，“第一议题”跟进学习，第一时间贯彻部署，巩固拓展主题教育成果。强化“总书记有号令、党中央有部署，重庆见行动”闭环落实，严格执行市委工作要求，以实际行动站好岗、放好哨、守好土、尽好责。深化肃清流毒影响工作，推动政治生态持续向好。

（二）强化依法行政，做尊法守法、践诺守信的执行者

深入落实法治政府建设实施方案，抓紧抓实地方机构改革重点任务。加强重点领域、新兴领域创制性立法，促进立法与改革相衔接。严格规范公正文明执法，推进“大综合一体化”行政执法体制改革。推动全民守法、精准化普法。做好第五次全国经济普查工作。自觉接受人大监督和政协监督，主动接受监察监督、司法监督、群众监督、舆论监督，加强审计监督、统计监督。强化政务诚信建设，恪守契约精神，政府作出的承诺、制定的政策要说到做到、坚决兑现。

（三）强化效能建设，做紧抓快干、狠抓落实的实干家

把抓落实要求贯穿政府工作全过程各方面，不折不扣抓落实、雷厉风行抓落实、求真务实抓落实、敢作善为抓落实。提升决策效能，注重从中观微观层面找准工作切入点、突破口，打破思维定势，敢于担当任事。提升运转效能，树立“主动跨前一步”思维，加强跨部门跨领域业务协同，围绕“高效办成一件事”合力攻坚。提升服务效能，落实“四下基层”制度，常态化开展“三服务”工作，尽心尽力为企业和群众排忧解难。提升办事效能，用好“八张报表”“八张问题清单”，落实“首问责任制”“限时办结制”，构建体系化、全贯通、可衡量、闭环式长效机制。做好政府工作，抓落实是基本功，高效率是生产力。全市政府系统要坚持实事求是，力戒形式主义、官僚主义，倡导专业专注，把精力用到办实事、干成事上来，努力让重庆发展的每一步都更出色、更出彩。

（四）强化正风肃纪，做清廉为民、干净干事的行动派

紧扣新时代市域党建新高地目标，深入开展党性党风党纪教育，持续推进清廉重庆建设，压实全面从严治党政治责任。严格执行新修订的纪律处分条例，筑牢中央八项规定精神堤坝，深化细化基层减负具体举措。习惯政府过紧日子，严控“三公”经费，严肃财经纪律，严防“跑冒滴漏”。坚决反对和惩治腐败，加强审批监管、投资融资、工程建设、公共资源交易等重点领域制度建设，深化“以案四说”警示教育和以案促改促治，以为政清廉取信于民。

各位代表！新重庆因拼搏而美丽，新征程因奋斗而精彩。让我们更加紧密团结在以习近平同志为核心的党中央周围，在中共重庆市委领导下，唯实争先、拼搏奋进，努力跑出新速度，积累加速度，为中国式现代化谱写更加壮美的重庆篇章，为强国建设、民族复兴贡献更加强大的巴渝力量！

让我们朝着新重庆的美好明天，向前进，再出发！

关于重庆市2023年国民经济和社会发展计划执行情况及2024年计划草案的报告

重庆市发展和改革委员会

各位代表：

受市人民政府委托，现将2023年国民经济和社会发展计划执行情况及2024年计划草案提请大会审查，并请各位政协委员提出意见。

一、2023年国民经济和社会发展计划执行情况

2023年，面对严峻复杂的国际环境和艰巨繁重的改革发展稳定任务，全市上下坚持以习近平新时代中国特色社会主义思想为指导，全面贯彻党的二十大精神和习近平总书记对重庆的重要指示批示精神，扎实开展学习贯彻习近平新时代中国特色社会主义思想主题教育，深入贯彻落实党中央、国务院决策部署，坚持高质量发展不动摇，强化党建统领，在多重挑战中逆势而上，在巨大困难中承压前行，在复杂矛盾中主动求变，以自身工作的确定性应对形势变化的不确定性，推动经济社会发展取得新成效，全年地区生产总值迈上3万亿元新台阶、达到30145.79亿元、增长6.1%，主要经济指标符合预期、实现争先进位，发展动能加快转换，深化改革取得新成效，安全发展有力有效，人民福祉持续增进，现代化新重庆建设迈出坚实步伐。

——国家重大战略有力推进，全力服务发展大局。将成渝地区双城经济圈建设作为市委"一号工程"和全市工作总抓手总牵引，双城经济圈建设迈出新步伐、跑出加速度，川渝两省市经济总量突破9万亿元。全面融入共建"一带一路"，高水平举办首届"一带一路"科技交流大会。高水平推进西部陆海新通道建设，获批全国首个"五型"国家物流枢纽城市，西部陆海新通道货运量增长21%。深入推动长江经济带高质量发展，"九治"一体推进，三峡库区危岩地灾治理攻坚战取得积极成效，长江干流重庆段水质保持Ⅱ类。

——高质量发展扎实推进，经济新动能加速成长。加快构建"33618"现代制造业集群体系，新签约百亿级重大工业项目19个，汽车产量居全国第2、新能源汽车对全市汽车整车产值增长的贡献率达90%，软件业务收入增长近20%。加快构建"416"科技创新战略布局，全社会研发经费支出占GDP的比重预计提升至2.45%，万人发明专利拥有量19.75件。深入实施扩大内需战略，社会消费品零售总额迈上1.5万亿元台阶，市级重点项目完成投资为近五年新高，"疆电入渝"工程开工、总投资228亿元的安意法半导体项目落地，轨道运营里程突破500公里。

——重点领域改革纵深推进，经营主体活力不断增强。以数字重庆建设引领撬动全面深化改革，国资国企改革纵深推进，园区开发区优化整合全面推开，要素市场化配置改革持续深化，制造业"亩均论英雄"改革积极探索，经济区与行政区适度分离改革加快突破。促进民营经济高

质量发展，300余万户次经营主体享受税费减免540亿元，民营经济增加值占GDP比重60%左右。加快培育优质经营主体，新增上市企业10家、其中科创板2家，科技型企业、高新技术企业"双倍增"计划深入实施，总量分别达到5.85万家、7565家，新增经营主体64.8万户、增长21.8%。

——高品质生活成色更足，人民群众获得感幸福感安全感认同感持续提升。10项主题教育民生项目取得阶段性成效，15件重点民生实事全面兑现。城镇新增就业73.9万人。深入实施中等收入群体倍增计划，全体居民人均可支配收入37595元，脱贫对象人均纯收入增长14.1%。启动实施乡村振兴"四千行动"和强村富民综合改革，村集体经营性收入实现较快增长。加快补齐公共服务短板，获批现代职业教育体系建设新模式试点，新设公办普通本科院校重庆中医药学院实现首批招生，4个国家区域医疗中心项目有序建设，新增三级医院23家、三甲医院8家。

重点抓了以下十个方面工作。

（一）扎实推动成渝地区双城经济圈建设走深走实，全市域融入、全方位推进。召开建设成渝地区双城经济圈工作推进大会，扎实抓好机制优化、政策协同、改革突破、项目建设、平台搭建，加快建设西部地区高质量发展排头兵、具有全国影响力的科技创新基地、内陆省份改革开放探路先锋、高品质生活示范区，一大批具有川渝辨识度的标志性成果相继落地

一是打表推进"十项行动""四张清单"。印发实施《重庆市推动成渝地区双城经济圈建设行动方案（2023—2027年）》，围绕"六个能级大幅跃升"的具体目标，实施"十项行动"和年度重大项目、重大政策、重大改革、重大平台"四张清单"，科学搭建双城经济圈建设"四梁八柱"。滚动更新、迭代升级"四张清单"，清单事项由年初的418项增加至442项，年度任务完成率预计达到95%以上。其中，161个重大项目超额完成年度投资计划，新开工项目62个、完工项目14个；76项重大政策持续推进，国家层面、市委市政府新出台重要文件18个；71项重大改革深入实施，60项取得重大进展、10项获得国家试点认可；134个重大平台分类推进、协同发力，成功举办国际级、国家级重大活动31项。

二是加快推动成渝中部地区高质量一体化发展。召开渝西地区打造成渝地区双城经济圈建设先行区工作座谈会，把渝西地区打造成为成渝地区双城经济圈建设先行区、现代化城市群协同发展样板区、现代化新重庆建设新的经济增长极。编制渝西地区国土空间规划，引领渝西地区国土空间和自然资源有效保护、高效配置。谋划打造高能级国际开放枢纽体系，加快成渝中线高铁等重大项目建设，重庆新机场选址获批。创新打造开放平台，务实推动枢纽港产业园、生命科技城等实体化项目。实施先进制造业发展"渝西跨越计划"，逐一明确"2个主导产业+4个特色产业"，推动智能网联新能源汽车零部件产业发展倍增行动，面向"双核"发展整零配套，中国长安线控底盘等一批项目签约落地，渝西地区规上工业总产值占全市的比重达26.5%。

三是全面深化川渝协同联动。召开重庆四川党政联席会议第七次、第八次会议，主动谋划成渝中部崛起、共推新型工业化等重大主题，形成战略共识。优化川渝合作机制，调整党政联席会议设置，强化两省市分管省市领导协调职能，建立省市领导联系毗邻地区合作平台机制，优化联合办公室运行，进一步增强工作机制的统筹协调功能。"一体两核多点"新格局加快构建，首次线下举办重庆成都双核联动联建会议，聚焦双核文旅、体育融合发展共同实施支持举措，首批34

个合作事项已完成22项，第二批50个合作事项加快推进，万达开、川南渝西总体方案获国家发展改革委批复，10个毗邻地区合作平台全面建设。加快实施川渝共建重大项目，248个项目完成投资4138.4亿元，超过年度计划20个百分点，渝昆高铁（川渝段）全线贯通，内江至大足高速公路全线通车。

四是强力争取国家支持。市委、市政府主要领导围绕双城经济圈建设多次带队赴京争取重大事项，先后走访18个国家部委和央企，共计提出对接事项169项，其中120项已基本落实到位、17项取得阶段性成效。各有关市领导牵头争取和跟踪，全市各级各部门积极响应落实，向上对接乘数效应不断放大，国家赋能成效明显。国家发展改革委首次召开专题部际联席会议研究双城经济圈重大事项，首次参加重庆四川党政联席会议，首次向全国系统总结推广双城经济圈经验做法。国务院国资委、中国人民银行、国家金融监督管理总局和中国证监会首次在京组织中央企业和金融机构共同召开座谈会，深化战略合作，支持双城经济圈建设。

（二）加快以西部陆海新通道建设为牵引打造内陆开放高地，更好在西部地区带头开放、带动开放。召开建设西部陆海新通道工作推进大会，印发实施《重庆市加快建设西部陆海新通道五年行动方案（2023—2027年）》，一体化打造大通道、大枢纽、大口岸、大物流、大平台，全市进出口总值7137.4亿元，实际使用外资10.5亿美元

一是加强通道物流和运营组织中心建设。着力提升物流组织效率，争取商务部同意设立陆海新通道建设合作工作机制秘书处，筹备开行重庆—新疆班列，加强西北地区货源挖掘和组织，稳定运行中缅新通道，开行中老泰铁路测试班列，拓展通道辐射范围。做大跨区域综合运营平台，实现11省（区、市）13股东共建，在海外设立1家老挝公司。西部陆海新通道辐射范围拓展至国内18省（区、市）的70个城市，对外通达120个国家和地区的490个港口，铁路运价下浮站点增至81个，“一口价”线路增至71条。重庆公路物流基地获批商贸服务型国家物流枢纽，跨境公路班车新增云南弄岛等4个口岸线路、乌兹别克斯坦等2个海外分拨仓，荣获第五届全国十佳“运输服务榜样品牌”。

二是加快大能力运输通道建设。加快建设统筹东西南北四个方向、铁公水空四种方式的开放通道体系，促进西部陆海新通道、中欧班列、长江黄金水道等高效联动。重庆经西部陆海新通道三种主要运输组织方式共运输17.8万标箱、增长21%，货值279.2亿元、增长11%。中欧班列（成渝）覆盖欧亚110个城市，开行折算列5291列、同比持平，约占全国中欧班列开行总量的23%。渝满俄班列开行量2187列、增长2%。果园港重大件码头投用，长江黄金水道效能持续提升，过闸货运量净增1300万吨、港口吞吐货物量净增1570万吨。提升航空口岸服务效能，努力开辟“空中陆海新通道”，航空网络不断丰富，江北机场国际航线恢复至33条，旅客吞吐量4466万人次、增长106%。

三是着力稳住外贸外资基本盘。高质量实施《区域全面经济伙伴关系协定》（RCEP）行动计划，建设“一带一路”进出口商品集散中心，成渝RCEP跨境贸易中心正式成立。实施“百团千企”国际市场开拓计划，“新三样”出口增长1倍，汽车出口额增长51.9%，一般贸易占比达到38.9%。成功举办第五届中国西部国际投资贸易洽谈会，集中签约重大项目88个，合同投资额超2907亿元。打造“投资重庆”平台，引进总部型贸易企业，重庆市海关备案外贸企业数

量净增长超 1.4 倍，有实绩的外贸企业数量增长 7.6%。出台重庆市以制造业为重点促进外资扩增量稳存量提质量实施方案，编制重点产业外资招商图谱和外资招商重点目标企业库，新设外资企业 782 家，推动 2 个国家第五批重大外资项目加快建设。中新互联互通项目示范性、带动性不断增强，成功举办国际陆海贸易新通道区域合作论坛、新加坡 · 重庆周等重大活动，新增政府和商业合作项目 61 个、金额 3.9 亿美元，金融服务项目 29 个、金额 20.9 亿美元。实施自贸试验区提升战略，新培育重点制度创新成果 30 项、新增注册企业超过 1.7 万户，发布第二批 15 个自贸试验区联动创新区。两江新区、重庆高新区、万盛经开区等各类园区开放功能不断完善，永川、两路果园港综保区封关运行。

四是加快建设中西部国际交往中心。积极参与中外多双边合作机制，成功举办 2023 年“一带一路”陆海联动发展论坛等重要国际会议，重庆与莫斯科柴可夫斯基音乐学院开展音乐教育合作等 3 项国际交流合作事项被纳入第三届“一带一路”国际合作高峰论坛成果清单。设立中希文明互鉴中心，揭牌成立西部国际传播中心，组织实施 3 批外国驻华使节团重庆行活动，新增国际友城和友好交流城市 10 个。建立渝港高层合作会议机制，成功举办渝港合作会议第一次会议。重庆国际事务参与度、对外交往活跃度、城市品牌知名度显著提升。

（三）深入推动长江经济带高质量发展，高标准筑牢长江上游重要生态屏障。强化“上游”意识、勇担“上游”责任、力争“上游”水平，召开美丽重庆建设大会，研究制定重庆市进一步推动长江经济带高质量发展实施方案，高水平建设山清水秀美丽之地，高质效建设美丽中国先行区

一是深入打好污染防治攻坚战。出台《重庆市长江经济带污染治理和生态保护攻坚战行动方案（2023—2027 年）》，迭代升级生态环境治理体系。全面强化河长制，统筹实施市级总河长令，滚动编制实施“一河一策”方案，启动 50 个美丽幸福河湖建设，74 个国控断面水质优良比例为 100%。加强交通、扬尘、工业、生活污染防治，淘汰治理老旧车辆 11.2 万余辆，空气质量优良天数达 325 天。在全国率先推行建设用地土壤污染程度分级和用途分类管理，完成建设用地土壤污染状况调查 401 块、修复 31 块，提供净地面积 3200 余亩。启动全域“无废城市”建设，加快制定《重庆市固体废物污染环境防治条例》，危险废物跨省转移“白名单”增加至 59 种。锰污染综合整治取得重要进展和积极成效。农村人居环境持续改善，土壤、声、辐射环境质量保持稳定。

二是强化生态系统保护修复。强化国土空间分区管控，建立“优先保护—重点管控—一般管控”的生态环境分区管控体系，划定并严守生态保护红线，率先发布川渝环境损害司法鉴定蓝皮书暨十大典型案例，缙云山国家级自然保护区生态环境综合整治取得明显成效并作为示范典型在全国宣传推介，汉丰湖入选国家级美丽河湖优秀案例，铜锣山矿区生态修复等 2 个项目入选全国山水工程首批 15 个优秀典型案例，双桂湖国家湿地公园等 6 个项目荣获 2023 年中国人居环境奖，忠县三峡橘乡田园综合体获批全国“两山”实践创新基地。开展生物多样性保护，系统推进重大生物多样性保护工程，严格落实长江“十年禁渔”。全面推深做实林长制，提质建设“两岸青山 · 千里林带”，国土绿化完成营造林 503 万亩，森林覆盖率稳定在 55% 以上，新增治理水土流失面积 2133 平方公里、石漠化面积 266.7 平方公里。五年度长江经济带生态环境警示片披露的 46 个问题已完成整

改43个。

三是积极稳妥推进碳达峰碳中和。实施绿色转型创新发展行动，加快推动园区循环化和节能降碳改造，累计创建国家级绿色园区12个、绿色供应链管理企业17家、绿色工厂133家，全年单位GDP能耗预计下降3%左右。推进绿色金融改革创新试验区建设，绿色贷款余额超6800亿元。出台《重庆市碳排放权交易管理办法（试行）》，碳市场累计交易碳配额4753万吨、10.6亿元，推进两江新区国家气候投融资试点，建成气候投融资项目库，意向融资超过4500亿元。启动市级生态产品价值实现机制试点。深化绿色生活创建，实施节能、节水、节地、节材、节矿“五项工程”，加快形成绿色生产生活方式。

（四）加快构建现代化产业体系，持续推动产业优化升级。把制造业高质量发展放到更加突出的位置，召开推动制造业高质量发展大会，着力打造“33618”现代制造业集群体系，推动先进制造业和现代服务业联动发展，促进数字经济和实体经济深度融合，积极构建竞争力强、可持续的现代化产业体系，农业、工业、服务业增加值分别增长4.6%、5.8%、5.9%

一是大力推动制造业高质量发展。出台《深入推进新时代新征程新重庆制造业高质量发展行动方案（2023—2027年）》，三大主导产业集群、三大支柱产业集群、六大特色优势产业集群、18个“新星”产业集群持续壮大，加快打造国家重要先进制造业中心，规上工业增加值增长6.6%。深入实施建设世界级智能网联新能源汽车产业集群发展规划，加快长安汽车渝北新工厂、赛力斯超级工厂等重大整车项目建设，阿维塔12、问界M9等高端新能源汽车上市。出台新一代电子信息制造业、先进材料等产业集群行动计划，积极培育新一代电子信息制造业新增长点，功率半导体产量进入全国前三，下一代平板显示技术研发进程全国领先；着力推进先进材料产业链向两端延展，增加值增长12.3%。深入推动战略性新兴产业融合集群发展，认定西部科学城重庆高新区集成电路、两江新区新型显示等8个市级战略性新兴产业集群，战略性新兴产业增加值占规上工业增加值的比重达32.2%。新增国际标准5项，新增国家级企业技术中心4家，累计创建国家级专精特新“小巨人”企业286家、单项冠军企业13家，新增市级专精特新中小企业1366家、累计3694家。大力推进质量强市建设，印发实施《质量强市建设实施方案》，重庆质量总体水平等指标持续保持西部第一。加强矿产资源开发利用，提升制造业前端支撑能力。

二是培育数字经济新增长点。成功举办“2023智博会”，集中签约重点项目84个、合同投资金额2138.6亿元。加快推进数字产业化，纵深推进软件和信息服务业“满天星”行动计划，启动“启明星”“北斗星”企业培育计划，补链成群推动“芯屏端核网”数字经济核心产业集群发展。深入推进产业数字化，制定实施制造业数字化转型八大行动，新建智能工厂17个、数字化车间224个，新培育国家级工业互联网“双跨”平台1个、累计3个，新部署4个“一链一网一平台”试点、累计7个。强化数字基础设施建设，建成投用重庆人工智能创新中心等项目，全市算力规模超1000P。工业互联网标识解析国家顶级节点（重庆）累计标识注册量超过287亿件，接入企业超过2万家。

三是大力发展现代服务业。加快推进服务业扩大开放试点，试点任务实施率95.3%，24项改革举措入选国家最佳实践案例。深化现代服务业与先进制造业、现代农业融合，加快发展生产性服务业。提速建设西部金融中心，成功举办第五届中新金融峰会，启动实施“智融惠畅”工程，西部金融中央法务区挂牌成立，本外币存贷款余额分别增长8%、9.8%，蚂蚁消金建成全国注册资本规模最大的持牌消费金融机构，成立双城（重庆）信用增进股份有限公司。提速打造国际性综合交通枢纽城市，全市客运量增长47.8%，货运量达到疫情前的124.6%，快递业务量增长27%。科技服务、工业设计、电子商务、检验检测等领域发展态势良好，实施推动科技服务业高质量发展三年行动计划，成功创建中国第5个、西部第1个全球“设计之都”，全市网络零售额超过1500亿元。加快恢复生活性服务业，批发零售业、住宿餐饮业增加值分别增长9.9%、10.6%。

四是大力培育农业优势特色产业。着力实施千亿级生态特色产业培育行动，加快打造火锅食材、生态畜牧、粮油等具有全国影响力、重庆辨识度的“3+6+X”农业产业集群，综合产值增长5.2%。持续优化食品及农产品加工产业生态，举办食品及农产品加工高质量发展产业生态大会，出台“黄金十条”支持政策，制定全国首个预制菜生产经营安全监管标准体系，设立目标规模100亿元的产业生态基金，规上食品及农产品加工企业增至886家、增长6%，食品及农产品加工业产值2581.4亿元、增长4.2%。加快培育“一主两辅”乡村产业，38个区县立足“土特产”优势培育乡村产业64个，新创建全国农业现代化示范区3个、国家农村产业融合发展示范园3个、国家现代农业产业园2个、全国农业优势特色产业集群2个。大力实施新型农业经营主体培育计划，累计培育家庭农场3.4万个、农民合作社3.7万个，农产品网络零售额、乡村旅游经营收入分别增长12%、11.8%。

（五）深入实施科技创新和人才强市首位战略，加快打造具有全国影响力的科技创新中心。坚持科技是第一生产力、人才是第一资源、创新是第一动力，召开科技创新和人才工作大会，制定《重庆市加快建设具有全国影响力的科技创新中心行动方案（2023—2027年）》，着力构建“416”科技创新战略布局，加快形成西部人才中心和创新高地

一是提速建设战略科技平台。获批全国首个“一带一路”科技创新合作区，与新加坡高校共建联合实验室、产业技术研究院等平台，与香港签署《渝港创新及科技合作备忘录》。重组建成全国重点实验室10个，新增国家创新型县2个、国家农业科技园区2个。新增国家生物样本库1个、总数8个，新增国家临床医学研究中心分中心1个、总数14个。金凤实验室一期建成投用，种质创制大科学中心二期投用，万达开技术创新中心正式组建，超瞬态实验装置、“中国复眼”等重大科技基础设施加快建设。西部（重庆）科学城、两江协同创新区等创新资源不断集聚。

二是加快推动创新链产业链融合。强化企业创新主体地位，印发实施《重庆市高新技术企业和科技型企业“双倍增”行动计划（2023—2027年）》，科技型企业、高新技术企业数量分别增长36.1%、19.2%。新增国家级创新型产业集群5个、累计8个，新获批国家级科技企业孵化器3家、累计29家，新增4个学科进入ESI学科前1‰、累计6个，新增16个学科进入ESI学科前1%、累计69个。加快关键核心技术突破，实施人工智能、高端器件与芯片等13个专项，安排重点技术攻关项目137项，超级智能汽车平台、18兆瓦集成海上风电机组等一批重大关键核心技术攻关和成果产业化实现突破，重庆造“天目一号”气象星座在轨组网运行。

三是着力汇聚高层次科技人才。举办重庆国际人才交流大会，引进人才3401人、引进项目283个。启动“渝跃行动”和新重庆引才计划，加大人才培养引进力度，做好“两院”院士增选推荐和服务工作，新当选中国工程院院士2人，新引进市外人才7.4万人、增长19.4%，新招收博士后1290人、增长21%，出站留渝率升至90%，新认定高层次人才895人，研发人员总量预计达到24万人，人才总量达到634.7万人。加快形成一流创新生态，印发实施《重庆市完善科技激励机制的若干措施》，加大《重庆市专利促进与保护条例》实施力度，最大限度激发科技人员创新活力、释放发展潜力。

（六）深入实施扩大内需战略，增强经济发展内生动力。充分发挥消费对经济发展的基础性作用和投资对优化供给结构的关键作用，推动项目投资持续放量、招商引资提质增效，加快消费育热点强复苏，固定资产投资增长4.3%，社会消费品零售总额增长8.6%

一是全力扩大有效投资。扎实推进“抓项目促投资”专项行动，出台《重庆市加强重点项目建设保障政策措施（试行）》，落实《重庆市市级重大项目前期工作管理办法》，基础设施、工业投资分别增长7%、13.3%。打表推进市级重点项目新开工、在建、前期“三张清单”，完成投资4857.6亿元、达近5年最高水平，增长18.4%。强化要素保障，争取中央预算内投资169.2亿元、新增专项债券额度1355亿元、争取增发国债资金242亿元。深化投融资体制改革，出台《重庆市投融资多元化改革方案》《关于重庆市推进基础设施不动产投资信托基金（REITs）产业发展若干措施》，两江新区产业园区REITs项目通过国家发展改革委审核，获中国证监会和上海证券交易所受理。着力激发民间投资活力，印发实施《重庆市进一步加大力度支持民间投资发展的若干政策措施》，民间投资（不含房地产）增长12.7%，高于全市投资增速8.4个百分点。全市新签约招商项目2903个，正式合同金额18571亿元，到位资金5149.7亿元、增长9.2%，资金到位率27.7%，全市招商项目开工率64.5%、提升3.7个百分点。

二是着力促进消费稳步恢复。深化国际消费中心城市建设，召开重庆国际消费中心城市培育建设工作领导小组会议，新增9个区县开展消费中心城市试点示范创建，培育引进品牌首店469个，创建中华老字号13个。持续拓展消费空间，打造“江崖街洞天”特色消费新场景，评选市级示范商圈3个、夜间经济示范区5个、高品质消费新场景25个，重庆连续4年位居“中国十大夜经济影响力城市”榜首。出台恢复和扩大消费“18条”政策措施，加强政策引领促进汽车、家电等大宗商品消费，把握元旦、春节、国庆等重要消费节点，开展“爱尚重庆·渝悦消费”促消费活动1000余场次，促进消费市场尽快恢复、平稳增长。出台“10+5+10+7”系列促进房地产市场平稳健康发展政策举措，中心城区二手房交易量增长42.7%。构建“大都市、大三峡、大武陵”文旅发展布局，文旅消费加快恢复，全市接待过夜游客人数突破1亿人次、增长88.1%。联合四川建立跨区域投诉举报转办、线下实体店跨区域无理由退货机制，加快建设富有巴蜀特色的国际消费目的地。“爱尚重庆”品牌培塑、万州“电商+”、江北“智慧出行”模式入围国家发展改革委和商务部新型消费发展典型案例。

（七）加快推动新型城镇化和乡村振兴，积极探索大城市带大农村大山区大库区的城乡融合发展之路。深入实施新型城镇化战略，全面推进乡村振兴，城镇化率较上年提升0.7个百分点，城镇化和城乡融合发展水平显著提升

一是稳步推进乡村建设和农村改革。扎实

推进乡村建设，创建巴渝和美乡村示范村107个。扎实推进厕所、垃圾、污水“三革命”，农村卫生厕所普及率、生活垃圾分类覆盖率、黑臭水体治理综合推进率分别达到85.9%、65%、37%。新改建“四好农村路”3360公里、农村电网1524公里，新开工水源工程15座，治理中小河流293公里。深化农村移风易俗，强化“一村一品”文化活动品牌建设，增强乡村发展内生动力。稳步推进农村改革，扎实推进第二轮土地承包到期后再延长30年试点，引导农村土地有序流转发展农业适度规模经营，全市土地流转率达39.6%。构建市、区县、乡镇、村“四级”农村产权交易市场，新培育“强村公司”500家。

二是推动巩固拓展脱贫攻坚成果同乡村振兴有效衔接。健全政策体系，制定脱贫人口持续增收三年行动方案、促进脱贫地区帮扶产业提质增效实施意见。深入实施城口、巫溪、酉阳、彭水4个国家乡村振兴重点帮扶县的帮扶举措，倾斜安排衔接补助资金20.9亿元、东西协作财政援助资金2.5亿元。“一户一策”精准帮扶监测对象3.5万户、10.5万人，特色产业覆盖90%以上脱贫户和监测户，脱贫人口就业规模稳定在79万人以上、就业率居全国前列。全市14个脱贫区县农村居民人均可支配收入增速持续高于全国、全市平均水平。

三是着力推进城市更新。实施城市更新项目226个，新开工改造城镇老旧小区2076个、4534万平方米，完成棚户区改造1.8万户，新筹集保障性租赁住房8.4万套（间）。新建、改造城镇排水管网1304公里，完成城市污水处理厂新改扩建11座，主城都市区完成160处易涝点整治。推进中心城区缓堵保畅，打通未贯通道路50条，整治堵乱点75处，新增公共及小微停车泊位8万个，完成路网更新示范片33个，完工投用15个轨道站点步行便捷性提升项目。深化“两江四岸”治理提升，14个节点公共空间建成开放，长滨路、北滨路岸线基本贯通，建成口袋公园117个、山城步道107公里，完成坡坎崖项目45个。

四是积极推动城乡融合发展。“多规合一”国土空间规划体系基本形成，全市国土空间总体规划已报国务院审批，41个区县和开发区总体规划编制完成，“三区三线”全面落地执行。制定“一县一策”推动山区库区高质量发展的指导意见，为各区县量身定制支持发展的若干举措，因地制宜探索山区库区强县富民新路子。渝东北生态优先、绿色发展大步迈进，专精特新企业达374家，鲁渝（寿光）蔬菜现代产业园二期进展明显，新增A级旅游景区19个、占全市七成。渝东南文旅融合、城乡协同成效渐显，“大武陵”文旅品牌效应显著，促进文旅消费复苏回暖，武陵文旅大会宣传报道超1.5亿次，“庭院农家乐”“庭院花果园”等庭院经济内涵不断丰富，5个乡镇被认定为首批国家农业产业强镇。深入实施区县对口协同，主城协同区上解帮扶资金4.4亿元、创历年新高，协同区县实施帮扶项目148个，建成一批关系民生、有利长远的基础设施和公共服务设施。农业转移人口市民化质量逐步提升，推动20.4万农业转移人口落户城镇。以区县城为重要载体的城镇化建设有力推进，印发《重庆市推进以区县城为重要载体的城镇化建设实施方案》，支持垫江、忠县、彭水扎实推进国家县城新型城镇化建设示范。印发实施《重庆市“小县大城”“强镇带村”试点工作方案》，选择7个区县开展“小县大城”试点、14个乡镇开展“强镇带村”试点，统筹城乡双向改革发力，促进农业转移人口向区县城和重点发展的小城镇集聚。国家城乡融合发展试验区建设步伐加快，加快实施12个城乡融合发展示范工程，大足“五合一”改革在全市先行先试，铜梁巴岳农庄建设经验在全市推广。

（八）深入推进数字重庆建设，全面深化改革取得新成效。把建设数字重庆作为现代化新重庆建设的关键变量、全面深化改革的突破性抓手，召开市委六届四次全会，事项化推动中央部署改革任务落地，梯次推进“三个一批”重大改革项目，加快打造具有重庆辨识度、全国影响力的标志性成果

一是加快建设数字重庆。召开数字重庆建设大会和推进会，布局实施“1361”整体构架，一体化智能化公共数据平台建成投用，编目各类应用4084个，全面实现数字资源一体化配置。重构“渝快办”完成基础平台搭建，梳理配置523个政务服务高频事项。“渝快政”新增8项功能、日活跃用户43万。数字化城市运行和治理中心实现三级贯通，发布全国首个城市运行和治理大模型。六大应用系统和基层智治体系有序推进，试运行“突发事件直报快响”“危岩地灾风险管控”“民呼我为”“情指行”“经济运行监测”等一批典型应用，“141”基层智治体系覆盖全部镇街。推进川渝通办同城化便民服务改革，小学入学、员工录用、货物运输等7项“一件事”在川渝地区试运行，34项“川渝通办”事项实现“免证办”。

二是推动重点领域和关键环节改革。推进战略性重组与专业化整合专项改革，深化重庆渝富控股集团国有资本投资运营公司改革，交运集团、国际物流集团、港务物流集团整合重组为重庆物流集团，完成重庆市产业投资母基金组建、重庆三峡银行股权重组、三峡人寿增资重组签约，国有经济增加值增长7.1%。深化园区开发区改革，出台深化开发区管理制度改革推动开发区高质量发展的实施意见，“一区县一策”编制改革方案，整合各类“小、散、弱”园区开发区，工业用地亩均产出增长5.6%。积极服务和融入全国统一大市场，印发《重庆市贯彻落实全国统一大市场建设总体部署工作方案》及配套文件，加快推进双城经济圈市场一体化建设，深入推进要素市场化配置改革。加快探索经济区与行政区适度分离改革，建立税费统计分析指标体系，实现川渝地区市场准入“异地同标”。探索制造业“亩均论英雄”改革，印发《重庆市推进制造业亩均论英雄改革工作方案》《关于推进制造业亩均论英雄改革的指导意见》，分类推进规上制造业企业亩均效益综合评价。

三是激发民营经济发展活力。召开推动民营经济高质量发展大会，出台《关于促进民营经济高质量发展的实施意见》，印发“提信心、稳增长、强主体”系列政策文件，实施“支持市场主体发展36条”“推动经济运行持续好转15条”等政策措施，动态更新发布《重庆市稳经济政策包》。构建亲清政商关系行为清单，将优化民营企业营商网络环境纳入“清朗”专项行动，公检法联动严厉打击各类侵犯民营企业家权益的违法犯罪活动。全市民营经济增加值预计增长6%左右，9家企业上榜2023年中国民营企业500强。

四是持续营造一流营商环境。紧扣世界银行营商环境评估和中国营商环境评价体系要求，印发《重庆市2023年优化营商环境激发市场活力重点任务清单》，进一步降低制度性交易成本，破解制约企业设立、经营、发展的困难问题。重塑政务服务业务流程，上线运行“一件事一次办”服务事项75项，累计办件量70万件，办理时间平均压减73%。开展不适宜民营经济发展、妨碍市场公平竞争等领域法规规章、规范性文件专项清理，持续清理与外商投资法不相符的政策措施。优化降低用能、用工、物流、融资成本政策措施，政府拖欠企业账款全面清偿，为企业减负超750亿元。打造“信用重庆”升级版，“信易贷”平台融资累计超30亿元，6个区县入选第四

批全国社会信用体系建设示范区名单，数量居西部第1、全国第3。全市经营主体总量369.4万户、增长 8.2%。

（九）聚焦人民群众急难愁盼问题，持续深化惠民生暖民心优服务工作。紧紧抓住人民最关心最直接最现实的利益问题，深入推进就业增收，召开全市宣传思想文化工作会议，扎实推进新时代文化强市建设，补齐公共服务短板，不断增强人民群众获得感、幸福感、安全感和认同感

一是着力稳就业促增收。开展就业援助专项活动、高校毕业生等青年就业创业“十大行动”、“春暖农民工”服务行动，帮扶困难人员就业14.9 万人，793.7 万名农民工实现应出尽出，零就业家庭保持动态清零，全市城镇调查失业率平均值 5.4%。印发《重庆市扩大中等收入群体提高低收入群体收入实施方案（2023—2027 年）》，实施就业促进富民行动、创新创业强基行动等九大行动，持续在政府投资重点工程项目和农业农村基础设施建设领域推广以工代赈方式，发放劳务报酬 15.3 亿元、促进务工群众人均增收 1.6 万余元。全体居民人均可支配收入增长 5.4%，其中农村居民人均可支配收入增长 7.8%。

二是加快建设新时代文化强市。编制新时代文化强市意见和建设规划，推进创建重庆市习近平新时代中国特色社会主义思想研究中心，加快长江、长征国家文化公园（重庆段）建设，召开首届长江文明论坛，重庆市革命文物保护中心正式挂牌。深入推进大足石刻保护开发，推进川渝石窟寺国家遗址公园、红岩文化公园二期等建设，忠县皇华城考古遗址公园对外开放。提档升级两江新区国家文化和科技融合示范基地、南滨路国家级文化产业示范园区、重庆国家广告产业园，成功获批中国民主党派历史陈列馆并挂牌。首批国家大数据标识基地落户永川。实施文化惠民工程，开展“文化进万家”活动。命名第二批市级国防教育基地 45 个。

三是不断增强公共服务供给能力。“一老一幼”服务体系不断健全，新增养老床位 4080 张，新增公办幼儿园学位 1.7 万个、托位 4 万个，长期护理保险试点覆盖全部区县。社会保障更加健全，城乡养老保险参保率巩固在 95% 以上，基本医保参保率超过 97%，“渝快保”参保人数超过 620 万，城乡居民最低生活保障标准分别提高 2.5%、3.3%，城乡低保标准差距缩小到1 ：0.82。医疗服务能力持续增强，市区（县）两级疾控局挂牌成立，3 个省级区域医疗中心加快建设，市急救医疗中心、市人民医院分别被纳入国家紧急医学救援基地、国家中西医协同“旗舰”医院储备库。教育水平持续提升，4 个区入选全国义务教育优质均衡先行创建区，义务教育巩固率达到 95.8%，课后服务学生参与率达 98.3%，2 个案例入选全国首批职业教育产教融合典型案例，新设重庆数字产业职业技术学院，重庆科技学院更名为重庆科技大学。体育事业蓬勃发展，成功承办第九届中俄青少年运动会，群众性体育活动广泛开展，重庆体育健儿在杭州亚运会上取得历史最好成绩。

（十）防范化解重大经济金融风险，全方位守住安全底线。坚决贯彻总体国家安全观，召开全市加强基层治理推动平安重庆建设大会，把平安重庆建设作为“一把手工程”，深化除险清患、夯实基层基础，着力打造更高水平的平安中国建设西部先行区

一是全力保障粮食安全。全面落实耕地保护和粮食安全党政同责，坚决遏制耕地“非农化”，有效防止“非粮化”，坚决守住耕地保护红线和粮食安全底线。稳步提升粮食综合生产能力，确保地方储备粮规模，加强储备粮管理，新建及

改造提升高标准农田200万亩，耕地保有量达2665万亩以上。出台稳粮扩油保障有效供给10条硬措施，全年粮食播种面积3038.9万亩、产量109.6亿公斤，分别超国家下达任务26.7万亩、1.5亿公斤。“菜篮子”产品全面增产，生猪出栏量、蔬菜和水产品产量分别达到1974.9万头、2362万吨、58.9万吨。

二是提升能源保障能力。加快推进川渝1000千伏特高压交流等工程，建成投用重庆电厂环保迁建项目，新增发电装机约300万千瓦、化学储能项目100万千瓦/200万千瓦时，电力顶峰能力较上年迎峰度夏增加约270万千瓦。稳步推进抽水蓄能项目建设，西南地区首座百万千瓦级大型抽水蓄能电站—綦江蟠龙抽水蓄能电站1号机组投产发电，在建总装机规模达500万千瓦。川渝天然气千亿立方米产能基地加快建设，产供储销体系持续完善，全年天然气产量168亿立方米、增长12.9%，临江—港桥B段等互联互通管道建成投用，管网总里程达到4808公里，输气能力超300亿立方米/年。珞璜港储煤基地建成投运，2个中央政府储煤基地获批，实现“零突破”。

三是促进财政金融平稳运行。坚决打好地方债务风险防范化解攻坚战，牢牢守住不发生系统性风险的底线。持续开展企业中长期外债风险监测，高风险金融机构动态“清零”，企业集团单体风险有序化解，银行业不良率1.16%、较年初下降0.26个百分点，小贷不良率、融资担保代偿率优于全国平均水平。深入实施保交楼惠民生攻坚战，按照“一楼一策”加快推动项目建设交付，全年保交楼项目新增交付房屋15.7万套，完成年度目标任务的131%、任务总量的90%。累计销号188个项目，剩余49个项目全部复工在建。

四是强化灾害防治、安全生产等工作。积极开展防汛救灾，在强降水天气过程较常年增加72%的情况下，受灾人口、农作物受灾面积、直接经济损失分别下降54.5%、73.6%、5.9%。分级分类开展三峡库区危岩地灾治理，431处库区危岩全面落实综合治理措施。扎实推进重大事故隐患专项排查整治2023行动、火灾防控“除险清患”专项行动，全市发生各类生产安全亡人事故起数、死亡人数分别下降6.6%、6.2%，连续36个月未发生重特大事故，其中交通事故预防“减量控大”工作排全国第1。

五是全面加强社会治理。以党建统领“141”基层智治体系建设，创新基层社会治理方式方法，坚持和发展新时代“枫桥经验”，切实提升矛盾纠纷预防化解能力。建立完善媒情、网情、社情“三情”联动机制，加强突发舆情及时主动应对，坚决防止发生重大负面网络舆情。一体推进信访问题源头治理和常态化“治重化积”专项行动，推进信访工作法治化。加强食品药品安全常态化监管，全市食品安全形势稳定向好，食品抽检合格率保持在98%以上，江北区、荣昌区、武隆区成功创建国家食品安全示范城市。非法集资、电信网络诈骗等重点案件得到有效遏制，八类主要案件立案下降12.2%，群众安全感持续保持在98%以上。

二、2024年国民经济和社会发展计划总体考虑

2024年是实现“十四五”规划目标任务的关键之年，是现代化新重庆建设从全面部署到纵深推进的重要之年，是改革攻坚突破的奋斗之年。必须深入分析内外环境，认真把握经济社会发展的机遇和挑战，明确思路要求和经济社会发展的目标体系、政策体系、工作体系、评价体系。

（一）宏观形势判断

2024年发展面临的困难和挑战依然不少。

外部环境的复杂性、严峻性、不确定性上升，国际政治经济环境变化不利影响加大，经济发展面临的形势依然复杂严峻，经济平稳增长面临多重困难挑战。当前国内经济恢复仍处在疫情防控平稳转段后的波浪式发展、曲折式前进过程中，有效需求不足、部分行业产能过剩、社会预期偏弱、风险隐患仍然较多，国内大循环存在堵点。全市经济社会发展仍然面临一些困难和挑战，主要是：有效需求不足，居民消费和企业投资意愿不强，外贸外资承压前行；新兴产业发展水平还不够高，产业转型有待加快；发展效益有待提升，部分企业生产经营较为困难，重点群体就业压力较大；城乡区域发展不平衡不充分问题仍然存在，乡村振兴还需加力；风险隐患仍然较多，民生短板仍然不少。

机遇和挑战并存，总体上机遇大于挑战。从国际看，通胀压力缓解，国际贸易增速有望回升，国际资本流动为引进外资带来新机遇。从国内看，我国经济韧性强、潜力大、活力足，长期向好的基本面没有改变，经济恢复发展仍然存在诸多机遇和有利条件。国家重大生产力布局优化调整，中央持续加大宏观政策调控力度，相继实施增发万亿元国债等系列逆周期调节政策，将为 2024 年经济社会发展带来强大动力。疫情防控平稳转段以来，居民生活和企业生产逐步恢复，2024 年还有一定回暖空间。从我市看，全市上下将成渝地区双城经济圈建设作为市委“一号工程”和全市工作总抓手总牵引，加快推动西部陆海新通道建设，进一步推动长江经济带高质量发展，深入推进以数字重庆建设为牵引的全面深化改革，推动“三攻坚一盘活”形成一批标志性成果，激发新动能、焕发新活力。加快构建“33618”现代制造业集群体系、“416”科技创新战略布局，重大牵引性项目加快落地，新技术新产业潜力加快释放。以党建统领“885”机制激发干事创业热情，全市上下保持奋进者姿态、创造性张力，营造了争先创优、赛马比拼的浓厚氛围。总体来看，2024 年经济发展形势既有挑战也有机遇，既有困难因素又有有利条件，但总体来看是机遇大于挑战、有利条件多于困难因素，2024 年的发展预期仍然是积极乐观的。

（二）总体要求

坚持以习近平新时代中国特色社会主义思想为指导，全面贯彻党的二十大、二十届二中全会和中央经济工作会议精神，全面落实市委六届二次、三次、四次全会和市委经济工作会议部署，坚持稳中求进工作总基调，完整、准确、全面贯彻新发展理念，积极服务融入新发展格局，着力推动高质量发展，牢牢把握稳进增效、除险固安、改革突破、惠民强企工作导向，全面深化改革开放，统筹扩大内需和深化供给侧结构性改革，统筹新型城镇化和乡村全面振兴，统筹高质量发展和高水平安全，全面落实国家重大战略，以科技创新引领现代化产业体系建设，切实增强经济活力、防范化解风险、改善社会预期，巩固和增强经济回升向好态势，持续推动经济实现质的有效提升和量的合理增长，增进民生福祉，保持社会稳定，加快建设现代化新重庆，努力为全国大局作出更大贡献。

在具体工作中，重点把握好五个方面：一是必须把坚持高质量发展作为新时代的硬道理，完整、准确、全面贯彻新发展理念，聚焦经济建设这一中心工作和高质量发展这一首要任务，坚定发展信心、保持战略定力、抓住发展机遇，加快补齐“十四五”规划实施中期评估发现的短板弱项，突出做好稳预期、稳增长、稳就业工作，巩固拓展经济恢复的良好势头，在转方式、调结构、提质量、增效益上积极进取，不断培育新的经济增长点。二是必须坚持深化供给侧结构性改革和着力扩大有效需求协同发力，提高供给体系质量和效率，提升与需求端的适配性，坚持扩大内需这个战略基点，更加注重刺激有效需求，激发有潜能的消费，扩大有效益的投资，加快释放内需潜力，推动形成需求牵引供给、供给创造需求的更高水平动态平衡。三是必须坚持依靠改革开放增强发展内生动力，坚持先立后破，统筹处理好改革发展稳定关系，把握好改革“时、度、效”，聚焦基础性和具有重大牵引作用的领域，加强改革系统集成、协同高效，通过改革释放活力、挖掘潜力，高度重视经营主体培育，树牢“抓经济必须强主体”理念，全力以赴惠企、援企、稳企、安企、强企。四是必须坚持高质量发展和高水平安全良性互动，强化底线思维、极限思维，以高质量发展促进高水平安全，以高水平安全保障高质量发展，高度关注金融风险和房地产市场风险，加快构建安全可控、协同高效的产业链供应链体系，完善和落实安全生产责任制，密切关注粮食、能源、社会稳定等风险，推动发展和安全动态平衡、相得益彰，建设更高水平的平安重庆。五是必须把推进中国式现代化作为最大的政治，更加注重在服务全国发展大局中谋划自身发展，抓住成渝地区双城经济圈建设、“一带一路”和长江经济带发展、西部陆海新通道建设等国家战略机遇，狠抓项目谋划争取，乘势而上、持续发力，跑出发展“加速度”，强化依法行政，坚持站稳人民立场，在发展中保障和改善民生。

（三）主要发展目标

2024年国民经济和社会发展计划指标在沿用2023年指标体系基础上进一步优化调整，优化调整后的指标共计37项，其中包含7项约束性指标，是政府履行公共职能必须达到的，30项预期性指标，体现导向性。

关于约束性指标，主要包括生态环保、节能降碳、粮食安全、安全生产等方面，共7项。

——空气质量优良天数320天以上，2020年以来全市空气质量优良天数稳定在320天以上，应继续保持。

——单位地区生产总值能耗下降3%，体现国家对我市“十四五”期间能耗下降目标任务的评价考核要求。

——单位地区生产总值二氧化碳排放下降、主要污染物重点工程减排量以国家下达目标值为准。

——耕地保有量2665万亩以上、粮食产量108.1亿公斤，体现全面落实耕地保护和粮食安全党政同责的要求。

——每亿元地区生产总值生产安全事故死亡人数0.019，优于2023年目标，体现平安重庆建设的要求。

关于预期性指标，主要包括产业发展、科技创新、扩大内需、改革开放等方面，共30项。

——地区生产总值增长6%左右。主要考虑：在综合研判外部环境的复杂性、严峻性、不确定性以及我市发展的支撑条件和潜力后劲的基础上，兼顾需要与可能、短期与长期、发展与底线，按照“跳一跳、够得着”的原则设置。全市“十四五”规划纲要明确“十四五”期间地区生产总值平均增长6%左右，市委六届二次全会提出，未来五年GDP迈上4万亿元台阶，2024年预期增速目标是完成“十四五”规划目标和市委六届二次全会目标的现实需要。当前我市供需两端持续升温，积极因素不断增多，经济呈现加快恢复态势，支撑经济实现较快增长，符合客观实际，在具体工作中争取更好结果。

——城镇新增就业60万人以上，城镇调查失业率5.5%左右。主要考虑：关于城镇新增就业总量，市委六届二次全会提出到2027年每年新增就业60万人以上，“十四五”规划纲要提出全市五年城镇新增就业300万人以上。2021~2023年全市均将目标定为60万人以上并顺利实现。关于失业率，与2023年目标保持一致，主要是更好体现就业优先、强化就业保障的政策导向。

——居民消费价格涨幅3%左右。主要考虑：随着全球加息潮逐步结束、有效需求逐步恢复，预计2024年居民消费价格将企稳回升，加之2023年基数较低，将居民消费价格涨幅设置在3%左右，有利于保持政策目标的连续性，稳定市场预期，也为价格改革留有适当余地，符合物价总体趋势。

——全体居民人均可支配收入增长6%以上。主要考虑：居民收入目标是逐步实现共同富裕的必然要求，有利于更好满足人民日益增长的美好生活需要，有利于加快打造高品质生活宜居地。随着企业经营效益逐步改善、中等收入群体逐步扩大、收入分配调节不断加力，实现2024年居民收入增长目标是完全可能的。

——固定资产投资增长4%，其中工业投资增长14%。主要考虑：随着国家重大生产力布局加快调整，我市持续加大招商引资和央企合作力度，重大工业项目加快放量，基础设施建设稳步推进，房地产走出深度调整期，投融资体制改革深入推进，民间投资活力逐步释放，固定资产投资持续放量有基础，也体现了充分发挥投资对优化供给结构的关键作用的要求。

——社会消费品零售总额增长7.5%。主要考虑：国家层面将推动消费从疫后恢复转向持续扩大，围绕培育壮大新型消费、稳定和扩大传统消费等方面出台系列政策措施，消费的基础性作用将进一步增强。近年来我市消费供给质量不断提升，消费环境明显改善，新消费热点不断涌现，实现消费增长目标具备现实条件。

——进出口总值增长3%。主要考虑：加快培育外贸新动能，巩固外贸外资基本盘，需要在提升加工贸易质量、培育拓展新兴市场、促进“新三样”出口、扩大外贸新业态等方面下更大功夫。同时，货币紧缩对全球总需求的抑制有所缓解，国际贸易将逐步回暖，随着“渝车出海”、扩大进口等专项计划的实施，进出口总值增长目标有望实现。

三、2024年实施国民经济和社会发展计划的重点工作

为确保国民经济和社会发展达到预期目标，2024年要以习近平新时代中国特色社会主义思想为指导，全面贯彻落实党的二十大、二十届二中全会和中央经济工作会议精神，全面落实市委六届二次、三次、四次全会和市委经济工作会议部署，完整、准确、全面贯彻新发展理念，积极服务融入新发展格局，突出稳进增效、除险固安、改革突破、惠民强企的工作导向，着力推动高质量发展、创造高品质生活、实现高效能治理，聚力形成更多具有重庆辨识度的标志性成果，以实干实绩推动现代化新重庆建设走深走实。

（一）全力推进双城经济圈建设取得突破性进展，合力打造带动全国高质量发展的重要增长极。坚持川渝“一盘棋”，加快实施“十项行动”，迭代升级“四张清单”，积极承接国家重大生产力布局，推动双城经济圈建设走深走实，打造新时代国家战略腹地核心承载区

一是强化重庆成都双核联动联建。加快共建国际性综合交通枢纽，推动成渝中线高铁、成渝高速扩能等重大项目建设，加强两地机场联动，联合争取航权航班配额和国际航线。加快共建世界级先进制造业集群，实施成渝地区电子信息先

进制造集群培育提升三年行动，加快成渝“氢走廊”“电走廊”“智行走廊”建设，合力打造智能网联新能源汽车产业集群。深化轨道交通、通用航空等重点领域协同发展，共同做大国家生物医药战略性新兴产业集群。加快共建西部科学城，争取国家批复成渝综合性科学中心建设方案，实施成渝科技创新合作专项，研究制定成渝中线科创走廊建设方案，协同争取国家实验室及基地、国家产业创新中心等战略平台落地。加快共建西部金融中心，共同推动成渝团结湖、新微成渝创业投资等基金落地互投，携手开展金融标准创新建设试点和金融标准检测认证。共同开展数字人民币试点，推动实现支付功能互联互通。加快共建现代化国际都市，推动“渝快办”与“蓉易办”数据互通，推进电子证照标准化建设和跨区域互认共享，探索医疗、就业、养老、社保等更多公共服务资源共建共享。联合举办成渝双城消费节等特色消费活动，加强成渝144小时过境免签联动。加快建设巴蜀文化旅游走廊，共推世界级旅游品牌和精品旅游线路。

二是促进成渝中部地区高质量一体化发展。大力推动渝西地区高质量发展，谋划建设国际开放合作平台，塑造国际合作新优势，实施渝西内畅外联建设工程，提速建设高能级综合交通枢纽体系，推进先进制造业发展“渝西跨越计划”、智能网联新能源汽车零部件产业发展倍增行动计划，大力承接国家重要产业“备份”。提升涪陵、长寿、南川、綦江—万盛综合实力，支持承接中心城区非核心功能疏解，加快人口和产业集聚，打造新材料、新能源等产业集聚区，建设产城融合、职住平衡、生态宜居、交通便利的现代化新城，更好发挥战略支点作用。加强与四川自贡、泸州、遂宁等8市互动协作，持续提升成渝中部地区发展活力，进一步巩固共同落实国家战略的位势和动能。

三是深化川渝全方位合作。优化双城经济圈区域发展格局，合力实施2024年度川渝100个重点合作事项、300个共建重大项目，共同争取国家批复成渝地区双城经济圈国土空间规划，出台重庆市都市圈国土空间总体规划，支持广安深度融入重庆都市圈，深化川渝国家级开发区、高新区等重点平台合作。落实省市领导联系毗邻地区合作平台机制，加快推进万达开川渝统筹发展示范区、川南渝西融合发展试验区、川渝高竹新区等10个毗邻地区合作共建功能平台建设，持续探索经济区与行政区适度分离改革新路径，加快产业合作示范园区建设，推动山区库区融入双城经济圈。实施交通通信、畅游巴蜀等10大便捷行动，提升公共服务一体化水平。常态化开展双城经济圈建设主题宣传，鼓励、支持、引导各有关方面搭建川渝各级各界合作清单对接交流平台，营造双城经济圈建设浓厚氛围。

（二）全力放大西部陆海新通道优势，加快建设内陆开放高地。落实高质量共建“一带一路”倡议部署，坚持把建设西部陆海新通道作为重要战略任务，扩大高水平对外开放

一是进一步提升运输通道能力。提高西部陆海新通道干线运输能力，启动黔江至吉首高铁建设，推动渝怀铁路等重要铁路通道客货分离，促进西部陆海新通道与中欧班列、长江黄金水道、国际航空枢纽高效联动，发挥渝西地区在全市出海出境东南西北“四向”大通道中的连接点和重要枢纽作用。力争西部陆海新通道铁海联运班列货运量增长20%以上，中欧班列（成渝）年开行量超过4500列，长江黄金水道挖潜1000万吨货运量。深化港口型、陆港型、空港型、生产服务型、商贸服务型国家物流枢纽建设，加强用地保障，加快建设国家粮食物流核心枢纽，优化国家物流枢纽、物流园区、物流中心三级物流网

络，积极引进5A级物流企业和全国“50强”物流企业。做细内部“微循环”，建设一批进港进园区铁路专用线，加强铁路货运基地、主要港口集疏运公路建设，打通通道间、平台间“最后一公里”。健全多式联运基础设施，完善探索多式联运规则，创新物流组织模式，持续推进多式联运“一单制”标准化。加快谋划推进数字陆海新通道系统建设，推动建立健全西部陆海新通道信息互联互通、共享共用机制。

二是进一步打造高能级开放平台。深化中新互联互通项目，加大金融服务、航空产业、交通物流、信息通信等领域的合作力度，加快建设枢纽港产业园、生命科技城等重点项目，新增金融服务金额10亿美元以上。推进中国（重庆）自由贸易试验区建设，探索构建适应国际规则新要求的制度体系，持续开展陆上贸易规则、贸易金融、多式联运等首创性、差异化改革探索，完善西部陆海新通道供应链金融服务平台，与四川共同推动两地自贸区协同开放。推动两江新区高水平开发开放，持续完善果园港枢纽开放功能，强化全球资源配置功能、科技创新策源功能、高端产业引领功能。积极争取创建国家级经开区、综保区、保税物流中心等开放平台，推动开放平台布局与全市开放型经济发展水平相适应。

三是进一步推动外贸外资保稳提质。升级“百团千企”国际市场开拓行动，大力拓展以“一带一路”、RCEP国家为重点的国际市场，实施“渝车出海”计划，扩大“新三样”出口，大力发展跨境电商。优化对外贸易结构，提升汽摩、通机等优势产品出口，推动装备制造和大型成套设备出口，持续做强一般贸易，推动加工贸易向产业链价值链高端延伸。积极培育新业态新模式，推广“跨境电商+产业带”发展模式，深化市场采购贸易方式试点。推动服务贸易创新发展，建设服务外包示范城市，促进服务贸易稳定增长。加大吸收利用外资力度，完善投资保护政策，积极引导外商投资先进制造业，力争实际使用外资增长10%。完善境外投资管理服务机制，鼓励市内有条件的企业以“一带一路”为重点“走出去”。

四是进一步提升国际交往能力。加快建设中西部国际交往中心，构建以“一带一路”为重点的国际友好城市网络，支持越南、墨西哥来渝设立领事机构，推动澜湄旅游城市合作联盟总部尽快落地。高质量建设中希文明互鉴中心、中国南亚国家减贫与发展合作中心、西部陆海新通道智库联盟等特色对外交流平台，打造一批国际交往示范基地。高水平办好智博会、西洽会、陆海新通道国际合作论坛、中新金融峰会、“一带一路”国际技能大赛等重要活动，策划举办2024年重庆国际友好城市合作大会，积极争取更多高规格国际会议、赛事、活动在渝举办。筹备建设重庆柴可夫斯基音乐学院，打造具有重庆辨识度的国际会客厅。

（三）全力谋深做实进一步推动长江经济带高质量发展的有形载体和有效抓手，奋力谱写美丽重庆建设新篇章。牢固树立和践行绿水青山就是金山银山的理念，加快建设美丽中国先行区，准确把握实现“双碳”目标的路径方式、节奏力度，努力在推进长江经济带绿色低碳高质量发展中发挥示范作用

一是持续提升全域生态环境质量。全力建设美丽幸福河湖，全面完成长江、嘉陵江、乌江干流和重点支流入河排污口整治，确保长江干流水质稳定保持Ⅱ类，74个国家考核断面水质优良比例不低于97.3%。加强细颗粒物（PM2.5）污染防治、臭氧污染防治、柴油货车污染治理和重污染天气消除攻坚，大力推进挥发性有机物和氮氧化物协同减排，强化扬尘污染综合管控，确保

空气质量优良天数稳定在320天以上。开展土壤污染源头防控行动，开展典型污染地块土壤和地下水风险管控和修复治理，加强农业面源污染防治，全市重点建设用地和受污染耕地的安全利用率分别达到100%和92%。高标准建设全域“无废城市”，加快推进工业固体废物、医疗废物等重点废物收运网络全覆盖，新创建“无废城市细胞”1000个。推进突出环境问题整改攻坚，长江经济带生态环境警示片披露问题等序时整改率达到100%。

二是深入推进生态系统保护修复。深入打好三峡库区危岩地灾治理攻坚战，完成工程治理120处、避险搬迁24处，存量危岩除险清患率达90%。推进重要生态系统保护和修复重大工程，力争“两岸青山 · 千里林带”建设35万亩、国家储备林营造林50万亩，实施三峡库区腹心地带山水林田湖草沙一体保护和修复工程，做好缙云山生态环境综合提升“后半篇文章”。实施濒危野生动植物保护工程，持续开展生物多样性监测、调查与评估，加强珍稀濒危野生动植物及其栖息地保护修复。严格落实长江“十年禁渔”政策，逐步提升水生生物多样性。构建外来物种风险评价和监管技术支撑体系，强化外来入侵物种防控管理。持续推进秀山、酉阳、城口锰污染整治。

三是深入实施绿色低碳转型行动。实施工业、农业、城乡建设、交通、能源和新基建等六大重点领域碳达峰行动计划。建立健全碳排放统计核算体系，开展全市碳排放普查试点，逐步推动能耗“双控”向碳排放“双控”转变。着力推进生态产品价值实现机制先行先试，加快建立标准统一的生态产品总值核算体系。推动电力、钢铁、化工等重点行业开展节能降碳改造升级，深入实施制造业高质量绿色发展行动计划，积极发展智能网联新能源汽车、先进材料、清洁能源及储能等绿色新兴产业，开展低碳数字能源试点示范，新建绿色工厂50家、绿色园区5个。深化地方碳排放权交易市场建设，深入推进全域绿色金融改革创新试验区建设，推进气候投融资试点。

四是倡导绿色低碳生活方式。推动城市建设绿色低碳转型，城镇新建建筑全面执行绿色建筑标准。建立健全分时电价、居民阶梯电价制度，引导用户节约用电、避峰用电。深入开展垃圾分类治理，坚持源头减量和分类处置并重，加快生活垃圾焚烧处理和厨余垃圾资源化利用项目建设，生活垃圾回收利用率达到42%。深入开展绿色生活创建，倡导绿色出行，推广节能低碳产品，加快推进“以竹代塑”。

五是强化区域协同融通。开展川渝大气污染联防联控专项行动，统一毗邻地区区域污染天气应急启动标准和应对措施。深化川渝地区生态保护修复协作，积极推进“六江”生态廊道建设。深化长江上游地区省际协商合作机制，严格落实川渝长江经济带发展负面清单管控制度，探索建立第二轮长江流域川渝横向生态保护补偿机制，深化川渝长江流域、酉水河流域水环境协同治理，争取建立长江干流（渝鄂段）、乌江流域跨省市补偿机制。加强长江上游生态环境司法保护，强化川渝环境资源专业审判协作交流，支持重庆环境资源法庭建设。完善川渝生态环境保护检察协作机制，联合打击跨省域生态环境违法犯罪行为。

（四）全力打造以先进制造业为支柱的现代化产业体系，大力发展实体经济。深入推进新型工业化，推进重点产业链高质量发展行动，加快构建产业大脑，培育壮大优质企业，强化关键项目招引，促进产业高端化、智能化、绿色化发展

一是不断壮大“33618”现代制造业集群。

智能网联新能源汽车方面，深入推进产品品牌“向上”发展，推动重点整车企业加强闲置整车产能优化整合，加快车型更新换代步伐，推动燃油汽车产能向新能源汽车产能转换，完善充换电基础设施。新一代电子信息制造业方面，巩固计算机、智能手机等优势产品制造优势，加强服务机器人、算力设备等新型智能终端产品培育，推动实施安意法半导体等一批标志性项目。先进材料方面，加快冶金、建材、化工等原材料工业结构调整，大力发展轻合金、合成材料、纤维及复合材料等产业，加强新能源材料、新一代信息技术材料、储能材料等产业培育。智能装备及智能制造方面，实施“整机+零部件”双提升行动，推动齿轮、轴承等装备基础件升级发展，加强工业机器人、数控机床等智能制造关键技术装备研发，推动布局低空经济发展。食品及农产品加工方面，进一步加强重庆火锅、重庆小面等品牌创建与推广，推动火锅产业高质量发展，广泛推进数字化改造，提升产品一致性与质量稳定性，形成更多“爆款”产品和高价值品牌产品。软件信息服务方面，着力推进“满天星”“启明星”“北斗星”协同发展，组织实施好“揭榜挂帅”，在工业软件、汽车软件、基础软件和信息安全等领域加快实现一批原创性重大成果突破，力争主营业务收入超过 4000 亿元。加快形成新质生产力，协同推进特色优势产业集群和“新星”产业集群发展。加快建设 8 个市级战略性新兴产业集群，争取创建国家战略性新兴产业集群。力争制造业增加值占 GDP 比重提高到 26%。

二是提速推进现代服务业集聚发展。深化服务业扩大开放综合试点，出台重庆市构建优质高效服务业新体系政策措施，推动服务业品质化、数字化、融合化、绿色化、国际化发展。深入实施“智融惠畅”工程，建好西部金融中央法务区，着力提升金融与国家重大战略、现代产业体系融合发展水平，积极推动绿色金融、消费金融、普惠金融、产业金融等领域形成全国领先示范，优化金融支持制造业企业、中小微企业、科技型企业和民营企业政策，力争金融机构本外币存贷款余额分别增长 7.5%、7.2%。加快全球设计之都建设，强化巴渝特色文化、工业遗产遗存、传统工艺美术保护利用，壮大全链条设计产业集群。全面推进科技研发服务、电子商务、工业设计、检验检测等其他生产性服务业加快发展。持续构建现代商贸流通体系，完善城乡配送网络，推动物流降本增效。培育和发展本土龙头企业和服务品牌，强化规上企业培育和入统工作，推动更多经营主体升规入库。

三是加快建设数字经济创新发展高地。推动产业全面数字化转型，数字经济核心产业增加值增速达到 5% 以上。实施国有企业“智改数转”专项行动，打造一批国有企业数字化转型示范标杆。梯度实施智能化改造，新组织开展 1500 家企业智能制造咨询诊断，新建 5 个未来工厂、10 个智能工厂、100 个数字化车间，打造 5 个行业产业大脑。夯实数字化转型支撑基础，提升全国一体化算力网络国家枢纽节点、工业互联网标识解析国家顶级节点（重庆）能级，新建 3 个“一链一网一平台”试点示范项目，保持每万人拥有 5G 基站数西部领先。探索开展公共数据运营，发挥数据要素乘数效应，培育一批数据商，打造一批数据典型应用场景，用数据赋能经济高质量发展。

四是大力提升文化产业竞争力。做大做强经营主体，实施文化体制改革试点示范工程，深化国有文化资本投资运营改革，壮大综合性文化企业集团，吸引国内外知名文化类总部企业布局，实现“全国文化企业 30 强”突破，力争文化产业增加值增长 7% 左右，建立重大文艺项目扶持和精品奖励基金。鼓励社会资本进入文化产业，培育一批有影响力的本土民营文化企业。加快发展数字文化产业，深入实施文化产业数字化战略，大力发展文创产业和新型媒体、科技影视、智慧广电、数字出版等新型业态，开办超高清电视频道，建设具有全国影响力的数字文化产业集群，力争数字出版相关产业产值增长10%。深入推进文旅融合发展。高质量建设长江、长征国家文化公园（重庆段），推动红岩文化公园二期项目建设，争创1~2个国家国防教育示范基地，打造新型公共文化空间。持续发挥“大都市、大三峡、大武陵”旅游资源优势，加快建设国家文化产业和旅游产业融合发展示范区，创建评定4A级以上精品景区10个以上。争创国家级文化和旅游消费试点城市，吸引八方游客畅游重庆，力争接待过夜游客人次增长5%左右。

（五）全力构建“416”科技创新战略布局，着力打造具有全国影响力的科技创新中心。坚持创新制胜，强化人才引领，全面实施科技创新和人才强市首位战略，系统重塑市域科技创新体系，加快建设具有全国影响力的科技创新中心，加快形成西部人才中心和创新高地

一是加快构建四大科创高地的创新平台体系。围绕数智科技、生命健康、新材料、绿色低碳四大科创高地，高水平建设金凤实验室，按照“成熟一个、推进一个”原则有序推进重庆实验室建设。在信息技术、土木工程等领域创建全国重点实验室，围绕“416”科技创新战略布局，建设重庆市重点实验室、川渝共建重点实验室，推动建设高校前沿技术交叉研究院。打造创新平台基地，聚焦卫星互联网应用、轻金属等领域积极创建国家技术创新中心。支持科研机构与科技领军企业融合发展，探索产业技术研究院多元发展模式，吸引国际一流高校院所、知名企业来渝发展。

二是加快构建“5+8”技术创新体系。加强应用基础研究，大力建设基础学科中心等基础条件平台，支持长安汽车、中国星网、电科芯片等科技领军企业提升原始创新能力。聚焦重点产业加快技术攻关，加快实施人工智能、先进制造、汽车核心软件等13个重大（重点）科技专项，形成一批引领性技术成果、开发一批战略性产品。加快推动关键领域有组织科技创新机制改革，优化资源一体化配置，实行“揭榜挂帅”“赛马”等制度，提升科技攻关整体效能。

三是加快构建全周期全链条市场化的成果转移转化体系。加快建设国家科技成果转移转化示范区，组建国家技术转移成渝中心，提质发展国家大学科技园和环大学创新生态圈，打造一批综合型科技企业孵化载体和特色科技企业孵化器。落实高校科技成果转移转化激励政策，支持高校院所科技成果就地转化。建设高技术服务业集聚区，加快打造金凤、明月湖等未来产业科创园，推动一批科技成果在渝产业化，全市技术合同交易额突破800亿元。

四是加快构建高素质科技人才梯次引育体系。深化“渝跃行动”和新重庆引才计划，建好“渝才荟”数字平台，加强科技人才和卓越工程师培育聚集，办好重庆国际人才交流大会。完善科技人才项目支持体系，争取国家“杰青”“优青”项目支持，实施市杰出青年科学基金、博士后科学基金、博士“直通车”等人才支持项目，大力培养优秀科学家、创新创业领军人才和创新创业示范团队，全市研发人员总量突破25万人。开展为青年人才和科技人才减负的专项行动，持续开展“四唯”清理行动，推行用人单位自主评价、薪酬贡献评价等市场化评价方式，构建充分体现知识、技术等创新要素价值的收益分配机制。

五是加快构建协同高效、开放包容的创新生态体系。加快构建多元化科技投入体系，健全

高校、科研院所研发投入增长机制，完善企业扩大创新投入激励机制，力争全社会研发投入强度达到 2.55%。强化科技体制改革，加快推动“建立成渝地区双城经济圈优质科创资源共用共享机制”“构建科技成果从‘实验室’到‘大市场’衔接机制”等科技创新领域“三个一批”重大改革。做大重庆科技成果转化基金，促进社会资本投早投小投硬科技。深化科技交流合作，做好首届“一带一路”科技交流大会成果转化，加快建设“一带一路”科技创新合作区和国际技术转移中心。

（六）着力扩大有效投资，持续发挥投资对优化供给结构的关键作用。优化投资方向，提高投资效益，增强投资增长后劲，形成消费和投资相互促进的良性循环

一是全力扩大工业投资。强化工业投资“挑大梁”作用，开工涪陵华峰化工年产 138 万吨功能性新材料一体化产业链、九龙坡西南铝产能提升、丰都玻璃纤维及高性能复合材料智能制造产业基地等 98 个重点工业项目。加快推进安意法半导体、12 英寸集成电路特色工艺线一期、厦门海辰西南智能制造中心等 164 个在建市级重点工业项目放量。实施新一轮工业企业技术改造工程，积极引导汽车、电子、材料等领域头部企业带头开展技术改造，新实施技术改造项目 1500 个，力争工业技改投资增长 15%。以“33618”现代制造业集群体系为重点，实施招大引强攻坚行动，瞄准链主龙头、关键补链企业，加强精准招商、专班招商、产业链招商，做好全流程全生命周期服务。抓好与央企签订协议落地落实，推进行业头部企业招商，提高招商引资质效，加大承接东部沿海发达地区产业力度，加快推进一批中央企业在渝重大项目，力争签约 100 亿级项目 30 个、50 亿级项目 60 个，招商项目资金到位额增长 8%。办好渝西地区招商座谈会，更新发布成渝地区双城经济圈产业投资机会清单，高质量举办 2024 年成渝地区双城经济圈全球投资推介会，深化京津冀、长三角、粤港澳驻点招商工作，探索面向欧洲和东南亚等重点境外地区的驻点招商，争取更多外资项目落地。

二是分类促进基础设施投资。加快交通强市建设，促进渝万高铁、渝湘高铁提速放量，开工渝宜高铁、重庆都市圈环线铁路（合川至永川段）、重庆站改造等项目，力争高铁、高速公路通车里程分别突破 1100 公里、4500 公里。有序推进城建基础设施建设，加快轨道交通 7 号线、17 号线以及城市路桥隧在建项目进度。加大水利投资，加快渝西水资源配置工程、跳蹬水库、藻渡水库、向阳水库等重大水利工程投资放量，新开工银河桥水库等一批水利项目。提速能源项目建设，加快哈密至重庆 ±800 千伏特高压直流输电工程、两江燃机二期以及綦江、丰都、奉节、云阳等抽水蓄能项目建设进度，新开工双槐电厂三期等项目，深度挖潜新能源开发、充放电配网、新型储能、页岩气勘探开发等领域投资。

三是吸引壮大民间投资。充分用足国家关于规范实施政府和社会资本合作新机制政策，深入实施“支持民间投资发展 27 条政策措施”，常态化开展向民间资本滚动推介项目，吸引更多民间资本参与制造业、交通、城市建设、新型基础设施、科技创新、生态环保等重点领域建设，引导社会资本参与盘活国有存量资产，推动民间投资（不含房地产）增长 10% 以上。聚焦国家“十四五”规划 102 项重大工程、国家重大战略以及全市“十四五”规划 532 项重大项目，将符合条件的民间投资项目滚动列入年度市级重点项目清单。发挥好中小微企业贷款风险补偿资金池作用，进一步拓宽民间投资的投融资渠道。推荐更多符合条件的民间投资项目发行基础设施不动产投资信托基金（REITs），提升再投资能力。

四是着力优化房地产投资。落地落细房地产金融支持政策，满足开发企业合理融资需求，支持刚性和改善性住房需求，加快构建房地产发展新模式。合理做好土地出让，科学统筹建设用地的出让时序，强化规划赋能，提升市场吸引力。聚焦保障性住房建设、“平急两用”公共基础设施建设、城中村改造等“三大工程”深化项目储备，加快研究制定保障性住房、“平急两用”公共基础设施建设实施方案。全力打好“两久”项目处置攻坚战，推动“久供未建”项目加快开工、“久建未完”项目加快复工，进一步释放投资实物量。

五是强化投资项目服务保障。抢抓中央加大支持地方投资力度机遇，谋划一大批项目，扎实做好项目前期工作，做到“项目等资金”。加强资金资源要素统筹，全力争取国家政策和资金支持，用好增发国债、地方政府专项债券、中央预算内投资等重点资金。编制2024年市级政府投资计划，强化资源要素配置，支持保障在建项目和符合条件的新开工项目。强化“银政企”对接，对符合条件的项目加大信贷支持力度，确保合规融资。保障新增建设用地指标，优先保障市级以上重大项目建设用地需求。分类优化环评管理措施，做好环保审批要素支撑，支持低能耗高产出项目优先用能，推动“信用+承诺”办理，提高项目审批效率。围绕项目投资进度偏慢、重点节点工作滞后等问题，加强重大项目卡点难点问题解决，保障项目顺利实施。

（七）全力建设国际消费中心城市，更好发挥消费对经济发展的基础性作用。顺应消费升级趋势，提升传统消费，培育新型消费，扩大服务消费，适当增加公共消费，加快培育建设立足国内、辐射周边、面向世界的具有影响力美誉度的国际消费中心城市

一是持续拓展特色消费场景。以培育建设国际消费中心城市为引领，加快建设解放碑—朝天门、观音桥等世界知名商圈，推进中央商务区、寸滩国际新城建设，打造中環万象城、陆海国际中心、磁器口古镇十二巷、紫薇路商业街、龙兴古镇等国际消费新地标。联动滨江岸线、后街支巷、楼宇天台、防空洞穴等山城特色，进一步丰富“江崖街洞天”特色消费新场景。持续抓好城市商圈、特色街区提档升级，持续指导推进国际消费中心区、区域消费中心城市、商文旅体健融合发展城市试点示范。

二是持续释放重点领域消费潜力。认真落实恢复和扩大消费政策措施，围绕重点行业和重点商贸企业策划出台系列支持政策，继续引导激励区县发放消费券，提升市场消费预期。充分调动经营主体积极性，鼓励采取打折满减、换新补贴等方式，创新开展汽车、家电、家居惠民促销活动，稳住和扩大重点商品消费，提升汽车等大宗消费水平。提振房地产消费，优化公积金使用方式，完善二手房交易等政策工具箱，增加高品质小区、避暑休闲、康养度假和配售型保障性住房供给。壮大健康、养老、托育等服务消费，培育文娱旅游、体育赛事等消费增长点，发展“银发经济”。挖潜农村消费，推动工业品下乡和农产品进城，完善乡镇电子商务、商贸设施和到村物流站点等乡村流通体系，开发景观农业、农耕体验等农文旅融合业态。

三是持续浓厚市场消费氛围。做靓“爱尚重庆·渝悦消费”特色名片，接续举办2024年“迎新”“赏春”“仲夏”“金秋”四季消费促进活动。高质量举办中国（重庆）国际消费节、不夜重庆生活节、火锅美食文化节等市级重点节庆活动，联动区县举办系列配套促销活动。构建线上和线下、商品和服务深度融合的消费市场体系，抓住“618”“双十一”等重要时间节点，实施直播带货行动计划，壮大电商网商主体载体，力争

限上单位网络零售额增长 10% 以上。

四是持续做靓特色消费品牌。发挥重庆独特优势，做优做靓“不夜重庆”“火锅之都”“三峡旅游”“武陵康养”等特色消费品牌，增强“巴渝新消费”集聚吸附力。大力发展“四首经济”“潮经济”，集聚全球优质消费供给，新引进落地品质品牌首店 300 个。做优做强渝货精品，加强老字号传承振兴，提升重庆品牌国际知名度和影响力。支持蕴含巴渝文化、展现工匠精神、承载山城记忆的主理人经济，打造“小而美”网红品牌，打造一刻钟社区便民生活圈。推广智慧商超、智慧市场、智慧餐厅等智能消费场景，促进绿色消费、数字消费，打造引领时尚消费和潮流生活的风向标。

（八）全力推动数字重庆建设面上突破，引领带动全面深化改革纵深发展。坚持以数字重庆建设引领全面深化改革，激发高质量发展内生动力

一是推动数字重庆建设整体成势。优化“1361”整体构架，健全数字重庆建设制度基础，探索建立数字重庆标准规范体系，加强数字安全和网络安全治理，全方位提升城市发展能力、服务能力、治理能力。迭代升级一体化智能化公共数据平台，实施数据要素市场配置改革和私有云迁移攻坚行动，集成优化“渝快办”“渝快政”服务功能，“渝快办”上线 2000 项政务服务事项、500 项高频事项、100 个以上的便民利企服务应用。推进三级数字化城市运行和治理中心部署落地落实，推动六大业务板块实战实效，实现水、电、气、讯、桥、隧、轨道等“一件事”多跨场景全市部署，拓展数字教育、数字医疗等民生领域应用场景，上线运行一批典型应用，提高利企便民服务水平。加力推进“141”基层智治体系建设，推动线上智治平台与线下“141”体系深度融合。

二是加快推动“三攻坚一盘活”改革突破落地落实。聚焦国企改革攻坚突破，系统性谋划、精细化推进重点企业“止损治亏”，维护良好金融生态，深化国企“瘦身提质”，实质性推进一批国企战略性重组专业化整合，提高在市场竞争中“虎口夺食”的能力，确保市属国企重点风险基本处置完毕，区县国企债务风险化解取得明显成效，培育核心竞争力强的现代新国企。聚焦园区开发区改革攻坚突破，稳步推进开发区立法工作，进一步健全管理体制机制，完成园区开发区优化整合和机构压减，推动平台公司重组转型，探索投融资新模式新途径，提升市场化专业化运营水平，建立亩均效益综合评价体系，支持符合条件的市级开发区创建国家级开发区，提升招商引资质效，形成权责清晰、产业聚集和布局合理的园区开发区发展格局，实现规上制造业企业亩均税收增长 4% 以上。聚焦政企分离改革攻坚突破，强化政策支持引导，推动建立现代企业制度，加快实现全覆盖监管，确保党政机关和事业单位所属企业全部完成“脱钩”，实现经营性国有资产 100% 集中统一监管。全力推动国有资产盘活，抓紧理清权属关系，坚持分类盘活，提升资产收益，确保国有资产盘活取得重大成果。

三是加快服务和融入全国统一大市场建设。健全归属清晰、权责明确、保护严格、流转顺畅的现代产权制度，落实公平竞争审查机制，全面落实市场准入负面清单制度。深入推进要素市场化配置改革，持续深化土地管理制度改革，畅通劳动力自由流动渠道，健全资本市场制度，培育发展技术、数据要素市场，加快资源环境市场制度建设。强化品牌建设和标准引领，加快建设质量强市。持续清理妨碍全国统一大市场建设的规章、规范性文件及其他政策措施，深入推进双城经济圈区域市场一体化。

（九）全力健全民营经济高质量发展机制，全面增强经营主体综合实力和竞争力。坚持“两个毫不动摇”，促进“两个健康”，全面激发民营经济发展活力和内生动力，把重庆打造成为西部地区营商环境排头兵、内陆地区民营经济健康发展新高地、全国民营企业家健康成长的示范城市

一是着力完善民营经济政策体系。认真落实民营经济高质量发展实施意见，力争民营经济增加值增长6%以上，占全市经济的比重达60%以上。强化助企惠企政策，积极推动降成本工作。更大力度缓解民营企业和个体工商户融资难题，推广跨境金融服务平台，帮助民营企业对外贸易防范风险、降低成本。深化防范和化解拖欠中小企业账款专项行动，保护各类经营主体产权和合法权益。

二是强化优质经营主体梯度培育。实施制造业领军（链主）企业跨越发展鲲鹏行动计划，迭代升级民营企业“龙头引领”行动，大力培育链主企业和龙头企业，力争营收500亿元以上企业突破5家，推动更多本土企业进入中国民营企业500强、中国制造业企业500强。持续助推企业上市，迭代升级企业上市“千里马”行动，确保拟上市企业后备库企业数量动态保有量1000家左右。深入实施高新技术企业和科技型企业“双倍增”行动计划，力争全市高新技术企业和科技型企业分别突破8500家和6万家。实施中小企业梯度培育行动，新增经营主体50万户，力争新培育专精特新企业400家、单项冠军企业4家、“小巨人”企业30家。优化中小企业数字化转型公共服务平台，形成汇聚技术、人才、需求等要素的中小企业数字化转型服务商“资源池”。

三是着力营造一流营商环境。积极迎接世行新一轮营商环境评估，深入推进营商环境创新试点城市建设，持续提升政务环境、法治环境、市场环境、创新环境和要素保障环境。推动数字化变革赋能营商环境建设，持续深化“一网通办”改革，围绕“高效办成一件事”合力攻坚，加快构建企业全场景新服务体系。持续破除影响各类经营主体公平竞争、共同发展的政策障碍和隐性壁垒。加强市场准入、要素获取、公平执法、权益保护等重点领域制度保障，持续优化经常性涉企服务，引导水电气讯等公用企事业单位为经营主体提供安全、便捷、稳定和价格合理的服务。深化水、电等能源资源价格改革，制定降低全社会物流成本行动方案。加快推进“大综合一体化”行政执法改革，完善行政执法程序。持续打造“信用重庆”升级版，大力推广“信易贷”模式，健全公共信用评价体系，依法依规实施守信激励和失信惩戒。

四是着力提高常态化“三服务”质效。建立健全市领导联系服务重点企业制度，优化“企业吹哨·部门报到”机制，实施“服务企业专员”制度。优化完善全市“1+41+N”中小企业公共服务平台网络体系，在市场准入、要素获取、公平执法、权益保护等方面落实一批标志性措施。大力推动企业市场对接，促进大中小企业融通发展。动态梳理民营企业和个体工商户反映问题和意见建议，建立工作台账，实施清单管理，制度化推动问题解决。开展“高质量发展看民企”“红岩青商”等典型宣传，做响“新重庆·新渝商”品牌。

（十）全力推进以人为本的新型城镇化，走好大城市带大农村大山区大库区的城乡融合发展之路。推进现代化国际大都市建设和大农村、大山区、大库区发展有机结合，形成城乡融合发展新格局

一是加快建设现代化都市区。出台加快建设现代化国际大都市意见，支持中心城区率先承接

国家重大改革和开放试点、优先布局国家级重大战略性项目，充分发挥两江新区、重庆高新区等平台的引领作用，推动主城新区扩容提质，有序推进中心城区非核心功能向主城新区转移疏解。开展长江沿岸建筑风貌塑造和品质提升行动，高水平推进“两江四岸”岸线治理提升，有序实施嘉陵江生态长廊建设。开展“增绿添园”行动和立体绿化建设，构建山城公园体系，新增1000万平方米城市绿地，新增100个口袋公园。实施城市生命线安全工程，开展城市路桥隧安全整治，推进燃气、供水等管道更新改造，新建、改造城镇污水管网1100公里。持续推进226个城市更新示范项目，新开工改造城镇老旧小区1835个、4186万平方米，实施城中村和城市危旧房改造1.1万户。推进城市骨架路网和城市轨道交通建设，力争建成通车市郊铁路璧铜线。

二是“一县一策”推进山区库区高质量发展。支持渝东北生态优先、绿色发展，加大三峡库区移民安稳致富、消落带综合治理和生态系统修复力度，加快产业转型升级，培育特色产业链群，做强三峡制造、三峡农家、大三峡旅游，积极推进生态产品价值实现，持续巩固提升“绿水青山就是金山银山”实践创新基地和国家生态文明建设示范区创建成果。推动渝东南文旅融合、城乡协同，立足生态资源和民族特色，高标准建设大武陵旅游带，培育“千里乌江 · 百里画廊”等优质景区，丰富拓展文旅康养新业态，积极开展“武陵加工”品牌建设，加快培育地理标志农产品，因地制宜发展田园综合体等乡村新型产业融合模式。深化区县对口协同发展，推动主城协同区与山区库区土地、资金、人才等资源要素协同高效配置，积极探索对口协同发展成本共担、收益共享机制。

三是扎实推动农业农村现代化。持续巩固拓展脱贫攻坚成果，深化“大走访大排查大整改”行动，迭代升级防止返贫立体监测网络体系，大力推广以工代赈方式，脱贫对象低收入组人均纯收入增长10%以上，确保不发生规模性返贫。精准抓好城口、巫溪、酉阳、彭水4个国家乡村振兴重点帮扶县帮扶工作，深化推进鲁渝东西部协作，坚持将65%以上的中央衔接资金用于产业发展，提高重点地区“造血”能力。学习运用“千万工程”经验，制定印发《重庆市全面推进乡村振兴规划》，大力推动“四千行动”重点任务落地落实。培育壮大火锅食材、生态畜牧、粮油等千亿级生态特色产业链，加快“一主两辅”乡村产业培育，开展食品及农产品加工十佳园区和十佳企业评选活动，农产品加工业总产值增速与工业经济保持同步。推动农村产业融合发展，培育壮大旅游民宿、康养运动、文化创意等农文旅新业态，形成10条100亿级生态农业产业链。深入实施新型农业经营主体培育提升行动，大力实施乡村人才振兴“五万计划”。强化农村基础设施“五网”建设，深化厕所、污水、垃圾“三个革命”，实施农村黑臭水体清零行动，推动城乡医疗教育等公共服务均衡发展，创新实施文化惠民工程，促进乡村文化振兴，推动巴渝和美乡村建设，示范创建宜居宜业和美乡村269个，巴渝和美乡村创建达标率达到30%。

四是深入推动城乡融合改革试验。加快推进以区县城为重要载体的城镇化建设，支持垫江、忠县、彭水开展国家县城新型城镇化建设示范，整合资源开展“小县大城”“强镇带村”试点，提升区县城综合承载能力和小城镇服务“三农”能力。把推进农业转移人口市民化摆在突出位置，推进市民化集成改革，完善常住人口公共服务配置机制，推动20万左右农业转移人口及其他非户籍人口在城镇落户。扎实开展第二轮土地承包到期后再延长30年试点，积极探索农村集体经营性建设用地入市试点，深入推进农村宅基地制度改革试点、农村产权流转交易规范化试点工作。深入推进强村富民综合改革，探索“强村公司”运行机制，开展生产供销信用“三位一体”等改革，发展壮大新型农村集体经济，农村居民人均可支配收入增长7%以上。深入推进国家城乡融合发展试验区建设，实施城乡融合发展示范工程，总结推广典型做法，“以点带面”引领市域城乡融合发展。

（十一）全力保障和改善民生，持续提升人民生活品质。坚持尽力而为、量力而行，兜住兜准兜牢民生底线

一是突出抓好就业增收。健全公共就业服务体系，实施“稳岗扩岗”就业容量拓展工程，提升就业质量，制定青年人才来渝留渝就业创业政策措施，统筹做好高校毕业生、退役军人、农民工等重点群体稳就业工作，城镇新增就业60万人以上，高校毕业生就业率稳定在90%以上。实施“巴渝工匠”终身职业技能培训工程，加大订单式培训支持力度，加快推进公共实训基地规划建设，开展补贴性职业技能培训20万人次。深入实施重点群体创业推进行动，落实创业担保贷款及贴息政策，发放创业担保贷款25亿元。持续完善促进城乡居民增收政策措施，实施中等收入群体倍增计划，落实好最低工资标准调整机制，健全促进技术工人、中小企业主和个体工商户、科研人员、农村居民、进城农民工、高校毕业生、公共服务人员、困难群体等重点人群收入合理增长机制，推动更多群体跨进中等收入群体行列。

二是织密扎牢社会保障网。健全多层次社会保障体系，深入推进全民参保计划，促进重点群体应参尽参。健全多层次医疗保障体系，深化职工医保门诊共济改革，完善生育保险制度，基本医疗保险参保率稳定在95%以上。扩大药品和医用耗材集中带量采购，推进医保支付方式改革，基本建成“15分钟医保服务圈”。健全动态监测救助帮扶机制，加大残疾人、精神病人、特困人员、困境儿童和留守儿童等重点群体关爱保障力度，建立多层次残疾人社会保障制度。全面落实企业职工基本养老保险全国统筹，优化完善工伤保险政策。加快解决新市民、青年人和工薪收入群体住房困难问题，筹集保障性租赁住房3万套（间）。完善孤儿、事实无人抚养儿童保障制度，及时调整低保、特困等社会救助保障标准。

三是积极提升“一老一幼”服务水平。完善生育支持政策，实施3岁以下婴幼儿照护服务能力提升三年行动计划，大力发展普惠托育服务体系，持续提升托育服务能力，全市每千人口拥有3岁以下婴幼儿托位数达到3.7个、普惠托位占比达40%。推进儿童友好型城市建设，打造一批“渝好空间”。深化积极应对人口老龄化综合创新试点，促进人口长期均衡发展。推进多层次多元化、居家社区机构相协调的养老服务体系建设，优化公办养老机构规划布局，推进公办养老机构改革。完善社区养老服务设施配套建设和兜底性养老服务，推动城市社区居家养老服务提质增效，积极发展老年日托和助餐服务，推进社区老年食堂建设。开展支持经济困难失能老人集中照护服务，做好城乡特困人员集中供养工作，研究解决农村留守老人养老问题，完善基本养老服务清单制度，推动社会力量举办养老机构，新增普惠性养老机构30家，完成特殊困难老年人家庭适老化改造1万户。

四是持续补齐公共服务短板。促进教育更加优质公平，学前教育普惠率巩固在90%以上，加快创建义务教育优质均衡发展区县、新增城镇义务教育学位3万个、义务教育巩固率保持在95.5%以上，解决好进城务工人员子女入学问题，实施好县域普通高中发展提升行动计划、高中阶段教育毛入学率巩固在98.5%以上，大力实施职

业教育“双高”“双优”领航计划，深入实施高等教育突破跃升行动。加快特殊教育体系建设，全面实施心理健康教育，加强专门教育工作，深化新时代教育评价改革。深入实施健康中国重庆行动，加快建设国家和市级区域医疗中心，稳步推进公共卫生能力提升行动，构建市—区域—区县—基层四级重大疫情分层分级分类医疗救治体系。实施中医药振兴发展八大工程，推进国家中医药传承创新中心、国家中西医协同“旗舰”医院建设。完善精神卫生服务体系，加强精神卫生中心标准化建设。打造“15分钟公共文化服务圈”，实施城市体育公园和全民健身步道“双百”工程。滚动实施2024年15件重点民生实事。积极做好重要民生商品保供稳价工作，坚决打击哄抬物价行为。保障好政府为公共利益组织实施的扶贫搬迁、保障性安居工程及成片开发建设所需用地。

（十二）全力打好重点领域风险防范化解攻坚战，轻装上阵推动高质量发展。迭代风险闭环管控机制，坚决守住不发生系统性风险的底线

一是全力防范化解财政、金融、房地产等重点领域风险。千方百计挖潜增收，力争完成一般公共预算收入2587亿元。建立防范化解地方债务风险长效机制，加强常态化债务风险监测预警，持续优化政府债务结构，降低全市综合债务率。加强房地产领域制度供给和政策供给，更大力度支持刚性和改善性住房需求。深入推进“保交楼”收官行动，基本完成保交楼任务。增强信贷总量增长的稳定性和可持续性，实现金融监管全覆盖，建设地方金融综合监管平台二期，依法严厉打击非法金融活动，力争非法集资案件陈案化解率85%以上。

二是全力保障粮食能源安全。全面落实耕地保护和粮食安全党政同责，强化耕地质量建设与保护，坚决遏制耕地“非农化”，有效防止“非粮化”，新建和改造提升高标准农田200万亩。实施“稳粮扩油”工程，粮食播种面积和产量分别达到3012万亩和108.1亿公斤以上，夯实稳产保供基础。推进《重庆市粮食安全保障条例》立法进程，严格落实地方粮食储备管理制度。持续推进中储粮集团160万吨粮食仓储物流项目，持续推进粮食应急保障体系建设。加强政策性粮食库存检查、粮食购销定期巡查及各项专项检查督查，强化违法违规问题案件查办。强化能源保障形势研判，加快跨省能源通道、市内电源、页岩气产能、能源储备能力建设，天然气产量达到170亿立方米。加大运行调节力度，全力扩大市内生产和拓展市外资源，保障电力供应稳定。

三是全力推进安全生产和防灾减灾工作。开展安全生产治本攻坚三年行动，强化道路运输、建设施工、危险化学品、工贸、燃气、文化旅游等行业领域安全管理，全市各类生产安全亡人事故起数、死亡人数均下降3%，坚决防止重特大安全事故发生。推进安全与保险互动合作，加强事前预防服务。持续抓好极端灾害天气应对，做好森林火灾、山洪、城市内涝等灾害防控处置工作。持续优化应急救援力量建设，大力推进应急管理数字化改革，加强风险监测预警，常态化开展演练培训，大力提升风险和突发事件防范处置能力。

四是全力提升社会治理水平。坚持和发展新时代“枫桥经验”新重庆新实践，打好社会矛盾纠纷化解处置攻坚战，全力防控社会稳定风险。坚持党建统领基层治理，健全城乡社区基层治理体系，探索社会力量参与基层治理工作机制。推进信访问题源头治理、信访突出问题化解攻坚，特别是房地产开发建设、劳资社保等重点领域信访案件化解。健全立体化社会治安防控体系，常态化开展扫黑除恶，依法严惩网络诈骗、跨境赌博等突出违法犯罪。

关于重庆市2023年预算执行情况和2024年预算草案的报告

重庆市财政局

各位代表：

受市人民政府委托，现将重庆市2023年预算执行情况和2024年预算草案的报告提请大会审查，并请各位政协委员提出意见。

一、2023年预算执行情况

刚刚过去的2023年，是全面贯彻党的二十大精神的开局之年，是全面建设社会主义现代化新重庆的起步之年，也是三年新冠疫情防控转段后经济恢复发展的一年。一年来，在以习近平同志为核心的党中央坚强领导下，在市委直接领导下，在市人大、市政协关心支持下，全市上下坚持以习近平新时代中国特色社会主义思想为指导，全面贯彻党的二十大精神和习近平总书记对重庆的重要指示批示精神，认真落实党中央、国务院决策部署，坚持稳中求进工作总基调，完整、准确、全面贯彻新发展理念，积极服务融入新发展格局，突出稳进增效、除险清患、改革求变、惠民有感工作导向，统筹推进高质量发展、创造高品质生活、创新高效能治理，现代化新重庆建设实现了良好开局、迈出了坚实步伐。我们坚持依法理财、科学理财、为民理财，保持奋进者姿态、创造性张力，服务保障市委、市政府工作部署，严格执行市人大预算决议，深入实施积极的财政政策，统筹做好“生财、聚财、用财、管财”各项工作，为现代化新重庆建设提供了坚实的财力保障。

（一）一般公共预算执行情况

1. 全市

——全市一般公共预算收入2441亿元，增长16%，完成预算的102.8%。其中，税收收入1476亿元，增长16.1%，增幅较高主要是上年大规模留抵退税形成低基数，以及经济持续回升带动税收恢复性增长。非税收入965亿元，增长15.9%。加上中央补助2569亿元、地方政府一般债务收入826亿元，以及动用预算稳定调节基金、调入资金、上年结转等1428亿元后，收入总量为7264亿元。

——全市一般公共预算支出5305亿元，增长8.4%，完成预算的95.8%。加上上解中央61亿元、地方政府一般债务还本支出712亿元，以及安排预算稳定调节基金、结转下年等1186亿元后，支出总量为7264亿元。收支相抵，全市一般公共预算收支平衡。

2. 市级

——市级一般公共预算收入827亿元，增长21.5%，完成预算的99.8%。其中，税收收入531亿元，增长21%。非税收入296亿元，增长22.4%。加上中央补助2569亿元、地方政府一般债务收入826亿元，以及区县上解、动用预算稳定调节基金、调入资金、上年结转等651亿元后，收入总量为4873亿元。

——市级一般公共预算支出1738亿元，增长 8%，完成预算的 88.6%。主要是年底受收入入库时序的影响，部分支出需要在次年滚动安排。加上补助区县 1778 亿元、地方政府一般债务转贷支出 738 亿元、地方政府一般债务还本支出 79 亿元，以及上解中央、安排预算稳定调节基金、结转下年等 540 亿元后，支出总量为 4873 亿元。收支相抵，市级一般公共预算收支平衡。

（1）市级重点支出执行情况为：一般公共服务支出 66 亿元，下降 1%，完成预算的 77.2%。公共安全支出 103 亿元，增长 1.3%，完成预算的 92.2%。教育支出 163 亿元，增长 9.6%，完成预算的 92%。科学技术支出 30 亿元，增长 8.8%，完成预算的 90.7%。文化旅游体育与传媒支出 15 亿元，下降 8.7%，完成预算的 87.9%。社会保障和就业支出 600 亿元，增长 3.9%，完成预算的 91.1%。卫生健康支出 190 亿元，增长 0.8%，完成预算的 87%。节能环保支出 60 亿元，增长 3.3%，完成预算的 96.3%。城乡社区支出 114 亿元，增长 13.2%，完成预算的 71.4%。农林水支出 45 亿元，增长 15.1%，完成预算的 83.4%。交通运输支出 185 亿元，增长 7.5%，完成预算的 98.5%。产业发展支出 50 亿元（资源勘探工业信息、商业服务业、金融、粮油物资储备四个科目之和），增长 42.3%，完成预算的 122.4%。自然资源海洋气象等支出 22 亿元，增长 4.1%，完成预算的 96.5%。住房保障支出 59 亿元，增长 154.8%，完成预算的 88.8%。灾害防治及应急管理支出 8 亿元，增长 2.5%，完成预算的 97.5%。

（2）市级对区县转移支付预算执行情况为：市级对区县转移支付 1778 亿元。其中，一般性转移支付 1497 亿元，专项转移支付 281 亿元。

市级预算安排预备费 30 亿元，使用 1.2 亿元。主要是根据物价变动情况，对低收入群体发放价格临时补贴，剩余 28.8 亿元按规定全部补充预算稳定调节基金。

2023 年初，市级预算稳定调节基金余额为 93 亿元。年底通过统筹结转结余、零结转收回、政府性基金调入等方式补充 386 亿元。2024 年初，动用 310 亿元用于平衡预算，动用后预算稳定调节基金余额为 169 亿元。

（二）政府性基金预算执行情况

1. 全市

——全市政府性基金预算收入 1879 亿元，增长 7.1%，完成预算的 102.6%。其中，全市国有土地使用权出让收入 1695 亿元，增长 8.5%。加上中央补助 105 亿元、地方政府专项债务收入 2174 亿元，以及上年结转等 524 亿元后，收入总量为 4682 亿元。

——全市政府性基金预算支出 2970 亿元，增长 0.5%，完成预算的 96.9%。加上地方政府专项债务还本支出 824 亿元，以及调出资金、结转下年等 888 亿元后，支出总量为 4682 亿元。收支相抵，全市政府性基金预算收支平衡。

2. 市级

——市级政府性基金预算收入 992 亿元，增长 6%，完成预算的 112.5%。其中，市级国有土地使用权出让收入 903 亿元，增长 6.1%。加上中央补助 105 亿元、地方政府专项债务收入 2174 亿元，以及区县上解、上年结转等 301 亿元后，收入总量为 3572 亿元。

——市级政府性基金预算支出 602 亿元，下降 16%，完成预算的 75.3%。主要是部分市级支出调整为对区县转移支付。加上补助区县 883 亿元、地方政府专项债务转贷支出 1684 亿元、地方政府专项债务还本支出 189 亿元，以及调出资金、结转下年等 214 亿元后，支出总量为 3572

亿元。收支相抵，市级政府性基金预算收支平衡。

（三）国有资本经营预算执行情况

1. 全市

——全市国有资本经营预算收入187亿元，增长88.1%，完成预算的143.6%。增幅较大主要是市级国有企业历年未分配利润专项上缴。加上中央补助1亿元、上年结转6亿元后，收入总量为194亿元。

——全市国有资本经营预算支出34亿元，增长20.1%，完成预算的63.4%。主要是加大统筹力度，调入一般公共预算使用。加上调出资金149亿元、结转下年11亿元后，支出总量为194亿元。收支相抵，全市国有资本经营预算收支平衡。

2. 市级

——市级国有资本经营预算收入75亿元，增长154.9%，完成预算的93.1%。加上中央补助、上年结转6亿元后，收入总量为81亿元。

——市级国有资本经营预算支出27亿元，增长77.6%，完成预算的66.4%。加上补助区县、调出资金、结转下年54亿元后，支出总量为81亿元。收支相抵，市级国有资本经营预算收支平衡。

（四）社会保险基金预算执行情况

——全市社会保险基金预算收入2635亿元，增长1.1%，完成预算的101.1%。其中，基本养老保险基金收入1766亿元，基本医疗保险基金收入799亿元，失业保险基金收入34亿元，工伤保险基金收入36亿元。从资金来源看，财政补助683亿元，占比为26%。

——全市社会保险基金预算支出2462亿元，增长8.4%，完成预算的99.4%。其中，基本养老保险基金支出1709亿元，基本医疗保险基金支出688亿元，失业保险基金支出37亿元，工伤保险基金支出28亿元。收支相抵，全市社会保险基金预算收支结余173亿元。历年滚存结余2773亿元。

（五）地方政府债务执行情况

1. 举借规模和结构

2023年，经国务院批准，财政部核定我市政府债务限额12287亿元。其中，一般债务限额3738亿元，专项债务限额8549亿元。

2023年底，全市政府债务余额为12258亿元，在核定限额之内。按类型分，一般债务余额3714亿元，专项债务余额8544亿元。按级次分，市级3275亿元，区县级8983亿元。

2. 使用情况

2023年，全市发行地方政府债券3000亿元。其中，全市新增债券1469亿元，主要是用于市政和产业园区基础设施建设493亿元，占34%；用于科教文卫社会事业247亿元，占17%；用于交通基础设施建设203亿元，占14%；用于保障性住房建设160亿元，占11%；用于农林水利78亿元，占5%。再融资债券1531亿元，用于偿还到期存量债务。

3. 偿还情况

2023年，全市政府债务还本付息支出1899亿元。其中，偿还本金1536亿元，兑付利息363亿元。市级政府债务还本付息支出376亿元。其中，偿还本金268亿元，兑付利息108亿元。

总的来看，全市政府债券资金依法用于公益性项目建设；偿债资金来源落实，按时足额还本付息，没有出现偿付风险。按财政部政府债务风险评估办法测算，预计我市政府债务率为148%，风险总体可控。

二、2023 年财政工作情况

（一）主要政策落实及重点工作开展情况

1. 加力提效积极财政政策，统筹推动高质量发展

围绕成渝地区双城经济圈、西部陆海新通道、长江经济带高质量发展等国家战略，聚焦全市重大决策部署，落实积极财政政策，统筹整合财政资源，确保重大项目、重大政策、重大改革、重大平台落地见效。

优先保障市委“一号工程”。全市投入 1832 亿元，落实双城经济圈建设“十项行动”。安排 1093 亿元，实施建设现代基础设施网络行动，支持成渝中线、渝昆、渝西、渝万、成达万等高铁建设；加快江北国际机场 T3B 航站楼和第四跑道建设；推进恩广高速万州至开江段、银百高速开州至城口段、安来高速奉节至巫山段以及巫云开等高速公路建设；启动轨道交通 7 号线和 17 号线一期建设，开通运营 5 号线北延伸段、9 号线二期、10 号线二期和 18 号线；推动茶惠大道、黄桷沱大桥、科学城隧道等建设。安排 269 亿元，实施构建现代化产业体系行动和加快科技创新中心建设行动，支持制造业高质量发展，促进数字经济创新发展，构建优质高效服务业新体系，提升科技创新能级。安排 274 亿元，实施推进生态优先绿色发展行动，支持加强生态系统保护，改善生态环境质量，积极稳妥推进碳达峰碳中和。安排 160 亿元，实施高品质生活惠民富民行动，推进健康中国重庆行动，高水平建设教育文化强市，强化防灾备灾体系和能力建设。

提速建设西部陆海新通道。全市投入 372 亿元，迭代升级新一轮财政支持政策，实施西部陆海新通道五年行动方案。安排 343 亿元，完善基础设施网络，支持西部陆海新通道交通走廊建设，织密通道综合立体交通网络，建设多层级物流枢纽节点体系，完善口岸基础设施和功能，增强通道支撑能级。安排 23 亿元，构建内畅外联多式联运体系，建立与中欧班列、长江航运、航空货运等多种运输方式高效衔接机制，提升通道运行效率。2023 年，重庆经西部陆海新通道运输货物超 17 万标箱，中欧班列（成渝）全年开行约 5300 列。安排 5.5 亿元，落实引外资促外贸相关政策，设立中小微商贸企业贷款风险补偿资金池，助力“百团千企”开拓国际市场，签约订单金额超 400 亿元。

着力推动经济企稳恢复提振。落实税费支持政策，延续、优化、完善一批到期税费政策，突出对制造业、小微企业、个体工商户以及困难行业的支持，出台支持房地产市场发展财税政策，全市新增减税降费及退税缓费超 430 亿元，惠及市场主体 300 多万户（次），近八成的享受主体为小微企业和个体工商户。安排 4.2 亿元，培育建设国际消费中心城市，兑现新能源汽车购置补贴、绿色智能家电消费补贴等政策，打造网红都市、夜市经济等本土特色品牌。安排 17.3 亿元，推动民营经济健康发展，落实好风险补偿、贷款贴息、保费补贴、应急转贷、上市挂牌企业奖补等政策，支持涪陵、沙坪坝等区县创建普惠金融发展示范区，全年支持 59 家（次）企业上市挂牌和再融资，新增小微、“三农”融资担保规模约 250 亿元，助力 2.5 万户小微企业和个体工商户创新创业。优化政府采购营商环境，通过预留采购份额、价格评审优惠、优先采购等措施，授予中小企业政府采购合同金额占全市总额的 81%，帮助中小企业纾困发展。

加快构建现代化产业体系。全年投入 159 亿元，推动产业转型升级。安排 130 亿元，打造“33618”现代制造业集群体系，提升两江新区、江津等区县智能网联新能源汽车、电子信息、先进材料等主导产业能级，促进智能装备及智能制

造、食品及农产品加工等支柱产业创新发展，推进软件和信息服务业“满天星”行动计划，支持巴南、璧山等区县培育壮大新型显示、生物医药等特色优势产业以及功率半导体、AI及机器人等战略性“新星”产业集群。安排21亿元，大力发展数字经济，优化完善“技改专项贷”政策，推动江北、九龙坡、长寿等区县传统企业智能化、绿色化、高端化改造，支持渝北入选全国首批中小企业数字化转型试点城市。全市累计实施智能化改造项目6080个，建设数字化车间958个、智能工厂144个。安排8亿元，培优育强市场主体，支持大企业整合技术、品牌、渠道等优势资源，发展成为龙头企业、领军企业。落实中小企业梯队培育计划，优化专精特新财政奖补政策。2023年，新增国家级专精特新“小巨人”企业53家，培育市级专精特新企业1366家。

协同推进科技创新和数字重庆建设。全市投入123亿元，落实“416”科技创新战略布局，推进数字重庆建设。整合设立20亿元专项资金，加快数字化变革，推动政务数字化项目从分散开发向集中管理转变，梯次推进“三个一批”重大改革项目。安排6亿元，打造高能级科创平台，支持重庆高新区金凤实验室、南岸脑与智能科学中心和荣昌国家生猪技术创新中心等建设。安排38亿元，开展关键核心技术攻关，实施人工智能、高端器件、先进制造、汽车软件、生物医药等5个重大专项和新能源等8个重点专项，科技成果转化和产业化水平显著提升。安排26亿元，强化企业创新主体地位，实施高新技术企业和科技型企业“双倍增”行动计划，将符合条件的行业企业研发费用税前加计扣除比例由75%提高至100%。安排30亿元，优化科技创新生态，深化财政科研经费管理改革，完善科技创新政策体系，支持举办首届“一带一路”科技交流大会、重庆国际人才交流大会、第五届国际智能产业博览会等。

扎实推进乡村振兴。全市投入782亿元，推进农业农村现代化，建设宜居宜业和美乡村。安排45亿元，支持粮食和重要农产品稳产保供，实施“稳粮扩油”工程，落实耕地地力保护和大户补贴，兑现种粮农民补贴、农机购置和应用补贴等，完善产粮大县奖励政策，做好粮油、肉蛋奶、果蔬等物资储备。安排81亿元，巩固拓展脱贫攻坚成果，建立防止返贫监测和帮扶机制，“一县一策”支持巫溪、彭水等4个国家乡村振兴重点帮扶县，统筹推进武隆、奉节等市级乡村振兴重点帮扶区县发展，支持脱贫群众稳岗就业，守牢不发生规模性返贫底线。安排30亿元，促进乡村产业高质量发展，支持合川、永川成功创建国家现代农业产业园，打造蔬菜、麦制品等全国农业特色优势产业集群，扶持农村电商、乡村旅游等新业态。安排243亿元，推动农业基础设施建设，支持南川、巫山等区县实施高标准农田改造提升，推动开州等区县大中小型水库、防汛抗旱设施等水利工程建设，加快实施渝西水资源配置工程，补齐农村供水基础设施短板。安排19亿元，拓宽农民增收致富渠道，发展壮大农村集体经济，支持丰都、石柱、酉阳等区县“小县人城”“强镇带村”试点工作，促进农村“三社”融合发展，推动强村富民综合改革。安排309亿元，加快宜居宜业和美乡村建设，保障农村教育发展，持续推动“四好农村路”和农村公路安防工程建设，深入实施农村人居环境整治提升五年行动，支持黔江等区县加强传统村落保护。安排14亿元，强化乡村财政金融服务，支持健全以政策性农业保险、政府性融资担保为重点的农村金融服务体系，为438万户（次）农户提供风险保障642亿元，为1.9万户农业新型经营主体等提供低费率担保82.7亿元。加强惠民惠农财政补贴资金“一卡通”管理，补贴政策清单从110项拓展到200项。

深入推进美丽重庆建设。全市投入583亿元，健全生态文明建设财政保障机制，推动长江经济带高质量发展，筑牢长江上游重要生态屏障。安排169亿元，打好蓝天、碧水、净土保卫战，支持渝中、大渡口等区县开展重点区域大气污染集群治理，加强细颗粒物（PM2.5）和臭氧等多污染物协同治理。推进重点流域水生态系统治理，支持铜梁、垫江、万盛经开区等区县实施水环境综合整治，保障城市生活污水处理达标排放，启动第二轮市内流域横向生态保护补偿，实施三峡库区长江干流及次级河流清漂，长江干流重庆段水质保持为优，74个国控考核断面水质优良比例达到100%。推进农村生活污水治理，完成国家首批农村黑臭水体治理试点建设；持续支持城口、秀山等区县锰污染治理，确保土壤环境安全稳定。安排25亿元，推进全域“无废城市”建设，提升生活垃圾分类收运处置能力，全年处理中心城区生活垃圾407万吨，无害化处理率达100%。安排80亿元，加强生态保护修复，实施三峡库区腹心地带国土绿化试点示范项目工程，持续推进“两岸青山 · 千里林带”和国家储备林建设，助力忠县获批全国“两山”实践创新基地；支持生物多样性保护，推动自然保护地整合优化，落实长江“十年禁渔”；健全地质灾害综合防治体系，推动三峡库区危岩地灾治理。安排309亿元，推进碳达峰碳中和，助推工业、建筑业、交通运输业等重点行业绿色转型，完善碳排放市场机制，建设“碳惠通”平台，生态产品价值实现和转化持续见效；落实绿色采购政策，节能环保产品占同类产品政府采购规模达到70%。争取国家绿色发展基金12.5亿元，支持3个市内绿色发展示范项目建设。

2. 全力保障社会事业发展，努力创造高品质生活

坚持公共财政取之于民用之于民，用心用情用力做好基础性、普惠性、兜底性民生实事，全力以赴解决好人民群众“急难愁盼”问题，不断满足人民日益增长的美好生活需要，让发展成果更多更公平惠及全市人民。

强化就业服务保障。全市投入41亿元，落实落细就业优先政策。安排30亿元，支持“就在山城 · 渝创渝新”就业创业促进计划，综合运用税费减免、社保补贴、贷款贴息等政策，促进高校毕业生、农民工、退役军人等就业。安排4.5亿元，实施“巴渝工匠”终身职业技能培训工程，围绕产业链需求开展电子信息、汽车装配等技能培训，提高劳动者技能水平，着力解决结构性就业矛盾。安排6亿元，开发公益性岗位，支持灵活就业、新就业形态发展。

推动教育优质均衡发展。全市投入856亿元，落实财政性教育经费“只增不减”，支持办好人民满意的教育。安排84亿元，兑现学生资助政策，资助各级各类学生664万人次，确保家庭经济困难学生顺利完成学业。安排33亿元，增加学前教育普惠性资源供给，支持幼儿园开展普惠性托育服务。安排452亿元，健全城乡义务教育经费保障机制，落实特岗教师、乡村教师等生活补助。安排113亿元，落实生均公用经费，支持普通高中发展促进计划，加强县域普通高中建设。安排78亿元，加快西部职教基地建设，持续实施中职“双优”和高职“双高”建设，推动职业院校办学条件达标和产教融合、科教融汇等工作，支持设置重庆电子科技职业大学。安排77亿元，实施高等教育高质量发展促进计划，优化完善以绩效为导向的“双一流”支持政策，全额保障重庆中医药学院开办并顺利完成首次招生。

增强健康服务能力。全市投入493亿元，深化医药卫生体制改革，扩大医疗资源供给，促进人民健康水平稳步提高。安排255亿元，支持改

善医疗保障服务，居民医疗保险人均财政补助从610元提高到640元。安排147亿元，建设完善公共卫生服务体系，支持疾病预防控制、精神卫生、采供血等公共卫生机构能力建设，提高优生优育服务能力。安排68亿元，健全医疗卫生服务体系，支持公立医院高质量发展，持续推进北碚、綦江等区县国家区域医疗中心建设，推动优质医疗资源均衡布局和扩容下沉，补齐基层医疗卫生机构短板，将乡村医生月均补助标准从400元提高到600元以上。安排1亿元，免费为全市适龄在校女学生接种HPV疫苗。

提高社会保障水平。全市投入1059亿元，健全多层次社会保障体系，增进人民福祉。安排695亿元，补助基本养老保险基金，做好职业年金缴费，上调城镇职工离退休人员基本养老金，将城乡居民基础养老金提高到每月140元。采取委托全国社保基金理事会投资、竞争性存放等方式，推动社会保险基金保值增值。落实好个人养老金税收优惠政策，支持多层次、多支柱养老保险体系建设。安排161亿元，加大对全市困难群众救助力度，将城乡低保标准分别提高到每月735元、600元，将城乡特困人员保障标准提高到每月955元，及时兑现孤儿救助、优抚对象生活补助和退役军人困难帮扶等政策。安排33亿元，发展妇女、儿童、残疾人等福利事业。支持建成“劳动者港湾”示范点150个，改善环卫工人等户外劳动者的工作生活环境。

完善住房保障体系。全市投入139亿元，建立健全多主体供给、多渠道保障、租购并举的住房制度，缓解城乡居民住房困难问题。安排66亿元，支持筹集保障性租赁住房8.4万套（间），向住房困难家庭发放租赁补贴，低收入住房困难群体实现应保尽保。安排15亿元，持续推动棚户区、农村危旧房改造，棚户区居民得到妥善安置，贫困群众住房安全得以保障。安排36亿元，支持城镇老旧小区改造，持续改善人居环境。安排22亿元，支持保障性租赁住房、棚户区、城镇老旧小区的燃气污水管网、消防、周边道路等配套基础设施建设，提升城乡居民住房功能品质。

促进文化旅游体育融合发展。全市投入66.2亿元，健全现代公共文化服务体系。安排5亿元，保障博物馆、公共图书馆、文化馆、美术馆、体育场馆以及乡镇、街道文化站（中心）免费或低收费开放。安排17.3亿元，实施文化惠民工程，开展书香重庆、红岩少年等群众文化活动，支持送戏曲进乡村、放惠民电影等。安排7.7亿元，推动市级文艺院团改革发展，支持芭蕾舞剧《归来红菱艳》等文艺精品创作，实施哲学社会科学创新工程，扶持革命历史题材、现实题材等主题电影电视作品创作。安排6.2亿元，加快长征、长江国家文化公园（重庆段）和红岩文化公园建设，支持大足、云阳等区县文物保护和修缮工程。安排18.7亿元，开展文旅惠民消费季等重大活动，支持旅游、电竞、歌会等文化产业项目实施，推进数字文化建设，深化媒体融合发展，促进文旅产业发展。安排6.6亿元，开展全民健身活动和竞技项目备战训练，推动体育公园和健身步道等建设，成功举办第九届中俄青少年运动会，支持重庆健儿参加杭州亚运会。

助推平安重庆法治重庆建设。全市投入414亿元，夯实平安建设保障基础，着力提升人民的安全感。安排20亿元，支持人民防线建设、国防动员等，打击暴力恐怖等犯罪活动。安排176亿元，健全社会治安防控体系，维护网络安全，支持打击毒品、电信网络诈骗、跨境赌博等违法犯罪活动。安排108亿元，保障案件审判执行、检察监督、服刑人员改造、强制隔离戒毒、信访维稳等，保障成渝金融法院顺利运行，完善司法救助、法律援助、人民调解、公益诉讼、企业破产费用援助等财政保障机制。安排50亿元，支持基层社会治理中心、现代化网格治理体系等建设，实施基层平安法治建设市级财政奖补，推动“141”基层智治体系建设落地见效。安排60亿元，支持安全生产预防、应急救援、食品药品安全等能力建设，防范化解非煤矿山、尾矿库、危险化学品等高危行业领域重大安全风险，开展火灾防控、道路交通、燃气安全等专项整治行动；及时下达受灾群众冬春救助资金，惠及31个区县79.5万因灾生活困难群众，帮助受灾群众渡过难关。此外，积极争取中央增发国债资金242亿元，支持万州、潼南、梁平等区县灾后恢复重建和提升防灾减灾能力建设。

3.着力深化财政管理改革，助力创新高效能治理

围绕全面预算管理，将加强管理、健全机制、完善制度一体推进，努力提高资源配置效率、财政政策效能、资金使用效益，更好发挥财政在国家治理中的基础和重要支柱作用。

完善集中财力办大事机制。围绕成渝地区双城经济圈、西部陆海新通道、长江经济带高质量发展等重大决策部署，建立大事要事财政保障清单。运用数字化手段动态跟踪，实现从决策、政策到项目、资金的精准匹配，做到大事要事财政靠前谋划，推动财政资金由后端保障向政策研究、项目储备延伸，增强财政保障重大战略决策的主动性和实效性。

深化财政体制改革。积极稳妥推进省以下财政体制改革，扎实开展调查研究，深入细致分析测算，初步提出财政事权和支出责任划分、市与区县收入划分、优化转移支付等改革思路，在保持财力格局总体稳定的基础上，有序推进各项改革任务。理顺开发区和行政区财政事权与支出责任，重新核定两江新区、重庆高新区与相关行政区社会事务支出划转基数，推动开发区与行政区协同发展。优化开发区财税扶持政策，研究开发区激励发展转移支付体系，引导开发区围绕功能定位加快发展。

加强政府债务管理。强化政府债券项目管理，多跨协同建好用好项目库，组织常态化申报，实施规范化审核，切实提高债券项目的成熟度、收益性，从源头上防范债务风险。优化债券资金投后管理，对专项债券项目穿透式监测、全生命周期管理，提高债券资金使用效益。压实化债主体责任，严格落实偿债资金来源，督促区县统筹自身财力，及时足额偿还到期存量债务。抓实隐性债务风险化解，推动法定债务与隐性债务合并监管，强化部门间信息共享和协同监管，实现全口径、常态化监测，严肃查处违法违规举债融资行为，坚决遏制新增隐性债务。

开展国有资产调查摸底。聚焦全市党政机关和事业单位、国有企业等重点资产，做到不同领域的同类资产标准统一、分类准确，清晰呈现国有资产全貌。对房屋、土地、大型仪器设备、公共基础设施等经济价值或社会价值较高的资产，增强资产颗粒度、信息饱满度，找准资产低效使用、闲置浪费等问题，为资产精细化管理和盘活处置利用夯实基础。

推动财政数字化改革。围绕加强全面预算管理，在预算管理一体化系统基础上，升级打造“财政智管”应用，聚焦预算编制、预算执行、决算和报告、运行监测、债务管理等财政核心业务，构建一批管用、好用的数字化应用场景，着力解决业务流程衔接、基础数据收集、财政运行感知、服务企业群众等方面的堵点难点，增强财政业务办理的规范性、及时性、科学性。

加强预算绩效管理。强化新增政策、项目立项必要性和绩效目标合理性论证，全年对173个500万元以上的市级新增项目开展事前绩效评估，2023年年中、2024年预算安排公开评审项目绩

效目标调整率分别为30%、24%，预算安排与绩效目标的匹配度持续提升。强化绩效运行日常监控，实施预算执行监督专项行动，及时收回预算执行进度慢、目标完成偏离大的项目资金约20亿元，统筹用于保障重大战略任务。强化激励约束，绩效评价结果与区县转移支付和部门预算安排挂钩，提升财政政策效能和资金效益。

加大财会监督力度。全面落实中办、国办《关于进一步加强财会监督工作的意见》，聚焦财经领域重大案件查处、财经纪律重点问题整治、会计评估行业专项监督等重点领域，开展财会监督专项行动，发现并纠治一批违反财经纪律的突出问题。推动财会监督与纪检监察、巡视巡察等各类监督贯通协调，建立健全财会监督全链条闭环管理机制。

保障基层财政平稳运行。建立基层财力保障体系，推动财力性转移支付适度向困难区县倾斜，适度扩大"三保"重点关注区县范围，"三保"财力补助较上年增长26%，有力提升基层财力保障水平。建立"三保"风险防控机制，强化预算审核、压力评估、重点关注、倾斜补助、专户调度、跟踪监测、兜底救助等全链条管理，压实区县保障责任，兜牢"三保"底线。建立财政运行动态监测机制，实时监测区县财力、库款保障、债务风险，动态掌握区县"三保"运行情况，每月摸排区县人员工资、基本民生等政策兑现情况，对"三保"风险早预防、早发现、早处置。

坚持党政机关过紧日子。年初实施预算公开评审，联合市人大提前介入预算审查，在预算源头把好关口。年中严格履行预算追加程序，严控新设重点专项和重点专项增支。年底实施"零结转"，统一收回未执行完的预算。扎实开展支出压减专项行动，大力压减一般性支出，严格执行公务出行标准，持续强化出国出境审批管理，严控新增行政成本和"三公"经费总额，清理整合重点专项，对绩效水平低、项目编审质量差、预算执行进度慢、未达预期目标的按比例压减，全市压减支出55亿元，腾退财力用于保障重大战略任务和重点民生实事。

2023年，为完整反映大事要事等财政保障情况，以上全市财政投入为汇总数据，部分资金存在交叉。

（二）落实市人大预算决议和服务代表委员情况

一是严格落实人大决议决定。认真落实《预算法》《预算法实施条例》《重庆市预算审查监督条例》等财政法律法规。坚持依法理财，严格执行市六届人大一次会议批准的预算，以及市六届人大常委会第二次、第四次和第五次会议批准的预算调整方案，自觉按法定权限、法定程序办事。加强预算绩效管理，切实提升财政资金使用效益。

二是自觉接受人大、政协监督。完善工作报告制度，按程序向市人大常委会会议、市人大常委会主任会议报告预算执行、预算调整、国有资产管理及政府债务管理等事项，回答询问、接受监督、听取意见。完善预算公开评审机制，邀请市人大专家参与年初和年中预算公开评审，持续优化支出结构。主动对接人大联网监督系统，运用线上、线下监督平台，加强财政资金使用全过程监督。持续推进预决算、财税政策、政府采购等信息公开，保障公众对公共财政的知情权、参与权和监督权。

三是认真办理代表建议、政协提案。坚持把办理建议提案作为推进财政工作的重要抓手。2023年财政办理代表建议425件，政协提案328件，满意率和时效率均为100%。代表委员们关于加强对中小微企业支持、增强基层财力保障、加快义务教育优质均衡发展、建设数字经济产业高地等建议，已转化为促进经济社会高质量发展的政策措施，有力推动了现代化新重庆建设。

四是完善服务代表委员机制。按照“注重日常、主动沟通、统筹协作、讲求实效”的原则，加强与代表委员们的沟通交流，持续提升服务代表委员的能力和水平。通过片区座谈、专题调研、定期走访、寄送资料等措施，主动向代表委员报告财政落实重大政策、重要事项、重点工作的情况。2023 年配合财政部召开 2 场在渝全国人大代表、政协委员座谈会，配合市人大召开 4 场全市人大代表片区座谈会。

在看到成绩的同时，我们也清醒认识到，当前财政工作还面临不少困难和问题：财政资金使用管理有待加强，一些专项资金支出进度偏慢，导致资金闲置，政策效应未充分发挥。预算绩效管理仍需提升，一些项目前期评估论证开展不实，绩效目标设置偏低，没有体现“跳一跳、够得着”的要求，导致投入产出率不高。行政事业性国有资产统筹管理不够到位，一些资产处置后收入未及时缴库，一些单位房屋资产长期闲置。财会监督工作力量薄弱，职能作用发挥还不够充分。同时，政府债务还本付息压力逐渐上升，财政预算管理改革还需进一步深化。我们高度重视这些问题，将积极采取措施加以解决。

三、2024 年工作安排

今年是实现“十四五”规划目标任务的关键之年，是现代化新重庆建设从全面部署到纵深推进的重要之年，是改革攻坚突破的奋斗之年，做好财政工作意义重大。

（一）2024 年财政收支形势

当前和今后一个时期，外部环境复杂性、严峻性、不确定性加大，战略机遇和风险挑战并存。国内经济回升向好、长期向好的趋势没有改变，制度优势、市场优势、产业体系优势、人力资源优势等持续巩固，高质量发展具备坚实支撑。重庆迎来了国家战略叠加的机遇期，成渝地区双城经济圈、西部陆海新通道、长江经济带高质量发展等重大战略落地落实，带来了政策利好、项目利好，增强了发展势能、奋进动能。经济是财政的源头活水，全市经济回升向好、长期向好，为财政平稳运行提供了重要支撑。但是，当前经济恢复基础尚不稳固，财政运行面临不少困难。从财政收入看，增速放缓，新增可用财力有限。由于大规模留抵退税的低基数效应消退，税收增幅将回落至中低速水平，大体与经济增长水平相适应。非税收入主要依靠资产处置带动，挖潜增收难度加大。房地产市场仍处于深度调整期，土地出让收入存在较大不确定性。从财政支出看，需求较多，平衡压力增大。落实重大战略任务，需要加大财力投入；补齐就业、教育、医疗、养老等基本民生短板，需要加强资金保障；支持城乡区域协调发展，增强基层“三保”能力，需要扩大转移支付。总体预判，2024 年财政收支形势依然严峻，“紧平衡”状态仍将持续，财政运行压力较大，要做好思想和工作上的准备。

（二）2024 年预算编制指导思想和财政工作总体要求

坚持以习近平新时代中国特色社会主义思想为指导，全面贯彻党的二十大、二十届二中全会和中央经济工作会议精神，全面落实市委六届二次、三次、四次全会和市委经济工作会议部署，坚持稳中求进工作总基调，完整、准确、全面贯彻新发展理念，积极服务融入新发展格局，着力推动高质量发展，全面深化改革开放，统筹扩大内需和深化供给侧结构性改革，统筹新型城镇化和乡村全面振兴，统筹高质量发展和高水平安全，全面落实国家重大战略，以科技创新引领现代化产业体系建设，切实增强经济活力、防范化解风险、改善社会预期，巩固和增强经济回升向好态势，持续推动经济实现质的有效提升和量的合理增长，增进民生福祉，保持社会稳定，加快建设现代化新重庆，努力为全国大局作出更大贡献。

财政工作的总体要求：一是要实施政策，保障重大战略落地。落实积极的财政政策适度加力、提质增效的要求，加强财政资源统筹，保持适当支出强度，推动国家战略和全市重大决策部署落地落实。二是要加强管理，提高财政资金绩效。坚持预算法定原则，规范财政收支行为，调整优化支出结构，落实花钱必问效、无效必问责要求，全面实施预算绩效管理，增进党政机关过紧日子的共识。三是要深化改革，提升财政治理效能。落实新一轮财税体制改革要求，持续推动省以下财政体制改革，跟进落实“三攻坚一盘活”改革举措，加快财政数字化改革，建立健全与现代化新重庆建设相适应的财政体制。四是要防范风险，确保财政平稳运行。统筹好发展与安全，深入开展财政承受能力评估，有效应对基层“三保”、政府债务等风险隐患，持续整治规范财经秩序，完善财会监督体系和工作机制，坚决查处违法违规行为。

（三）2024年市级财政重点支出方向

按照预算法规定，区县预算由区县人民政府编制，报区县人民代表大会批准，2024年区县预算仍在汇总中，以下仅为市级年初预算安排数。

1. 推动成渝地区双城经济圈建设

安排680亿元，支持重点基础设施布局和城市功能拓展，继续做好成渝中线高铁、渝昆高铁、渝湘高铁重庆至黔江段以及重庆东站等在建项目资金保障；支持实施成渝高速公路扩容工程，加快推动轨道交通在建线路等项目建设；支持建成江北国际机场T3B航站楼及第四跑道工程，推进重庆新机场前期工作；持续推动黄桷沱大桥、白市驿隧道等路桥隧项目建设；促进成渝中部地区高质量一体化发展，支持万达开一体化、万开云同城化等。安排7亿元，支持加快西部金融中心和国际消费中心城市建设，深入实施“智融惠畅”工程，推动政策性融资担保机构扩面降费让利，加快普惠金融发展示范区、绿色金融改革创新试验区建设；持续开展“爱尚重庆·渝悦消费”等系列活动，围绕汽车、绿色智能家电等大宗消费品开展刺激消费活动，支持打造国际会展名城、国际美食名城等。

2. 推动现代化产业体系建设

安排30亿元，支持构建“416”科技创新战略布局，推进“渝跃行动”和新重庆引才计划，办好重庆国际人才交流大会，建设“渝才荟”数字平台；支持国家实验室重庆基地落地见效，稳步推进重庆实验室建设；聚焦汽车核心软件、人工智能、绿色低碳等领域，实施重大（重点）科技专项，开展产学研协同攻关；继续实施高新技术企业和科技型企业“双倍增”行动计划，孵化培育创新主体；支持营造良好创新生态，持续推进财政科研经费管理改革。安排52亿元，支持构建“33618”现代制造业集群体系，促进智能网联新能源汽车稳产促增、推广应用，推动电子信息制造业提档升级，落实新材料产业投资奖励政策，深入实施软件信息服务业“满天星”行动计划，支持生物医药、页岩气、卫星互联网、功率半导体、新型储能等产业集群发展。安排20亿元，加快数字重庆建设，围绕“1361”整体构架，完善一体化智能化公共数据平台，推动数字化城市运行和治理中心建设，保障市级部门应用开发和迭代升级，丰富六大应用系统，打造基层智治体系。安排 10 亿元，壮大数字经济，落实“技改 9 条”“技改专项贷”等政策，推动“数实融合”，加快构建“产业大脑 + 未来工厂”产业数字化新生态。安排 5 亿元，实施“瞪羚企业”“独角兽企业”计划，持续支持中小企业梯度培育。

3. 推动西部陆海新通道建设

安排 20 亿元，深入实施西部陆海新通道五年行动方案，支持提升通道运输能力，推动铁海联运、国际铁路联运、跨境公路班车等提质上量，保障中欧班列（成渝）稳定畅通，支持新开、恢复和加密重要国际客货运航线，建设国家物流枢纽、物流园区、物流中心三级物流节点网络，持续完善通道枢纽功能。安排 4.6 亿元，支持稳住外资外贸基本盘，帮助外经贸企业降低融资成本、增强抗风险能力，助推企业开拓国际市场，推动跨境电商、市场采购贸易试点和内外贸一体化试点等。

4. 推动美丽重庆建设

安排 71.6 亿元，深入打好污染防治攻坚战，推动市内 19 条河流和跨省补偿机制落地见效，推进城市生活污水处理和中心城区污泥运输处理；引导区县开展企业尾气排放提标改造，做好土壤污染源头防控和治理修复；推进中心城区城市生活垃圾无害化处理，助力垃圾分类先锋创建；支持农村黑臭水体清零区县创建，开展农村生活污水治理，实施生态环境“以奖促治”。安排 42.5 亿元，加强生态系统保护修复，提质建设“两岸青山 · 千里林带”，推进大规模国土绿化，巩固长江“十年禁渔”，支持生物多样性保护等。安排 5.6 亿元，提升环境保护能力，推进生态环境监测、大气污染成因与治理攻关等能力建设，支持蓝天保卫战攻坚保障与执法监测、国控考核重点河流水质状况评估、碳排放权交易企业核查与盘查、生态环境领域科研项目等。

5. 推进乡村全面振兴

安排 56 亿元，巩固拓展脱贫攻坚成果，促进脱贫不稳定户、边缘易致贫户等重点群体就业增收，提高衔接资金用于产业比例，深化鲁渝协作和中央定点帮扶，确保不发生规模性返贫。安排 51.1 亿元，守牢粮食安全和耕地保护红线，落实耕地地力保护、种粮大户等财政奖补政策，推动粮食、肉蛋奶和水产品等重要农产品稳产保供。安排 157.7 亿元，打造宜居宜业和美乡村，落实农村公益事业奖补、美丽乡村奖补等政策，支持重点水源工程、农村供水设施等水利基础设施建设，推进农村人居环境整治，深化农村综合改革。安排 23 亿元，大力发展乡村产业，做好“土特产”文章，推动食品及农产品加工产业高质量发展，支持乡村振兴试验示范、农产品全产业链建设、智慧农业建设等。

6. 推动文化强市建设

安排 4.9 亿元，保障全市博物馆、公共图书馆、文化馆、美术馆等免费或低收费开放，推进公共文化服务标准化均等化建设。安排 4.4 亿元，支持西部国际传播中心建设，提升国际传播效能和城市影响力；推动市级文艺院团改革发展，实施文艺精品原创工程，支持文化产业新产品、新业态发展。安排 2.7 亿元，支持长征国家文化公园（重庆段）、巴蜀文化旅游走廊等建设，加强巴文化遗址考古和研究，做好三峡文物、非物质文化遗产系统性保护工作。安排 3.6 亿元，建设体育公园、健身步道、市民健身房，支持举办重庆市第七届运动会，助推铜梁龙足球队冲入中超，开展各项青少年体育赛事活动等。

7. 加强就业服务和社会保障

安排 40 亿元，落实落细就业创业支持、援企稳岗等政策，加强就业与产业协同，培育壮大新就业形态，确保高校毕业生、退役军人、农民工等重点群体就业稳定。安排590亿元，织密扎牢社会保障网，兑现基础养老金提标政策，确保退休人员养老保险待遇及时发放，完善养老服务体系，支持老年人家庭适老化改造。安排58亿元，健全分层分类的社会救助体系，按程序提高困难群众最低生活保障标准，保障低保、特困人员等重点群体待遇发放，加强妇女儿童、残疾人关爱和权益保障，兜住民生底线。安排46.5亿元，建立健全住房保障体系，支持筹集保障性租赁住房，推动危旧房、老旧小区改造等，持续改善城乡居民居住环境。

8. 推动教育强市建设

安排91.4亿元，支持扩大普惠性学前教育资源供给，巩固完善城乡义务教育经费保障机制，推动普通高中特色高质量发展，引导区县发展特殊教育、专门教育等。安排22.7亿元，实施职业教育提质领跑行动，深化产教融合、职普融通、科教融汇，推进改善职业院校办学条件。安排11.3亿元，助力高等教育内涵建设发展，支持优化院校结构、提档学科专业、培养创新人才等。安排42.4亿元，落实高中、中职、高校等学生资助政策，实现应助尽助全覆盖。

9. 优化卫生健康服务体系

安排134亿元，提高居民医疗保险财政补助水平，确保医保综合参保率稳定在95%以上，推进医保基金安全可持续运行。安排42亿元，提高基本公共卫生服务经费人均财政补助标准，加强“一老一小”重点人群基本公共卫生服务，提高优生优育服务能力。安排11亿元，支持医疗卫生机构能力建设、卫生健康人才培养、公立医院高质量发展和医学科研等。安排9亿元，支持疾病预防控制体系建设，保障市急救中心、肿瘤医院、儿童医院等项目建设，支持婴幼儿照护能力提升计划，促进中医药传承创新发展，持续为全市适龄在校女学生免费接种HPV疫苗。

10. 保障平安重庆法治重庆建设

安排52.5亿元，支持打击危害国家政治安全、涉毒、电信网络诈骗、跨境赌博等违法犯罪活动，支持“情报、指挥、行动”一体化运行，加强公安机关装备建设；支持150个乡镇（街道）推进基层平安法治建设，持续深化“枫桥经验”重庆实践。安排88亿元，保障全市法院、检察院依法履职，提升依法办案能力；支持法律援助、人民调解、社区矫正、服刑人员改造、强制隔离戒毒等，加快公共法律服务体系建设。

11. 推动基层财政平稳运行

安排612亿元，加大均衡财力和激励引导等财力性转移支付力度，支持区县增强财力，重点向民族地区、革命老区、重点生态功能区、资源枯竭型城市等财力较为薄弱的区县倾斜，提高区县基本公共服务保障能力，兜牢兜实“三保”底线。

（四）2024年财政管理改革工作

1. 健全完善集中财力办大事的财政支撑体系

优化财政资源统筹机制。增强政府预算收支完整性，推进“四本预算”有效衔接，统筹用好结转、结余资金，优化整合各类专项资金，大力盘活房屋、土地、大型仪器设备等行政事业性国有资产，发挥现有财力的集聚效应。加强财政、产业、金融等政策协同，综合运用资产证券化、公募REITs、特许经营等方式，拓展市场化筹资渠道，发挥政策工具的组合效应。深化部市合作、央地合作，加强政策对接和项目储备，争取中央在转移支付、政府债券等方面的支持，发挥国家战略的带动效应。同时，做好“资金池”与“项目池”对接平衡，精准高效调度项目资金，解决“钱等项目”错配问题，提高政策和资金效益。

完善经济税源培育机制。强化高质量培育税源意识，推动支柱产业、龙头企业健康发展，稳定重点税源。落实好各项扶持政策，加快战略性新兴产业、“专精特新”企业培育孵化，建立“微成长、小升高、高壮大、大变强”梯次培育机制，培育新兴税源。坚持“亩均论英雄”，在招商引资过程中，强化精准招商、产业链招商，加快发展产业集群，把亩均增加值、亩均税收、全员劳动生产率等评价指标放在更加重要的位置，推动财政收入与经济增长协调发展，壮大集群税源。

深化省以下财政体制改革。逐步完善市与区县收入划分机制，合理确定市与区县各税种分享比例。完善财政事权和支出责任划分机制，清晰界定市与区县财政事权和支出责任，逐步完善市与区县财政支出责任分担机制。优化市对区县转移支付结构，推动财力下沉，增强基层公共服务保障能力。深化开发区财政管理体制改革，优化开发区财税扶持政策，提升市级重点开发区的造血能力和发展能级，助力打赢园区开发区改革攻坚战。

2. 健全完善全过程高效能财政治理体系

加快财政数字化改革。推动“财政智管”应用上线运行，运用数字化手段，深度分析财政数据，智能管控财政业务，力争全市所有区县、所有预算单位全覆盖，逐步实现财政业务“一网统管”、财政运行“一屏统览”、资金流向“一键追踪”、财政工作“一体监督”。依托一体化智能化公共数据平台，实时共享建设成果，建立一本真实、清晰的“明白账”，助力实现“整体智治”。

健全过紧日子常态长效机制。增进全市党政机关习惯过紧日子的共识，严控一般性支出，强化“三公”经费管理，继续压缩因公出国、展会论坛等公务活动经费，一般性支出压减比例不低于 10%。严控行政事业单位聘用人员规模和政府购买服务事项。严禁新建楼堂馆所，规范办公用房、业务用房租用及装修改造。持续优化支出结构，清理整合低绩效专项资金，压减低效无效投资项目，及时回收沉淀资金、结转结余资金，用于落实重大决策部署、保障和改善民生。

强化预算绩效管理。树牢综合绩效理念，推动预算和绩效深度融合，力争财政资金经济效益、社会效益、生态效益协调统一。完善重大政策、项目事前绩效评估机制，提升政策和项目决策的科学性。围绕财政投入产出绩效，在部分行业领域率先建立“预算编制核成本、预算执行控成本、预算评价量成本”全成本预算绩效管理模式。聚焦全市重大战略任务和决策部署，强化横向部门联动、多级财政协同，开展重点专项转移支付绩效评价，加强评价结果运用，优化项目设置和预算规模，提升财政资源配置效率。

优化政府采购营商环境。聚焦世界银行新一轮营商环境评估指标体系，深化政府采购“放管服”改革。注重减负增效，严格实施“承诺制”，积极倡导“预付制”，加快采购合同支付进度，帮助企业增加现金流、稳生产促发展。聚焦支小支微，持续加大政府采购支持中小企业力度，将小额项目原则上 100%、大额项目至少 30% 预留给中小微企业。强化数字赋能，加力推动政府采购电子化交易系统建设，逐步实现全市政府采购项目全程网上交易，方便供应商参与投标，提升采购效率，降低参与成本。

3. 健全完善重大风险动态感知防控体系

兜牢兜实基层“三保”底线。落实“三保”清单制度，严格执行区县“三保”预算前置审查、资金专项拨付、定期统计监测等工作机制。持续加大对区县转移支付，“三保”补助继续保持较大增幅，用好财政资金直达机制，坚决兜牢基层“三保”底线。动态监测区县“三保”运行，实时预警区县“三保”风险，精准掌握区县财力保障、库款保障、新增暂付款、调入资金等情况。完善应急处置机制，建立“三保”风险应急预案，市区两级上下联动、妥善处理，确保不发生“三保”风险事件。

严防严控政府债务风险。加强跨部门协同协作，压实各方责任，规范举债融资行为，坚决遏制隐性债务增量。加强债务变动统计监测，开展区县债务风险等级评定，督促区县化解存量债务，有效管控债务风险。加强专项债券投后管理，健全项目管理机制，按时足额还本付息，确保法定债券不出风险。建立到期债务台账式管理机制，定期排查债务违约风险隐患，确保不断链不爆雷。

加力加效推进财会监督。建立健全财政部门主责监督、有关部门依责监督、各单位内部监督、相关中介机构执业监督、行业协会自律监督的财会监督体系，实施好“贯通协同”“数字监督”“固本强基”三大工程，加强财会队伍建设和人员培训，切实提升财会监督效能。聚焦重大决策部署，针对财政财务会计等领域存在的突出问题，加大监督广度和力度，强化通报问责和处理处罚，进一步严肃财经纪律。

四、2024年预算草案

（一）全市收入预计和支出安排

1. 全市一般公共预算

——全市一般公共预算收入预计2587亿元，增长6%。其中，税收收入预计1550亿元，增长5%。加上中央提前下达转移支付、地方政府一般债务收入、动用预算稳定调节基金、调入资金、上年结转等3690亿元后，收入总量为6277亿元。

——全市一般公共预算支出安排5862亿元，增长11%。加上上解中央、地方政府一般债务还本支出等415亿元后，支出总量为6277亿元。

2. 全市政府性基金预算

——全市政府性基金预算收入预计1880亿元。其中，全市国有土地使用权出让收入1700亿元。加上中央提前下达转移支付、地方政府专项债务收入、上年结转等1667亿元后，收入总量为3547亿元。

——全市政府性基金预算支出安排2487亿元。加上调出资金、地方政府专项债务还本支出1060亿元后，支出总量为3547亿元。

3. 全市国有资本经营预算

——全市国有资本经营预算收入预计134亿元。加上中央提前下达转移支付、上年结转12亿元后，收入总量为146亿元。

——全市国有资本经营预算支出安排32亿元。加上调出资金114亿元后，支出总量为146亿元。

4. 全市社会保险基金预算

——全市社会保险基金预算收入预计2738亿元。其中，基本养老保险基金收入1851亿元，基本医疗保险基金收入816亿元，失业保险基金收入35亿元，工伤保险基金收入36亿元。

——全市社会保险基金预算支出安排2607亿元。其中，基本养老保险基金支出1832亿元，基本医疗保险基金支出716亿元，失业保险基金支出30亿元，工伤保险基金支出29亿元。收支相抵，预计收支结余131亿元。

（二）市级收入预计和支出安排

1. 市级一般公共预算

——市级一般公共预算收入预计868亿元，增长5%。其中，税收收入预计550亿元，增长3.7%。加上中央提前下达转移支付、区县上解、地方政府一般债务收入、动用预算稳定调节基金、调入资金、上年结转等3032亿元后，收入总量为3900亿元。

——市级一般公共预算支出安排1815亿元，增长6.4%。加上市对区县提前下达转移支付、上解中央、地方政府一般债务还本支出、地方政府债务转贷支出等2085亿元后，支出总量为3900亿元。

（1）市级重点支出项目预算安排为：一般公共服务支出105亿元，增长1.7%。公共安全支出117亿元，增长4.6%。教育支出168亿元，增长6.8%。科学技术支出37亿元，增长3.9%。文化旅游体育与传媒支出19亿元，增长5.8%。社会保障和就业支出617亿元，增长4.8%。卫生健康支出208亿元，增长4.7%。节能环保支出55亿元，增长4.1%。城乡社区支出86亿元，增长7%。农林水支出46亿元，增长84.8%。交通运输支出165亿元，增长3.2%。产业发展支出58亿元（资源勘探工业信息、商业服务业、金融、粮油物资储备四个科目之和），增长36.4%。自然资源海洋气象等支出21亿元，增长0.6%。住房保障支出45亿元，增长3.7%。灾害防治及应急管理支出9亿元，增长3.7%。

（2）市级对区县转移支付预算安排1635亿元。其中，一般性转移支付1498亿元，专项转移支付137亿元。

（3）市级预备费安排30亿元。预备费在年度执行中根据实际用途分别计入市级支出和对区县的转移支付。

2. 市级政府性基金预算

——市级政府性基金预算收入预计883亿元。其中，市级国有土地使用权出让收入800亿元。加上中央提前下达转移支付、地方政府专项债务收入、上年结转等1384亿元后，收入总量为2267亿元。

——市级政府性基金预算支出安排416亿元。加上市对区县提前下达转移支付、调出资金、地方政府债务转贷支出、地方政府专项债务还本支出等1851亿元后，支出总量为2267亿元。

3. 市级国有资本经营预算

——市级国有资本经营预算收入预计36亿元。加上中央提前下达转移支付、上年结转7亿元后，收入总量为43亿元。

——市级国有资本经营预算支出安排21亿元。加上补助区县、调出资金22亿元后，支出总量为43亿元。

（三）地方政府债券发行计划和还本付息安排

2024年，根据财政部提前下达的新增政府债务限额和到期政府债务还本需求，全市政府债券计划发行1564亿元。其中，新增债券450亿元，主要是用于市级重大项目建设83亿元、区县政府投资项目建设367亿元；再融资债券1114亿元，主要是用于偿还到期政府债务本金。

2024年，全市政府债务还本支出安排1149亿元，付息支出安排404亿元。其中，市级政府债务还本支出安排377亿元，付息支出安排112亿元。

待财政部正式下达2024年全年新增政府债务限额、批准再融资债券发行计划后，全市政府债券发行计划和支出安排将相应做出调整。

上述支出方向中，涉及预算草案批准前必须安排的人员、基本运转等支出，按照预算法第五十四条规定，已作相应安排。

各位代表！做好2024年财政工作，责任重大，任务艰巨，使命光荣！全市财政将坚持以习近平新时代中国特色社会主义思想为指导，在市委的坚强领导下，主动接受市人大的监督，认真听取市政协的意见建议，唯实争先、拼搏奋进，以更加积极的态度、更加务实的作风、更加有为的担当，扎实推进现代化新重庆建设，为强国建设、民族复兴贡献更加强大的巴渝力量。

2023 年重庆市国民经济和社会发展统计公报

重庆市统计局　国家统计局重庆调查总队

2023 年，全市坚持以习近平新时代中国特色社会主义思想为指导，全面贯彻党的二十大精神和习近平总书记对重庆的重要指示批示精神，深入贯彻落实党中央、国务院决策部署，认真落实市委六届二次、三次、四次全会精神，坚持稳中求进工作总基调，完整、准确、全面贯彻新发展理念，积极服务融入新发展格局，主动把全市工作放在中国式现代化宏大场景中来谋划，统筹推动高质量发展、创造高品质生活、创新高效能治理，现代化新重庆建设迈出坚实步伐。

一、综合

初步核算，全年实现地区生产总值 30145.79 亿元，比上年增长 6.1%。按产业分，第一产业增加值 2074.68 亿元，增长 4.6%；第二产业增加值 11699.14 亿元，增长 6.5%；第三产业增加值 16371.97 亿元，增长 5.9%。三次产业结构比为 6.9 ：38.8 ：54.3。全年人均地区生产总值达到 94135 元，比上年增长 6.4%。民营经济增加值 17932.40 亿元，增长 5.8%，占全市经济总量的 59.5%。

年末全市常住人口 3191.43 万人，其中，城镇常住人口 2287.45 万人。常住人口城镇化率为 71.67%，比上年末提高 0.71 个百分点。

城镇新增就业人员 73.86 万人，比上年增长 4.5%。全年城镇调查失业率平均值为 5.4%。

全市农民工总量 756.4 万人，比上年增长 0.7%。其中，外出农民工 515.4 万人，增长 1.3%；乡内农民工 241.0 万人，下降 0.6%。

全年居民消费价格比上年下降 0.3%，其中，食品价格下降 2.5%。工业生产者出厂价格下降 2.2%。工业生产者购进价格下降 3.0%。农产品生产者价格下降 2.5%。新建商品住宅销售价格上涨 1.1%；二手住宅销售价格下降 3.5%。

表 1　2023 年居民消费价格比上年涨跌幅度

单位：%

指标	比上年增长
居民消费价格	-0.3
食品烟酒	-1.4
衣着	1.0
居住	0.2
生活用品及服务	-0.2
交通通信	-1.2
教育文化娱乐	1.3
医疗保健	0.2
其他用品及服务	2.4

国家重大战略深入实施。把成渝地区双城经济圈建设作为“一号工程”和全市工作总抓手总牵引，全年川渝两省市地区生产总值超过 9 万

亿元，成渝地区双城经济圈实现地区生产总值 81986.67 亿元，增长 6.1%。西部陆海新通道功能不断提升，枢纽功能持续完善，西部陆海新通道通达全球 120 个国家和地区的 490 个港口，成功开行中老泰国际铁路测试班列，全年运输箱量增长 21%。积极融入长江经济带高质量发展，坚定不移走生态优先、绿色发展之路，坚决打好长江经济带污染治理和生态保护攻坚战，全市地区生产总值占长江经济带比重达 5.2%，增速高于长江经济带 0.6 个百分点。

新动能不断壮大。新能源汽车产业、新材料产业、节能环保产业、高端装备制造产业增加值分别比上年增长 20.6%、17.2%、10.4%、8.8%。全年规模以上工业战略性新兴产业增加值和高技术制造业增加值占规模以上工业增加值的比重分别为 32.2% 和 18.3%。高技术产业投资比上年增长 12.7%，占固定资产投资的比重为 10.6%。全市限额以上单位实物商品网上零售额比上年增长 24.1%。全年新增市场主体 64.84 万户，年末市场主体总数 369.44 万户。

区域经济协调发展。研究出台一系列促进区域协调发展的各项政策举措，明确提出推动城乡融合区域协调发展，推动提升主城都市区极核引领能力、打造新型城镇化新型工业化主战场、加快渝东北渝东南现代化建设。持续做大做强主城都市区，做优做特山区库区。全年主城都市区实现地区生产总值 23120.05 亿元，比上年增长 6.0%；渝东北三峡库区城镇群实现地区生产总值 5303.43 亿元，增长 6.3%；渝东南武陵山区城镇群实现地区生产总值 1722.34 亿元，增长 6.6%。

绿色低碳转型扎实推进。全年全市万元地区生产总值能耗比上年下降 3.0%。水电、风电、太阳能发电等清洁能源发电量为 271.30 亿千瓦时，增长 11.8%。天然气产量 160.24 亿立方米，增长 13.3%。全市环境空气质量满足优良天数 325 天。环境空气细颗粒物（PM2.5）平均浓度为 37 微克 / 米 ^{3}。地表水总体水质为优，Ⅰ～Ⅲ类水质的断面比例为 96.9%，集中式生活饮用水源地水质达标率为 100%，库区一级支流水质呈富营养的断面比例为 37.5%。

二、农业

全年农林牧渔业增加值 2126.37 亿元，比上年增长 4.7%。

全年粮食播种面积 3038.90 万亩。粮食综合单产 360.6 公斤 / 亩，增长 3.2%。全年粮食总产量 1095.90 万吨，比上年增长 2.1%。其中，夏粮产量 123.95 万吨，增长 1.3%；秋粮产量 971.94 万吨，增长 2.3%。全年谷物产量 765.79 万吨，增长 1.2%。其中，稻谷产量 492.00 万吨，增长 1.4%；玉米产量 258.58 万吨，增长 0.9%；小麦产量 6.24 万吨，下降 0.5%。全年猪牛羊禽肉产量 212.22 万吨，增长 5.1%。年末生猪存栏 1173.20 万头，下降 2.0%；生猪出栏 1974.91 万头，增长 3.7%。全年水产品产量 58.89 万吨，增长 4.0%。

三、工业和建筑业

全年实现工业增加值 8333.35 亿元，比上年增长 5.8%。规模以上工业增加值比上年增长 6.6%。分经济类型看，国有控股企业增加值增长 8.5%，股份制企业增长 7.0%，外商及港澳台商投资企业增长 3.3%，私营企业增长 4.9%。分门类看，采矿业增长 9.6%，制造业增长 6.4%，电力、热力、燃气及水生产和供应业增长 8.1%。

全年规模以上工业中，分产业看，汽车产业增加值比上年增长 9.3%，摩托车产业增长 13.1%，电子产业增长 0.8%，装备产业增长 4.8%，材料产业增长 10.3%，消费品产业增长

6.4%，能源工业增长9.7%。分行业看，农副食品加工业增加值比上年增长3.4%，化学原料和化学制品制造业增长13.6%，非金属矿物制品业增长7.3%，黑色金属冶炼和压延加工业增长15.9%，有色金属冶炼和压延加工业增长11.4%，通用设备制造业增长8.8%，铁路、船舶、航空航天和其他运输设备制造业增长10.8%，电气机械和器材制造业增长7.6%，计算机、通信和其他电子设备制造业下降1.4%，电力、热力生产和供应业增长8.4%。

表2 2023年规模以上工业主要产品产量及其增速

产品名称	产量	比上年增长（%）
汽车（万辆）	231.79	2.0
#新能源汽车	50.03	30.3
微型计算机设备（万台）	7400.53	-14.1
#笔记本计算机	7063.11	-4.7
智能手机（万台）	7693.64	11.2
液晶显示屏（亿片）	3.21	13.6
钢材（万吨）	2072.21	19.5
铝材（万吨）	198.81	-2.3
水泥（万吨）	5477.81	4.5

全年建筑业增加值3365.79亿元，比上年增长8.4%。

四、服务业

全年批发和零售业增加值3073.81亿元，比上年增长9.9%；交通运输、仓储和邮政业增加值1191.07亿元，增长9.8%；住宿和餐饮业增加值635.06亿元，增长10.6%；金融业增加值2590.89亿元，增长5.2%；房地产业增加值1605.48亿元，下降2.7%；其他服务业增加值7275.66亿元，增长5.6%。全年规模以上服务业企业营业收入5874.88亿元，比上年增长8.2%。

全年货物运输总量14.05亿吨，货物运输周转量3917.19亿吨公里。全年内河港口货物吞吐量22342.48万吨，增长8.2%。空港货物吞吐量38.89万吨，下降6.5%。国际标准集装箱吞吐量187.86万标准箱，其中，铁路吞吐量56.11万标准箱，增长18.5%。

表3 2023年各种运输方式货物运输量及其增长速度

指标	绝对量	比上年增长（%）
货物运输总量（万吨）	140536.08	3.8
铁路	1937.36	6.0
公路	117583.76	5.1
水运	21001.45	-3.1
航空	13.50	9.6
货物运输周转量（亿吨公里）	3917.19	1.2
铁路	321.20	9.9
公路	1126.59	6.0
水运	2467.11	-1.8
航空	2.30	-28.2

全年旅客运输总量3.13亿人，比上年增长47.8%。旅客运输周转量885.03亿人公里，增长103.0%。空港旅客吞吐量4589.12万人，增长104.3%。

表4 2023年各种运输方式旅客运输量及其增长速度

指标	绝对量	比上年增长（%）
旅客运输总量（万人）	31252.26	47.8
铁路	9538.05	97.7
公路	17532.41	21.5
水运	872.47	131.0
航空	3309.33	118.4
旅客运输周转量（亿人公里）	885.03	103.0
铁路	264.95	109.8
公路	108.54	39.3
水运	5.52	340.4
航空	506.02	119.5

年末全市民用车辆拥有量928.96万辆，比上年末增长4.2%，其中，私人汽车拥有量855.39万辆，增长4.2%。民用轿车拥有量304.48万辆，增长5.1%，其中，私人轿车拥有量282.53万辆，增长4.7%。

全年完成邮政行业寄递业务量18.60亿件，比上年增长20.0%。全年完成邮政函件业务1309.84万件，包裹业务56.09万件，快递业务14.09亿件。全年完成邮政行业业务收入222.70亿元，比上年增长19.1%。

全年完成电信业务总量397.98亿元，比上年增长16.9%。全市电话用户4899.97万户，其中，移动电话用户4305.23万户。移动电话普及率为134部/百人。移动互联网用户3655.33万户，固定互联网宽带接入用户1739.77万户，5G移动电话用户1981.46万户。

五、国内贸易

全年社会消费品零售总额15130.25亿元，比上年增长8.6%。按经营地统计，城镇消费品零售额增长7.9%，乡村消费品零售额增长13.1%。按消费类型统计，商品零售额增长6.7%，餐饮收入增长20.6%。

在限额以上单位中，粮油、食品类商品零售额比上年增长9.0%，饮料类商品增长2.7%，烟酒类商品增长4.4%，服装、鞋帽、针纺织品类商品增长8.6%，化妆品类商品增长0.3%，家用电器和音像器材类商品增长2.4%，中西药品类商品增长7.4%，文化办公用品类商品增长32.9%，家具类商品增长4.3%，通信器材类商品增长3.9%，建筑及装潢材料类商品下降3.5%，石油及制品类商品增长6.5%，汽车类商品增长8.5%。

从零售业态看，全年无店铺零售比上年增长5.2%，其中，网上商店增长4.6%，邮购增长33.0%；在有店铺零售企业中，便利店增长15.0%，超市增长6.8%。

六、固定资产投资

全年固定资产投资总额比上年增长4.3%，其中，第一产业投资增长17.4%，第二产业投资增长13.1%，第三产业投资增长0.6%。工业投资增长13.3%。基础设施投资增长7.0%。社会领域投资增长16.7%，其中，教育投资增长18.5%，卫生投资增长19.8%，文化、体育和娱乐业投资增长13.5%。

全市高速公路通车总里程4142公里。公路路网密度226公里/百平方公里。铁路营业里程2794公里。轨道交通营运里程494公里，日均客运量363.24万人次。

七、对外经济

全年货物进出口总额7137.39亿元，其中，出口4782.19亿元，进口2355.20亿元。汽车（包括底盘）出口331.68亿元，增长51.9%，其中，电动载人汽车出口37.75亿元，增长1.7倍；摩托车出口162.43亿元，增长16.3%；锂离子蓄电池出口49.69亿元，增长85.2%。

全市新增外商投资企业387家，比上年增长44.4%。全年实际使用外资金额10.53亿美元。年末累计有319家世界500强企业落户重庆。

全年对外非金融类直接投资6.74亿美元，其中，货币投资6.67亿美元。对外承包工程新签合同额5.57亿美元，比上年增长53.3%；对外承包工程完成营业额3.92亿美元，增长26.9%。

中国（重庆）自由贸易试验区新增注册企业（含分支机构）18673户，注册资本总额1256.79

亿元。其中，新增注册外资企业（含分支机构）172户，注册资本7.73亿美元。

八、财政金融

全年一般公共预算收入2440.8亿元，比上年增长16.0%。其中，税收收入1476.1亿元，增长16.1%。一般公共预算支出5304.6亿元，增长8.4%。

年末全市金融机构本外币存款余额53562.75亿元，比上年末增长8.0%，其中，人民币存款余额52613.04亿元，增长9.0%。金融机构本外币贷款余额56730.17亿元，比上年末增长9.8%，其中，人民币贷款余额55909.32亿元，增长9.7%。

表5　2023年末金融机构存贷款余额及其增长速度

单位：亿元，%

指标	年末数	比上年末增长
本外币存款余额	53562.75	8.0
# 人民币存款余额	52613.04	9.0
# 住户存款	28819.14	13.2
非金融企业存款	12939.78	10.8
政府存款	7189.15	-0.8
非银行业金融机构存款	3623.50	-5.3
本外币贷款余额	56730.17	9.8
# 人民币贷款余额	55909.32	9.7
# 短期贷款	11387.95	23.2
中长期贷款	38573.76	6.2
# 个人贷款及透支	22390.06	7.5

全市共有证券公司总部1家，证券营业部198家，证券分公司55家。境内上市公司79家，总股本1072.17亿股，股票总市值10495.89亿元。

保费总收入1055.76亿元，其中，财产保险收入244.40亿元，人寿保险收入578.29亿元，健康和意外伤害保险收入233.08亿元。全年赔付各类保险金443.76亿元，其中，财产保险赔付172.97亿元，人寿保险赔付146.22亿元，健康和意外伤害保险赔付124.57亿元。

九、居民收入消费和社会保障

全市居民人均可支配收入37595元，比上年增长5.4%。按常住地分，城镇居民人均可支配收入47435元，增长4.2%；农村居民人均可支配收入20820元，增长7.8%。按全市居民五等份收入分组，低收入组人均可支配收入12108元，中间偏下收入组人均可支配收入21926元，中间收入组人均可支配收入33229元，中间偏上收入组人均可支配收入48593元，高收入组人均可支配收入89271元。

全市居民人均消费支出26515元，比上年增长4.5%。按常住地分，城镇居民人均消费支出31531元，增长3.1%；农村居民人均消费支出17964元，增长7.4%。全市居民恩格尔系数为32.6%，比上年下降1.3个百分点，其中，城镇为31.8%，农村为34.9%。

表6　2023年居民人均可支配收入及其增速

单位：元，%

指标	全市居民		城镇居民		农村居民	
	绝对量	比上年增长	绝对量	比上年增长	绝对量	比上年增长
人均可支配收入	37595	5.4	47435	4.2	20820	7.8
工资性收入	20175	5.2	27656	4.1	7421	7.2
经营净收入	5873	6.3	5350	4.9	6766	8.5
财产净收入	2312	4.3	3364	3.0	518	8.7
转移净收入	9235	5.6	11065	4.5	6115	7.6

全市城镇职工基本养老保险参保人数1475.36万人，比上年增长3.0%。城乡居民基

本养老保险参保人数 1174.97 万人，比上年增长 3.0%。城镇职工基本医疗保险参保人数 813.00 万人，城乡居民基本医疗保险参保人数 2329.43 万人，基本医疗保险参保率 97.8%。生育保险参保人数 539.00 万人，享受生育保险待遇 46.20 万人次。工伤保险参保人数 754.72 万人。失业保险参保人数 625.15 万人。

年末全市共有 21.06 万人享受城市居民最低生活保障，56.75 万人享受农村居民最低生活保障。城市特困人员救助供养人数 7.51 万人，农村特困人员救助供养人数 10.09 万人。全年资助 135.7 万名困难群众参加医疗保险。

城市居民最低生活保障标准为 735 元 / 月，农村居民最低生活保障标准为 600 元 / 月，特困人员救助供养标准为 955 元 / 月，其中，集中供养孤儿补助标准 1605 元 / 月，社会散居孤儿补助标准 1405 元 / 月。

十、科学技术和教育

年末市级及以上重点实验室 222 个，其中，国家重点实验室 12 个。市级及以上工程技术研究中心 364 个，其中，国家级中心 10 个。新型研发机构 179 个，其中，高端研发机构 82 个。有效期内高新技术企业 7565 家。全年技术市场签订成交合同 11281 项，成交金额 865.1 亿元。

全年专利授权 5.41 万件，其中，发明专利授权 1.36 万件。有效发明专利 6.42 万件。

全市共有有效注册商标 86.66 万件，比上年增长 9.4%。驰名商标 162 件，地理标志 312 件。

年末全市共有产品检验检测机构 88 家，其中，国家质检中心 19 个。现有认证机构 13 家。法定计量技术机构 14 个，全年强制检定计量器具 562.7 万台（件）。制造业产品质量合格率为 97.22%。全年修订、制定地方标准（不含工程建设、食品安全）244 项。

全市共有普通高等教育学校 72 所，成人高校 3 所，军队院校 2 所，中等职业学校 129 所（不含技工校），普通中学 1123 所，普通小学 2567 所，幼儿园 5514 所，特殊教育学校 39 所。高等教育毛入学率 63.50%，高中阶段教育毛入学率 98.72%，初中入学率 99.91%，小学入学率 99.99%，学前教育毛入园率 93.06%。普惠性幼儿园覆盖率 94.61%。九年义务教育巩固率 95.90%。

表 7　2023 年全市教育主要指标

单位：万人

指标	招生数	在校学生数	毕业生数
研究生教育	3.62	11.19	2.77
普通高校本专科教育	34.85	110.02	29.94
成人本专科教育	3.80	7.70	1.95
中等职业学校教育	13.09	37.88	11.31
普通高中教育	23.14	67.90	21.46
普通初中教育	34.01	104.62	38.03
普通小学教育	35.66	205.87	33.30
特殊教育	0.45	2.55	0.59
指标	入园人数	在园幼儿数	离园人数
学前教育	21.12	87.57	35.04

十一、文化旅游、卫生健康和体育

全市共有博物馆 130 个，文化馆 41 个，公共图书馆 43 个，文化和旅游部门所属艺术表演团体 19 个。广播综合人口覆盖率 99.57%，电视综合人口覆盖率 99.69%。全年生产电视剧 1 部、电影 12 部、重点网络影视剧 13 部、电视动画片 275 分钟。出版各类报纸 13614 万份、期刊 3315 万册、图书 13375 万册。全市共有国家级综合档案馆40个、市级专业档案馆1个、市级部门档案馆4个。

全市旅游及相关产业实现增加值1206.82亿元，较上年增长13.5%，占地区生产总值比重为4.0%。年末全市拥有国家A级景区294个，其中，5A级景区11个，4A级景区153个。全市重点监测的130家A级景区接待游客1.53亿人次，增长98.9%。接待过夜游客1.03亿人次，增长88.1%。

年末全市共有各级各类医疗卫生机构23389个，其中，医院862个，社区卫生服务中心（站）637个，乡镇卫生院804个，村卫生室9496个。医疗卫生机构实有床位数25.52万张，其中，医院床位18.95万张，乡镇卫生院床位4.59万张。全市共有卫生技术人员27.14万人，其中，执业医师和执业助理医师10.23万人，注册护士12.81万人。

年末全市共有体育场地16.87万个，体育场地面积8820.16万平方米，人均体育场地面积2.76平方米，我市获全国最高水平比赛奖牌33枚，其中，金牌23枚。

十二、资源、环境和应急管理

全年规模以上工业综合能源消费量比上年增长5.7%。单位工业增加值能耗下降0.8%。全社会用电量增长3.5%。

全年水资源总量698.42亿立方米。年平均降雨量1376.1毫米。全年总用水量70.80亿立方米。治理水土流失面积2133平方公里。

全市自然保护区58个，其中，国家级自然保护区7个。完成营造林面积33.53万公顷。全市森林覆盖率55.06%。

全市功能区声环境质量稳中向好，点次达标率为97.8%，其中，昼间点次达标率为98.4%，夜间点次达标率为97.2%。

全年生产安全事故死亡人数591人（含道路运输事故次责及以下），比上年下降6.5%；较大生产安全事故10起，与上年持平；未发生重大生产安全事故。亿元地区生产总值生产安全事故死亡人数0.019人，比上年下降9.5%。

注释：

1. 本公报中2023年数据部分为初步统计数，部分数据因四舍五入的原因，存在与分项合计不等的情况。

2. 地区生产总值、三次产业及相关行业增加值、人均地区生产总值绝对量按现价计算，增长速度按可比价计算。

3. 外出农民工是指在户籍所在乡镇地域以外从业6个月及以上的农村劳动力；乡内农民工是指在户籍所在乡镇地域以内从业6个月及以上的农村劳动力。

4. 工业战略性新兴产业包括新一代信息技术、高端装备制造、新材料、生物、新能源汽车、新能源、节能环保和数字创意等八大产业中的工业相关行业。

5. 高技术制造业包括医药制造业，航空、航天器及设备制造业，电子及通信设备制造业，计算机及办公设备制造业，医疗仪器设备及仪器仪表制造业，信息化学品制造业。

6. 高技术产业投资包括医药制造、航空航天器及设备制造等六大类高技术制造业投资和信息服务、电子商务服务等九大类高技术服务业投资。

7. 其他服务业包括农、林、牧、渔专业及辅助性活动，信息传输、软件和信息技术服务业，租赁和商务服务业，科学研究和技术服务业，水利、环境和公共设施管理业，居民服务、修理和其他服务业，教育，卫生和社会工作，文化、体育和娱乐业，公共管理、社会保障和社会组织等行业。

8. 电信业务总量按上年价格计算。

9. 基础设施投资是指建造或购置为社会生产和生活提供基础性、大众性服务的工程和设施的支出。本公报中的基础设施投资包括电力、热力、燃气及水生产和供应业，交通运输、邮政业，电信、广播电视和卫星传输服务业，互联网和相关服务业，水利、环境和公共设施管理业投资。

10. 社会领域投资包括教育，卫生和社会工作，文化、体育和娱乐业投资。

11. 居民五等份收入分组是指将所有调查户按人均收入水平从低到高顺序排列，平均分为五个等份，处于最低 20% 的收入家庭为低收入组，依此类推依次为中间偏下收入组、中间收入组、中间偏上收入组、高收入组。

12. 出版报纸数仅包括纸质报纸。

13. 体育场地调查对象不包括军队、铁路系统所属体育场地。体育场地面积是指体育训练、比赛、健身场地的有效面积。

14. 行业统计标准：

规模以上工业：年主营业务收入 2000 万元及以上的工业法人单位。

有资质的建筑业：有总承包和专业承包资质的建筑业法人单位。

限额以上批发和零售业：年主营业务收入 2000 万元及以上的批发业、年主营业务收入 500 万元及以上的零售业企业（单位）。

限额以上住宿和餐饮业：年主营业务收入 200 万元及以上的住宿和餐饮业企业（单位）。

房地产开发经营业：全部房地产开发经营业法人单位。

规模以上服务业：年营业收入 2000 万元及以上服务业法人单位。包括交通运输、仓储和邮政业，信息传输、软件和信息技术服务业，水利、环境和公共设施管理业三个门类和卫生行业大类。

年营业收入 1000 万元及以上服务业法人单位。包括租赁和商务服务业、科学研究和技术服务业、教育三个门类，以及物业管理、房地产中介服务、房地产租赁经营和其他房地产业四个行业大类。

年营业收入 500 万元及以上服务业法人单位。包括居民服务、修理和其他服务业，文化、体育和娱乐业两个门类，以及社会工作行业大类。

资料来源：

部门排序以文中数据为序：城镇新增就业、社会保障数据来自市人力社保局；西部陆海新通道建设数据来自市政府口岸物流办；市场主体、质量检测数据来自市市场监管局；噪声、空气、水质监测数据来自市生态环境局；水产品数据来自市农业农村委；交通数据来自市交通运输委；民用汽车数据来自市公安局；邮政数据来自市邮政管理局；通信数据来自市通信管理局；货物进出口数据来自重庆海关；外商投资、对外投资合作数据来自市商务委；财政数据来自市财政局；货币金融数据来自人行重庆市分行；证券数据来自重庆证监局；保险业数据来自金融监管总局重庆监管局；医疗、生育保险数据来自市医保局；城乡低保、城乡特困人员救助数据来自市民政局；科技数据来自市科技局；专利、商标、地理标志数据来自市知识产权局；教育数据来自市教委；文化、旅游数据来自市文化旅游委；广播、电视数据来自市广电局；电影、报纸、期刊、图书数据来自市委宣传部；档案数据来自市档案局；医疗卫生数据来自市卫生健康委；体育数据来自市体育局；水资源数据来自市水利局；自然保护区、林业、森林数据来自市林业局；生产安全事故数据来自市应急局。其他数据来自市统计局、国家统计局重庆调查总队。

第二编　部门经济运行与管理

重庆经济发展概况

重庆市发展和改革委员会

一、2023 年发展回顾

2023 年，在以习近平同志为核心的党中央坚强领导下，重庆市发展改革系统坚持以习近平新时代中国特色社会主义思想为指导，全面贯彻党的二十大、二十届二中全会精神和习近平总书记对重庆的重要指示批示精神，扎实开展学习贯彻习近平新时代中国特色社会主义思想主题教育，坚持“总书记有号令、党中央有部署，重庆见行动、发改抓落实”，深入贯彻落实党中央、国务院决策部署，坚持稳中求进工作总基调，完整、准确、全面贯彻新发展理念，积极服务和融入新发展格局，积极助推全市经济社会发展取得新成效。

（一）统筹推进国家重大战略

做好成渝地区双城经济圈建设牵头抓总工作。央地合作成果丰硕，169 项恳请支持事项中，128 项已基本落实到位。部署实施“十项行动”，104 项指标达到时序进度；迭代升级“四张清单”，442 项年度任务完成进度达 96.8%。248 个项目完成投资 4138.4 亿元，10 项改革获国家试点认可，成功举办国际级、国家级重大活动 31 项，双核联动联建 22 个合作事项落地实施，18 条跨区域协作经验做法在全国推广。做好长江经济带发展领导小组办公室日常工作。编制全市进一步推动长江经济带高质量发展实施方案，中办回访调研问题和长江警示片披露问题序时整改率稳定保持在 100%，完善碳达峰碳中和“1+2+6+N”政策体系，积极优化工业节能审查。积极推进对外开放合作。全面总结宣传我市融入共建“一带一路”十周年成果，积极推进中新互联互通项目高质量发展，制定出台促进外资扩增量稳存量提质量实施方案，推动 2 个国家级重大外资项目建设，获批建设综合型现代流通战略支点城市，成为全国首个港口型、陆港型、空港型、生产服务型、商贸服务型“五型”国家物流枢纽城市。

（二）统筹推进重点领域和关键环节改革

加快推动数字重庆建设牵头任务。牵头推进数字社会系统建设，构建社会发展等“八大应用跑道”，牵头做好数字政务系统经济调节跑道相关工作，推动“政务 · 经济运行监测”等 3 个“一件事”典型应用纳入“一本账”。持续深化梳理核心业务，有序推进“渝悦 · 信用”“政务 · 投资项目全周期”等一批重点应用。大力推进园区开发区改革。编制出台开发区管理制度改革实施意见，筹备召开全市新型工业化发展暨园区开发区改革推进大会，推动试点区县改革取得阶段性成效。深入推进营商环境创新试点城市建设。有序推进世行新一轮营商环境评估，开展不适宜民营经济发展、妨碍市场公平竞争的领域法规规章和规范性文件专项清理。精准推送涉企政策 50 余项。推进清廉市场建设，形成 9 项指标纳入全市清廉市场评价体系，打造“信用重庆”升级版，“信易贷”平台融资累计超 30 亿元。持续深化重点领域改革。建立促进全国统一大市场建设市级部门协调机制。与四川联合出台推动成渝地区双城经济圈市场一体化建设行动方案。深化全国第二批市场准入效能评估试点。印发实施探索经济区与行政区适度分离改革推进方案。全力推进公共资源交易监管改革。牵头社会民生领域改革，提速推进“三个一批”重大改革项目，获中央和国家有关部委通报表彰19次。

（三）统筹推进抓项目促投资专项行动

加快推动重大项目建设。完善重大项目新开工、在建、前期“三张清单”管理机制，全年实施市级重点建设项目1152个，完成投资4857.6亿元、增长18.4%，超过计划投资12.4%。积极争取资金支持。争取国家两批次下达重庆市增发国债项目421个、资金242亿元。争取地方政府专项债券1355亿元，创历史新高。争取中央预算内投资169亿元，较五年平均高出22亿元。扎实推进投融资改革。出台投融资多元化改革工作方案。编制市级政府投资三年滚动规划和年度投资计划，2023年平衡市级财政资金678亿元。推动政策性金融机构投放基础设施贷款1036亿元。出台推进基础设施REITs产业发展12条政策措施。制定支持民间投资发展的27条政策措施，公开推介项目41个、总投资577亿元。建立政府和社会资本合作新机制，集中发布52个、总投资1556亿元的政府和社会资本合作项目。持续做好项目谋划储备。全力加强白名单项目谋划，围绕重点领域，储备白名单项目近千个、总投资6800亿元。运用政府和社会资本合作新机制，谋划项目204个、总投资3331亿元。深化五年重点储备项目清单，储备项目超过4200个、总投资约6.7万亿元。

（四）统筹开展宏观经济形势监测分析

加强经济运行监测调度。研究提出年度经济社会发展主要指标。每月召开专题调度会议，逐月、逐季打表推进重点指标年度目标。完善投资、重大项目、服务业调度机制。牵头编制“经济报表”“民生报表”，形成指标体系和晾晒规则，在全市一把手例会上通报。推动稳增长政策落地见效。研究提出11大类36项“提信心、稳增长、强主体”政策文件，研究出台“推动经济企稳恢复提振36条”政策措施，根据经济运行新情况迭代升级“推动经济运行持续好转15条”政策措施，惠企金额达623亿元。牵头做好经济金融领域安全稳定工作。迭代升级防范化解经济金融风险闭环工作机制。加快推进《重庆市粮食安全保障条例》立法进程，深化粮食购销领域腐败问题专项整治，加快推动中储粮160万吨粮食仓储物流项目、中粮80万吨粮食智能化加工项目。着力保障能源安全供应，提速建设川渝特高压交流工程、“疆电入渝”工程等重大能源项目，创新布局并建成100万千瓦/200万千瓦时化学储能。

（五）统筹做好综合协调重要任务

强力争取国家支持。起草市政府与国务院国资委深化央地合作共同推动成渝地区双城经济圈建设战略合作框架协议，推动与39家中央企业签署战略合作协议。牵头落实市委、市政府主要领导赴国家发展改革委对接争取的44个重大事项。系统梳理国务院政府工作报告、计划报告、预算报告涉及重庆重点事项，138项任务均取得积极成效。全面完成“十四五”规划中期评估。加强项目策划储备和争取支持，兰渝高铁、向阳水库等26项重大事项初步纳入国家规划修编。将全市重大政策、重大事项、重大项目、重要指标纳入国民经济和社会发展计划，一体推动落实。大力实施创新驱动发展战略。超瞬态实验装置预研项目科学研究楼主体结构封顶，大规模分布孔径雷达深空探测装置预研项目可研获批。认定西部科学城重庆高新区集成电路等 8 个市级战略性新兴产业集群。印发实施集成电路设计、封测产业环节行动计划。争取安意法 8 英寸碳化硅外延芯片等 3 个重大集成电路项目通过国家建设指导。制定以卫星互联网为引领的空天信息产业高质量发展意见。出台重庆市北斗规模应用实施方案。统筹推动城乡区域协调发展。出台推进以区县城为重要载体的城镇化建设实施方案，扎实推进垫江、忠县、彭水国家县城新型城镇化建设示范。启动“小县大城”“强镇带村”试点。扎实推进乡村振兴，推动实施新建高标准农田 50 万亩、改造提升 200 万亩。南川区、垫江县、大足区 3 个农村产业融合发展示范园被纳入国家第四批示范园创建名单。加大以工代赈项目实施力度。谋划实施潼南大佛坝城乡融合发展示范片等 12 个城乡融合发展示范工程。开展国家城乡融合发展试验区重庆西部片区中期评估。切实保障和改善民生。印发扩大中等收入群体提高低收入群体收入实施方案，举办首届全国公共实训基地建设运营工作现场会。牵头推进产教融合型企业建设培育，2 个案例入选全国首批职业教育产教融合典型案例。15 件市级重点民生实事全部兑现。建立健全生育支持政策体系，积极应对人口老龄化能力指标获国家发展改革委书面表扬。抓好重要民生商品和服务价格日常监测，发放价格临时补贴 5749 万元。研究建立居民分时电价机制，为工商企业节约用电成本 9.1 亿元。

二、发展中存在的问题

对标中央战略部署和现代化新重庆建设要求，我市的发展还存在一些突出问题和短板。

一是产业高质量发展面临挑战。结构性产能过剩问题依然存在，12 个行业产能利用率低于 70%；重点行业增长压力较大，电子产业增加值仅同比增长 0.8%；市场主体培育不足。全国 500 强企业仅 12 家，境内上市公司仅 99 家、居全国第 17 位。二是风险隐患仍然较多。房地产领域供需两端企稳回升态势仍未显现。外贸订单减少、大单变小、长单变短等现象突出，笔电等机电产品出口下滑明显。财政“紧平衡”状态仍将持续。三是民生领域仍有不少短板。巩固拓展脱贫攻坚成果任务较重，居民收入预期还在恢复，调查失业率持续高位运行，群众仍有不少急难愁盼问题。

三、2024 年发展思路

2024 年，重庆市发展改革系统要深入贯彻落实中央经济工作会议精神和全国发展改革系统会议要求，对标对表市委经济工作会议决策部署和全市“两会”工作安排，牢牢把握稳进增效、除险固安、改革突破、惠民强企工作导向，切实增强经济活力、改善社会预期、防范化解风险，巩固和增强经济回升向好态势，持续推动经济实现质的有效提升和量的合理增长。下一步将重点抓好以下五方面工作。

（一）进一步加强经济分析和政策研究，巩固和增强经济回升向好态势

加强经济运行监测调度。进一步完善经济运行调度工作机制，细化量化指标体系，建立完善部门横向协同和“市、区县、园区”纵向贯通的调度机制。加大宏观政策落实力度。落实好积极的财政政策和稳健的货币政策，强化政策协同配合。加强政策评估和宣传。加强政策评估和督导，做好经济形势宣传和预期引导。

（二）进一步发挥中长期规划和年度计划的导向作用，切实推动市委、市政府决策部署有效落地

打表推进年度计划。起草并实施好2024年计划执行草案，将年度计划指标纳入经济运行调度指标。打好“十四五”规划实施收官战。常态化开展规划实施监测评估，做好与年度计划、重大项目实施的有机衔接。全面启动“十五五”规划编制工作。围绕“十五五”规划系统谋划发展思路，研究提出关键性任务和重大举措，制定“十五五”规划编制工作方案。

（三）进一步用好各类资金加强项目建设，更好发挥有效投资关键作用

抓高质量项目谋划。深化项目储备，争取更多项目获得国家政策资金支持。强化资源要素配置和综合保障。加快编制市级政府投资项目三年滚动规划和2024年度投资计划。全力争取专项债券、超长期国债支持。用好政府和社会资本合作新机制。持续深化REITs改革试点。高度重视中央预算内投资计划执行。进一步压实投资项目监督管理责任。

（四）进一步全面深化改革开放、强化创新驱动，持续激发经济发展动力活力

坚决打赢园区开发区改革攻坚战。统筹健全推进机制，形成权责清晰、产业聚焦和布局合理的园区开发区发展格局。做好四至范围重新核准、管理机构“三定”制定、推动平台公司重组整合、构建亩均效益评价体系四大改革。以科技创新引领现代化产业体系建设。大力发展战略性新兴产业，积极创建国家级战略性新兴产业集群。实施未来产业和高成长性产业发展行动。实施以卫星互联网为引领的空天信息产业高质量发展行动。提质发展生产性服务业。推动农村产业融合发展。加快推进全国统一大市场建设。落实全国统一大市场建设部署，整治招商引资“内卷”和恶性竞争。积极探索区域市场一体化建设新经验。结合经济区与行政区适度分离改革。深化市场准入效能评估试点。优化营商环境。做好中国营商环境评价和区县营商环境考核工作。打造“信用重庆”升级版。促进民营经济高质量发展，出台清廉市场建设实施方案，制定支持企业高质量发展若干政策措施。

（五）进一步强化综合统筹和综合平衡，推动重点工作取得新成效

推动成渝地区双城经济圈建设。深入实施“十项行动”，提质升级“四张清单”。重点建设全球内河邮轮大港等165个重大项目，重点实施长江经济带氢走廊建设等53项重大政策，重点实施推动数字重庆建设、“三攻坚一盘活”等48项重大改革，重点建设一体化智能化公共数据平台等86个重大平台。强化双核联动联建，合力实施川渝100个重点合作事项和300个共建重大项目，推进双核联动联建第二批50个合作项目落地落实。加快推进10个毗邻地区合作共建功能平台建设。实施交通通信等十大便捷行动。全力统筹新型城镇化与乡村全面振兴。探索超大城市现代化治理新路。“一县一策”推进山区库区高质量发展。深化区县对口协同发展。走好大城市带大农村大山区大库区的乡村振兴城乡融合发展之路，推动国家城乡融合发展试验区建设。全力保障和改善民生。统筹抓好重点民生实事。继续滚动实施好15件重点民生实事。保障粮食能源安全。推动新组建的市粮食和储备局高效运转。制定油气资源开发利用综合改革方案，加快编制长江经济带绿色低碳发展示范区建设规划。

（执笔人：陈红宇）

科技管理

重庆市科学技术局

一、2023 年发展回顾

一年来，全市科技系统坚持以习近平新时代中国特色社会主义思想为指导，深入贯彻党的二十大精神和习近平总书记对重庆的重要指示批示精神，全面落实市委六届二次、三次、四次全会以及全市科技创新和人才工作大会部署要求，深入实施科技创新和人才强市首位战略，着力构建“416”科技创新战略布局，加快推动具有全国影响力的科技创新中心建设取得新成效。全社会研发投入总量预计 750 亿元、增长 10%，研发投入强度预计 2.45%。综合科技创新水平居全国第 8 位、保持西部第 1 位。

（一）落实中央和市委部署要求取得新突破

一是积极落实第三届“一带一路”国际合作高峰论坛成果。迅速践行习近平总书记提出的高质量共建“一带一路”八项行动，高规格高水平举办首届“一带一路”科技交流大会，习近平总书记亲致贺信，丁薛祥副总理出席并致辞，80 多个国家和国际组织、近 1000 名国内外嘉宾出席大会，重庆市与白俄罗斯、塞尔维亚等国家达成科技合作意向 25 项。获批建设首个“一带一路”科技创新合作区，科技部批复印发《成渝地区共建“一带一路”科技创新合作区实施方案》。

二是全面贯彻成渝地区双城经济圈建设部署。紧紧围绕市委“一号工程”部署要求，细化落实科技创新中心建设行动年度任务，印发实施《关于进一步支持西部科学城加快建设的意见》，深入推进“1+6”川渝科技创新合作，组织编制成渝综合性科学中心建设方案，启动建设万达开协同创新示范区，联合实施关键核心技术攻关项目 51 项，新建川渝共建重点实验室 3 个，开放共享大型科研仪器设备突破 1.3 万台 / 套。

三是全力落实全市科技创新与人才工作大会精神。出台《重庆市加快建设具有全国影响力的科技创新中心行动方案（2023—2027 年）》，深入区县、高校、院所、企业开展宣讲，指导 31 个区县召开科技创新和人才工作大会，制定《重庆实验室建设实施方案》和《重庆市高等学校前沿技术交叉研究院建设实施方案》。

四是大力推进央地协作。与科技部开展第五轮部市工作会商，确定 5 方面 12 项议题和 6 项具体合作事项，推动新增国家级科创平台 12 个，争取国家各类科研项目 1121 项、资金 12.12 亿元，分别增长 9.9%、20.14%。与中央军委科技委签署战略合作备忘录，联合设立国防科技创新发展联合基金，共同实施科研项目 33 项、资助经费 5148 万元。同时，与北京交通大学、中国五矿集团、交控科技股份有限公司等签署战略合作协议。

（二）科技创新整体发展取得新突破

一是科创核心承载区提速建设。西部（重庆）科学城加快建设金凤实验室，建成国家级孵化平台 13 个，累计引育市级以上创新平台 330

个。两江协同创新区加快筹建明月湖实验室，开工建设“中国复眼”二期，累计引进新型研发机构 50 家。广阳湾智创生态城高标准打造迎龙创新港，入驻重庆脑与智能科学中心、重庆生态环境科技创新基地等创新平台。

二是高能级科创平台提质发展。国家健康战略资源中心（筹）揭牌启动，北京大学重庆碳基集成电路研究院落地建设，超瞬态实验装置等重大科技基础设施加快建设，国家生猪技术创新中心、国家硅基混合集成创新中心取得阶段性成果。全国重点实验室全部重组成功，以合作共建方式新增全国重点实验室 2 个，国家级基地平台累计达到 105 家。

三是区县科技创新多点发力。建立创新报表制度，安排市级引导区县资金 1 亿元，举办科技成果区县行等系列活动。长寿、涪陵合作共建新材料产业协同创新区，丰都、石柱入选全国创新型县。九龙坡、巴南、涪陵、大足、綦江 5 个产业获批国家创新型产业集群。16 个高新区规上工业总产值占全市的 40% 以上。

（三）重大科技前沿和关键技术攻关取得新突破

一是基础研究原创成果不断涌现。获批国家基础研究项目 1052 项、直接经费 6.56 亿元。首次与长安汽车、中国星网等重点企业探索设立市自然科学基金创新发展联合基金，组织实施市级自然科学基金项目 1655 项、资助经费 2.76 亿元。全市第一或通讯地址发表 SCI 论文 18979 篇，取得基础研究重大成果近 40 项，国际首次利用三维透射电镜揭示纳米金属塑性变形微观机制并在 *Science* 上发表，国际首套“超高精度纳米圆时栅角度基准装置”被中国共产党历史展览馆收藏。

二是产业关键核心技术硕果累累。实施人工智能等 5 个重大专项和新材料等 8 个重点专项，设立项目 137 项，布局解决关键技术问题 311 项、“卡脖子”技术问题 60 项，总投入 39.8 亿元，其中财政投入 6.36 亿元，带动社会投入 33.44 亿元。超级智能汽车平台 SDA、全球首款 18MW 级全集成式中速海上风电机组、国内首个尼龙 66 全产业链制备技术、镁合金一体化超大压铸件等一批重大关键技术攻关和成果产业化实现突破。

三是社会民生科技持续强化。组织实施现代种业、农产品精深加工、生猪技术、乡村振兴等重点专项项目 156 项，安排财政经费 1.4 亿元。选派 337 名国家“三区”科技人才、2470 名科技特派员，深入农村开展科技服务。组织实施 AI+诊疗、生态环境、公共安全等关键技术研究与应用项目 56 项，安排财政经费 8000 万元。取得国内首个燃煤燃机全流程 CCUS 装备、“天目一号”气象星座、急性脑卒中治疗研究等重大突破。

（四）强化企业创新主体地位取得新突破

一是“双倍增”行动目标超额完成。深入实施高新技术企业和科技型企业“双倍增”行动计划，出台完善科技型企业培育体系、支持科技型企业融资、银行业保险业支持“双倍增”等政策文件，开展“民营企业创新发展服务月”系列活动，新认定高新技术企业 3071 家、新增科技型企业 15535 家，高新技术企业和科技型企业分别达到 7565 家、58524 家，分别增长 19.2%、36.1%。

二是科技成果加快落地转化。着力建设国家科技成果转移转化示范区，加速提升重庆高新技术产业研究院功能，金凤科创园启动入驻科技服务机构。出台高校科技成果转化与产业化若干措施等政策文件，赋权转化科技成果 391 项。“6+N”环大学创新生态圈竞相发展，常态化举办科技成果进区县等活动，新培育技术经纪人

1133 人，技术合同成交额达到 865.1 亿元、增长 37.2%。

三是科技金融支持力度持续加强。深入推进股权投资改革，研究形成种子基金改革方案，加大重点领域重点区域重点团队支持力度。与人行重庆市分行联合出台《重庆市加大力度支持科技型企业融资行动计划》。深入推进知识价值信用贷款改革试点，累计为 11943 家（次）企业发放知识价值信用贷款 207.21 亿元，引导发放商业贷款 141.48 亿元。西山科技、智翔金泰在科创板发行上市，科创板上市企业达到 3 家。

（五）科技人才引育服务取得新突破

是科技人才引进逐步发力。深入开展全球顶尖人才引进“渝跃行动”，制定项目论证方案，完成首批人才论证工作。着力实施新重庆引才计划科技创新基地专项，形成专项实施方案和首批推荐人选。获批开展全国首批外籍“高精尖缺”人才认定标准试点，成功入选海外引才储备项目试点省市。

二是人才培育成效逐步显现。新增中国工程院院士 2 名，新增国家“杰青”、国家“优青”等国家级科技人才 30 名，新增“国防卓青”人选 2 名。国家“杰青”项目、国家“优青”项目、青年科学基金项目较上年分别增加 4 项、1 项、53 项，均创历史新高。研发人员总量超过 24 万人。

三是人才发展环境逐步优化。深化开展“为科技工作者办实事、助科技工作者作贡献”，支持青年科研人员挑大梁、担重任，1/4 以上的市级科技专项由 40 岁以下科研人员担纲领衔。持续推进科研人员减负专项行动，60% 的科研人员每周平均科研时间增加 2 小时。我市“创新优化外国人来华工作便利化服务”入选全国深化服务贸易创新发展试点第三批“最佳实践案例”。

（六）深化科技体制改革取得新突破

一是“三个一批”重大改革扎实推进。市委深改委听取科技体制改革汇报 4 次，印发《成渝地区双城经济圈优质科创资源共用共享改革方案》,“构建科技成果从‘实验室’到’大市场’衔接机制”等“三个一批”重大改革加快推进。改革做法在全国性会议交流 3 次、国家层面表扬推广 1 次、国家部委工作简报刊载 3 次、权威央媒宣传报道 2 次。

二是数智科创加速建设。形成“数智科创”总体构架、部门核心业务构架、科创大脑构架三张图，推进核心业务梳理、数据归集、“一件事”场景谋划三个核心绩效，实现了部门 20 类、505 万余条核心数据归集，谋划了 8 个“一件事”场景应用,“科技攻关在线”通过审核纳入数字重庆建设重大应用“一本账”。

三是科技激励机制逐步完善。出台《重庆市完善科技激励机制的若干举措》《重庆市提升科技服务能力推动科技服务业高质量发展三年行动计划（2023—2025 年）》等系列政策文件。制定《重庆市公益类科研院所深化改革方案》，修订《科研院所绩效激励引导专项管理办法》，安排科研院所绩效激励引导专项资金 3500 万元，提升科研院所创新能力。

四是科普活动内容形式不断创新。出台《关于新时代进一步加强科学技术普及工作的实施方案》，开展首批科学传播专业职称认定，举行“弘扬科学家精神，加强作风学风建设”活动，举办“科技列车渝东南行”等各类科普活动 600 余项，直接受众超 200 万人次，重要媒体宣传报道我市科技创新工作 6000 余次。

五是局机关赛马比拼氛围浓厚。探索建立局机关党建统领赛马比拼机制，每月督办、季度“晾晒”支部的党建、重大业务、宣传信息等“三张工作报表”。其做法在市委直属机关工委《机关党建》上刊发。年初制定的各类任务清单422项全部完成，获市领导批示261次，市委、市政府主要负责人批示47次。

二、发展中存在的问题

同时，发展中仍然还存在一些问题和短板。一是对新质生产力的认识和把握还有差距。习近平总书记强调，发展新质生产力，这是生产力理论的重大创新，也是推动高质量发展的内在要求和重要着力点。目前，我们对新质生产力基本内涵和核心要义的领悟还不够透彻，对发展新质生产力主阵地、主力军的把握还不够精准，如何以科技创新推动形成新质生产力的办法和举措还不够系统。二是科技与产业深度融合还不紧密。机械、汽车、化工等传统技术优势产业占比较高，生物医药、新材料、先进制造等新兴产业较少，支柱产业“缺芯少魂”问题比较突出，产业链仍面临诸多“卡脖子”技术问题，科技创新支撑产业发展能力不强。优质市场主体不多，特别是高新技术企业较少、科技领军企业不多。三是“416”科创平台布局还不完善。全市565个市级以上科技创新基地，四大科创领域占比仅37.5%，支撑具有全国影响力的科技创新中心力量还不够。四是区县创新活力尚未充分释放。由于资源禀赋、条件基础等差异，各区县科技创新侧重点不同，创新活力还不均衡，中心城区区县创新能力明显强于山区、库区区县。区县推动科技创新的抓手还不多，前瞻性谋划科技创新主攻方向和重大科技项目还有不足，部分区县科技创新对产业发展的贡献度较低，产业发展处于产业链和价值链中低端。五是创新环境氛围还不够浓郁。科技创新投入机制不完善，科研成果与市场需求匹配度不高，科技服务业“散、小、弱”问题突出，全社会创新创业创造动力不足、活力不强。

三、2024年发展思路

2024年，市科技局将全面贯彻党的二十大和中央经济工作会议精神，认真落实市委六届二次、三次、四次全会以及全市科技创新和人才工作大会部署，聚焦加快发展新质生产力，紧扣“416”科技创新布局，按照“强党建、抓落实、重改革、促创新”思路，在提升科技创新服务重大战略能力、加快四大科创高地战略布局、强化企业创新主体地位、壮大科技人才队伍、扩大科技开放合作、深化科技体制机制改革6个方面狠下功夫，着力提升科技工作显示度、科技创新贡献度、创新氛围活跃度，推动四大科创高地建设取得实质性进展、科创中心建设取得有重庆辨识度的标志性成果。全社会研发经费投入保持在10%以上增长，研发经费投入强度达到2.55%，高新技术企业和科技型企业分别突破8500家和6万家，技术合同交易额超过900亿元，每万人口发明专利拥有量达到22件，研发人员总量突破25万人。

（一）着力提升科技创新服务重大战略的能力，激活高质量发展动力源

推动科创核心承载区加快成势，高水平建设金凤实验室，争取广州、张江实验室重庆基地落地，引进建设新加坡南洋理工大学重庆产业技术研究院，特色化建设迎龙创新港，推动重庆脑与智能科学中心取得阶段性成果。加快打造军民科技协同创新策源地，与中央军委科技委共同培育碳基电子领域国家级创新平台，加快建设国家健康战略资源中心。

（二）着力加快四大科创高地战略布局，系统重塑市域创新体系

按照“成熟一个、推进一个”原则建设四大重庆实验室，支持重点高校建设前沿技术交叉研究院，打造一批重点实验室、技术创新中心和产业创新平台。实施核心软件、人工智能、新能源、绿色低碳等重大（重点）专项，力争重点产业和关键领域突破一些核心技术和“卡脖子”难题。聚焦数字化智能化绿色化，加大智能制造、智慧城市、绿色低碳等领域应用场景开放力度，提升技术供给和场景需求互动演进的持续创新力，形成以场景带动科研攻关、成果转化和产业培育的新模式。

（三）着力强化企业科技创新主体地位，加速创新要素向企业集聚

深入实施高新技术企业和科技型企业“双倍增”行动计划，组织开展科技型中小企业培育提升、企业科技特派员团、企业“揭榜攻关”、校（院）企合作、金融赋能企业创新等行动，探索开展“政银联动服务企业创新”改革试点。加快筹建重庆技术转移研究院，重组升级重庆高新技术产业研究院，加快建设金凤科创园，常态化举办技术成果对接、项目路演等活动，促进科技成果商业化产业化。

（四）着力壮大科技人才队伍，厚植人才竞争优势

深入实施“渝跃行动”，扎实开展新重庆引才计划创新基地专项，组织实施创新团队和人才计划，加强优秀青年科技人才支持力度。

（五）着力扩大科技交流合作，构建开放协同创新格局

全面启动“一带一路”科技创新合作区建设，推动“一带一路”科技交流大会成果落地，大力拓展国际科技合作网络，打造面向“一带一路”的科技交往中心、技术转移枢纽、协同创新平台和产创融合高地。深化川渝协同创新，加快两地优质科创资源共用共享，联合争取更多的国家科技资源。深化与京津冀、长三角、粤港澳大湾区合作，加强与长江经济带省市科技合作，积极推进鲁渝科技协作。

（六）着力深化科技体制改革，提升科技创新整体效能

深入推进机构改革，全面加强党对科技工作的集中统一领导，构建党建统领市域科技创新体制机制，提升科技创新体系化能力。打赢科技系统政企分离改革攻坚战。围绕新兴产业发展和未来产业布局办好“创新渝论”，开展“未来科创园”活动，举办科技活动周、科普进校园等活动，加强科研诚信建设，涵养优良学风。深入推动“数智科创”建设，全力建设“科创大脑”，加快上线“科技攻关在线”等“一件事”场景应用，构建全社会创新网络，实现创新资源要素高效利用。

（执笔人：谢朝晖）

重庆财政

重庆市财政局

一、2023年发展回顾

2023年，全市一般公共预算收入2441亿元，增长16%。其中，税收收入1476亿元，增长16.1%，增幅较大主要是上年大规模留抵退税形成低基数，以及经济持续回升带动税收恢复性增长；支出5305亿元，增长8.4%。全市政府性基金预算收入1879亿元，增长7.1%。其中，全市国有土地使用权出让收入1695亿元，增长8.5%；支出2970亿元，增长0.5%。全市国有资本经营预算收入187亿元，增长88.1%，增幅较大主要是市级国有企业历年未分配利润专项上缴；支出34亿元，增长20.1%。全市社会保险基金预算收入2635亿元，增长1.1%。其中，基本养老保险基金收入1766亿元，基本医疗保险基金收入799亿元，失业保险基金收入34亿元，工伤保险基金收入36亿元；支出2462亿元，增长8.4%。其中，基本养老保险基金支出1709亿元，基本医疗保险基金支出688亿元，失业保险基金支出37亿元，工伤保险基金支出28亿元。财政部门坚决贯彻市委、市政府决策部署，突出稳进增效、除险清患、改革求变、惠民有感的工作导向，实施积极的财政政策，加大宏观调控力度，充分发挥财政职能作用，为现代化新重庆建设提供了坚实的财力保障。

（一）加力提效积极财政政策，统筹推动高质量发展

围绕成渝地区双城经济圈、西部陆海新通道、长江经济带高质量发展等国家战略，聚焦全市重大决策部署，统筹整合财政资源，确保重大项目、重大政策、重大改革、重大平台落地见效。投入1832亿元，落实双城经济圈建设“十项行动”，支持成渝中线、渝昆、渝西、渝万、成达万等高铁建设，加快江北国际机场T3B航站楼和第四跑道建设，启动轨道交通7号线和17号线一期建设，推动茶惠大道、黄桷沱大桥、科学城隧道等建设。投入372亿元，实施西部陆海新通道五年行动方案，完善基础设施网络，建立与中欧班列、长江航运、航空货运等多种运输方式高效衔接机制，提升通道运行效率。落实税费支持政策，全市新增减税降费及退税缓费540亿元，惠及市场主体331.5万户（次），近八成的享受主体为小微企业和个体工商户。培育建设国际消费中心城市，兑现新能源汽车购置补贴、绿色智能家电消费补贴等政策。推动民营经济健康发展，落实好风险补偿、贷款贴息、保费补贴、应急转贷、上市挂牌企业奖补等政策，全年支持59家（次）企业上市挂牌和再融资，新增小微、“三农”融资担保规模250亿元，助力2.5万户小微企业和个体工商户创新创业。优化政府采购营商环境，通过预留采购份额、价格评审优惠、优先采购等措施，授予中小企业政府采购合同金额占全市总额的81%，帮助中小企业纾困发展。投入159亿元，打造“33618”现代制造业集群体系，提升智能网联新能源汽车、电子信息、先进材料等主导产业能级，促进智能装

备及智能制造、食品及农产品加工等支柱产业创新发展，推进软件和信息服务业“满天星”行动计划等。投入123亿元，落实“416”科技创新战略布局，推进数字重庆建设。整合设立20亿元专项资金，加快数字化变革。强化企业创新主体地位，开展关键核心技术攻关，支持金凤实验室、脑与智能科学中心和国家生猪技术创新中心等建设。投入782亿元，推进农业农村现代化，支持粮食和重要农产品稳产保供，巩固拓展脱贫攻坚成果，推动农田、水利等农业基础设施建设，发展壮大农村集体经济，深入实施农村人居环境整治提升五年行动，加强惠民惠农财政补贴资金“一卡通”管理等。投入583亿元，推动长江经济带高质量发展，打好蓝天、碧水、净土保卫战，74个国控考核断面水质优良比例达到100%，持续支持锰污染治理，推进全域“无废城市”建设，加强生态保护修复，推动三峡库区危岩地灾治理，稳步推进碳达峰碳中和。

（二）全力保障社会事业发展，努力创造高品质生活

坚持公共财政取之于民用之于民，用心用情用力做好基础性、普惠性、兜底性民生实事，让发展成果更多更公平惠及全市人民。投入41亿元，落实落细就业优先政策，支持“就在山城·渝创渝新”就业创业促进计划，实施“巴渝工匠”终身职业技能培训工程，促进高校毕业生、农民工、退役军人等就业。投入856亿元，落实财政性教育经费“只增不减”，兑现学生资助政策，增加学前教育普惠性资源供给，健全城乡义务教育经费保障机制，支持普通高中发展促进计划，持续实施中职“双优”和高职“双高”建设，优化完善以绩效为导向的“双一流”支持政策，支持设置重庆电子科技职业大学，全额保障重庆中医药学院开办并顺利完成首次招生。投入493亿元，深化医药卫生体制改革，扩大医疗资源供给，居民医疗保险人均财政补助从610元提高到640元，支持公立医院高质量发展，持续推进国家区域医疗中心建设，补齐基层医疗卫生机构短板，将乡村医生月均补助标准从400元提高到600元以上，免费为全市适龄在校女学生接种HPV疫苗。投入1059亿元，上调城镇职工离退休人员基本养老金，将城乡居民基础养老金提高到每月140元，支持多层次、多支柱养老保险体系建设，将城乡低保标准分别提高到每月735元、600元，将城乡特困人员保障标准提高到每月955元，发展妇女、儿童、残疾人等福利事业。投入139亿元，支持筹集保障性租赁住房8.4万套（间），向住房困难家庭发放租赁补贴，持续推动棚户区、农村危旧房改造，支持城镇老旧小区改造，持续改善人居环境。投入66.2亿元，保障博物馆、公共图书馆、文化馆、美术馆、体育场馆以及乡镇、街道文化站（中心）免费或低收费开放，开展书香重庆、红岩少年等群众文化活动，支持送戏曲进乡村、放惠民电影等，推动市级文艺院团改革发展，加快长征、长江国家文化公园（重庆段）和红岩文化公园建设，支持文物保护和修缮工程，开展全民健身活动和竞技项目备战训练，推动体育公园和健身步道等建设。投入414亿元，夯实平安建设保障基础，维护网络安全，支持打击暴力恐怖、毒品、电信网络诈骗、跨境赌博等违法犯罪活动，保障案件审判执行、检察监督、服刑人员改造、强制隔离戒毒、信访维稳等，推动基层社会治理中心、现代化网格治理体系等建设，支持安全生产预防、应急救援、食品药品安全等能力建设，及时下达受灾群众冬春救助资金。此外，积极争取中央增发国债资金242亿元，支持区县灾后恢复重建和提升防灾减灾能力建设。

（三）着力深化财政管理改革，助力创新高效能治理

围绕全面预算管理，将加强管理、健全机制、完善制度一体推进，更好发挥财政在国家治理中的基础和重要支柱作用。完善集中财力办大事机制，围绕成渝地区双城经济圈、西部陆海新通道、长江经济带高质量发展等重大决策部署，建立大事要事财政保障清单，运用数字化手段动态跟踪，实现从决策、政策到项目、资金的精准匹配，增强财政保障重大战略决策的主动性和实效性。积极稳妥推进省以下财政体制改革，初步提出财政事权和支出责任划分、市与区县收入划分、优化转移支付等改革思路，理顺开发区和行政区财政事权与支出责任，优化开发区财税扶持政策。强化政府债券项目管理，优化债券资金投后管理，压实化债主体责任，督促区县统筹自身财力，及时足额偿还到期存量债务，严肃查处违法违规举债融资行为，坚决遏制新增隐性债务。开展国有资产调查摸底，清晰呈现国有资产全貌，对房屋、土地、大型仪器设备、公共基础设施等经济价值或社会价值较高的资产，增强资产颗粒度、信息饱满度，为资产精细化管理和盘活处置利用夯实基础。推动财政数字化改革，在预算管理一体化系统基础上，升级打造“财政智管”应用，构建一批管用、好用的数字化应用场景，增强财政业务办理的规范性、及时性、科学性。加强预算绩效管理，全年对173个500万元以上的市级新增项目开展事前绩效评估，及时收回预算执行进度慢、目标完成偏离大的项目资金约20亿元，绩效评价结果与区县转移支付和部门预算安排挂钩，提升财政政策效能和资金效益。全面落实中办、国办《关于进一步加强财会监督工作的意见》，开展财会监督专项行动，发现并纠治一批违反财经纪律的突出问题。保障基层财政平稳运行，“三保”财力补助较上年增长26%，建立“三保”风险防控机制，强化预算审核、压力评估、重点关注、倾斜补助、专户调度、跟踪监测、兜底救助等全链条管理，压实区县保障责任，兜牢“三保”底线。坚持党政机关过紧日子，扎实开展支出压减专项行动，大力压减一般性支出，严格执行公务出行标准，持续强化出国出境审批管理，严控新增行政成本和“三公”经费总额，清理整合重点专项，对绩效水平低、项目编审质量差、预算执行进度慢、未达预期目标的按比例压减，全市压减支出55亿元，腾退财力用于保障重大战略任务和重点民生实事。

2023年，为完整反映大事要事等财政保障情况，以上全市财政投入为汇总数据，部分资金存在交叉。

二、发展中存在的问题

同时，财政工作还面临不少困难和问题：一是财政资金使用管理有待加强，一些专项资金支出进度偏慢，导致资金闲置，政策效应未充分发挥。二是预算绩效管理仍需提升，一些项目前期评估论证开展不实，绩效目标设置偏低，没有体现“跳一跳、够得着”的要求，导致投入产出率不高。三是行政事业性国有资产统筹管理不够到位，一些资产处置后收入未及时缴库，一些单位房屋资产长期闲置。四是财会监督工作力量薄弱，职能作用发挥还不够充分。同时，政府债务还本付息压力逐渐上升，财政预算管理改革还需进一步深化。

三、2024年发展思路

2024年是实现“十四五”规划目标任务的

关键之年，是现代化新重庆建设从全面部署到纵深推进的重要之年，财政部门将在市委、市政府的坚强领导下，落实积极的财政政策适度加力、提质增效的要求，服务保障国家战略和全市重大决策部署，在现代化新重庆建设中展现财政担当、贡献财政力量。

（一）聚焦“稳进增效”，集中财力办大事

强化国家重大战略任务财力保障，落实好积极的财政政策，完善集中财力办大事的财政支撑体系。围绕双城经济圈、西部陆海新通道、长江经济带等国家战略，以及“33618”现代制造业集群体系、“416”科技创新战略布局、数字重庆建设等全市重大决策部署，做到大事要事财政靠前谋划，加强财政资源统筹，加大经济税源培育力度，加强资金项目对接，增强财政服务保障重大决策部署的主动性、实效性。

（二）聚焦“除险固安”，精准施策防风险

贯彻落实总体国家安全观，坚持底线思维、极限思维，增强风险预判和应对能力。持续加大对区县转移支付，动态监测区县“三保”运行，完善应急处置机制，兜牢兜实“三保”底线。加强跨部门协同协作，严格落实既定化债方案，持续化解存量债务，严禁新增隐性债务，及时足额偿还到期债务，确保不断链、不爆雷，严防严控债务风险，持续巩固社会和谐稳定的大好局面。

（三）聚焦“改革突破”，强化管理提效能

坚持先立后破，统筹处理好改革发展稳定关系，用改革的办法解决前进中的问题，激发高质量发展内生动力。落实新一轮财税体制改革要求，深化省以下财政体制改革，推动“三攻坚一盘活”改革，加快财政数字化改革，健全党政机关过紧日子长效机制，强化预算绩效管理，建立健全与现代化新重庆建设相适应的财政体制。

（四）聚焦“惠民强企”，助企纾困保民生

坚持公共财政取之于民用之于民，用心用情用力做好民生实事，加快补齐就业、教育、医疗、社保等民生领域短板，解决好人民群众“急难愁盼”的问题，让发展成果更多更公平惠及全市人民。树牢“抓经济必须强主体”理念，落实好减税降费政策，优化政府采购营商环境，综合运用风险补偿、贷款贴息、保费补贴、应急转贷等措施，支持各类市场主体纾困发展、健康成长，让广大企业在现代化新重庆建设中实现更大发展。

（执笔人：冯探）

人力资源和社会保障

重庆市人力资源和社会保障局

一、2023年发展回顾

2023年，全市人社系统紧紧围绕迎接党的二十大和学习宣传贯彻党的二十大精神这一主线，在市委、市政府坚强领导下，主动作为、克难奋进，各项工作取得新成效、展现新气象。

（一）坚持凡是发展所需、必尽人社所能，服务大局更有力度

同心共进推川渝合作，全系统114个合作协议聚势赋能，签署成渝双核人社合作协议，40项“川渝通办”事项高效运行，全年互办业务48万件。真金白银稳经济大盘，推出79项“降缓返补扶”人社政策包，全年为1.3万户困难企业阶段性缓缴社保费40亿元，为28.9万户企业降低失业保险费30亿元，为15万户企业稳岗返还13亿元，发放社保补贴等政策资金15.7亿元，稳岗500万个。把薪助火强人才支撑，全年引进人才6.2万人、同比增长5.5%；新招博士后1066人、同比增长5%；全市专技人才225万人，高、中级职称占比50%；全市技能人才503.2万人，高技能人才占比31.4%。躬身入局优营商环境，新推出人社优化营商环境措施50条，发布外籍“高精尖缺”人才地方认定标准，出台人才双向离岸19条创新创业发展措施。

（二）坚持拉升获得感、托举幸福感，民生工作更有温度

全市城镇新增就业70.7万人，完成全年目标的117.8%；城镇调查失业率5.4%，低于年度控制目标；27.7万重庆籍应届高校毕业生年底就业率97.6%，同比增加1.1个百分点；全市793.7万名农民工实现转移就业，市内就业占比增至64.7%。全市城乡养老、失业、工伤保险参保人数分别达2572万人、614万人、753万人，基本养老保险参保率升至97%。获评全国和谐劳动关系示范企业14户、示范园区2个；最低工资标准调增至2100元；全年农民工欠薪案件、涉及人数、金额分别同比下降40%、39%、38.8%。

（三）坚持于要处破题、向难处攻坚，改革创新更有深度

推动试点变亮点，新就业形态就业人员职业伤害保障试点覆盖7家平台22.5万人；社保卡“一卡通”应用试点形成“105+40”应用目录。推动先行变先成，建设全国首个“智能＋技能”数字技能人才培养试验区，全市培育数字技能人才5万人、总量达66万人；率先完成县以下事业单位职员首轮等级晋升；建立绩效工资“总量＋”和“＋总量”激励体系。推动探路变拓路，体系化实施卓越工程师培养集聚行动；千名高层次科研人员顶岗培养首批选派203人；构建“1+1+3+N”新就业形态政策体系。

（四）坚持以“大工程”推动“大发展”，人社服务更有效度

以重庆人社“1+11+N”“十四五”规划体系

为引领，全面发挥工程项目的牵引带动作用。抓好“智慧人社”，创设人社西部（重庆）数据实验室，组建汇人大数据公司；206项业务“一网通办”。抓好“就业增效”，“一库四联盟”精准服务544万人次；917个以工代赈项目吸纳3.8万人次参与工程建设；培训28.5万人次，与重点产业对接率超81%。抓好“社保提质”，城镇职工与城乡居民养老保险参保结构优化为56 ：44；职业年金覆盖84.2万人，企业年金覆盖28.4万人；开立个人养老金账户68万人。抓好“人才强链”，构建“七彩”人力资本价值评估模型，发布人才流动综合指数。抓好“千亿跃升”，全市人力资源服务机构超过3000家，预计全年营业收入达800亿元、同比增长29.5%。

（五）坚持内提品质、外树形象，品牌建设更有亮度

以品牌铸名牌，变优势为胜势，“八大品牌”积厚成势、出新出彩。做亮“就在山城·渝创渝新”品牌，发放创业担保贷款56.9亿元，直接扶持创业3万余人，带动就业10万人；“一村一社区一人”培育2.3万名劳务经纪人。培育劳务品牌126个，“大足雕客”“山城玻璃工”“云阳面工”等享誉全国。做强“巴渝工匠”品牌，新建高技能人才培训基地、技能大师工作室69个，重庆选手夺得世界技能大赛特别赛2块金牌。做实参保“直通车”品牌，将社保业务受理端延伸至企业、园区、银行、高校。人才品牌聚焦发力，打造全国首家数字经济人才市场；“一库四中心”人才图谱吸纳30万名高层次人才入库；建成4个英才服务示范港，累计发放英才服务卡1.3万张，上线英才服务热力图，全年“一站式”服务26.9万人次。智库品牌多点发力，发布全国首部《长江经济带人才发展蓝皮书》和《重庆人力资源蓝皮书》。

（六）坚持底线思维、忧患意识，安全稳定更有厚度

持续做好防风险、保安全、护稳定工作，实现高质量发展和高水平安全的良性互动。全年社保基金总收入1846亿元，总支出1640亿元，收支总体平衡。242件“治重化积”案件全部化解，重复信访率降至4%，较全市平均水平低19个百分点。构建法治综合评估指标体系726项，开展法治人社示范创建活动。宣传舆论有声有色，新华社、人民日报等主流媒体刊播全市人社工作1600余篇，开展意识形态风险排查，妥善处置网络舆情37件。

二、存在问题

对照现代化新重庆建设新要求和人民群众新期待，人社事业发展仍然存在不少问题和挑战，主要表现在：推动高质量充分就业的“大就业”工作格局尚未完全形成，就业总量压力持续增大，结构性就业矛盾依然突出，失业风险预警和快速响应机制有待完善，就业资金保障承压明显，就业质量还不高；多层次的社会保障体系发展还不平衡，社保参保扩面量质还需提升，养老保险“两率”（即缴费人数占应参保人数的比率、缴费基数占社平工资的比率）有序增长面临挑战，社保基金有效监管还需全面发力、久久为功；服务新重庆建设的人才引育留用体制机制有待进一步完善，创新型、复合型高层次人才有效供给与精准匹配有待加强，与科技产业等部门的联动性、市区（县）间的协同性等都还不够，人才服务还需持续优化；人力资源高质量开发利用还未起步，人力资源市场需求减弱，人力资源服务产业的创新发展、引领示范还需加力；稳岗压力和规模性裁员风险上升，劳动纠纷隐患明显增

多，新就业形态劳动者权益保障存在瓶颈，系统风险感知处置能力还需加强，根治欠薪还未完全实现；基层基础建设存在不少短板，为民服务水平还需巩固提升；全面从严治党存在薄弱环节，党风廉政建设需要持续加强；干部队伍的数字思维、系统观念、改革劲头、实战能力都还有待进一步提升。我们要正视问题、主动破题、高效解题、精准答题，在思想观念的变革重塑中展现人社工作新作为、打开事业发展新天地。

三、2024 年发展思路

2024 年是新中国成立 75 周年，是实现“十四五”规划目标任务的关键之年，是现代化新重庆建设从全面部署到纵深推进的重要之年，是改革攻坚突破的奋斗之年。做好人力社保工作的总体要求是：以习近平新时代中国特色社会主义思想为指导，全面贯彻党的二十大、二十届二中全会精神，全面落实市委六届二次、三次、四次全会与全国人力资源和社会保障工作会议部署，坚持稳中求进工作总基调，完整、准确、全面贯彻新发展理念，积极服务融入新发展格局，着力推动高质量发展，紧扣加强人力资源开发利用主题主线，全面做好稳就业工作，积极稳妥推进社会保障制度改革，加强人才人事工作，完善工资收入分配制度，构建和谐劳动关系，兜住、兜准、兜牢民生底线，驰而不息全面从严治党，努力为加快建设现代化新重庆作出更大贡献。

2024 年全市人力社保事业发展的主要目标是：就业方面，城镇新增就业 60 万人以上，登记失业人员就业 15 万人以上，就业困难人员就业 8 万人以上，城镇调查失业率控制在 5.5% 左右。社会保障方面，参加基本养老保险 2654 万人、失业保险 635 万人、工伤保险 705 万人，新开工工程建设项目工伤保险参保率 90%。人才方面，引进人才 7 万人以上，招收博士后 1000 人以上，新增取得高级工以上证书 6.8 万人次，新增技师、高级技师证书 8000 人次，技工院校招生 3.9 万人，开展补贴性培训 15 万人次。劳动关系方面，劳动人事争议仲裁结案率 95% 以上，劳动人事争议调解成功率 70% 以上，劳动保障监察举报投诉案件结案率 97% 以上，拖欠农民工工资举报投诉案件结案率 98% 以上。公共服务方面，申领电子社保卡人口覆盖率达到 70%，人社公共服务事项可网办率达到 99%，人社政务服务好评率 97% 以上。

全市人力社保系统将聚焦经济建设这一中心工作和高质量发展这一首要任务，强化党建统领，牢牢把握稳进增效、除险固安、改革突破、惠民强企的工作导向，推动“三大跃升”，打好“五大攻坚战”，实现“三大突破”，开展“四大行动”，乘势而上、接续奋斗，努力跑出事业发展新速度、积累整体跃升加速度，以全市人社事业发展新成效迎接新中国成立 75 周年。

（执笔人：王婵娟）

城市规划和自然资源

重庆市规划和自然资源局

一、2023年发展回顾

2023年，重庆市规划自然资源系统认真学习贯彻落实党的二十大精神，按照市委六届二次、三次、四次全会决策部署，扎实开展学习贯彻习近平新时代中国特色社会主义思想主题教育，狠抓规划自然资源各项工作落地见效，有力服务现代化新重庆建设。

（一）守住安全底线，做好三峡库区危岩地灾风险治理多跨协调闭环管控

一是承担好三峡库区危岩地灾防治工作专班办公室职责，构建跨部门、跨层级、跨领域的协作机制，形成横向到边、纵向到底的责任闭环落实机制，细化落实58项工作任务，完成避险搬迁26处、工程治理173处，积极除险清患431处已发现危岩崩塌隐患。二是突出实战实效能力。研制危岩地灾风险管控数字化应用，建立国内首个岸坡高精实景三维全息数据空间底座，建成小流域风险预警管控示范59个，实现以乡镇为单元的分级预警转向以小流域为单元的精准预警，成功预警处置1起特大灾情。三是加快地质灾害防治技术创新中心建设。推进中国地质科学院岩溶地质研究所迁建重庆并启动建设程序。

（二）加强规划统筹引领，持续深化“多规合一”国土空间规划

一是提高规划统筹引领能力水平。组织筹备完成2次市委城市规划工作专题会，加强市规划委员会办公室统筹功能，建立健全15项规划统筹引领机制。筹备召开市规划委员会议4次，审议重大规划、重大事项、重点项目27项。建立与区县党委政府主要领导定期交流重要规划工作机制，与21个区县党委政府主要领导沟通对接，统筹引领服务区县经济社会发展。二是持续优化完善国土空间规划。落实成渝双城经济圈建设“一号工程”，抓好六大专项行动、150项具体任务。谋划渝西地区国土空间规划、两江四岸整体提升规划和西部枢纽国际开放合作区空间布局。三是提高城市设计水平。优化推进重庆站、科学城金凤城市中心、高新区九里片区、寸滩保税港等城市设计，提升城市形象。四是统筹管理国土空间专项规划。高质量研究完善中心城区大际线规划、美丽重庆城乡风貌规划、重庆东站站前片区整体规划、中心城区次支路网系统优化提升规划等重大规划，统筹市政设施、城乡公益性安葬设施等64个重要专项规划。

（三）规范用地行为，落实耕地保护和粮食安全责任

一是全面压实耕地保护责任。提请市委制定常委会及其成员、市政府领导班子及其成员耕地保护和粮食安全目标任务与职责清单，向市政府常务会汇报工作2次，协助市领导召开耕地保护专班动员调度大会6次，细化明确23项硬措施，规范各类用地行为，强化各项保障机制，做

好宣传舆情引导，有效避免“非农化”“非粮化”多头管理。二是发挥耕地保护牵头作用。强化源头治理，创新运用耕地一本账、两张清单、五色图、七张报表，从严管控268万亩“非粮化”风险图斑，分类整改督察反馈问题925个。

（四）实现国土空间资源价值，切实履行全民所有自然资源资产所有者职责

一是完善自然资源资产管理制度体系。深入开展所有权委托代理机制试点，在全国首个采取“核心清单+拓展清单”管理模式、唯一将古生物化石纳入试点资源门类、初步构建自然资源资产智管系统等多项工作获自然资源部肯定，初步打通自然资源价值实现路径，探索编制资产价值实现方案。承办试点中期推进西部片区会，受邀在全国试点总结会上交流发言。二是首次摸清可变现国有资产家底。大力推进市、区（县）两级国有土地资产调查摸底，形成“1个专项报告+2个专题报告”的报告体系，首次编制市级国有土地资产盘活方案，明确盘活路径和举措，助力“三攻坚一盘活”专项改革。三是规划赋能提升实现自然资源价值。强化城市经营理念，提高东站片区容积率、优化站前广场布局等，提升寸滩邮轮母港片区开发强度、优化城市天际线等，明确金凤片区功能定位、联动优化建设时序等，统筹区位条件、群众意愿、低效用地等情况合理确定城中村改造项目，提升城市土地价值。在两江新区试点统筹林地、田园空间与城市园林绿地，创新构建城镇开发边界内外有机衔接、布局融合、舒适便利、设施完善的一体化绿色空间。

（五）强化自然资源要素保障，加快推进绿色低碳发展

一是强化重点项目用地保障。优化完善28条用地保障政策措施，各级重大项目用地实现“应保尽保”，保障成渝中线高铁等重大基础设施用地需求。实现工业项目标准地出让289宗、1656公顷，保障重大产业项目快速落地。二是加快推进三大工程。编制中心城区城中村改造规划及实施方案，11个项目纳入2024年改造计划。强化“平急两用”公共基础设施空间保障，规划重庆新机场等重大基础设施，推动地上地下公共设施连片成网。加强保障性住房空间保障，做好5000套保障性住房规划选址论证工作。三是持续调整住宅用地供需结构，因时因势优化政策，促进市场恢复提振，全市出让住宅用地1.38万亩，建筑面积1705万平方米。中心城区供需结构调整成效明显，出让住宅用地2238亩，建筑面积295万平方米，占同期住宅销量的41%。四是强化自然资源节约集约利用。摸清68个开发区（园区）产业用地规划、产值、税收等情况，系统梳理全市批而未供、供而未建、建而未完产业用地情况，探索制定完善的产业用地规划标准、亩均任务及评价体系。严格落实自然资源部“增存挂钩”机制，全年处置批而未供土地12569公顷，处置闲置土地2330公顷。

（六）围绕数字重庆建设，迭代提升国土空间数字化治理能力

一是构建国土空间数字化治理体系。迭代形成两版国土空间数字化治理实施方案，构建“4510”任务体系，梳理集成10项核心业务，建立“市、区县、镇乡”全覆盖全贯通的国土空间信息平台。二是形成整体智治实战实效能力。加快建好四大类767项数据目录体系的自然资源和空间地理基础数据库，三大空间1089个图层目录体系的二、三维一体国土空间规划一张图，六大类156个能力组件体系的国土空间治理工具箱，现已归集207项数据、发布548个图层服务

接口、上架18个能力组件。统筹推进国土空间地理信息系统建设，危岩地灾风险管控、渝耕保、产业用地智治、不动产登记4个应用纳入全市重大应用“一本账”。三是全面推进实景三维中国（重庆）建设。实景三维建设全国大会在渝召开，受邀交流实景三维（重庆）工作经验。印发总体实施方案，在国土空间规划等11个领域开展100余项场景应用探索。加快构建国土空间三维实景图，完成75个示范镇街重点区域建成区二级图（L2级）建设。

（七）聚焦美丽重庆建设，筑牢长江上游重要生态屏障

一是加快推进城乡风貌整体大美。编制全市城乡风貌整体大美规划，绘制“新时代美丽重庆长江千里图示范区概览”图，构建6个风貌区、48个山城江城风貌场景。开展两江交汇等历史城区重点地段更新设计，打造具有重庆辨识度的城乡传统风貌示范区。二是加强生态保护修复。全面推进三峡库区腹心地带山水林田湖草沙一体化保护和系统治理，铜锣山、广阳岛等2个山水工程项目入选国家山水工程首批15个优秀典型案例。创新生态保护修复、城乡融合、城市更新“三位一体”规划，中梁山矿山公园入选全国矿山生态修复典型案例。全面完成缙云山生态环境综合整治，269个问题全部销号，获主题教育中央巡视组充分肯定。三是大力开展全域土地综合整治，通过旱改水、零改整、坡改梯、低改高，推进低效“劣质地、巴掌田、鸡窝地”变高产“增收田”，完成10个国家试点项目、5个市级试点项目。四是按需优化实用性村庄规划。按需编制约5000个村庄规划，结合农村一二三产业融合发展，统筹脱贫攻坚与乡村振兴任务，编制16个市级巴渝和美乡村实用性村庄规划，优化和美乡村空间格局。

（八）坚持守正创新，全面深化改革，增强群众获得感

一是全面摸清自然资源底图底数。在全国率先开展自然资源常规监测，建立完善“天地网一体化”调查监测网络体系，实现市、区县、乡镇、村居四级联动监管，受邀在全国地理信息技术创新大会上作经验交流发言。二是全面深化不动产登记改革。创新实现二手房交易与水电气联动过户等“一件事一次办”改革，“一窗受理”“税费同缴”创新试点成效经验被国务院在全国复制推广，办理不动产双预告“带押过户”5100余件、二手房交易与水电气联动过户近4.7万件，涉企不动产登记7878余件，企业、群众办事体验感更优、获得感更强。三是探索“一码管地”全生命周期管理。试点一个编码赋能行政审批，一码串联规划编制、土地供应、规划许可、竣工验收和不动产登记全过程，获自然资源部推广。

二、发展中存在的问题

发展中仍然存在一些突出问题和短板。一是规划统筹引领深度落地成效还不够明显，要不断优化大中小城市空间格局，加快全面落实主体功能区、新型城镇化战略，增强超大城市治理能力。产业用地激励机制以及空间优化政策还不健全，闲置低效产业用地利用难。二是统筹发展和安全还存在很多短板，耕地保护形势依然严峻，永久基本农田整改难度大，永久基本农田范围内防控存量“非粮化”耕地流出任务重。地质灾害防治工作任务繁重，危岩监测预警精度和质效还不够高，小流域预报预警体系还不完善。“三攻坚一盘活”改革攻坚目标任务艰巨，加快盘活变现国有土地资产，实现资金投入产出平衡难度较

大。三是国土空间数字化能力还存在不足，社会经济发展数据在自然资源和空间地理数据库的汇聚不够、精准落地不足，三维实景图数据覆盖范围不广、质量精度不高，危岩地灾风险管控、城市规划统筹等典型应用还要加快部署。四是政策红利没有显现、执行发挥不够。集体经营建设用地入市、工业用地容积率等已有政策的执行度还不高，没有真正落实到位，部分区县热衷于要政策，但没有用好、宣传好现有政策，要在政策梳理、制度执行上持续用力，抓好落实。五是高素质专业化干部队伍建设不足，部分干部适应和引领现代化能力有待增强，与推动现代化新重庆建设的要求还有差距，干部选育管用工作还需要系统提升，特别是在优化班子专业结构方面还需持续用力。

三、2024 年发展思路

2024年，全市规划自然资源系统将坚持“稳进增效、除险固安、改革突破、惠民强企”工作导向，牢牢把握高质量发展首要任务，聚焦“三攻坚一盘活”改革攻坚目标任务，深化规划和土地制度管理改革，抓好国土空间数字化、国有资产盘活、危岩地灾治理等重点工作，努力交出规划自然资源系统高质量发展的高分报表，为现代化新重庆高质量发展贡献更大力量。

（一）更高水平增强规划统筹引领

加强市规划委员会办公室整体统筹功能，持续完善规划统筹引领机制，加强市区两级定期沟通衔接。制定出台全市国土空间专项规划管理办法、城镇开发边界调整细则。加强总体规划实施时序统筹，创新完善国土空间规划实施管理机制，用好“定期体检、五年评估”规划实施监督机制，确保国土空间规划一张蓝图绘到底。

（二）更高质量优化国土空间格局

优化中国西部枢纽国际开放合作区空间布局，实施成渝地区双城经济圈国土空间规划、全市国土空间总体规划。强化城市经营理念，谋划抓好优化交通枢纽规划、产业空间与产城融合规划、城市重要标志性功能规划、优化生活圈赋能规划、美丽重庆城乡风貌规划、优化提升自然资源资产价值等重点工作。

（三）更高站位守住耕地保护红线

牢牢守住“重庆 2035”确定的 2064 万亩永久基本农田和 2665 万亩耕地保护空间，落实好耕地占补平衡重大改革，稳步推进耕地垦造恢复，逐步优化农用地空间布局，加强“八张问题清单”反馈问题源头治理管控，坚决遏制耕地“非农化”、防止基本农田“非粮化”。

（四）更实举措推进实现“三攻坚一盘活”改革突破

优化园区开发区空间布局，产业用地就近配套居住生活用地，加快推进产城融合、职住平衡。加强产业用地数字化治理，探索制定土地出让对赌机制等政策，提高产业用地亩均综合效益。加快处置批而未供、供而未建项目，分类施策精准管控，提高土地节约集约水平。深化不动产确权登记改革，积极主动服务企业，赋能国企国资改革。抓好市级储备土地盘活，结合房地产市场供需结构优化调整，提升市级储备土地价值，持续完善委托整治机制，严格目标任务考核，做好土地整治资金投入产出平衡。

（五）更准定位加快美丽重庆建设

完善全市城乡风貌整体大美规划，开展城乡

风貌示范区创建活动。高质量推进三峡库区腹心地带山水林田湖草沙一体化保护和修复工程，全力推动历史遗留和关闭矿山生态修复工作。

（六）更大力度提升数字化治理能力

加强数字重庆建设引领流程再造，加快整合“一库、一图、一箱”数据，归集自然人、法人、信用信息、电子证照等数据，推动经济社会发展数据在空间融合落地。加快推进实景三维地图建设，建好国土空间信息平台，推进危岩地灾风险管控、渝耕保、产业智治等典型应用部署使用。

（七）更强担当打好三峡库区危岩治理攻坚战

建立完善小流域预报预警体系，建设健全“点线面”一体化风险管控体系，健全危岩全链条多跨协同管控体系，完成一年开局、两年攻关、三年基本除险的目标任务。

（执笔人：张艺扬）

生态环境

重庆市生态环境局

2023年，在市委、市政府坚强领导下，市生态环境局全面贯彻落实党的二十大精神，深学笃行习近平生态文明思想，扛起在推进长江经济带绿色发展中发挥示范作用的重大使命，协同各区县和市级有关部门一体推进治水、治气、治土、治废、治塑、治山、治岸、治城、治乡，交出生态环境高分报表，推动美丽重庆建设实现良好开局。我市连续4年获国家污染防治攻坚战成效考核优秀；长江干流重庆段水质连续7年保持Ⅱ类，74个国控断面水质优良比例达100%，列全国第1，创“十四五”以来最佳水平；空气质量优良天数达325天、连续4年保持在320天以上，在31个省会城市中排第10；土壤、地下水、声、辐射环境质量保持稳定，连续17年未发生较大及以上突发环境事件。生态环境部评价我市生态环境保护工作取得显著成效、走在全国前列。

一、2023年发展回顾

认真落实成渝地区双城经济圈建设“一号工程”和美丽重庆建设工作部署，迭代升级生态环境保护工作体系，奋力打造具有重庆辨识度、全国影响力的生态环境保护标志性成果。

（一）坚持从战略上认识、从政治上落实，美丽重庆建设政治责任扛得更稳

当好美丽重庆建设排头兵，打表落实美丽重庆建设大会涉及我局的6类主要目标和41项重点任务，推动出台《重庆市长江经济带污染治理和生态保护攻坚战行动方案（2023—2027年）》等重要文件，统筹实施“推动生态优先绿色发展行动”并纳入推动成渝地区双城经济圈建设十项行动靶向攻坚，创新集成“生态报表”并纳入“八张报表”强力推动，归集形成“生态环保督察问题清单”并纳入“八张问题清单”严格督办，系统重塑“数字生态环保”并纳入“数字重庆总体构架”整体推动，每季度在区县委书记和部门一把手例会上动态“晾晒”生态环保成效及问题，推动形成比学赶超、唯实争先的浓厚氛围。

（二）坚持铆足干劲拼、只争朝夕干，污染防治攻坚重大战役纵深推进

强化治水，实施中心城区排水系统溢流控制及能力提升等专项行动，48段城市黑臭水体治理成效持续巩固，长江、嘉陵江、乌江干流4012个入河排污口整治完成率达93%，汉丰湖入选全国美丽河湖优秀案例。强化治气，接续实施夏秋季臭氧污染防治、冬春季“治气”攻坚专项行动，年初空气质量优良天数同比大幅减少的被动局面逐步扭转，臭氧仅超标8天且为近10年最佳水平，连续6年无重污染天气。强化治土，修复污染地块31块，提供净地3200亩，重点建设用地安全利用率达100%，受污染耕地安全利用率达95%以上。强化治废，全域“无废城市”加快建设，累计建成“无废城市细胞”1500余个，发布典型案例17个，锰渣场整治成效走在“锰

三角”地区最前列。强化治城，噪声投诉同比下降9.9%，功能区声环境质量达标率为97.8%。强化治乡，命名市级生态文明建设示范乡镇（街道）87个，农村黑臭水体清零区县创建全面启动，农村生活污水治理率达63.9%、比2022年提高24.2个百分点，农村卫生厕所普及率达85.9%，农村生活垃圾收运处置体系实现行政村全覆盖。

（三）坚持共抓大保护、不搞大开发，长江上游重要生态屏障持续筑牢

强化自然保护地和生态保护红线监督执法，“绿盾”行动累计整治自然保护地环境问题2118个。深入推进生态文明示范建设，忠县三峡橘乡田园综合体获国家“绿水青山就是金山银山”实践创新基地命名，广阳岛、铜锣山生态修复项目入选全国“山水工程”优秀典型案例。全面加强生物多样性保护，外来入侵动植物分布基本摸清，覆盖全市典型生态系统的生物多样性观测网络初步构建，水生生物多样性呈现恢复向好趋势。着力提升成渝地区双城经济圈生态环境保护能级，120余项合作协议有效落实，川渝“无废城市”共建不断深入，共建危险废物跨省转移“白名单”等3项经验做法向全国推广，保障成都大运会空气质量、跨省市联合执法和应急等工作卓有成效，在西部地区生态保护中持续发挥示范作用。

（四）坚持做好加减法、打好组合拳，发展方式绿色低碳转型明显加快

出台减污降碳协同增效实施方案，潼南区、涪陵高新区、九龙坡西彭园区入选国家首批减污降碳协同创新试点城市和园区。在国家低碳城市试点评估排名中重庆居中西部首位，成功举办西部首届碳博会，首批9家市级近零碳园区试点创建有序推进，碳排放环评、碳监测评估等国家级试点取得阶段性成果。绿色金融改革创新试验区建设扎实推进，绿色贷款余额超6600亿元，两江新区气候投融资国家级试点走深走实，气候投融资试点入库项目达497个。“碳惠通”平台注册用户达172万户，被纳入重庆碳市场的重点排放单位数量翻一番、增至308家。扩内需稳增长有力推进，全市审批项目环评2347个、涉及投资3842亿元，助力哈密至重庆 ±800千伏特高压直流输电工程等一批重大项目开工建设。持续优化营商环境，环评审批时效较法定时限提速53%，将3451家企业纳入监督执法正面清单，采取依法实施轻微违法免罚、修复企业环境信用等措施支持市场主体健康发展。

（五）坚持为民解烦忧、为民谋福祉，突出生态环境问题整治惠民有感

开展生态环境保护逐级督察，中央生态环境保护督察214项整改任务已完成，长江经济带生态环境警示片46项整改任务已完成43项，排查归集6.2万余个问题纳入“生态环保督察问题清单”闭环管控，“缙云山生态环境综合整治提升成效显著”成为主题教育正面典型案例，中心城区排水系统溢流问题整治基本实现阶段性目标。生态环境保护行刑衔接不断深化，连续4年开展“两打”（打击危险废物环境违法犯罪和重点排污单位自动监测数据弄虚作假违法犯罪）专项行动，全面整治第三方环保服务机构弄虚作假，全市作出环境行政处罚决定1287件，其中查处适用环保法五类重大案件107件。强化生态环境领域除险清患，整治环境风险隐患666个，375条重点河流“一河一策一图”环境应急响应方案全面完成，高质量完成涪江、濑溪河流域环境应急联合演练和市级辐射事故综合应急演习，全市在用2223枚放射源和5985台射线装置安全可控，一体调度处置易引发环境污染的突发事件28起，

妥善科学处置一般突发环境事件3起，牢牢守住环境安全底线。

（六）坚持体系化建构、数智化赋能，现代环境治理能力持续提升

强化法治保障，修订出台《重庆市噪声污染防治办法》，推进土壤、固体废物污染防治地方性法规文本起草和生态文明教育地方立法调研。加强数据治理，梳理13个方面核心业务、1388个业务事项，构建完善生态环境数据资源目录，涵盖156类编目2338项数据，“巴渝治水”“巴渝治气”“巴渝治废”等应用加快建设。深化科技创新，全国生态环境科技工作会议在渝召开，生态环境科技创新基地建成投用。健全监测体系，提标建成全国领先的省级生态环境监测实验室，总体实现水气声环境监测自动化。促进多元共治，争取中央生态环境资金12亿元，较2022年增长约30%；指导5个生态环境导向的开发模式项目通过金融机构预审；美丽重庆建设宣传工作体系化推进，开展习近平生态文明思想理论宣讲70场次，“美丽重庆”融媒体平台上线成势，市级以上媒体刊发宣传报道1200余篇，人民日报头版头条报道《重庆：筑牢长江上游重要生态屏障，着力建设美丽中国先行区》（系近年首次），共建共治共享格局逐步形成。

（七）坚持严的主基调、实的好作风，生态环境保护铁军队伍加快建设

坚持加强党的全面领导、全面加强党的建设、全面从严治党一体推进，研究落实有关重要工作10余项，深化模范机关创建行动，加强“四强”党支部建设，做好常态化“三服务”工作，加快建设新时代“红岩先锋”变革型组织。扎实开展主题教育，调研成果汇集纳入成果转化运用清单152项、检视问题清单140余项并逐项落实，巩固深化主题教育成果出台相关政策措施13项，中央、市委巡回指导组充分肯定。坚持严管厚爱相结合，严格落实意识形态责任制、民主集中制和“三重一大”决策等制度，常态化加强纪律规矩教育、廉政风险点排查治理、作风纪律明察暗访，引导督促党员干部知敬畏、存戒惧、守底线。巩固绿色机关、节约型机关建设成果，9个直属单位通过市文明单位复查，全国巾帼建功先进集体、重庆市最美机关青年等先进典型持续涌现，政治生态和干事创业氛围持续向上向好。

二、2024年发展思路

2024年，我们将在市委、市政府坚强领导下，坚持稳中求进工作总基调，强化稳进增效、除险固安、改革突破、惠民强企工作导向，全面推进美丽重庆建设，坚决打好长江经济带污染治理和生态保护攻坚战，全力打造更多具有重庆辨识度、全国影响力的标志性成果，为加快建设美丽中国先行区作出更大贡献。

（一）更加自觉落实美丽重庆建设政治责任

推动出台全面推进美丽重庆建设的实施意见、美丽重庆建设行动方案，办好美丽重庆建设工作推进会，构建美丽重庆建设目标体系、工作体系、政策体系和评价体系。配合做好第三轮中央生态环境保护督察工作，深入抓好各类突出生态环境问题整改，组织开展市级生态环境保护例行督察，督促落实生态环境保护“党政同责、一岗双责”。

（二）更加自觉推动生态环境质量持续改善

坚持精准治污、科学治污、依法治污，深入打好“三大保卫战”。推动美丽幸福河湖建设，加强流域面积200平方公里以上河流系统整治，纵深推进入河排污口排查整治，积极推进“污水

零直排区”建设，持续提升流域水环境质量，确保74个国控断面水质优良比例不低于98.6%。抓好细颗粒物和臭氧污染协同防治，加强重点行业深度治理，逐步提高公共领域用车纯电动化比率，提升污染天气应对能力，确保空气质量优良天数稳定在320天以上。开展农村黑臭水体清零区县创建，加快提高农村生活污水治理率，守住建设用地安全利用底线。加快全域“无废城市”建设，发布“无废指数”，新建“无废城市细胞”1000个以上，加强固体废物综合治理，防控尾矿库等环境风险。

（三）更加自觉筑牢长江上游重要生态屏障

统筹实施生物多样性保护行动计划，编制生物多样性保护重大工程实施方案，持续加强自然保护地、生态保护红线监管，衔接承办国际生物多样性日主场活动，加强生态文明建设示范创建。深入推进环境风险隐患排查整治，推动长寿经开区开展全国“一园一策一图”环境应急响应方案试点、涪陵白涛工业园区开展全市试点，健全环境应急处置体系，严格辐射安全监管，坚决遏制重特大突发环境事件和辐射事故发生。

（四）更加自觉推动发展方式绿色低碳转型

以减污降碳协同增效为总抓手，加强生态环境分区管控，靠前服务保障重大项目落地见效，持续推动气候投融资试点，健全重庆碳市场配套政策体系，深化排污权交易改革，加快构建以排污许可为核心的固定污染源监管制度体系，探索制定“降碳、减污、扩绿、增长”协同评价指标体系和协同创新发展指数，推动能耗双控逐步转向碳排放双控，激发经济社会发展全面绿色转型内生动力。

（五）更加自觉携手打造川渝协作示范样板

加快实施《成渝地区双城经济圈“六江”生态廊道建设规划（2022—2035年）》，协同申报全国美丽河湖优秀案例，加强大气污染联防联控，完善污染土壤转移协作机制，联合开展“无废城市”建设、危险废物跨省“点对点”豁免定向利用试点，持续深化联动督察、联合执法、突发环境事件联合应对及辐射安全监管，共同编制相关生态环境标准，推进气候投融资、碳交易、大数据等领域深度合作，携手建设人与自然和谐共生的美丽中国先行区。

（六）更加自觉打造生态环境治理市域标杆

健全生态环境保护地方法规体系，深化生态环境保护执法与司法衔接，加快“巴渝治水”“巴渝治气”“巴渝治废”等应用建设及实战化应用，实现生态环保系统数据归集率、“一件事”场景上线运行率“两个100%”，构建完善的空天地一体化生态环境监测网络体系，加大中央资金争取力度，提升美丽重庆建设科技支撑能力，营造美丽重庆建设浓厚的社会舆论氛围，构建全社会共建共治共享格局。

（七）更加自觉建设生态环境保护铁军队伍

认真落实新时代党的建设总要求和新时代党的组织路线，不断巩固深化拓展主题教育成果，一刻不停地推进全面从严治党，深入推进模范机关建设，着力打造新时代“红岩先锋”变革型组织建设示范成果，持续修复净化政治生态，加强对干部的日常教育和监督管理，健全担当作为激励和保护机制，努力建设一支政治强、本领高、作风硬、敢担当、适应现代化新重庆建设要求的高素质生态环境保护队伍。

（执笔人：毛雨晓）

住房和城乡建设

重庆市住房和建设委员会

一、2023年发展回顾

2023年，重庆市住房和城乡建委深入学习贯彻习近平总书记对重庆工作系列重要指示批示精神和对住房城乡建设工作重要论述精神，主动融入成渝地区双城经济圈建设、西部陆海新通道建设等国家战略，突出稳进增效、除险清患、改革求变、惠民有感工作导向，在挑战中逆势而上、在困难中承压前行、在矛盾中变革突破，各项工作取得新成效、展现新面貌。房地产业、建筑业增加值占全市的比重达16.5%，住建领域14项经验做法在全国推广，7项改革试点走在全国前列，6个项目获中国人居环境奖、数量居全国第一。

（一）奋力抓好“三个一批”，经济支柱作用更加凸显

坚持稳进增效，推动市场和投资“双稳”、产业和项目“双进”，充分发挥了稳经济的主力军作用。一是建成一批有标志性的城建项目。全力抓在建促投用、抓开工促落地、抓储备促转化，建成9号线二期、18号线等5条（段）60公里轨道和郭家沱大桥及南延伸段等路桥隧项目，轨道运营里程达到538公里、客运分担率达到51.7%，中心城区道路通车里程突破6550公里，全年完成城建投资1355亿元、同比增长12.8%，占全市基础设施投资的比重达33%。二是出台一批有针对性的房地产政策。适时研究出台4批次支持政策，出台中心城区旧城改造20条举措，策划组织房交会、“金九银十”等促销活动，全力增信心、防风险、促转型，全年完成房地产开发投资2792亿元，实现商品房销售面积3572万平方米，一、二手房成交总量同比增长3.1%。新增交付房屋15.7万套、占年度目标131%，专项借款项目交付进度、新增配套融资位居全国前列。三是引育一批具有代表性的建筑企业。出台促进建筑企业健康发展九条措施，创新开展“川渝建筑企业走进粤港澳大湾区”活动，新落地央企子公司36家，新增建筑施工特级资质企业1家、总量达到13家，全年完成建筑业产值9710亿元、实现建筑业增加值3366亿元。全市建设项目获评国家优质工程奖4个、鲁班奖3个、巴渝杯优质工程奖58个。新增建筑业注册人员8239人，同比增长11.4%。

（二）倾力办好“三类实事”，惠民暖民实效全面提升

坚持惠民有感，着力解决群众急难愁盼问题，群众生活更舒心更美好。一是办好城镇住房保障类民生实事。新筹集保障性租赁住房8.4万套（间），新配租入住公租房3.5万套，新增人才公寓1万套，有效解决了新市民、青年人等群体住房问题。开工改造城镇老旧小区4534万平方米，经验做法在金砖国家城镇化论坛上被宣传推广。改造城市棚户区1.8万户，保障性安居工程连续两年获国务院督查激励。支持新市民、青

年人等提取公积金租房安居34.7万人，灵活就业人员参加住房公积金制度试点缴存规模居全国第一。二是办好城市人居环境类民生实事。实施“两江四岸”岸线治理提升项目20个，建成滨江岸线57公里，累计开放相国寺码头、盘溪河入江口等公共空间节点14个。建成投用城市更新项目46个，入选全国深化城市体检工作制度机制试点城市，2项城市更新做法获全国推广，九龙坡区民主村社区、南岸区金堰社区等5个社区入选全国完整社区建设试点。统筹实施缓堵保畅行动，完成轨道站点步行便捷性提升项目15个、片区路网更新33个，打通未贯通道路50条，建成山城步道107公里，城市交通高峰运行效率位列同类城市前二。三是办好和美乡村建设类民生实事。持续打造30个美丽宜居示范乡镇，建设“巴蜀美丽庭院示范片”15个，创建美丽庭院1万余个，乡镇辐射带动作用持续增强。分类保护发展传统村落，累计挂牌保护中国传统村落164个、市级传统村落67个，黔江区、江津区获评全国传统村落集中连片保护利用示范区，巫山县下庄村、渝北区杨家槽传统村落保护发展项目入选成渝乡村特色风貌保护十大案例。引导“三师一家”下乡服务6000余人次，2项做法入选住建部可复制经验清单。完成农村危房改造5759户，实现农村低收入群体危房动态清零。

（三）聚力实施“三个转型”，改革突破势能持续增强

坚持改革求变，在推进转型升级上持续发力，行业高质量发展的动力与活力进一步增强。一是实施数字化转型。积极融入数字重庆建设大局，聚焦业务协同、流程再造、体系重塑，构建实施数字住建“171”整体智治体系，策划开发“工程智管”“数字管线”等典型应用14个，4个“一件事”应用纳入全市“一本账”、5个“一件事一次办”场景上线运行，谋划形成城市内涝处置、管线挖损智防等事件场景8个，其中4个事件场景入选全市首批清单，初步实现数字住建“一张网、一张图、一盘棋”。二是实施工业化转型。加快推进全国智能建造试点城市和装配式建筑范例城市建设，全年新开工装配式建筑1100余万平方米，装配式建筑实施比例达到35%；组织实施智能建造试点项目17个，培育试点区县4个、示范企业6家，7项智能建造做法入选住建部经验推广清单。成功举办全国首届建筑机器人大赛，得到行业的热烈反响和广泛认同。联合四川举办第三届川渝住博会，发布机会清单项目571个，在全国率先跨区域推广应用新技术33项。三是实施绿色化转型。认真落实城乡建设领域碳达峰工作要求，着力规范绿色建筑设计、施工、运行、管理，大力开展绿色建筑创建行动，组织实施高星级绿色建筑658万平方米、绿色生态住宅小区107万平方米、可再生能源建筑应用85万平方米、既有公共建筑绿色化改造114万平方米，城镇新建建筑执行绿色建筑标准比例达100%。

（四）全力推动“三个下降”，安全稳定形势总体向好

坚持除险清患，以“八张问题清单”为抓手，全力保安全、护稳定，问题管控力指数列市级部门第一。一是建筑施工安全事故明显下降。围绕重点工程设计质量、在建工程安全生产等开展12轮“四不两直”执法检查，发现整改质量安全重大隐患232个，全市房屋建筑和市政工程生产安全事故起数、死亡人数同比分别下降16%、19%，建设施工领域连续10年未发生重特大事故。部署开展全市建筑市场行为专项整治，重点查处无证施工、违法发包分包转包、违法挂靠等行为，有力规范了建筑市场和施工现场

秩序。扎实开展全市建设工程未经消防验收许可投入使用遗留问题大起底整治，从源头消除消防安全隐患。二是房屋住用安全隐患明显减少。全力推进自建房安全专项整治，完成全市534万多栋自建房排查摸底，整治销号经营性自建房1万余栋、销号完成率98.7%，整治成效得到全国自建房安全专项整治部际协调机制办公室肯定。开展大跨度房屋和汛期房屋主体使用安全隐患排查整治，累计排查房屋27万余栋，对1059栋存在严重隐患的房屋有序实施精准整治。开展既有房屋全周期管理试点，签订我市首份“房屋安全保险”保单。三是城市运行安全风险明显下降。新改扩建城镇污水处理厂39个，新建改造城镇污水管网1470公里，建成区排水管网密度居西部第一。深入实施城市内涝治理专项行动，排查整治风险隐患点234处，有效应对20余轮强降雨天气考验。新增海绵城市达标面积106平方公里，中心城区“清水绿岸”河段建成率达93.2%。因地制宜建设城市地下综合管廊46公里，建成城市管线综合服务“e呼通”平台，有力保障了城市管线安全运行。

二、发展中存在的问题

同时，发展中还存在一些突出问题和短板。一是房地产回稳基础还不牢。房地产市场尚未走出深度调整期，市场短期仍处在筑底修复过程。房地产市场供求关系发生重大变化，进入以改善型需求为主的阶段，但供给数量和质量还未跟上形势变化，房地产市场供需结构性矛盾更加凸显。二是城市功能品质不够优。轨道交通线网规模、服务范围对城市发展支撑还不足，城市道路路网通达性有待进一步提升。20分钟公共服务圈和10分钟社区生活圈建设不够完善，老人和儿童友好型城市建设相对滞后。市民滨水休闲空间不足，城市山水游憩体验感不高。三是农房全周期管理存在短板。农房建设用地、规划、设计、施工、经营、改扩建和变更用途等全过程管理制度不健全，建设标准规范缺失，加之农村建房点多面广量大、建设周期短、管理难度大，未批先建、私搭乱建、改变结构、变更用途等情况比较普遍。四是建筑业转型升级亟须加力。受本地建筑行业发展基础薄弱、市场开放程度高等因素影响，重庆市建筑企业高等级资质数量少、单个企业产值规模小，缺乏具备核心竞争力的骨干龙头企业。行业数字化转型的深度、广度不够，尚未形成与之相匹配的制度体系、标准体系和工作体系。

三、2024年发展思路

2024年，我们将坚持以习近平新时代中国特色社会主义思想为指导，树牢稳进增效、除险固安、改革突破、惠民强企工作导向，以让人民群众安居为基点，以夯实基础、深化改革、加快转型为主线，全面推动住房城乡建设各项工作提质增效，为加快建设现代化新重庆作出新的更大贡献。

（一）托举群众“安居梦”，构建房地产发展新模式

实施促投资、促销售、保交楼收官、“两久”项目处置攻坚、“三大工程”建设等五大专项行动，更好满足刚性和改善性住房需求，力争房地产投资增长3%、商品房销售面积增长5%，基本完成保交楼任务。打好保租房、公租房、城市危旧房改造“组合拳”，筹集保障性租赁住房3万套（间），新增分配公租房2万套，改造城市危旧房7000户以上。健全“好房子”政策支持体系和技术标准体系，全力打造“巴渝先锋物业”

品牌，提升住房公积金管理服务水平，推动实现“人人有房住、人人住好房”。

（二）加快城市“现代化”，彰显宜居城市新颜值

提速推进262公里在建轨道线路和24个重大路桥隧项目建设，推动主城都市区互联互通一体发展，力争城市基础设施投资同比增长2%。扮靓两江四岸核心区“金角”“银边”，打造现代化国际大都市样板间、示范地。全域开展城市体检，高质量推进城市更新项目建设。深入实施“楼道革命”“环境革命”“管理革命”，开工改造城镇老旧小区4186万平方米。统筹推进城市居住社区嵌入式服务设施建设，打造一批完整社区样板；健全现代社区建设体制机制，分类推进引领型、普惠型现代社区建设试点。

（三）扮靓巴渝“桃花源”，打造乡村建设新样板

强化小城镇联城带村节点作用，以“一深化三提升”为抓手，持续建设30个美丽宜居示范乡镇，打造城乡融合纽带、乡村振兴龙头。深入推动“三师一家”下乡入村，高标准建设全国传统村落集中连片保护利用示范区（县），打造市级传统村落示范点15个、巴蜀美丽庭院示范片10个、“美丽庭院”2万个。研究制定“按图审批施工验收”“建筑工匠持证上岗”等管理办法，持续推进农村低收入群体危房改造，加快现代宜居农房建设，提升农房质量安全水平和功能品质。

（四）提升行业“首位度”，培塑市场竞争新优势

优化完善企业资质升级、增产达效等支持政策，培育壮大本地龙头骨干企业，新增一批特级、一级企业，力争建筑业产值增长4%。加快建筑工业化、数字化、绿色化融合发展，推广装配式建筑、工业化装修，培育发展建筑机器人、智能施工装备等产业，提高建筑领域新质生产力。深入推动工程项目建设审批制度改革，优化市场营商环境，激发市场主体活力。全力构建数字住建实战实用体系，持续推进一件事场景的谋划实施，推动多个关联“一件事”向“综合场景”集成。

（五）守牢发展“安全关”，增添除险固安新举措

实施房屋建筑和市政基础设施工程高品质建造五年行动、安全生产治本攻坚专项行动，加强建设工程消防审验管理，坚决遏制重特大事故发生。开展自建房安全整治质量“回头看”专项检查，谋划启动住宅质量多发问题整治行动，建立健全房屋养老金、体检、保险等管理办法，确保城镇房屋住用安全。启动高标准治理城市生活污水三年行动，健全完善城市排水防涝三级治理体系，大力推进海绵城市、综合管廊建设，加强城市管线综合管理，让城市运行更健康更安全。

（执笔人：周翔）

城市管理

重庆市城市管理局

一、2023 年发展回顾

2023 年是全面贯彻党的二十大精神的开局之年，是全面建设社会主义现代化新重庆的起步之年，也是三年新冠疫情防控转段后经济恢复发展的一年，城市管理进入由“管”转“治”的重要阶段。面对新形势新要求，市城市管理局党组坚持以习近平新时代中国特色社会主义思想为指导，全面贯彻党的二十大精神，按照市委六届二次、三次全会部署，聚焦成渝地区双城经济圈建设“一号工程”、数字重庆建设等中心工作，突出稳进增效、除险清患、改革求变、惠民有感工作导向，推动各项工作取得新成效，全面完成政府工作报告和全市经济工作会议年度目标任务。第十六届中国国际园林博览会申报等项目有序推进，重庆展园获第十四届园博会“最佳综合城市展园”等三项大奖；垃圾分类工作持续保持西部前列；城市运行管理服务平台建设经验在住房和城乡建设部全国会议上交流，并入选全国培训教材；城市治理风险清单管理试点工作得到住房和城乡建设部主要领导肯定性批示，并在全国推广；新华社、人民日报、中央电视台等主流媒体点赞我市规范“地摊经济”、小微停车场解决停车难等创新举措；九龙坡区“数字化渣土车监管，构建‘一件事’智慧治理模式”荣获“中国城市治理创新优秀案例奖”优胜奖，璧山区“打造‘公园之城’建设宜居美丽新璧山”获评国家城乡环境卫生清理整治典型案例，云阳县沿江库岸环湖绿道项目获得中国人居环境（范例）奖。在中规院发布的《中国主要城市公园周边活力评估报告》中，我市连续两年排名第一。

（一）坚定正确政治方向，党的建设持续加强

1. 旗帜鲜明加强政治建设

坚定拥护“两个确立”、坚决做到“两个维护”，始终胸怀“国之大者”，自觉从党和国家事业发展大局出发谋划推进工作。严格落实“第一议题”制度，全年开展中心组学习会 12 次。举办学习贯彻党的二十大精神专题培训班，开展“微宣讲”“榜样面对面”等活动。严明政治纪律和政治规矩，持续深入肃清孙政才恶劣影响和薄熙来、王立军流毒，全面彻底肃清邓恢林流毒影响。加强意识形态分析研判和专项督查，全局意识形态工作保持积极健康向上态势。

2. 善作善成开展主题教育

班子成员认真履行“一岗双责”，建立工作例会、工作提示等机制，坚持读原著、学原文、悟原理，做到学思用贯通、知信行统一。加强系统性、前瞻性研究，开展大学习大调研大服务行动，形成高质量调研报告 9 篇，推动成果转化运用 28 项。坚持“当下改”与“长久立”相结合，制定出台制度规范 17 项。动真碰硬开展问题大梳理、难题大排查，整改整治问题清单、强党性问题清单全面销号。

3. 从严从实加强组织建设

落实党建统领“885”工作机制，办理市级

清单问题83个，纳入全量库问题1425个。深入开展“红岩先锋·模范机关”创建、“四强”党支部建设、“六好”党员培育等，完成直属机关党委换届选举，建立全局系统党建工作特色品牌库，着力打造新时代“红岩先锋”变革型组织。抓好干部选育管用，调整处级领导干部5名，局管干部职级晋升22名，上派下挂交流任职10名，完成驻村第一书记轮换选拔。

4. 持之以恒加强作风建设

严格落实中央八项规定精神，开展作风建设专项整治，持续深入纠治“四风”，全年开展“以案四说”警示教育170余次，强化任职前廉政提醒谈话、日常谈心谈话，推动机关作风大转变、效能大提升。开展局党组第三轮巡察，启动第一、二轮巡察整改成效综合评估。强化监督执纪问责，严肃查处收受红包礼金、酒驾醉驾等违规违纪问题。

（二）把握大局抓落实，服务经济发展取得新突破

1. 服务大局，推进双城经济圈建设

深化战略合作，与四川省住房和城乡建设厅共同印发区域合作项目清单；与成都市签署战略合作框架协议，共同印发年度工作要点。深化执法合作，推动“遂潼铜”“长垫邻”等毗邻区县开展执法合作，签订执法结对共建协议34份，开展大型联合执法行动14次，多层次跨区域执法协作不断深入。深化技术合作，完成川渝共建乡土植物种质创新与利用重庆市重点实验室升级改造；重庆、成都动物园签订合作协议，共同推动珍稀野生动物保护。建立重庆市荣昌区和四川省泸县垃圾焚烧处理设施共享机制，解决了两地生活垃圾处置的燃眉之急。

2. 服务社会，推动稳经济促发展

实施“春节走进重庆”主题迎春灯饰，除夕夜“两江四岸”光影无人机焰火表演点击量达20亿人次，民众满意度高达98.8%。落实“三有、三限、三控”标准，打造非主干道占道经营规范管理摊（街）区655个、摊位2.5万个，获评第二批全市法治政府建设示范项目。生活垃圾焚烧发电约26亿度，直接效益超10亿元。开展建筑垃圾全过程监管，统筹保障市级重大项目出渣2500万立方米。保障中心城区会展活动氛围营造，设置临时广告超8万幅。动物园大熊猫“四喜丸子”“渝可渝爱”等成功出圈，全年接待游客超700万人次，同比增长230%。

3. 服务企业，持续优化营商环境

牵头推进水电气讯联合报装，会同市级有关部门和企业建立联席会议制度，商定联合报装运转流程，稳步推进系统建设。压减行业行政许可承诺时限至4个工作日以内，较法定时限平均缩减73.45%。组织开展“我陪群众走流程”“政务服务体验员”，发现并解决“材料过多”等问题18个。

（三）聚焦主责抓落实，城市人居环境实现再提升

1. 抓环境保障，城乡容貌体现洁净美

抓实环境突出问题整治，以轨道沿线、内环快速路等城市交通干线为重点，清理暴露垃圾14万吨、卫生死角15万个。开展城市道路占挖施工专项整治，排查出694个占道施工项目，拆除施工围挡项目479个，拆除率近70%，有效治理马路拉链，实现还路于民。通过“净、补、优、治”环境综合施治，“两江四岸”核心区更加美观、安全。清理水域垃圾23万吨，持续保持“江清岸洁”。

2. 抓提质增效，市政设施突出品质优

推进国家节水型城市创建，建成万州江南水厂等5个水厂项目，更新改造供水老旧管道450

余公里。新建成投用生活垃圾处理设施4座，新增处理能力1450吨/日。完成路平整治404万平方米、人行道整治提升210万平方米、路桥隧病害整治项目247个，内环快速路综合整治二期工程一阶段顺利完工。推进停车综合治理改革，按照“一校一策”“一院一策”开展学校和医院停车治理。

3. 抓绿化美化，绿地公园展现生态美

国家生态园林城市创建加快推进，18项创建指标已达标13项。持续提升城市绿地品质，统筹治理城市坡坎崖220万平方米，实施山城花境项目210个，新增城市绿地2000余万平方米。推动老公园展现新活力，完成46个城市公园更新提质项目，公布78个城市公园内136处开放共享空间。实施古树名木“一树一策”保护项目，协同推进社会投资项目“用地清单制”改革，打造古树主题公园游园，让市民共享绿色福祉。

（四）着眼改革抓落实，高效能治理迈出坚实步伐

1. 强化统筹，深入推进垃圾分类

召开全市垃圾分类治理工作现场会，制定印发《垃圾分类治理工作方案》《垃圾分类先锋创建工作方案》，推进垃圾分类习惯养成与协同治理。开展垃圾分类宣传周系列活动、中心城区垃圾分类纠错行动和督导专项行动。全面建立城市生活垃圾分类体系，60.4%的行政村开展农村生活垃圾分类，城市生活垃圾回收利用率达41%，垃圾分类工作持续保持西部第一的位置。

2. 强化实效，深化数字化变革

落实“数字重庆”建设“1361”总体部署，建成市城市运管服平台并上线运行，新增建成区数字化管理覆盖面积60平方公里，全年主动发现高效处置问题345.65万件，总体结案率达98.23%。突破创新城市管理手段、机制、模式，探索开发“渣土治理利用”“数治窨井盖”“供水智管”“渝畅停”等一批重点应用，完成供水爆管、隧道汽车自燃、漂浮物撞击桥墩等融跨场景流程配置、实现三级贯通，完成马路拉链、共享单车监管、户外广告监管等10余个“一件事”场景的策划和实施试点建设，城市运行支撑能力持续提升。

3. 强化机制，推动综合执法体制改革

积极稳妥推进乡镇（街道）综合行政执法改革，配合推进“大综合一体化”行政执法体制改革。健全完善城市管理执法制度，制定城市管理行政处罚裁量基准，巩固深化“强转树”专项行动，全面落实“721”工作法和包容审慎监管，确保执法行为有规范、人员有监督。全市完成违法建筑整治158万平方米，渝北两个重点小区违法建设完成整治并销号。

（五）突出惠民抓落实，创造高品质生活取得新成效

1. 用心用情办好小事实事

坚持以目标问题为导向、以专项整治抓突破、以专班推进抓落实，提前3个月超额完成5项惠民生、暖人心的市级民生实事，建成“劳动者港湾”示范点158座，全市公厕数量达1.5万座，持续在“四老”区域新增小微停车泊位7.7万个，实施街头绿地提质项目132个，建成山城绿道50条，新建口袋公园117个，安装化粪池安全监测系统873台、整治窨井盖5.1万个。

2. 从严从细守牢安全底线

启动城市基础设施生命线安全工程，着眼桥梁、隧道、地下有限空间等重点区域，充实风险点位数据库，完善安全风险防控时空图，不断丰富城市运行安全“一张图表呈现、一个平台通览、一套机制保障”治理经验。开展行业领域重大事故隐患专项排查整治、火灾防控“除险清

患”、市政基础设施广告整治等专项行动，启动城市路桥隧设施安全整治三年行动，完善城市管理领域自然灾害风险动态排查管控和灾情会商机制，进一步守牢行业安全底线。

3. 构建共建共治共享格局

强化城综办统筹协调职能，开展“马路巡查”23.4 万次，发现并解决问题 92 万个，为“一带一路”科技交流大会等重大活动提供清爽整洁的环境。围绕主干道路、核心商圈、热门景点等，新建“门前三包”“五长制”示范道路 129 条。继续开展“3.19 城市管理服务主题周”，吸引 12 万余名市民参与，“区县局长赛最美”直播活动观看人数超 5000 万人次。推出《美丽重庆“花名册”》系列新媒体产品，全网阅读观看超 1.1 亿次，成为现象级传播热点。

二、发展中存在的问题

从宏观形势看，重庆市城镇化率已达 70.96%，城市发展进入城市更新的重要时期，由大规模增量建设转为存量提质改造和增量结构调整并重，从“有没有”转向“好不好”，必须以绿色发展理念为引领，推进各项工作加快转型。从实际看，山地城市管理对象更复杂、标准更难统一，客观上增加了管理难度。经过直辖二十多年来的超常规发展，城市路桥隧、供水管网等市政设施逐步老化，部分设施存在“超期服役”现象，城市安全运行管理压力不断增大。从群众期盼看，高质量发展新阶段，部分市政设施、人居环境尚不能满足市民更高的生活需求，亟须迭代升级。同时，当前城市管理工作中也存在一些问题和不足。比如市容市貌精细化管理“颗粒度”还比较粗，高铁沿线环境脏乱差现象较多，跨区域协调机制亟须迭代升级；垃圾分类精准投放、路灯亮灯率等城市运行指标与群众期盼还有差距，停车结构性矛盾没有得到根本解决；数字化变革还有不少“硬仗”要打，具有城市管理辨识度的综合场景未能成型；适应超大山地城市高质量发展要求的体制机制和政策体系还不健全；少数干部推进城市管理现代化建设的能力素质有待提高。

三、2024 年发展思路

2024 年是实现“十四五”规划目标任务的关键之年，是现代化新重庆建设从全面部署到纵深推进的重要之年。重庆市城市管理局坚持以习近平新时代中国特色社会主义思想为指导，认真落实全国住房城乡建设工作会议和市委六届四次全会、市委经济工作会、全市“两会”等会议精神，突出稳进增效、除险固安、改革突破、惠民强企的工作导向，聚焦推动高质量发展、创造高品质生活、实现高效能治理、夯实高水平安全，以体制机制改革突破全力推动城市治理体系和治理能力现代化，奋力交出现代化新重庆建设城市管理“高分报表”。工作上抓好“1463”，即紧扣一条主线，推动四项改革，实现“六项提升”，夯实三项保障。

“1”是紧扣一条主线。紧扣落实党的二十大提出的各项任务和总书记对重庆提出的殷殷嘱托这条主线，以“三个聚焦、三个找准”指示精神为路径，加快制定推动城市管理事业高质量发展的目标体系、政策体系、工作体系和评价体系，确保总书记有号令、党中央有部署，重庆见行动，城市管理抓落实。

“4”是推动四项改革。推动“三攻坚一盘活”、机构改革、数字化城市治理、停车治理等四项改革。

“6”是实现六项提升。一是实现城乡环境新提升。抓好交通干线沿线等环境突出问题治理，推进生活垃圾分类提质增效，统筹推动“五大垃圾”治理，实现“走在全国前列、成为西部典范”的目标。加强环境精细化治理，推广新能源环卫车辆，开展“无人环卫”作业试点。二是实现市政设施品质新提升。加快设施建设，完善供水、环卫等设施功能配套。加快设施更新，推进城市照明和占挖围挡管理两项工作。三是实现城市园林绿化服务能力新提升。在“提质”“增园”“添彩”上下功夫，实施园林绿化“3个100”项目建设和城市公园“300”计划。四是实现城市管理执法水平新提升。按照法治化推进、标准化建设、规范化运行、精准化服务等要求，健全执法体系、规范执法行为，持续提升城市管理执法质量。五是实现城市运行安全能力新提升。实施行业安全生产治本攻坚三年行动，以“八防”为重点，开展行业安全隐患治本攻坚整治。启动行业领域基础设施生命线安全工程建设，推动实现区县城市治理风险清单管理“全覆盖”。六是实现城市综合治理能力新提升。着力加强城市综合管理，解决好中心城区城市管理交叉区域环境问题。着力推进城市管理融入基层治理，深入推进“城市管理进社区，服务群众面对面”专项行动。着力推动共治共享，做到民呼我为、民呼我应。

“3”是夯实法规、标准、宣传三项保障。特别要加强突发事件网络舆情应对处置，抓紧制定出台应对处置流程，完善工作机制。

（执笔人：韩政）

交通建设

重庆市交通运输委员会

一、2023年发展回顾

2023年，市交通运输委始终牢记总书记殷殷嘱托，严格按照市委、市政府和交通运输部工作部署，落实落细重大国家战略，坚持交通先行、当好开路先锋，累计完成年度投资1116亿元、同比增长9%，交通强市建设迈出坚实步伐。

（一）聚焦筑牢理想信念，主题教育扎实开展

“四学联动”抓理论学习。举办专题读书班“集中学”、组织中心组研讨“专题学”、创新学习载体“灵活学”、结合实践“融汇学”，并采取PPT可视化方式展示学习成果，组织开展中心组专题研讨9次、交流发言50人次，带动局系统开展专题研讨238次、交流发言771人次。

“四个维度”抓调查研究。着眼国家战略选题、突出多式联动解题、注重多维融合破题、建立清单台账结题，组建136个课题组进区县、进企业、进工地、进站场、进基层专题调研，查找问题254个，现场解决94个，研究提出调研成果转化运用事项218项。

“四化机制”抓交通发展。紧紧围绕交通年度工作目标，明确交通发展重点目标、重点任务、重点举措，模块化抓推进、清单化抓建设、项目化抓发展、“动态化”抓督导，梳理形成28项民生实事清单，实施农村公路生命安全防护工程4100多公里，一大批交通重点项目进展顺利、推进有力。

“四个紧盯”抓检视整改。聚焦重点难点查、堵点痛点找、突出问题改、顽瘴痼疾治，严格对照9个检视整改重点问题及需要解决的6个方面突出问题，形成全面、准确、有分量的问题30个，其中，局党委纳入检视问题清单2个，已全部按时整改到位。

“两个结合”抓长效机制。结合主题教育建章立制工作有关要求，坚持“当下改”与“长久立”相结合，建立三峡库区危岩地灾防治交通运输多跨协同工作机制、市交通局巡察整改成效综合评估办法等长效机制23个，巩固整改落实成效，助推交通高质量发展。

（二）聚焦国家重大战略，支撑内陆开放成效明显

部市合力持续凝聚。袁家军书记、胡衡华市长亲自率队拜会交通运输部等部委，全力争取国家支持，增强部市战略共识。市委常委会、市政府常务会专题听取交通汇报，研究解决推进难题。郑向东副市长多次带队到国铁集团、中国民航局、国家邮政局等沟通衔接，协调西部陆海新通道、重庆新机场、江北国际机场时刻容量、邮政快递业发展等事宜。

双城经济圈建设纵深推进。编制印发五年行动方案，扎实推进国家综合货运枢纽补链强链城市建设，加快建设成渝中线等高铁、渝湘复线等高速公路，川渝省际通道达到28个，毗邻城市实现1小时直达，成渝双核实现1小时直达，成渝跨境公路班车启动开行，跨省公交达到22条，

“川渝通办”事项达到19项。

交通强国建设试点取得阶段性成效。917公里在建高铁加快建设，高速公路通车里程达到4142公里，新改建农村公路3000公里，三峡水运新通道工可提速，重庆新机场选址获批，交通强国建设试点18项阶段预期成果完成16项。

西部陆海新通道加快打造。东线、中线、西线主通道网络持续优化，与中欧班列累计联运1.8万标箱、与长江黄金水道累计联运14万标箱，集装箱多式联运成功创建为国家示范工程，成为全国首个“五型”国家物流枢纽城市，市级首批5个多式联运示范工程完成验收，中欧班列（渝新欧）运邮入选国家服务业扩大开放综合试点示范最佳实践案例。

（三）聚焦交通发展重任，交通强市建设扎实推进

高铁建设打表推进。渝昆高铁川渝段全面进入铺轨阶段，渝万、渝西、成达万和渝湘高铁重庆至黔江段加快建设，渝宜高铁可研及鉴修处于国铁集团董事会待审进程，黔江至吉首高铁完成勘察设计单位招标工作。涪陵龙头港、江津珞璜港铁路专用线和关坝铁路建成投用。重庆东站站房钢结构全部完工。

公路网络加密成型。高速公路建成巫溪至镇坪、江津至泸州北线、铜梁至安岳3个项目169公里，省际对外通道达到30个，实现与周边所有省份高速公路直连，路网密度居西部第一。建成渝邻快速通道，改造普通干线公路300公里，新改建农村公路3000公里、新增解决18个乡镇通三级公路，实施农村公路安防工程4100多公里、超额完成市级民生实事目标。渝北、巴南、梁平等4个区县成功创建为全国“四好农村路”示范县，沙坪坝、铜梁、长寿入选全国首届公路助力乡村振兴优秀案例，巫山下庄路获评全国十大最美农村路。

港口航道加快构建。长江九朝段、渠江重庆段航道整治竣工验收，乌江白马至彭水、小江航道提升等航道整治开工，乌江白马等航电枢纽加快建设。主城果园重大件码头、万州新田多式联运码头建成投用，寸滩游轮母港、万州新田二期、主城黄磏一期等加快建设。

“双枢纽”机场初步形成。江北国际机场T3B航站楼及第四跑道第一批次工程投用，时刻容量提升方案即将获批、高峰时刻每小时起降架次将由54架次升至60架次。万州机场和黔江机场T2航站楼相继投用，秀山通用机场完成选址评审工作，云阳通用机场完成选址报告编制工作。

（四）聚焦服务群众出行，人民满意交通加快建设

数字交通扎实推进。编制印发《数字交通建设方案（1.0版）》，谋划布局“1+3+N+X”构架，梳理形成“7+1”核心业务板块，“渝运安”“渝你同行”纳入市级“一本账”，法智交通通过市级专题组审查，完成客运服务、综合执法、安全应急等“一件事”谋划，数字变革在运输管理、综合执法等领域深入展开。

绿色交通加快打造。完成长江经济带生态警示片反映问题整改工作，整治岸线侵占等问题49个，关停或取缔非法码头23座，城开等首批高速光伏项目建成投用，渝湘复线绿色矿山入选第一批美丽重庆建设典型案例，高速公路服务区新增充电桩168个、换电站20座。果园港集装箱码头成为长江上游首家4星级绿色港口，全市新增新能源网约车、出租车2.8万余辆。

服务品质持续提升。小巷公交入选全国城市公交优先发展和绿色出行典型案例，新开行小巷公交13条、同城公交4条、接驳公交11条，跨省公交达到22条，轨道运营里程增至538公里、

居全国第六。中心城区出租车新增扫码支付离车评价等服务功能，网约车双合规率达到99%以上、居全国前列。“川渝通办”事项达到19项，“信用交通省”建设深入推进，道路货运信用承诺案例获评全国优秀案例。

（五）聚焦治理能力提升，现代治理体系逐渐完善

法治建设深入推进。航道管理条例、邮政条例、高速公路管理办法颁布实施，轨道交通条例、农村公路条例等6个立法项目有序推进。推行轻微免罚、首违不罚等制度，3件执法案例入选全国典型案例。区县综合执法改革“12条措施”全面落实，建成全国首个高速公路无人机自动巡查系统和我市治超联网管理信息系统，完成通车高速公路电子建模基础拼接和嘉陵江中心城区段航道、码头电子建模工作。

政务服务高效便民。货车租赁准营等2个事项上线“渝快办”，新增国内水路运输业务经营许可等3个事项告知承诺，交通政务服务即办件率达到50%、网办率达到80%、压缩时间比达到76%。“信用交通省”建设深入推进，修订道路运输、水上交通管理实施细则，印发“信用交通区县”方案，道路货运信用承诺案例获评全国优秀案例。

安全形势总体平稳。创新建立安全生产履职档案，全面推广“两单两卡”制度，编制“1+8”双重预防机制实施指南，扎实开展重大隐患排查整治和重大风险防范化解专项行动，整治三峡库区危岩地灾隐患405处，改造公路危旧桥90座，成功应对7轮洪峰、多轮强降雨，未发生重特大安全事故和突发事件。

（六）聚焦党的组织建设，党建引领作用充分发挥

基层基础不断强化。全面实施“支部+”党建工作法，深入开展“学习身边榜样”“党课开讲啦”等活动，2个支部被推荐为市直机关“红岩先锋、四强支部”，指导25个基层党组织按期换届，完成4家行业协（学）会15名负责人人选任前政治审核，培训基层党支部书记近200人次，培训入党积极分子和发展对象147人，新发展党员86名，为4名老党员颁发“光荣在党50年”纪念章。

队伍活力充分释放。坚持党管干部原则，落实新时代好干部标准，探索建立全方位分析岗位、全口径筛查干部、全要素比选择优“三全机制”，完善局机关和局属参公单位职级晋升等工作方案，推荐提任市管干部7名，提拔重用局管领导干部14名，完成职级晋升111名。引进博士后1名，组织开展职业资格考试2次、技能鉴定90次，新增行业专技人才2000余人、技能人才6900余人。成功搭建公路养护市级技能大师工作室，在全国新能源汽车维修职业技能竞赛中团体和个人均荣获第3名。

舆论宣传有声有色。开展成渝交通一体发展、交通强市建设等主题宣传，主流媒体报道重庆交通2500余条。加强意识形态建设，妥善处置敏感舆情。创建全国交通运输行业文明单位5家、文明示范窗口5家，推荐评选全国最美航道人、最美货车司机4人。

二、发展中存在的问题

同时，发展中仍然还存在一些突出问题和短板。一是国际性综合交通枢纽能级有待提升。二是对外战略大通道通而不畅。三是成渝地区双城经济圈互联互通仍然存在短板。四是运营组织效能有待提高。五是交通强国建设试点改革仍需发力。六是防范和化解地方债务背景下对交通建设影响较大。

三、2024 年发展思路

2024 年，力争完成投资 1155 亿元。启动渝宜高铁、黔江至吉首高铁建设和重庆站改造，在建高铁超 1000 公里。高速公路建成 360 多公里，总里程超 4500 公里。建成涪江双江航电枢纽船闸，港口通过能力达到 2.3 亿吨。加快推进重庆新机场前期工作。公共交通机动化出行分担率力争达到 58%。

一是推动双城经济圈交通一体化走深走实。力争启动成渝高速和渝遂高速改扩建，永川至泸州、西向中心城区至荣昌等快速物流通道建设，开江至梁平高速公路建设，毗邻地区干线公路提档升级。推动发布交通高质量发展区域标准。新开通一批跨省公交，推动包车电子标志牌互通互认。推进区域执法协作、法规政策协同。

二是支撑国际性综合交通枢纽城市打造。加快中越、中缅、中老泰等出海出境大通道建设，力争通道铁海联运班列货运量增长 15% 以上。建设黄茅坪支线及涪陵龙头港铁路专用线，力争年内启动黔江至吉首高铁、九龙坡至重庆东站枢纽直通线可研批复，完工江津珞璜港和兰家沱作业区改扩建等项目。

三是大力推进重大交通项目建设。铁路方面，力争年内取得渝宜高铁初设批复，及时启动建设。加快成渝中线、渝西、渝昆、渝湘高铁重庆至黔江段、渝万和成达万等高铁建设，建成渝昆高铁川渝段，高铁通车里程突破 1100 公里、全市铁路营业里程接近 2900 公里。公路方面，高速公路实质性开工垫丰武和开万梁 2 个项目，建成通车渝湘复线高速巴南至武隆段、渝武复线北碚至合川段等 8 个项目（段）。实施普通干线公路改造200公里，建设“四好农村路”3000 公里，实施农村公路安防工程 4000 公里。水运方面，开工建设涪江智能美丽航道、渝北洛碛一期，建成万州新田港二期、涪陵龙头港二期和长寿化工码头二期。机场方面。加快推进江北国际机场 T3B 航站楼及第四跑道建设。

四是提速构建数字交通体系。迭代完善《重庆数字交通建设方案》。推动 6 个“一件事”上线运行。加快多跨事件贯通三级城市治理中心。全面推进交通数智打非治违、渝舟智行、高速畅行等集成化应用谋划开发。

五是助力建设美丽重庆。完成 30 个泊位岸电设施标准化建设改造，推动城市公交、出租、城市物流配送车辆新能源替代，推动公路沿线充电基础设施建设，推广新能源动力船舶，加强船舶污染物接收转运处置衔接。

六是努力建设人民满意交通。新建一批公交站场，新增优化公交线路 60 条以上，新开一批小巷、接驳和城乡公交，实现公交轨道 100 米接驳率达 90% 以上、50 米接驳率达 80% 以上。实施毗邻区县班线公交化改造，推进城乡一体化示范创建。实施普通国省道预防养护 1000 公里。规范网约车平台经营行为，提升出租车服务质量。

七是守牢守住底线红线。实施国省道安全设施精细化提升 100 公里，开展危旧桥改造 65 座、普通公路地灾整治 50 处，推进平安百年品质工程建设和平安工地建设全覆盖。统筹推进安全生产三年治本攻坚行动，大力开展“两客一危一货”车辆、“夜游船”、港口码头作业、三峡库区危岩地灾防治、公路基础设施提升、铁路沿线安全环境治理、铁路工程建设等领域的专项整治，完善汛期“叫应”、恶劣天气“熔断”机制，强化跨部门、跨区域协同，推进应急救援体系、应急队伍及物资保障能力建设，确保快速有效处置突发事件。

（执笔人：宋秉科）

水利建设

重庆市水利局

2023年，全市水利系统深学笃用习近平新时代中国特色社会主义思想，深入学习贯彻党的二十大、二十届二中全会精神，深入践行习近平总书记“十六字”治水思路，认真落实市委六届二次、三次、四次全会部署和市委书记、市长带队走访水利部时的指示要求，勇于担当、积极作为，坚持“稳进增效、除险固安、改革突破、惠民强企”工作导向，立足国家区域发展总体布局和国家重大战略实施，大力实施“一核两网·百库千川”水利行动，以构建现代化水网为牵引，在助推现代化新重庆建设中取得新成效、迈上新台阶。

一、2023年发展回顾

水旱灾害防御取得重大胜利。健全落实市、区县、乡镇（街道）、村（社区）和工程管理单位“4+1”水旱灾害防御责任体系；全面梳理小流域山洪灾害危险区、防洪薄弱点等“八张风险清单”，实行清单动态化监管；创新定制中小河流24小时以上、24小时、6小时及临灾临险递进式涨水风险预警提示、洪水警报；迭代升级小流域山洪灾害风险管控手段和监测预警能力，实现区域监测预警转移一体化管理，有力应对全年31次强降水52条中小河流84次超警以上洪水，未溃一堤、未垮一坝、未直接伤亡一人。坚持防汛抗旱两手准备，推动农村饮水安全动态监测和问题清零，绘制农村供水“五色”风险图，水利工程蓄水总量峰值超31亿立方米、刷新我市蓄水历史最高纪录，及时解决10.4万受旱灾影响群众饮水问题，保障灌溉用水9.1亿立方米。水旱灾害防御工作获市委、市政府和水利部表扬。

水利建设投资实现突破进展。全国水利建设投资在2022年首次迈上万亿元大台阶基础上再度冲刺起跑，全年争取包括三峡后续资金在内的中央水利资金139.3亿元、排全国第1；争取国债资金144.8亿元、占全市的80%，获市长肯定性批示；完成全口径水利投资405.9亿元、同比增长55.7%、增幅排全国第1；完成水利固定资产投资279.6亿元、同比增长18.5%，水利基础设施建设因成效显著而获水利部通报表扬。水利发展资金、水库移民后扶资金绩效评价被财政部、水利部评为“优秀”。高质量完成《重庆市水网建设规划》编制工作并获市政府批复。市政府印发《重庆市水利高质量发展三年行动实施方案（2023—2025年）》。渝西水资源配置工程完成投资及实物工作量均超70%，云阳向阳水库初设获批，江津福寿岩水库开展可研审查工作，万州大滩口水库（扩建）启动可研编制工作，长江干流防洪工程完成可研编制工作，长征渠引水工程规划报告已报送审查，渝南和川渝东北一体化水资源配置工程完成规划方案编制工作，重点水利工程下闸蓄水19座、竣工验收22座，新增蓄水能力2.6亿立方米，全市新开工水利工程659处、在建1064处、投资规模达1621.8亿元，观景口、左柏水库获全国水利工程建设最高奖“大禹奖”。

水利改革迈出坚实步伐。持续深化水利重点领域和关键环节改革，创新融资机制，开通“水利渝融通政银企直通车”融资平台，新增贷款141亿元、同比增长45.6%；深化央地合作，中交集团水利水电总部——“中交长江建设”落地重庆，为我市基础设施建设领域首个央企二级总部，再获市委书记肯定性批示；搭建高端智库，成立由7名院士领衔的首届重庆市水利专家委员会；纵深推进水权市场化交易，江津区和九龙坡区完成我市首例跨区县水权交易，开州区成功争取1.2亿元西南地区首笔取水权预质押登记贷款，全市水权交易水量突破1800万立方米；推动科技创新，联合市科技局立项省部级科研项目30个；强化行政审批和执法改革，推出“建设项目水影响论证报告审批一件事”套餐服务，在全国率先同步跨层级受理多个行政许可事项，水土保持全流程监管改革创新经验获国务院肯定并向全国推广，“1+4+N”立体执法模式入选“2023年全国基层治水十大经验”。

水生态治理保护取得新成效。市委书记、市长共同签发第5号市级总河长令，开展幸福河湖建设“百千行动”，重庆河湖长制工作连续3年获国务院督查激励。全面完成水利部下发10471个河湖遥感图斑复核，排查整改“四乱”问题395个。深入实施“一河一长”“一河一策”“一河一档”，全市河长巡河87万余人次、解决问题4.2万余个，推动长江干流重庆段水质连续7年保持Ⅱ类，74个国控断面水质优良比例达100%。第二届全国“最美家乡河”揭晓仪式在渝成功举行，重庆荣峰河入选11条最美家乡河之一。永川临江河建成全国幸福河湖、长寿桃花溪入选第二批全国幸福河湖试点。川渝跨界河流联防联控被国家发展改革委列为成渝地区双城经济圈建设跨区域协作18条经验做法之一，3个区县管河治河经验成功入选2023年全面推行河长制湖长制典型案例。市政府颁布施行全国首个水库消落区管理政府规章《重庆三峡水库消落区管理办法》。市委、市政府印发加强新时代水土保持工作的具体措施，综合治理水土流失面积2133平方公里，水土保持率提升至71.02%。实现万方以上工业、服务业计划用水全覆盖，节水型社会建成率达51.3%。小水电生态流量全部纳入在线监管。

水利民生实事顺应新期待。以农村饮水安全“一改三提”为抓手，开工农村供水工程716处，完工634处，484万农村人口饮水条件得到改善；实施农村供水工程维修养护2788处，保障供水设施稳定运行，受益人口599万人。在涪陵、铜梁、梁平等10个区县创新开展丘陵山区农村水网示范带试点建设。全市农村自来水普及率达90.5%，规模化供水覆盖农村供水人口比例达61%。实施11个中型灌区续建配套与节水改造项目，巩固提升农业生产能力。聚焦三峡移民安稳致富，安排实施项目447个，惠及库区居民120万余人。实施水库移民后扶项目697个，其中美丽家园建设项目308个。配合水利部大力开展以“八大工程”为重点的定点帮扶，成果丰硕。第十四届“支洽会”成功举办，签约招商引资项目76个、总投资1237.4亿元。

数字水利建设步入新阶段。成立市水利局数字水利改革领导小组，同步组建7个业务专题组，建立“一把手”推进工作机制，构建“领导小组＋专题组＋数改办＋应用专班＋专家团队”工作格局。搭建并持续迭代数字水利体系构架。组织开展3轮核心业务梳理，形成“1591”的核心业务梳理成果体系，实现业务事项全量编目。强化数据归集、治理、编目、共享，编目归集数据资源201项。滚动策划河长管河治河、河道采砂管理等11个“一件事”场景，“智慧河长”“水旱灾害防御”2个重大应用资金计划报告通过专家审查。水利核心业务梳理作为范例在全市推广，三个核心绩效综合评价、数据归集专题组排名前列，“河道非法采砂处置”在三级治理中心首批上线。

三峡后续和库区危岩地灾防治实现新进展。成功争取国家层面建立地质灾害防治工作资金保障机制和部市协作机制。制定库区危岩崩塌等地质灾害防治工作方案，印发三峡库区危岩崩塌地质灾害防治避险搬迁预案，配合规划自然资源部门开展3753处滑坡隐患点监测，全面完成涉水地灾隐患排查。持续做好2507处移民安置区高切坡监测，妥善治理高切坡险情125处。累计完成蓄退水影响避险搬迁3.7万人，三峡水库蓄水以来未发生因蓄退水引发的地灾伤亡事故。配合国家发展改革委宏观经济研究院开展三峡移民安稳致富长效机制研究，高质量完成丰都、长寿两地需求分析试点，积极会同中咨公司开展规划实施情况评估，推动三峡后续接续政策课题调研取得阶段性成果。

行业机制法治建设呈现新气象。进一步规范水利政务事项办事流程、权限、时限，35个政务服务事项在全市实现“无差别受理、同标准办理”，市级办理时限压缩至法定时限的30%。取水许可证等4个证书实现电子证照，实现“数据多跑路、群众少跑腿”。开展损害水利行业营商环境的作风和腐败问题专项整治行动，“亲”“清”政商关系加快构建。积极争取市人大将《重庆市节约用水条例》《重庆市水资源管理条例》纳入立法规划。市、区县两级办理行政处罚案件976件，罚款512.8万元。强化重点时段水利安全监管，排查隐患10241个，下达限期整改指令书1108份、停工指令书15份。市级及时办理群众信访504件次，及时受理率、按期回复率、办结率均达100%。

二、发展中存在的问题

蓄水工程“少、小、散”现状突出，水源稳定性较差，供水保证率不高；主城都市区部分河段防洪问题突出，重要支流缺乏防洪控制性枢纽工程，小流域山洪灾害预警预报难；水土流失问题较严重，消落区生态系统结构尚不稳定，部分河流、水库长效管护机制不够到位，农村大部分河流亟待系统治理；涉水感知能力不足，数据底板等尚未完全建立，数据资源体系建设质量不高，数据、应用管理标准规范建设不够；水利工程水价形成机制与水资源节约、水利工程良性运行和投融资体制不相适应，农业水价改革有待深入，水生态补偿机制有待健全，运用法治思维和法治方式推动发展、破解问题、维护稳定的能力不足，行业机制法治体系有待完善。

三、2024年发展思路

2024年，全市水利系统将紧紧围绕服务成渝地区双城经济圈建设市委“一号工程”，牢牢把握“稳进增效、除险固安、改革突破、惠民强企”工作导向，以重庆水网建设为牵引，推动全市水利高质量发展。

实施防洪减灾补短强基行动。加快防洪工程建设。推进云阳向阳、巫溪凤凰等防洪工程全面开工建设。深化风险隐患管控。持续开展风险隐患大排查大整治，深化隐患整改、风险管控闭环机制。持续提升“预报、预警、预演、预案”水平。提速水文现代化项目建设，加快构建气象卫星和测雨雷达、雨量站、水文站组成的雨水情监测预报“三道防线”。完善防御管理机制。健全会商研判机制，加强同周边省际间协同联动。持续提升系统防灾减灾能力。

实施水网建设提速提质行动。加快水利投资放量。紧盯水利固定资产投资同比增长23%的目标，持续开展“赛马比拼”，加快投资进度。强化市县水网协同。形成主城都市区“两纵一横”和渝东南片区“一主多副”水网格局，高质量推进区县水网建设。推进重点项目建设。提速推进綦江藻渡、开州跳蹬、云阳向阳水库等重要工程建设。强化工程质量管理和运行管护。计划全年开展6批次、不少于30个水利建设项目的稽查。

实施民生水利巩固提升行动。继续提升农村饮水安全保障水平。力争全市农村自来水普及率达到90.8%。加快现代化灌区建设。抓紧完成11个2023年中型灌区项目扫尾和38个灌区国债项目前期工作。加效推进重点区域帮扶和水库移民工作。力争完成武隆沙河电站等10座大中型水利水电工程移民安置验收。

实施河湖生态治理保护行动。强化水资源刚性约束。力争万元国内生产总值用水量较2020年下降13%、节水型社会建成率达到60%以上。强化落实河湖长制。高标准推进长寿桃花溪全国幸福河湖和全市58条市级幸福河湖建设工作。强化水域岸线空间管控和水土流失综合防治。全年新增治理水土流失面积1800平方公里以上，全市水土保持率力争提高到71.6%以上。

实施数字水利变革重构行动。完善数字水利工作体系构架。依托数字重庆“1361”整体构架，统筹建设“大渝治水”门户和专题数据看板。推动点上重点能力突破。持续聚焦“三个核心绩效”，迭代“1591”核心业务成果体系。大力推进数字孪生水利建设。以“高效协同、整体智治”为目标，实现数字孪生水利与数字重庆建设有机结合。

实施重点领域改革突破行动。深化水利投融资体制改革。持续深化落实水利投融资改革创新十条政策措施。高水平构建水利市场机制。构建有效市场和有为政府相结合的水利市场经济体制。大力推进水权水价改革。争取建立适合区域特点的两部制水价可达性机制，深化灌区农业水价综合改革。

实施机制法治扩容增效行动。优化行政审批效能。持续开展“全渝通办”，切实增强企业群众在水利行业的获得感、满足感。健全科技文化服务体系。在水利遗产申报、水文博物馆建设方面持续发力。提升水利法治工作质效。大力推进《重庆市节约用水条例》立法进程，全方位完善水利机制法治体系。

实施库区高质量发展支撑助力行动。深入推进库区危岩地灾防治。锚定全年存量危岩除险清患率90%的目标，全面开展4579公里库岸安全风险调查评价。全面推进三峡后续实施和接续政策争取。继续实施三峡后续投资“赛马比拼”等工作机制，力争2024年度提前批新建项目4月底前全面开工。提档升级库区对口支援平台。推动库区高质量发展。

纵深推进全面从严治党。加强党的政治建设。全力推动习近平总书记重要指示批示精神和党中央重大决策部署闭环落实机制落地。增强党的组织功能。扎实推进“红岩先锋·四强支部”创建，持续开展“党建进工地”活动，积极打造“党建引领·渝水安民”党建品牌。持续深化正风肃纪反腐。不断巩固党员干部不作为慢作为乱作为问题、酒驾醉驾等专项整治成果，驰而不息纠治“四风”，积极推进清廉机关、清廉工程建设。

（执笔人：田泳龙）

重庆商务

重庆市商务委员会

2023年，全市商务系统坚持以习近平新时代中国特色社会主义思想为指导，全面贯彻党的二十大精神，认真落实市委、市政府部署要求，突出稳进增效、除险清患、改革求变、惠民有感工作导向，扎实推进“一促两稳三开放”，奋力推动全市商务经济回稳向好。

一、2023年发展回顾

面对复杂严峻的国际形势，全市商务系统在多重挑战中逆势而上，在巨大困难中勇毅前行。

消费潜能有力释放。全年实现社会消费品零售总额15130.3亿元，增长8.6%，超出年度目标2.6个百分点。落实稳住经济大盘一揽子政策措施，出台进一步释放消费潜力促进消费持续恢复若干措施、支持市场主体发展推动经济企稳恢复提振政策措施36条。以“爱尚重庆·渝悦消费”活动为主题，统筹推进“迎新”“赏春”“仲夏”“嗨购”四季消费活动，策划举办重庆国际消费节、不夜重庆生活节、成渝双城消费节等促销活动1000余场。开展汽车购车补贴、家电以旧换新、家居打折优惠等大宗商品惠民促销活动，汽车、家电、家具销售额分别增长8.5%、2.4%、4.3%。

货物贸易优化升级。全力培育外贸新增长点，外贸进出口7137.4亿元。推进二手车出口、市场采购贸易方式、内外贸一体化试点，汽车出口量、值分别增长29.8%、51.9%；“新三样”出口额增长1倍；“重庆造”手机出口超370亿元，增长11.5%。推进跨境电商综试区建设，开展“渝贸全球 跨电赋能”行动，跨境电商进出口196.61亿元，其中进口增长7.96%。实施“百团千企”国际市场开拓计划，成功举办白俄罗斯、哥伦比亚、印尼、泰国等贸易促进活动10余场，签约订单超400亿元。深化与东盟、RCEP国家经贸合作，对共建“一带一路”国家进出口3115.2亿元。

双向投资高质量发展。实际使用外资10.5亿美元。开展“加大吸引外资专项行动”，建立完善外资“清单+红黄绿灯”预警工作机制、外资招商和实际到资“赛马比拼+督查考核”机制。有效推动西岸小贷、康宁显示器、信义玻璃等企业到资超7亿美元。成功举办西洽会、智博会、中新金融峰会等重要展会，第五届西洽会展览规模创历史新高，集中签约重大项目88个，合同投资达2907亿元。全年对外投资7亿美元。组织市领导出访斯里兰卡、尼泊尔经贸活动，斯里兰卡减贫与发展合作圆桌会纳入第三届“一带一路”国际合作高峰论坛，对“一带一路”沿线国家投资增长91.5%。

服务贸易创新发展。供应链外包、工业设计服务外包、医药（中医药）和生物技术研发服务外包实现新突破，全市离岸外包合同额29.1亿美元，执行额22.5亿美元，排西部地区第二位。重庆出版集团等3家企业入选国家文化出口重点企业，8家企业17件文创产品入选《中国好礼产业促进计划》，2个项目入选“千帆出海”行动计划。组织参加2023年服贸会、上交会、数交会、服博会等活动，重庆担任全球数字贸易博览会主宾市，举办投资贸易合作恳谈会，达成协议投资金额136亿元。服务贸易创新发展试点圆满收官，160项试点方案任务全面落实，“探索服务贸易统计新模式”等7个案例入选国务院“最佳实践案例”。

内陆开放高地持续推进。召开全市陆海新通道建设推进大会，出台加快建设西部陆海新通道五年行动方案。西部陆海新通道网络覆盖全球120个国家和地区480个港口，运输货物、货值分别增长20%、4%。中欧班列（成渝）累计开行超过1.4万列，开通国际及地区航线110条。两江新区、西部科学城重庆高新区引领带动作用增强，永川综合保税区、两路果园港综合保税区封关运行，江津综合保税区（二期）通过验收，各综合保税区进出口值达4680亿元，占全市的65.1%。加快推进内陆国际物流分拨中心、“一带一路”进出口商品集散中心建设，评定首批集散中心5个、示范项目8个。

双城经济圈商务协作扎实推动。召开四川重庆商务联席会议第三次会议，出台商务部门十大重点合作事项。设立自贸试验区联动创新区25个，发布川渝自贸试验区协同开放示范区创新案例8个，成立川南渝西自贸协同改革联动创新联盟。组织参与成渝地区双城经济圈（重庆站）、成渝双城消费节等活动，发布21个富有巴蜀特色的国际消费目的地消费新场景。举办第三届川渝老字号博览会、川渝农批市场联盟产销对接大会。

中新战略性互联互通项目加快建设。中新（重庆）枢纽港产业园、中新（重庆）生命科技城建设加快推进，中新多式联运示范项目鱼嘴铁路货运站南货场建成投用，中新航空产业园普洛斯物流枢纽一期建成运营。成功举办第五届中新金融峰会、陆海新通道国际合作论坛、“新加坡·重庆周”、国际陆海贸易新通道区域合作论坛等重大活动。全年签署政府和商业合作项目61个、金额3.9亿美元，金融服务项目29个、金额20.9亿美元。

国际消费中心城市建设稳步推进。召开重庆国际消费中心城市培育建设领导小组会，统筹推进“五大名城”“十大工程”建设。实施重大项目80个，启动第二批3个国际消费中心区、1个区域消费中心城市、5个商文旅体融合发展城市培育建设。打造中央商务区、寸滩国际新城“双极核”，提质建设解放碑—朝天门、观音桥世界知名商圈，评创市级示范商圈3个、夜间经济示范区5个、高品质消费新场景25个，建设工作获中央电视台《新闻联播》报道。加大首店经济、品牌经济支持力度，新培育引进品牌首店469家，培育中华老字号13个。打响“不夜重庆”特色消费品牌，连续四年蝉联“中国十大夜经济影响力城市”榜首。

商贸服务业提质升级。推动出台促进服务领域企业恢复发展的若干政策、重庆火锅产业高质量发展的意见，餐饮、住宿收入分别增长20.6%、16.6%。修订出台会展业发展支持政策，优创展览公司和摩博会分别通过IAEE和UFI国际认证，全年举办会展活动面积达386万平方米。完成生活圈建设试点14个，累计建成邻里中心、综合体48座和综合超市34家，两江新区邢家桥社区等3个典型案例在全国推广。电子商务高质量发展，建成各类电商集聚区50余个，开展直播场次16.1万场，全年网络零售额2009.5亿元，增长19%，推进“数商兴农”工程，农村网络零售额增长28.4%。

自贸试验区建设迈上新台阶。151项试点任务全部落实，新培育制度创新成果30项，新设立自贸试验区联动创新区 15 个，全域外贸进出口超 4400 亿元，占全市的比重达 62.5%，新增注册企业 1.8 万余户。发展改革创新案例入选习近平经济思想指导实践案例，知识产权小额诉讼审批模式被评为知识产权强国建设典型案例，“关银一 KEY 通”被确定为跨区域协作的典型经验做法。陆路贸易金融服务平台上线运行，“整车保税仓储”实现规模化发展。

服务业扩大开放深入推进。总体方案任务实施率达 95.3%，在商务部评估中位列第二名。开展首创性差异化改革探索 104 余项，11 个案例入选全国服务业扩大开放综合试点示范案例。扎实开展示范创建，评选第二批示范区 3 个、示范园 5 个和示范项目 10 个。出台 107 项支持服务业开放创新发展的市级配套政策措施，推动国家部门出台配套支持举措 13 项，共签约落地现代服务业项目 987 个。

市场流通体系更加完善。开展县域商业体系建设行动，培育公益性农产品市场建设示范区县 14 个、全国公益性示范市场 5 个，各区县公益性农产品零售网点均达到 30%，江北区、垫江县入选首批全国县域商业“领跑县”。推进城乡配送网络工程，全市县级物流配送中心累计达到 77 个，县、乡、村三级物流配送体系逐步完善。推动产销对接和消费帮扶，组织开展产销对接活动 118 场次，完成消费帮扶 86.6 亿元。鲁渝消费协作完成 23.72 亿元，增长 26.2%。

二、发展中存在的问题

受国际国内宏观经济影响，消费预期总体偏弱，外贸增长动能不足，外资引进压力加大，商务经济回升向好基础仍需巩固。一方面，消费预期总体偏弱，商贸经济恢复仍不平衡，接触型服务消费恢复较快，地产相关消费依然低迷，部分可选消费、重点企业经营持续承压，消费需求总体不足的问题依然突出。另一方面，外贸外资发展压力较大，出口下行趋势已逐步显现，外贸外资面临的形势非常严峻，受美国加息及美欧等主要发达国家市场消费需求疲软等影响，加之美西方遏制打压加深，订单和产能转移加快，笔记本电脑等产业链面临较大的外迁风险。

三、2024 年发展思路

2024 年全市商务工作总体要求是：坚持以习近平新时代中国特色社会主义思想为指导，全面贯彻党的二十大、二十届三中全会精神和中央经济工作会议精神，认真落实市委六届四次全会、市委经济工作会议、市“两会”和全国商务工作会议部署，坚持稳中求进工作总基调，完整、准确、全面贯彻新发展理念，积极服务和融入新发展格局，着力推动高质量发展，统筹扩大内需和深化供给侧结构性改革，统筹改革和开放，统筹发展和安全，稳中求进、以进促稳、先立后破，全力以赴稳增长、抓改革、优服务、惠民生、防风险，推进落实成渝地区双城经济圈建设“一号工程”，着力打造以西部陆海新通道为牵引的内陆开放高地，加快培育建设国际消费中心城市，努力实现商务经济质的有效提升和量的合理增长。发展目标是：社会消费品零售总额增长 7.5%，进出口总值增长 3%，实际使用外资增长 10%。

（一）推动消费持续扩大

一是大力开展消费促进，出台稳定汽车、家电等大宗商品消费促进政策，开展 2024 年“迎新”“赏春”“仲夏”“金秋”主题消费季活动。二是培育建设国际消费中心城市，推进消费中心城市示范创建，推动打造世界知名商圈，加快国际消费新地标建设。三是提振餐饮住宿等服务消费，打造“渝味360碗”等旅游美食品牌，开展国际美食集聚区、美食地标城市创建，推进商文旅体健融合发展。四是推动会展经济提质升级，全年举办展览活动100个以上，展览面积350万平方米以上。五是释放农村消费潜力。深入实施县域商业建设行动，完善县域商业网络体系，争创4个全国县域商业“领跑县”。六是提质发展电子商务，力争限上单位网络零售额增长10%以上。开展“数商兴贸”“数商兴农”行动，推动农村网络零售额增长10%。

（二）推动外贸保稳提质

一是稳住加工贸易订单。加快建设国家加工贸易产业园，打造市级加工贸易示范区，稳住电子信息产业进出口规模，加快培育汽车电子等新增长点。二是推动优势产品出口。实施“渝车出海”行动计划，稳住手机、通机等优势产品出口，推动“新三样”产品和成套设备出口。三是努力扩大进口规模。出台扩大进口专项政策，加快两江新区进口贸易促进创新示范区建设。挖掘关键设备、高端装备、生物医药、食材原料等产品进口潜力，探索开展能源、矿产、粮食等大宗商品进口分拨业务。四是发展服务贸易数字贸易，大力拓展中间品贸易。五是加快培育外贸新业态。建设跨境电子商务综合试验区，推广“跨境电商+产业带”模式。

（三）促进投资稳进增效

一是统筹系统性外资促进。建立外资、外贸、外经、外事“四外”联动机制，优化“赛马比拼”机制。二是拓展利用外资新领域新赛道，引导外资积极参与全市“三攻坚一盘活”改革。三是加大外资招引力度。围绕先进制造业和现代服务业，开展定向外资招商行动，加大供应链关键企业和“专精特新”隐形冠军招引力度。四是强化外资政策支持。制定《关于进一步鼓励外商投资设立研发中心的若干措施》，落实国家支持外资发展政策。五是优化外资企业服务。健全外商投资全流程服务体系，优化外资企业圆桌会议制度和行政服务管家机制，持续开展“三送一访”活动。

（四）提升开放平台效能

一是深化成渝地区商务合作。召开四川重庆商务联席会议第四次会议，实施年度商务合作重点大事。共建富有巴蜀特色的国际消费目的地。二是深化拓展中新互联互通项目。建好生命科技城、重庆枢纽港产业园，办好陆海新通道国际合作论坛、“重庆·新加坡体验周”等活动，启动建设中新多式联运示范基地二期工程等重大项目。三是实施自贸试验区提升战略。开展CPTPP、DEPA等国际经贸规则对接研究，探索推出一批制度型开放改革举措，打造有项目承载的标志性改革创新成果。四是扩大服务业对外开放。持续深化服务业扩大开放综合试点，制定出台深化综合试点方案，探索开展重点领域国家级服务业标准化试点。五是推动内外贸一体化发展。实施内外贸一体化领跑者计划，支持先行区、试点基地、“排头兵”企业因地制宜改革创新。六是推动开放平台提升改革。推进国家级经开区体制机制改革，支持国家级经开区开展园区合作、扩大招商引资、壮大开放型经济规模。

（五）提升商务治理能力

一是加快数字商务创新。建好用好智慧商务大数据平台，推动外贸“订单+清单”监测预警管理、生活必需品保供应用等一批创新应用尽快形成实战实效。二是深入实施惠民强企。打造“一刻钟便民生活圈”，推进农贸市场改造提升，完善生活必需品流通保供体系，实施消费帮扶，推动蚕桑丝绸产业高质量发展，实施家政兴农、家政服务员技能升级行动。三是推进绿色低碳发展。发展绿色消费、绿色流通、绿色贸易，出台二手车流通促进政策，加强废旧物资循环利用体系建设。四是促进商务安全发展。加强商务领域安全生产重大隐患排查整治和督导检查，开展餐饮燃气、成品油、商场超市、市场安全专项整治。

（执笔人：辜庆渝）

文化旅游

重庆市文化和旅游发展委员会

一、2023 年文化产业和旅游产业发展情况

2023 年全市重点监测的 130 家 A 级旅游景区共接待游客 1.53 亿人次，同比增长 98.9%；全市接待过夜游客 1.03 亿人次，同比增长 88.1%。假日旅游出行再现繁荣景象，“春节”“五一”“端午”“中秋国庆”假期全市过夜游客接待人数分别同比增长 38.4%、69.5%、35.8%、66.1%，分别相当于 2019 年的 90.2%、102.1%、111.7%、114.8%。2023 年全市新设立文化市场主体 20468 家，注销 1628 家，年末共有文化市场主体 162431 家，同比增长 13%。文化规上企业 1212 家，同比增长 6%，文化规上企业全年总营收 2067.5 亿元，同比增长 6.1%。2023 年全市文化及相关产业实现增加值 1239.32 亿元，同比增长 7.5%；旅游及相关产业实现增加值 1206.82 亿元，同比增长 13.5%。

表 1　2023 年全市文化及相关产业增加值

单位：亿元，%

项目	绝对额	现价增速
文化及相关产业	1239.32	7.5
一、文化核心领域	924.51	8.3
（一）新闻信息服务	41.30	4.0
（二）内容创作生产	206.38	11.2
（三）创意设计服务	436.41	2.6
（四）文化传播渠道	130.68	15.8
（五）文化投资运营	9.51	7.7
（六）文化娱乐休闲服务	100.23	22.7
二、文化相关领域	314.81	5.4
（七）文化辅助生产和中介服务	179.98	3.2
（八）文化装备生产	33.04	-7.8
（九）文化消费终端生产	101.79	15.3
文化及相关产业总产出	3528.86	6.6
文化及相关产业增加值	1239.32	7.5

表 2　2023 年全市旅游及相关产业增加值

单位：亿元，%

行业分类	代码	全年	
		本期增加值	现价增速
旅游及相关产业		1206.82	13.5
旅游农业和渔业	01	21.80	5.5
旅游零售业	02	327.84	8.9
旅游交通运输业	03	293.37	19.6
旅游住宿和餐饮业	04	319.92	16.9
旅游金融业	05	66.91	5.0
其他旅游服务业	06	176.98	11.4

（一）区域文旅协调发展实现新突破

一是文化旅游发展规划不断优化。印发实施《重庆市文化和旅游发展“十四五”规划（2021—2025 年）》《关于加快建设世界知名旅游目的地的意见》，配套制定旅游业发展等重点专项规划，形成“1+N”规划发展体系，全市文化和旅游协调发展新格局凸显。二是巴蜀文化旅游走廊建设

深入推进。印发实施《巴蜀文化旅游走廊建设工程十项行动计划》，全面启动申报创建成渝地区双城经济圈国家文化和旅游创新改革试验区。合作开行巴蜀文化旅游走廊主题列车，推出“百万职工游巴蜀”活动。联动253家川渝企业组建川渝文旅企业联盟，联合举办共建巴蜀文化旅游走廊系列活动10余场。协同推动重大项目14个。三是区域协调发展成效显著。规划实施“人三峡”旅游升级工程，优化三峡旅游集散中心功能，推动鄂湘黔相关市区县加入武陵山文旅发展联盟，共同签署《中国武陵文旅目的地共建计划》。成功举办中国原生民歌节、中国武陵文旅峰会、渝东南生态民族旅游文化节等活动。

（二）文旅产业全面恢复发展

一是助推文旅市场复苏。有序恢复旅行社出入境团队旅游业务，出台推动旅游业恢复提振政策措施，印发《重庆市“十四五”入境旅游营销奖励方案（2023）》。持续加强文旅企业金融服务，全年向人行重庆营管部推荐重点企业（项目）四批次294个，融资需求549.77亿元，向67家企业发放贷款87.47亿元。二是推进项目建设。与区县开展联合招商，正式签约项目8个，总投资77.5亿元。积极筹备电子竞技嘉年华，重点文旅项目稳步推进。完成2023年市级文化产业发展专项资金申报。印发《2023—2025年市级文化产业和旅游产业重点项目名单》，遴选公布重点项目60个，总投资1340.28亿元。三是提升文旅消费体验。持续举办第八届文化旅游惠民消费季，延续春夏、秋冬四季，坚持开展各区县分会场和多项特色主题活动，并启动以音乐艺术活动为主题、各类艺术主题集市为配套的“重庆市民音乐节”，打造有重庆区域影响力的常态化综合文旅消费活动品牌。其中，网络惠民活动联动同程旅行、美团、携程、中国银联、重庆演出信息、农业银行等多家文旅、金融平台，全方位、多角度、深层次地开展文旅消费券优惠折扣领取活动。全年计划发放市级财政惠民补贴370万元，联动商家及平台发放惠民优惠补贴超700万元，带动文旅及相关产业消费预计2亿元。在第十届中国旅游产业发展年会中，重庆温泉十二金钗系列微短剧花样促消费入选2023年旅游促消费创新实践典型案例。重庆渝中区推动文商旅融合发展、深化建设国家文化和旅游消费示范城市入选人民网公布的2023年国民消费·政策引导赋能案例。起草《提升旅游消费推动旅游业高质量发展行动计划（2023—2027）》，计划年内印发实施。启动重庆旅游美食“渝味360碗”评选工作。四是扩大优质产品供给。新创建A级旅游景区27家、市级度假区1家，获评国家级旅游休闲街区2个、智慧旅游沉浸式体验新空间1个、国家工业旅游示范基地2个。五是推动文旅深度融合。制定《推动渝东南武陵山区文化产业和旅游产业融合发展三年行动方案（2023—2025年）》。支持渝东南建设国家文旅产业融合发展示范区。进一步盘活闲置游船，升级涪州画舫游产品，丰富乌江画廊水上娱乐体验，提升旅游品质。

（三）文旅品牌形象进一步提升

一是促进文旅对外交流。推进澜湄旅游城市合作联盟总部落户工作，倡议组建陆海新通道旅游推广联盟，成功入选“2023亚太三大旅游节庆城市”。启动“重”“新”出发·渝新双枢纽双向游活动，赴瑞士、法国、英国等开展交流推广活动。二是加强文化宣传推广。围绕加强国内旅游宣传推广，举办2023年武陵文旅大会、第八届中国西部旅游产业博览会、世界大河歌会、乘着高铁游三峡、第三届温泉产业博览会等重大品牌节会活动。三是注重文旅品牌建设。南川区、奉节县进入全国文化产业赋能乡村振兴试点，涪陵—武隆—丰都、黔江—酉阳—秀山进入国家文化产业和旅游产业融合发展示范区公示名单。新命名6个市级文化产业示范园区和16个示范基地，总数分别达41个、97个；命名第三批市级夜间文化和旅游消费集聚区5个，总数达36个，市级文化产业示范园区入驻企业共15340家，总营收666.7亿元；市级文化产业示范基地总营收101.2亿元，文化产业集聚效应明显。发布“重庆文旅品牌榜”，20个文旅品牌上榜。

二、形势分析研判、问题和建议

（一）面临的形势

文化产业和旅游业的高附加值、低能耗、低污染的优势日益显现，产业跨界、渗透、融合功能加快释放，发展空间广阔、前景可期。随着国家战略的深入实施，重庆打造内陆开放高地的格局加快重塑，旅游管理和服务设施不断改进提升，以科技创新赋能产业发展效果不断增强，疫情防控政策优化调整后，行业发展信心提振，群众出行意愿强烈，对旅游体验需求不断升级，国潮文化在当今社会生活中的影响力越来越大，为全市文化和旅游行业提供了新的发展机遇，同时也提出了更高要求。

（二）存在的问题

一是发展不均衡不充分问题依然存在。主城都市区文化产业和旅游产业增加值远高于渝东北、渝东南，在公共服务建设和资源要素保障方面也仍有较大区域差距。二是文旅市场主体还需培育壮大。文旅产业产值比重还不够高，市场主体偏少偏弱，新兴业态和高附加值产业比例偏低，缺少在全国有竞争力的骨干型、领军型企业，文旅深度融合发展缺少牵引力强的大项目支撑。三是文旅消费仍处于偏低状态。与全国总体形势类似，全市也面临旅游人数大幅增长但人均旅游消费水平下降的现象。客源结构上，市外客源占比低、过夜游占比低的局面仍未根本改变；要素整合力度上，文旅与一二三产业深度交融欠缺，“文旅+”带动效应未充分彰显。

（三）工作建议

一是为国家文化和旅游消费示范、试点城市，以及国家级夜间文化和旅游消费集聚区设立专项奖补资金，并要求各地省级、地市级财政配套奖补资金，为相关地区创新业态、促进消费提供支撑和保障。二是在国家级文化产业和旅游产业融合发展示范区、文化产业赋能乡村振兴试点、国家对外文化贸易基地、文化金融合作示范区等品牌创建工作中，给予西部省市倾斜支持和更多名额，以品牌创建为引领，配套更多资源，撬动更多社会投资，缩小区域发展差距。三是在重大节假日前，举办全国性文化和旅游活动，适当整合、集中头部消费平台开展促进消费活动，商务、交通等相关部门统一步调、形成合力，进一步拉动文旅消费。四是抓住国家数据局组建机遇，加快构建全国统一的文化和旅游产业消费大数据监测体系，并实现全国数据共享，为各地制定文旅消费促进政策、举办大型活动、开展宣传营销、发放消费补贴提供决策依据。五是文化和旅游部联合财政部、中国人民银行等相关单位，共同出台支持文旅产业发展的金融政策，撬动文旅市场，支持文旅产业发展。

三、2024年工作要点

2024年是全面贯彻落实党的二十大精神的关键之年。全市文化和旅游工作的总体要求是：坚持以习近平新时代中国特色社会主义思想为指导，全面贯彻党的二十大精神，深入学习贯彻习近平文化思想以及习近平总书记关于文化旅游工作的系列重要指示批示精神，坚持以文塑旅、以旅彰文，以社会主义核心价值观为引领，以推动文化事业和文化产业繁荣发展为着力点，努力创作优秀文艺作品、提供优质文旅产品，推进文化和旅游深度融合，塑造数字文旅新优势，加快建设文化强市和世界知名旅游目的地。

一是持续夯实产业发展基础。坚持举办“重庆文化旅游产业大讲坛”。指导相关区县深度推进国家文化产业和旅游产业融合发展示范区建设，推进做实文化产业赋能乡村振兴试点，争取更多区县进入试点。落实数字重庆战略，精心谋划服务文化企业的高品质应用。

二是继续加大招商引资力度。深化落实巴蜀文化旅游走廊建设“一号工程”，推动与四川各地互推互介文旅项目、共融共享文旅市场。结合区县资源和特色，筹备举行市内招商推介会、谋划开展外出拜访招商活动，大力推进大足石刻文创产业、永川科技影视产业、璧山动漫电竞产业等重点板块发展。加强“政银企协作”，持续开展银企对接，推动文旅产业与金融互促。

三是抓好重大文旅项目建设。实施重大文化产业项目带动战略，定期发布文化产业和旅游产业重点项目名单，推动项目建设。根据文化和旅游部统一部署，积极开展全市旅游存量项目盘活工作，制定盘活工作方案，统筹推动盘活存量资产，持续跟踪项目建设，提质增效。持续推进重点文旅项目。

四是举办文旅产业重大活动。创新方式，积极筹备举办第九届重庆文化旅游惠民消费季、重庆市民音乐节、中国电竞大会、第四届中国温泉产业博览会等一系列文化旅游品牌活动，做好重庆旅游美食“渝味360碗”评选活动等，持续释放文旅消费活力、培育消费新增长点等。

五是着力打造文旅精品。开展市级文化产业示范园区、基地办法修订工作。培育、创建新一批国家级、市级示范园区和基地。强化文化和旅游消费示范、试点城市建设，创建新一批示范城市。

（执笔人：王亚敏）

卫生健康

重庆市卫生健康委员会

一、2023 年发展回顾

在市委、市政府的坚强领导下，全市卫生健康系统干部职工勠力同心、锐意进取，顺利实现疫情防控的平稳转段，深入开展主题教育，积极配合做好六届市委第三轮巡视工作，制定出台医疗服务体系、数字健康、人才科技、公共卫生等方面的规划方案 21 个，圆满完成各项年度目标任务，形成了一批有辨识度的亮点成效：获评全国援外医疗工作先进集体、先进个人，并受到习近平总书记亲切会见。“县聘乡用”、深化养老服务改革经验被中央改革办《改革情况交流》专篇刊载，开州区获国务院“深化医改真抓实干成效明显地方”督查激励，公立医院党建经验在《全国医院党建工作专刊》整期推广，国家卫生健康委首次选择在忠县拔山中心卫生院召开全国新闻发布会，“新生儿出生一件事”成为市政府“一件事一次办”首个完成事项，食品安全工作获市政府表彰。人才队伍和职称改革、药学服务改革、中医药工作、健康扶贫、职业健康、应急救援、老年人健康管理、电子健康档案建设得到国家卫生健康委、国家中医药管理局肯定并推广。健康中国、“双随机”监督、县医院服务能力提升、基本公共卫生服务绩效评价、住院医师规培等工作在全国考核中名列前茅。

（一）成渝地区卫生健康一体化发展加快推进

一是机制更加健全。两地卫生健康行政部门召开联席会、推进会 13 次，完善“1+10+N”工作运行机制。联合起草《成渝地区双城经济圈建设卫生健康一体化高质量发展实施方案》，争取国家有关部门联合印发。二是服务更加便民。两地成立跨区域专科联盟 90 个、远程医疗协作网 287 个。291 家二级及以上公立医院实现线下检查检验结果互认 112 项、互认 60 万人次。1726 家医疗机构实现电子健康卡异地“扫码就医”75 万人次。开展川渝毗邻地区“120”跨界服务 600 余次。三是政策更加协同。共建重点实验室 1 个，共同制定食品安全地方标准 2 项、国家标准 1 项。建立跨区域献血机制，11 项“川渝通办”事项累计服务 61 万件次，开展联合普法执法 163 次。

（二）公共卫生体系日趋完善

一是健康中国重庆行动深入推进。评审国家卫生乡镇 81 个、健康乡镇 43 个。建成 25 个国家级、6 个市级慢性病综合防控示范区，位居全国第 2 名。居民健康素养水平达 31.77%，高于全国平均水平。二是公共卫生服务能力进一步增强。市和区县疾控局全部挂牌成立。市疾控中心获批全国传染病监测预警实训基地。创建 5 家三级和 7 家二级疾控机构，7 家三级和 4 家二级精卫机构。在全国率先出台疾控人才发展指数，创建公共卫生重点学科 70 个。三是应急救援能力不断提升。出台突发事件紧急医学救援五年规划，市急救医疗中心获批国家紧急医学救援基地，4 家应急医院全面建成并试运行。开展卫生应急演练 6 次、医疗救援 79 起。在全国公共健康治理能力突发应急排行榜中居全国第 4 名。

（三）医疗服务水平不断提升

一是医疗服务量稳步增长。全年医疗机构总诊疗量 2.15 亿人次、出院量 837.5 万人次，较 2022 年分别增长 9.28%、15%，群众看病就医需求得到保障。二是优质医疗资源逐步均衡布局。新增三级医院 23 家、三甲医院 8 家，4 个国家区域医疗中心建设项目全部开工。新增国家临床重点专科 9 个、市级临床重点专科 60 个。226 家医疗机构完成“六大中心”创建，市级质控中心扩展到 71 个。三是基层医疗服务网底不断夯实。争取中央、市级资金 2.8 亿元，启动 61 个区县域医疗卫生次中心建设，支持 17 个乡镇卫生院提档升级。新创建甲级基层医疗卫生机构 62 家。四是中医药服务能力逐步增强。市人民医院获批国家中西医协同“旗舰”医院。新增国家中医药高水平重点学科 2 个、国家中医康复中心 1 个，19 人入选国家岐黄工程人才培养项目，评选首届“巴渝岐黄学者”15 名。重庆中医药学院正式设立招生。成功举办“重庆中医药新加坡行”活动、第四届世界蜂疗大会，8 项中医药类非遗项目参展国际非遗传统医药大会。

（四）卫生健康改革加快推进

一是“放管服”改革不断优化。取消行政审批事项 23 项、下放 6 项，配置“全渝通办”事项 151 项，依申请办理事项标准化率达到 100%。开展“就医服务”“诊所联办”“从业人员健康体检”一件事试点。二是基层医疗卫生改革成效显著。持续深化“县聘乡用”“乡聘村用”改革，全年分别选派 1041 名、352 名人员下沉乡镇、村，所在乡镇卫生院诊疗量同比提升 17.9 个百分点。三是公立医院改革不断深化。黔江区中央财政公立医院改革与高质量发展示范项目顺利推进。永川区、忠县全国公立医院综合改革示范城市（示范县）多项指标居全国前列。新增 28 家医院开展人员总量管理试点，增加人员总量 2.58 万名；核定 18 家公立医院薪酬总量，落实高层次人才追加薪酬政策。四是药学服务改革持续推进。获批国家临床药学重点专科 2 个。全市三级医疗机构处方前置审核实现全覆盖，药品使用监测质量提升至全国第 4 名。短缺药品处置时间缩短至 5.1 天，位居全国前列。

（五）人才科技支撑力持续加强

一是人才队伍引育管用持续发力。落实市委“打造西部人才中心和创新高地”目标，成功举办国际医学领航人才发展专场活动。新增院士 1 名、国家级人才 6 名、省部级人才 69 名，全职引进海外高层次人才 22 名，培训规培生 6091 名。重医附二院甘秀妮荣获第 49 届南丁格尔奖。二是医学科技创新力度不断加大。围绕市委“打造生命健康科创高地”目标，召开首届重庆市卫生健康科技创新和人才工作大会，与市科技局签订科卫合作协议，协同推进国家健康战略资源中心建设。新设市级转化医学中心 2 家，启动市委重点实验室建设 7 个。全市医疗机构科研经费投入增长 5.9%，专职科研人员增加 64%，获国家自然科学基金项目增加 11.2%，由研究者发起的临床研究项目增加 245%。

（六）数字健康建设全力推进

一是数字健康体系构架基本形成。谋划数字健康“134+N”体系构架，基本建成全市域统一的卫生健康“云网数仓”平台，归集数据 284 亿条。发布全国首个省级《卫生健康信息资源目录体系》地方标准。二是个人电子健康档案加快建立。围绕“一人一码一档”，注册健康码3128万人，实现968家医疗机构扫码就诊，建立统一的个人电子健康档案2806万份。三是全生命周期应用场景有序上线。梳理“一件事”应用12个，有6个进入全市“一本账”，其中4个已全面上线；渝北、铜梁等区县申报揭榜挂帅应用37个。目前，“医检互认”累计调阅82万次，“疫智防控”接入医疗机构完成率95.46%，“精神卫生”已涵盖15.5万名严重精神障碍患者信息。

（七）群众健康服务获得感持续提升

一是“一老一小”服务体系不断完善。全市每千人口托位数达3.28个，争取中央财政支持托育项目17个、资金2.89亿元。创建全国医养结合示范区3个、示范机构2个，全国老年友好社区38个，82.4%的医疗机构建设成为老年友善医疗机构，老年医学科设置比例达60.4%。二是重点人群服务不断优化。在全国率先创建“五心”妇幼保健院5所，孕产妇死亡率下降到6.84/10万，婴儿死亡率下降到2.01‰，均达到全国领先水平。为19.3万名初二年级女生免费接种HPV疫苗。建立职业健康管家团队121个，签约企业404家、覆盖9万人，完成3082家职业病危害超标企业治理。三是“民呼我为”服务扎实推进。深化“你点名我监督”“卫监蓝盾”执法专项品牌建设，开展健康体检机构、医疗废物处置等专项整治，监督检查13.35万户次、查处案件7689件、罚款3688万元。四是基本医疗有保障落地落实。动态监测“三类户”11.15万人，脱贫人口入户核实率、大病救治率、家医签约率均在99.9%以上。五是群众就医感受不断改善。深入开展改善就医感受提升患者体验主题活动，708个日间手术病种纳入医保范畴，门诊“一站式”服务中心基本实现全覆盖。国家集采前五批中选品种完成率达273%，累计为患者节省费用约68亿元。免费为387万名65岁及以上老年人进行健康体检，为155万名0~6岁儿童提供健康随访服务。

（八）全面从严治党纵深推进

一是主题教育扎实开展。建立“三项机制”，推行“五学模式”，完成调研报告145个，工作经验被《人民日报》等主流媒体报道149次，“乡村医疗卫生体系不健全”专项整治经验入选全市第一批主题教育典型案例。二是唯实争先的激励机制逐步建立。树立鲜明的实干实绩选人用人导向，建立“六力一度”评估指标体系，8名同志获评“担当作为好干部”。落实市委党建统领“885”工作机制，制定出台“1+6”实施方案，召开首次委属医疗机构“一把手”例会。三是基层党建工作全面加强。贯彻落实市委六届三次、四次全会精神，出台加强党建统领20条措施。启动公立医院党建“双示范计划”，推进党员示范岗等“五项先锋”建设。开展新时代“红岩先锋”变革型组织建设试点，建立“三个一”支部管理办法，制定“红岩先锋·六好党员”等配套制度10个。深化行业社会组织党建，“听书记说”“听党员说”获评中国卫生健康政促会优秀党建品牌。四是意识形态宣传舆情导控有力。搭建“央媒渝康会”“行媒巴渝行”“渝媒走基层”三大平台，评选“中国好医护”5名、“重庆好医护”60名。落实意识形态工作责任制，全系统未发生重大意识形态问题。五是行业作风持续向好。在16家医院深入推进清廉医院试点示范，建设经验被清廉重庆建设总专班专题刊载。推进医药领域腐败问题集中整治，开展8个专项整治，始终保持集中整治的高压态势。

二、发展中存在的问题

同时，发展中仍然还存在一些突出问题和

短板。一是公共卫生服务能力需进一步提升。重大疫情防治体系不健全，监测、预警、处置、评估机制还不完善，医防融合协同还不充分。艾滋病、结核病、冬春季呼吸道传染病防控任务重。二是公立医院发展整体质效不优。高峰不突出与高原不广阔并存、人才总量不足与高层次人才缺乏并存、医学科技创新能力不强与成果转化不多并存、医疗服务效率不高与服务能力不强并存。三是基层医疗服务网底还不牢固。紧密型城市医疗集团、区县域医共体运行管理机制不完善，医联体内医保、医疗、医药政策联动不够，整合型分级诊疗体系不健全。基层医疗卫生机构人才引不进留不住、服务能力不强，乡村医生年龄结构老化、退出机制不完善，甲乙级基层医疗卫生机构占比不高，家庭医生签约服务还需持续强化。四是服务对象获得感不强。人民群众对医疗卫生服务的满意度还不高，对挂号难、等候久、费用高、态度差、流程繁等问题反映强烈。数字化便民惠民服务还需强化，互联网医院服务供给不足。服务企业不够到位，行政审批效率还不高。

三、2024 年发展思路

贯彻落实市委“稳进增效、除险固安、改革突破、惠民强企”的工作导向，不断形成具有全国影响力、重庆辨识度的卫生健康标志性成果。

（一）着力打造“成渝健康圈”

出台《成渝地区双城经济圈卫生健康高质量一体化发展实施方案》，完善联合创建“双中心”、国家临床重点专科群工作机制。推动共建感染性疾病中西医结合诊治重点实验室。在两地二级及以上公立医疗机构全覆盖开展检查检验结果互认，在 80% 的二级以上公立医疗机构实现电子健康卡“一码就医”。完善川渝毗邻地区“120”跨界服务协同机制。

（二）大力提升公共卫生服务能力

深入实施健康中国重庆行动，居民健康素养水平达 32% 以上。加强国家战略腹地应急救援能力建设，创建国家重大传染病防治基地、省级核辐射医疗救治基地，加快国家紧急医学救援基地建设。推进“平急两用”公共服务设施和全维医疗救援保障体系建设。

（三）积极推动人口长期均衡发展

联合出台优化生育若干措施，推动托位使用率、备案率高于全国平均水平。加强母婴安全保障，提升出生缺陷防治能力。积极引导部分二级、一级医院转型为老年医院或护理院，持续提升医疗机构“适老化”水平。

（四）切实加强公立医院内涵建设

启动市级医学中心、区域医疗中心建设，新增三级医院 3~5 家。持续推进 4 个国家区域医疗中心建设项目。加快医学科研数字服务、人遗资源样本库等公共服务平台建设。加大国家四大慢病项目和重点研发计划申报力度。

（五）加快中医药传承创新发展

推动市中医院国家中医药传承创新中心、国家中医疫病防治基地和市人民医院国家中西医协同“旗舰”医院项目建设。遴选首批“巴渝青年岐黄学者”、中西医结合高层次人才，推动西医师系统学习中医药。扩大优势中药院内制剂使用范围。遴选一批中医药治未病技术处方和规范项目，推广中医治未病服务。

（六）深化医药卫生体制改革

积极推进市委全面深化改革5项重点改革任务。推进三医协同发展和治理。出台推进全市药政药学高质量发展实施方案，出台深化紧密型城市医疗集团和县域医共体改革方案。深化“县聘乡用”“乡聘村用”改革，实施大学生乡村医生专项计划。

（七）迭代升级数字健康建设内涵

加快数字健康大脑建设，实现各级医疗卫生机构“上云用云”。出台全市健康医疗数据归集规范，完善电子健康档案数据库。加快“一人一码一档”全生命周期居民电子健康档案服务规范建设。提高医检互认应用调阅率、互认率。推动“疫智防控、精神卫生、智慧急救”3个应用融入数字化城市运行和治理中心。推动“云医”等应用上线，持续开展数字健康“一件事”揭榜挂帅。

（八）不断增进群众健康获得感

制定“美丽医院”分类建设标准，大力开展“美丽医院”三年达标行动，切实改善就医环境。深入实施改善就医感受提升患者体验主题活动、基层卫生便民惠民服务20条措施，拓展“互联网+护理服务”。加强重点人群关心关爱。全面落实一网通办、全渝通办、全程网办，进一步提升行政审批效率。开展不合理诊疗不合理收费问题专项整治。

（九）全面加强党的建设

完善公立医院党委领导下的院长负责制、运行监管机制，全面开展党建“双示范计划”。推进新时代“红岩先锋”变革型组织建设，迭代升级党支部“六化”建设，健全党支部参与科室重大问题决策制度，开展系统党建“三说”。迭代升级全系统高质量发展督查评价指标体系，定期召开“一把手”例会、开展重点工作指标“赛马比拼”。健全网络舆情监测预警机制。深入推进全面从严治党。

（执笔人：徐川林）

应急管理

重庆市应急管理局

一、2023年发展回顾

2023年，在市委、市政府的坚强领导下，市应急管理局坚持以习近平新时代中国特色社会主义思想为指导，深学笃用习近平总书记关于应急管理的重要论述和重要指示批示，深入贯彻党的二十大精神，认真落实市委六届二次、三次、四次全会精神和市委、市政府工作要求，坚持人民至上、生命至上，坚持统筹发展和安全，以安全生产“遏重大、降较大、减总量”和防灾减灾救灾“不死人、少伤人、少损失”为目标，以“统、防、救”为主线，以健全“六大体系”、提升“六大能力”为抓手，积极构建“1366”应急管理体系，体系化、机制化、闭环化、数字化推动安全生产和防灾减灾救灾工作，全市安全形势持续稳定，为全面建设现代化新重庆营造了良好的安全环境。

安全生产形势稳中向好。全年发生生产安全亡人事故521起、死亡562人，同比分别下降6.6%、6.2%；发生较大事故10起，同比持平；连续37个月未发生重特大事故。全市非煤矿山首次实现“零死亡”。

火灾事故数量大幅下降。全市发生城乡火灾17435起、死亡69人、直接财产损失1.27亿元，火灾起数、亡人数、财产损失分别同比下降42.1%、43.9%、46%，扭转了近3年来火灾事故不断上升的趋势。《重庆探索火灾防控变“各自干”为“合力干”》被新华社《国内动态清样》第1969期单条刊发。全市共发生森林火灾2起，受害森林面积19.4亩，同比下降93.3%、99.4%。

防灾减灾救灾成效显著。2023年灾害天气偏重，强降水天气较常年增加72%。受灾人口170.7万人、同比下降54.2%。紧急转移安置6.7万人、同比上升885.3%，紧急避险转移近7万人，有效避免3899人因灾伤亡。农作物受灾面积98.2千公顷、同比下降73.4%。直接经济损失45.74亿元、同比下降5.7%。汛前应对跨年连旱，组织抗旱送水263天到点到户。汛期先后成功应对万州区“7·4”局地特大暴雨、潼南区“7·28”洪涝灾害等强降水天气过程。按照国家统一调度，先后参与北京“7·31”特大暴雨、甘肃“12·18”地震抢险救援，出境参与土耳其7.8级地震国际救援。安排下拨冬春救助资金1.29亿元，调拨救灾物资2.9万件（床），救助临时生活困难群众79.5万人。

灾后恢复重建有力有效。安排下拨中央、市级救灾资金8.4亿元，支持灾区开展救灾救助和恢复重建，全市因灾损房修缮率、高速公路抢通率、受损企业复工复产率、紧急转移安置受灾群众救助率，以及学校、医院、水利设施修复率均达100%。

数字应急建设整体成势。围绕构建“大安全、大应急”框架，基于数字重庆底座，依托应急管理部信息化系统，汇聚感知1张网，突出统、防、救3条主线，建设安全生产智管、自然灾害智防、公共安全智控、应急指挥智救、综合统筹智行五大专题，围绕风险管控、监测预警、分析研判、善后恢复、应急处置、调查评估6个环节，开发N个场景，设计具有重庆特色的“1+3+5+6+N”数字应急总体架构，建成市级数据治理平台，推出一批实用管用的应用场景，形成“一网一库多场景”格局。

综合执法改革纵深推进。全面落实市委巡视整改和应急管理综合行政执法改革要求，印发《进一步完善应急管理综合行政执法体系实施方案》，出台《安全生产行政处罚自由裁量基准（试行）》等12个具体制度，落实“一支队伍管执法”要求，厘清执法管辖权限，实施分类分级执法，不断健全执法体系，切实规范执法行为，持续强化执法保障，执法质效进一步提高。

应急管理体系不断健全。按照“建立大安全大应急框架”要求，坚持系统观念，运用系统思维，整体谋划推进新时代新征程新重庆应急管理事业高质量发展，形成“1366”新思路框架，推动构建与建设现代化新重庆相适应的应急管理体系和能力。

二、发展中存在的问题

同时，发展中仍然存在一些突出问题和短板。

一是压紧压实安全生产责任的制度要求还不够严格。部分地区党政主要领导抓安全工作形式单一，仅仅停留在开会作部署、讲话、提思路、发文出政策上，没有把主要精力放在抓工作的落实上。缺乏求真务实、真抓实干，一环扣一环，一抓到底，不出成效不罢手的韧劲和干劲。一些部门推责、躲责、避责的现象较为普遍，导致部分行业监管职责交叉重叠，部分行业领域存在监管空白。企业安全生产标准化建设流于形式，各行业领域企业安全标准化创建存在老板出钱、中介机构做资料、制度挂墙、人人不知、应付检查等现象，导致安全生产“人、机、物、环、管”等方面得不到本质提升，企业安全生产条件得不到根本改善。另外，群众安全意识依然不足，对各类风险缺乏足够认识和警惕。

二是基层末端末梢安全能力建设还有短板弱项。一线岗位从业人员主动学习与本岗位相关的安全知识及技能的不多，常常存在违规违章、冒险蛮干的问题，尤其是无证作业或未经培训上岗作业问题突出。基层安全监管机构存在人员不足、荣誉感认同感不够，机构、机制建设不完善，车辆、装备配备不足或老化等问题。农村临水临崖、急弯陡坡、生产便道等容易被忽略，风险系数高，“生命工程”投入不足，减速设施、提示标牌不够。

三是风险管控和隐患排查治理能力有待提升。城市燃气管网、供排水、输油管线、综合管廊、桥梁隧道等城市生命线监测设备不足。气象、水文等监测设施的广度和密度有待增强，分析模型有待深化，预报精准度有待提升。部分区县未建设电子围栏，预警信息靶向发布能力不足，灾情预报存在迟报、误报等情况，小流域气象、山洪和地质灾害预报能力亟待提升。当前全市面临产业规模增长与“小散乱”企业多并存、传统领域风险集中暴露与新领域风险不断累积并存，一些公共设施集中老化，部分企业生产工艺和技术装备落后，安全风险隐患点多面广量大。

四是应急管理数字赋能有待进一步加强。城市风险感知能力较弱，城市生命线监测设备严重不足，内涝监测仅覆盖20%，危岩地灾监测仅覆盖74.7%，消防安全物联网建设滞后。预警发布不够精准，各类灾情预报存在迟报、误报等情况。同时，“三断”（交通中断、通信中断、电源中断）情况下通信保障能力较弱。

三、2024 年发展思路

2024 年，全市上下以习近平新时代中国特色社会主义思想为指导，深入学习贯彻党的二十大精神和习近平总书记关于应急管理的重要指示批示，全面落实市委六届二次、三次、四次全会精神和市委、市政府工作要求，增强“时时放心不下”的责任感和“隐患无处不在、成绩每天清零”的危机感，强化稳进增效、除险固安、改革突破、惠民强企的工作导向，以安全生产“遏重大、降较大、减总量”，杜绝发生重特大事故，防灾减灾救灾“不死人、少伤人、少损失”，杜绝发生因灾导致的群死群伤责任事件为主要目标，全力落实好安全生产治本攻坚和防灾减灾救灾固本强基三年行动，全面抓实安全生产和防灾减灾救灾各项工作，全力防范化解重大安全风险，推动高质量发展和高水平安全良性互动，为全面建设现代化新重庆营造良好安全环境，以优异的成绩庆祝新中国成立 75 周年。

（一）全面压紧压实各方安全责任

一是夯实党政领导责任。按照“党政同责、一岗双责”要求，逐级明确市、区县、乡镇（街道）三级领导干部安全生产职责清单和年度任务清单，推动党政领导照单履职。二是强化“两委”统筹调度。加大“统”的力度，调整安委会组织架构和人员，形成“1+1+12+N”监管体系，不断理清新兴行业领域监管职责，形成齐抓共管工作格局。调整“一委四指”组织机构，形成“1+4+N”自然灾害防治组织指挥体系。三是持续开展标准化创建，推动企业建立健全全员安全生产责任制和安全风险分级管控、隐患排查整治双重预防机制，督促企业主要负责人严格履行第一责任人责任。

（二）进一步加强重大安全风险防范

一是严格把关安全准入条件。加强规划引领，修订全市危化品禁限控目录，启动制定全市危险化学品布局规划，制定化学品生产储存定位系统建设标准。二是强化自然灾害综合风险普查成果运用。依托“1+9+21+41”组织架构（市普查办 +9 个行业牵头部门 +21 个成员单位 +41 个区县）统筹组织实施普查工作。三是加强自然灾害监测预警。强化平台智能预警，全市 41 个区县按照“一行业一措施、一乡镇一方案”要求，完成预警响应规范编制、各级各类责任人梳理和预警发布系统智能升级，向基层责任人直接发布行政指令。

（三）全力打好安全生产治本攻坚防灾减灾救灾固本强基三年行动

聚焦安全风险识别、研判、管控，隐患排查、整治，围绕打好安全“保卫战”的要求，认真研究超大城市安全治理体制机制，深入开展安全生产治本攻坚和防灾减灾救灾固本强基三年行动，督促推动各级各部门目标任务落地落实，加强“人防、技防、工程防、管理防”，具象化推动三年行动年度重点任务，持续深化燃气管道“带病运行”专项治理和电动自行车安全隐患全链条整治。学好用好重大事故隐患判定标准，推动重大事故隐患动态清零。建立矿山、危化、工贸重大事故隐患数据库，督促企业健全重大事故隐患自查自改常态化机制，实行清单管理、追踪督办、逐条销号。建立重大事故隐患责任倒查机制，对查不出或查出后跟踪整改不到位的，严肃追责问责。推进危化、矿山、工贸等行业设备大规模更新改造。聚焦高温汛期关键阶段大流域雨情水情、小流域山洪、地质灾害影响区域，以及城市积水易涝点、森林火灾高风险区等，强化自然灾害防治工作，推动重大事故隐患动态清零，切实提升本质安全水平。

（四）进一步强化应急准备

一是建设多元化应急救援力量。持续建强“1+13+42+N”应急队伍体系，推进专业应急救援队伍增编，滚动实施装备采购3年计划。二是加强应急预案编制和演练。修订市总体应急预案，编写预案编制指南，高标准编制三峡库区危岩地灾“1+6+2+N”应急救援预案。三是优化协同联动救援机制。健全应急指挥体系，形成指挥调度平台架构“两图三清单”和颗粒化建设任务需求目录，探索市级应急指挥参谋部建设，固化协同联动机制。四是加强应急装备物资配备。稳步推进“中央—市—区县—乡镇（街道）—村（社区）”救灾物资储备体系建设。

（五）夯实安全发展基层基础

一是推进基层应急管理体系建设。按照党中央、国务院关于增强乡镇（街道）应急管理能力的部署，结合党建统领“一中心四板块一网格”基层治理体系建设，落实“有机构、有人员、有条件、有能力、有规则”要求，完善基层应急管理组织体系，加强人员、装备、车辆、制度保障。二是推进城市安全发展。积极推动安全发展示范城市创建，打造区县创建示范点，全面提升城市安全运行保障能力。三是夯实防灾减灾基础。持续推进自然灾害防治能力提升重点工程建设和冬春强基行动计划，加强三峡库区危岩地灾综合治理，提高应对灾害的设防能力。

（六）加快推动应急管理整体智治

一是推进数字应急综合应用建设。贯彻落实数字重庆建设总体要求，依托全市数字化建设成果，构建“数字应急”监测分析、监管执法、应急救援、履职评价等综合应用体系，推动风险管控、监测预警、分析研判、应急处置、善后恢复和调查评估等全流程网络化、数字化、智能化管理，实现“一屏观全域、一网联全市、一脑统全局”。二是加强重点领域和重点应用场景建设。全面推进数字消防、智慧特种设备、智慧交通、智慧工地、智慧燃气等建设。三是升级迭代“八张问题清单”运行机制。坚持清单管理和闭环整改，升级“安全生产和自然灾害问题清单”应用系统。

（执笔人：赵鹏程）

重庆审计

重庆市审计局

一、2023年发展回顾

2023年，重庆市审计机关坚持以习近平新时代中国特色社会主义思想为指导，认真落实市委、市政府和审计署工作部署，以构建与现代化新重庆建设相适应的集中统一、全面覆盖、权威高效的审计监督体系为目标，以党建统领整体智治引领审计工作系统性变革重塑为重要抓手，紧扣稳进增效、除险清患、改革求变、惠民有感的工作导向，依法履行经济体检职责，奋力交出审计高分报表。一年来，全市审计机关共实施审计项目912个，查缴及督促被审计单位归还公共资金115.19亿元，向司法、纪检监察机关等移送问题线索457件。

（一）审计监督体系建设

2023年，市委审计办全力服务市委审计委员会把方向、谋大局，提请市委审计委员会专门召开2次会议，审议出台审计工作高质量发展实施意见、审计工作五年计划等重要文件，搭建起新时代重庆审计工作高质量发展的“四梁八柱”。联合市委督查办对16项重点事项进行跟踪督办，“1本台账+4类事项+3条渠道”督办落实经验被中央审计办刊发并推广运用。深化落实与纪检监察、巡视巡察贯通协同“五项机制”，开展问题线索集中会商11次，选派54名干部参与纪委办案和巡视工作，在13个区县启动纪审贯通协作深化试点，并与公安、统计部门建立监督协作机制，有效推动各类监督系统集成、协同高效。联合四川省审计厅印发年度重点任务清单，深化区域审计协同监督，助推成渝地区双城经济圈建设走深走实。指导区县党委审计办统一设立秘书科、配齐专职人员，在全国率先编印《区县党委审计办工作指引》，推动全市审计“一盘棋”从面上整合转向融合质变，充分体现重庆审计辨识度。

（二）政策落实跟踪审计

2023年，市审计局紧扣促进决策部署落实，聚焦双城经济圈建设“一号工程”，持续开展成渝地区双城经济圈建设政策措施落实专项审计调查，重点关注“十项行动”及相关任务清单落实情况，及时揭示并推动解决堵点难点问题。聚焦推动党中央战略部署在市域中观和基层微观落地，组织开展扩大内需战略、西部陆海新通道建设等专项审计，重点关注政策落实、资金使用中的突出问题，以强有力的监督保障政策执行、促进经济发展。聚焦推动科技创新和数字重庆建设，组织开展引进科技创新资源行动计划落实、信息化建设、网络安全等专项审计，促进市域科技创新能力提升和治理体系数字化重塑。

（三）财政审计

2023年，市审计局紧盯财政运行风险防范，组织开展对市本级财政和区县财政管理、重点市级部门单位预算执行的全贯通审计，积极探索财政资金常态化审计监督思路，依托财政预算一体化管理系统，对财政资金管理使用情况实施定期分析，密切关注“红色”等级区县和平台类公司债务管控、“三资”联动、专项债券管理使用等重点任务，及时预警部分区县违规化债、虚增财政收入等突出风险，揭示了部分预算编制、执行管理不规范和部分专项资金、债券资金效益未充分发挥，以及财政资金统筹、国有资产管理不到位等问题，相关区县按照市领导批示要求认真抓好问题整改和举一反三，已归垫或退回专项债券资金25亿元、及时拨付使用28亿元。

（四）重点民生资金和项目审计

2023年，市审计局聚焦稳就业保民生，开展了就业补助、乡村振兴、农村学生营养改善等审计，并在各项审计中把保障性租赁住房、困难群众救助补助、惠民殡葬政策落实等作为重点，坚决揭示侵占骗取民生补助、拖欠脱贫群众分红或工资、学校食堂违规采购过期或不合格食材等损害群众切身利益的问题。推动相关部门开展就业见习机构清理、打击欺诈骗取医保基金等行业性整治，追回被挪用套取的民生资金3亿余元，54家民营医院涉嫌骗取医保基金线索移送公安机关后已立案查处36件，促进在发展中更好保障和改善民生。

（五）公共投资审计

2023年，市审计局组织开展抓项目促投资专项行动、轨道交通建设管理和重庆高新开发建设投资集团建设管理审计，加大对要素市场化改革、投资领域垄断等情况的监督力度，重点关注公共投资政策执行、项目建设管理、资金筹集使用等情况，更好地推动重大项目落地放量、建设管理水平提质增效。持续推进投资审计转型，坚决杜绝“全委托”、实施计划外投资审计等行为，确保投资审计转型落到实处。

（六）资源环境审计

2023年，市审计局统筹实施市和14个区县林业部门领导干部自然资源资产离任（任中）审计，重点关注自然资源资产管理、生态环境保护、重点生态修复工程等情况，促使领导干部切实履行资源环境保护责任。加强调查研究，制定了全市领导干部自然资源资产离任审计评价指标体系的实施意见（征求意见稿），形成《区县党政主要领导干部自然资源资产离任审计评价指标体系（试行）》。持续推进重庆市资源环境审计数据分析平台建设，加强大数据分析平台的推广运用，揭示了一批违法占林毁林、土地闲置、突破城镇开发边界等突出问题。

（七）国有企业和金融机构审计

2023年，市审计局紧盯国企运营风险防范，聚焦推动国有资本做强做优做大、防范化解重大金融风险，加强对国有企业和地方金融企业的审计监督，组织实施6户企业领导人员经济责任和9户市属重点国有企业经营状况专项审计调查，揭示了部分企业主业功能发挥不足、重大投资管控缺位、财务数据造假等风险隐患，市领导批示要求严肃处理有关问题，为市委、市政府掌握企业真实经营状况、深化国资国企改革等提供了参考。

（八）经济责任审计

2023年，市审计局紧盯重点领域和关键岗位，突出聚焦“一把手”，对31名市管领导干部开展经济责任审计，促进领导干部履职尽责、担当作为。深化与联席会议成员单位的贯通协作，通过召开集中进点会、结果反馈会、整改“回头看”等形式，强化经济责任审计成果运用。联合市纪委监委机关、市委组织部等开展3家单位经济责任审计整改“回头看”，督促28名市管领导干部完成离任经济责任事项交接。坚持严格执审、严厉反腐，向市纪委监委移送滥用职权、贪污侵占、靠企吃企等问题线索28件，已办结的15件问题线索中对37人给予党纪政纪处分、3人进行诫勉谈话。移送的市科协原党组书记王合清、市文投集团原董事长陈余莉等问题线索均已严肃查处。

（九）审计整改

2023年，市审计局深入贯彻落实市委审计委员会《关于进一步加强审计整改工作的意见（修订）》，组织开展贯彻情况专项检查，压实被审计单位、主管部门和审计机关“三个责任”，进一步完善党委领导、人大监督、政府落实的审计整改工作格局。认真落实“八张问题清单”建设总要求，建成审计问题清单“一库一图一报告、双核双链双闭环”架构体系，共入库全量库问题25820个、清单库问题966个，并将虚增财政收入等21个典型共性问题提请纳入重点关注问题，深入剖析、持续跟踪推动问题整改、系统施治。制定审计查出问题整改分类管理办法，提请市政府印发通知分解审计整改任务，并通过清单应用加强预警管控，全市全量库问题整改率81%，相关单位抓本治源、完善制度754项，有力推动监督成果转化为治理效能。联合人大、党委政府督查及相关主管部门，加大对行业性、多发性问题的联动整改力度，采取专题询问、专项督查、区县管控力评分等形式，推动审计查出问题整改到位。

（十）数字化审计

2023年，市审计局主动融入数字重庆建设大场景，专班推进“1+3+8+N”数字化审计治理架构建设，编制形成“政务 · 数字审计”应用“三张清单”，开发审计智慧“大脑”，迭代升级全生命周期审计项目管理、财政联网审计等重大应用场景，归集22项重点行业电子数据11TB，推送数据分析成果6.5万余条，审计核心业务流程再造、综合集成有效推进。加快培育数字人才，选派162名干部全脱产培训60余天攻坚计算机审计中级资格考试，举办大数据审计思维专题培训班和大数据审计技能挑战赛，加快提升审计干部数字思维、数字技能。

（十一）研究型审计

2023年，市审计局重塑全员全流程研究型审计机制，加强对改革发展中重大矛盾问题、风险隐患的深度研判，及时上报审计结果报告、专报等57篇，获得批示32篇次，为市委、市政府决策部署提供重要参考。建立“三年储备、两年滚动、年度实施”的审计计划动态管理机制，紧扣科创赋能、债务化解等全市重大攻坚行动探索“点穴式”审计路径，并围绕全市高质量发展中心任务明确49个方向开展立项研究，确保审计全覆盖有形有效。全面梳理审计质量控制短板，修订5项审计业务管理制度，通过规范重大审计事项决策程序等强化质量管控，“加强审计全流程质量控制”获评市法治政府建设示范项目，2个审计项目获评“全国审计机关优秀审计项目”。

（十二）内部审计指导监督

2023年，市审计局进一步加强内部审计指导监督工作，通过工作指引、专项调研、业务培训、结合审计项目同步开展内审检查、与相关部门建立内审指导监督协作机制等方式，大力提升全市内审工作质效。年初印发全市内审工作要点，制发《重庆市内部审计业务工作指引》，指导全市内部审计业务工作。全年专题调研 17 个市级单位的内审工作，并通报调研结果，指出存在的问题，提出改进工作的建议。以政府购买服务的方式与市内部审计协会共同举办内部审计专题培训班 7 期，累计培训内部审计人员 2000 余人次。结合经责审计项目的实施同步检查 15 个市级单位的内部审计工作，及时通报检查结果并督促整改。与市公安局建立内审指导监督工作协作机制，推动提升全市公安内审工作质效。

二、发展中存在的问题

面对新形势新任务新要求，全市审计工作还存在一些差距和不足，主要表现在：一是精准聚焦重点查找问题还不够到位，审计质效和建设性作用发挥还有提升空间；二是审计问题整改闭环落实还不够有力，推动各类监督联合运用审计成果还需深化；三是落实党建统领整体智治的工作体系还需细化量化，审计变革塑造能力，尤其是大数据审计能力还有差距。

三、2024 年发展思路

2024 年，全市审计机关将坚持稳中求进、以进促稳、先立后破，围绕构建集中统一、全面覆盖、权威高效的审计监督体系，强化稳进增效、除险固安、改革突破、惠民强企工作导向，加快打造新时代“红岩先锋”变革型审计机关和“经济监督”特种部队，不断提升审计监督体系能力现代化水平。

（一）推动党对审计工作的领导全面加强

持续深化闭环落实机制，推动习近平总书记关于审计工作的重要讲话和重要指示批示精神全覆盖学习、全方位贯彻，不断增强审计的政治属性和政治功能。坚持从改革大局角度思考谋划和改进完善党委审计委员会及审计办运行机制，认真履行党委审计办职责，充分发挥统筹协调作用，第一时间请示报告审计领域重大事项、发现的重大问题和风险，加强与各成员单位联络协调，全力服务保障党委审计委员会把方向、定政策、促改革、保落实。

（二）推动审计全覆盖形神兼备

紧扣中国式现代化和现代化新重庆建设任务，科学制定年度审计项目计划，突出对重大战略举措落地实施、“三攻坚一盘活”改革突破、财政资金提质增效、重大风险防范化解、民生保障和改善等重点领域的审计监督，坚持用发展的眼光、思维和角度揭示问题、提出建议，以重点监督带动全面监督，进一步实现审计监督形式与内容、数量与质量的辩证统一。认真落实新修订的《重庆市审计条例》，严格规范审计行为，构建审计全过程质量管理体系，不断提高审计质量。坚持科技强审，认真落实数字重庆建设要求，全面推进审计数字化改革三年行动，持续迭代升级数字化审计架构，培养打造大数据审计人才队伍，提升审计全覆盖的广度、深度和精准度。

（三）推动审计成果权威高效利用

进一步健全审计监督与其他监督贯通协同的运行机制，严把审计移送标准，对移送问题线索实行全周期、台账式跟踪管理，确保移一件成一件，形成实质性的审计震慑和监督合力。做深做实研究型审计，以审计结果报告和专报为载体打造高端审计成果，确保审计成果有分量、受重视、起作用，守护好来之不易的金字招牌。一体推进审计整改“下半篇文章”与审计揭示问题

“上半篇文章”，突出清单管理、多跨协同和量化闭环管控，把住销号关口，推动审计查出的问题真改、实改，切实维护审计监督权威。

（四）打造新时代“红岩先锋”变革型审计机关

着眼打造一支对党忠诚、训练有素、机动快速、能打胜仗的审计监督“特种部队”，着力深化党建统领“红岩先锋”变革型审计机关建设，大力培育审计干部“能查能说能写”的“作战本领”和“查真相、说真话、报实情”的职业精神，做到忠诚履职、敢于碰硬、积极作为。始终坚持严的基调、严的措施、严的氛围，加强清廉机关试点示范建设，着力营造崇廉拒腐文化氛围，持续用力纠治“四风”，切实维护审计队伍的纯洁性。

（执笔人：黄峰）

国资管理

重庆市国有资产监督管理委员会

一、2023 年发展回顾

2023 年是全面贯彻党的二十大精神的开局之年。全市国资国企坚持以习近平新时代中国特色社会主义思想为指导，全面贯彻党的二十大精神和习近平总书记对重庆的重要指示批示精神，深入贯彻落实党中央、国务院加强和改进国有经济管理更好支撑中国式现代化建设、开展国有企业改革深化提升行动等重大部署和市委市政府工作安排，聚焦服务现代化新重庆建设，鼓足干劲、唯实争先，有力推动国企改革提效增能行动实现突破性开局、国企发展质效持续提升、国企党的建设迈上新台阶。

（一）国有经济运行持续回升向好

克服三年新冠疫情积累的困难问题和经济恢复面临的多重挑战，坚持每月例会分析调度，建立“赛马比拼”机制、迭代升级指标体系，激励企业抓生产经营、抓重点任务落实，推动国有经济企稳回升、持续向好，为全市经济高质量稳增长贡献了国企力量。一是国企经营效益明显提升。全市国有企业实现营业收入 6895 亿元、同比增长 6.1%，利润总额 499 亿元、同比增长 3.9%。其中，51 户市属重点国有企业实现营业收入 4443 亿元、同比增长 3.8%，利润总额 373.5 亿元、同比增长 5.6%，营业收入利润率 7.9%、同比提高 0.9 个百分点，全员劳动生产率 38 万元 / 人、同比增长 11.6%。二是重点项目投资持续增长。市属国企承担的 120 个市级重大项目完成投资 1267.3 亿元、占全年计划的 107%，轨道交通 9 号线二期、5 号线北延、10 号线二期、5 号线一期中段、18 号线如期开通运营，郭家沱大桥及六纵线南段、黄桷坪大桥主墩基础、内环快速路沙坪坝段拓宽改造等重点项目顺利完工，充分体现了国企在全市稳投资工作中的支撑引领功能作用。

（二）国企改革提效增能行动全面落地见效

系统谋划构建全市国资国企“1+4”改革总体安排（“1”即制定《重庆市国有企业改革提效增能行动方案（2023—2025 年）》，“4”即加快推进统筹布局、统一监管、党建统领、清廉国企等 4 项重大改革任务），推动各项重点改革举措走深走实。一是国企战略性重组专业化整合提速推进。制定《市属国有企业战略性重组专业化整合实施方案》，聚焦先进制造业、专业化现代服务业、基础设施建设运营、城市发展和综合开发、金融服务、文旅融合发展等六大领域，分批有序推进重组整合重点改革项目落地。深化重庆渝富控股集团国有资本投资运营公司改革，注入一批优质股权提升投融资能力，组建总规模 2000 亿元的重庆产业投资母基金，为全市打造“33618”现代制造业集群体系赋能。推动重庆交运集团、重庆国际物流集团、重庆港务物流集团整合组建重庆物流集团，打造具有国际竞争力的大型综合性现代物流集团。完成重庆三峡银行股权重组，进一步增强对地方法人银行的控制力。完成三峡人寿增资重组签约，持续优化资本结构，增强资本实力。二是集中统一监管取得重大突破。推动《深化市级经营性国有资产集中统一监管方案（试行）》落地，将51户市属重点国有企业纳入统一监管体系、执行统一制度规范，强化落实归口管理市属国有企业国有资产统计报告工作职责，构建全市“一盘棋”监管格局。制定落实《市级经营性国有资产集中统一监管办法（试行）》，进一步细化明确集中统一监管方式、监管重点事项、监管运行机制。三是“三清三减三增”专项工作取得积极进展。全市国资国企统筹联动、一体推进清理盘活存量资产、清除风险隐患、清收债权清偿债务，减层级、减数量、减亏损，增效益、增动力、形成新增长点。建立国资、规划自然资源和国有企业联动机制，分批集中办理市属国企资产确权278宗，通过股权转让、出售出租、引入战投、证券化等方式盘活存量资产。建立重点企业债务风险监测机制，制定实施A类企业债务风险化解方案，大力压降企业融资成本，市属非金融企业综合融资成本同比下降31个基点。扎实开展重大事故隐患专项排查整治行动，圆满完成“治重化积维稳处突”任务，确保国资系统安全稳定。四是体制机制改革持续深化。围绕市场化提高企业核心竞争力，推动上市公司发展、价值创造提升等工作迭代升级，不断累积塑造市场竞争优势。国有上市公司发展增效提质，出台推动资源向上市公司集中、支持并购重组提质增效、优化上市公司考核评价等“十条措施”，“一企一策”推进15户国有上市公司提质增量、行业进位。重庆轻纺集团所属登康口腔成功上市，市农投集团所属中垦乳业完成股权调整。开展对标世界一流企业价值创造行动，重庆在全国国有企业价值创造行动推进会上作典型经验交流，梳理提炼的“32163”工作法被国内众多媒体广泛报道。五是国企开放合作拓面提质。重庆与国务院国资委举办央地合作座谈会，与金融管理部门举办金融系统座谈会，与国家电力投资集团、中国五矿集团、中车集团等35家央企签署战略合作协议，形成254个在谈项目、120个储备合作项目，市水投集团引入中交集团在渝设立水利水电全国总部、重庆旅游集团引入中国旅游集团共建西南区域总部、中信银行在渝设立互联网金融业务集中运营中心等一批重大项目落地。“西洽会”“智博会”期间国资系统与央企签约项目64个、金额1340亿元。举办重庆—新加坡企业对接交流会暨渝西地区一体化推介会、中国（重庆）—蒙古国乌兰巴托市投资推介会，发起并参与渝俄经贸洽谈暨产品展销会，签约项目11个，开启对外贸易新窗口。重庆国资交易分团参加第六届中国国际进口博览会，签约金额9300万美元。联合四川省国资委举办“2023川渝国企江津行”活动，现场签约项目14个、投资金额159亿元。六是区县国企改革亮点纷呈。市属重点国企积极助力支持区县国企改革，组建重庆发展资产经营有限公司作为市级资产经营公司，参与区县存量资产盘活和机关事业单位经营性国有资产管理；重庆渝富控股集团为重庆兴农担保集团增加资本金至100亿元，为区县国企提供400亿元担保增信支持，有力凝聚起市和区县国企联动协同、服务地区经济社会高质量发展的强大合力。

（三）服务重大战略有力担当国企功能使命责任

围绕服务成渝地区双城经济圈、西部陆海新通道、长江经济带高质量发展等国家战略和全市发展，加强科技创新、产业引领，扩大有效投资，强化要素保障，统筹落实国企经济责任、政治责任和社会责任。一是科技创新力度持续加大。实施科技创新能力提升三年行动，安排1.91亿元创新专项资金支持16个重大创新项目，市属国企研发经费投入37.9亿元、增长43.5%，工业企业研发投入强度达到4.4%。新增国家级创新平台3个、国家级专精特新“小巨人”9户、市级“专精特新”28户。新增创新示范工厂2个、5G全链接工厂3个、智能工厂3个、数字化车间11个。重庆水泵厂公司的“国内压力最高尾矿输送用矿浆泵”成功打破国外垄断。国企原创性、颠覆性核心技术攻关全面加强。二是现代产业引领功能更加突出。实施市属国企战略引领制造业高质量发展行动，制造业企业新产品产值121.8亿元，占工业总产值的25%。重庆渝富控股集团聚焦先进制造业新增投资项目143个、258亿元，撬动产业投资约700亿元。三是重点领域战略保供能力有效增强。市储备粮公司控温储粮覆盖仓容达248.5万吨、占比87%。重庆水务环境集团、市水投集团完成污水处理、售水分别增长20.4%、11.2%，完成电力供应增长18.6%。重庆交通开投集团城市轨道交通客运量增长44.5%。市地产集团全额拨付第二批“保交楼”专项借款90亿元。四是社会责任积极担当。做好稳就业保就业，全系统招录员工13899人、招录完成率115%。助推全市乡村振兴工作，安排国有资本经营预算、系统捐赠资金累计达3.3亿元，开展消费、销售帮扶达4亿元。推动绿色低碳转型，重庆高速集团、市储备粮公司发展分布式光伏发电，重庆联交所集团搭建川渝碳中和联合服务平台实现两地自愿减排量互认互联互通，重庆物流集团、重庆交通开投集团等上线纯电动车1200余台，减少二氧化碳排放约5000吨。

（四）国资监管和服务发展水平有效提升

发挥专业化监管优势，完善监管方式手段，创新服务机制，一体推进国资监督管理与服务发展。一是服务机制更加完善。组建国资传媒中心，发布“渝字号”国企品牌行动，开展“龙”头企业送年货直播宣传，主题活动参与人数超10万人次。建立高效值班应急平台体系，推动“守摊式”值班向“综合型”枢纽转变。组建服务法律事务工作组，协调解决一批企业债务纠纷，有效减少企业诉累及成本支出。组建人才服务工作组，编制发布国企人才发展指数报告，更新完善“三支队伍”人才库。开通国企外事审批绿色通道，提高外事服务效率。二是监管方式不断优化。智慧国资国企监管平台加快建设，迭代升级财务、资金、债务、决策等应用模块，实现首批企业财务快报、大额资金数据自动采集。做细投资备案管理、风险管理、过程管理和绩效管理，探索建立投资计划风险评估机制，开展第三批投资项目后评价。改革优化考核分配制度，修订优化企业负责人经营业绩考核办法及薪酬管理办法，“一企一策”建立经营业绩考核工作体系。探索建立直接管理企业、重要子企业监管方式。三是专项整治扎实有效。扎实开展会计信息质量、虚假贸易、假冒国企、贸易业务风险防控、“围啃国企、高息放贷”、粮食购销领域腐败治理、“违规放贷收息、投资分红”、医药领域腐败、境外腐败等专项整治，紧盯重点人员、重点问题开展违规经营投资责任追究，全系统查办问题线索230项、办结121项、处理相关责任人465人次，修订完善制度225项。

（五）国企党建统领机制有力发挥作用

联合市委组织部印发《关于加强党建统领全面提高国有企业党的领导力组织力的重点措施》。一是上下联动扎实开展主题教育。市国资系统紧扣国企痛点难点堵点开展244个课题调研，推动1139个调研发现问题、205个检视整改问题、108个民生项目事项完成整改。二是推进落实党建重点任务。选优配强国企干部队伍，优化调整委托管理企业班子 13 户、协助调整市管企业班子 14 户。大力推进新时代“红岩先锋”变革型组织建设，组织开展首批“红岩先锋·四强四好”支部评审命名，围绕生产经营一线设立党员责任区 1.22 万个、党员先锋岗 1.93 万个。巡视巡察工作扎实开展，完成 3 户担保公司常规巡察、5 户子企业提级交叉巡察，督导 11 户企业抓好巡视反馈问题整改，整改完成率 93.5%。三是全面启动清廉国企建设。建立清廉国企建设暨政治生态评价指标体系，在重庆银行、市水投集团、重庆投资咨询集团等 7 户企业开展清廉国企建设试点，发现整改问题 1956 个、完善制度 575 个，庆铃集团、江北嘴集团、重庆高速集团、重庆联交所集团入选清廉重庆建设标杆单位，13 个项目入选清廉重庆建设优秀实践案例。强化廉洁文化建设，全系统开展“以案四说”警示教育 4132 场次、覆盖 12 万人次，培育廉洁文化品牌 11 个。

二、发展中存在的问题

同时，发展中仍然存在一些困难和问题，国有企业“量大体弱”、“出血点”多，有的企业主业不聚焦、市场化水平低、发展质效不高，有的国有资产管理不规范、闲置浪费问题突出等。

三、2024 年发展思路

坚持以习近平新时代中国特色社会主义思想为指导，全面贯彻党的二十大和中央经济工作会议精神，深入贯彻习近平总书记关于国有企业改革发展和党的建设的重要论述、对重庆的重要指示批示精神，全面落实党中央、国务院关于开展国企改革深化提升行动部署和市委六届二次、三次、四次全会及市委经济工作会议安排，坚持稳进增效、除险固安、改革突破、惠民强企的工作导向，围绕增强核心功能、提高核心竞争力，按照“止损、瘦身、提质、增效”思路，坚决打赢国有企业改革攻坚战，加快建成一批核心竞争力强的现代新国企，加快推动国企功能、优势、体制机制重塑，切实发挥国有企业在建设现代化产业体系、构建新发展格局中的科技创新、产业控制、安全支撑作用，推动国资国企在现代化新重庆建设中展现更大担当、实现更大作为。一是奋力推动“三攻坚一盘活”改革突破。以扎实开展“三清三减三增”专项行动为抓手，抢抓机遇、迎难而上、紧抓快干，推动“三攻坚一盘活”改革一季度取得突破性进展、上半年取得阶段性成果、全年目标圆满完成。二是深入实施国有企业改革提效增能行动。迭代推进“1+4+4”改革总体安排（实施国有企业改革提效增能行动 + 推进统筹布局、统一监管、党建统领、清廉国企 + 重塑企业功能定位、提高集中统一监管质效、深化考核分配制度改革、加强“赛马比拼”），以钉钉子精神打表推进 138 项重点任务，确保年底前完成三年任务的 70% 以上。三是加快推进国企数字赋能、科技创新和产业引领。聚焦构建“33618”现代制造业集群体系、“416”科技创新战略布局，深入实施科技创新能力提升工程，以数字赋能科技创新，以科技创新推动产业创新，扩大有效投资，发展新质生产力。四是有力提升集中统一监管质效。持续完善国资监管体系、提升国资监管效能，不断推动制度优势、治理优势转化为国有企业的竞争优势、发展优势。五是牢牢守住重点领域风险防范底线。强化风险意识，持续做好重大风险评估监测和及时处置，坚决不能让国有企业成为重大风险“爆破点”，不能引发系统性金融风险，不能在处置风险的过程中刺破风险。六是优化激励约束机制激发国企改革发展活力。围绕推动改革攻坚重点任务落实落地，完善抓改革抓发展的责任体系、政策体系、评价体系，激励国企各级领导干部争做改革攻坚的促进派实干家。七是加强党建统领全面提高国企党的领导力组织力。持续巩固拓展主题教育和全国国企党建会精神落实成果，推动国企党的领导全面覆盖、一体贯通，党的建设全面加强、整体跃升，全面从严治党持续从严、纵深发展。

（执笔人：梁峻豪）

市场监督

重庆市市场监督管理局

一、2023年发展回顾

2023年，重庆市市场监督管理系统深入学习贯彻习近平总书记关于市场监管重要论述，在市委、市政府的坚强领导下，扎实推进党建统领各项工作取得新进展新成效。全市经营主体总量突破360万户，连年获全市安全生产先进等次，在全国市场监管系统会议上交流发言24次。

（一）全面加强政治机关建设

坚决把政治建设放在首位，建立落实习近平总书记重要指示批示和党中央重大决策部署21项重大任务清单，坚决做到“总书记有号令、党中央有部署，重庆见行动，市场监管有作为”；推动学习贯彻习近平新时代中国特色社会主义思想主题教育见行见效，抓好第一批、第二批主题教育衔接联动，组织“10+2”专题集中学习研讨，开展课题调研67项、转化为政策文件和工作举措40项，清单化推进检视问题整改全部销号，建章立制30项，10项民生实事全部兑现，整治加油机计量“短斤少两”作弊的做法获全国推广，新闻发布被市委宣传部评为“优秀等次”。抓好“八张报表”涉及8项指标落实，纳入“八张问题清单”全量库及清单库问题387个、办结销号311个，未办结问题按时序推进，建立健全分类处理市场监管领域诉求清单，常态化“三服务”工作被《人民日报》刊发。加强干部队伍建设，面上完成2018年机构改革超配领导干部消化任务，2023年新招录人员、集中培训人次、职称申报人数为历年之最，排查整改行风突出问题248个，选树“最美市场监管奋斗者”10名。夯实基层党建基础，深化模范机关创建、“四强”党支部建设、“六好党员”培育，党建工作考核连续四年“零扣分”，“小个专”党建4个案例入围全国典型案例，高质量完成市场服务行业综合党委换届。纵深推进全面从严治党，扎实开展损害营商环境的作风和腐败问题等9个专项整治，解决经营主体和人民群众具体困难问题600余个，党纪政务立案19件20人，运用“四种形态”处理36人，统筹推进内部审计项目17个，巡察下一级党组织6个。

（二）加快成渝地区双城经济圈市场一体化发展

完善政策措施，联合市发展改革委制定实施加快融入全国统一大市场建设重点举措、重庆市贯彻落实建设全国统一大市场部署工作方案，出台市场监管领域川渝全方位全链条协作、次区域合作和重庆成都都市圈联动联建、渝广现代化同城化合作等25个政策文件，谋划创建全国市场监管数字化试验区（重庆成都），推进市场准入“异地同标”、共建跨省公平竞争审查协作机制等做法获全国推广。深化项目合作，签署质量协同发展、知识产权公共服务、食品生产安全联防联治等合作备忘录，出台加强信用监管体系促进经营主体高质量发展实施意见，建立西南五省（区、市）

认可与检验检测省际联席会议工作机制，食品药品检测基地建设取得新进展。加强监管联动，创新推出营商环境“云地图”、经营主体“云迁移”、川渝开放合作区“云注册”，互办互发营业执照740份；联合发布地方标准4项、团体标准19项，互认地方计量技术规范6项；出台常见违法行为行政处罚裁量因素积分制规则（试行），建立跨区域重大案件联合挂牌督办机制，开展联合执法32次，相互协查案件26件；建立跨区域投诉举报转办、落实消费环境经营者首问、线下实体店跨区域无理由退货机制，出台的跨省域消费民事公益诉讼工作规范获中国消费者协会推广。

（三）推动数字化变革牵引重大改革突破

迭代完善数字市场监管体系，坚持边学边谋边干，推动建立公平公正的数字化市场监管体系，制定数字市场监管建设工作方案（1.0版），反复论证形成“1+8+13+N”体系，全覆盖梳理一级业务55项、二级业务200项、业务事项1805项，提出改革举措63项，创新推进“4个3”驾驶舱界面布局。加快数字市场监管重点能力建设，迁移法人基础数据库、电子营业执照系统、CNG气瓶安全监管系统，数据归集共享率达100%；上线运行企业开办等15项“一件事一次办”业务场景，“电梯智管”“气瓶智管”“餐饮安全在线”率先破题应用。纵深推进重大改革，建立实施全面深化改革清单14项；推动市委、市政府出台强化反垄断深入推进公平竞争政策实施行动方案，推动市政府出台公平竞争审查制度实施办法，印发市场监管最佳实践案例评选推广管理办法（试行）；获中共中央办公厅、国务院办公厅采用专报信息16篇，中央主要媒体宣传报道258篇次。

（四）守稳筑牢安全底线

完善政策制度，推动村（社区）食品药品安全协管员补助由“三年一定”调整为常年性政策；制定出台食品安全约谈、餐饮安全事件亮牌督办等办法，发布食品集中配送服务规范、特殊食品经营规范等地方标准，建立食品安全民事公益诉讼惩罚性赔偿制度；修订产品质量监督抽查实施办法，创新特种设备赋码管理；完善市级食品、药品、特种设备应急预案，组织特种设备、餐饮安全应急演练5次。健全责任体系，创新开展连锁企业落实主体责任积分制管理，制定加强承包类食堂餐饮食品安全监管十条措施，江北区、荣昌区、武隆区获得“国家食品安全示范城市”命名；推动特种设备生产使用单位“三员”设置完成率100%，约谈电梯、承压检验检测机构26家；督促指导9.36万家工业产品生产销售单位设立质量安全管理人员。有效化解风险隐患，迭代风险隐患排查事项清单至第九版，未发生重大食品药品、产品和服务质量、特种设备安全事件；食品安全满意度85.26分、增加0.29分，食品安全风险监测问题发现率居全国第二；药品抽检合格率连续5年稳定增长、达到99.6%；万台特种设备事故死亡率0.02，与2022年持平；重点工业产品质量抽查问题发现率11.43%，非法掺混二甲醚突出问题得到有效遏制。服务产业高质量发展，发布预制菜生产经营安全监管标准体系，制定火锅食材质量分级团体标准15项，联合大足区建设成渝地区双城经济圈电梯集聚区。

（五）促进营商环境优化改善

便利市场准入，新增实行告知承诺涉企经营许可事项50项，市场监管领域地方涉企许可事项实现“清零”，编制标准化办事指南126项，94万户经营主体下载使用电子营业执照超300万次，实现港资企业全程网办“不见面”审批，企业年报“零值率”居全国前列。加强公正监管，修订专利促进与保护条例、电梯安全管理办法、市场监管行政处罚裁量基准，试点开展涉案主体合规评估，清理保留行政权力841项，全系统查办各类案件3.14万件、同比增长13.5%，入选全国典型案例29件；创新推出“一企一码管终身”，新列入严重违法失信名单44户，联合惩戒失信企业2333户，二手车交易领域信用承诺制度入选国家“信用承诺实践创新助力高质量发展”案例。优化竞争环境，新出台政策措施公平竞争审查问题发现率4.75%、提高3.1个百分点，公平竞争审查工作第三方评估问题检出率8.14%、下降6.96个百分点；联合七省（区、市）签订经营者集中反垄断试点审查协作框架协议，审结案件居5个试点省市前列，查办全国首例街道办事处行政性垄断案件。

（六）推动经营主体提质扩容

制定落实助企帮扶措施，减免个体工商户和中小微企业法定检验费977万元；深化涉企违规收费专项整治，减轻企业负担650万元；促进经营主体发展壮大，完善注册登记监测预警闭环管理机制，依法处置异常经营主体3万户；经营主体新发展率18.98%，新增经营主体64.84万户、增长21.82%，总量达到369.44万户，其中新设企业18.81万户、同比增长22.81%，新设个体工商户45.89万户、同比增长21.43%，企业和个体工商户比值提高2.17%，“四新经济”企业占比63.83%、同比增长2.14%。支持个体经济健康发展，迭代推出扶持个体工商户发展“政策包”36条；印发“个转企”工作实施方案，支持“个转企”6123户；评选首批“名特优新”个体工商户160户；个体工商户网上年报率72.28%，提高8.97个百分点。

（七）不断规范市场秩序

“铁拳”行动聚焦10个领域，深入推进重点问题整治。综合施策整治假国企假央企，常态化开展“长江禁捕 打非断链”执法，医药领域商业贿赂、医疗美容行业乱象、产品过度包装、经营使用过期药械等问题得到有效遏制，查处涉导向广告案件25件，查办制止餐饮浪费案件强化了节约理念和文明用餐。强化消费者权益保护，出台消费环境建设标准体系及其指南，联合命名重庆市放心消费创建示范单位472家；消费纠纷调解成功率高于全国9.37个百分点，在线消费纠纷源头化解率提高2.55个百分点；登记处理投诉举报23.84万件、增长16.19%，为消费者挽回经济损失9163万元、增长9.5%，消费投诉按期办结率99.8%；出台全国第一个支持消费者集体诉讼工作规范地方标准。净化网络市场环境，创新推进“三性一度”举措，指导平台企业优化协议规则67条，约谈指导平台企业5次，着力维护网络餐饮外卖骑手合法权益；开展网络市场监管促发展保安全专项行动，督促平台删除违法商品信息917条，责令整改网站754个（次），网络直播乱象、视频平台“限制投屏”等问题得到及时处置；指导綦江区获评全国网络市场监管与服务示范区。

（八）扎实推进质量强市建设

着力提高质量发展水平，推动市委、市政府出台质量强市建设实施方案，印发进一步提高产品、工程和服务质量行动实施方案，组建质量提升青年突击队，试点探索建立质量督察机制，全市制造业质量竞争力指数达到90.6、高出全国平均水平5.39、稳居西部第一，公共服务质量满意度83.16、高出全国平均水平3.31、跃居全国第三；指导中国汽车研究院股份有限公司入选第五届中国质量奖提名奖候选名单，10家企业获重庆市市长质量管理奖和提名奖。加快提升技术支撑能力，推动市政府印发《重庆市检验检测服务业发展规划（2023—2027年）》；联合印发《建立健全碳达峰碳中和标准计量体系实施方案》，开展企业注册计量师注册和充电桩计量检定授权改革，批准筹建市级产业计量测试中心4家；强检项目建标覆盖率提高至98%、增加5.5个百分点，强检计量器具检定覆盖率稳定提高至98%；主导或参与制修订国际标准5项、国家和行业标准338项，发布地方标准244项，联合发布智能网联汽车标准体系建设指南；建成质量基础设施“一站式”服务平台80个。全面加强知识产权保护，每万人口发明专利拥有量19.98件，提前完成“十四五”规划目标；每万人口高价值发明专利拥有量7.15件，同比增长30.5%；商标有效注册量86.66万件，同比增长7.4%；培育地理标志商标298件，居全国第九；依法驳回恶意商标注册申请9708件。

二、2024年发展思路

（一）共建全国市场监管数字化试验区（重庆成都）

大力推动数字重庆建设，创新监管方式、提升监管效能，助力成渝地区双城经济圈建设走深走实，共同争创全国市场监管数字化试验区（重庆成都），打造成渝地区双城经济圈数字市场监管共建共享合作范例。

（二）加快质量基础设施建设

推动建设国家级质量标准实验室、国家技术标准创新基地，助推重庆智能网联新能源汽车和先进材料重点产业集群发展。推动重庆在国家检验检测认证公共服务平台示范区、国家检验检测高技术服务业集聚区基础上，整合更多检验检测机构，创建国家质量基础设施集成服务基地。创建全国质量品牌提升示范区。争创更多中国质量奖。加强质量和标准交流合作。推动重庆承办中国质量大会、全国技术性贸易措施研究与服务会议、全国质量强企（链、县）经验交流现场推进会，推动重庆市、四川省政府联合创办“一带一路”或西部陆海新通道国际质量交流合作平台，建设技术性贸易措施评议咨询分中心（重庆）。

（三）助推重庆食品及农产品加工、生物医药和电梯产业高质量发展

推动重庆食品及农产品加工产业提能升级。健全标准体系，提升检验检测能力及企业质量安全管理能力。布局国家级食品检验检测机构落地重庆。指导重庆火锅食材、重庆小面等地方特色食品的标准及审查细则的制定实施，指导重庆制定《食品集中配送服务规范》市场监管行业标准，支持对符合条件的进口或国产保健食品、特殊医学用途配方食品和婴幼儿配方乳粉等在重庆落户的产品优先审批，在重庆试点开展国外已上市且已证明其安全有效性的特殊食品的相关研究资料实现互认，举办全国性食品安全交流活动。推动重庆支持生物医药产业创新服务平台建设。在重庆设立药品、医疗器械技术审评检查分中心，推动国家级审评检查资源覆盖西部地区，全面提升重庆及西部地区生物医药产业创新创造实力。支持食品药品检测基地建设，开展重点实验室和监管科学项目申报，指导国家疫苗及生物制品批签发等项目建设，更好地为西部地区生物医药产业发展提供强大支撑。推动成渝地区双城经济圈（重庆大足）电梯产业集聚区建设。

（四）深入推进营商环境优化提升

以营商环境创新试点城市建设为引领，紧

扣世界银行营商环境评估和中国营商环境评价体系，对标国际一流，聚焦企业需求，全力改革创新，提升政务环境、法治环境、市场环境、创新环境、要素保障环境，推动营商环境改革取得重要进展。指导统筹提升反垄断竞争协调能力，深入开展经营者集中案件反垄断审查工作。推进“大综合一体化”行政执法体制改革，开展行政执法规范化试点。

（执笔人：牟强）

乡村振兴

重庆市乡村振兴局

一、2023年工作回顾

2023年，在市委、市政府坚强领导下，全市乡村振兴系统认真贯彻落实习近平总书记关于“三农”工作重要论述和对巩固脱贫攻坚成果重要指示精神，坚持把巩固拓展脱贫攻坚成果作为全面推进乡村振兴的底线任务，聚焦“守底线、抓发展、促振兴、提质效”，全面增强脱贫地区和脱贫群众内生发展动力，扎实推进巩固拓展脱贫攻坚成果同乡村振兴有效衔接。2023年，全市共投入市级以上衔接推进乡村振兴补助资金59.77亿元，较上年增长4.75%。脱贫人口人均纯收入达18399元、增长14.1%，确保了兜底保障水平稳步提高，确保了“三保障”和饮水安全保障水平持续巩固提升。

（一）聚焦“守底线”，坚决防止整村整乡返贫

一是深化防止返贫监测帮扶。将防止返贫监测范围由2022年度的人均纯收入7000元调整为8000元。迭代升级重庆防止返贫监测大数据平台，全面构建“点线片面”立体防返贫监测网络。动员驻乡驻村及帮扶干部10.6万名开展“大走访大排查大整改”行动，全年累计识别监测对象3.8万户、11.5万人，户均享受相关帮扶措施3.5个，无新增返贫致贫对象。及时将符合条件的1.6万脱贫不稳定人口、2.1万边缘易致贫人口、1.5万突发严重困难人口纳入基本生活兜底保障，实现“应兜尽兜”。二是“一县一策”支持山区库区发展。围绕产业转型升级、城乡居民增收、新型城镇化建设、生态优先绿色发展、基础设施提质、公共服务惠民、区域协同发展七个方面综合发力，“一县一策”支持山区库区17个区县和涪陵区高质量发展。向14个脱贫区县投入市级以上财政衔接资金约45亿元，占市级以上到县资金总量的75.5%。迭代升级城口、巫溪、彭水、酉阳等4个国家乡村振兴重点帮扶县帮扶举措，向4县倾斜安排市级以上衔接补助资金、东西协作财政援助资金分别达20.96亿元、2.45亿元。三是巩固提升“两不愁三保障”成果。实行“两不愁三保障”及饮水安全问题月调度、月通报，脱贫家庭义务教育阶段辍学学生动态清零，脱贫人口基本医保应保尽保，安全隐患农房“发现一户、保障一户”，农村自来水普及率达90.5%。

（二）聚焦“抓发展”，持续增强内生发展动力

一是加快发展生态特色产业。中央财政衔接推进乡村振兴补助资金用于产业发展达64.8%。坚持“巩固一批、提升一批、盘活一批、重建一批”，引导脱贫区县形成“一主两辅”产业发展格局，大力发展庭院经济，推动使用各级各类财政资金的产业项目均建立联农带农利益共享机制，建成产业帮扶基地5.6万个，特色产业覆盖90%以上脱贫户和监测户。2023年，脱贫户生产经营收入1905元、占比10.4%，较2022年增

加0.5个百分点。二是持续推进脱贫群众就业。在全国创新制定乡村振兴劳务品牌地方标准，以重庆火锅师傅、巴渝大嫂、云阳面工、开州金厨、万州烤鱼师傅、巫溪烤鱼工、重庆木工等七个劳务品牌为试点，积极推动脱贫人口高质量就业。脱贫人口（含监测对象）就业规模达80万人以上、占目标任务的107.6%，就业率居全国前列。重庆市"打造乡村振兴劳务品牌，推动脱贫人口高质量就业"列入"2023全国乡村振兴百佳优秀案例"。三是壮大村级集体经济。积极探索资源发包、物业出租、居间服务等方式壮大新型农村集体经济，推动村企联合、村村联合、部门+集体经济后进村等组团发展，新培育"强村公司"500家，全市村级集体经济经营性收入超过5万元的行政村达95%以上、较2022年底提高33个百分点，集体经济组织成员分红超4亿元。

（三）聚焦"促振兴"，建设宜居宜业和美乡村

一是扎实稳妥推进乡村建设。统筹推进"路网""水网""电网""通讯网""物流网"等"五网建设"，乡村公路路网密度居西部第一。深入开展"五清理一活动"，全市农村卫生厕所普及率、行政村生活垃圾治理率、生活污水治理率均高于全国平均水平。全面提升公共服务，全市农村中小学学区化管理、集团化办学覆盖率达80%以上，基本建成"农村30分钟"医疗服务圈，基本实现"街道、乡镇有养老服务中心，村有互助养老点"全覆盖。二是不断激发乡村治理效能。健全党建统领下"四治"融合乡村治理体系，以"数字化"赋能，深入运用"积分制""清单制"，创新推行"院落微治理"，累计创建全国乡村治理示范村60个、示范镇6个，县级以上文明村、镇占比分别达67.8%、76.3%。深化"枫桥经验"重庆实践，矛盾纠纷调解成功率在98%以上。升级农村新时代文明实践站（点），惠及群众960万人次。三是融合推进乡村建设与乡村治理。在梁平区首次召开巴渝和美乡村建设现场会，发布全国首个《和美乡村宜居指数》地方标准，出台巴渝和美乡村镇、村、院落三级示范创建标准，创建市级巴渝和美乡村示范村107个。预计到2027年，全市将建成1000个宜居宜业和美乡村示范村。

（四）聚焦"提质效"，凝聚乡村振兴强大合力

一是深化协作帮扶。迭代升级鲁渝协作，深入开展高层互访，合作空间、层次不断拓展提升，全年争取山东省财政援助资金7.26亿元，累计共建104个产业合作园区和101个鲁渝协作示范镇村，310家山东优势企业落户脱贫地区，120多个优质品种成功实现"东产西移"。9家中央单位全年直接投入和协调引进帮扶资金5.6亿元，采购和帮助销售农副产品8373万元，多方式培训基层干部、专技人员等1.7万名。二是深挖社会潜能。深入实施"万企兴万村"行动，7864家民营企业结对帮扶4884个村，实施项目9208个，投资总额561亿元，捐款捐物25.9亿元。三是深耕区域协同。打造"一区两群"对口协同发展升级版，主城都市区21个区及两江新区、西部科学城重庆高新区、万盛经开区结对帮扶山区库区区县，同步开展镇镇结对、村村结对，实现优势互补、资源共享，助推脱贫区县高质量发展。实施"强镇带村"工程，持续提升区县城综合承载能力和小城镇服务"三农"能力，打造100个美丽城镇市级样板。深化就业、消费、产业、教育等合作，实现医保、社保等9类电子证照川渝互认共享，引领带动脱贫区县更好融入地成渝地区双城经济圈建设。

二、存在的问题

全市巩固拓展脱贫攻坚成果同乡村振兴有效衔接工作总体成效显著，但仍存在一些薄弱环节。一是巩固拓展脱贫攻坚成果面临新的风险挑战。受自然灾害、经济形势等多重因素影响，脱贫地区农民和脱贫群众收入增收压力普遍较大。部分行业特别是吸收脱贫群众就业较多的中小企业经营困难，比如吸纳近30%脱贫人口就业的建筑业、传统制造业等仍在恢复，岗位供给还不充分，稳定脱贫人口务工规模面临不小挑战。部分脱贫区县财政收支矛盾比较突出，化解债务风险任务较重，保持巩固拓展脱贫攻坚成果投入力度面临较大压力。二是攻克巩固拓展脱贫攻坚成果"硬骨头"难度不小。目前，全市防止返贫监测对象仍有3.8万户11.5万人，因病、因残纳入监测比例逐年递增，其稳定致富难度较大；4个国家乡村振兴重点帮扶县发展基础条件依然薄弱，需持续用力补齐发展短板。此外，脱贫地区防灾减灾能力不足，防范化解因灾返贫的风险也在加大。三是脱贫地区乡村产业支撑不强。脱贫地区产业发展以种养业为主，产地仓储保鲜冷链设施总量不足，农产品加工业发展水平不高，产业链延伸不足，利益联结不够紧密。有效需求不足，直接影响特色农产品销售，影响脱贫地区帮扶产业稳定发展。

三、2024年工作思路

深入学习贯彻习近平总书记关于"三农"工作的重要论述，落实中央经济工作会议、中央农村工作会议部署，按照市委农村工作会议暨重庆市学习运用"千万工程"经验加快建设巴渝和美乡村现场推进会议工作要求，坚持"守底线、增动力、促振兴"协同推进，聚焦增强脱贫地区和脱贫群众内生发展动力，持续加强防止返贫监测帮扶，加快建立农村低收入人口和欠发达地区常态化帮扶机制，牢牢守住不发生规模性返贫底线，集中更多资源力量支持脱贫群众增收、脱贫区域发展，长效巩固拓展脱贫攻坚成果，为全面推进乡村振兴、加快现代化新重庆建设打下坚实的基础。

（一）坚决守住不发生规模性返贫底线

健全"线上+线下"动态监测机制，迭代升级"社会·渝悦·防贫"应用，方便农户实行网上一键风险申报。持续开展"大排查大走访大整改"行动，开展防止返贫监测帮扶集中排查，强化部门数据共享比对、分析预警，确保"应纳尽纳"。新识别监测对象10个工作日内纳入监测范围，实施"一户一策一责任人"帮扶。健全防范因病、因灾等返贫致贫机制，动态清零各类问题风险，持续巩固提升"三保障"及饮水安全成果。

（二）增强脱贫地区和脱贫群众内生发展动力

更加注重增强脱贫区县"造血"能力，让脱贫群众依靠自己努力富裕起来。因地制宜、因业施策推进帮扶产业"巩固、提升、盘活、调整"，引导脱贫区县形成"一主两辅"产业发展格局。健全落实帮扶产业项目联农带农机制，推动到户产业奖补政策真正发挥作用。持续培育打造"巴渝工匠"等劳务品牌，提高劳务输出质量和效果，采取帮扶车间、以工代赈、公益性岗位等综合措施拓展就地就近就业岗位，确保脱贫人口就业规模稳定在75万人以上。协同推进山区库区"1+17+N"政策体系迭代升级。持续加大对国家乡村振兴重点帮扶县帮扶支持力度，倾斜支持17个市级乡村振兴重点帮扶乡镇和原18个市级深度贫困乡镇发展。紧扣打造民族团结共同富裕示范地，加快探索山区民族地区农业农村现代化新路子。

（三）集中力量抓好办成一批群众可感可及的实事

扎实办好农村黑臭水体“一清零”，农村居民住宅安全保障水平、农民出行条件、乡村医疗卫生条件“三改善”，农民素质、农民就地就近就业水平、农村物流水平、农村老年人照护服务水平、农村留守儿童关爱水平、乡风文明水平“六提升”等10项群众可感可及的实事，让农民群众在乡村振兴中有更多获得感、幸福感、安全感。

（四）强化以强村富民综合改革为牵引的农村改革

以农村基层党建为统领，以发展壮大新型农村集体经济为重点，系统集成推进村级规划管理机制、农业“标准地”、“强村公司”等“七项改革”，探索实施规划、科技、经营、资金进乡村，能人、青年、务工人员回乡村“四进三回”行动，推动城乡资源要素畅通流动，推进“村强”带动“民富”。

（五）加快巴渝和美乡村建设

实施农村黑臭水体清零区县创建和农村污水治理专项行动，持续开展“五清理一活动”，农村改厕率、行政村生活垃圾分类覆盖率、农村生活污水治理率分别达到86%、70%、55%。坚持和发展新时代“枫桥经验”，深化“党建+网格化+数字化”乡村治理方式，推行“三事分流”“院落微治理”等经验做法。逐级开展“和美院落”“示范村”“示范镇”创建，2024年创建星级示范村200个以上、示范镇20个以上。

（执笔人：向海兰）

大数据管理

重庆市大数据应用发展管理局

一、2023 年工作回顾

2023 年是数字重庆建设的开局之年。一年来，全市大数据系统深学笃用习近平总书记关于数字中国建设的重要论述，认真落实市委、市政府决策部署，坚持边学边建边用，按照最快系统部署、最小投入代价、最佳实战效果、最大数据共享要求，构建“1361”整体构架，积极探索超大城市现代化治理新路子，打造形成一批具有重庆辨识度的实践成果、理论成果和制度成果，全面提升党政机关推动高质量发展能力、服务美好生活能力和现代化治理能力，全面完成“一年形成重点能力”目标，数字重庆建设取得良好开局。

（一）全力落实“构建知识体系、话语体系、工作体系、能力体系”部署，稳步推进数字化理论、制度和实践创新

细化数字重庆建设实施路径，牵头制定系列制度规则。对标《数字中国建设整体布局规划》，研究形成《关于数字重庆建设思路的汇报》，推动出台《数字重庆建设总体方案》，促进落实“1361”整体构架重点任务，助力数字重庆夯基垒台、立柱架梁。出台实施《一体化智能化公共数据平台建设实施方案》《数字化城市运行和治理中心建设方案》，搭建一体化智能化公共数据平台和三级治理中心系统，获得第一届重庆市改革创新金奖。制定实施《重庆市政务数字化应用管理暂行办法》《重庆市政务数字化应用专项资金管理暂行办法》，统筹各类应用集约建设，强化应用全生命周期规范管理。迭代编印《数字重庆通用术语释义》，编制实施 IRS、云网、数据、“两端”、安全防护、三级治理中心等标准规范 57 项，动态组织数字重庆建设培训 40 余次，促进广大党员干部数字思维、数字认知、数字技能不断提升。

（二）全力落实“抓好一体化智能化公共数据平台这个重中之重”部署，持续提升平台支撑能力

坚持以用促建、共建共享，建成投用一体化智能化公共数据平台，推动数字资源一本账管理、一站式浏览、一揽子申请、一体化配置，支撑应用创新能力不断增强。一是数据归集共享提档升级。打造全国首个市域一体建设、两级管理、三级贯通的公共数据资源管理系统，2023 年 4 月以来数据编目从 4.3 万类增至 10 万类，数据归集从 382 类增至 9 万类，数据共享从 1.2 万类增至 9.2 万类，数据开放从 5600 类增至 1 万类，数据共享需求满足率升至 88%。二是基础设施支撑扎实推进。建强“一朵云”，新迁移 67 个私有云，压减云网费用 20%。做优“一张网”，按照政务外网与视联网“一网两线、异构互备”，建设全国首个异构互备的电子政务网络，首批完成 570 个视联网点位试点。抓实“山城链”，建设 41 个区县级子链，提供 1000 个节点容量。丰富

"感知系统"，累计编目接入视频、传感器等313万个感知终端实时数据。三是能力组件服务提质增效。结合"满天星"行动计划，培育发展新质生产力，组建全国首个大模型联盟，持续优化组件结构，开放80余个能力组件场景，能力组件累计达407项，调用量突破1700万次。四是数字资源统筹持续增强。升级一体化数字资源系统，上线500余项功能，数字资源开通时间跃升至"分钟级"，累计开通用户8923个，提供申请服务5847次。五是"两端"集成效能显著提升。重构"渝快办"上线运行，成为全国首个"一网通办""一网统管""一网协同"融合政务端，有力支撑"一掌办""一窗办""一次办""一图办""一码办"，上线75个"一件事一次办"。优化"渝快政"，用户支撑能力扩增至80万，注册用户62.5万人，日活跃用户峰值43万，全面实现组织在线、沟通在线、业务在线。

（三）全力落实"抓好数字化城市运行和治理中心这个最大特色、最大亮点"部署，打造数字重庆建设最具辨识度的重要成果

构建三级数字化城市运行和治理中心，实体化运行1个市级中心、41个区县中心和1031个镇街中心，统筹六大板块应用集成和业务贯通，初步实现三级贯通、闭环运转，增强重庆超大城市发展能力、服务能力和治理能力。一是市、区县两级联动优化细化跑道。聚焦六大板块重大事项实施、重大风险防范、重大活动保障，市级统筹谋划46条跑道、448条子跑道、1056条二级子跑道，分类推动超大城市精细化治理。区县全量承接市级跑道子跑道，根据自身实际细分80条特色子跑道、143条二级子跑道，支撑本地精细化运行治理。出台《六大板块跑道建设工作方案》，明确跑道牵头部门，确保责任落实、场景落地、工作落细。二是构建韧性安全城市体征指标。系统梳理城市体征指标4712项，推动市级单位编目归集体征指标数据，形成体征指标专题库，打造体征"一键查"、事件"总枢纽"、风险"一张图"、城市"体检表"，支撑全域全量全时感知城市运行态势，加快赋予城市以"实时、动态、鲜活"的生命感。三是基于核心业务打造"一件事"综合集成应用。依托一体化平台建设业务事项专题库，编目市级业务事项2.74万项、区县业务事项1.44万项、镇街业务事项300余项，数字化率达到16.6%，实现全市业务事项一本账管理、一站式浏览。提炼城市运行治理"急用先行"业务事项1.88万项，按照"一件事"思维，以业务事项"自动＋手动"分拨相结合，重构近百个多跨事件闭环处置流程，快速提升业务协同多跨事件闭环处置能力，形成"数据驱动，事件自动找预案，到部门、到区县、到乡镇"的协同提效。

（四）全力落实"推进数字产业化和产业数字化"部署，狠抓场景开放和招商引资

纵深推进"满天星"行动计划，促进数字经济快速成长。2023年数字经济增加值增长9.1%，占GDP的比重提高2.6个百分点至47.8%，占比高于全国平均水平4个百分点。一是紧盯领军型企业、龙头型企业精准招商，推动市政府与腾讯公司、浪潮集团等签署战略合作协议，华为公司、视联动力、抖音等行业巨头在渝落地实体公司，阿里云、紫光云等在渝布局西部结算中心，带动"芯屏端核网"全产业链营收突破万亿元。二是统筹推动市、区常态化发布场景清单，2023年全年共发布46批829项、建设规模超90亿元，组建大模型联盟，集中发布长安—交通大模型、京东—AI服务大模型、马上消费—天镜大模型，招引软信企业450余家、累计签约超1600亿元，带动软件和信息服务业从业人员超34万人、主

营业务收入增长近20%。统筹打造数字经济特色产业园区，重庆市数字经济（先进计算）产业园、西部科学城数字产业园等提速建设，两江数字经济产业园、仙桃数据谷入选国家新型工业化产业特色类示范基地（软件信息服务），国家网络安全产业园区（成渝）成为全国首个获批的跨省域国家级网络安全产业园区，一批重大项目先后落地，园区集聚数字经济企业超2万家。三是参与筹备2023年智博会，承担邀请一批重量级企业和嘉宾，成功举办首届中新国际数字合作论坛、2023年中国人工智能产业创新论坛等10余场论坛发布活动，推动数字经济国际合作，助力签约重点项目84个、合同投资金额超2000亿元。

（五）全力落实“健全数据基础制度体系”部署，深化数据要素市场化改革

加快激发数据活力、释放数据价值。一是认真落实“数据二十条”，出台《重庆市数据要素市场化配置改革行动方案》，强化数据资产登记、公共数据授权运营、数据要素合规交易流通规则等创新性措施，初步构建数据基础制度的“四梁八柱”。二是深入实施《重庆市数据条例》，编制数据安全管理办法，制定公共数据分类分级指南，在地方大数据系统率先出台数据执法规定、组建数据执法队伍。三是创新打造西部数据交易中心，聚焦数据交易中的确权、定价、互信、入场、监管五大难题，积极探索交易规则、交易系统、交易环境、交易模式等创新，打造数据合规、数据定价、数据登记、供需匹配、交易结算等全流程交易体系，上线全国首个汽车数据交易专区、全国首个数字资产（消费积分）兑换平台，全国首创“数盾合规”服务、“数度寻源询价”系统，累计上架数据产品超5000款、引入数商超500家，数据交易金额突破5亿元，跻身全国数据交易场所第一梯队。

（六）全力落实“统筹传统基础设施和新型基础设施建设”部署，推动数字基建提速升级

筑牢夯实基础性支撑。加快构建全国一体化算力网络（成渝）国家枢纽节点，大力推进云计算、超算、智算、边缘计算等多元算力设施，建成投用重庆人工智能创新中心、西部科学城先进数据中心，两江国际云计算产业园成为西部地区集中度最高的云计算基地，全市算力规模超1400P。建成国家（西部）算力调度平台，链接四川、贵州算力调度平台，实现西部算力资源统一调度利用。提升工业互联网标识解析国家顶级节点（重庆）服务能力，与成都灾备节点形成“一顶一备”，接入西部10省市二级节点48个，标识注册总量达149亿个。推进IPv6规模部署和应用，用户连接数增至4147万户。共享中新国际数据通道，投用成渝专线、渝贵专线。建成国家量子保密通信骨干网成渝段。打造5G规模组网和应用示范城市，每万人拥有5G基站数29个、居西部第一，建成“互联网小镇”257个、“互联网村”2890个，乡镇5G网络到达率100%。

（七）全力落实“纵深推进成渝地区双城经济圈建设取得突破性进展”部署，赋能双城经济圈“一体化”发展

加强川渝大数据战略协作、政策协同和工作协调。联合四川省数据局，成立数字成渝合作专班，召开大数据合作联席会议3次，签署“1+9”大数据协同发展合作协议，共同开展国家数字经济创新发展试验区建设，合力攻坚全国一体化算力网络（成渝）国家枢纽节点等一批标志性重大项目。建立川渝数据共享服务专区，联合发布三

批次政务数据共享责任清单，3.75万类政务数据双向共享，数据交换量累计达9100万条（次）。支撑发布首批7项川渝“一件事一次办”、34项川渝“免证办”、9项川渝跨区域数字化场景，落地125项“成渝通办”服务事项，311项“川渝通办”服务事项办件量突破1500万件次，日均办件2万件。推动两地413家医院检验检查结果互认，20余项住房公积金服务事项全要件、全流程标准化，重庆与成都公交实现“一卡通”。

二、发展中存在的问题

一是数字重庆建设推进不够平衡。“一把手”抓的力度还需加大，“上热、中温、下凉”情况还一定程度存在，核心业务梳理、“三张清单”编制等基础性工作质量不够高、效果不够好。有的应用多跨协同、三级贯通谋划不够，没有聚焦改革、没有突出制度重塑。纵向贯通、横向联动的高效协同工作体系和机制还需进一步健全。

二是数字经济发展还需加力。全市数字创新体系整体效能不强，数字化研发投入不够，创新资源存在分散、重复、低效等问题，数字经济产业链、价值链处于中低端。中小企业数字化转型意愿不强、能力不足，一些企业存在“不想、不敢、不会”等情况。数字人才基础薄弱、供给不足，特别是在智能网联新能源汽车、新一代电子信息制造业、智能装备及智能制造、软件信息服务产业等领域引领性人才偏少。

三是数据要素乘数效应有待发挥。归集共享数据数量、质量、时效亟待提升，数据“聚通用”壁垒依然存在。公共数据、企业数据、个人数据未能一体化贯通，产业链上下游企业及跨产业间的数据一体化共享水平低，面向政务侧、企业侧的应用服务能力还有较大提升空间。

三、2024年发展思路

（一）指导思想

坚持以习近平新时代中国特色社会主义思想为指导，全面贯彻落实党的二十大和二十届一中、二中、三中全会精神，深入学习贯彻习近平总书记关于网络强国的重要思想、数字中国的重要论述和习近平总书记视察重庆的重要讲话重要指示精神，认真落实市委六届五次全会精神，坚持稳中求进工作总基调，完整、准确、全面贯彻新发展理念，积极服务和融入新发展格局，践行以人民为中心的发展思想，着力推动高质量发展，积极探索超大城市现代化治理新路子，奋力打造超大城市现代化治理示范区。

（二）重点任务

一是加快推动数字重庆建设形成基本能力。迭代升级数字重庆“1361”整体构架，构建超大城市治理的知识体系、话语体系、工作体系、评价体系和实战能力。完善一体化智能化公共数据平台，统筹推动云网设施、数据资源、能力组件等数字资源建设，提升“渝快政”“渝快办”两端承载能力，推动形成共建共用共享工作机制。升级三级治理中心系统，坚持把数字化城市运行和治理中心作为超大城市治理现代化的载体抓手，加快推动平台贯通、数据贯通、应用贯通、体制机制贯通，努力打造更多实战实用成果。丰富六大应用系统，迭代升级系统构架，滚动推进“一件事”和综合场景建设，加快推动典型应用贯通实战。筑牢基层智治体系，强化基层智治平台功能，承接贯通一批重大应用，推广使用“一表通”智能报表，认真抓好为基层减负。

二是深入推进数据要素市场化配置改革。大力推动数据要素市场化改革，积极探索公共数据授权运营。充分发挥“数据要素 ×”大赛的牵引作用，打造一批数据要素场景开放示范案例。打造立足西部、国内领先的西部数据交易场所，加快推动数据跨境安全流动，让更多数据高效流动、产生更大经济社会价值。携手推动“数字成渝”纵深发展，完善川渝数据共享服务专区，构建“一件事一次办”全场景新服务体系，推出更多便民利企服务应用。

三是着力构建以数字经济为引领的现代产业体系。培育壮大数字经济，深入实施“满天星”行动计划，围绕国家重大战略实施和重点领域安全能力建设、数字化转型专项工程、数字新基建及高质量数据集、实景三维数据赋能等方面开展创新应用典型案例评选，完善“算力 + 数据 + 产业”运作模式，持续培育壮大具有竞争力的数字产业集群。努力提升新型基础设施能级，推进工业互联网、物联网、新一代超算、云计算等设施建设，深入参与国家“东数西算”工程。

（执笔人：黄佳）

林业管理

重庆市林业局

一、2023年度全市林业工作完成情况

2023年，全市林业工作在市委、市政府的坚强领导下，坚持以习近平新时代中国特色社会主义思想为指导，全面落实党中央、国务院决策部署和市委、市政府工作安排，有力有序有效推进各项工作。深化集体林权制度改革、森林防火、林业有害生物防控、森林可持续经营、重要基础保障等5项工作获得国家林草局通报表扬。缙云山国家级自然保护区生态环境综合整治作为全市主题教育正面典型案例受到中央第八指导组肯定。推进科学绿化试点示范市建设，完成国土绿化营造林、“两岸青山·千里林带”建设任务，全市森林面积达453.58万公顷，森林覆盖率55.06%，森林蓄积量达到2.74亿立方米。深化落实第2、3号市总林长令，国家林草局撤销2个县级松材线虫病疫区。保持全年森林防火态势平稳，全市发生森林火灾2起，无人员伤亡和人为用火引发森林火灾，火灾发生率为近20年最低。

（一）推动林长制从全面建立向全面见效转变

持续巩固提升“双总林长”林长制工作体系，两位总林长先后8次深入林区一线调研巡林，共同签发第3号市总林长令。制定《重庆市全面推深做实林长制行动方案（2023—2027年）》。编印《重庆市基层林长制标准化建设方案（试行）》。健全完善“四级林长”+网格护林员责任体系，落实各级林长近2万人、网格护林员4万余人，“四级”林长累计巡林75.8万余次。强化部门协作，通过“林长+山林警长”“林长+检察长”协作机制，推动林业行政执法与刑事司法衔接。促进川渝两地协同，推动24个相邻区县、77个相邻乡镇（林场）建立松材线虫病联防体系。

（二）科学推进国土绿化

争取中央及市级资金28亿元用于国土绿化等林业重点工作。完成各类营造林500万亩，实施“两岸青山·千里林带”50.46万亩、国家储备林101.5万亩、油茶生产任务29.7万亩、石漠化治理任务40万亩。推进“互联网+全民义务植树”，全年参加义务植树1231万人次，栽植苗木5090万余株。指导2个区县编制创建国家森林城市总体规划并通过国家评审，正在创建城市11个。开展“春风2023”古树名木专项整治行动，获评全国“双百”古树群2个。创建绿色示范村114个。制定《重庆市林草种苗振兴三年行动实施方案（2023—2025年）》，出台《重庆市林业保障性苗圃管理办法》。培育良种壮苗3500万株，完成60个种苗基地落地上图。种苗质量合格率达96%。

（三）强化林草湿资源监督管理

落实市级资金3400万元，完成林草生态综合监测调查，启动全市林地地类认定工作。查

处整改2022年森林督查发现涉嫌违法违规使用（毁坏）林地案件1673件，完成率100%。完成2023年森林督查全年4期共2.6万个变化图斑现地核查。开展涉林专项执法行动和重点案件挂牌督办，全年受理查处林业行政案件2505起。完成全国森林可持续经营试点任务2.02万亩，开展重点生态区位非国有林生态赎买试点5000亩。严格限制天然林采伐，规范使用不可预见采伐限额。优化林业审批服务，保障重点项目使用林地1278宗。指导梁平、开州、丰都等区县发展梯塘小微湿地、喀斯特小微湿地、农林湿共生小微湿地等模式，“小微湿地+”模式在全国复制推广。

（四）强化自然保护地和野生动植物保护管理

整改完成第二轮中央环保督察涉林问题、2022年长江经济带生态环境警示片披露全市涉自然保护地问题，铁峰山国家森林公园违建问题完成销号。起草《重庆市自然保护地整合优化方案》，制定《重庆市自然保护地体系建设实施方案（2023—2027年）》，编制《重庆市自然保护地勘界立标技术指南》，在缙云山国家级自然保护区开展勘界立标试点。提请市政府印发《重庆市陆生野生动物致害补偿办法》，联合市农业农村委印发全市重点保护野生动植物名录。持续开展银杉、黑叶猴等珍稀濒危野生动植物拯救保护、科研监测，珍稀濒危物种数量均稳中有升。建成重庆雪宝山国家级自然保护区崖柏科研繁育基地，野外回归崖柏达3200亩、52万株。雪宝山国家级自然保护区崖柏科研团队荣获2023年度“感动重庆十大人物”特别奖。“国宝”大熊猫入驻永川乐和乐都野生动物世界。

（五）提升林业防灾减灾水平

2023年，全市共发生森林火灾2起，受害面积19.4亩，与上年相比分别降低93.3%和99.4%，无人员伤亡和重要财产损失。开发运用“森林火险码”，自主研发预警监测模型与火险预警系统。新建及整合火情智能监控系统前端点位3358个，重点林区火情智能监控基本覆盖。建立全市疫源疫病初级监测平台，完成林草生态系统外来入侵物种普查和草原有害生物普查。争取中央预算内森林火灾高风险区综合治理资金1.09亿元，获批2023年增发国债森林草原防火阻隔系统项目资金19.54亿元，并争取到地方政府按照10%进行配套的最优政策。指导各区县完成林区规划和1∶5000比例尺防火作战图编制。建立落实森林火情“135”早期处理机制，全面推行“十户联防”，林区133.3万户居民、经营主体结成13.8万个联防体。开展川渝疫源封锁管控等联合行动，联合检查2258次、整改问题800余起。深入推进松材线虫病疫情防控五年攻坚行动，实现疫区、疫点、小班、面积、病死树“五下降”。

（六）推动林业改革创新

提请分管市领导成立由相关部门、区县政府组成的市级工作专班，统筹协调全市深化集体林权制度改革工作。与西南政法大学合作共建重庆集体林权制度研究中心。推进先行区建设，起草完成《重庆市建设深化集体林权制度改革先行区行动方案》初稿。编制“智慧林长”应用“三张清单”，构建“林草湿资源一本账管理”“林草湿资源保护发展”“林草湿风险防控”“林长履职评价”四大场景。完成缙云山森林防灭火系统与基层一体化治理智治平台等系统对接、流程配置，开发市三级治理中心应急指挥模块森林防火专题领导驾驶舱。举办全市林业科技创新大会。获得实用新型或授权发明专利22项，马尾松近自然经营等10余项研究成果成功转化使用。开展林业“千名专家进千村”“百名专家进百企”科技帮扶活动，直接服务林农12.7万人。

（七）提高林业产业质量效益

深入实施《重庆市林业产业发展规划（2021—2025年）》，积极发展木本油料、特色经济林、林下经济等特色产业，支持黔江、城口、巫溪、忠县等发展蚕桑、淫羊藿、“老鹰茶”、竹产业等示范基地。2023年新评选出市级森林康养基地17家，全市市级森林康养基地累计达30家，涪陵区武陵山公园森林康养基地、梁平区百里竹海森林康养基地入选2023年国家级森林康养基地试点建设单位，全市有国家级森林康养基地4家，国家级森林康养试点建设单位29家。举办“趣森林·跑起来”万人进森林活动，宣传推介森林康养基地。助力龙头企业发展，全市共有国家级林业龙头企业11家，市级林业龙头企业125家。2023年，全市累计发展林下经济面积超过570万亩，经济林面积超过1600万亩，林业及相关产品增加值占全市生产总值的比重达5.5%。

二、发展中存在的问题

全市森林生态系统质量还需进一步提升。推进科学绿化试点示范市建设过程中缺乏亮点，辨识度不够。数字林业建设推进还需进一步加快，科技支撑作用不强。林业产业发展效益仍需进一步提高，一二三产业融合发展不够，在促进林农增收方面方法不多、效益不高。林业基础设施建设仍须进一步完善。

三、2024年发展思路

全市林业工作将以习近平新时代中国特色社会主义思想为指导，全面落实党中央、国务院决策部署和市委、市政府工作安排，以林长制为统领，深化集体林权制度改革，协同推动生态保护、生态修复、生态惠民，全市森林覆盖率稳定保持在55%以上。持续推深做实林长制，严格林长制督查考核。推动出台《重庆市林长制办法》。推动出台《重庆市深化集体林权制度改革先行区行动方案》，强化指导、督促、检查、考核。探索林草生态产品价值实现机制。加力推进科学绿化试点示范市建设，开展各类营造林500万亩。提质建设“两岸青山·千里林带”35万亩，多元主体建设国家储备林100万亩。开展森林、草原、湿地督查监管和挂牌督办，依法依规审核调整公益林，严格林地草地湿地管理。推进自然保护地总体规划编制、范围调整等工作，实施一批林业生物多样性保护工程。实施好2023年增发国债森林草原防火阻隔系统项目。做实森林防火“十户联防”。严防外来有害生物入侵，严控重大林业有害生物成灾率。

（执笔人：曾妮）

药品管理

重庆市药品监督管理局

一、2023 年发展回顾

2023 年，市药监局全面贯彻落实习近平新时代中国特色社会主义思想和党的二十大精神，认真落实市委六届二次、三次、四次全会精神，严格落实“四个最严”要求，强监管保安全、促发展惠民生，全市药品安全形势稳中向好，连续 5 年实现药品安全事件“零发生”。

（一）坚持党对药监工作的全面领导

1. 加强政治机关建设

始终把贯彻落实习近平新时代中国特色社会主义思想和党的二十大精神作为首要政治任务，健全完善坚决拥护“两个确立”、坚决做到“两个维护”的政治铸魂体系，局党组会议跟进学习习近平总书记最新重要讲话精神 22 次，党组理论学习中心组学习深入研讨交流 14 次。健全习近平总书记重要指示批示和党中央重大决策部署闭环落实机制，开展督导督查 4 次，有序推动落实重大任务 18 项。落实全面从严治党主体责任清单，举办廉政专题讲座 1 次，主动接受“三重一大”事项监督 12 次，专题研判全面从严治党暨党风廉政建设 2 次。积极配合市委第五巡视组开展巡视，刀刃向内检视问题。坚决维护意识形态安全，专题研究意识形态工作 4 次，持续用力肃清孙政才恶劣影响和薄熙来、王立军流毒，全面彻底肃清邓恢林流毒影响，推动政治生态持续向好。

2. 推动主题教育走深走实

成立主题教育领导小组，建立“周调度、半月查、月报告”工作机制，14 次研究部署重点工作，清单化打表推进落实。全覆盖举办 7 天读书班，组织党支部书记带头讲党课 70 场次，开展红岩联线体验式学习 53 场。紧扣药监特色拟定 64 个调研课题，调动 478 家次企业和基层单位“同题共答”，促进成果转化 137 项。落实边学边查边改要求，针对 215 项问题制定整改措施 511 条，督促完成整改并建立 21 个长效机制，1 个正面典型案例得到市委主题教育办公室肯定。

3. 强化高质量党建统领

落实“885”重点任务，抓好“平安”“民生”报表指标落实，办结“八张问题清单”推送问题 7 个，主动发现上报问题 30 个。全面提高党的领导力组织力，开展新时代“红岩先锋”变革型组织创建，探索推广 5 项体现“药监味”的载体抓手，3 期“重庆药监青年谈”微视频在“学习强国”播出，“革命理想高于天”情景剧参加市直机关职工文艺汇演。创新开展全员量化考核，构建完善“定性 + 定量”相结合的考核指标体系。组织开展职级晋升 29 人次，引进硕士以上专业人才 12 名，选派 4 名同志援藏、3 名同志到国家药监局锻炼，人才队伍专业、学历结构得到持续改善。坚持党建带群建，加强精神文明建设和统战、群团工作。

（二）强化药品安全除险清患

1. 深入开展药品安全巩固提升行动

认真落实国家药监局部署要求，联合市市场监管局印发行动方案及任务清单，强化督查督导，严格打表落实。坚持问题导向，围绕中药饮片生产、委托生产、医疗美容、化妆品“一号多用”等重点领域开展11个专项整治。制定出台药品行政执法与刑事司法衔接工作实施细则，会同市公安局对3起重大案件实施联合督办。全市查处违法案件3121件，罚没4878万元，查获涉案货值50万元以上案件24件，其中货值1亿元以上1件，7件入选国家药监局典型案例，4件获公安部贺电表彰，1件获国家药监局、公安部挂牌督办。

2. 严防严控药品安全风险

健全完善“两品一械”安全风险出入库标准和风险警示信息发布机制，排查风险点2095个，研判入库风险249个，已化解219个。组织全市药品安全突发事件应急演练，全面提升应急管理能力。开展质量抽检9192批，抽检合格率达到99.6%，连续5年实现持续增长，全市药品安全风险总体可控。

3. 持续强化监督检查

开展监督检查10.5万余家次，采取告诫、限期整改等措施3038家次，有力确保了人民群众用药安全。严格防疫药械质量安全监管，对27家第三方医学检测机构、36个复产扩产产品进行全覆盖监督检查。创新开展疫苗仓储物流及干线运输随行检查、跨区县交叉协同检查，严格药物临床试验机构监管，相关做法得到国家药监局的高度肯定。

（三）纵深推进川渝药品监管合作

1. 着力提升区域影响力

紧抓成渝地区双城经济圈建设机遇，先后争取国家药监局5次在渝召开专项工作会议，5项工作在全国相关会议上作交流发言，10项工作受到国家药监局通报表扬，国家药监局黄果副局长来渝调研指导工作并给予高度肯定。连续2年牵头全国药品经营企业协同检查，组织全国药品检查机构“第七协作组”首次联席会议，不断实践探索跨区域监管协同。

2. 推进川渝监管同标

先后与四川省药监局召开3次联席会议，联合研究制定11项监管措施和标准，得到国家药监局领导的高度肯定。共同出台行政处罚裁量权适用规则和基准，防止过罚不当、类案不同罚等问题发生。统一规范两地行政审批告知承诺、药品批发和零售连锁企业开办、医疗器械注册核查、普通化妆品备案等相关准入标准和办理程序，不断优化营商环境。

3. 抓紧重点任务落实

推进食品药品检测基地建设，市食药检院迁（扩）建项目一期建成投用，新增扩项参数1912项，成功获批工信部第五批产业技术基础公共服务平台，授权资质及实验室智能化管理达到全国领先水平。

（四）创新驱动生物医药产业高质量发展

1. 全力打造创新生态

着眼构建生物医药政、产、学、研、用闭环合作新生态，发起建设渝药创新生态链，组建首届管理委员会及中药、化学药、生物药、医疗器械等工作组，全市130家科研院所、医疗机构、重点高校、重点企业积极响应加入，发布首批重点在研项目174个。在大渡口区、重庆高新区试点的基础上，新挂牌运行巴南区、两江新区、重庆经开区等3个生物医药创新发展服务中心，共帮扶企业516家次、协同招商149次，促成67个产品上市、落地新开办企业20家。分两批向18个区县市场监管局授权第一类医疗器械相关备案职能。积极争取国家药监局支持，全市52个药品获批上市、35个仿制药通过一致性评价。

2. 大力支持特色产业发展

组建重庆市中药材GAP专家工作组，发布中药材、中药饮片和中药配方颗粒相关标准278个，与城口、石柱签订战略合作协议，支持中药材GAP基地建设，并邀请4家优质企业与石柱县企业签订合作协议。深入调研形成生物医药产业现状分析及发展对策研究报告，加强与区县、园区及重点企业研究对接产业帮扶措施。

3. 做深做实精准服务

深化“三重”创新服务，帮扶落地15个重点项目，助推3家企业挂牌上市。调研推荐4个创新药械研发项目，其中3个获市科技局生物医药板块科技创新重大专项立项。开展“渝药惠民店”创建，首批认定授牌31个区县84家药店。局行政审批服务中心升级为二星级“全国青年文明号”，123个依申请政务服务事项100%实现“一网通办”、93.6%实现“全程网办”，全市新增“两品一械”企业7305家、增长17.7%。

（五）全面提升药品安全治理能力

1. 加快推进数字药监建设

全面融入数字重庆建设，聚焦药房风险智能闭环管理、保障群众放心用药“小切口”，创新开展药品零售环节多跨场景设计并上线试运行。积极争取到药品安全信用档案、医疗器械信用档案和医疗器械品种档案建设等3个全国试点，现已完成药品安全信用档案试点建设，对178家药品生产企业实现动态评价和分级管理。

2. 提升专业监管能力

推进加入国际药品检查合作计划工作，加强监管质量管理体系建设。拓宽检查员职业晋升通道，增设检查员职称序列，分级评定检查员659人次。制定出台《关于全面加强药品监管能力建设的若干措施》，组织开展检验技术大比武、执法大练兵等活动，检验机构新增实验室认证1470个。

3. 着力夯实基层基础

推进区县药品监管能力标准化建设，制定印发经营许可、监督检查、抽样管理、不良反应监测、装备配备等12项工作规范和标准，并在5个区县开展先行先试。实施基层药品监管能力提升“千人计划”，累计培训650余人次。

二、发展中存在的问题

一是干部队伍的能力素质仍需持续提升。思维认知、服务理念还比较局限，对标国际国内先进标杆找路径的本领不足、动力不够，得到上级肯定的亮点工作还缺少全国影响力和重庆辨识度。高素质专业人员匮乏，参与重大课题研究的人才少，入选国家药典委员会等专家偏少，全系统仅有博士18名、占比2.2%，硕士227名、占比27.4%。二是药品安全风险防控还存在薄弱环节。中药饮片质量问题突出，分别占药品生产、流通环节抽检不合格产品的100%、69%。城乡结合部、农村地区经营使用过期药械、中药非法添加化学药、销售未经注册备案化妆品等问题屡禁不绝。应对网络销售、跨省委托生产的监管机制和手段不足，“回收药”“黑窝点”等风险仍未杜绝。三是引导产业创新发展的效果不明显。与相关市级部门、区县政府和企业高校未形成助推产业发展的有效合力。全市创新药和疫苗还没有实现零的突破，医疗机构中药制剂向中药新药转化不够，按照医用电气设备新标准变更的医疗器械仅180个、占比49.6%。

三、2024年发展思路

按照“稳进增效、除险固安、改革突破、惠民强企”的工作导向，重点开展“六大行动”。

除险固安行动。坚持问题导向，围绕药品安全巩固提升行动发现的突出问题，针对性开展“复盘整治”百日安全行动。加强“两品一械”全生命周期动态监管，从严加强临床试验、网络销售及高风险品种监管。强化行刑衔接，集中力量查办重大案件，守住不发生重大药品安全事件的底线，以高水平安全护航高质量发展。

川渝共建行动。推进川渝药品监管一体化融合发展，聚焦事前准入、监督检查、稽查执法、风险防控、警戒监测、技术互助、人才育用、创新服务、数字赋能等九大赛道同向发力，着力打造全国药品跨区域一体化监管协作示范区。支持两地重要生物医药产业园区开展合作，加快推进食品药品检测基地建设，助力产业协同互动。

产业赋能行动。积极发挥渝药创新生态链作用，以推动项目落地和产品上市为目标，充分调动链上成员单位的创新资源，推动项目需求、各方资源和帮扶措施精准对接，加快助推产品上市。构建区县生物医药产业常态化联络服务机制，建立联络员库，靠前提供政策、技术服务。推动“三攻坚一盘活”改革突破，结合《重庆市先进制造业发展产业地图》，“一区一策”制定帮扶措施，推进生物医药创新发展服务中心标准化建设，助推区县特色产业做大做强。

数字药监行动。推动“渝药安”应用“三张清单”纳入全市重大应用建设“一本账”，迭代升级药品零售使用环节应用，拓展渝药智能审评审批、渝药生产智管、渝药风险智控等多跨场景，打造药品安全智慧监管应用体系。

能力提升行动。强化领军人才、核心专业人才引进培育，实施“科研创新人才领航工程”“专业技术人才匠心工程”“优秀青年人才雏鹰工程”。分层级组建科研团队，加强省部级以上科研项目研究。持续推进区县监管能力标准化建设。推进重点实验室建设，加强口岸药品和生物制品检测能力建设。

党建引领行动。完善坚定拥护“两个确立”、坚决做到“两个维护”的政治铸魂体系，持续修复净化政治生态，维护意识形态安全。全力打造新时代“红岩先锋”变革型组织，用好“八张报表”“八张问题清单”机制。坚决抓好市委巡视反馈意见和局管领导班子巡察整改，全面推进“清廉药监”建设。

（执笔人：刘庆恒）

知识产权

重庆市知识产权局

一、2023 年发展回顾

2023 年，全市知识产权系统坚持以习近平新时代中国特色社会主义思想为指导，全面贯彻党的二十大精神以及习近平总书记对重庆重要指示要求和关于知识产权系列重要指示论述，深入开展主题教育，认真落实党中央、国务院决策部署和国家知识产权局、市委市政府工作要求，积极融入和服务经济社会发展大局，知识产权强市建设迈出新的坚实步伐。突出表现为四个方面的重要进展和六个方面的工作成效。

一是推动《重庆市专利促进与保护条例》正式颁布施行。二是争取财政部和国家知识产权局立项批准实施专利转化专项计划，获中央奖补资金 1 亿元。三是推动国家级知识产权保护中心建设取得实质性进展。四是推动设立重庆市知识产权保护和应用贡献奖，首次开展知识产权领域市级评选表彰活动。

一年来，我们还取得了六个方面的工作成效。

（一）坚决落实市委“一号工程”，知识产权川渝合作更加深入

一是知识产权协同保护力度进一步加强。开展“川渝制造”知识产权联合执法专项行动，两地共立案查办违法案件 678 件。发布第三批川渝知识产权合作重点保护名录，新增重点商标品牌 60 件。首次联合发布川渝知识产权司法保护与行政保护典型案例。二是知识产权转化运营交流更加密切。举办国防专利成果发布暨成渝地区知名院校企业先进成果对接会，发布军民两用专利成果 118 项。举办首届横跨成渝地区及粤港澳大湾区供需对接会，联合开展专利转让与开放许可实务培训活动。积极推动重庆知识产权运营中心、成都知识产权交易中心交流合作，探索线下市场化交易与线上挂牌摘牌交易模式交互，推动知识产权要素平台间价值流通。三是知识产权公共服务合作有力有效。联合国家专利局四川审协中心开展发明专利集中审查试点，累计为长安汽车、重庆邮电大学等企业和高校的 2000 余件发明专利实施集中审查，大幅缩短发明专利获权时间。积极推进川渝高校知识产权信息服务合作，支持重庆大学国家高校知识产权信息服务中心开展“2023 年川渝大学生信息素养大赛”，该项大赛被纳入重庆市教委、四川省教育厅省级大学生竞赛项目。

（二）法治保障和制度供给不断加强，知识产权治理体系更加完善

一是强市建设纲要和“十四五”规划实施取得新成效。印发强市建设纲要年度推进计划，知识产权“十四五”规划 12 项主要指标中有 1/3 已提前实现终期目标。二是知识产权地方立法进程进一步加快。完成《重庆市专利促进与保护条例》修订工作，加快推进《重庆市知识产权保护和促进条例》立法制定及《重庆市地理标志条

例》立法调研工作,《重庆市知识产权保护和促进条例》《重庆市地理标志条例》均被列入市人大常委会立法计划。启动《重庆市中医药领域知识产权保护规则》研究工作。三是知识产权政策配套体系日益健全。出台《重庆专利奖评选奖励办法》《重庆市知识产权优势企业评定管理办法》《重庆市知识产权风险预测预警项目实施细则》等行政规范性文件。

（三）知识产权高质量导向有效发挥，赋能经济高质量发展作用更加凸显

一是知识产权关键核心指标稳步增长。全市每万人口发明专利拥有量 19.98 件，同比增长 23.79%，提前完成全市“十四五”规划目标；每万人口高价值发明专利拥有量 7.15 件，同比增长 30.47%，专利密集型产业增加值占 GDP 的比重增至 12%。二是高质量专利储备不断加强。聚焦“33618”现代制造业集群体系，以重点实验室、大院大所、“专精特新”企业等创新主体为重点，立项支持高价值专利培育项目 12 个，新增发明专利申请 591 件、PCT 国际专利申请 56 件。开展企业技术创新专利导航，发挥两江协同创新区国家级专利导航服务基地作用，组织实施 20 项专利大数据导航与产品创新，完成专利导航成果集中备案 108 项。三是知识产权“强企”行动成效明显。推动将“每亿元研发投入高价值专利产出”作为科技创新绩效评价的重要指标和高新技术企业、科技型企业“双倍增”行动计划的重要内容。全市新增国家知识产权示范和优势企业 131 家、市级知识产权优势企业 133 家。实施 20 项专利大数据导航与产品创新，首次开展专利密集型产品认定，全市共有备案企业 426 家、备案产品 970 件。

（四）知识产权全链条保护进一步强化，支撑营造国际一流营商环境更加有力

一是知识产权行政保护能力不断提升。部署开展“铁拳”“蓝天”等多个知识产权保护专项行动，办理专利纠纷案件 789 件，查办假冒专利和商标侵权案件 1130 件，办理专利侵权纠纷行政裁决案件 33 件，同比增长近 1 倍。首次对 3 家无专利代理资质机构作出行政处罚。二是知识产权协同保护力度不断加大。会同市高法院共同推动知识产权纠纷行政调解协议司法确认，全年办理司法确认案件 11 件，新增设立市级知识产权综合保护联系点 100 个。市消费者权益保护组织开展知识产权领域公益诉讼。全市 21 家知识产权纠纷人民调解委员会累计调解纠纷 1.6 万件。三是海外知识产权保护体系进一步健全。重庆市知识产权保护中心获批建设国家海外知识产权纠纷应对指导中心重庆分中心，全市 8 家海外知识产权纠纷应对指导工作站累计服务企业 856 家，为相关经营主体挽回损失 8000 余万元。重庆市涉外知识产权调解中心调解案件 76 件，调解成功率 100%。

（五）知识产权运用效能大幅提升，推动科学技术进步更加高效

一是推动专利转化专项计划全面实施。贯彻落实《专利转化运用专项行动方案（2023—2025 年）》，规范中央财政资金兑现管理制度，推动实施重庆市第一批专利转化项目计划，统筹推进市级层面和 16 个重点区县专利转化专项工作。二是知识产权市场化定价和交易机制进一步完善。服务重庆科学城发展，积极探索重庆知识产权运营中心市场化运营机制，收储高价值专利 4.6 万件，开展专利许可 761 次，促成专利交易 540 件，实现专利质押 1.5 亿元。“探索知识产权市场化定价和交易机制，构建知识产权运营服务生态”工作成果入选全国

《全面深化服务贸易创新发展试点第四批“最佳实践案例”》，在全国范围内推广应用。三是知识产权金融赋能行动进一步深化。推动知识产权质押融资扩面增效，全年专利商标质押融资 18.98 亿元，同比增长 16.87%。全市新增知识价值信用贷款 32 亿元，引导发放商业贷款 142.69 亿元。推动成立重庆市知识产权投融资促进会。生物医药知识产权引导基金实现投资 30 项、金额达 2 亿元。

（六）知识产权数字化建设持续推进，公共服务体系更加健全

一是知识产权公共服务供给进一步增加。推进知识产权数字化建设，构建知识产权数字化应用系统“政务 · 知识产权在线”，打造 5 个多跨场景。实现专利申请、商标注册、地理标志申请、集成电路布图设计登记等 4 个“一件事一次办”在“渝快办”上线运行。国防专利受理量居全国第二。二是知识产权服务业发展规模进一步扩大。大力推动知识产权服务业与区域产业融合发展，两江新区获批国家知识产权服务业高质量集聚发展试验区。联合知识产权品牌服务机构开展“知识产权服务万里行”系列活动 10 场。全市专利代理机构 210 家，同比增长 9.95%；执业专利代理师 548 人，同比增长 10.48%。

二、发展中存在的问题

同时，发展中仍然还存在一些困难和问题，如知识产权源头供给不足、转化运用效益不高、保护体系还需进一步完善、知识产权区域发展水平差距较大、知识产权专业人才比较匮乏等。

三、2024 年发展思路

2024 年是中华人民共和国成立 75 周年，是现代化新重庆建设从全面部署到纵深推进的重要之年，是改革攻坚突破的奋斗之年，是实现知识产权“十四五”规划目标任务的关键之年，做好知识产权工作意义重大。知识产权工作的总体思路是：坚持以习近平新时代中国特色社会主义思想为指导，全面贯彻党的二十大、二十届二中全会精神和市委六届二次、三次、四次全会精神，坚决落实中央经济工作会议精神和市委、市政府决策部署，牢牢把握高质量发展首要任务，深入推进以数字化变革为引领的全面深化改革，加快实施知识产权强市建设纲要和“十四五”规划，充分发挥知识产权在建设成渝地区双城经济圈、支持科技创新、营造一流营商环境、建设现代化产业体系等方面的重要支撑作用，奋力开创知识产权事业发展新局面，为现代化新重庆建设作出更大贡献。

聚焦全面深化改革，着力提升知识产权服务大局能力。加速推进知识产权数字化应用“政务 · 知识产权在线”建设。建立健全知识产权数据信息互通共享机制，探索建立数字经济领域知识产权保护“绿色通道”。制定服务保障全市“三攻坚一盘活”改革攻坚方案，积极谋划“完善重点产业知识产权运营机制”改革储备项目工作推进方案。研究制定知识产权领域高质量发展报表，探索知识产权公共服务标准化建设。

聚焦推进全面依法治市，持续加强知识产权法治建设。高质量完成《重庆市知识产权保护和促进条例》立法制定部门起草任务和《重庆市地理标志条例》立法调研工作。研究制定专利促进与保护条例配套政策措施和《专利代理行政执法案件办理工作规程》等制度规范。联合各区县、各部门和行业协会做好重点法规制度的普法宣传。

聚焦建设具有全国影响力的科技创新中心，大力提高知识产权源头供给质量。紧扣重点产业

链发展需求，实施技术创新专利导航计划。加大对重大科技研发项目和重大创新主体的知识产权全链条伴随式服务力度，提高亿元研发投入高价值专利产出绩效。遴选形成一批专利产业化促进中小企业成长培育库。开展专利密集型产品备案和认定。加强知识产权优势示范企业培育。

聚焦推动现代化产业体系建设，不断提升知识产权转化运用效益。开展高校院所存量专利“全样本筛查”。大力实施专利开放许可。优化市级综合性知识产权运营中心、区域（产业）知识产权运营中心等平台载体。围绕“33618”现代制造业集群体系和“416”科技创新战略布局，推动形成一批重点产业专利池。开展质押融资“入园惠企”银企对接活动。

聚焦打造国际一流营商环境样板城市，全面完善知识产权保护体系。加强知识产权保护行刑衔接和行刑合作，深化专利纠纷多元化解机制。组织开展市级知识产权保护示范区创建活动。大力推动专利侵权纠纷行政裁决工作。加强地理标志产品保护和地理标志保护示范区建设。加大对经营主体知识产权保护力度，实施知识产权风险预测预警计划。

聚焦落实常态化“三服务”机制，不断增强知识产权公共服务效能。加快推进知识产权保护中心建设，启动新一代信息技术、生物领域专利预审工作。积极争取国家知识产权局支持，在渝东北和渝西地区建设一批商标业务受理窗口。推进国家知识产权公共服务网点、区县知识产权服务中心建设。推进专利代办业务办理标准化、规范化、便利化。

聚焦推动成渝地区双城经济圈建设，纵深推进川渝两地知识产权合作。拓宽知识产权行政、司法保护合作广度和深度，积极探索在知识产权案件中统一保护标准、证据规则和裁决尺度。深化知识产权保护中心、运营中心等重要平台共建共用。推动成渝地区双城经济圈知识产权金融生态区建设。协同推进川渝知识产权军民融合转化运营。

聚焦推动新时代文化强市建设，全面夯实知识产权事业发展基础。构建知识产权宣传文化工作新格局，创建重庆知识产权微信公众号等政务新媒体，高质量开展知识产权宣传周活动，面向全社会讲好知识产权故事。推动知识产权信息检索分析等在“渝才荟”上线运行，推进市级知识产权培训基地建设。强化知识产权领域安全稳定，加强非正常专利申请和商标恶意注册行为治理。

（执笔人：沈雪旎）

供销合作

重庆市供销合作总社

一、2023 年发展回顾

2023 年，全市供销合作系统在市委、市政府的坚强领导下，坚持以习近平新时代中国特色社会主义思想为指导，全面学习贯彻党的二十大和二十届二中全会精神，深入贯彻落实习近平总书记对供销合作社工作的重要指示精神，认真落实市委六届二次、三次、四次全会部署，牢牢把握高质量发展这个首要任务，突出稳进增效、除险固安、改革突破、惠民强企工作导向，紧紧围绕全市“三农”工作大局，持续深化综合改革，逐步完善服务模式，不断拓展服务领域，着力提升服务能力，积极为全面建设社会主义现代化新重庆贡献供销力量。2023 年，全系统实现销售总额 2441.6 亿元、同比增长 10.4%，利润总额 9.98 亿元、同比增长 15.9%。市供销合作社荣获全国供销合作社系统综合业绩考核省级优胜单位一等奖。

（一）综合改革实现了新突破

加快推进“三会”制度建设，37 个区县落实理事会和监事会编制，30 个区县召开社员代表大会，联合社治理机制持续完善。深入推进“三社”融合发展，供销社基层组织与 5313 家新型农业经营主体建立了股份、生产、服务合作关系，在提高农民组织化程度、助力村集体经济组织发展、助农增收方面发挥了积极作用。认真落实市委、市政府工作部署，加强工作研究，起草形成“三位一体”改革实施意见，市政府常务会议已审议通过，拟于近期报请市委全面深化改革领导小组会议审议后印发实施，为未来一段时期供销合作社改革发展工作谋篇定向。

（二）基层组织建设迈上了新台阶

大力实施供销合作社培育壮大工程，基层社和示范社总量分别达到 915 个、400 个，基本实现涉农区域为农服务功能全覆盖。积极推广“村社共建”模式，累计改造建设农村综合服务社 6590 个，培育星级社 1651 个。制定全市 400 个区域性为农服务中心建设规划，深入推进基层社、示范社提质增效，全年新建区域性为农服务中心 86 个，累计达 103 个。持续加强农民合作社服务中心规范化建设，全市 36 个区县农民合作社服务中心新增签约涉农经营主体 1088 家，累计达 8407 家。

（三）农业社会化服务探索了新模式

按照“搭平台、建体系、树品牌、强服务”的工作思路，积极构建覆盖全程、综合配套、便捷高效的“1+4+N”农业社会化服务体系。深入推进数字重庆建设，围绕农业社会化服务“一件事”，上线运营“村村旺 · 农服通”农业农村综合服务应用，推广全产业链、模块化线上信息服务，实现农业服务线上“一点通、一点办”。“村村旺 · 农服通”已纳入数字重庆建设重大运用“一本账”，成为全市第一个上线的农业农村综合服务线上平台。以重庆智慧农服集团为龙头，组建重庆市农业社会化服务协会，与区县供销社联建智慧农服子公司19家，与基层社联建智慧农业服务站369个，与农村综合服务社联建智慧农业服务点1263个，整合农资供应、测土配肥、庄稼医院等服务网点2700多个，组建农资、农机、农技、农事、农艺等专业化服务组织516个，2023年全系统农业社会化服务规模1037万亩次。积极争取中央财政农业社会化服务补助资金5144万元，指导各区县和智慧农服集团严格按标准实施农业社会化服务试点项目。创新开展废弃农膜回收利用，全年建成村级回收网点1199个、累计建成8146个，形成了“村、乡镇回收转运—区县分拣贮运—区域性加工”废弃农膜回收利用网络体系，2023年回收废弃农膜1.3万吨、完成全年目标任务的106.2%、回收率达94.1%，回收肥料包装物2656.9吨、完成全年目标任务的107.8%。

（四）农村现代流通体系建设取得了新进展

加快推进以“三个一”为龙头的县域流通体系建设，6个区县纳入全国供销总社培育名单，培育农产品流通企业28家、农资流通企业54家，建成集采集配中心7个、流通经营服务网点1.2万余个，各类农产品市场56个。坚持做大做亮“村村旺”农村电商平台，大力推动农产品上行和日用品下行，平台新增交易结算规模56.4亿元、累计达244亿元。持续抓好“832平台”运营，积极推动消费帮扶，全年新增交易额近4亿元、累计达13.6亿元。加快推进冷链分拨仓、产地仓、“中央厨房”等冷链物流基础设施建设，形成6.5万吨冷储容量。积极开展“绿色农资”升级行动，完成24万吨市级化肥储备任务，全年累计销售化肥470万吨，有力保障全市春耕备耕生产。

（五）社有企业转型升级激发了新活力

坚持“防风险、控成本、增效益”经营理念，聚焦为农服务主责主业，持续深化社有企业改革，社有企业核心竞争力和为农服务能力持续提升。全系统社有企业实现营业收入649.42亿元、利润总额9.98亿元，资产总额279.2亿元；市供销合作社直属企业实现营收517.1亿元、利润1332万元，资产总额184.8亿元，创造社会贡献总额16.7亿元。

（六）成渝双城经济圈建设取得了新成果

积极落实协调会商机制，召开川渝供销社联席会议，与四川省供销社交流互访5次，双方直属企事业单位互访对接150余次，在订单农业、供应链金融、水果、粮油、酒水、罐头食品加工、化肥购销等方面开展贸易合作60余项。川渝供销社联合印发《关于加强川渝供销社农业社会化服务合作的通知》，协同推进重庆市“建设成渝现代高效特色农业带”和四川省建设新时代更高水平“天府粮仓”。“培育三社融合主体”工作纳入《重庆市推动成渝地区双城经济圈建设行动方案（2023—2027年）》“十项行动”重大政策清单。

（七）其他重点工作一体推进

加快推进职业教育发展，启动实施涉农高职院校筹建工作，项目建设待报市政府审批后实施。坚持统筹兼顾，信访稳定、安全生产、烟花爆竹专营管理、机要保密、政务公开、信息宣传、工青妇、后勤保障、老干部服务等各项工作一体推进、同频共振。

二、发展中存在的问题

在肯定成绩的同时，我们也清醒看到发展

中面临的一些困难和问题：基层组织发展质量不高、服务能力不强，有条件组织实施农业社会化服务的基层社不到30%，开展农产品流通服务的基层社不到25%，服务能力难以满足新型农业经营主体和小农户多元化需求；农产品流通体系建设有待加强，特别是基础设施建设相对滞后，辐射带动能力明显不足；社有企业整体实力不强，龙头企业带动作用不突出，特别是区县社有企业实力还比较弱，市场竞争能力和抗风险能力不强；等等。对这些问题，我们必须高度重视，采取有效措施，切实加以解决。

三、2024 年发展思路

2024 年，市供销合作社将坚持以习近平新时代中国特色社会主义思想为指导，深入贯彻落实习近平总书记对供销合作社工作的重要指示精神，坚持稳中求进、以进促稳、先立后破，牢牢把握稳进增效、除险固安、改革突破、惠民强企工作导向，紧紧围绕“三农”工作大局，牢记为农服务根本宗旨，以学习运用“千万工程”经验为引领，积极参与全市强村富民综合改革和“四千行动”，持续深化综合改革，加快推动“三位一体”改革高起点开局，加快推动为农服务体系建设，加快推动形成一批具有重庆供销辨识度的标志性成果，奋力谱写重庆供销合作事业高质量发展新篇章，努力为推进乡村全面振兴、建设巴渝和美乡村贡献供销力量。

（一）持续深化综合改革

认真贯彻落实市领导关于深化供销合作社综合改革的批示要求，突出重点领域和关键环节，深入总结经验，提出务实举措，形成改革方案，推动综合改革在更大范围更广领域取得新成效。适时召开市供销合作社第四次代表大会，进一步完善全系统社员代表大会、理事会、监事会“三会”制度。密切联合社层级联系，落实联合社对成员社的资产监管职责，完善联合社对成员社的工作考核机制，进一步做实供销合作发展基金。大力推进系统内联合发展，在行业指导、企业发展、项目建设等方面加强对接，提升系统整体优势和竞争力。

（二）积极推进“三位一体”改革

待生产、供销、信用“三位一体”改革文件出台后，适时召开全市推进“三位一体”改革工作部署会，细化工作措施，压实工作责任，明确工作要求，营造改革氛围。组建市级、涉农区县和乡镇（街道）三级农合联，构建“三位一体”新型农村合作经济组织体系。结合各区县“一主两辅”农业主导产业，按照“一业一联”组建产业农合联（专委会），推动同类产业、同产业链、同区域内的新型农业经营主体和服务主体联合发展。全面梳理整合现有政策措施，出台系列改革指导和配套措施文件，指导各区县出台改革实施方案。

（三）着力夯实基层组织体系

围绕增强农资供应服务、农业社会化服务、农产品流通服务、农产品加工服务“四个能力”，加快基层社、示范社提质增效，全年打造 83 个区域性为农服务中心。持续加大农村综合服务社发展力度，全年新培育 40 个农村综合服务社星级社。2024 年，建成市级为农服务中心，推动区县农民合作社服务中心改造升级成为农服务中心，进一步拓展农村金融、农村综合信息、农村技术培训、农产品产销对接等服务功能，全年新增签约涉农经营主体 1000 家。

（四）大力提升农业社会化服务水平

持续加强重庆智慧农服集团建设，稳妥推进

区县子公司建设，以基层社和农村综合服务社为载体建设农业社会化服务站点，推动形成市、区县、乡镇、村四级上下贯通、一体推进的服务格局。积极参与“千万亩高标准农田建设行动”，扎实做好高标准农田“四改一化”后期的托管和生产服务工作。集中力量培育“重庆智慧农服”品牌，把供销合作社打造成为农业社会化服务的主导力量。健全完善“村村旺·农服通”平台功能，丰富拓展应用场景，不断推进迭代升级，力争将其打造成为全国供销系统数字化运用样板。2024 年，全系统农业社会化服务规模达到 1000 万亩次，农业生产托管服务面积达 160 万亩。

（五）着力增强农产品流通服务能力

深入实施供销合作社县域流通服务网络建设提升行动，加快布局以“三个一”为龙头的县域流通体系建设，推动有条件的区县供销社建设一个农产品和农资企业、一个农产品市场、一个集采集配中心。建设和升级一批农产品生鲜冷链、农产品市场，提升全系统保供稳价能力。充分发挥农资流通主渠道作用，全力做好重要农时的农资储备、调运、供应工作，着力保供稳价，服务国家粮食安全。持续做大做亮“村村旺”农村电商平台，加强与区县、乡镇基地的链接，推进农产品上行及日用品下行的双向流通，扩大服务覆盖面及交易结算规模。推进三峡柑橘集团市场营销网络体系建设，多方位拓展线上线下营销渠道，促进提升“三峡柑橘”品牌知晓率和影响力。

（六）全力推动社有企业高质量发展

聚焦聚力“三攻坚一盘活”改革突破，持续深化社有企业改革，稳步推进社有企业“止损”“瘦身”“提质”“增效”，蹄疾步稳推动改革攻坚取得突破性进展、形成标志性成果。积极盘活闲置社有资产，优化社有资产配置，推动优质资源向为农服务主业集中，坚定不移做大做强做优社有企业。加快推进智慧农服、三峡柑橘、“村村旺”等重点项目，培育壮大一批主业突出、活力充沛、市场竞争力强、行业影响大的市级龙头社有企业。加强风险管控，强化资金统筹和动态监测，加大风险排查力度，落实有效风控，切实把风险防住、把阵地守住，确保社有企业改革发展行稳致远。

（七）扎实推进成渝地区双城经济圈建设

持续深化川渝供销系统战略合作，加强交流互访，创新合作机制，拓展合作领域，围绕现代高效特色农业带建设等工作，联合打造特色农业高质量发展合作标杆、农特产品购销示范基地和农业社会化服务先进典型，助推成渝地区双城经济圈建设。

（执笔人：刘晋延）

重庆税务

重庆市税务局

一、2023年发展回顾

2023年，国家税务总局重庆市税务局深入学习贯彻习近平新时代中国特色社会主义思想，扎实开展主题教育，着力突出“红岩味”“税务味”，确保两批主题教育有序衔接、协同增效，进一步锤炼了对党忠诚的政治品格，得到了中央第十七巡回指导组的肯定。把弘扬红岩精神贯穿于党的建设和干部队伍建设始终，开展“弘扬红岩精神 建设模范机关”系列活动，着力加强政治机关建设，推进全面从严治党，激励党员干部担当作为，进一步巩固了干事创业的良好局面。倾力服务高质量发展，扛牢抓实组织收入职责，累计组织收入6704.4亿元，持续强化财力保障，落实新增减税降费及退税缓费540亿元，主动服务成渝地区双城经济圈建设等重大战略，持续深化税收征管改革，完善税费服务、执法、监管新体系，进一步提升税收治理效能。

（一）学习贯彻习近平新时代中国特色社会主义思想主题教育

牢牢把握“学思想、强党性、重实践、建新功”总要求，结合两批主题教育参加单位实际和具体工作要求，谋实、谋细、谋优实施方案，主题教育呈现一体统筹、一体推进、一体落实的特点。市局在总局主题教育工作推进会上作交流发言2次，总局和市领导肯定性批示18次，全市税务系统在以学铸魂、以学增智、以学正风、以学促干方面取得实实在在成效。

（二）学习宣传贯彻落实党的二十大精神

先后对1695名市局管理领导干部和科所长开展学习培训，各区县局同步开展分级培训，实现党的二十大精神学习培训全覆盖。全系统广泛开展“税收现代化服务中国式现代化”大讨论，各级党组织共研讨1340余次，征集相关主题文章430余篇、理论研究文章322篇。组织党的二十大主题文艺作品展，征文、演讲比赛等活动，推动党的二十大精神走深走实。

（三）党建工作

制发全面从严治党工作要点，明确8方面24项重点任务，梳理市局党委委员落实“一岗双责”9方面32项工作事项。开展“弘扬红岩精神 建设模范机关”系列活动，细化五个领域党建业务融合工作指引，深入推动党建和业务融合互促。围绕问题发现靠党建、问题发生查党建、问题解决看党建，持续完善税务系统一体化综合监督体系，一体推进不敢腐、不能腐、不想腐，释放“全面从严、一严到底”的强烈信号。

（四）税费优惠政策落实

健全上下联动的一体化、常态化政策落实机制，建立任务清单、问题清单、亮点清单三项清单，累计下发重点任务145条。牵头建立重点行业协会、重点企业、基层税务所三项直联机制，更新完善支持就业创业、专精特新等政策指引 17 个，全年累计落实新增减税降费及退税缓费 540.38 亿元，惠及 331.5 万户（次）市场主体。

（五）税收收入情况

2023 年全年累计完成各项税收收入 2915.3 亿元（含海关代征增值税、消费税、未扣减出口退税），同比增长 11.3%。其中，税务部门组织税收收入实现 2782.7 亿元，增加 321.7 亿元，增长 13.1%，剔除留抵退税因素后可比增长 1.2%；海关代征税收 132.6 亿元，减少 24.7 亿元，下降 15.7%；办理出口退税 239.3 亿元，增加 11.8 亿元，增长 5.2%。

（六）社会保险费

2023 年，全市税务系统征收各项社会保险费及机关事业单位职业年金收入 1950.98 亿元，同比下降 0.16%，减收 3.19 亿元。

征收各项社保费共计 1845.86 亿元，同比下降 0.94%，减收 17.52 亿元。其中，企业职工基本养老保险 934.69 亿元，同比下降 9.47%；机关事业单位基本养老保险 176.41 亿元，同比增长 12.87%；职工基本医疗保险 522.35 亿元，同比增长 7.08%；失业保险 33.51 亿元，同比增长 9.36%；工伤保险 34.05 亿元，同比增长 17.13%；城乡居民基本养老保险 46.35 亿元，同比增长 69.76%；城乡居民基本医疗保险 95.13 亿元，同比下降 2.79%，职业伤害保障费 0.37 亿元，同比增长 118.10%。

征收机关事业单位职业年金 105.12 亿元，同比增长 15.80%。落实阶段性降低失业保险费率政策，2023 年累计降率减费 29.13 亿元。2023 年 7 月 1 日起，全市参保用人单位自行向税务部门申报缴费各项社会保险费。

（七）非税收入

健全工作机制，强化协同推进，平稳有序完成森林植被恢复费征管职责划转。重庆税务部门征收的非税收入增加至 25 项，全年组织非税收入 1961.13 亿元，较上年同比增长 9.2%，代征工会经费 9.03 亿元，较上年同比增长 10.47%。落实降费等优惠政策，教育费附加、地方教育费附加、残疾人就业保障金等非税收入全年累计减免 42.03 亿元。

（八）国际税收

组织非居民税收入库 31.07 亿元。落实递延纳税政策促使境外投资者扩大在华投资 10.72 亿元，落实税收协定待遇 747 户次、减免税款 9.99 亿元，落实境外税收抵免政策为“走出去”企业抵免税款 1.31 亿元。通过“非居民跨境办税”场景成功远程为非居民纳税人办理财产转让涉税事宜。制发《税收服务西部陆海新通道建设行动计划》，聚力打造“税路通 · 渝税通”重庆特色跨境税费服务品牌。

（九）税收法治

推动将修订《重庆市税收征管保障办法》纳入重庆市人民政府 2023 年立法工作计划、将制定《重庆市税费征管和服务保障办法》纳入 2023 年人大立法预备项目。发布税务规范性文件 6 件，废止税务规范性文件 4 件。办理行政复议案件 35 件、办理应诉案件 8 件、审结重大税务案件 53 件。开展领导干部、专业人才和基层干部三级法治教育培训，政策法规处被市人社局和市司法局评为“重庆市依法行政工作先进集体”。

（十）办税缴费服务

深入实施“便民办税春风行动”，积极推进

"一次事一次办"，牵头1项并参与12项，其中"大学生创新创业一件事"被国办作为全国先进经验推广。提供智能服务和在线服务130万次，建立44个"税费争议调解室"，选树首批43个新时代"枫桥式"税务所。出台《重庆市税务局涉税专业服务监管操作指引（1.0版）》，被纳入实名制管理的涉税专业服务机构比2022年末增长69.83%，人员增长78.42%。

（十一）深化税收征管改革

落实《关于进一步深化税收征管改革的意见》，明确"62+18"重点工作任务，组织开展落实中期评估，在全国中期评估综合排名第10。与市农委共建农产品贸易大数据智慧服务平台（农品慧），正式上线平台代开免税农产品发票功能；开通全国首个跨省（市）纳税服务咨询专线，打造2个区域性"税费征管服务数智中心"。

（十二）征收管理

持续夯实征管基础，不断提升税费征管质效。牵头制发《重庆市税务局关于进一步夯实管理基础提升税费征管质效的通知》，为夯实税费日常基础、防范执法风险提供了制度保障。推行"直联所"工作机制，研究《纳税人分类分级管理办法》，牵头梳理基层税务所所长手册、管理员工作手册，以"枫桥式"税务所建设为抓手，持续推动税务所规范化运行。

（十三）税务稽查

持续深化稽查改革，完善"一案式"稽查业务体系和构建"一链式"稽查管理体系，全年共查处案件1547件，入库收入29.21亿元。严厉打击虚开发票、骗取出口退税以及骗取税费优惠等涉税违法犯罪行为，检查认定虚开及接受虚开发票110.94亿元，认定骗取出口退税4107.97万元、违规申请退税3698.44万元，联合公安部门打掉虚开骗税团伙9个，抓捕嫌疑人49人。

（十四）大数据和风险管理

推动数字化升级和智能化改造，创新搭建"税智达"智能监管平台，建设"数据清分库"及分级分类数据运维机制。与重庆市民政局、人社局等17个部门共享数据6000万余条，与四川税务累计共享数据3000万余条。全年总计推送风险任务3.65万户，入库税款13.5亿元。建立数电票"三库一图"和"案情分析师"工作机制，累计赋额纳税人99.80万户、填充31类办税场景，分类推行红黄蓝预警2.39万次，汇总数电票风险案例3613条，形成重庆税务的数电发票全景式风控布防图。

（十五）人事管理

选任21名正处级领导干部、选拔副处级领导干部5名。交流正处级领导干部12名、副处级领导干部18名（含县局正职1名）、县局副职3名。与辽宁、海南分别互派2名干部挂职锻炼。派出16名干部赴川锻炼，接收17名干部来渝锻炼。选拔第三批青年才俊，确定60名青年干部作为培养人选，市局获评全国税务系统青年才俊培养示范单位。接收转业军官30人，市局获评重庆市拥军优属模范单位。

（十六）"智慧税务"建设

主动融入数字重庆建设，以全面数字化电子发票推广、"税即视"及全国统一规范的电子税务局上线等任务为契机，把大数据运用贯穿税收征管全过程、嵌入办税缴费全流程、融入服务大局全方面。截至2023年底，数电票推广92万户，覆盖面达到94.6%；电子税务局注册用户超过1400万，高频业务线上替代率达到94%。

（十七）税务信息化建设

按照“节俭办金四”要求，完成金税四期新电子税务局等系统上线准备工作。创新数据清分应用方案，推广自研数据应用工具，被税务总局列为创新措施复制推广。完善“市局＋区县局”两级运维机制，全面下放数据运维职能，扩展数据运维白名单定制功能至76项，近70%的操作类运维问题被化解在基层。以“零失分”的成绩顺利完成2023年度网络安全攻防实战演习。

二、发展中存在的问题

一是经济税源和管理对象变化为干好主责主业带来了全方位挑战。近年来，数字经济快速推进，带动了各种基于数字技术的新产业大发展，涌现出大量的新场景、新业态、新模式，很大程度上改变和影响着经济税源结构。面对这些形势变化，现有管理思维、管理模式等并不能完全适应。

二是党委、政府战略发展需求变化为拓展税收职能提出了系统性要求。聚焦新时代新征程新重庆，市委、市政府提出了一系列新思维新理念，对全市各级各部门都提出了更高的要求。税务部门作为最大的中央在渝单位，也是经济管理的重要部门，如何找准自身定位、彰显税务价值，确保在推动经济社会发展中不拖后腿、不掉链子，需要深入思考研究。

三是税收现代化向数字化转型变化为提升治理效能带来了战略性机遇。当前，税务部门正在加快推进以金税四期为驱动的税收现代化建设，着力打造智慧税务，推动税费征管的数字化升级和智能化改造。部分单位存在主动融入数字化建设大局的意识不强、数据供需对接不畅、专业人才统筹安排不力等问题。

四是干部队伍立足岗位实现价值的期盼变化为激发干事活力提出了多维度考验。随着财政体制改革的深入推进，特别是机构改革后，税务部门的内部分工更加精细化、专业化，现有带队理念、带队方式并不能完全适应。

三、2024年发展思路

2024年，是中华人民共和国成立75周年，是实施“十四五”规划的关键一年，也是现代化新重庆建设从全面部署到纵深推进的重要之年。全市税务工作的总体要求是：以习近平新时代中国特色社会主义思想为指导，全面贯彻党的二十大、二十届二中全会精神，深刻领悟“两个确立”的决定性意义，增强“四个意识”、坚定“四个自信”、做到“两个维护”，认真落实总局党委和市委、市政府工作部署，坚持党对税务工作的全面领导，坚持稳中求进、以进促稳、先立后破，坚持打造新时代“红岩先锋”变革型组织，坚持“聚焦一条工作主线、突出六个着力强化”，秉持“提升站位、履职尽责、集成增效、团结进取”理念，落实“更新观念、优化机制、创新方法、提升效能”要求，强主业保财力、优服务惠民生、深改革促发展，高质量推进中国式现代化重庆税务实践，更好地发挥税收在国家治理中的基础性、支柱性、保障性作用。一是着力加强政治建设，巩固拓展主题教育成果，提升党建工作质量，从严压实管党治党责任，持续健全捍卫“两个确立”、做到“两个维护”的政治铸魂体系。二是全力抓好税务主责主业，依法依规组织税费收入，着力提升税费征收质效，认真落实结构性减税降费政策，助力构建现代化产业体系，持续夯实经济社会发展财力保障。三是全面拓展税收职能作用，纵深推进税收服务成渝地区双城经济圈建设取得突破性进展，深入实施税收服务西部陆海新通道建设行动计划，深入推动长江经济带高质量发展，持续提升服务重大战略质效。四是主动融入数字建设大局，助力全市重点改革项目攻坚，持续深化税收征管改革，不断优化税收营商环境，持续推动全面深化改革纵深发展。五是着力防范化解重大风险，助力打好重点领域风险防范化解攻坚战，严格加强税收风险防范，切实维护公平法治税收秩序，持续营造推动高质量发展的良好环境。六是切实加强干部队伍和作风效能建设，抓好领导班子建设，加强人才队伍建设，激励干部担当作为，持续巩固务实高效有为的干事创业局面。

（执笔人：余霞）

人行重庆

中国人民银行重庆市分行

2023年是全面贯彻落实党的二十大精神的开局之年，中国人民银行重庆市分行以习近平新时代中国特色社会主义思想为指导，扎实履行央行职责，各项工作取得新进展。

一、落实稳健货币政策，服务实体经济精准有力

一是保持融资总量稳定增长。强化货币政策工具运用，全年投放支农支小再贷款再贴现1047亿元，同比增长20%，创历史新高。落实两次降准政策，释放长期可贷资金70亿元。2023年，全市社会融资规模增量为7665亿元。年末各项贷款余额5.67万亿元，同比增长9.7%。全年各类市场主体通过银行间市场发行债券2024亿元，同比增长7.8%。

二是扩大重点领域资金供给。精准实施结构性货币政策工具，发放碳减排支持工具、普惠小微贷款支持工具等超120亿元。出台金融支持高质量发展六大行动、40条措施。建成“1+5+N”首贷续贷中心和金融服务港湾580个，为16.8万户经营主体提供贷款1540亿元。线上融资服务平台便利2.8万户经营主体申请贷款570亿元。科技型中小企业贷款增速超30%；科创票据发行量达93亿元，创历史新高；民营经济贷款同比增长11.6%；普惠小微、涉农贷款分别同比增长18.9%、10.8%。

三是推动融资成本稳中有降。释放贷款市场报价利率改革效能，落实存款利率市场化调整机制，督促引导法人机构提升存贷款利率定价能力。通过降息向企业让利77亿元。扎实开展存量首套房贷利率调整工作，为190万户家庭每年节省利息支出49亿元，切实减轻居民利息负担。

二、深化金融改革开放，有效增强发展动力活力

一是高标准建设绿色金融改革创新试验区。坚持闭环推动，绿色金融改革纳入市委考核，有效促进各区县“赛马比拼”。强化科技赋能，“长江绿融通”系统六大功能实现随需迭代、敏捷开发。注重综合施策，完善项目生成和融资对接机制，推出地方绿色金融标准12项、特色金融产品330余款，万州转型金融试点在全国较早落地。绿色金融支持的广阳岛、铜锣山等生态修复项目成为国家典型示范案例。截至12月末，重庆绿色贷款余额和绿色债券余额分别为6867亿元、408亿元，分别是2019年初的3.9倍、3倍。重庆绿色金融工作经验在2023年二十国集团（G20）官网展示。

二是高质量支持成渝地区双城经济圈建设。持续跟进人总行13项支持措施，推动外商投资企业境外再投资免登记试点、由银行办理符合条件的外汇业务登记试点等有序落地。同时印发金融支持重大政策、重大改革、重大平台、重大专项四张清单，推动重点领域特色化突破，数字人民币应用场景不断拓宽。上线运行“成渝一网

通”平台，实现货币信贷、金融科技等信息共享；跨区域外债便利化试点、川渝跨省异地电子缴税等政策取得实效。

三是高水平实施制度型对外开放。牵头出台《金融支持加快建设西部陆海新通道行动方案》，完善银企融资结算对接与成效评估机制，在进口、出口项下分别落实全国首笔西部陆海新通道多式联运“一单制”数字提单动产质押融资业务。深化“区块链+跨境金融”试点，跨境金融服务平台便利融资额居中西部第一、全国第四。跨境贸易和投融资便利化实现扩面增量，优质企业贸易外汇收支便利化政策累计结算517亿元。深化人民币跨境使用，全市货物贸易人民币结算量居中西部第一。

三、坚持金融工作人民性，持续提升管理服务质效

高效办理人大政协提案建议，满意度达100%。全国率先实现地方金融组织数据互联网采集和开展已故人员银行账户开户信息跨行查询。创新建立经收业务税库监管联动机制，财政存款交存业务实现线上化，国库完成一机多库业务整合。支付清算系统安全稳定运行。加大中小券别人民币调拨投放力度，有效满足群众现金需求。切实保护金融消费者权益，县域征信自助查询实现全覆盖。

2024年，中国人民银行重庆市分行将以习近平新时代中国特色社会主义思想为指导，认真落实中央经济工作会议精神、中央金融工作会议精神和总行工作会议部署，坚持稳中求进，以进促稳，强化逆周期和跨周期调节，深化金融改革开放，增强经济活力，改善社会预期，深化“先进行”建设，以金融高质量发展服务现代化新重庆建设。

（执笔人：周谦毅）

重庆海关

重庆市海关

一、2023年发展回顾

2023年，重庆市海关全面落实习近平总书记对重庆作出的重要讲话和系列重要指示批示精神，深入贯彻党的二十大精神，深入学习领会习近平总书记给红其拉甫海关全体关员重要回信精神，坚持把高质量发展作为时代的硬道理，主动在中国式现代化大场景中定位、谋划、推进海关工作，扎实推进智慧海关建设和“智关强国”行动，全力助推重庆高质量发展、高水平开放，为服务新时代新征程新重庆经济社会发展积极贡献海关力量。

据海关统计，2023年，重庆外贸进出口总值7137.4亿元，较2022年下降10.7%。其中，出口4782.2亿元，下降6.1%；进口2355.2亿元，下降18.8%。外贸总值排名全国第13位，其中，出口值居第11位，进口值居第14位；在中西部18省份中外贸总值排名第4位。

（一）突出政治统领，坚决落实习近平总书记重要指示批示精神

1. 求真务实推进主题教育

注重学习贯彻党的二十大精神与开展学习贯彻习近平新时代中国特色社会主义思想主题教育无缝衔接，推动两批主题教育前后衔接、上下联动。坚持“四下基层”，研究形成《关于充分发挥西部陆海新通道在强化我国战略性资源支撑中的重大作用的调研报告》，主动辅助外向型经济发展决策。加速调研成果转化，在全国率先落地“海铁联运集装箱铬矿检验监管优化模式”试点，货物经铁海联运至重庆时间较传统的江海联运模式压缩20天以上，为企业节省1700元/标箱物流成本；全国首个推行“海铁联运境内铁路运费扣减”政策，减轻企业进口环节运费税负60%以上，助力重庆当好国家战略腹地建设“排头兵”。

2. 千方百计助力乡村振兴

立足重庆“大城市、大农村、大山区、大库区”特点，开展“一企一策”“一品一策”针对性指导帮扶，指导农产品出口企业健全自检自控体系，服务农产品出口示范基地建设，实施属地查检绿色通道、“5+2”预约通关等便利化举措。助力城口香菇、巫溪鸡蛋、铜梁萝卜、黔江羊肚菌等区县特色农食产品首次走出国门，推动重庆38个区县外贸全覆盖，积极为强县富民兴渝贡献力量。

3. 涵养风清气正政治生态

始终保持对“袍哥”文化、码头文化的高度警觉，突出常态长效，加强意识形态管控。围绕两级党委落实落细全面从严治党主体责任，健全10余项制度规定。全力配合海关总署党委巡视。深化政治监督，制定巡察五年工作规划。严格监督执纪问责，持续加固中央八项规定精神堤坝，持续发力、纵深推进党风廉政建设和反腐败斗争，不断巩固重庆海关风清气正、干事创业的良好政治生态。

（二）胸怀“国之大者”，全力服务国家重大战略落实

1. 推进成渝地区双城经济圈建设

坚持川渝“一盘棋”，加强成渝区域协同发展，持续落实海关总署出台的支持成渝地区双城经济圈建设12条重点举措，与成都海关签署新一轮合作备忘录，明确推进畅通国际物流通道等7类25项合作事项，促进产业联动、资源共享，携手推动成渝地区双城经济圈一体化高质量发展，助力成渝“双圈”外贸总值较2020年增长14.1%，占西部地区外贸总值的44.2%。与成都海关联合推出的“关银一KEY通”川渝一体化模式被作为跨区域协作典型经验在全国复制推广。

2. 助推西部陆海新通道建设

全力支持重庆以西部陆海新通道牵引打造内陆开放高地。积极配合重庆党政部门赴海关总署沟通对接工作，签署新一轮署市合作备忘录。切实发挥西部陆海新通道沿线海关协作机制牵头作用，承办海关支持西部陆海新通道建设工作座谈会，协助海关总署出台首个国家部委层面支持西部陆海新通道建设的15条重点措施，在渝成立海关服务新通道建设协调办公室，牵头沿线海关制定49项细化措施，推动新通道增线扩能。2023年，重庆经西部陆海新通道进出口货值增长7.1%、海铁联运班列运输量增长近三成，跨境公路班车增长37%。

3. 推动长江经济带高质量发展

持续发力服务果园港国家物流枢纽建设，助推果园港成为内陆地区首个具备进口肉类、粮食、水果指定监管场地“三合一”资质的水运口岸。主动融入数字重庆建设，承接海关总署智慧海关建设业务场景应用，牵头上海、南京、武汉、长沙、南昌、合肥等长江沿线海关共同承担“长江经济带智慧物流监管”。深化“离港确认”模式，实现上海洋山外港、江苏太仓等主要长江进口口岸至重庆所有水运港口“离港确认”模式全覆盖。积极推动启运港退税政策落地。2023年，重庆海关办理启运港退税报关单5.3万票，涉及342.96亿元货物、2535家企业。构建内畅外联的多式联运体系，促进东盟与欧洲、中亚市场在渝高效联通，西部陆海新通道与中欧班列、长江黄金水道联运超4000箱，长江黄金水道航运效能切实提升。

4. 积极服务大国外交

深入践行“三智”（智慧海关、智能边境、智享联通）理念，推动与东盟国家海关建立协调机制。围绕新加坡这个陆海新通道关键节点国家，主动争取海关总署支持，首创性搭建“两国四方”合作平台并成功举办中新（天津南京重庆）关际合作会谈。深化中波（重庆）海关在中欧班列、AEO互认落实、海关知识产权保护领域务实合作，持续拓展具有重庆特色的“三智”可视化成果。针对中国鲟鱼出口越南受阻，通过海关技术性贸易措施积极向WTO等开展对外交涉，促使越方2次阶段性放宽中国鲟鱼进口，“越方将积极推进自中国进口各类鲟鱼”写入12月13日中越两国构建命运共同体联合声明。

（三）贯彻总体国家安全观，坚决筑牢国门安全屏障

1. 筑牢检疫防线

平稳做好重庆口岸转段防控和“多病同防”。在全国率先检出BA.5.2.49变异株，检出全国口岸首例HIV阳性，合并鼻病毒、肠致病性大肠埃希菌、肠聚集性大肠埃希菌感染“四病合一”病例。扎实推进“严防外来物种入侵三年专项行动”“国门绿盾2023”等专项行动，2023年重庆口岸截获植物疫情同比增长131.6%，截获检疫性有害生物同比增长316.7%。检出非洲猪瘟病

毒核酸阳性等动物疫病 12 批次，截获锹甲、泰国斗鱼等“异宠”4 批次、12 只（尾）。

2. 加强监管检查

贯彻落实总体国家安全观，建立健全风险排查、排序、排除等 5 项机制，创新口岸“顺势监管 + 风险初筛 + 协同联动”监管模式，加强 H986、CT 机非侵入式查验设备和智能审图系统等智慧化设备运用，构筑口岸立体式安全格局。持续推进“打击进出口危险品伪瞒报专项行动”，优化监管措施，实现口岸危险品安全事故“零发生”。2023 年，重庆海关监管货运量 1041.9 万吨。监管运输工具 108851 辆（架）。税收入库 151.96 亿元。严厉打击虚假贸易。推进“金钥 2023”涉税专项行动、“商神 2023”涉检专项行动，办结稽查作业 75 起，对重点领域实施核查 485 起。

3. 高压打击走私

扎实推进“国门利剑 2023”打击走私联合专项行动及“蓝天 2023”打击走私、“护卫 2023”打击濒危物种走私专项行动，落实“护航 2023”打击海南离岛免税“套代购”、“净边 2023”缉毒、“国门勇士 2023”缉枪治爆、夏季治安打击整治等重点专项任务，坚决维护国家政治安全和社会经济稳定。2023 年，立案查办各类走私违规案件 375 起。其中，立案侦办走私犯罪刑事案件 34 起，立案查办行政案件 341 起。2 起走私毒品刑事案件被列为海关总署缉私局一级挂牌管理案件。海关查发移交刑事案件数量增长 3 倍。严厉打击离岛免税“套代购”走私，成功经营重庆海关首个“套代购”走私系列案件。

（四）深化改革创新，毫不保留促进重庆高水平开放

1. 助力开放平台提档升级

指导重庆迭代优化“1 个自贸试验区 +6 个综合保税区 +4 个保税物流中心”开放平台体系，持续稳固中西部领先地位。2023 年，重庆综保区进出口值占同期重庆外贸总值的比重超 65%，西永综保区、两路果园港综保区 2 个综保区持续稳定排名全国前 10。出台支持中欧班列“五稳五畅”举措，助力开行全国首列新能源汽车铁海联运班列，支持中欧班列开行运输整车的 JSQ 型车。助力大足区获批市场采购贸易方式试点，推动重庆获批进口肉类、水果等 10 种口岸功能，指导航空口岸进境肉类、冰鲜水产品和铁路口岸进境肉类等指定监管场地通过海关总署正式验收，支持在永川、大足、两江新区、巴南、江津等区域设置海关监管作业场所，助推重庆国际铁路港综合保税区申建加快推进。

2. 助力营商环境提标进位

深入贯彻落实海关优化营商环境 16 条，联合口岸物流办等单位制定 18 项跨境贸易便利化细化举措，扩大主动披露政策适用范围，出台帮扶外贸主体发展 20 条措施，推动外贸企业备案数量净增 1.5 倍，助力重庆 AEO 高级认证企业突破 100 家。促进重庆外贸结构更加多元，一般贸易占比提升 4.1 个百分点；新兴市场加速开拓，贸易伙伴较 2022 年增加 10 个，与重庆有直接贸易往来国家（地区）达 228 个。重庆海关连续 4 年作为唯一的内陆省市海关参与海关总署促进跨境贸易便利化专项行动。

3. 助力经贸产业提质强能

紧扣重庆“33618”现代制造业集群体系，累计签订落实 31 份合作备忘录，在全国率先出台生物医药研发用物品进口“试点清单”和汽车研发测试用废旧关键零部件进口“试点清单”，大力支持重庆汽车、生物医药等新兴产业高质量发展。梳理海关惠企政策“共享包”，精准推送跟进辅导，惠及 2000 余家渝企。在全国率先推出出口汽车锂电池异地实施包装检验新模式，助力汽车锂电池等“新三样”扩大出口，增长

100.2%。累计 10 项自贸创新举措获海关总署首创性备案。保税维修和保税再制造新业态落地取得突破性进展，外向型经济发展动能持续积蓄。

二、发展中存在的问题

同时，发展中仍然还存在一些问题和短板。一是服务区域协同发展的创新举措还需延伸广度。二是通道枢纽、开放平台的作用发挥还需拓展深度。三是因地制宜培育发展新质生产力还需加大力度。

三、2024 年发展思路

2024 年是中华人民共和国成立 75 周年，是实现“十四五”规划目标任务的关键一年。重庆海关将持续深入贯彻党的二十大精神，坚决落实习近平总书记给红其拉甫海关全体关员重要回信精神，结合守国门、促发展的职责使命，按照海关总署部署要求，认真落实重庆市委六届四次全会和经济工作会议的部署安排，更好发挥海关职能作用，全力服务重庆高质量发展、高水平开放，当好让党放心、让人民满意的国门卫士。

在服务大局上敢担当。围绕推动区域协调发展，深化渝蓉两关全领域全链条合作。加速推进成渝水运口岸一体化，促进成渝地区双城经济圈资源共享、产业互动。充分发挥好西部陆海新通道沿线海关协作机制的牵头作用，围绕国家战略腹地建设，用好用足海关总署 15 条重点举措，支持打造战略性资源储备中心。抓好落实高质量共建“一带一路”八项行动，积极支持重庆打造内陆国际物流枢纽和口岸高地。

在深化改革上勇创新。将智慧海关建设和数字重庆建设有机融合，切实发挥好智慧海关建设业务应用场景试点单位牵头责任，持续推动“长江经济带物流智慧监管”“智慧综保区”等业务场景应用落地见效。扎实推进“智关强国”行动，聚焦重庆外贸特点积极开展战略性、前瞻性、基础性课题研究。高度关注服务重庆现代制造业集群体系建设等特色项目，助力提升发展能级。

在把好国门上显作为。紧盯“滞、瞒、逃、骗、害”等全要素风险，筑牢“境外、口岸、境内”三道防线。持续开展“严防外来物种入侵三年专项行动”。打造“平急转换”口岸突发公共卫生事件应急防控体系。统筹做好“多病同防”。加强监管检查，强化智能监管装备、智能审图应用。旗帜鲜明打击虚假贸易，统筹抓好政治安全、经济安全、社会安全、生物安全和生态安全、综合安全。

在促进发展上提质效。持续积极服务重庆融入新发展格局，支持加快构建“陆海空网”立体高效国际物流大通道，不断提升重庆开放平台能级。紧扣重庆“33618”现代制造业集群体系，着力优化营商环境、培育外贸新动能、巩固外贸外资基本盘，助力发展新质生产力，为全面建设现代化新重庆作出更大的贡献。

（执笔人：刘春婉）

贸易促进

中国国际贸易促进委员会重庆市委员会

一、2023 年发展回顾

2023 年，重庆市贸促会全面贯彻党的二十大精神和习近平总书记对重庆作出的系列重要指示批示要求，认真落实市委、市政府工作部署，积极融入共建“一带一路”、成渝地区双城经济圈和西部陆海新通道建设，充分利用国内国际两个市场两种资源两类规则，发挥联通政企、融通内外、畅通供需的独特优势，在推动重庆加快建设内陆开放高地、实现更高水平对外开放的进程中创新提质、唯实争先，在推动重庆加快建设内陆开放高地的生动实践中担当作为。

（一）服务对外大局，稳步拓展国际经贸合作空间

聚焦“一带一路”沿线国家和西部陆海新通道相关国家，以东盟、中亚、中东欧、非洲为重点，畅通国内外经贸往来，讲好重庆故事，提升重庆对外影响力，助力中西部国际交往中心建设。巩固深化与全球贸促机构、商协会的战略合作关系，先后接待韩国、俄罗斯、蒙古、罗马尼亚等国家和地区 25 批次来访代表团，帮助考察企业、洽谈合作。组织 5 批次重庆企业代表团出访日本、马来西亚、肯尼亚等国，达成多个贸易投资及技术领域的合作意向。积极配合中共代表团和市政府代表团出访，在新加坡、越南筹划举办“国际陆海贸易新通道区域合作论坛”“中国（重庆）—越南贸易投资暨企业交流会”等经贸交流活动，在经贸合作、友好交流方面取得务实成果，有力配合重庆对外工作大局。与南非、坦桑尼亚、印尼等国家的对口机构签署 4 份合作协议。加强多双边工商机制建设工作，发挥重庆联络办公室作用，积极开展经贸促进活动，帮助重庆企业更好地拓展多元化国际市场。

（二）创新工作方式，做优特色化品牌化经贸活动

围绕培育外贸新动能、优化外贸结构，有针对性地搭建国际经贸交流合作平台，品牌效应逐渐显现。先后举办“2023 年陆海新通道国际物流博览会”“2023 年中国（重庆）大健康产业博览会”“2023 年北美新春采洽会”等 27 场经贸活动。其中，第二十一届中国国际摩托车博览会展会总规模达 16 万平方米，参展企业达 700 余家，接待观众超 20 万人次，累计促成贸易投资意向金额超 20 亿元，进一步夯实世界摩托车专业大展地位，成为政府倾力支持、行业协会参与、市场化运营的示范案例。与亚洲市长论坛组织联合主办 2023 年中国（重庆）—伊朗经贸合作论坛，中伊双方企业签署采购项目协议 3 个，总金额 3.9 亿元，并发布涉及金额 2.5 亿美元的伊朗年度采购清单。组织 70 余家企业出国参加“第三十届釜山国际食品展”“渝贸全球·重庆出口商品（印尼）展览会”“第 18 届伊朗国际汽车零配件展”等经贸活动，为重庆企业开展国际经贸合作搭建平台、畅通渠道，取得良好效应。

（三）精准对接供需，全力织密服务企业网

牢牢把握服务企业、服务基层这个根本，及时调整服务外资企业专班工作重点和定位，延伸专班功能，推动专班工作从收集反映诉求转向开展深度调研，从跟踪解决问题转向优化营商环境，从服务外资企业转向帮助区县招商引资，以更大力度吸引外资扎根重庆。走访调研园区、企业、机构等90余家，了解企业诉求、困难，开展一对一的对接服务，搭建政企、银企及企业间的沟通平台，促成20余家企业、银行、区县政府之间建立合作关系。积极建言献策，开展"重庆市承接外资制造业转移的难题及对策研究"等4个专题研究，撰写4篇调研报告，为全市开放型经济建设决策提供有力参考。举办"联合国国际贸易中心（ITC）市场分析工具研修项目重庆班"，为重庆培养国际化经营专业人才。加强与区县的双向联动与合作，收集整理翻译41个区县、园区年度重点招商引资项目向境外机构推介，帮助区县、园区招商引资。

（四）做强商法服务，助推营商环境改善有力有效

持续推动商事认证全渝快办、全网通办。1~12月，办理各类商事认证文件30217份，同比增长20.13%，其中非优惠原产地证22932份，优惠原产地证3874份，为全市出口商品在目的国获得关税减免1641万美元。向企业发布《经贸预警》信息152期、企业投资信息219条、对外投资合作国别指南445条，指导企业防范风险。先后举办"川渝贸促商事调解员联合培训会""国际商事调解实务与技巧培训会"等9期共计600余人次的培训、讲座，极大地提高了调解员业务技能。2023年，重庆调解中心累计接收调解案件390件，受理案件320件，受案金额2.06亿元，成功调解201件，调解成功率62.81%，最大限度保护企业利益，荣获2023年"重庆市知识产权保护工作先进集体"称号。通过线上方式提供法律咨询服务，咨询人数超过2000人次，深受企业欢迎。

（五）加强自身建设，提升贸促工作整体效能

一是2023年7月召开重庆市贸促会第四届委员会第一次会议，完成换届。制定《重庆市贸促会工作规则》，建立工作机制，成立由市级部门相关负责人、区县政府相关负责人、在渝院校专家学者、开放型经济发展代表性人士等组成的80人贸促委员会，长期困扰重庆贸促工作的体制机制难题得到有效解决。二是召开重庆市贸促会建会40周年座谈会。以建会40周年为契机，编写大事记、贸促记忆、精彩篇章、经典案例，制作图片展，召开重庆市贸促会建会40周年座谈会，全面总结贸促工作的好经验好做法，从贸促历史中汲取智慧和力量。三是召开重庆国际商会第六届会员代表大会。选举产生第六届理事会成员单位，重庆长安汽车、重庆物流集团、重庆对外经贸集团等企业加入新一届商会理事会，创新成立五金专业委员会、医疗器械专业委员会，商会会员结构明显优化，商会治理架构不断完善，进一步推动商会事业高质量发展。四是深化重庆国际商会实体化改革。加强对重庆国商商务信息咨询有限公司的指导管理，更好地提升"四位一体"整体效能。有效发挥"重庆国际商业机构发展中心"招商引资孵化器的作用，累计引进16家境外商协会及机构。加快构建抓党建带全局的工作体系，全面提升以"五项机制""八张报表""八张问题清单"为有效载体的贸促治理效能。五是全力推进数字贸促建设有关工作。深入梳理贸促工作核心业务，组织专业力量编制数

字贸促重大需求、多跨场景、重大改革等“三张清单”。

二、2024 年发展思路

我们将发扬胸怀天下、服务工商、担当实干、追求卓越的新时代贸促精神，坚持稳进增效、除险固安、改革突破、惠民强企的工作导向，砥砺奋进、巩固提升，在纵深推进现代化新重庆建设中贡献贸促力量。

讲好新重庆故事，助力中西部国际交往中心建设。巩固深化与全球贸促机构、商协会的战略合作关系，加强多双边工商机制建设工作，发挥好重庆联络办公室的作用。推动成立陆海新通道国际工商会联盟，全力做好 2025 年大阪世博会重庆日活动筹备工作，组织企业参与中国—东盟商务与投资峰会、“一带一路”企业家大会、全球工商法治大会等活动，讲好新重庆故事，传播重庆好声音，提升重庆对外影响力。

提升经贸活动质效，推动外贸外资保稳提质。高质量筹办第二十二届中国国际摩托车博览会、2024 年陆海新通道国际物流博览会、2024 年重庆国际消费品博览会等重大经贸活动，深度参与第二届中国国际供应链促进博览会，积极参加“百团千企”“渝车出海”行动，组织企业赴欧盟、东盟等参加国际知名展会，举办重庆商品境外自办展，推动“重庆造”出海，助力全市进出口总值实现预期增长目标。

增强服务能力，推动贸易自由化便利化。扎实做好服务外资企业和服务企业境外投资两个专班工作，更好促进双向投资。做好商事认证工作，大力开展商事法律服务、经贸摩擦预警及应对工作，帮助企业提升防范和应对国际化经营风险的能力和水平。加强与企业和商协会的联系，开展营商环境监测工作。强化自贸协定推广应用工作，规范提升“贸法通”平台，帮助企业高标准对接国际经贸规则。

深化改革创新，推进贸促治理体系和治理能力现代化。聚焦建设新时代“红岩先锋”变革型贸促组织，完善抓党建带全局的工作体系。持续深化改革，深入推进数字贸促建设，运用创新思维、系统思维、数字思维推动贸促工作变革重塑，激励干部职工时刻保持奋进者姿态、创造性张力，以科学理念方法和有形机制载体抓好各项贸促工作落实。

（执笔人：王春玲）

第三编　产业发展

第一产业

农业发展

重庆市农业农村委员会

一、2023年发展回顾

2023年，是全面贯彻党的二十大精神、加快推进农业强国建设的开局之年。全市上下深学笃用习近平新时代中国特色社会主义思想，深入贯彻习近平总书记关于“三农”工作的重要论述以及对重庆所作重要讲话和系列重要指示批示精神，认真落实党中央、国务院决策部署，把全面推进乡村振兴摆在现代化新重庆建设的突出位置，积极探索城乡融合推动山区库区现代化和“三农”工作高质量发展新路子，坚决守住防止规模性返贫、确保粮食安全、加强耕地保护“三条底线”，大力实施千万亩高标准农田改造提升行动、千亿级生态特色产业培育行动、千万农民增收致富促进行动、千个巴渝和美乡村示范创建行动等“四千行动”，着力提升农业机械化、乡村数智化、农民组织化“三化”水平，强化农业科技创新和农村改革“双轮驱动”，推动乡村振兴迈出坚实的步伐。全市第一产业增加值同比增长4.6%、达到2074.7亿元，农村居民人均可支配收入同比增长7.8%、达到20820元。

城乡融合推动山区库区现代化和“三农”高质量发展破题起势。一是山区库区强县富民工作加快推进。“一县一策”支持山区库区17个区县绿色生态产业发展，建成50亿级农产品加工园区5个。筹措资金242.58亿元支持山区库区227个重点项目建设。山区库区17个区县地区生产总值、固定资产投资、居民人均可支配收入增速均高于全市平均水平。二是“强镇带村”试点工作有序启动。选择山区库区7个区县和14个乡镇开展“小县大城”“强镇带村”试点工作，有序向试点乡镇“扩权赋能”。实施乡镇特色产业培育工程，创建国家级产业强镇14个。三是区域结对协作走深走实。健全大城市带大农村机制，推进区县结对协作向乡镇、村结对协作延伸。打造鲁渝协作新标杆，全年共建104个产业合作园区和101个鲁渝协作示范镇村，培育出“开州—寿光蔬菜”等协作品牌，推动农林、畜禽、水产等24大类120个优质品种成功实现“东产西移”，惠及群众360多万人。深入实施“万企兴万村”行动，7864家民营企业结对帮扶4884个村，项目投资561亿元，捐款捐物25.9亿元。

“三条底线”坚守有力。一是粮食和重要农产品再获丰收。制定稳粮扩油保障有效供给10条硬措施，全力稳面积、攻单产、提产能，全年全市粮食播种面积3038.9万亩、产量219.2亿斤，分别超国家下达任务26.7万亩、3.1亿斤，粮食产量创近15年新高。油菜播种面积、产量、单产均实现“十六连增”。“菜篮子”产品产量稳定增长，全年生猪出栏1974.9万头、蔬菜产量2362万吨、水产品产量58.9万吨。二是耕地“非农化”、基本农田“非粮化”势头得到有效遏制。全面落实耕地保护党政同责，分区县下达耕地保护考核指标，严肃查处违法占用耕地及永久基本农田行为，加力推动耕地“非农化”、基本农田

“非粮化”问题整改，恢复补足耕地 34.1 万亩，复耕复种撂荒耕地 8.8 万亩。三是脱贫攻坚成果巩固拓展。迭代升级防返贫立体监测网络，“一户一策”精准帮扶监测对象 3.8 万户、11.5 万人，脱贫人口返贫风险总体可控。制定脱贫人口持续增收三年行动方案，建成产业帮扶基地 5.6 万个，特色产业覆盖 90% 以上的脱贫户和监测户，脱贫人口就业规模稳定在 80 万人左右、就业率居全国前列。对最低收入农户实行台账动态管理，“一户一清单”落实帮扶措施，梯次提升低收入户收入水平。

“四千行动”扎实推进。一是高标准农田改造提质见效。坚持“投、建、用、管、还”一体推进，以“改大、改水、改路、改土和全程机械化”为重点，统筹新建和改造提升高标准农田 255 万亩、累计建成 1885 万亩。建成酸化耕地治理千亩示范区 5 个、示范面积达 3 万亩，示范区作物平均增产 8% 以上。二是生态特色产业高质量发展态势明显。强力打造“3+6+X”农业产业集群，创建全国农业现代化示范区 3 个、国家现代农业产业园 2 个、优势特色产业集群 2 个，全年生态特色产业综合产值 5200 亿元。出台支持食品及农产品加工高质量发展“黄金十条”，设立百亿级产业基金，全链条、全环节构建食品及农产品加工产业生态，全年食品及农产品加工业产值达到 2581 亿元、增长 4.2%。三是农民增收渠道有效拓宽。全面推进经营增收、就业增收、财产增收、惠农增收和以城带乡促增收“五项计划”，“一县一策”制定农民收入追赶计划等政策举措，农村居民人均可支配收入迈上 2 万元台阶。重庆市在 2023 年底召开的中央农村工作会议上围绕“农民稳定增收”主题作了交流发言。四是巴渝和美乡村示范创建纵深推进。学习运用“千万工程”经验，统筹推进农村厕所、垃圾、污水“三个革命”，扎实抓好农村路、水、电、讯、物流“五网”建设，推进县乡村公共服务一体化发展，加快构建自治、德治、法治、智治“四治融合”乡村治理体系，创建巴渝和美乡村示范村 107 个。

“三化”水平有效提升。一是农业机械化加快发展。补贴农机具 9.5 万台，推进 5 个全国农机装备熟化应用基地建设。制定农机装备补短板清单，分类开展农机装备研发攻关工作。全市农机年作业服务面积达 30% 以上，农作物耕种收综合机械化率提高 1.6 个百分点、达到 56.8%。二是数字乡村迭代升级。着力打造“渝农大脑”，推进农地“一张图”、农信“一本账”、农事“一张网”、农品“一码通”建设，深入实施 6 个国家级数字农业创新应用基地项目，建成 7 个单品种全产业链数字信息系统、600 个智慧农业基地。“村村旺 · 农服通”农村产业电商综合服务平台正式上线运行，农产品网络零售额达 208 亿元。三是农民组织化程度显著提升。配合组织农村党员参加学习培训，累计培训 66.2 万人，推动农村党员在乡村振兴中做给群众看、带着群众干。培育农民合作社 2.7 万家，吸纳农户 309 万户，实现“应入尽入”。引导新型农业经营主体通过利益联结带动小农户发展，农业生产社会化服务覆盖 150 万农户。

“双轮驱动”持续发力。一是以农业关键核心技术攻关为重点强化科技创新。国家生猪技术创新中心、长江上游种质创制大科学中心等 14 个创新平台加快建设。聚焦种源等关键核心技术强力攻坚，新审定主要农作物品种 63 个，自主研发的“庆油”3 号、“庆油”8 号实现“两碗菜籽一碗油”，年度推广面积达 800 万亩。市政府与中国农科院深化农业科技创新战略合作，汇聚院士专家 285 人，扎实推动 13 个创新合作项目攻关。实施“百团千名”专家服务基层行动，主要涉农区县实现科技小院全覆盖，累计选派 2590

名专家带动发展乡村产业28.8万亩。二是以强村富民综合改革为牵引深化农村改革。制定《重庆市推进强村富民综合改革实施方案》，部署“一统七改”综合改革措施，新培育“强村公司”近500家，启动农业“标准地”建设。多途径发展壮大农村集体经济，全市农村集体经济组织年经营性总收入54.86亿元、同比增长126%，年经营收入5万元以上村占比达100%、超过10万元的村占比达93%。以一体化、规范化、数智化“三化”集成为目标，初步构建市、区县、乡镇、村四级农村产权流转交易市场体系，累计完成农村产权流转交易42.75亿元。启动农村产权流转交易规范化整市试点和巴南、忠县、梁平整区县试点。发放首张闲置农房使用权流转交易鉴证书，集体建设用地入市交易试点范围扩大到6个区。

二、发展中存在的问题

同时，发展中仍然还存在一些突出问题和短板。一是农民收入总体偏低。从总量看，2023年全市农民收入比全国平均水平低871元，绝对差距较2022年拉大51元。从增速看，全市农民收入要实现到2027年赶上全国平均水平的目标，未来几年年均增速要比全国平均水平快1.2个百分点，但2023年全市农民收入增速仅比全国平均水平快0.1个百分点。从结构看，2023年全市农民工资性收入与全国平均水平差距较2022年拉大214元，增速比全国平均水平低1.2个百分点，在“四大构成”中增速最低，绝对值唯一呈扩大趋势；经营净收入方面，种粮效益总体偏低，生猪价格自2023年1月以来一直低于6∶1的盈亏平衡点，养殖户持续亏损；财产净收入仅占农民收入的2.5%左右，对增收的贡献有限；转移净收入增长空间不大。二是食品及农产品加工规模小带动弱。农产品加工业总产值与农业总产值比为1.67∶1、低于全国2.52∶1的平均水平。缺乏带动能力强的加工企业，全市规上食品及农产品加工企业886家，其中，年产值10亿元以上的企业仅29家、占3.3%，“小散弱”问题较突出。在全国叫得响的品牌不多，仅涪陵榨菜、太极藿香正气液等少数品牌稍有知名度。三是农业农村基础支撑薄弱。农业基础设施薄弱，15度以上坡耕地占比高达39.3%，2/3的耕地无灌溉设施，只能“望天收”。装备支撑能力不足，约3/4的耕地农机难以下田作业，主要农作物耕种收综合机械化率仅56.8%、比全国平均水平低17个百分点；设施农业、智慧农业发展还处于起步阶段。农村路、水、电、讯、物流等基础设施和公共服务体系建设滞后，行政村5G网络覆盖率低。

三、2024年发展思路

以习近平新时代中国特色社会主义思想为指导，深入贯彻党的二十大精神和习近平总书记关于“三农”工作的重要论述，以学习运用“千万工程”经验为引领，聚焦提升乡村产业发展水平、提升乡村建设水平、提升乡村治理水平，加快建设巴渝和美乡村，重点贯彻落实“12421”的发展思路：“1”即走好大城市带大农村大山区大库区的乡村振兴城乡融合发展新路子；“2”即以确保粮食安全、确保不发生规模性返贫“两个确保”为底线；“4”即以深入实施“四千行动”为抓手；第二个“2”即以强化科技和改革“双轮驱动”为支撑；第二个“1”即抓党建促乡村振兴。力争2024年全市粮食播种面积和产量分别达到3012.2万亩、217.2亿斤，第一产业增加值增长4%左右，农村常住居民人均可支配收入增长7%以上。一是确保粮食和重要农产品有效供给。持续抓好耕地“非农化”、基本农田“非粮化”整治，坚决守住耕地保护红线。挖潜拓展粮食生产空间，集成配套良田良种良机良法，推动主要粮油作物大面积单产提升，确保粮食播种面积和产量分别达到3012.2万亩、217.2亿斤。加强生猪、蔬菜等“菜篮子”产品生产，提升保供能力。二是确保不发生规模性返贫。扎实开展防返贫“大排查大走访大整改”行动，开发“社会·渝悦·防贫”数字应用，探索将监测范围扩大到所有农户。重点加强最低收入农户精准帮扶，确保最低收入农户2024年收入务必达到监测线以上。推动防止返贫和农村低收入人口帮扶政策衔接并轨，将工作重心转向增强脱贫地区和脱贫群众内生发展动力，持续推动产业提质、就业稳岗，探索形成一批实践成果、制度成果、理论成果。三是深入实施“四千行动”。统筹新建和改造提升高标准农田200万亩。壮大“3+6+X”农业产业集群，实施食品及农产品加工业提升行动，打造十大重点园区，形成100亿元以上的生态农业产业链10条。推进以乡村治理为牵引的乡村建设，巴渝和美乡村创建达标率达到30%。持续壮大乡村富民产业，扩大以工代赈实施范围，完善联农带农机制。四是强化农业科技支撑和农村改革驱动。聚焦生态种养、精深加工、绿色智能装备、生物育种等领域开展关键核心技术攻关，加快打造“渝农大脑”。深化以强村富民综合改革为牵引的农村改革，实施“四进三回”行动，精心做好村庄经营，全面激发农业农村发展动力活力。五是协同推进抓党建促乡村振兴。强化区县党委抓乡促村责任，派强用好驻村第一书记和工作队，健全党组织领导下的自治法治德治智治“四治融合”乡村治理体系，夯实加快农业农村现代化、推进乡村全面振兴的基层基础。

（执笔人：马善运）

烟草业

重庆市烟草专卖局

一、2023年发展回顾

2023年，重庆市烟草专卖局（公司）坚持以习近平新时代中国特色社会主义思想为指导，坚决贯彻党中央、国务院决策部署，全面落实市委、市政府和国家烟草专卖局党组工作安排，推动重庆烟草专卖商业系统高质量发展和现代化建设迈出坚实步伐。

（一）党的全面领导得到新加强

1. 政治忠诚更加坚定

深入开展学习贯彻习近平新时代中国特色社会主义思想主题教育，牢牢把握"学思想、强党性、重实践、建新功"总要求，一体推进理论学习、调查研究、推动发展、检视整改，有机衔接两批主题教育，调查研究课题213个，检视整改问题208个，为民办实事307件，对外捐赠资金2838万元，对口帮扶的彭水县三义乡五丰村入选全国乡村治理示范村，龙合村荣获全市"一村一品"和"宜居宜业和美乡村"示范村，以实际行动坚定拥护"两个确立"、坚决做到"两个维护"。主题教育工作成效得到中央第十八巡回指导组肯定。

2. 基层组织更加坚实

完成基层党务工作专项治理任务。细化"四强"党支部评选标准，发展预备党员25名、转正32名，建立党员示范岗、先锋队、突击队1758个，1名党员获重庆市五一劳动奖章。7名员工获评"烟草行业技术能手"，1名员工获烟草行业营销技能竞赛第19名。

3. 管党治党全面从严

出台巡察工作五年规划，完成党的二十大后首轮巡察。深化纪检监察体制改革，19家单位建立"内·地"协作机制。持续加固中央八项规定精神堤坝，召开警示教育大会。全力配合中央巡视国家局党组各项工作。全面从严治党工作获驻工信部纪检监察组调研肯定。

（二）卷烟经营迈出新步伐

市场状态稳中向好。完善市场监测模型，市场状态"正常、稍紧"月份占比78%，年末数采终端可销天数22.1天，为2024年平稳开局奠定坚实基础。

货源供应更趋合理。健全档位投放、运行调控等8个模型，探索构建"以需定销"货源量化供应模式，全市总量动销率达到102.6%，提高6.8个百分点。

终端建设持续发力。推广手持POS机2.1万台，累计建设数字门店4.4万户、占比33%，高于行业平均水平11个百分点，数采终端毛利率稳定在14.8%的较高水平。

客户服务日趋完善。组织开展"客户服务规范年"暨"让客户更满意"主题营销活动，客户问题解决到位率在95%以上。召开旅游终端建设现场会，聚焦细分市场满足消费需求。

物流运行更加顺畅。推进物流属地管理主体

责任改革，整合优化配送线路，全市人均配送效率提高 2.7%，皱损烟下降 32.7%，单箱运输能耗费用下降 10.3%、行业对标排名第二。电子小票覆盖率达到 91%，回收塑膜 21 吨。

（三）烟叶生产取得新进展

计划管控严肃有力。严格按合同收购国内计划烟叶 88.5 万担、完成率 100%。实现烟农收入 15.4 亿元、同比增长 9.4%，户均收入 16.5 万元、增长 5.7%。

工商合作不断优化。新建基地单元 3 个，基地烟叶占比增至 85%，协同工业企业开发高可用上部叶 9.7 万担，新能源烘烤占比增至 68.5%。

基础建设稳步推进。实施烟基项目 8184 件，其中配置 2863 套生物质燃烧机、30 套电能烘烤设备，新能源烘烤占比增至 68.5%。涪陵杨家湾水库竣工，万州大滩口水库完工。

协同发展成果丰硕。与市农委联建高标准烟田 1 万亩。落实烟—菜、豆、薯等复合种植近 3 万亩，非烟产业产值超 3000 万元。推动 50 亩以上粮烟复合种植户纳入大农业种粮直补，利用中央财政补贴推广增厚地膜和生物降解膜 1300 亩。“以烟稳粮、以烟促粮”成效得到财政部、农业农村部肯定。

复烤新线顺利投产。复烤易地技改项目按期竣工，成功召开“数智复烤”座谈会，挂牌成立钻石（荷花）、真龙、黄金叶、天子 4 个原料区域加工中心，加工原烟 75.2 万担。

（四）专卖监管实现新作为

许可管理惠民有感。印发规范许可优化服务指导意见，实现“渝快办”卷烟办证销售“一件事一次办”。

打假破网协作有力。推动西南十二省、临藏八省、成渝毗邻地区等专卖协作机制落地，依托“打击涉烟违法犯罪大数据中心”畅通“情报—指挥—行动”，办结网络案件 41 起、涉案金额 1.5 亿元，其中国标案 6 起、双部督案 1 起、破获重庆首例制售“白杆”伪劣卷烟案。

市场监管多措并举。强化公安、市管、邮管、铁路等多部门执法协作，与海关缉私局签订协作协议，因势利导开展“利剑断链”“平安寄递”“渝铁秋风”等专项行动，查获涉案卷烟 9674.9 万支、案值 8830.6 万元，分别增长 9.9%、10.1%。启动“12313”提质升级，座席满意率达 99.3%。

电子烟监管成效明显。排查 1538 户零售主体、2 家生产企业，回头看 6 家“未持证停产停业企业”，查办行政处罚案件 90 起，查获各类电子烟产品 74.9 万个。全环节打掉 4 个“产供销一体化”非法制售电子烟犯罪团伙，控制涉案人员 84 人，申请“红通”追逃 1 人。

控烟履约成果显现。在全国控烟履约工作经验交流会上发言交流，承办多部委参加的《烟草控制框架公约》第十届缔约方大会内部协调会。

（五）数字化转型激发新动能

数字底座全面深化。数字中台省级基线版、工业互联网、标识解析体系省级节点完成部署，云平台四期扩容满足适度超前需求。

系统建设全面深化。行业二维码、运行调控系统完成阶段性任务，专卖、烟叶、物流等一体化平台系统完成适配投用，省级财务管理系统主体功能上线运行，按规划进度完成六大应用体系重点项目 33 个、正在实施 14 个。启动对西藏自治区局数字化转型 44 项帮扶任务。

数据应用全面深化。发布数字工具清单，开展 4 期数据应用专项培训，成功举办第二届数字创客大赛。全市系统运用低代码平台自建流程超 1 万个，覆盖场景 196 个，用户达 6893 人，访问量超过 415 万人次。

数据治理全面深化。编制《“十四五”后两年网信规划调整方案》和《“两化”实践指引》，制定本级数据标准规范，启动全域数据治理，开展数据资产清理，完成 131 个分类、151 个流程梳理。稳步推进“数据汇集”，沉淀数据 14TB、数据库表 7595 张。

网络安全全面深化。完成专有云平台网络改造、终端安全防护软件安装、国产商用密码基础平台建设，圆满完成攻防演习任务和重大活动网络安全保障。

（六）内部治理提升新水平

企业管理成果丰硕。承办烟草行业企业管理现场会，制定《全力推动高质量发展 加快全市系统现代化建设实施意见》。QC 课题获得优秀群众性创新成果 2 项、行业优秀成果一等奖 1 项，获得全市公民科学素质大赛总决赛第二名，制定知识产权制度 2 项。

节支增收成效明显。统筹开展各类项目最高限价审计，盘活闲置资产、严控重点费用、推动节能降耗，实现资金收益 5.43 亿元。

风险防范稳控有力。开展“双反”风险排查及培训，化解隐患纠纷 20 余起。1 家单位安全标准化一级达标。

干事创业氛围浓厚。庆祝重庆烟草成立 40 周年大会及系列庆祝活动顺利举行，专项运动会、“书香渝烟”等“N 个一”群众性活动蓬勃开展。成功举办回乡赶“烤”影像展，在央媒发表作品 42 篇，在行业微视频大赛上获奖 5 项，再创历史新高。

二、发展中存在的问题

同时，发展中仍然存在一些突出问题和短板。一是管党治党个别重点领域和关键环节还存在一些短板；二是个别区县烟草商业企业经济运行仍然不够平稳；三是个别区县烟草专卖局政务服务质量不高，群众满意度有待提升；四是个别数字化转型项目的技术支撑、标准、机制还不完善。

三、2024 年发展思路

2024 年，重庆市烟草专卖局（公司）将坚持以习近平新时代中国特色社会主义思想为指导，贯彻落实党的二十大、二十届二中全会和中央经济工作会议精神，认真落实市委六届四次全会、全国烟草工作会议精神，培育行业新质生产力，推进数字化转型优化提升，加快推动高质量发展和现代化建设。

（一）持续加强党的领导和党的建设

全面总结主题教育成效，结合政治忠诚教育、党性教育和政绩观教育，建立常态长效工作机制，坚决捍卫“两个确立”、坚决做到“两个维护”。制定并落实帮扶三义乡“四大行动”方案。提升纪检监察工作质效，开展“川黔渝”三省市“推磨式”交叉巡察，完成党的二十大后第二轮政治巡察，完善干部职工“八小时外”监管机制，打造新时代廉洁文化品牌。

（二）持续完善卷烟经营体系

推动更高水平现代化营销物流体系建设，实现市场监测水平再提升、货源供应水平再提升、客户服务水平再提升、物流运行水平再提升，全年总量动销率保持在 100% 以上，主销品规、零售商店动销率同比提高 3 个百分点以上。

（三）持续稳固烟叶产业发展

严格按国内计划种植收购烟叶 89.4 万担，基地化烟叶数量、全收全调数量分别提升至90%、66%以上。种植绿肥19万亩，清洁能源烘烤提升至80%以上。联建高标准烟田0.5万亩，实施粮经烟协同发展7万亩，推广加厚地膜5万亩。复烤加工烟叶75万担以上。

（四）持续加强专卖监督管理

完善“一件事一次办”，优化容量测算指标模型。强化省际协作和多部门合作，突出串案并网、深化“情报—指挥—行动”，力争破获10个以上国家级重大案件。上线新版“12313”公众号、小程序。提升电子烟监管效能。

（五）持续推进数字化转型优化提升

推进工业互联网平台建设，规划设计数字中台运营体系，拓展建设共享服务中心，实施云平台第五期扩容、移动应用平台升级。完成行业一体化平台各业务系统落地任务。引入AI大模型、BI智能问答、RPA流程自动化等智能化工具。构建重庆烟草大数据中心。

（六）持续提升企业治理水平

择优推广“十四五”以来科技创新成果。落实“过紧日子”要求，力争成本费用增幅不高于收入增幅、可控费用水平不高于上年同期。推进安全生产治本攻坚三年行动，加强信访舆情、外事管理、机要保密等工作，维护企业良好形象。

（执笔人：严正）

第二产业

重庆市工业经济发展综述

重庆市经济和信息化委员会研究室

2023年是全面贯彻党的二十大精神的开局之年，是三年新冠疫情防控转段后经济恢复发展的一年。在市委、市政府坚强领导下，全市经信系统坚决扛起国家重要先进制造业中心使命担当，突出“稳进增效、除险固安、改革突破、惠民强企”的工作导向，把推动制造业高质量发展放到全国推进新型工业化、建设制造强国宏大场景中谋划推进，加快构建现代制造业集群体系，高质量发展态势稳健。全市规模工业增加值增长6.6%、工业投资增长13.3%，分别高于全国2个和4.3个百分点。

一、2023年发展回顾

（一）加快构建现代制造业集群体系

“行动方案+产业图谱+产业地图”全面擘画新时代制造强市建设“作战图”，“专项方案+专班推进”产业集群建设等工作机制迭代升级新时代制造强市建设“作战方案”。汽车产量排名升至全国第二、新能源汽车产量突破50万辆，连续10年成为全球产量最大笔记本电脑生产基地，智能手机出货量排名升至全国第四，落地开工安意法等一批标志性项目，功率半导体产量排名进入全国前三，软件主营业务收入省级排名“进位”至第八，交出2023年产业发展高分报表。

（二）数智赋能提速发展动能转换

坚持以数字化变革引领制造业系统性重塑，完成核心业务梳理和数据归集，构建“产业大脑+未来工厂”核心场景。推动数字产业补链成群，启动“北斗星”“启明星”软件企业培育和软件人才“超级工厂”建设。“满天星”行动作为典型经验全国宣传推广，新增软件企业6900余家，从业人员9.8万余人，累计3.8万余家35.6万余人。部署开展制造业数字化转型八大行动，新培育10家国家智能制造示范工厂、1个“双跨”平台，分别累计达17家、3个；新建设认定智能工厂17家、数字化车间224家，分别累计达144家、958家；新部署“一链一网一平台”试点示范4个，累计达7个；工业互联网标识解析国家顶级节点（重庆）接入西部10省市二级节点47个，累计标识注册量超过272亿个；两化融合发展指数提高至105.5，稳居西部第一。成功举办2023年智博会。

（三）健全优质企业梯度培育体系

优质中小企业梯度培育被纳入全市重大改革事项之一，全面夯实先进制造业高质量发展“生力军”。新增市级专精特新中小企业1366家，累计达3694家，占全国的3.6%。其中，专精特新“小巨人”企业286家，占全国的2.4%。“一企一策”培育53家链主和21家领军企业。长安汽车、青山工业等7家渝企入选创建世界一流专精特新示范企业。营业收入超100亿元以上的工业企业达32家。11家渝企上榜2023年中国制造业500强。深入推进“大手牵小手”行动，上线运行

"渝企零距离"供需平台，入驻供需主体5620家，发布供需清单9780余项。出台促进民营经济"25条"，9家渝企上榜2023年中国民营企业500强。

（四）持续强化科技创新引领

升级打造重庆市高新技术产业研究院，深化"产业研究院+产业基金+产业园区"科技成果转化路径试点示范，成功孵化落地硬科技企业53家。3D造型微晶纳米电子玻璃、计算机辅助公差（CAT）全自动建模等成果为国内首创。有研发机构和研发活动的规上工业企业占比分别达29.8%和42.1%，规上工业企业研发投入强度达1.76%，高于全国平均水平0.37个百分点。国家级企业技术中心和产业技术基础公共服务平台分别达48家、11个。成功入选2023年全球创意城市网络"设计之都"，累计建设国家级工业设计中心11家。

（五）纵深推进区域协同发展

部省市协同推进区域制造业高质量发展，部市共建汽车芯片与软件国产化适配验证和生态创新中心等6个事项被纳入重点合作任务。迭代完善汽车、电子信息、装备制造业对接平台，共同推进两批35个产业合作示范园。启动成渝地区电子信息先进制造集群培育提升三年行动，集群总规模超1.6万亿元。共建成渝"氢走廊""电走廊""智行走廊"等重大应用场景，川渝汽车产量占全国的比重提高至10.9%。着力实施先进制造业发展"渝西跨越计划"，渝西地区规模工业总产值、工业投资分别占全市的26.4%、34.8%，成为推动成渝"双向奔赴"的新增长极。全面启动制造业亩均论英雄改革。成功举办2023年中国产业转移发展对接活动（重庆）。

（六）全力打造一流营商环境

创新实施服务企业专员制度，为上万家企业配备8000余名市区两级服务专员。迭代升级"企业吹哨·部门报到"平台，全年受理吹哨事项2444件，办结率和服务满意度均超99%。全面落实减税降费、金融扶持等惠企利企政策，制造业领域新增减税降费及退税缓费100.5亿元，占比18.6%。创新推出"技改专项贷"，中小企业融资最低利率3.2%。实现迎峰度夏、迎峰度冬能源保障有力有序，电力顶峰能力较上年度夏增加270万千瓦。推动中石化落实6%优惠气量，出台增量气留渝消纳政策。

二、发展中存在的问题

主导产业能级不高。从规模看，尚无万亿级产业集群；从产业链看，16条标志性产业链470项关键环节中尚处空白、发展不足的占比达63.6%。重庆市仅有与四川联合申报的电子信息先进制造业集群上榜工业和信息化部公布的45个集群，远低于江苏10个、广东7个、浙江4个的水平。

优质企业偏少。截至2023年，全市规上工业企业数7798家，占全国的1.62%，排名全国第17位。单项冠军企业13家，占全国的1%，与湖北的37家、陕西的24家相比差距较大。国家专精特新"小巨人"286家，占全国的2.4%，与湖南的796家、四川的423家相比等差距较大。

创新能力偏弱。高能级创新平台建设较为滞后，制造业领域国家级制造业创新中心仅1家。研发结构有待优化，研发投入强度虽高于全国平均水平，但基础研究与应用研究占比仅2.5%。

企业经营困难较多。受成本上升、需求不足等因素影响，企业生产经营面临诸多困难。2023年，全市规上工业利润下降3.7%；规上工业企业营业收入利润率5.11%，低于全国平均水平

0.65 个百分点。每百元营业收入中成本为 86.3 元，高于全国平均水平 1.54 元。

三、2024 年发展思路

牢牢把握高质量发展这个首要任务，强化党建统领，突出“稳进增效、除险固安、改革突破、惠民强企”的工作导向，以落实推动成渝地区双城经济圈建设、加快建设西部陆海新通道和长江经济带高质量发展等国家战略为牵引，以数字重庆建设撬动工业经济全方位、系统性、重塑性变革，全面深化改革开放，加快发展新质生产力，推动高水平科技自立自强，加快构建以先进制造业为骨干的现代化产业体系，持续推动工业经济实现质的有效提升和量的合理增长，力争全年规上工业增加值增长 8%，制造业增加值占地区生产总值的比重提高至 26%，工业投资增长 14%，数字经济核心产业增加值增长 5%。

全力以赴稳住工业经济大盘。聚焦重点行业，逐一研究制定汽车、电子、材料等重点行业稳增长工作方案。聚焦重点区县，指导用好先进制造业发展产业地图，健全制造业高质量发展监测评价体系。聚焦重点企业，落细落实稳增长目标任务，促进企业稳产增效。

创新驱动提升产业发展能级。健全“专项方案 + 专班推进”机制，迭代完善“33618”现代制造业集群体系。全面推进“产业研究院 + 产业基金 + 产业园区”科技成果转化路径试点示范，推动“四链”深度融合。抓好工业节能降碳，发展绿色低碳产业，建设绿色制造体系。

数实融合建设数字经济发展新高地。统筹推动“芯屏端核网”补链延链升链建链，深入实施“满天星”行动计划，持续强化数字经济核心产业集群。完善“一链一网一平台”赋能生态，深入推进制造业数字化转型，带动中小企业数字化变革。以“产业大脑 + 未来工厂”为核心架构，迭代完善数字经济系统。

多维育企激发市场活力。做好链长、链主企业招商引资，持续增强产业发展后劲。实施领军“链主”企业跨越发展计划，落实落细中小企业专精特新梯度培育行动、“瞪羚企业”“独角兽企业”梯次培育计划、企业上市“千里马”计划等。实施产业链供应链合作伙伴计划，构建大中小企业融通发展生态。

协同合作推动区域联动发展。深入实施“一号工程”，积极承接军民融合、大型成套装备、集成电路等领域重大项目，打造国家重要产业备份基地。深入实施先进制造业渝西跨越计划，调整优化“一区两群”产业布局。深化推进开发区（园区）、亩均论英雄等改革，推动园区提档升级，加快产业提质增效，做大做优主导产业。

多措并举持续提升服务质效。以“三联三送三落实”专项行动常态化开展“三服务”，优化“企业吹哨 · 部门报到”平台，持续实施服务企业专员制度。健全闭环工作机制，迭代升级“一企一策”纾困体系，贯彻落实“一链一策一批”中小微企业融资促进行动，推动惠企政策“免申即享”“直达快享”。全力保障能源要素需求，持续优化营商环境。

（执笔人：苏波）

工业投资

重庆市经济和信息化委员会　规划与投资处

工业投资是稳定增长基本面、培育新兴增长点的重要支撑。2023 年，全市经信系统锚定高质量发展目标，全面贯彻新发展理念，积极扩大有效投资，重庆市工业投资结构不断优化。

一、2023 年发展回顾

（一）工业投资整体情况

2023 年，全市工业投资同比增长 13.3%，分别高于同期全国工业投资平均水平、全市固定资产投资 4.3 个、9 个百分点。

从重点行业看，行业投资增速“三快三稳二降”。2023 年，随着一系列支持制造业高质量发展政策措施的深化、实化、细化，全市汽车、医药、能源三大行业保持快速增长，同比分别增长 33.6%、27.6%、20.5%，占工业投资的比重分别为 13.9%、5.4%、17.5%。电子、装备、材料三大行业持续稳步回升，同比分别增长 8.4%、12.3%、13.2%，占工业投资的比重分别为 21.8%、10.6%、14.8%。摩托车、消费品行业投资降幅趋于收窄，同比分别下降 12.1%、2.6%，占工业投资的比重分别为 0.8%、15.1%。

从投资项目看，在建工业项目发挥投资增长“主引擎”作用。从面上看，2023 年全市在建工业项目数量、计划总投资分别增长 7.0%、13.5%，其中，新开工项目数量、计划总投资分别增长 7.0%、6.2%，本年度新开工项目完成投资较上年同期增长 14.2%，新开工项目对全市投资贡献程度进一步提高。从重点项目看，224 个年度市级重点项目全年完成投资 778 亿元，超额完成年度投资目标计划，投资进度达 135.8%，有效引领巩固全市工业投资增长基本面。

（二）主要举措及成效

抓招商引资强投资后劲。不断优化招商工作机制，完善招商目标企业库和项目库，深入开展产业链招商，2023 年全年新签约工业项目 1270 个、正式合同额 1.02 万亿元，其中百亿级项目 14 个；到位资金 2478 亿元、增长 8.6%。新开工工业招商项目 981 个，近三年招商工业项目开工率 61.8%。

抓项目建设稳投资基础。深入实施“抓项目促投资”专项行动，制定年度市级工业重大建设类项目新开工、在建、前期“三张清单”，按照“一季度落实到旬、二季度落实到月、下半年落实到季度”的标准，挂图打表推进项目建设，确保项目早开工、早竣工、早投产、早见效，尽早形成实物投资量支撑全市工业投资增长。2023 年全市重大工业项目超额完成年度投资计划，带动全市工业投资同比增长 13.3%。

抓技术改造增有效投资。充分挖掘企业高端化、智能化、绿色化转型契机，鼓励企业加快设备更新迭代、产线升级扩能等技术改造，积极扩大有效投资。一是数智赋能转型升级加快，深入开展智能制造诊断评估，加快推进数字化车间和智能工厂建设，2023 年新实施 1146 个智能化改造项目，新建 17 个智能工厂和 224 个数字化车间，示范项目生产效率平均提升 56.8%。二是绿色低碳投资潜力加速释放，聚焦落实碳达峰碳中和、能耗“双控”要求，2023 年新创建国家绿色工厂 54 家、绿色园区 4 个、绿色供应链 10 条，规上工业增加值能耗下降至 0.756 吨标准煤 / 万元，大宗工业固废利用率为 74%。

二、发展中存在的问题

从宏观形势看，产能过剩、盈利下降“负循环”尚未得到扭转，企业投资意愿发生变化。2023 年全年全国工业产能利用率为 75.1%，同比下降 0.5 个百分点，1~12 月全国规模以上工业企业营业收入利润率 5.76%，同比下降 0.2 个百分点，呈现“增产不增效”。产能过剩与盈利下降双重挤压下，企业投资意愿与投资能力均有所弱化，特别是疫情后“回调”态势明显，12 月全国制造业采购经理指数（PMI）跌至 49%，比上月下降 0.4 个百分点，连续 3 个月处于收缩区间。

从重庆市实际看，招商引资难度加大，存量企业投资能力有限，项目接续存在较大压力。招商引资类项目投资约占全市工业投资来源的 60%，在企业投资行为发生深刻变化背景下，优质重资产投资项目更加稀缺，各地区争夺日趋激烈，企业对地方“要价”也水涨船高，项目招商难度日益增大。而重庆市工业规上企业每百元营业收入中的成本高于全国平均水平 1.54 元、营业收入利润率低于全国平均水平 0.65 个百分点，存量企业投资能力相较全国平均水平更为有限。

三、2024 年发展思路

按照《政府工作报告》中确定的“2024 年工业投资增长 14%、技改投资增长 15%”的目标，统筹抓好以下重点工作。

（一）聚焦“重点项目”，全力稳定工业投资“基本盘”

坚持重点项目支撑引领，深入落实“抓项目促投资”专项行动，围绕“33618”现代制造业集群体系，建立新开工、在建、前期项目“三张清单”，落实“一项目两专人”工作机制，挂图打表推进项目建设，确保一批重点项目加快开工建设、在建项目加快完工、完工项目加快投产达产，确保全年市级重点工业项目完成投资 800 亿元。

（二）聚焦“技术改造”，全力扩大技改投资

全面贯彻《重庆市工业企业以数字化为引领深化技术改造促进产业高端化智能化绿色化转型升级行动方案（2023—2027 年）》，深入落实“技改专项贷”等支持政策，推动 2024 年新实施技术改造项目 1500 个。持续推进面上企业技改意愿“扫街”行动，动态更新年度技术改造项目实施计划和五年滚动计划储备情况。强化对“双百企业”等在渝重点企业扩大再投资计划跟踪摸排，全力争取扩大再投资项目留在本地。加快推动“线上 + 线下”服务支撑体系建设，组织第三方机构对企业数字化转型开展诊断评估，提高全市抓技改投资工作质量与效率。

（三）聚焦“补链成群”，全力做实招商引资

聚焦打造“33618”现代制造业集群体系，围绕 16 条标志性产业链中 177 个发展不足环节

和 122 个尚处空白环节，立足先进制造业发展产业地图，紧盯市外链长链主企业和本地“双百”企业，做好项目策划，实现“引一个、带一串”，确保“引进来、落得好”，力争形成投资、产出增量的同时快速优化产业生态。探索建立以开工率和投资率为核心指标的考评机制，并对生产制造类、研发创新类、公共平台类招商项目实施差异化管理。

（执笔人：游诗纬）

工业绿色发展

重庆市经济和信息化委员会节能与综合利用处

2023年，重庆市紧扣新时代新征程新重庆制造业高质量发展工作主线，精准施策推进绿色低碳转型，软硬结合提升绿色供给能力，区域合作营造绿色发展氛围，全方位、多维度推动工业绿色高质量发展，实现1大突破，打造3个率先，突出5项重点成效。

一、2023年发展回顾

（一）绿色制造示范数量取得突破

实施绿色制造体系全过程跟踪培育，通过入库评估及精准帮扶绿色工厂创建中的重大绿色技改项目，企业创建热情不断提升；培育一批市级绿色制造第三方服务机构，着力提高重庆市绿色制造第三方服务机构的专业服务能力和服务质量，不断加强绿色制造领域智力支撑。2023年，全年创建市级绿色工厂80家、绿色园区8个，创建国家绿色工厂54家、国家绿色园区4个、国家绿色供应链10条，在绿色工厂奖补资金持续缩减的情况下再创历史新高。

（二）绿色制造服务体系初步形成

面向重点领域、区域和中小企业，以培育市级重点绿色制造综合服务平台为抓手，切实提升制造业绿色服务能力。

率先推行绿色制造全覆盖。出台《关于加力构建绿色制造体系的通知》，在区县级充实以绿色工厂、绿色园区为主要内容的绿色制造示范单位，推动绿色制造体系由示范引领逐步转向全面支撑，打造具有鲜明产业特征、地域特征的区县级绿色工厂、绿色园区。

率先打造绿色制造综合服务平台。培育首批3家市级绿色制造综合服务平台，深度捆绑所在区县制造业绿色发展目标和绿色制造综合服务平台年度任务，充分发挥绿色制造综合服务平台的市场运营和专业服务能力，面向全市提供集咨询、融资、改造、托管等于一体的“一站式”绿色制造综合服务。

率先出台绿色金融十条。印发《金融支持重庆工业绿色发展十条措施》，明确各金融机构对标绿色工业发展的重点任务，加大对近零碳园区、绿色园区、绿色工厂的生产经营、清洁能源利用、节能环保技改升级、二氧化碳捕集利用与封存项目建设方面的贷款需求支持力度，强化对钢铁、有色、化工、建材等重点行业中节能降碳效益明显的绿色转型技改项目的金融支持。

（三）绿色低碳转型道路亮点纷呈

重点领域节能硕果累累。完成110家企业绿色生产水平评估工作，提出324项改造方案，支持绿色技改项目31个，实现年节能23.6万吨标准煤，节水83.7万吨，减排污染物4100吨。完成重点企业节能目标责任制监督检查，累计实现节能量121万吨标准煤。

绿色服务支撑卓有成效。通过绿色制造综合服务平台开展专业化绿色生产水平诊断，调研企业、园区80余个，提供先进适用绿色化水平提升方案、绿色生产水平诊断方案100余个，推动重大绿色改造项目4个，完成重点分布式光伏项目8个，举办专题培训会议10余场，参会人员超1000人次。

工业水效提升步伐加快。支持节水项目5个，拉动企业投资6220万元，节水83.7万立方米。评选重庆万凯新材料科技有限公司等16家企业为市级节水型企业，重庆天原化工有限公司等4家企业为市级“水效领跑者”企业，成功创建国家工业废水循环利用试点企业1家，园区1个。

工业污染防治攻坚破难。印发《关于深入打好工业和信息化领域污染防治攻坚战的通知》，牵头推进工业领域污染防治攻坚战任务落实，形成《市经济信息委2023年工业生态环境保护目标任务分工表》，强化工业环保“一岗双责”工作机制，组织开展2023年680家重点工业企业环境保护指导督促专项行动。

川渝绿色协作机制初具规模。筹备川渝工业绿色低碳发展主题活动，发布《川渝节能降碳先进适用技术、装备、工艺目录（2023版）》。举办川渝节能环保人才技能大赛，加强川渝地区节能环保技能人才培养，为川渝地区工业绿色高质量发展提供重要人才支撑。

二、发展中存在的问题

社会节能降耗意识仍待提高。在节能降耗观念上，企业主体对实现节能降耗推动产业高质量升级的理解还不够到位，同时因经济下行压力增大，企业运营面临挑战，对节能改造能力不足、意愿不强，多数节能改造仍由强制标准驱动，主动节能转型还没有成为发展主流。在稳经济的压力下，地方工作重心仍为优先支持产业快速发展。

存量产业节能挖潜空间不足。一直以来重庆市大力推进供给侧结构性改革，依法依规推动钢铁、煤炭、水泥、电解铝、火电等行业落后产能应退尽退，现行标准下落后产能已应退尽退。单位工业增加值能耗已下降至0.756吨标准煤/万元，低于全国平均水平近10个百分点。占全市规上工业能源消费量80%以上的300家重点用能企业，“十四五”期间可累计实现节能200余万吨标准煤，占年均工业能耗的比重不到6%。

部分较难利用工业固废存在较大隐患。“十三五”以来，重庆市大宗工业固废综合利用率保持在90%以上。近年来，因产业发展需要，一批氧化铝、磷化工项目陆续投产或复产，加之建筑领域需求萎缩，以赤泥、磷石膏为代表的工业固废产生量急剧增加，现有技术、支持政策不足以支持此类工业固废源头消减堆存量，存在环保风险隐患。

三、2024年发展思路

2024年，重庆市将突出“降碳、减污、扩绿、增长”工作导向，对准节能降碳“发力点”、主攻绿色改造“薄弱点”、聚焦绿色发展“落脚点”，加速推动制造业绿色低碳转型升级。

（一）加强节能目标动态管理

紧抓重点用能行业能耗监测，强化节能预警分析，针对六大高耗能行业、八大支柱行业、十大高耗能产品，按照季度报告变动趋势、半年作出预警分析、年度进行总结分析的方式，强化形势预测预警，研究处理工业节能工作中存在的突出问题。

（二）推动绿色技改扩面增量

持续培育绿色制造综合服务平台，鼓励绿色制造综合服务平台深入掌握所在区域的能源结构、产业结构、绿色发展水平等基本情况，深刻理解区域绿色发展的痛点、难点，形成支持区域绿色发展的精准服务能力，以覆盖面为重点推动广大中小企业高质量发展。

（三）强化工业节能协同能力

启动“工业绿效码”应用建设，创新开展重点领域能碳一体的绿色监测、规上企业绿色化成熟度评价，多跨协同电力、生态环境的能碳排监测，融合统计、税务等部门能源、产值数据，对规上工业企业实现全量化赋码管理。设计绿效评测、绿色服务、绿色管控、绿色成效等针对绿色化发展的一条链治理流程，推动数据共享、集成评价、协同治理的体制机制改革。

（执笔人：杨睿妮）

汽车工业

重庆市经济和信息化委员会汽车工业处

2023年是重庆市全面贯彻落实党的二十大精神的开局之年，打造世界级智能网联新能源汽车产业集群的第一个完整年度，在市委、市政府的坚强领导下，我们坚定不移贯彻“33618”决策部署，围绕万亿级产业集群建设目标，加快推进全市汽车产业转型升级高质量发展，产业发展取得较好成效。

一、2023年发展回顾

（一）基本情况及亮点

重庆是全国重要的汽车产业基地，共有整车企业20家，产品种类涵盖轻、重、客、微、轿全谱系。有规模以上汽车零部件企业1100多家，电装、大陆、麦格纳、弗迪、青山等国内外知名汽车零部件企业集聚发展。全市智能网联新能源汽车在品牌打造、产业链培育、设施配套等方面取得长足进展，形成西部地区最为完整的智能网联新能源汽车产业链，在智能网联先行先试、换电模式、氢燃料汽车推广等方面处于国内先进行列。2023年，全市汽车产量231.8万辆，同比增长2%，占全国的比重为7.7%；完成产值4802.9亿元，同比增长8.9%，占全市工业总产值的比重为18.2%。

全行业加速发展。全市汽车制造业产值增速是全市工业产值增速（3.3%）的2.7倍，增加值增速9.9%，高于全市工业增加值2.7个百分点，对全市工业增加值增长的贡献率达到23.8%。

龙头企业支撑有力。长安系完成产量138.9万辆，同比增长9.6%；实现产值1405.7亿元，同比增长11.7%。赛力斯集团完成产量22.3万辆，同比增长7%；实现产值302.8亿元，同比增长12.5%。长安系和赛力斯集团新能源产量合计完成45.7万辆，占全市新能源汽车产量的比重达到91.4%，对全市新能源汽车产量增长的贡献率达到102.9%。

新能源产品量价齐升。全市新能源汽车产量完成50万辆，增速30.3%，较汽车产量增速（2%）高28.3个百分点。问界M9创重庆市自主品牌乘用车售价新高。

招商引资硕果累累。汽车产业签约项目403个，同比增长153.5%；签约金额4050亿元，同比增长108.8%。其中，全球500强和中国500强企业10家、上市企业14家、龙头企业13家、“独角兽”企业2家，签约金额1432.3亿元。

核心配套持续增强。意法功率芯片、大洋电机、禾赛激光雷达等关键零部件项目落地，有效填补相关领域产业空白。集聚长安汽车软件、中科创达、北斗星通智联等知名汽车软件企业154家、同比增长71%，产业规模达130亿元、同比增长17.5%，行业从业人员总数超1.6万人。

基础设施不断完善。市内推广新能源汽车16.7万辆，同比增长44.9%，市场渗透率达到37.7%，累计突破43万辆。新增充电桩9.2万个、同比增长84%，累计建成充电桩21.1万个。公共充电桩平均时长利用率高于全国平均水平5个百分点以上，平均车桩比、公共车桩比均高于全国平均水平。累计建成加氢站 7 座。新增换电站 68 座，同比增长 106%，累计建成换电站 154 座，累计新增换电车辆 2.1 万辆，换电站建设及车辆推广数量为全国领先。

先行先试位居前列。重庆（两江新区）国家级车联网先导区累计改造车路协同道路双向 730 余公里，实现直联车辆 5000 余辆，涵盖公交车、环卫清扫车、大客车、乘用车等车型，实现 30 余种基于 V2X 的车联网应用。长安汽车、赛力斯等 30 家汽车企业已在渝开展自动驾驶开放道路测试与应用，发放测试号牌 382 副，累计测试里程超过 250 万公里。永川区在国内率先实现车内无人自动驾驶商业化示范运营。成功入围全国第一批公共领域车辆全面电动化先行区试点城市。

出口表现稳中向好。全市出口汽车 36.8 万辆，同比增长 29.8%，比汽车产量增速高 27.8 个百分点，占全市汽车产量的比重较上年提升 3.4 个百分点；累计出口金额 331.7 亿元，增长 51.9%，出口汽车单车价值超过 9 万元，同比提升 16.9%。

（二）主要工作举措

持续加强顶层设计。出台 8 个行业文件，进一步完善政策支撑体系。其中，以市政府办公厅名义出台《渝西地区智能网联新能源汽车零部件产业发展倍增行动计划（2023—2027 年）》《重庆智能网联新能源汽车零部件产业集群提升专项行动方案》《重庆市“渝车出海”行动计划》，以市经济信息委名义印发《重庆市中心城区充换电基础设施专项规划（2023—2025 年）》等 5 个文件。

推动企业转型升级。传统燃油车整车方面，着力推动长安、赛力斯等企业加快传统燃油车产能通过技改、迁建等方式，加快智能化和新能源化改造提升。传统零部件方面，推动飞龙江利、升科精锻、华孚工业等 90 余家传统汽车零部件企业向智能网联化和新能源化方向转型。“专精特新”企业培育方面，推动 151 家企业通过“专精特新”称号市级评审。

大力开展招商引资。市领导会见兵装集团、博世集团、宁德时代、吉利控股等 15 位企业高层，招引行业头部企业在渝投资。推进招引项目落地建设、投产见效，全年汽车行业完成投资 457.3 亿元，同比增长 33.6%；50 个市级重点项目完成投资 230 亿元，圆满完成年度计划。

接续补齐产业链条。全面梳理重庆市产业链、供应链、创新链的优势和短板，有的放矢精准招引培育，实现补链、强链、延链。签约智能网联新能源汽车系统项目 140 个。其中，补链强链项目 70 个。目前，重庆市在智能网联新能源汽车零部件的三大系统、十二大总成、56 个部件中，仅智能驾驶控制器 1 个小类处于空白。

不断强化服务保障。跟进行业走向和发展趋势，常态化监测、调度重点企业运行情况，共召开 14 次运行分析会，形成 19 期汽车行业运行和预测报告。深入推进“三服务”质效提升，落实服务专员制度，利用“企业吹哨 · 部门报到”线上服务平台和“三联三送三落实”工作机制，实现助企纾困“一企一策”，累计调研企业 80 家次，帮助企业解决重要问题 23 个，包括赛力斯委托代工、长安新车型上公告等重大事项。

持续完善基础设施。在全国主要城市中率先发布《重庆市中心城区充换电基础设施专项规划（2023—2025 年）》，上线全市充换电基础设施一张网“渝易充”App，优化重庆市汽车后市场服务布局，全市建成高速公路服务区充电站 139 个，建成公共快充桩 561 个，高速公路单枪功率全面提升至 60kW 以上，基本覆盖高速公路服务区快速补能场景，实现适宜使用新能源汽车的地区充电站“区县全覆盖”“乡镇全覆盖”。创新应用新技术新模式，已建成2座“光储充换”综合能源站和“充储泊一体化”体验中心。

渝西地区协同发展。引导渝西地区与中心城区错位发展，加快建设全国领先的智能网联新能源汽车零部件特色产业基地。渝西地区汽车零部件产业产值实现1120.8亿元，同比增长10%，占全市汽车零部件产业产值的46.7%；签约项目200个，同比增长159.7%，占全市签约项目总量的49.6%；签约金额1700亿元，同比增长159%，占全市签约总金额的42%。

高位开展重大活动。紧扣2023年智博会“智能网联新能源汽车”年度主题，邀请长安、赛力斯、弗迪电池等509家产业链上下游核心企业到会参展。组织2023年产业转移大会智能网联新能源汽车专场，广邀150家企业、210位嘉宾参会，签约安道拓亚太技术中心、图达激光雷达研发生产基地等23个项目，金额超过300亿元。高质量举办2023年重庆国际车展、2023年重庆市智能网联新能源汽车产业长三角招商推介等活动，指导市级部门及区县举办会议论坛、招商推介等各类活动20余场次。产业发展亮点被人民日报、新华社等报道共29条，在CCTV1新闻联播和焦点访谈、重庆新闻联播共计播出13条。

切实加强政策支持。广泛宣传惠企助企奖补政策，支持优质企业做大做强，提振企业发展信心。严格执行《关于重庆市促进汽车产业平稳增长政策措施市级财政奖励资金相关事项的通知》《2023年度新能源汽车和充换电基础设施财政补贴政策》等文件要求，本年度累计拨付市级财政补助资金约2.2亿元。

加快推动成渝协作。围绕共建成渝世界级智能网联新能源汽车高水平研发制造基地，大力支持产业转型升级，两地累计上市60余款新能源车型，建成动力电池产能超200GWh，产业规模超4000亿元。共同促进供应链互配互采，建成供需线上对接平台，累计配套资金超400亿元。联动推进技术创新突破，组建川渝产教与创新联盟，促成长安、赛力斯与四川时代、富临精工等企业深度合作。携手打造示范应用场景，推动成渝“氢、电、智行”三条走廊建设，两地累计投入氢燃料电池汽车862辆、建成加氢站26座，互联互通的智慧高速、充换电网络持续完善。

二、发展中存在的问题

核心零部件本地配套能力不强。新能源动力电池主要采购于市外的宁德时代、中创新航、国轩高科等，比亚迪电池（产能35GWh）还没有为市内整车企业配套。功能芯片、功率芯片等汽车芯片的本地供应能力缺乏。只有长安软件等较少数汽车软件开发机构，没有应用类软件企业。

部分企业亟待转型。合川区的北汽瑞翔和比速汽车、璧山区的重庆众泰、两江新区的北京现代工厂均处于停产状态，正待盘活资质和产能重整发展。江津区的重汽轻型车销量低迷，发展困难。

三、2024年发展思路

（一）工作思路

坚持以习近平新时代中国特色社会主义思想为指导，认真落实习近平总书记对重庆提出的重要指示要求，深入贯彻全市推动制造业高质量发展会议精神，按照“33618”现代制造业集群体系建设的总体部署，紧盯重庆市汽车产业发展短板，稳预期、强企业、补链条、建生态，全力以赴推动世界级智能网联新能源汽车产业集群加快建设。

（二）目标任务

预计 2024 年全市汽车产业实现产值 5800 亿元、同比增长 20%，汽车产量 260 万辆、同比增长 12%，其中新能源汽车产量 100 万辆、同比增长 100%，出口汽车 50 万辆、同比增长 35.9%。新增充电桩 9 万个，新增换电站 65 座，推广新能源汽车 20 万辆。

（三）工作举措

着力高效统筹推进。一是做好顶层设计。针对行业和企业发展中的痛点和需求，制定推动商用车振兴、基础设施提升等方面的综合性文件。二是发挥政策引领。用好用活扩大出口、公共领域新能源化等政策措施，帮助企业缓解经营压力，加大国内外市场拓展力度。三是推动产业集聚。督促渝西八区加快推进智能网联新能源汽车零部件产业串链成群。

稳定整车企业发展。一是优化产能整合重组。支持优势整车企业整合富余产能，推动无效产能依法依规退出，提高整体产能利用率。二是壮大龙头企业。支持长安、赛力斯打造阿维塔、问界等高端品牌，加快智能网联新能源汽车新车型的研发和投放，提升汽车出口规模，争创世界级汽车品牌。三是做强骨干企业。推动长安福特、东风小康等骨干企业加快智能网联新能源化转型，中车恒通等做大新能源客车规模，庆铃、上汽红岩等发展电动商用车，瑞驰、鑫源等巩固在电动物流车市场的领先优势，积极抢占新能源汽车细分市场。

推动零部件产业体系重构。一是推动零部件企业转型升级。引导传统汽车零部件企业发挥自身技术和制造优势，向生产智能底盘、轻量化零部件、智能车控等智能网联新能源汽车零部件转型。二是加强优质中小企业培育。围绕智能座舱、热管理系统、电转向系统等发展基础较好的优势领域，打造“链主”企业、专精特新“小巨人”企业、单项冠军企业等优质企业阵营。三是促进跨行业融合发展。鼓励纬创、仁宝等笔记本电脑代工企业积极加快与汽车行业融合发展，研发制造汽车电子产品。四是强化重要零部件引育。加大力度对行业壁垒较高、本地转型升级难的重要零部件企业开展精准招引。

加强重点项目建设。一是策划梳理重点技术改造项目，建立技改项目储备库，按照建设计划动态管理、清单化梯次推进，强化要素保障和调度服务。二是持续加强重点项目建设，会同市级部门及有关区县，推动比亚迪动力电池研究总院新增投资项目、禾赛科技软件研发总部等 2023 年重点签约项目开工建设，推动璧山长安线控底盘及轻量化项目、沙坪坝文灿新能源汽车轻量化一体车身生产基地等一批重点项目建成投产，推动普华软件、科博达自动驾驶、博泰车联网等重点在谈汽车软件类项目签约落地。

聚力开展招商引资。一是安排专人会同相关区县跟进福特新能源汽车、中国长安零部件集团、万集科技智能座舱等重点在谈项目。二是在前期向区县推荐市外配套企业 94 家的基础上，会同整车企业了解市外配套企业投资意愿，加强对渝西地区招商资源的倾斜，推动区县提升赴外招商频次。三是在前期梳理热管理系统、激光雷达（传感器）等招商专案的基础上，会同渝西各区按照产业定位继续梳理细分总成招商专案，以总成招部件，层层递推，努力实现细分总成产业链条的纵向整合和协同发展。

持续推进充换电基础设施建设。一是协调推动国网电动公司加入高速合资公司，梳理完善职能职责，配合合资公司统筹加快建设高速公路服务区充电基础设施。二是起草《关于加快构建高质量充电基础设施体系的实施意见》，优化财政支持政策，支持中心城区以外区县结合实际加快编制辖区内公共充电网络规划，推进辖区内充换电基础设施建设，构建布局完善、结构合理、服务均衡、运营规范的高质量充电基础设施体系。

积极推动成渝“氢走廊”“电走廊”建设。一是围绕成渝经济圈及重庆周边重点城市，推动成渝高速、成资渝高速等主要高速走廊充换电基础设施配套完善，形成覆盖渝蓉高速公路全线的快充网络。二是加速成渝“氢走廊”建设。联合四川继续申报国家燃料电池汽车示范城市群，持续鼓励利用现有加油加气站点网络增设加氢功能，探索在港口码头、物流园区等区域依法依规建设企业自用加氢站。

着力推进“四链”融合。一是围绕产业链部署创新链，大力培育汽车与科技行业深度融合的创新型企业，积极引进智能网联和新能源关键领域的创新项目，鼓励企业加大研发投入，建设国家级和市级创新中心。二是围绕创新链布局产业链，支持重庆高新技术研究院、李克强院士工作站等打造成为智能网联新能源汽车产业科技创新的成果转化平台。三是深度嵌入资金链，加大工业和信息化发展专项资金、重庆汽车产业发展专项基金等政策和资金的集成和支持力度。四是配套完善人才链，落实落细人才政策和人才计划，引育汽车软件、汽车芯片、轻量化材料等领域的高端领军人才和创新团队，实现高端人才和技术匠人的协同发展。

抢抓汽车出口发展机遇。一是支持长安、赛力斯等市内整车企业重点瞄准细分出口市场，开发适销对路的传统汽车和新能源汽车产品，并逐步实现从单一的整车出口贸易模式向“整车＋散件组装＋本地化运营”等多种模式的转变。二是合理加大政策支持力度，降低政策申报门槛，引导企业提升出口能力、开拓海外市场计划。

着力加强服务保障。一是继续落实企业服务机制。通过“一企一策”提升“三服务”质效，推进服务企业专员制度落地见效，做好市区两级对行业领军（链主）企业、“双百企业”、龙头企业骨干企业及相关专精特新企业“小巨人”企业的服务。二是强化要素保障。及时协调解决企业供应链保供突发问题，做好水电气、用工等要素保障，确保企业生产经营计划正常推进，力保阿维塔、问界、深蓝、启源等系列10余款新车型顺利上市、上量。三是抓好重点政策的落实落地。会同相关部门和区县，用好用活稳产促增政策，督促和支持长安汽车、赛力斯加大新能源汽车促销和海外市场拓展力度。

（执笔人：刘阳）

摩托车工业

重庆市经济和信息化委员会汽车工业处

2023年是中国经济持续复苏的一年，在国际国内宏观形势复杂多变、原材料价格居高不下的大背景下，中国摩托车行业依然保持稳定的发展态势，通过发挥主观能动性，积极创新，淘汰落后产能，在核心产品上发力，创新营销等手段，拉动消费，克服种种困难，在国内市场与出口市场均实现产销双增。

一、2023年发展回顾

2023年，重庆摩托车制造业在市委、市政府的高度重视下，出台《重庆市高端摩托车产业集群高质量发展行动计划（2023—2027年）》《关于印发重庆市促进摩托车产业高质量发展政策措施的通知》等文件，推动摩托车企业拓品种、树品牌、补品质，构建完善的产业链、供应链，使之成为重庆市重要的产业并持续巩固优势。

（一）基本情况

截至2023年底，全市有摩托车整车制造企业44家，规模以上制造企业430余家，已形成了年产量超1000万辆整车和2000万台发动机的综合生产能力，具备发动机、离合器、车架、减震器、转向、轮毂、轮胎、仪表等各大总成完备的配套能力。2023年，全市生产摩托车562.3万辆，同比增长30.2%；实现产值862亿元，同比增长12.5%；销售产值862.5亿元，同比增长12.5%。

（二）发展特点

生产运行方面，2023年，重庆市摩托车月度产量总体走势良好。全年1~12月各月与上年同期相比皆为增长。一季度累计产量同比增长20.4%，二季度累计产量同比增长25.7%，三季度累计产量同比增长30.8%，四季度累计产量同比增长30.2%。

骨干企业方面，市内独立报统的摩托车企业中，2023年，产量居前十位的是爱玛、隆鑫、雅迪、宗申、航天巴山、润通、建设雅马哈、力帆、明睿福、大隆宇丰，分别达到80.3万辆、73.9万辆、66.3万辆、51.7万辆、32.7万辆、28.4万辆、25.1万辆、20.8万辆、19.6万辆、17.2万辆。上述十家企业合计生产摩托车416万辆，全市占比74.0%。包含市外分支机构在内，重庆市隆鑫、宗申、银翔共3家企业进入全国摩托车销量排名前十，产量分别达到187.74万辆、85.54万辆、52.54万辆，分列第2、第3、第7位。

出口方面，2023年，重庆摩托车行业出口金额达162亿元，居全国第一，同比增长18.5%。包含市外分支机构在内，重庆隆鑫、宗申、银翔、力帆、航天巴山等5家企业出口量进入全国前十，出口量分别为122.1万辆、49.7万辆、41.2万辆、24.8万辆和21.5万辆，依次居全国第1、第4、第5、第8、第10位。

产品方面，2023年，重庆摩托车企业大

力开展技术创新，不断研发出适销对路的新产品。隆鑫VOGE无极在2023年9月15日第二十一届中国国际摩托车博览会上重磅发布全新仿赛车型RR666 S与RR350、准公升旗舰车型DS900X等，展示了深厚的技术底蕴，从生态、产品、科技三大层面发力，开创机车新纪元。在本届展会上宗申包括旗下品牌“赛科龙”“森蓝”多款新车也正式亮相，推出“赛科龙”中量级仿赛车型RC680R和RC600、运动休旅车RG600、复古踏板RT2E摩登、仿赛攀爬宗申150 mini、电动越野森蓝EX2等多款新品，引起市场广泛关注，满足不同消费人群需求。力帆派方则在展会上推出了备受关注的全新大尺寸巡航摩托——星舰6。该款产品长近2.5米、宽约1.3米，整体呈现浓厚的科技和运动风格，同时具备良好的舒适性。赛力斯元图发布最新中排量高性能仿赛车型GP660。该车型采用战斗机仿真设计理念，配置全LED矩阵式大灯、电子快排等，综合产品力在同级中位居前列。

电动摩托车行业“三大龙头”爱玛、雅迪、台铃均在重庆建厂投产。2023年，爱玛年产量达80万辆，近几年其主推车型是时尚、运动的高端系列，修理门店数量多，能为用户提供较好的售后服务；雅迪高端电动车生产基地落户永川，2023年产量已达66万辆，从新国标开始，主推车型已经完成从代步车转向豪华高端车型，兼顾动力性能、舒适性、配置性能、售后服务等；台铃产品主要集中在中端市场，满足代步、通勤需求；台铃投资20亿元在大足高新区建设新能源电动车产业园，预计全部达产后年产量达200万辆，产值110亿元。

二、发展中存在的问题

生产能力不足。全市摩托车主要产品集中为小排量跨骑车和弯梁车（250ml及以下），占全市摩托车产销量的比例超过90%，近年摩托车产业增长的细分市场是重庆市摩托车产业的短板。一是电动摩托车方面，重庆市虽已在铜梁、永川、大足引进爱玛、雅迪、台铃等电摩头部企业，但本地生产基地上量达产进度迟缓，物流费大幅增长抑制零部件配套本地化率提升；二是中大排量摩托车（250ml以上）方面，重庆市企业虽有突破，但品质跟国际一流品牌尚有差距，市场占有率不高。同时本地供应商跟不上摩托车主机厂产品转型，供应链本地化程度降低，对行业持续较好发展的支撑力不足。

产品结构不尽合理。重庆市摩托车的主力产品主要是近年销量持续下滑的中小排量跨骑车和弯梁车，结构相对单一且档次和盈利能力不高，增长较好的踏板车仅雅马哈和安第斯可在重庆实现批量生产，而受市场欢迎的电动两轮车尚没有较为成熟的产品推出，大排量高端摩托车仍需加速扩大规模。在全面适应国四标准、加快转型升级发展的同时，加快培育发展踏板车及电动摩托车。

研发创新能力仍然不足。全市摩托车产业的研发投入强度尚不到2%，除少数重点企业的研发投入在4%左右外，不少企业的研发投入均不到1%。同时，虽然重庆市宗申、隆鑫、力帆等企业建有国家级企业技术中心，不少企业也建有市级技术中心，但还有一大批企业特别是一些中小零部件企业几乎没有技术研发部门，缺乏自主研发能力。

零部件产业配套化率需尽快提升。相比江苏、广东等地区，重庆市摩托车关键零部件产品本地配套能力还有较大差距，成为影响重庆市摩托车产业优化升级的重要因素，需予以高度重视。

品牌意识需要加强。在国内市场，重庆市不少摩托车品牌曾拥有较高知名度，但近年来，其品牌影响力已逐渐被广东和江浙的有关品牌替代；在国际市场，重庆市的产品主要销往经济欠发达的国家和地区，绝大多数是经销商贴牌销售，对价格和规模依赖度较高，少有甚至没有自主品牌，导致平均单车出口价值较低（500~600美元/辆），利润低，抗国外市场波动能力弱。

融合发展的紧迫感需要增强。智能化、网联化技术发展迅猛，新材料、新工艺也持续涌现，对制造业发展带来巨大的影响。而重庆市摩托车产业中多数企业对新技术、新材料、新工艺的影响力认识还不到位，急需深化认识，增强紧迫感，加大相关融合发展力度。

三、2024 年发展思路

（一）优化摩托车产品体系

加快燃油摩托车产品转型升级。鼓励传统燃油摩托车企业加大对 250ml 及以上中大排量摩托车的研发力度。持续丰富摩托车产品谱系，聚焦 250ml 及以上中大排量街车、巡航车、复古车、旅行车、赛车、越野车等高端摩托车产品，梳理国内外品牌市场格局，结合本地产业基础与技术现状，制定细分车型研发规划，加快燃油摩托车产品特色化和差异化发展。

构建电动摩托车完整产品谱系。鼓励本地摩托车企业结合自身优势开展长续航、高性能电动摩托车开发，加大电动踏板摩托车、电动轻便摩托车等基础车型的整车及关键零部件企业引育力度。加速研发以长续航、高性能的高速赛车、越野车等为引领的高端摩托车产品。

（二）加快零部件产业补链强链

推进中大排量摩托车零部件产业链优化升级。持续巩固发动机缸体、发动机缸盖、齿轮、活塞环等零部件产品优势。加快减震器、离合器、轴瓦、连杆、曲轴、覆盖件、智能控制器、智能仪表等产品提档升级。重点提升高端车架、ABS、电子控制器、催化转化器、电喷系统、智能控制系统等关键零部件本地配套能力。

提高电动摩托车零部件本地化配套率。加快推动本地轻量化车架、轮毂、涂装、高级防腐蚀电镀等产品及工艺提档升级。重点培育电动摩托车覆盖件、电机、电池及控制器等关键核心零部件生产企业。

（三）推进摩托车产业智能化发展

推动摩托车产品智能化升级。加快推进 BSD 盲区监控系统、LCMA 变道辅助系统、FCW 碰撞预警、IHA 智能大灯等智能环境感知技术；MSC 动态稳定控制系统、防抬头/防翘尾、陡坡缓降系统/自动驻车、坡道起步辅助系统等智能安全驾驶技术；加大智能语音、智能解锁、OBD 车联网等智能人机交互技术在摩托车领域的应用力度，提升摩托车产品智能化水平，提高摩托车驾乘乐趣。

提升摩托车产业数字化水平。应用工业互联网服务平台整合摩托车产业链资源，为摩托车企业提供从前期产品制造到后期市场营销的全产业链解决方案，为整车企业和零部件供应商提供协同合作的互联网平台。加快建设“产业大脑 + 未来工厂”融合发展新模式，以数据驱动供求关系循环优化，以数字化车间、智能工厂等为主体，着力构建“数字技术 + 实体经济”深度融合的摩托车产业形态。

（四）推动重点区域产业集聚区建设

加速构建产业集聚区。基于摩托车产业聚集现状，统筹规划，合理安排，重点打造以九龙坡、江津、巴南等渝南地区为核心的中大排量摩托车产业集群，以永川、铜梁、大足等渝西地区为核心的电动摩托车产业集群。引导整车及零部件企业向产业基地集聚，鼓励相关科研机构、设计公司、认证公司等配套服务企业向其周边落户，加快形成配套完善、功能齐全的产业集群。

重点打造“1+N”模式产业园区。鼓励以1家整车企业带动N家零部件配套企业模式建设摩托车产业园区，形成集模具设计加工、零部件生产制造、整车研发组装于一体的全链条产业基地。支持特色突出、效益明显的区域产业园区创建国家新型工业化产业示范基地和市级特色产业基地。

（五）提升产品核心竞争力

加大研发创新投入。鼓励企业加大研发创新投入，建立和共享研发平台，对标国际先进龙头企业。承担或参与企业技术中心、制造业创新中心、技术创新中心、产业创新中心、工程研究中心、重点实验室等建设，提升设计、研发、试验以及分析等能力。重点提升整车设计、热管理、整车噪声、振动与声振粗糙度（NVH）、主动安全自平衡、智能驾驶辅助等方面的研发能力。

提高产品质量水平。鼓励企业推广先进质量管理方法，加强对产品质量的监管与服务，保持质量管理体系有效运行。聚焦大排量发动机、电机、电控、电池等核心零部件的技术难点，梳理可靠性、耐久性等关键整车性能提升的技术问题，鼓励企业联合高校、科研院所、检测机构等开展专项攻关研究，攻关一批，应用一批，快速形成“产、学、研、用”一体化发展格局，促进新产品、新技术、新工艺等先进技术示范应用，推动行业整体发展水平提升。

（六）扩大出口市场规模

支持摩托车企业积极布局海外市场。指导摩托车企业精准开拓多元化国际市场，通过“前展后仓”开展品牌宣传、展示销售、售后服务，“一企一策”制定国际市场开拓方案。加强与国外销售公司合作，通过海外并购、合资合作等方式，共建海外市场营销渠道。鼓励摩托车企业加强协同合作，共享海外营销、服务渠道，拓展市场覆盖面，提升重庆产摩托车在国际市场的抗风险能力。

推动产业链上下游全面出口。鼓励整车企业在海外有步骤地建立整车生产基地和散件组装工厂，减少物流运输成本，提升产品在目标市场的竞争力。积极推动摩托车及零部件企业加强与专业服务机构合作，围绕出口新车型上市、关键核心技术发布、质量管控水平提升等主题，在海外举办专项活动，不断提升企业的海外影响力，打造专属品牌文化，赋能企业国际化发展，树立和筑牢摩托车出口基地形象和行业地位。

（七）提升配套服务能力

打造高质量摩托车标准体系。鼓励行业协会、技术团体针对大排量摩托车、高端电动车、智能网联摩托车等产品开展高质量标准研究，加强摩托车产业标准中关键技术指标的试验验证，提升标准的先进性和适用性。重点提升摩托车产业标准、计量、认证认可、检验检测、试验验证、产业信息、知识产权、成果转化等一体化服务能力。建立重庆市摩托车产业高质量标准体系，以标准引领高质量发展。

推动国家级摩托车检测机构发展。加强检测机构能力建设，提升服务水平，充分发挥本地化服务优势和平台作用。鼓励摩托车检测机构建造可满足高端摩托车研发、测试、评价的综合实验室，推动建设国内一流的摩托车可靠性、耐久性综合试验场，助力重庆市摩托车产业集群高质量发展。

（执笔人：钟欣）

轻工业

重庆市经济和信息化委员会消费品工业处

一、2023年发展回顾

按重庆市行业统计口径，2023年，重庆市轻工行业规模以上企业960户，实现工业总产值同比增长3%，出口交货值下降9.8%，营业收入同比增加0.8%。其中，家具行业规模以上企业103家，实现产值同比下降3.8%，出口交货值同比增加16.6%；造纸及纸制品行业规模以上企业127家，实现产值同比增长1.4%，出口交货值下降6.7%；塑料制品业规模以上企业320家，实现产值同比下降0.2%，出口交货值同比增长3.9%；玻璃制品制造规模以上企业82家，实现产值同比增长6.0%，出口交货值同比下降14.7%；印刷和记录媒介复制业规模以上企业127户，实现产值增长2%，出口交货值下降16.2%。

（一）加强统筹谋划

制定《推动消费品工业高质量发展暨数字化助力实施"三品"战略2023年度工作要点》《重庆市消费品工业平台培育工作方案（2023—2025年）》，启动修订《重庆市传统工艺美术保护办法》，进一步完善顶层设计。

（二）重点项目建设加快推进

顾家家居西南制造基地项目、奉节眼镜电镀车间、泰盛纸业技改项目开工建设；理文纸业废纸可替代技改项目、江山欧派家居项目建成投产。推动重庆联畅特种纤维材料有限公司利用生活废塑料生产各种高性能、高功能的特种纤维，形成功能性切片3万吨生产能力。

（三）产业氛围更加浓厚

市经济信息委联合巴南区、中国抗衰老促进会举办中国（西部）美妆科创大会。武隆区举办重庆市旅游装备及消费品博览会，奉节县举办2023年中国（重庆）眼镜产业高质量发展大会，以会促产，加速行业巩固培育。

（四）特色产业加快培育

奉节县以打造50亿级眼镜产业集群为目标，坚持以中高档镜架制造为发展重点，延伸发展眼健康及智能眼镜生产制造，持续引龙头、强链条、创品牌，签约项目超过100个，已投产的眼镜全产业链企业超40家，成功培育"三峡眼镜""夔州眼镜""奉节眼镜""三峡视界"等4个本土眼镜品牌。

二、发展中存在的问题

受国际形势错综复杂、国际供应链合作不稳定等因素影响，国外品牌订单投放量整体减少。受房地产市场不景气影响，精装房和家装市场持续低迷，家具产量出现下滑；快消品市场疲软，导致包装纸需求不足。

三、2024年发展思路

以习近平新时代中国特色社会主义思想为指导，以新型工业化为方向，以造纸及纸制品、塑料制品等细分行业为重点，以行业“双百”企业和重点监测企业为抓手，完善跟踪服务机制，加强要素价格、能源保障、产能利用、市场营销、物流通路等环节的跟踪协调，确保重点行业板块和企业平稳运行，稳定基本面。加强眼镜产业补链延链，加速产业集聚，促进内外贸一体化发展。加强个护美妆产业培育。推进重点行业、重点企业实施技术改造，建设数字化车间、智能工厂和绿色工厂，加快提升产业创新能力，持续推动产业结构优化升级。

（执笔人：余菲）

纺织工业

重庆市经济和信息化委员会　消费品工业处

一、2023 年发展回顾

（一）运行基本情况

按重庆市行业统计口径，2023 年，全市规模以上纺织工业企业 182 家，实现工业总产值同比下降 12.2%，出口交货值下降 34.8%，营业收入下降 9%。其中，纺织业规模以上企业 56 家，实现产值同比增长 4.9%，营业收入增长 11.6%；纺织服装、服饰业规模以上企业 68 家，实现产值同比下降 9.6%，营业收入增长 33.9%；皮革、毛皮、羽毛及其制品和制鞋业规模以上企业 58 家，实现产值同比下降 26.9%，营业收入下降 25.7%。

（二）行业发展情况

1. 培育优质生产力

尚上服饰等重点骨干企业通过收购、兼并、资产重组、品牌联盟等方式做大做强，建成全链条“尚诚通”数字化管理平台，实现客户、供应商、加工商、员工信息共享，通过龙头带动，促进产业配套和上下游有效衔接。支持第三方机构搭建重庆服装产业数字化服务平台，以订单为牵引，以数字技术为底座，通过数据协同、平台调度，实现服装产业科学匹配资源、快速接单反应、高效高质交付，提升重庆服装产业整体竞争力。

2. 持续增强发展后劲

深化服装产业链招商机制，强化市区（县）联动、部门协同，聚焦全产业链，2023 年新签约招商项目 22 个，合同引资超 36 亿元。中乔体育建成 20 条运动服饰生产线，可年产 400 万套运动服饰；荣伟鞋业建成 4 条运动鞋生产线，可年产 300 万双运动鞋；拉波尼服饰建成 26 条羽绒服生产线，可年产 500 万套羽绒服。苏美达长江制衣订单分拨中心投入运行。酉阳县抢抓产业转移机遇，引导农民工返乡就业，吸收本地富余劳动力，全力打造时尚服装产业集群。

3. 企业能力建设不断加强

2023 年，行业新增市级专精特新企业 11 家，绿色工厂 2 个，数字化车间 1 个。2 家企业入选 2023~2025 年重庆市消费品工业“爆品”培育清单。重庆尚上服饰有限公司荣获第八届重庆市市长质量管理奖提名奖。推荐服装企业参评“全国服装行业百强企业”，重庆梦之诗服饰有限公司荣获 2022 年服装行业“营业收入利润率”第 66 名。

4. 打造产业时尚潮流印记

指导支持朝天门市场商会、渝派精品服饰城举办“渝创 · 致新”2023 年朝天门原创时装周暨第二届西部服装服饰采购节；市经济信息委、市人力社保局、市总工会三部门联合主办“巴渝工匠”杯服装纺织行业职业技能竞赛，通过各种活动，展示“设计之都”形象的时尚新舞台，引领时尚新旗帜。重庆市纺织服装联合会举办“千年荣昌 · 历史文化周”2023 年中国重庆国际时尚周暨荣昌非遗之夜。

二、发展中存在的问题

受全球经济增长放缓等因素影响，重庆服装行业承压前行。产业链不完整、市场渠道不畅通、订单承接不足、品牌溢价能力不强等问题仍然存在。行业面临转型升级的发展任务。

三、2024 年发展思路

2024 年，重庆纺织服装产业以打造“33618”现代制造业集群体系为契机，以新型工业化为方向，以品牌建设和订单承接为着力点，推动服装产业数字化服务平台落地落实，推进完善服装共享设计中心、制版中心、时尚选品中心等功能，扩展跨境服装赛道，积极承接服装订单，建立健全“中心工厂 + 卫星车间”生产协同体系，稳定行业基本面。推动品牌服装提升柔性制造能力，推广 C2M（用户直连）生产模式，运用多元化渠道，提高品牌知名度。聚焦行业细分领域，发挥劳动生产效率比较优势，推动特色产业集聚发展。

（执笔人：余菲）

装备工业

重庆市经济和信息化委员会　装备工业处

一、2023 年发展回顾

（一）总体发展情况

2023 年装备制造行业 1264 户规上企业工业增加值、同比增长 4.8%（全市规上工业增长 6.6%），完成工业总产值 2158 亿元、同比增长 2.9%（全市规上工业增长 3.3%），实现出口交货值 166 亿元、同比下降 9.6%。在全市工业主要产业支柱中，装备制造业增加值累计增幅排名第 6（依次为摩托车、材料、能源、汽车、消费品、装备、电子、医药），产值累计增幅排名第 5（依次为摩托车、能源、汽车、材料、装备、消费品、电子、医药）。实现利润 149 亿元、同比下降 1.5%，亏损企业 202 户，亏损面 16%、同比降低 1.5 个百分点，税金总额 55 亿元、同比下降 8%，实现营业收入 2282 亿元、同比增长 2.7%。资产 2562 亿元、同比增长 3.7%，负债 1499 亿元、同比增长 5.7%；应收账款和产成品同比分别增长 11.2% 和 9.6%；用工人数（全年平均）16.2 万人同比下降 4.4%。由于上年基数较低（2022 年受新冠疫情和夏季限电影响较大），2023 年经济增长属于恢复性增长。

按国民经济行业分类相同口径，重庆市装备制造行业主要子行业中有三个工业增加值增幅高于全国，其中通用设备制造业增长 8.8%（全国增长 2.0%），专用设备制造业增长 4.4%（全国增长 3.6%），铁路、船舶、航空航天和其他运输设备制造业（含摩托车制造业）增长 10.8%（全国增长 6.8%）；有两个工业增加值增幅低于全国，其中金属制品业下降 2.3%(全国增长 3.2%)、电气机械和器材制造业增长 7.6%（全国增长 12.9%）（见表 1）。

（二）区域发展情况

2023 年全市 38 个区县中 31 个有规上装备制造企业，主城都市区 1145 户规上企业完成产值 2065 亿元、同比增长 3.6%，产值占全市规上装备工业的 95.7%（其中，中心城区产值 886 亿元、增长 2.6%，主城新区 1179 亿元、增长 4.3%）；渝东北三峡库区城镇群 110 户规上企业产值 85

表 1　2023 年装备行业增加值累计增幅对比

单位：%

项目	规模以上工业	金属制品业	通用设备制造业	专用设备制造业	铁路、船舶、航空航天和其他运输设备制造业	电气机械和器材制造业
全国工业增加值增幅	4.6	3.2	2.0	3.6	6.8	12.9
重庆市工业增加值增幅	6.6	-2.3	8.8	4.4	10.8	7.6

注：表中“通用设备制造业”含文化办公用机械制造；“铁路、船舶、航空航天和其他运输设备制造业”含摩托车制造业；“电气机械和器材制造业”含电线电缆、电池、家用电力器具、照明器具制造业等；金属制品业含建筑安全用金属制品、搪瓷制品、金属制日用品制造；“专用设备制造业”含电子和电工机械专用设备制造、医疗仪器设备及器械制造。包含的这些行业数据不归入重庆市装备制造业总计。

亿元、同比下降9.3%，产值占全市规上装备工业的3.9%；渝东南武陵山区城镇群9户规上企业产值8亿元、同比下降15.3%，产值占全市规上装备工业的0.4%。全年产值100亿元以上的有7个区：江津（385亿元，同比下降0.3%）、永川（283亿元，增长18%）、九龙坡（207亿元，增长10.5%）、渝北（180亿元，下降13.5%）、铜梁（138亿元，下降9.4%）、南岸（131亿元，增长12.9%）、璧山（102亿元，增长14.6%）。

（三）主要产品情况

全年生产上升的主要有：钢结构466万吨、同比增长8.8%，金属成形机床2392台、增长1.4%（其中，数控金属成形机床849台、下降15.9%），泵39.6万台、增长124.1%，气体压缩机567.8万台、增长15.6%，齿轮28万吨、增长15.8%，塑料加工专用设备1.8万台、增长16.3%，机械化农业及园艺机具44.9万台、增长17%，工业机器人1万套、增长25.7%，城市轨道车辆494辆、增长7.4%，民用钢质船舶23.5万载重吨、增长6.6%，变压器8182万千伏安、增长51.9%，铸铁件19.8万吨、增长5.4%。

生产下降的主要有：金属切削机床4989台下降17%（其中数控金属切削机床4376台、下降6.7%），铸造机械3141台、下降3.7%，起重机1.8万吨、下降50%，电梯及升降机1.8万台、下降16.4%，阀门5.2万吨、下降3.1%，风机13.9万台、下降0.6%，矿山专用设备6.6万吨、下降22%，建筑工程用机械（不含三一重机）865台、下降30%（其中装载机719台、下降32.9%），农产品初加工机械9881台、下降70.5%，环境污染防治专用设备5640台套、下降17.4%（其中，大气污染防治设备4233台套、下降21.5%），发电机组56.2万千瓦、下降19.4%，电动机344.8万千瓦、下降7.7%，锻件15.4万吨、下降20.5%。

二、发展中存在的问题

市场需求不足制约经济发展，一是由于国内大基建投资减弱，工程机械、电梯、钢结构等相关板块市场萎缩；二是外需不足情况仍然存在，2022年全市装备制造规上企业出口交货值同比下降6.8%、2023年同比下降9.6%，出口额占行业销售产值的7.7%、同比降低1.1个百分点，通用动力机械企业集中的锅炉及原动设备制造、电机制造两个子行业出口额同比分别下降29.9%和3.4%（这两个子行业出口额约占全市规上装备制造业的48%）。

三、2024年发展思路

2024年重庆市装备制造业面临的国内外宏观环境和上年基本相同，预测汽车消费、城市轨道和电力建设等将对经济增长有一定带动作用，但总体来看市场需求不足的情况仍然存在。预计2024年重庆市装备制造工业经济增速比上年小幅增长。

（执笔人：王刚）

材料工业

重庆市经济和信息化委员会材料工业处

2023年，全市努力推进材料工业高质量发展，出台先进材料、轻合金、纤维及复合材料产业集群高质量发展行动计划，印发《川渝地区铝产业链协同发展工作方案》，着力发展新质生产力，加速行业企业数字化智能化和节能降耗改造，继续与四川协同部署区域水泥错峰生产，开展水泥、钢铁行业迎峰度夏削峰生产，粗钢压减产量和锰污染整治等专项工作完成既定目标。材料工业实现平稳向好运行，规上产值增速连续六年高于全市制造业平均增速，增加值实现两位数增长，高质量完成各项工作目标任务。

一、2023年发展回顾

2023年，全市材料工业保持增长势头，规上企业达1250家、增长7.3%，新增百亿级企业2家（总数8家）；完成规上产值4169.7亿元、增长3.4%，连续6年高于全市制造业规上产值平均增速，占全市规上工业总产值的15.7%；增加值增长约10.2%，占全市制造业增加值的17.2%，其中冶金工业增长13.2%、建材工业增长6.7%，合计对全市制造业增长贡献率25.6%；出口交货值42亿元、下降30.7%，占全市出口交货总值的0.94%。

（一）冶金工业

重庆市冶金工业主要集中在钢铁、有色金属大领域，兼有少量特种金属，2023年完成规上工业产值2727亿元、增长7.2%，占全市规上工业产值的10.3%；规上工业企业241家，其中前10位企业2023年产值均超过50亿元、合计1714亿元，占行业规上总产值的62.8%，行业集中度较高。钢铁行业主要集中在重庆市沿江地区，拥有重钢股份、万达薄板、鞍钢蒂森克虏伯等龙头企业，宽厚板、中板、热轧薄板、线材、棒材、型钢、冷轧等各类型生产线。重庆钢铁无钒合金螺纹钢、不锈钢复合钢卷、Q355NH耐候钢板、钒氮铌复合微合金工艺高强度抗震钢筋、风电用钢等一批新产品研发试制成功。重庆钢材年消费量达到2000万吨，其中优特钢150万吨、不锈钢50万吨，未来随着新能源汽车、装备等下游产业发展和全市各项基础设施建设，钢材需求稳中有增，但2023年重庆市全年粗钢产量仅889.7万吨、占全国的0.87%、人均粗钢产量不及全国平均水平的40%，整体产业规模偏小，在全国各省市中居中下游。有色金属行业以铝产业为主，形成“氧化铝—电解铝—铝加工—再生铝”全产业链，聚集中铝高端制造、博赛集团等龙头企业。目前，重庆市依托中铝高端制造建立轻合金产业链创新联合体，并与四川省建立铝产业链协同发展机制，致力于推动产业链高端化、现代化。铜产业主要分布在“四区一县”（江津区、万州区、綦江区、开州区和垫江县），拥有世界最大铜管企业平湖金龙，积极引进海亮集团、金田铜业等行业龙头企业。但从全国看，重庆市有色金属产业规模偏小，相对优势的轻合金产业行业规模仅排名全国第九（前三分别为山东、河南、广东）。

表 1 2023 年冶金产品产量及增速

单位：万吨，%

类别	名称	产量	同比增速
冶金产品	生铁	651.6	-9.90
	粗钢	889.7	-8.80
	钢材	2035.3	19.70
	铁合金	80.2	-1.40
	十种有色金属	54.5	-6.80
	氧化铝	440.4	24.20
	原铝	49.2	-1.40
	铝合金	105.9	9.20
	铜材	33.0	14.90
	铝材	191	-3.20

（二）建材工业

作为重庆市传统优势产业，具有较好的产业基础，2023 年，重庆市建材工业规上企业 1009 家、同比增长 6.2%；完成规上产值 1442.8 亿元、下降 3.2%，占全市规上工业总产值的 5.5%。主要包括水泥及制品行业、陶瓷行业、玻璃行业、玻璃纤维及复合材料行业、砖瓦及石材制造业等，在全市各个区县均有分布。纤维及复合材料方面形成集玻璃纤维制造及下游复合材料研发、生产于一体的产业化发展模式，纤维及复合材料产业集群初具规模，全市玻璃纤维产能规模突破 120 万吨，约占全球玻璃纤维总产能的 12%，培育国际复材、再升科技、三磊玻纤、风渡新材料等一批行业领军企业，高模风电用玻璃纤维市场占有率居全球第一，短纤维玻璃棉用于大飞机项目国产替代。装配式建筑部品部件方面引进远大住工、美好集团、鸿路钢构等企业，培育中科大业、德邦防水等一批优秀本土企业，部品部件生产企业 70 余家，建筑工业化水平稳居西部前列，获批国家装配式建筑范例城市、智能建造试点城市。平板玻璃产业主要集中在万盛经开区、两江新区及永川区，主要产品包括建筑节能玻璃、汽车玻璃和电子玻璃等，引进和培育福耀重庆、耀皮重庆、渝琥玻璃、鑫景玻璃、万盛浮法玻璃等龙头企业。建材新材料企业中，鑫景玻璃生产的昆仑系列、秦岭系列高铝硅玻璃已经打破国外垄断并为国内大型手机生产商供货，生产的飞机风挡玻璃原片已提供中国商飞试用；中科润资和华陆新材料建成气凝胶绝热毡生产线，实现规模化生产。但从全国看，重庆市建材产业规模偏小，相对优势的玻璃纤维及复合材料行业规模排名全国第五（前四分别为山东、江苏、浙江、四川）。

表 2 2023 年建材产品产量及增速

类别	名称	单位	2023 年产量	同比增长（%）
建材产品	水泥	万吨	5477.8	4.5
	硅酸盐水泥熟料	万吨	4231.4	-3.0
	商品混凝土	万立方米	7791.5	2.1
	砖	亿块	60.1	-10.1
	石灰石	万吨	18737.2	27.3
	平板玻璃	万重量箱	1722.1	-19.7
	光伏玻璃	万平方米	10208.0	557.3
	玻璃纤维纱	万吨	107.9	18.0
	卫生陶瓷制品	万件	399.3	-27.5
	陶瓷砖	万平方米	9556.7	-3.1
	其中：瓷质砖	万平方米	4695.2	14.5
	陶质砖	万平方米	4861.5	-15.6

（三）发展特点

构建先进材料等产业集群体系。全力做好“33618”现代制造业集群体系构建各项工作，搭建成立工作专班，完善工作机制和顶层设计，着力打造先进材料主导产业集群、轻合金材料特色优势产业集群、纤维及复合材料高成长性产业集群。印发先进材料及轻合金、纤维及复合材料产业集群高质量发展行动计划，先进材料、轻合金材料和纤维及复合材料产业集群发展态势良好。

招商和投资项目持续发力。永川百万吨玻璃纤维全产业链、万州博赛氧化铝智能升级、丰都玻璃纤维及复合材料产业基地等百亿级项目签约落地，青拓不锈钢、紫金绿色智造铜产业园等项目加紧招引；九龙万博氧化铝扩能、博赛涪陵焦电一体化、博奥10万件压铸镁合金等项目加快建设；武骏光能、和友光能、国际复材F02线、卡莱碳纤维复合材料等项目建成投产。

行业创新和新材料产业加速发展。行业创新能力提升，新申报企业技术中心10个、建成市级制造业创新中心4家，西南铝、金世利航空材料、再升科技成为商飞材料供应商。鑫景玻璃生产的高铝硅玻璃应用于华为新款旗舰手机，生产的飞机风挡玻璃原片已供中国商飞试用。两江新区的钛合金产业满足了国家重点装备急需，金美新材料生产的复合铜箔进入国内电池巨头供应体系。涪陵卡莱年产300万件碳纤维复合材料零部件项目投产，填补了重庆市在碳纤维复合材料领域的空白。

供给侧结构性改革深入推进。坚决遏制“两高一低”项目盲目发展，规范行业产能管控政策，做好光伏玻璃产业预警工作，开展水泥粉磨站生产能力调研，推进信义平板玻璃产能置换，启动材料行业碳达峰实施方案编制工作，召开水泥超低排放改造现场推广会，召开川渝水泥错峰生产专题会议，继续开展与四川协同部署水泥错峰生产。有序开展行业数智化赋能，新增数字化车间31个、智能化工厂1家。

行业服务扎实开展。围绕行业稳增长、促投资目标，积极对接服务涪陵、长寿等材料工业重点区县，现场解决问题34个，联动区县市外招商13次。开展川渝铝产业对接活动，建立轻合金与汽车产业对接平台。积极对接工业和信息化部，争取光伏玻璃、水泥、钢铁等行业发展政策支持。通过轻合金产业联合党支部，开展铝产业链上下游协同服务，研究解决轻合金产业发展问题。

专项工作高标准完成。办理落实11件市委主要领导关于材料工业领域重要批示、指示交办事项。答复材料工业领域人大、政协主办件8件、协办8件，均获代表和主办单位满意。开展玻纤原料调研，推动玻纤关键原料白泡石本地供应。牵头做好重庆市粗钢产量压减和锰污染整治有关工作，确保完成全年目标任务。

二、发展中存在的问题

冶金行业产品结构不优、产业链上下游耦合不足。目前，汽车、装备用轻量化材料成为金属材料增长最快领域，但重庆市无汽车钢生产能力，铝及轻合金产业“两头大、中间小”问题突出，前端氧化铝、后端铝加工发展相对较好，但中端电解铝产能不足（目前仅能满足下游需求的1/4、每年外购量超过150万吨），既不能有效消纳本地氧化铝，也无法满足下游铝加工以及铝合金压铸件发展需求。铜及铜合金方面，重庆市无前端铜冶炼能力，铜材以家电、开关柜等传统领域为主，无引线框架、电子铜箔等电子用铜产品。

建材行业整体进入发展平台期。房地产市场持续疲软（2023 年重庆市房地产开发投资下降 13.2%，降幅较全国高 3.6 个百分点），连带拖累家具家装等后地产周期大宗消费，地方债务压力导致基建投资放缓，与地产、基建联系紧密的建材工业首当其冲，国内建材市场需求不足对价格形成压制，预计重庆市水泥、混凝土、陶瓷、砖瓦、砂石等建材产品产量将达峰回落，行业稳增长压力较大。

要素受限，产业发展所付成本较大。一是用电成本较高。材料因自身工艺特性属于高载能行业，对电价成本较为敏感，以电解铝为例，用电成本约占电解铝总成本的 43%，实现盈亏平衡的电价为 0.6 元 / 度，全国电解铝企业用电均价在 0.46 元 / 度左右，而重庆市旗能电铝平均电价在 0.56 元 / 度、天泰铝业在 0.72~0.8 元 / 度。二是产业政策限制。国家对生铁、粗钢、电解铝、水泥、平板玻璃实施产能置换政策，对光伏玻璃实施产业预警机制，新上项目较难，进一步推高重庆市材料工业发展所付成本。

三、2024 年工作思路

（一）着力稳预期促增长

以重点项目建设和存量企业挖潜为重点推动材料工业稳产促增。紧盯市级重点项目进度，加快青拓不锈钢、紫金绿色智造铜产业园等项目招引，推动东方希望玻纤、西南铝业集团产能提升、九龙万博氧化铝扩建、永川信义玻璃、涪陵华峰高端铝板带等重点项目建设。聚焦能源保障、资金需求、运输协调、产需对接、推广应用等问题，以 50 亿级以上企业为重点，“一对一”服务企业稳产满产，有力支撑行业稳增长。全年力争实现铝材、铁合金、平板玻璃、陶瓷等重点产品止跌回升，钢材、氧化铝、铝合金、铜材、水泥、玻璃纤维、光伏玻璃等重点产品的产量稳中有增。

（二）培育行业新质生产力

立足服务新需求、新赛道、新增量，引导材料企业积极调整产品结构，布局未来市场，形成持续发展动力。围绕汽车轻量化方向，重点发展新能源汽车急需的工业型材、新型铸锻一体合金、大尺寸复杂截面型材、宽幅合金板、铜电磁线、复合材料结构件、高效隔热隔音复合材料等产品。紧跟新能源装备发展需求，大力发展光伏玻璃、光伏框架、风电复合材料、风电塔筒用钢等产品。瞄准节能降碳市场，积极发展轻质装配式建筑部品部件、墙体材料、节能玻璃、高效过滤材料、保温材料等新产品。充分利用市级工业和信息化专项资金对先进材料产业发展的引导作用，围绕重点项目补助、服务能力建设和应用场景奖励等方向，确保资金用到实处，支持材料企业加大研发力度，提升产品性能，加强产品迭代，开发新产品适应新兴市场。

（三）科技创新引领产业发展

推动本地材料企业组建独立法人研发机构，鼓励有条件的企事业单位创建新材料中试平台，进一步提升成果转化能力。专注材料行业细分领域、细分产品、细分市场、积极培育一批创新能力强的专精特新中小企业。重点支持重庆国创轻合金研究院、重庆石墨烯研究院、低碳材料研究院、汽车用复合材料制造业创新中心等新型创新主体建设，鼓励创建国家级创新平台。开展新一轮的新材料产业摸底工作，前瞻谋划储备一批前沿新材料、未来材料项目，抓好丰利钛钛合金无缝管、华陆新材气凝胶硅源等新材料项目建设，确保年底前丰利钛建成试生产、华陆新材建成气凝胶材料全产业链。

（四）有序推进行业节能降碳

统筹有序做好材料工业碳达峰工作，研究出台并实施材料工业重点行业碳达峰实施方案，强化碳效率发展理念，全面实施节能降碳行动，避免运动式减碳。在总结2023年水泥行业错峰生产工作经验的基础上，修订2024年川渝水泥错峰生产实施细则，做好水泥行业迎峰度夏等关键节点的错峰生产工作。落实国家产业政策，督促钢铁、水泥等重点行业企业推进超低排放改造，指导电解铝、铁合金等企业开展重点领域节能降耗绿色化改造，早日达到行业能效标杆水平。持续优化材料企业能源消费结构，支持企业实施减煤、清洁能源替代，引导材料企业利用峰谷分时电价政策组织错峰移峰生产，降低能源成本，提高可再生能源消纳比例。

（五）深化供给侧结构性改革

坚决遏制不符合要求的高耗能、高排放、低水平项目上马。严格执行钢铁、水泥、平板玻璃、电解铝等行业的产能置换政策，坚决打击违法违规生产和建设行为，严防“地条钢”死灰复燃，做好光伏压延玻璃项目预警工作，积极沟通工业和信息化部争取对重庆市发展光伏产业的支持。组织核查全市独立粉磨站产能，全市范围内不再增加水泥熟料产能和独立水泥粉磨产能，推动水泥产线市场化整合，提高行业集中度和竞争力。督促足航钢铁、永航钢铁根据市场需求加快技改转型，提高合金钢产品比例，继续做好锰污染综合整治有关工作。

（六）促进产业融合发展

促进5G、工业互联网、大数据、人工智能等新一代信息技术在材料工业全产业链集成应用，持续普及数字化装备，鼓励绿色智能制造模式的应用，全年新增智能工厂2家以上、数字化车间10个以上。分行业、分领域在重点区县组织4次“四链融合”活动，组织产业链上下游企业、高校、科研机构、产业服务平台、融资机构、行业协会、产业联盟、高中职院校等开展产业链对接、创新链搭建、人才链整合、资金链融通等实效性的服务工作。启动2024年重庆市新材料首用计划项目收集工作，开展上下游对接、应用场景示范等新材料产品推介活动，为新材料产品推广应用打下基础。

（七）提高管理和服务水平

正确处理好政府与市场主体的关系，强化精准施策、规划引领、标准约束、先进示范、协同发展、宣传引导，保持政策预期的稳定性和一致性。做好“三联三送三落实”工作，深入开展“三服务”专项行动，服务好结对联系区县、园区、企业，指导区县、园区和企业做好产业布局、协同招商等工作，引导材料企业强化忧患意识、风险意识、底线思维，坚守安全底线和环保红线，防范区域间、行业间恶性竞争，保持材料工业健康发展的长期态势。

（执笔人：赵俊远）

城镇天然气工业

重庆市经济和信息化委员会　燃气管理处

2023年，重庆市城镇天然气行业聚焦“33618”现代制造业集群体系建设、成渝地区双城经济圈建设等中心工作，锚定“安全、服务、保供”核心要务，以持续深化行业安全生产水平为基础，以提升行业服务质效为支撑，以强化天然气要素保障为导向，统筹安全与发展，持续推进全市天然气事业各项工作。

一、2023年发展回顾

（一）天然气供应保障

2023年，市经济信息委狠抓天然气供应保障，助力制造业高质发展。一是聚焦“33618”现代制造业集群体系打造，锚定重点区县、行业及企业清单化、定制化开展用气跟踪协调及调度服务。围绕重点区域加强气源统筹配置及综合利用，全市工业用气量超1亿方区县达到11个，其中，长寿区、涪陵区工业用气分别超过25亿方和20亿方。围绕重点行业加强资源协调及输配保障，非调峰用气满足率超过100%，新材料、化工、现代制造等直供大工业用气42.8亿方，同比增长5.4%，增幅创近年新高。落实重点企业“一对一”保障服务，多渠道筹集资源，足额保障华峰化工、万凯新材料、九龙万博等项目均衡用气；“价价联动”支持天然气化工企业增量稳价，非供暖季化工产业基本实现按需用气。二是狠抓体系建设，提升供气保障能力。统筹部门合力，协同推进产供储销体系一体化建设，全市天然气（页岩气）产量同比增长12.9%，气源供给能力进一步提升；组织有序开展相关主气源管线迁改及隐患改造停气碰口作业，提升管网运行适应性同时多措确保作业期间供气保障平稳有序；协同加快推进铜锣峡、黄草峡地下储气库建设，加大城燃小时调峰设施建设力度，提前完成国家既定储气能力建设目标任务；强化履约管理及运行监测调度，全市天然气消费145.7亿方、增长14亿方，民生用气充足保障，产业用气较上年增长15.1%，建立燃机发电保供相关工作机制，全年用气发电29亿度，调峰用气响应率100%。

（二）天然气安全治理

2023年，市经济信息委以燃气安全专项整治为主线，持续提升行业安全生产运行能力和水平，连续15年安全生产责任事故零发生。一是专项整治排查对象13.43万个、任务量居全国第8，完成率100%。二是全面推动商务、教育、卫生健康等部门将燃气安全纳入本部门安全工作重要内容，实现安全监管责任全覆盖。三是启动1个市级燃气安全宣教示范小区建设，组建市级燃气安全宣教志愿者队伍，同步推进41支区县志愿者队伍组建。四是依托中央党校平台，首次开展全市燃气油气企业主要负责人集中全覆盖安全培训，参训人员超过1000人。五是完成区县和燃气经营企业计划性监督检查，排查问题纳入闭环管理；约谈5家城燃企业主要负责人，组织从业人员培训考核近2000人次。六是持续推进燃气管道老化更新改造和燃气安全装置加装，安全水平大幅提升。

（三）天然气行业规范发展

2023 年，市经济信息委狠抓营商环境，促进行业规范发展。一是加快推动城口、巫溪、彭水城区管网设施建设，因地制宜有序推进农村天然气设施建设，全年新增天然气用户 21 万户。二是制订《重庆市管道天然气经营企业信息公开实施细则》和信息公开目录，主要燃气经营企业建立信息公开制度，在微信公众号、营业网点实现收费、服务等信息应公开尽公开，行业服务的透明度、标准化有效提升。三是在 2022 年加强城镇天然气非居民用户气费预付管理专项工作的基础上，延伸开展城燃企业市场化经营活动专项清理，通过企业自查、交叉检查、现场督导等方式督促城燃企业规范商业保险销售、代维费收取、用户工程安装收费、预收气费收取、销售燃气产品五类市场化经营行为。四是持续优化用户工程报装流程，实现用户非外线工程报装时长压减至 10 个工作日。五是组织主要城燃企业结合重点用户需求实际，对小微工商业用户工程开展“标准图集施工、套餐包干报价、专员定制服务、限时完工办结”创新，降费提效的同时提升用户的体验感及满意度。六是全年投诉举报及群众咨询按时办结率及办理满意率实现双 100%。

（四）天然气管理数字化变革

2023 年，市经济信息委狠抓应用建设，推进天然气管理数字化变革。围绕数字重庆建设和“1361”整体架构，分别锚定数字政务、数字经济两条跑道，积极推进燃气安全一件事应用试点和天然气数字调控应用建设。其中，针对燃气管道安全管理中存在的痛点、堵点、难点，聚焦管道全生命周期管理，拆解细分核心业务，形成燃气安全一件事“三张清单”，并已在沙坪坝区开展应用试点实质建设。针对天然气供气保障及用气服务中存在的相关问题，围绕“产运储销用”全链条管理数字化改革，积极谋划天然气数字调控应用建设。

二、发展中存在的问题

天然气资源由国家统一调配，地方政府无资源配置权、调度权、定价权，天然气资源协调保障面临较大压力，气源调度措施办法还有待进一步完善。

燃气安全专项整治进入巩固提升及建立长效机制阶段，用户侧安全用气意识、安全用气能力有待进一步提高，压实区县以及相关行业主管部门安全监管责任还有待加强。

个别城燃企业市场化经营行为欠规范仍时有发生，离用户服务标准化、规范化要求仍有差距，行业营商环境还有待进一步提升。

三、2024 年发展思路

（一）工作思路

围绕全委中心工作，坚持党建引领业务，以建立燃气安全管理长效机制、优化“获得用气”营商环境、提升行业标准化规范化服务质效、完善产供储销体系、提高天然气供应保障能力、深化行业数字化变革等为抓手，持续提高行业安全、服务、保供水平，为民生及经济社会发展提供坚实的要素保障。

（二）工作目标

一是行业安全生产水平持续巩固，建立完善的安全管理长效机制，保持安全责任事故零发生。二是行业高质量稳健发展，企业经营管理及现代企业制度持续完善，计划新发展用户25万户。三是行业服务质量进一步提升，营商环境持续改善。四是天然气供应保障平稳有序，预计年消费量达到155亿方，民生用气安全充足。

（三）工作举措

持续抓好制度建设。完成《天然气使用和设施安全管理办法》修订工作，加强城镇燃气特许经营、燃气经营许可等制度研究，指导区县推进“小散弱”企业整顿整合。

持续优化用气营商环境。进一步完善措施办法，规范城燃企业公共服务和市场化经营活动，研究优化用气营商环境前置服务措施，全面推行小微工商业用户“标准图集施工、套餐包干报价、专员定制服务、限时完工办结”等机制，规范企业收费行为，提高用户报装办理效率和服务质量。

持续推进燃气安全整治。加强供用气侧隐患排查整治，强化管网设施、重点区域风险防控，推进长效机制建设，推动燃气安全管理向事前预防转型。

持续做好天然气供应保障。围绕“33618”现代制造业集群体系打造、成渝地区双城经济圈建设等全市及全委中心工作，强化民生用气以及重点区域、重点行业、重点企业监测调度，加强资源协调保障，确保全市供气平稳有序。

持续推进数字化改革。完成燃气安全一件事应用试点，依托全市三级数字化城市运行和治理中心上线运行；全力推进天然气数字调控应用谋划建设，提升天然气产运储销用全链条数字化调控管理能力和水平。

（执笔人：彭运）

化学工业

重庆市经济和信息化委员会化工工业处

重庆市是西南地区重要的综合性化工基地，历经多年的发展和探索，建成具有技术和产品优势的天然气化工体系；形成以长寿、涪陵化工园区为主，其他特色园区为辅的产业格局；培育发展天然气化工、合成材料、精细化工等产业集群。

一、2023 年发展回顾

（一）基本情况

重庆市化工行业规上企业 283 户，主要涉及化学矿开采，精炼石油产品制造，基础化学原料制造，肥料制造，农药制造，涂料、油墨、颜料及类似产品制造，合成材料制造，专用化学产品制造，炸药、火工及焰火产品制造，橡胶制品业；从业人员 4.9 万人；行业集中度较高，主要集中在涪陵（536.4 亿元）、长寿（332.9 亿元）、江津（78.5 亿元）、垫江（59.2 亿元）、巴南（43.5 亿元）、南川（41.6 亿元）等区县，占比 76.0% 左右。目前拥有重庆华峰化工有限公司、重庆万凯新材料科技有限公司 2 个百亿级企业，中国石化集团重庆川维化工有限公司、巴斯夫聚氨酯（重庆）有限公司 2 个 50 亿元级企业。2023 年全行业工业增加值累计增速 10.5%，占全市工业累计增加值的比重为 6%、累计贡献率 9.9%。规模以上企业完成工业总产值 1256.0 亿元、同比增长 11.6%；完成营业收入 1202.1 亿元、同比增长 3.0%；实现利润 77.1 亿元、同比降低 43.1%。

表 1　重点子行业 2023 年运行情况

单位：亿元，%

重点子行业	当年绝对值	上年同期	同比增长
化学矿开采	1.9	1.0	92.8
精炼石油产品制造	32.5	45.3	-28.3
基础化学原料制造	603.3	618.9	-2.5
肥料制造	123.0	104.7	17.5
农药制造	12.7	15.1	-15.9
涂料、油墨、颜料及类似产品制造	103.6	89.8	15.4
合成材料制造	156.7	136.0	15.2
专用化学产品制造	85.3	72.0	18.5
炸药、火工及焰火产品制造	15.6	14.1	10.6
橡胶制品业	68.6	69.8	-1.7

（二）产品结构及优势

重庆市化学工业产品主要包括三部分：一是三酸两碱、尿素、甲醇等大宗基础化工产品；二是高锰酸钾、羧甲基纤维素钠、醋酸乙烯等传统优势产品；三是 MDI（二苯基甲烷二异氰酸酯）、己二酸、己二胺、MMA（甲基丙烯酸甲酯）、氨纶、PTA（对苯二甲酸）、PET（聚对苯二甲酸乙二醇酯）等部分附加值高的化学产品。其中，重庆昌元化工集团有限公司高锰酸盐（钾、钠）国内市场占有率在 90% 以上；重庆华峰化工有限公司拥有全球最大的己二酸生产装置，己二酸全球占有率 21%；川维聚乙烯醇内市场占有率 12%、醋酸乙烯国内市场占有率 30%。拥有高锰酸盐（钾、钠）、己二酸两个全国单项制造冠军。

表 2　2023 年重要产品产量

类别	单位	绝对值	上年同期	同比增长（%）
硫酸（折 100%）	万吨	87.1	93.5	-6.8
烧碱（离子膜法烧碱，折 100%）	万吨	36.5	37.0	-1.4
纯碱（碳酸钠）	万吨	134.2	120.9	11.0
精甲醇	万吨	196.8	193.8	1.5
冰乙酸（冰醋酸）	万吨	47.9	48.2	-0.6
己二酸	万吨	104.5	89.4	17.0
合成氨（无水氨）	万吨	139.8	130.5	7.1
农用氮、磷、钾化学肥料（折纯）	万吨	184.2	166.2	10.8
磷酸一铵（实物量）	万吨	3.8	4.7	-19.1
涂料	万吨	89.2	74.3	20.1
初级形态塑料	万吨	66.2	59.5	11.3
合成橡胶	万吨	2.0	1.8	11.1
合成纤维聚合物	万吨	164.5	160.2	2.7
其中：聚酯	万吨	137.0	126.9	8.0
化学试剂	万吨	49.4	49.6	-0.4
化学纤维	万吨	32.8	23.4	40.2
橡胶轮胎外胎	万条	1287.9	1143.1	12.7

（三）行业重要事项

行业发展迎来新机遇。2023 年 6 月，重庆市召开推动制造业高质量发展大会，提出要着力打造“33618”现代制造业集群体系；2023 年 9 月，中共重庆市委办公厅、重庆市人民政府办公厅印发了《深入推进新时代新征程新重庆制造业高质量发展行动方案（2023—2027 年）》，提出聚力打造“智能网联新能源汽车、新一代电子信息制造业、先进材料”主导产业集群，先进材料要求加快冶金、建材、化工等原材料工业产品结构调整，大力发展轻合金、优特钢、精品铜材、高性能纤维及复合材料、高端合成材料，加快形成一批优势产品。

积极谋篇规划完善产业链图谱。一是结合重庆市天然气化工产业与技术优势，完成天然气产业链图谱；根据现有化工园区的主导产业和实际情况，完成化工行业产业地图。二是发布产业发展行动计划。为打造先进材料产业集群，2023 年重庆市经济信息发布《重庆市先进材料产业集群高质量发展行动计划（2023—2027 年）》《重庆市合成材料产业高质量发展行动计划（2023—2027 年）》，提出打造以聚酯、聚氨酯、聚酰胺、高端聚烯烃、聚甲基丙烯酸甲酯五大产业链为主的合成材料产业链。

合成材料产业集群进一步壮大。2023 年合成材料产业集群完成产值 631.2 亿元、同比增长 4.5%。一是合成材料投资逐步加重。2023 年化工行业完成投资 147.1 亿元，合成材料产业链上下游项目投资约占总投资的 38%，比 2022 年提高约 8 个百分点。2023 年 6 月，重庆华峰化工有限公司 115 万吨 / 年己二酸扩建项目（六期 50 万吨 / 年）一次性开车成功，标志着国内已建设最大规模己二酸生产项目正式运营。7 月，重庆万凯新材料科技有限公司 120 万吨 PET 扩建项目投产，万凯 PET 总产能已达 180 万吨，产值 125 万元左右。二是补链强链成效显著。重庆双象光学材料有限公司 PMMA/MS 项目开工建设，预计 2024 年上半年，聚甲基丙烯酸甲酯产业链将单体生产到聚合物环节打通；中国石化集团重庆川维化工有限公司 2023 年底 EVOH 主体施工完成、VEA 项目开工，高端聚烯烃产品品类增多；重庆华峰锦纶纤维有限公司 30 万吨 / 年尼龙 66 一体化项目（三期）已经试生产，重庆华峰化工有限公司粗苯精制项目竣工，打通“苯—己二酸—己二胺—尼龙 66”产业链。2023 年 5 月，重庆华峰化工 138 万吨功能性新材料一体化项目签约，项目着力补充氨纶上游 BDO、PTMEG 产品，持续完善聚氨酯产业链。

行业“四化”建设推进加速。科技创新方

面，新增认定重庆华峰聚酰胺有限公司等企业技术中心6家，累计规上企业共65家企业拥有技术中心，占全行业规上企业数量的23%。智能制造方面，新增万凯SSP固相缩聚等数字化车间15个，新增映天辉氯碱化工等3个智能工厂。绿色发展方面，新增重庆卡贝乐化工有限责任公司等9家市级绿色工厂、重庆万凯新材料科技有限公司等国家级绿色工厂3家。

二、发展中存在的问题

上游原料短缺。重庆市资源“富气、无油、无煤”，没有大型炼油项目，烯烃芳烃等原料缺乏是重庆市化工产业发展中最大的瓶颈。受全国石化产业规划及煤化工布局限制，不能新建炼油和煤化工项目。重庆市合成材料产业集群发展缺少烯烃、芳烃等主要原料，导致合成材料产业链不完整、供应链单一、企业生产负荷不足、产品竞争力减弱等问题日益突出。

国内竞争加剧。“十三五”以来，国有骨干石化企业、善抓机遇的民营企业以及在华跨国公司等都瞄准炼化一体化装置和化工新材料基地，一批大型炼化一体化装置和石化基地集中建设、集中投产。此外随着新能源汽车的大力推广，湖南石化等一批传统炼油厂启动“降油增化”技改，降低油品产出增加化工产品。国内石化和合成材料中低端产品面临过剩风险，使正处于结构转型、合成材料爬升期的重庆市化工产业面临巨大的挑战。

三、2024年发展思路

2024年全年运行目标产值1222亿元、同比增长3.2%。

（一）加强经济运行调度

加强重点企业的运行监控，了解重点企业运行情况，结合“三服务”等工作，围绕原料供应协调、项目建设和产业结构调整等具体问题对企业进行帮扶。重点关注产品价格和行业趋势，包括全国化工同质产品及全国化工行业发展走向。

（二）实施产业链提升行动

召开领军、链主、配套企业工作会议，探讨如何打造新材料产业集群、做强优势产业。推进项目建设，加强招商引资，补齐补强聚酰胺、聚酯等产业链。

（三）推动行业智能化改造升级

推动条件成熟的重点企业完成智能化工认定；鼓励还未实施智能化改造的、运行稳定的企业完成生产和安全及环保等设施或者车间的智能化改造提升。

（执笔人：刘喜梅）

智能终端产业

重庆市经济和信息化委员会智能终端和通信产业处

2023年，在国际形势更加复杂严峻、全球市场购买力不足的背景下，重庆市积极采取稳订单、强智造等措施，巩固计算机制造全球优势和手机、家电制造国内重要制造基地地位，并通过育新品、强研发等工作，推动新质生产力形成，为全市工业经济和外贸稳定做贡献。

一、2023年发展回顾

（一）规模稳定

笔记本电脑产量占比首次近全球一半，连续10年成为全球最大的笔记本电脑生产基地；智能手机产量增长11.2%，排国内前四。全行业增加值增长2%，出口交货值保持在全市的七成以上。惠普在渝第4亿台PC下线，成为重庆市开放经济发展的里程碑事件。

（二）制造提质

OPPO、宇海精密等4家企业获评市级智能工厂，新普、景裕等35家企业获评市级数字化车间。在产品绿色化基础上，加速制造绿色化，英业达、OPPO、传音等14家企业获评国家级绿色工厂，达丰、英业达、旭硕、美的、格力、传音入选国家级绿色供应链管理企业。

（三）新品启航

顺维服务器研发中心的投用，标志着重庆市在服务器领域具备研发能力。仁宝智能屏显终端项目实现出货，成为重庆市电子终端与汽车两大产业融合的标志性项目之一。全年服务机器人产量增长59.1%，AI及机器人、智能家居、服务器三大“新星”产业集群营收分别增长17.8%、12.1%、8.7%。

（四）创新提速

惠普重庆研发中心投用，是重庆市第一家由全球头部PC品牌商设立的PC研发中心，将引入供应链企业开展协同创新，叠加既有研发机构，基本形成笔记本电脑创新链。惠普与重庆大学达成科技领域的战略合作意向，传音深化与重庆大学、重庆邮电大学等高校战略合作。建立电子终端研发机构资源池和全球优势产品征集、培育机制，加速形成新质生产力。举办第五届笔记本电脑材质创新高峰论坛。全产业链研发费用增长23.2%。

二、发展中存在的问题

全球市场购买力仍然不足。计算机、手机作为全球重要的生产生活工具，具备长远生命力，且正面临人工智能赋能的机遇，但市场环境仍趋紧。国际主要货币虽可能进入降息通道，但降息节奏未定；地缘冲突抬高企业经营成本，降低经济预期，导致全球市场购买力仍未完全恢复，可能影响短期产业发展。

产业竞争更加激烈。电子终端产业有创造市

场价值、优化供给结构、承载创新活动、集聚高端要素、整合物流通道等积极作用，因此是国内外竞相发展的产业之一。各地纷纷出台优惠政策打造产业链，订单、招商引资形势异常激烈。

新兴产品尚处培育期。重庆市智能终端产品以笔记本电脑、手机、家电为主，已发展到较高水平，但向更多优势产品的拓展不足，与数字经济时代不完全适应。受限于市场规模、技术储备等因素，AI 及机器人、智能家居、服务器等新兴产品尚有培育期，若无强力政策支持，短期内难以形成较大的产值增量。

三、2024 年发展思路

深入学习贯彻习近平总书记系列重要讲话精神，坚持稳中求进工作总基调，完整、准确、全面贯彻新发展理念，积极融入和支撑新发展格局，巩固既有产品优势地位，大力培育新产品，加快发展新质生产力，推动智能终端产业高质量发展。

（一）出台支持政策

综合考虑稳增长稳外贸稳预期等目标，拟订产业政策稳增长、促研发、育新品、强智造，支持企业高质量发展。充分发挥国家重大战略在重庆市交汇叠加优势，拟订新兴产品专项政策，形成市区联动加速培育的局面。

（二）积极争取订单

加强重庆市与企业高层互动，并会同有关园区、企业，多方对接订单，做好订单来渝承接与要素服务等工作，促进计算机、手机、家电等产品产量稳定，推动 AI PC、AI 手机、智能家电等产品高端化、智能化。

（三）大力培育新品

抢抓数字经济机遇，大力发展以服务器为核心的算力产业链，并积极对接行业头部企业，在渝发展 AI 及服务机器人、智能家居等产品。结合行业实际，继续开展电子终端开发需求征集和电子终端研发机构资源池和潜力产品的征集、培育工作，研究量产服务机构征集培育工作，打通潜力产品从“实验室”到“生产线”的全过程。

（四）营造良好生态

引导龙头企业加大研发投入，带动全产业链开展协同创新，进一步提升产业能级。争取整机企业开展与配套企业对接活动，促进大中小企业融通发展。推动汽车等各领域企业开放供应链，支持电子终端产业链企业积极融入，发挥彼此优势，实现融合发展。

（执笔人：彭华荣）

其他电子信息制造业

重庆市经济和信息化委员会电子信息处

2023 年，重庆市其他电子信息制造业（主要指电子信息制造业中，除计算机、手机等智能终端整机制造，以及白色家电整机制造之外的其他领域，涉及集成电路、新型显示、阻容感等元器件，电池、输配电设备、光伏等能源电子，以及传感器和关联性较强的仪器仪表制造）坚持“稳”字当头，多措并举有效应对“市场需求收缩、要素供给冲击、增长预期转弱”等困难挑战，多管齐下有序推进“运行调度、招商引资、生态培育、服务保障和专项工作”，其他电子产业稳的基础持续巩固、进的势头持续向好、增的动能持续提升。

一、2023 年发展回顾

（一）运行调度稳中向好

运行数据逐月回暖。在全市主要行业增速整体回落的背景下，其他电子在经历年初大幅回落后顺利实现“转正”；2023 年，全市其他电子信息制造产值同比增长 0.2%。

投资进度逐步提速。在重点项目半年投资进度不足 50% 的情况下，通过密集调度、高频跟进、市区联动，前三季度完成投资超 400 亿元，同比增长 7.5%。其中，34 个市级重点项目仅用 9 个月完成年度投资目标。

投产项目逐渐上量。润西微电子 12 英寸功率半导体、润安先进封测、京东方第六代 AMOLED 柔性显示制造线等高成长性投产项目共计形成约 40 亿元产值增量。

（二）招商引资稳中有进

重点项目顺利落地。成功签约意法半导体、三安光电、云潼半导体等 10 余个重大项目，其中安意法碳化硅制造基地及三安光电碳化硅衬底项目投资达 300 亿元，是重庆直辖以来投资规模最大的单体集成电路项目。

签约项目加快推进。对接国家集成电路产业投资基金二期完成芯联微电子项目出资程序；平稳推进安意法碳化硅晶圆、光域 6 英寸硅光、新陵微 6 英寸 IGBT 功率半导体、中国电科 8 英寸扩能等晶圆制造项目开工建设，年内已形成近百亿级投资增量。

储备项目提前谋划。有序推进奕斯伟系列项目招商洽谈，同步策划储备并跟进汇顶科技高端设计、盛美半导体、凯世通等离子注入机、南大光电光刻胶等系列项目，前瞻性布局半导体设备及原材料、关键零部件等产业链。

（三）产业生态稳中提质

服务平台全面升级。以“国资 + 央企 + 科研院所”模式创造性推动重庆赛宝改制，建设新能源智能网联汽车软硬件试配平台；川渝电子信息及集成电路产业链供需对接平台全面升级，企业注册量、服务项目类别分别同比增长 160%、10%；北京理工大学重庆微电子研究院 CiMEMS 微纳制造工艺平台正式通线；推动北京大学重庆碳基集成电路研究院及院士工作站落地，提前布局碳基芯片技术。

重点园区全速建设。完成《汽车电子产业园规划》编制工作，以西部科学城重庆高新区为载体打造全国领先的汽车电子产业园。西永微电园荣获 2023 年度中国集成电路高质量发展优秀园区。传感器重点关键产业园再次入围中国传感器产业园区前十强。江津白沙光伏园区、铜梁储能产业聚集区等新兴产业园区初具规模。

国产替代全盘推进。支持四联集团、机电集团等开展阀门、真空泵、流量控制计等关键零部件“国产替代”科研攻关。推动中科光智、荣耀电子、臻宝实业等本土企业推动微波等离子清洗机、真空共晶焊炉、晶圆载具、硅耗材等半导体设备及原材料导入国内知名龙头企业供应链，助力半导体设备及原材料“国产替代”提速。支持吉芯科技服务保障航天发射任务。加大“芯车联动”对接力度，推动更多国产车规级芯片装车验证。

（四）服务保障稳中蓄势

资金支持成效更佳。充分发挥财政专项资金“四两拨千斤”作用，重点支持集成电路设计、制造、封测、材料等企业和项目 22 个，合计兑现资金近 6000 万元；出台新型显示稳增长政策，有效带动全市龙头企业新增产值约 35 亿元。

靠前服务覆盖更广。北碚区的“三服务”问题办结率 100%。市区联合招商 40 余次，甄别和洽谈项目 50 余个。全年共计现场专项检查指导 63 人次，全行业各类企业重大安全生产事故和重大环境污染“零风险”。

产教融合塔基更牢。紧扣国家集成电路人才政策最新要求，推动委属重庆工信职业学院创新性设置针对集成电路工艺的技能型学科，联合 SK 海力士、万国半导体等市内 5 家龙头企业建设集成电路产教融合联合体，构建技能型人才全生命周期培养模式，推动校企间形成“招生即招工、入学即入职、毕业即就业”良性循环，高质量建设集成电路“塔基人才”队伍。

（五）专项工作稳中求新

成渝联动开启新篇章。川渝两地党政主要领导共同见证成渝地区电子信息先进制造集群培育提升三年行动计划发布启动。代表四川省、重庆市参加工业和信息化部举行的国家级先进制造业集群发展情况现场答辩。联合出台《成渝地区电子信息先进制造集群发展报告（2022 年）》，以及集成电路、智能传感器、新型显示产业发展蓝皮书。增设集成电路设计工具服务，进一步完善川渝电子信息及集成电路公共服务平台功能。合力举办 2023 年世界显示产业大会、2023 年成渝集成电路产业发展高峰论坛，推动成都、重庆双双入围全国新型显示十强和柔性显示五强城市。

会展宣传结出新成果。圆满举办集成电路政策宣贯会、全国汽车芯片大会。成功举办 2023 年新一代电子信息制造产业区域投资高峰论坛，营造“产业—科技—金融”良性循环的优质产业氛围。高质量举办 2023 年新能源汽车智能座舱生态论坛、第三届集成电路产教融合论坛、第七届全国大学生集成电路创新创业大赛等智博会系列活动，以及 2023 年中国产业转移发展对接系列活动，高标准筹备新一代电子信息制造业专场对接活动、重庆集成电路产业发展高峰论坛，累计签约各类项目超千亿元。

二、发展中存在的问题

外部承压未缓解。全球消费电子市场回暖乏力，上游链条短期内暂无加快复苏迹象。各地新一代电子信息产业招商竞争进一步加剧，重庆市能在要素成本优势不足的情况下，引进优质项目的难度更大。

内部挖潜任务重。集成电路、光伏、储能等新质生产力处于成长初期，短期内产值增量贡献有限。“产业大脑+”等新型生态圈建设刚刚起步，新一代电子信息技术赋能新型工业化仍存在短板弱项。

三、2024年发展思路

（一）牢抓党建融合强引领

持续牢抓习近平新时代中国特色社会主义思想主题学习教育，加强廉政警示教育学习。营造风清气正的良好氛围，压实规范招商接待责任，构建亲清政商关系，营造拒腐防变的良好政治生态。

（二）紧抓重大项目强基础

密切跟进芯联微电子、安意法碳化硅重点项目建设，同步兼顾推进奥松电子、中电科扩能、光域科技、新凌微等晶圆制造项目建设，力争形成百亿级投资增量。持续跟进奕斯伟碳化硅等项目，积极引进先进封装和特色封装项目。积极开展海外并购，补强半导体耗材、电子专用设备等领域短板缺项。

（三）狠抓创新赋能强生态

瞄准日韩半导体龙头企业资源，同步对接国内高校、科研机构和领军团队，通过外引内育等方式，加大半导体关键零部件、设备、原材料研发创新投入，助力相关领域国产替代步伐提速。

（四）勤抓平台建设强支撑

充分发挥联合微电子中心国家级制造业创新中心优势，做强硅光产业；支持重庆赛宝做优板卡集成电路和元器件适配验证中心，加快建设新能源智能网联汽车软硬件试配平台，服务“芯车联动”战略；提档升级川渝电子信息及集成电路公共服务平台，持续优化川渝两地电子制造业生态，更好支撑战略备份基地建设。

（五）善抓靠前服务强生态

积极争取国家集成电路产业投资基金等国家级基金和金融机构进一步加大对重庆市的倾斜性支持力度。构建集成电路产业大脑。积极承接中国国际锂电池技术展览会、第八届全国大学生集成电路创新创业大赛等全国性会展赛事，进一步营造良好的产业氛围。

（执笔人：周秋宇）

医药工业

重庆市经济和信息化委员会　医药产业处

2023年，重庆市医药工业聚焦重点、精准发力，紧紧围绕“鼓励创新”“推动高质量发展”两条主线，坚持创新驱动，全力以赴推动重庆市医药工业高质量发展。

一、2023年发展回顾

（一）新产品开发加速推进

2023年，全市药械获批数量均为近年来最好水平，其中，新上市医疗器械品种561个，新上市和通过一致性评价药品品种43个，获批批文71件。重庆市现有I类创新药项目获得临床试验许可达36个。其中，智翔金泰赛立奇单抗注射液上市申请获国家药监局受理，是首款申报上市的国产抗IL—17A单抗；精准生物pCAR—19B细胞自体回输制剂获准纳入“突破性治疗品种”。预计两款产品均在2024年获批上市。

（二）优质企业培育卓有成效

一是医药企业成功上市。西山科技与智翔金泰完成科创板上市，重庆市医药行业上市企业达到15家。二是龙头企业持续壮大。智飞生物与GSK达成战略合作，独家代理欣安力适。中元汇吉收购深圳传世生物，进军凝血检验领域，产品线覆盖检验医学九大领域。太极集团开拓中医药海外市场，在20余个国家和地区获中药产品海外注册文号近100个，出口产品30余种。

（三）服务体系持续完善

“丹纳赫中国西部中心”落地重庆市，打造集技术研发、人才培训、项目孵化、基金投资于一体的创新平台。美莱德药物安全评价研究中心获得国家药监局GLP证书，填补市内空白。中元汇吉牵头组建重庆高新医疗器械研究院，打造医疗器械研发服务平台。精准生物成为西部首个获批生产许可的细胞治疗药物生产平台。

（四）对外交流合作持续加深

一是产业交流合作进一步深化。成功举办2023年中国医学装备大会和2023年智博会制药产业数智化峰会等行业大会，承办2023年中国产业发展对接活动（重庆）——医药专题活动，促进产业上下游之间、东西部区域之间交流与合作。二是川渝地区医药园区协同发展。重庆国际生物城会同成都医学城获批第二批成渝地区双城经济圈产业合作示范园区，在GCP临床试验合作、共建绿色原料药飞地园区、建立产业优质资源库等方面不断加深合作。

二、发展中存在的问题

一是大品种少，产品结构仍需优化。二是科技创新能力亟待提升，平台支撑不足。三是融资活跃度低。

三、2024 年发展思路

2024 年，聚焦打造国家重要生物医药产业高地，牢牢把握产品、企业、产业链、产业生态四个着力点，短板产业补链、优势产业延链、新兴产业建链。坚持创新驱动和多学科交叉融合，推进产业高端化、智能化、绿色化升级。以企业为主体推进重点任务攻关与平台基地建设，不断提高产业链韧性和现代化水平。以增品种为抓手，持续做大产业规模，增强供应保障能力，实现医药工业健康发展。力争到 2024 年全市生物医药工业产值同比增长 3%。

（一）实施创新资源集聚工程，不断提升产业发展后劲

一是加快布局新赛道。瞄准基因治疗、细胞治疗、合成生物学、脑科学、再生医学等精准医疗前沿细分领域谋篇布局，积极抢占新赛道、布局新产业、培育新动能。二是全力引育创新主体。聚焦海内外顶级研发团队和先导生物、诺思兰德、优卡迪等创新领军企业精准招商，鼓励其通过各种灵活的合作方式来渝开展项目合作，推动重庆 biotech 公司（研发驱动的创新药企业）形成“铺天盖地”的发展态势。三是加速推动创新技术落地。鼓励本地科研院所、高校和企业对 CAR—T 细胞、TCR—T 细胞、干细胞、基因编辑、靶向小分子药物、可穿戴设备、外骨骼机器人等前沿技术和产品的研究和转化应用，大力支持精准生物、复创医药等本地企业加快在研项目速度，助推产业动能转换。

（二）实施转化能力提升工程，不断完善产业孵化体系

一是强化临床资源对科技创新的重要支撑作用。打通从实验室到产品上市许可的关键通道，鼓励医疗机构和企业共建临床资源样本库，为创新药物、诊断试剂、医疗器械研发提供可靠的基础资源，实现临床资源有效利用，为创新产品研发提供有力的基础支撑。二是持续推进昭衍新药、泰格医药等研发公共服务平台尽快落地见效，积极引进先导药物等国内领先小分子化合物筛选的新药研发服务公司（CRO），为产业创新提供有力的平台支撑。

（三）实施高质量产品倍增工程，不断提升产品市场竞争力

生物药领域，聚焦抗体药物、多肽药物、核酸药物、肿瘤疫苗、细胞治疗、新型血液制品等赛道，加大品种引育力度；化学药领域，引导和支持企业围绕临床应用价值布局产品线，重点推动肿瘤、心脑血管疾病、糖尿病、神经退行性疾病、呼吸系统疾病等领域开展药物研发和产品引进；中成药领域，积极推动中药配方颗粒试点和推广，充分挖掘经典名方，加快具有明确治疗指征的中成药大品种二次开发，挖掘激活“闲置批文”产品，不断丰富中成药产品品类；医疗器械领域，鼓励发展创新性强、附加值高的医疗器械，重点支持 CT、质谱和血液透析等医疗装备，骨科、心血管、眼科、微创介入与植入等高值耗材，化学发光技术、qPCR 技术、微流控芯片等体外诊断产品的引进、研制和产业化。

（四）实施规模化生产能力扩大工程，不断强化产能支撑体系

一是促进本地企业实现智能化升级，提高产能利用率。支持企业建设智能制造、环保工艺、柔性化生产技术体系，开展智能工厂和数字化车间建设工程，提升生产运营效率和降低生产成本。二是大力引进 MAH 持牌项目，盘活本地企业闲置生产管线，通过委托生产、加工外包等方

式，提高现有产能利用率。三是支持园区与头部企业共建国际一流 CMO 平台。生物药领域，大分子药物 CMO 平台建设，帮助企业提升发酵能力、优化技术工艺，加速产品商业化进程；化学药领域，以博腾制药等本地龙头企业为依托，打造“原料药 + 中间体 + 制剂”一体化化学药生产平台；医疗器械领域，充分发挥重庆在电子、智能产业方面的加工制造优势，策划引进国际领先的 CDMO 和 CMO 平台，通过规模化生产实现低成本制造优势，全面提升医疗器械产业承接能力。

（五）实施供应链安全保障工程，不断完善产业链布局

一是着力保障上游原材料供应。大力发展特色原料药，推动原料药绿色生产和清洁制造，围绕长寿区打造国家原料药绿色生产基地，确保化学药上游供应链绿色安全稳定。加快推动抗体、蛋白、酶制剂、荧光染料等上游生物制品原料的自主创新。围绕重庆市重点道地中药材品种，支持生产企业在中药材产区设立中药材提取生产基地，打造“种植、加工、使用”一体化中药材产业链体系，确保原材料供应稳定。二是有效保障重要产品配套元件供应。立足国内大循环新格局，加快推动化学发光技术元器件、激光器、柱塞泵、采样针、CT 球管等核心零部件的本土化生产，确保关键部件稳定供应。依托正川股份、斯泰克瑞登梅尔等企业，围绕高端特殊剂型，针对性引进和培训高端辅料和包材生产平台企业。

（执笔人：马改妮）

建筑业

2023 年以来，全市积极贯彻央地携手合作落实成渝地区双城经济圈建设国家战略的工作部署，出台扶持政策，吸引优质企业落户重庆发展，推动全市建筑业总产值稳步回升。

一、建筑业运行总体情况

2023 年，全市总承包和专业承包（以下简称“总专包”）建筑企业总产值比上年增长6.9%，增速较上年提高 2.6 个百分点，且高于全国 1.1 个百分点。

（一）从构成看：安装工程及其他产值增长较快

2023 年，全市总专包建筑企业实现安装工程产值比上年增长 9.0%，高于全市 2.1 个百分点；其他产值增长 27.5%，高于全市 20.6 个百分点；占全市总产值近九成的建筑工程产值增长 6.0%，低于全市 0.9 个百分点。

（二）从行业看：土木工程建筑企业总产值增势明显

自年初以来，一批高速、轨道、机场等重大基础设施项目投资加速放量，带动 2023 年全市土木工程建筑企业增势明显，实现总产值比上年增长 10.2%，拉动全市建筑业总产值增长 2.7 个百分点。占全市建筑业总产值超六成的房屋建筑业总产值增长 6.7%，拉动全市建筑业总产值增长 4.4 个百分点。建筑安装业、建筑装饰和其他建筑业总产值分别下降 4.4%、0.9%，合计下拉全市建筑业总产值增速 0.2 个百分点。

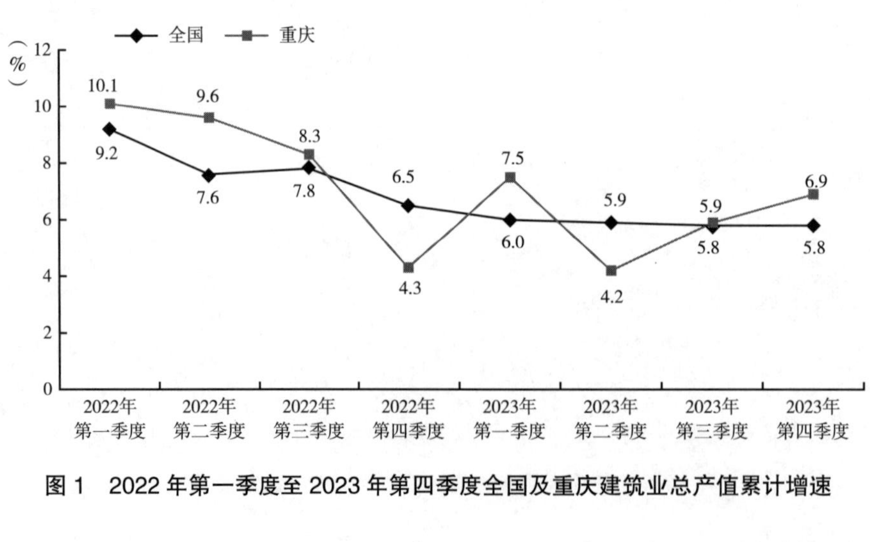

图 1　2022 年第一季度至 2023 年第四季度全国及重庆建筑业总产值累计增速

表 1　2023 年分行业建筑业总产值

单位：%

行业类别	占比	增速
全市建筑业	100.0	6.9
房屋建筑业	65.2	6.7
土木工程建筑业	27.5	10.2
建筑安装业	2.9	-4.4
建筑装饰和其他建筑业	4.4	-0.9

（三）从区域看：两群地区总产值增长较快

2023 年，全市各区域建筑业总产值实现不同程度的增长。渝东北三峡库区城镇群、渝东南武陵山区城镇群总产值增长较快，增速分别为 9.2% 和 14.0%，高于全市 2.3 个和 7.1 个百分点。占全市建筑业总产值超七成的主城都市区总产值增长 5.8%，其中中心城区增长 4.4%，主城新区增长 7.6%。

表 2　2023 年分区域建筑业总产值

单位：%

区域	占比	增速
主城都市区	71.4	5.8
中心城区	39.6	4.4
主城新区	31.8	7.6
渝东北三峡库区城镇群	25.4	9.2
渝东南武陵山区城镇群	3.2	14.0

二、建筑业生产运行主要特点

（一）新增优质企业，推动全市、国有及国有控股企业建筑业总产值实现较快增长

2023 年以来，重庆贯彻市委、市政府关于央地携手合作落实成渝地区双城经济圈建设国家战略的工作部署，出台九条扶持政策积极吸引优质企业来渝落户发展，已有中交三航局第九工程有限公司、中交一公局重庆建筑工程有限公司、中建科技集团西部有限公司、中铁十一局集团西南工程有限公司等 58 家央企落户重庆发展，其中 25 家企业已纳入统计范围。

2023 年，全市新增入统建筑企业 419 家，实现产值 431.84 亿元，拉动全市产值增长 4.8 个百分点。其中新增总承包一级资质企业 36 家，实现产值 219.70 亿元，拉动全市产值增长 2.4 个百分点；25 家落地央企实现产值 192.07 亿元，拉动全市产值增长 2.1 个百分点。

在新增优质企业的带动下，2023 年全市国有及国有控股企业产值增速大幅提升，比上年增长 10.9%，增速高于全市平均水平 4.0 个百分点，拉动全市建筑业产值增长 3.5 个百分点。

（二）建筑技术革新，带动全市智能建造工程项目规模不断扩大，装配式建筑工程产值实现较快增长

在大数据智能化为引领的创新驱动发展行动计划引领下，重庆传统建筑企业积极吸纳“智能因子”，全面推进智能设计施工，重点围绕 BIM 技术全过程应用、电子签名签章技术、施工作业与施工管理行为数字化应用、施工现场 5G+ 物联网技术及智能化机具设备等智能建造技术的集成应用开展技术升级与革新。2023 年，全市总专包建筑企业完成装配式工程产值 70.36 亿元，增长 24.4%，高于全市 17.5 个百分点；新签智能建造工程项目合同额 42.69 亿元，其中新签运用 BIM 技术合同额 15.09 亿元。

三、相关建议

总体来看，在 2023 年建筑业的生产运行中，

新落地的国有企业是支撑全市建筑业总产值增长加速的主要力量。但在看到整体发展的同时，也需关注本土民营建筑企业面临的发展困难，相关部门需出台相应的帮扶措施，激活企业活力，促进本土民营企业深入参与市内及成渝地区双城经济圈项目建设。

（执笔人：罗继明）

第三产业

航空运输

民航重庆监管局

一、2023年发展回顾

（一）2023年总体运行情况

民航重庆地区各运输机场共保障航班32.78万架次，完成旅客吞吐量4589.12万人次、货邮吞吐量38.88万吨，分别同比增长65.55%、104.32%和-6.5%，分别恢复至2019年的98.11%、98.8%和93.68%。其中，江北国际机场共保障运输航班31.38万架次，完成旅客吞吐量4465.72万人次、货邮吞吐量38.78万吨，分别同比增长67.45%、106.04%和-6.51%，分别恢复至2019年的98.86%、99.71%和94.37%。

江北机场陆续恢复、新开或加密国际（地区）航线，实际在飞国际（地区）客运航线20条、每周100班，国际（地区）货运航线12条、每周31班。全年完成国际（地区）旅客吞吐量80.35万人次、货邮吞吐量13.16万吨，分别同比增长898.29%和-28.44%，分别恢复至2019年的25.68%和97.53%。

3月，民航局正式批复重庆新机场场址。截至年底，江北机场T3B航站楼基本实现断水封围，金属屋面工程完成95%，幕墙工程完成90%；第四跑道土石方工程及地基处理工程全面完成，混凝土道面工程完成85%。T3B航站楼及第四跑道工程全年完成投资46.1亿元，开工以来累计完成投资112.64亿元。黔江机场1.2万平方米和万州机场2.6万平方米的新航站楼先后投用。江北、万州和黔江机场分别新投用机位21个、6个、7个，运输保障能力提档升级。

（二）2023年主要工作

民航重庆监管局全年行政检查完成22249项检查内容，计划完成率100%；共发出整改通知书187份，涉及418个具体问题，问题发现率4.5%，整改闭环率100%；实施行政处罚5宗10件，行政约见1次，办理不停航施工行政许可12件；开展警示性谈话或约谈8次。民航重庆地区全年发生运输航空责任事件19起，责任事件万时率0.49；机场责任事件2起，机场责任事件万架次率0.06；未发生人为责任原因征候及以上事件，圆满完成年度安全目标，安全形势平稳可控。

1. 聚焦安全，夯实管理根基

扎实开展安全基础工作。细化分解安全工作任务和党委督办项目，每月跟踪督促落实。加强安全信息分析和利用，完善安全信息管理程序。充分利用全国防灾减灾日、安全生产月等活动开展宣传，加强安全生产文化建设。严格落实行政执法全流程时限要求，进一步提升行政执法效能。强化督导检查，确保各单位安全培训和考核走实走深，不走过场。

基本建成安全风险分级管控和隐患排查治理双重预防工作机制。各单位认真开展培训宣贯，结合实际运行情况建立健全机制，组织完成审核验收。

深入推进民航重大安全隐患专项排查整治2023行动。持续推进企业自查和局方重点督导检查，共检查企业17家，开展督导检查49次，帮扶指导重点企业21家次。建立工作专班，督导整改一般安全隐患54项。

加强重点单位监管。确定以华夏航空、西部航空和重庆通用航空有限公司为重点监管单位，坚持“一企一策”。指导重点单位加强党建引领，常态化列席重点单位安委会，强化对重点岗位、重点环节和重点人员的检查和帮扶；严把飞机引进、新开/恢复航线审定关口；督导完善安全管理体系，切实提升安全管理水平。针对华夏航空，重点关注风险识别与管控、干部能力、驻外运行、CRJ900机队运行和运行总量管理。针对西部航空，重点关注干部配备、安全投入、驻外运行、高原特殊机场新开/恢复航线等工作。针对重庆通航，关注股权变更和安全投入，督促严格按章运行。

初步落实全员安全生产责任制。从试点到铺开，督促各单位层层落实主体责任、领导责任和岗位责任，强化安全生产过程管理。各单位按照建体系、明岗位、分责任、定考核的工作要求，基本完成全员安全生产责任制独立手册的编制工作。

持续抓好资质管理，不断优化作风建设。以资质排查为主要手段，摸底、管控资质能力建设情况。通过考试、座谈、岗位实操等多种方式，持续提升飞行、机务、签派、管制等关键人员岗位胜任能力。

重点提升事件调查能力。全局现有专职调查员1人，兼职调查员8人，全部参加事件调查员培训。实现辖区事件调查委员会实质性运转，通过交流研讨、专家授课、实战应急演练等形式，切实提高事件调查整体协同能力。

保障机场安全运行。提升跑道安全管理水平，确保跑道满足适航要求。加强不停航施工管理，指导江北机场成立不停航施工专班，开展精准施工监管，及时消除安全隐患。指导江北机场和重庆空管分局进一步优化不停航施工管理和航行通告发布工作，确保航班运行安全和顺畅。落实外来物防范管理，指导江北机场开展外来物损伤航空器事件数据分析。巩固机坪运行管理成效，未发生航空器剐碰事件。细化机场净空管理，确保建设项目净空审核工作零差错。积极对接市规资局，提交运输机场净空保护“一张图”。指导江北机场建立空飘物事件信息通报及处置工作程序。对净空保护区内的高大建（构）筑物开展专项摸排，反馈至飞行程序设计单位进行安全性复核。督促各机场与地方政府规划部门建立高大建（构）筑信息长效管理机制。

做好危险品及货物运输管理。进一步充实培训教员队伍和危险品培训机构，启动危险品从业人员通识培训大纲和试题的编写工作。充分调动行业资源，组织开展危险品运输研讨交流活动，提升辖区危险品航空运输安全管理水平。

严管空防安全。对各机场消防大练兵工作情况进行检查，定期抽查各运输机场消防值班备勤情况，将机场消防安全工作落到实处；组织消防应急救援管理业务培训，提升机场消防应急响应和救援处置能力。推动依法整治“机闹”维护航空安全专项行动走深走实，切实维护空防安全稳定。落实市禁毒委关于重点部门重点行业涉毒风险隐患防范与治理工作要求，组织全体人员开展涉毒检测工作，检测结果均为阴性。

确保网络和信息数据安全。在重点时期做好网络安全应急值守，开展重要门户网站、信息系统摸排，收集数据出境需求，切实保障重要信息系统安全稳定运行。研究明确数据分类分级表格标准，督导相关单位开展数据分类分级。更新网络安全专家库，缓解网络与信息安全监管力量不足的突出矛盾。

2. 聚焦发展，助力行业恢复

一是安全有序恢复航空运输市场。组织开展辖区安全有序恢复航空运输市场7个阶段评估工作，确保基地航空公司运行量与保障能力相匹配。开展“民航服务助力行业恢复年”主题活动，指导各单位提升服务质量，创新服务产品，助力行业恢复发展。

二是推进江北机场容量评估工作。开展江北机场容量评估终期评审，确定调整江北机场高峰小时航班时刻容量至60架次的意见，目前待民航局最终批复。

三是协同推进空域优化工作。实现空域小组实体化运行，开展空域规划前期准备工作，持续推动重庆地区空域优化及调整，恳请地方政府加大支持力度。推动西三边进一步向南水平延长，为江北机场程序优化提供了空域条件，也为推动江北机场实施独立平行仪表进近创造了条件。指导重庆空管分局于10月20日在江北机场开展相关平行仪表进近航空器间隔由4公里缩小为2.8公里实验运行。督促管制部门加强与军航管制部门协调，用好用活临时航线，提高空域使用效率。

四是深入推进“放管服”改革，护航通航健康发展。推动通航企业退出机制落地，注销飞行学院重庆通用航空培训有限公司通用航空经营许可证，建议神龙通航暂停运行。开展新CCAR-135换证补充审定工作，九洲神鹰通航和亚翔通航已分别获得新版135和135、136运行合格证。10月以来按照民航局统一部署开展通航安全整顿专项行动。

五是积极配合地方政府工作，为行业发展汇聚多方动能。提前验证飞行线路，安全保障市委主要领导乘坐直升机开展调研活动。结合国内外典型事件，加强在民航安全工作中与地方政府和职能部门的配合协调，与市交通局联合印发《关于进一步齐抓共管强化民航安全治理合力的通知》。配合完成春节期间首届重庆都市艺术节“焰火表演”“无人机编队飞行表演”协调保障工作。收集重庆市域内无人机管制空域划设所需地理信息数据，配合修订《重庆市民用无人驾驶航空器公共安全管理办法》，推动重庆市无人机综合管理平台相关管理制度持续完善，全年未发生无人机非法飞行扰航事件。统筹安排民兵整组、国动能力检验评估、国动重点潜力数据采集工作，参加市国动委组织的“渝动-2023”演练。

3. 聚焦服务，提升群众获得感

一是协同推动机场运行效率及航班运行品质提升。积极推进江北机场提升航班靠桥率，全力缩短廊桥占用时间。统筹开展江北机场进出藏“通程快线”试点，对“干支通，全网联”航空运输服务进行系统谋划。1月，“武黔”一体化运行正式实施；7月，“巫万”一体化首次运行。

二是抓好航班正常管理和延误处置。要求江北机场运管委充分发挥协同平台作用，结合雷雨季保障特点和面临形势，提前谋划，加强会商，有效应对大面积航班延误；要求航空公司提前研判、尽早决策、及时通知，妥善安置旅客。

三是推动服务质量工作。通过服务质量典型案例宣讲评优、服务质量管理体系建设、服务监督等工作，促进服务质量整体提升。优化投诉举报办理流程，不断提升办理答复质量。

四是完成电动化及塑料污染治理相关工作。及时验收各单位新能源车辆和充电桩，江北机场新能源车辆占比满足要求，空侧换电站投入使用，桥载电源基本实现应用尽用。机场范围内和航班上基本实现禁止使用一次性不可降解塑料，垃圾分类回收。

4. 聚焦党的建设，强化党建引领作用

一是扎实开展学习贯彻习近平新时代中国

特色社会主义思想主题教育。精心打造主题教育“四个阵地”，创新开展“理论引领实践”党课提升计划。建立督导检查机制，狠抓关键环节，确保主题教育活动质量。

二是推进全面从严治党。开展纪检干部队伍教育整顿和廉洁文化教育，增强党员干部廉洁从政、廉洁用权、廉洁修身、廉洁齐家的思想自觉。打造“四强”党支部，每季度组织开展党支部工作交叉检查。

三是以共建促自建，以共建促安全发展，坚持“四个融入”抓党建，积极推动党建工作和业务工作深度融合，联合多家单位各级党组织开展联学联建活动16次。

二、存在的主要问题

典型不安全事件仍时有发生，部分单位在落实全员安全生产责任制方面仍有差距。发动机故障、CRJ900机队老化、ARJ21故障率高、机务维护经验不足等问题依然存在。2024年作为江北机场T3航站楼和四跑道项目建设关键年，不停航施工和安全运行的矛盾较为突出。

三、2024年工作计划

2024年，全局将持续深入学习习近平总书记对安全生产的重要论述和对民航安全工作的重要指示批示精神，深入贯彻全国民航工作会议和市委六届四次全会精神，严格落实行业监管责任，坚持高质量发展和高水平安全良性互动，以高水平安全保障高质量发展，争取为现代化新重庆建设做出民航更大贡献。

狠抓核心安全，防范核心风险。以双重预防机制正式实施为契机，健全实施与自身运行水平相适应的双重预防机制，不断融合双重预防机制与安全管理体系。

紧盯关键岗位和关键环节，严控典型不安全事件发生。抓住领导干部这个“关键少数”，重点抓好飞行、机务、管制等关键岗位作风建设。加强防空停工作，努力降低CRJ-900和ARJ21机械原因引发的不安全事件万时率。加强江北机场不停航施工监管。

针对江北机场第四跑道及T3B建成投用，以实现江北机场2组跑道运行效率最大化为目标，研究提出相匹配的空域配套方案。在此基础上，协同推进以成渝为重点的空域结构调整优化。

（执笔人：赵天烁）

重庆水运

重庆市港航海事事务中心

一、2023 年发展回顾

2023 年重庆市港航海事事务中心全面贯彻习近平新时代中国特色社会主义思想，深入学习贯彻党的二十大精神和市委六届二次、三次、四次全会精神，完整、准确、全面贯彻新发展理念，自觉融入交通强市建设大局，在现代化新重庆建设中展现水运担当。

（一）抓基础、强支撑，在提升供给能力上实现新突破

全年完成投资 36.1 亿元。长江朝九段竣工验收，渠江、黛溪河、鳊鱼溪航道完成整治，利泽航运枢纽船闸实现通航。果园二期竣工验收，万州新田二期 3 个泊位、进港铁路及涪陵龙头二期完成建设。全市货船运力规模达到 1165 万吨、船型标准化率达到 88%，单船平均运力达到 4900 吨、稳居全国内河第一。

（二）抓协同、强联动，在区域协调发展上开创新局面

川渝水运一体化发展深入推进，合川至广元“水水中转”、北碚至南充首条航线、万州至达州铁水联运首发班列等成功开行。渝黔航运合作深入实施，贵州余庆至涪陵集装箱班轮顺利开行，乌江银盘、彭水过闸货运量创历史新高。长江上游五省市航运高质量发展战略合作走深走实，15 个重点合作项目持续产生经济效益。

（三）抓运行、强活力，在巩固发展态势上取得新进展

全市港口货物吞吐量历史性突破 2.2 亿吨，其中集装箱吞吐量 131.7 万标箱、铁水联运量 2613 万吨；完成水路货运量 2.1 亿吨、货物周转量 2467 亿吨公里；完成客运量 872.5 万人次，其中三峡游、两江游创历史新高，分别完成 80 万人次、346 万人次，较 2019 年分别增长 44%、6%。

（四）抓安全、强底线，在保障行业稳定上推出新举措

“三个责任”不断夯实，“两单两卡”全面推广，乌江重庆段水上交通安全监管联防联控机制正式建立。抓好春运、汛期等重点时段安全，有效管控危岩地灾隐患点 65 处，拆解老旧客渡船 122 艘，合川闲置餐饮船、秀山“拉拉渡”等隐患得到整治。应急体系建设有序推进，全年实施应急救援 269 次，救助船舶 18 艘、群众 138 人，处置溢油 11 次，全市水上交通已连续 20 年未发生重特大事故。

（五）抓环保、强绿色，在筑牢生态屏障上作出新贡献

全市改造码头岸电设施 90 个、船舶受电设施 76 套，全年船舶靠港接电 3.1 万次、使用岸电近 1000 万度、减少碳排放 9700 吨。万吨级电力

推进游轮“世纪绿洲”建成投运，新建三峡船型船舶56艘。船舶水污染物“零排放”常态化运行，全年接收转运船舶污染物28.7万吨。

（六）抓治理、强效能，在提升服务水平上迈出新步伐

推动修订《重庆市航道管理条例》《重庆市水上交通信用管理实施细则》并颁布实施。“数字港航”有序推进，“渝舟智行”通过初审，渝轮智管等5个多跨场景基本构建，嘉陵江重点航段接入长江电子航道图。优化“渝快办”平台政务事项132项，行政许可办结率、满意度均为100%。

（七）抓党建、强引领，在维护政治生态上展现新作为

主题教育见行见效，推动解决问题21个、成果转化18项，习近平新时代中国特色社会主义思想在水运工作中展现出光辉的真理力量和实践伟力。宣传工作有力有序，主流媒体报道行业200余篇，市委、市政府采用信息27篇，行业意识形态总体可控。驰而不息正风肃纪，党风政风更加清明。

二、2024年重点工作

2024年，重庆市港航海事事务中心将坚持以习近平新时代中国特色社会主义思想为指导，贯彻落实习近平总书记对重庆和交通工作所作的重要指示批示精神，努力在服务交通强市建设中展现水运新作为。全年目标任务是：完成投资37亿元；水路货运量、港口货物吞吐量分别保持2.1亿吨、2.2亿吨；四级以上航道通航保证率在95%以上；地方水上交通不发生重特大事故；全面完成生态环保各项目标任务。重点做到“六个着力”。

一是紧紧围绕长江上游航运中心建设，着力推动水运高质量发展。推动航道畅通提能，推进乌江、小江等支流航道整治以及白马枢纽建设。推动港口功能提升，完成江津珞璜、兰家沱改扩建，推进万州新田二期、涪陵龙头二期、主城洛碛一期、寸滩邮轮母港等建设。推动船舶结构调整，优化普货运力，推广嘉陵江标准化船型。推动运输效率提高，推进“公转水”“铁转水”“水水中转”，力争全市铁水联运量达到2650万吨。

二是紧紧围绕协同联动发展，着力增强水运发展动能。深化区域协作，用好五省市航运高质量发展战略合作平台，推动《川渝共建长江上游航运中心实施方案》《乌江航运高质量发展建设方案》落地落实。深化企业合作，优化市场主体结构，鼓励“港船货”战略合作。深化航旅融合，探索都市水上游新航线，丰富“游轮+商务”“游轮+研学”等航旅融合产品。

三是紧紧围绕人民至上、生命至上，着力构建高水平安全格局。强化责任落实，巩固“两单两卡”，规范运行“双重预防”机制。强化重点防控，聚焦重点领域，保障重点时段安全。强化专项治理，开展安全生产治本攻坚三年行动，推进危岩地灾隐患治理、“夜游船”安全、农村渡运改造升级等专项工作。强化应急救援，开展应急救援“规范年”建设，加强应急船艇建设、物资配备和实战演练。

四是紧紧围绕长江经济带绿色发展，着力推动水运节能降碳。加强绿色基础建设，完成30个泊位岸电设施标准化建设改造，加快水上绿色综合服务区建设。加强污染防治监管，完善船舶污染物接收转运处置机制，加强船舶靠港使用岸电监管，力争岸电年使用量保持在900万度以上。加强环保技术应用，推动新能源示范船舶建造。

五是紧紧围绕数字重庆建设，着力提升行业治理能力。推进数字港航建设，编制好“三张清单”，谋划好“渝舟智行”，推进嘉陵江河口至草街电子航道图建设，实施支流船舶北斗船载终端安装，扩大港口“电子货单”试点范围。推进法治港航建设，宣贯《重庆市航道管理条例》，深化信用体系建设。优化营商环境，积极应对三峡船闸停航检修，加强航运市场分析研判。

六是紧紧围绕全面从严治党，着力发挥党建引领作用。加强政治建设，巩固拓展主题教育成果，深化党建统领“885”工作机制。加强意识形态建设，强化宣传阵地管理。加强干部队伍建设，抓好干部培养选拔。加强党风廉政建设，严格落实“两个责任”，不断涵养清风正气。

（执笔人：王博雅）

证券业

中国证监会重庆监管局

一、2023 年发展回顾

2023 年，重庆证监局在中国证监会党委和重庆市委、市政府的坚强领导下，认真学习贯彻党的二十大、中央经济工作和中央金融工作会议精神，立足重庆实际，统筹推进强监管、防风险、促发展重点工作，发挥资本市场功能，推进西部金融中心建设，更好服务国家战略落地实施，助力现代化新重庆建设。

（一）资本市场发展情况

1. 市场主体概况

2023 年末，全市共有上市公司 79 家。IPO 在审企业 4 家，辅导备案企业 29 家。新三板挂牌公司 72 家。证券公司 1 家（西南证券），证券分支机构 253 家；证券投资咨询公司 1 家，分公司 2 家；期货公司 4 家，期货分支机构 34 家；公募基金管理公司 1 家；已登记私募基金管理人 158 家。

2. 股债融资概况

2023 年，全市企业实现股债融资 1887.09 亿元。其中，股权融资 127.60 亿元，包括：9 家企业通过发行上市融资 120.73 亿元，3 家上市公司股票再融资 5.99 亿元，8 家新三板挂牌公司增发融资 0.88 亿元；债券融资 1759.49 亿元，包括：72 家企业发行公司债，发行金额为 1156.86 亿元（其中，发行绿色债、科创债、乡村振兴债、“一带一路”债等专项债券共 24 只，发行金额合计 170.97 亿元），10 家企业发行资产支持证券（ABS）506.69 亿元，2 家企业发行可转债、可交换债 9.24 亿元，8 家企业发行企业债 86.7 亿元。

3. 上市公司概况

2023 年，全市新增 10 家上市公司（含迁入 1 家）。截至 2023 年末，79 家上市公司总市值 10495.89 亿元，同比增长 12.29%。年报显示，2023 年 79 家上市公司实现营业总收入 8005.09 亿元，同比增长 7.81%，归母净利润 342.51 亿元，同比增长 67.37%。利润排名前 3 名的上市公司分别为长安汽车（113.27 亿元）、渝农商行（109.02 亿元）、智飞生物（80.70 亿元）。

4. 证券公司概况

西南证券是全市唯一的证券公司，拥有证券经纪业务等 45 项业务资格。2023 年末，西南证券全资拥有 4 家子公司、39 家分公司、71 家证券营业部。2023 年末，公司注册资本 66.45 亿元，总资产 810.91 亿元，净资产 246.98 亿元（母公司口径）。西南证券积极发挥专业优势服务实体经济。2023 年，协助上市公司发行可转债 6.5 亿元，承销债券（不含可转债、可交债和 ABS）165.69 亿元，发行西南证券—银海租赁 2 期资产支持专项计划，盘活企业存量资产，完成新三板推荐挂牌 3 家，协助挂牌企业融资 3.26 亿元。

5. 期货公司概况

4 家期货公司注册资本合计 33.60 亿元，总资产合计 457 亿元，净资产合计 65.56 亿元，净资本合计 39.40 亿元。34 家期货分支机构中，包括10家期货分公司、24家期货营业部。期货公司积极发挥期货市场套期保值、风险管理功能服务实体经济，持续开展“保险＋期货”，助力乡村振兴建设。全年开展“保险＋期货”项目132个，保障金额27.87亿元，赔偿金额8531.63万元。

（二）工作开展情况

1.提升服务高质量发展动能

重庆证监局深化央地协作，发挥资本市场功能服务国家重大战略。积极配合市委、市政府在京举办支持重庆打造西部金融中心座谈会。与国家金融监管总局重庆监管局签订合作协议，深化监管协同，提升金融服务实体经济能力。推动市政府《发挥资本市场功能服务经济高质量发展工作方案》《支持重庆区域性股权市场创新发展实施方案》等文件出台。联合市发展改革委发布《重庆市推进基础设施不动产投资信托基金（REITs）产业发展的若干措施》，联合市委金融办出台《进一步发挥私募股权投资力量促进我市经济高质量发展的政策指引》，助推地方经济高质量发展取得积极成效。推动重庆区域性股权市场5项创新试点落地或获批，211家企业入驻“专精特新”专板规范培育，多层次市场体系进一步完善。

2.推动上市公司扩量提质

参与重庆市企业上市“育苗”专项行动和“千里马”行动。立足全市经济发展阶段、产业结构、资源禀赋，走访调研区县政府和市级部门，为地方经济高质量发展出谋划策。与区县政府签署合作备忘录，积极协调解决企业急难愁盼问题。强化与沪深北交易所重庆基地协作，共同开展座谈交流、培训宣讲，深入企业“一对一”指导服务。2023年共推动9家企业首发上市，排名西部地区首位。深入落实《推动提高上市公司质量三年行动方案（2022—2025）》。与市国资委签订合作备忘录，联合印发《关于支持市属国有控股上市公司实施高质量发展三年行动的若干措施》，指导市属国有上市公司明确发展目标、路径和举措。调动区县政府支持上市公司高质量发展的积极性，提供对口指导、专业服务。

3.强化监管执法净化市场生态

与成渝金融法院、四川证监局签署战略合作框架协议，共同推动成渝地区协同治理机制创新，服务保障国家金融战略实施和成渝地区双城经济圈建设。会同成渝金融法院等单位共建成渝金融司法协同中心，法治环境进一步优化。与市委网信办、市公安局网安总队建立协同监管机制，联合开展非法证券活动网上信息专项治理，进一步规范证券活动网上信息内容。加大监管执法力度，落实对证券期货违法行为“零容忍”要求，2023年共作出行政处罚决定书5份，市场禁入1人。联合市级部门、证监会系统单位等开展防范非法证券期货宣传月、防范非法集资集中宣传月、防范电信诈骗集中宣传月等活动。

4.切实保护投资者合法权益

积极落实“活跃资本市场，提振投资者信心”重要部署，发动地方行业协会、市场机构力量，主动发声，宣传解读最新监管政策。督促证券基金经营机构做好佣金、印花税等费率调整工作。推动调解组织入驻成渝金融法院，完成成渝金融法院首批14件证券虚假陈述案诉前调解。发挥“局、所、校、司”投教合力，与四川证监局、深圳证券交易所、西南财经大学等签订六方合作备忘录，推动投资者教育纳入国民教育体系。推动上市公司及其股东积极回购增持，58家上市公司公布或实施现金分红，提升投资者的获得感。督促1家上市公司大股东现金补偿业绩承诺2.2亿元。超九成上市公司召开业绩说明会，增强投资者信心。

二、发展中存在的短板

重庆资本市场发展中还存在一些短板，包括：优质高科技上市后备资源略显不足，战略性新兴产业上市公司比重偏低，再融资、并购重组活跃度有待增强，部分上市公司对构建“33618”现代制造业集群体系的引领带动作用发挥不够。证券基金期货经营机构规模实力、治理水平有待进一步提升，市场高质量发展基础还需夯实。

三、2024 年发展思路

重庆证监局将深入贯彻党的二十大精神和中央经济工作会议、中央金融工作会议精神，认真落实证监会党委和市委、市政府各项工作部署，凝聚各方合力，充分发挥市场功能，维护市场平稳运行，积极服务国家战略和现代化新重庆建设。

（一）发挥市场功能服务高质量发展

一是助力企业上市“千里马”行动。加大对高水平科技自立自强的支持力度，更加注重拟上市企业质量和结构，引导拟上市企业树立正确“上市观”，服务企业更好地对接多层次资本市场。二是用好债券融资工具。加大对制造业、民营企业的债券融资支持力度，推广发行科创债、绿色债等创新品种债券。积极推动全市 REITs 项目落地，助力盘活存量、扩大有效投资。三是发挥期货市场功能作用。加快培育期货市场产业客户，推动大宗商品期、现联动发展，更好服务西部陆海新通道建设。四是推动私募行业高质量发展。持续引导私募基金“投早投小投科技”，助力发展新质生产力。进一步完善私募基金综合研判会商系统功能，提升机构设立的便利度。

（二）提高上市公司质量夯实市场之基

一是主动参与“33618”现代制造业集群体系建设。推动制造业上市公司抓住机遇注入优质资产，出清低效产能，提升投资价值，积极发挥引领带动作用。二是助力“三攻坚一盘活”改革突破。推动市属国有控股上市公司完善治理机制，提高国有控股上市公司资产质量，推动将市值纳入市属国企考核评价体系。三是推动上市公司做优做强。加强调研走访，会同相关部门和区县政府推动解决上市公司发展面临的困难和问题。引导上市公司用好增发、配股等融资手段，综合运用并购重组、股权激励等方式提高发展质量，不断形成更多高市值上市公司。

（三）提升行业机构服务能力

一是积极落实“智融惠畅”工程。强化央地协作，推动落实“智融惠畅”工程高质量建设西部金融中心行动方案，打表推进“四重清单”2024 年度目标任务。二是推动行业机构发展壮大。支持本地证券期货基金法人机构做优做强，打造与西部金融中心相匹配的一流投资银行和投资机构。鼓励有竞争力的境内外机构来渝设立分支机构。三是督促机构增强专业服务能力。突出功能发挥，增强金融创新活力和综合服务能力，积极履行社会责任，提升服务实体经济的能级。四是深化区域性股权市场创新试点。加快推进“专精特新”专板建设，提升“科创资本通”平台服务功能。加强与全国股转系统的对接，培育更多优质企业，筑牢多层次资本市场的塔基。

（四）依法从严监管保护投资者权益

一是深化央地协同合作机制。加强与金融管理部门、公安司法机关、地方党委政府、新闻宣传单位等的沟通协作，持续优化投资者保护机制，形成投资者保护合力。二是加大“零容忍”执法力度。严厉打击财务造假、欺诈发行、操纵市场等资本市场违法活动和非法证券期货活动，提升稽查办案质效，净化市场生态。三是进一步畅通投资者维权救济渠道。与法院、调解组织密切联动，畅通诉调对接、代表人诉讼、持股行权等维权渠道，加大针对性投资者的教育宣传力度，帮助投资者增强风险意识，远离非法金融活动，更好地维护自身合法权益。

（执笔人：李琦珂）

通信业

重庆市通信管理局

一、2023年发展回顾

2023年，是全面贯彻落实党的二十大精神的开局之年，是实现“十四五”规划发展目标的关键一年。重庆市信息通信业坚持以习近平新时代中国特色社会主义思想为指导，全面贯彻党的二十大和二十届二中全会精神，学深悟透习近平总书记关于新型工业化的重要论述，全力推动重大决策部署落地落细落实。电信业务总量累计达398亿元，较2022年增长16.85%，增速高于全国平均水平。电信业务收入累计达348亿元，较2022年增长8.31%，增速排名全国第1位。全市电话用户总数达4900万户，较2022年增长7.4%，增速排名全国第1位。物联网终端用户达4244万户，较2022年增长38.83%，增速排名全国第4位。5G建设发展持续保持全国第一梯队，全市每万人拥有5G基站数近29个，保持西部第一。持续巩固信息通信领域“4个国家级节点、1个国际通道、2个国家级研究院分院、多家集团专业化公司”的“4+1+2+N”布局，建设西部云网高地和信息通信枢纽取得阶段性成效。

（一）落实战略部署，服务地方经济社会发展

一是落实区域协调发展战略，合力共建成渝地区双城经济圈。巩固拓展8项跨区通信服务，实施全国首例跨省级行政区域固定电话通信资费一体化，惠及用户近52万人次，该举措被国家发展改革委纳入跨区域协作经验做法进行全国推广。全国一体化算力网络成渝国家枢纽节点重庆集群基本实现成渝“5毫秒”城市圈。推进川渝工业互联网一体化发展，遴选两地30个园区开展“百城千园行”活动，累计参与企业超400家。二是落实网络强国战略，提升新型信息基础设施网络供给能力。实施“畅连山城 信号升格”行动，重庆连续两年获全国移动网络质量城市道路场景类卓越城市奖。实施“光耀山城 追光行动”，新增渝中区等7个区（县）入选全国千兆城市，累计34个区（县）在网络能力和用户发展方面达到千兆城市创建标准。实施“算力山城 强算赋能”行动，建成3个智算中心和1个高性能计算中心。IPv6流量提升三年行动圆满收官。全市电信业务总量综合能耗下降近27%，12个项目获“新绿杯”全国奖项。三是助力推进新型工业化，加快数字技术与实体经济深度融合。工业互联网顶级节点（重庆）上线二级节点47个，接入企业节点数超3.5万家，覆盖西部10省市19个垂直行业。培育3家企业为国家级双跨平台。建设66个“5G+工业互联网”重点项目，4个“5G+工业互联网”项目入选全国工业互联网试点示范，6个5G工厂项目入选工业和信息化部5G工厂名录。充分发挥融合应用赋能效应，累计建成5G行业虚拟专网752个，累计形成近500个融合应用创新项目，35个项目获“绽放杯”“光华杯”“华彩杯”全国奖项。四是统筹城乡发展，助力重庆打造内陆开放高地。开展“五提升一补盲”行动，完成第八批电信普遍服务项

目。行政村5G网络通达率超94%，所有行政村具备千兆网络接入能力。助力中新（重庆）国际互联网数据专用通道提速升级，开通国际专线49条，签约总带宽超10G，为全市8个园区10余个行业31家企业提供高质量国际数据通信服务。五是发挥行业优势，有力支撑“数字重庆”建设。按照数字重庆“1361”整体架构，加强网、运、存、算能力建设，强力支撑数字重庆算力储存“一朵云”、通信传输“一张网”建设。建成以应用牵引、共建共享、数智决策、安全可控为一体的“一张图”综合监管服务平台，行业数字化治理水平和服务能力进一步提升。成立行业通信保障“一件事”工作专班，推动通信运行风险协同防控机制等3项重大改革，高效支撑数字重庆三级治理中心建设。

（二）推进营商环境优化升级，提升服务水平增进民生福祉

一是多措并举优化营商环境。出台便民利企八项举措。完成政务服务标准化建设，实施告知承诺制和容缺受理、做到“不见面审批”及“全程网办”。推动完善首违免罚、轻微违法不罚等柔性执法体系。完成属地重点互联网企业经营电信业务合规评估，推动互联网平台经济高质量发展。二是深入落实行风建设暨纠风工作。实施App保护用户权益专项行动，推动问题App治理工作闭环整改。提升市场服务监管水平，校园、农村等重点市场平稳有序。纵深推进骚扰电话、垃圾信息治理工作，全市电信用户服务申告率较2022年下降28.1%，携号转网申告率较2022年下降15.9%，达到工信部行风建设暨纠风工作年度考核满分目标。全市电信服务质量用户满意度连续五年达到“满意”水平。三是加强重点互联网企业管理。建立“两单两库”，完善企业信用修复机制，引导企业合规经营。对马上消费金融股份有限公司、重庆度小满信息技术有限公司等重点金融互联网持证企业实施“一企一策”，针对企业面临的问题需求提供政策支持和行业支撑保障。全市持有增值业务经营许可证互联网企业超3100家，2023年比2022年增加42%，互联网收入2022年比2021年增长126%。

（三）统筹发展与安全，加强行业安全综合治理

一是网络运行安全、行业安全生产水平持续提升。全行业开展重大事故隐患等八大专项整治行动，通信设施建设领域安全生产态势平稳可控。实施5G网络运行安全能力提升专项行动，全市电信网络运行保持平稳态势。全市2支行业队伍获5G网络运行安全能力提升大赛优秀奖，3个项目获安全生产优秀成果奖，1家企业获得5G网络运行安全风险评估优秀奖。二是应急通信保障水平持续提升。发挥市区（县）两级联动机制作用，全力保障“7·4”万州、“7·28”潼南等地20余场暴雨、洪涝等自然灾害抢险救灾工作通信畅通，守好防汛救灾“指挥线”和人民群众“生命线”。完成全国两会、智博会、西洽会等38场重要会议、重大活动的通信保障工作。开展各类应急通信保障演练150余场。三是行业网络安全水平持续提升。发挥5G应用安全创新推广中心（重庆）的作用，开展5G行业应用安全风险评估。利用工业互联网安全态势感知平台，开展安全监测预警，提升工业企业防护水平。四是加强行业领域数据安全治理。建立健全数据安全管理制度，开展数据分类分级与梳理识别，完善电信领域重要数据和核心数据目录。组建网络安全应急服务支撑队伍，提升技术支撑能力。五是纵深推进防范治理电信网络诈骗工作。强化部—省—警—企的协同配合，有效实施“打猫行动”和“断卡行动2.0”。发挥诈骗电话拦截系统、互

联网诈骗信息防范系统的作用，助力全市涉诈电话卡线索及电信网络诈骗发案数、立案数同比保持下降。六是助力“平安重庆”建设。常态化开展扫黑除恶斗争和反恐工作，积极开展“打击治理跨境赌博”等涉网专项工作，加强网络安全建设，营造清朗网络环境。

二、发展中存在的问题

一是对照推进新型工业化、数字重庆建设等新要求，在通信网络服务供给、融合创新发展、应用场景接入等方面还需加大工作力度。二是工业互联网、车联网等新兴融合领域安全面临挑战，在数据安全治理和网络安全防护方面还需加大力度。

三、2024 年发展思路

2024 年，重庆市信息通信业将持续以习近平新时代中国特色社会主义思想凝心铸魂，深入落实党的二十大有关制造强国、质量强国、网络强国、数字中国的战略部署，锚定实现新型工业化这个总目标，在工业和信息化部和市委、市政府的坚强领导下，聚焦主责主业，坚持巩固提升、创新发展、高效聚焦、安全规范工作导向，统筹行业发展、监管、安全各项工作，展现新面貌、开辟新领域、创出新打法，为谱写全面建设社会主义现代化国家重庆新篇章贡献通信力量。将重点抓好以下五方面工作。

（一）以行业高质量发展，赋能地方经济活力跃升

聚焦统筹谋划，制定行业未来 3~5 年的高质量发展的总体目标、重点任务、实施路径和政策举措。聚焦成渝地区双城经济圈建设，推进两地重点工作落地见效。协同推进工业互联网标识解析“贯通”行动，深入开展“百城千园行”活动，完成行业市级重大项目投资。聚焦助力打造内陆开放高地，全力以赴支持重庆建设国际通信全业务出入口局建设，持续服务保障中新（重庆）国际互联网数据专用通道。聚焦数字重庆建设，高效支撑全市三级数字化城市运行和治理中心全面建成运行。助力重庆打造“33618”现代制造业集群体系。

（二）筑牢数字经济发展底座，支撑网络强国建设

以建为本，专项行动保障应用创新。大力实施“畅连山城 信号升格”“光耀山城 追光行动”“算力山城 强算赋能”三项行动，加快新型信息基础设施优化升级。以用为先，向生产核心环节渗透。加快工业互联网规模化应用。打造 5G 工厂重庆品牌。助力推进工业企业“数转智改”。推动重庆打造 5G 应用规模发展先进城市。以研为要，打造重庆生动样板。积极配合市级相关部门，争取新业务新技术在渝试点，打造数字经济竞争新优势。

（三）营造和谐自律行业生态，推动行业可持续发展

持续巩固行风建设暨纠风工作成效，从携号转网、营销宣传、电信业务实名制等重点业务管理和重点区县两个维度规范治理，坚决遏制行业不正当竞争。持续强化重点领域行业监管，高度关注校园、农村、集客等重点市场规范发展，促进行业自律。持续纵深推进 App 个人信息保护治理工作，深化 App 全流程、全链条治理，加强川渝 App 联合监管。完善金融类 App 个人信息保护合规参考指南，服务重庆建设西部金融中心。

（四）不断提升为民服务水平，服务社会治理现代化

坚持用心服务，持续优化营商环境。突出减负导向服务基层，落实柔性执法体系。突出便捷导向服务群众，优化行政审批和投诉受理流程，推进跨省业务办理，提升一网通办水平。突出需求导向服务企业，落实互联网报装各项任务。提供绿色通道、“现金缴费”等多项惠民服务，各区县至少一家线下营业厅提供老年用户“面对面”专属服务。增设客服热线“一键进入”服务。定制老年用户专属优惠套餐，推动发展银发经济。

（五）加强行业安全综合治理，为平安重庆建设贡献力量

筑牢安全生产屏障，健全全员安全生产责任体系，保持全行业安全生产形势持续稳中向好。筑牢网络运行安全屏障，加强网络运行安全专项检查，推动网络运行安全标准化建设。筑牢网络安全和数据安全屏障，落实工业互联网平台、标识解析企业和车联网服务平台企业分类防护和定级备案工作要求，提升新型信息基础设施网络安全保障水平。筑牢应急通信安全屏障，加强专业队伍建设，完善应急通信预案和指挥体系。筑牢防范治理电信网络诈骗屏障，深入推进“断卡行动2.0”和“打猫行动”，加强涉案号卡、涉案渠道处置和责任追究。

（执笔人：程慧琳）

邮政业

重庆市邮政管理局

一、2023年工作总结

2023年全市邮政行业寄递业务量、业务收入分别完成18.60亿件、222.70亿元，分别同比增长20.01%、19.12%。其中，快递业务量、业务收入分别完成14.09亿件、135.80亿元，分别同比增长29.02%、21.78%。全市邮政行业增加值对GDP的贡献率为2.8%，支撑网络零售额超千亿元，较好发挥了在经济社会“大动脉”“微循环”中的“先行官”作用。

（一）立足责任使命，落实上级重大决策部署扎实有力

一是积极主动融入交通运输体系有新成效。重庆邮政管理局联合市级相关部门开展农村客货邮融合发展调研，拟定实施方案，加快打造“邮运通”品牌。全市12个区县成功入选重庆市农村物流三级服务体系融合发展示范区（县）。邮政快递业多项重点工作被纳入《重庆市美丽农村路建设指南》。巫溪县“农村物流统仓共配+客货兼容”入选交通运输部第四批农村物流服务品牌。二是积极服务双城经济圈建设。重庆邮政管理局会同四川省邮政管理局建立“122”工作机制（一机制、两制度、两清单），召开落实《成渝地区双城经济圈邮政业发展规划》工作座谈会2次。市快递协会与13家商贸物流商会、协会签订双圈建设战略合作协议。成渝地区邮政快递业相关发展指标均超过年均目标增速。三是优化政策法规。市政府分管副市长率队赴国家邮政局就加快重庆邮政快递业高质量发展与国家局主要领导会谈，取得系列成果。重庆邮政管理局与市交通运输委员会共同代市政府起草了《重庆市加快建设西部国际邮政快递枢纽行动方案》。推动《重庆市邮政条例》修正施行。2023年以来全市累计出台行业利好政策100余个。全市邮政快递企业争取减税降费和相关补贴政策金额共计8395万元。四是完善行业服务网络。全市共有取得快递业务经营许可的法人企业324家，备案分支机构855个、备案快递末端网点22054个，新增从业人员2300余名。中通医药冷链全国总部落户重庆。全市已建成19个、在建1个具有辐射效应的区域分拨中心，累计完成投资近百亿元。邮政快递业5个项目被纳入2023年市级重点建设项目及市级物流重点项目，行业“一区两群”布局进一步优化。五是提升普遍服务水平。重庆邮政管理局持续巩固建制村周投递频次三次及以上100%全覆盖成果，建制村周投递频次五次及以上数量同比增长320.9%，超全国平均水平约17个百分点。会同市文化旅游委推动主题邮局有序建设。区县城市党政机关《人民日报》当日见报率保持全覆盖，乡镇覆盖率达62.34%。机要通信实现连续31年质量全红，完成两轮邮政机要通信全覆盖检查，邮政机要通信“跟班作业”、突发事件应急实战演练均实现区县全覆盖。全市建成邮政快递业“扫黄打非”进基层站点145个，保持区县全覆盖。成功创

建全国“扫黄打非”进基层示范点1个、全市“扫黄打非”进基层示范标兵2个、示范点2个。开展《癸卯年》《中华人民共和国第十四届全国人民代表大会》《毛泽东“向雷锋同志学习”题词发表六十周年》等重大题材纪特邮票监督检查。

（二）抓实产业联动，推动畅通循环能力不断加强

一是扎实推进农村寄递物流体系建设。“快递进村”被纳入2023年市政府工作报告。农村寄递物流综合服务站行政村覆盖率达55.16%。1~12月，邮快合作覆盖率达66.7%，代投量同比增长235.69%。全市农村快递业务量、业务收入、投递量分别同比增长36.93%、24.62%、27.06%。二是积极打造“5+4+X”金银铜牌项目。2023年度，全市培育快递服务现代农业重点项目14个，培育快递服务先进制造业项目22个，其中寄递业务量超千万件项目7个，寄递业与制造业融合发展实现西部地区“两个唯一”，即重庆中邮物流有限责任公司服务惠普（重庆）有限公司项目入选全国“快递业与制造业深度融合典型项目”，大足区入选全国“快递业与制造业融合发展试点先行区”。三是创新推动“快递出海”。中国（重庆）自由贸易试验区国际快递业务经营许可审批事项下放稳步推进。跨境寄递监管智能化有关内容被纳入《重庆市2023年优化营商环境激发市场活力重点任务清单》。中欧班列（渝新欧）运邮入选《国家服务业扩大开放综合试点示范最佳实践案例》，运输跨境电商商品和一般贸易商品实现规模化。顺丰嘉里专列（重庆—越南河内）于5月实现西部陆海新通道班列运行。西部陆海新通道高级研修班在重庆邮电大学成功开班。推动完成全市第二条欧向铁路运邮“渝满俄班列”首次运邮。

（三）强化科技创新，助推行业高质量发展

一是深化行业科技创新赋能。主要品牌寄递企业分拣中心基本实现自动化、智能化。重庆交通大学等四所高校实现无人车投递。二是推进行业绿色转型。全面完成国家邮政局绿色发展“9218”工程。会同六部门印发《关于进一步加强商品过度包装治理的通知》。推动重庆市计量质量检测研究院纳入国家邮政局公布的《邮政业用品用具检验检测机构名录（试点第二批）》。全市共有绿色分拨中心4个、绿色示范网点148个、新能源车辆1492辆。三是加强快递员合法权益保障。重庆邮政管理局推动基层快递员优先参加工伤保险参保率达94.1%。联合市人社局实施邮政快递业职业技能提升工程，职业技能培训、职业技能等级认定分别完成任务指标的109%、129%。协助举办第四届全国邮政行业职业技能竞赛总决赛，全局获突出贡献奖、团体优胜奖和优秀组织奖。

（四）增强服务意识，提高行业监管治理效能

一是健全监管体系。多渠道保障机制持续完善。重庆邮政管理局采取单独设置派出机构、依托县级交通运输部门、成立邮政业安全工作组等3种模式推动落实县级邮政管理责任。二是强化市场监管质效。重庆邮政管理局开展全市快递末端服务质量专项整治、农村快递服务违规收费问题专项整治等行动，完成末端网点“应备尽备”工作。积极畅通政民互通渠道，提高申诉处理能力。截至目前“12305”接通率为89.6%，较年初提高了约46个百分点，实现了7×24小时人工服务。三是有效推进法治型政府建设。重庆邮政管理局深入学习贯彻习近平法治思想并纳入中心组学习计划。全面梳理编制行政执法事项清单，

累计梳理141项行政处罚事项。起草《〈重庆市邮政条例〉行政处罚裁量基准适用办法》。汇总重庆市稳经济政策包第四版及其他相关政策，制作《重庆市邮政快递业稳经济政策包》第四版，并通过官网等网络渠道向企业推送。四是加强新闻宣传力度。3次参加《周五面对面》《民生热线》《国家邮政局网在线访谈》等节目回应群众关切。与人民日报、重庆日报、华龙网等新闻媒体建立联系机制，累计报道行业发展、先进事迹等150篇。

（五）维护行业稳定，提高行业安全水平

一是提升防范化解重大风险能力。重庆邮政管理局以“重大事故隐患排查整治”“平安寄递专项行动”等系列专项行动为主线，持续完善“政府监管＋专家会诊”安全监管机制，编制的地方安全标准《安全生产技术规范》正式施行。累计检查寄递企业2238家次，办理安全类行政处罚案件92件。邮政快递领域突发事件应急处置与救援等三项寄递安全工作纳入对区县年度重点工作考核。连续七年获评全市安全生产和自然灾害防治工作先进部门。二是加大联合监管力度。重庆邮政管理局完善寄递渠道安全联动监管机制，联合市级各部门印发寄递渠道安全综合治理相关文件10份。联合国家安全部门组织开展“万名快递小哥争做国家安全义务宣传员”主题宣传活动，获中央国安办肯定。圆满完成全国两会、亚运会等重点时段寄递渠道安保任务。全年行业安全稳定，未发生安全生产亡人事故，未发生影响平安稳定的群体性案事件。

二、发展中存在的问题

同时，发展中仍然还存在一些突出问题和短板。一是行业发展不平衡不充分问题依然存在，行业服务产业链供应链能力仍需提高；二是在推进信息化建设工作中，与关联产业、关联服务等方面的信息互通和共享还不够；三是快递企业境外枢纽和仓储建设能力有待提升，跨境寄递网络布局有待进一步完善；四是“客货邮”各主体之间协同发展还需持续推进。

三、2024年工作安排

2024年，重庆邮政管理局将按照“129”工作思路有序推进各项工作。

（一）“1”是坚持以全面贯彻党的二十大精神为主线，认真贯彻落实2024年全国邮政管理工作会议，市委六届二次、三次、四次全会，六届市纪委三次全会确定的各项目标任务，以高质量党建统领行业高质量发展

一是加强党的政治建设。坚持不懈用习近平新时代中国特色社会主义思想凝心铸魂，强化理论武装，落实管党治党政治责任，深入落实“885”工作机制，巩固主题教育成果。二是高质量推进全面从严治党。坚定不移地推进全面从严治党，聚焦强化政治监督，持续加强作风纪律建设。紧盯重要领域、重点岗位、关键环节，全面增强“一把手”和领导班子监督实效。三是锻造高素质干部队伍。不断优化干部选育管用工作，激励干部忠诚干净担当。逐步优化各分局领导班子结构，进一步配齐配强分局科级领导干部。四是落实落细行业党建工作。落实加强新业态、新就业群体党的建设工作意见，开展快递业重点单位党组织集中攻坚行动。认真落实行业精神文明建设工作的指导意见，常态化开展先进典型选树活动。

（二）"2"是紧盯两大目标任务，奋力谱写新时代交通强市邮政新篇章

第一，深入落实《成渝地区双城经济圈邮政业发展规划》，助力在西部形成邮政业高质量发展的重要增长极。

一是主动服务成渝地区双城经济圈建设。以落实市委"一号工程"总体要求为牵引，抓实"十项行动"，深入落实《成渝地区双城经济圈邮政业发展规划》，持续推进与四川局共同开展金牌工程共建、毗邻地区开辟直达邮路等相关工作。二是积极推动"一区两群"协调发展。持续优化行业基础设施布局，"一区"大而强，积极构建完善、多元、智能的寄递末端服务体系，力争韵达快运全国总部及圆通航空、中通快运、中通冷链西南总部等落户重庆。"两群"特而优，持续完善"县乡村"三级服务体系。深化"客货邮"融合，打造具有重庆辨识度的"邮运通"模式。

第二，积极推进《重庆市加快建设西部国际邮政快递枢纽行动方案》实施，有力支撑"全球123快货物流圈"建设。

打造"一个新模式"（"邮航＋民航"发运模式），构建"一个新联盟"（航空寄递货运联盟），用好"一个权限"（国际快递业务经营许可审批权），落实"一项工作"（交通强国建设试点邮政专项工作），发挥铁海空在邮政快递运输的"三优势"（规模优势、时效优势、长途转运集货优势）。

（三）"9"是抓实九项重点工作，全力赋能邮政快递业高质量发展

一是全面推进快递服务乡村振兴。充分利用"乡乡设所、村村通邮"和"快递进村"工程建设成果，在渝东北、渝东南及渝西农业产业区域培育邮政快递服务现代农业金银铜牌项目，重点培育"火锅食材""奉节脐橙""涪陵榨菜""綦江金牛角"等项目。二是打造快递服务制造业产业发展带。紧密对接"33618"现代制造业集群体系，重点培育"长安汽配""大足五金""医药冷链""火锅底料""预制菜""重庆小面"等项目。加强与相关部门深度合作，积极打造快递服务制造业融合发展试点先行区。三是重点推进西向南向通道建设。以西部陆海新通道为牵引，统筹全市出海出境大通道建设。引导快递企业通过重庆机场、中欧班列、西部陆海新通道进行运输，建立"一体系一机制"（跨境寄递服务企业信用体系，邮政、商务、海关等部门之间信用信息共享和联合奖惩机制），实施多形式报关监管方式，持续提升跨境寄递服务能力。四是防范化解重大风险。持续用好"一模式两机制"作用（政府监管＋专家会诊＋部门联动安全生产监管模式，"平安重庆建设"机制、"邮路安全监管"机制），全面落实"三项制度"（实名收寄、收寄验视和过机安检）。五是强化快递员权益保障。以快递员社保扩面提质专项行动为抓手，持续保障快递员合法权益。积极选树系统先进典型，弘扬正能量。六是加快行业绿色发展。持续推进"两项治理"（过度包装和塑料污染），提升可循环快递包装应用比例。继续推广新能源和清洁能源车辆，强化绿色网点建设，鼓励开展节能低碳技术创新应用。七是加强邮政普遍服务监督管理。重点抓好农村邮政寄递三级体系建设、建制村投递频次提升、主题邮局扩量、提升农村邮路汽车化率等工作。八是推进法治政府建设。以新修正的《重庆市邮政条例》宣贯实施为举措，加强对区县局和区县中心执法能力的提升，健全行政执法监督闭环机制。九是加强治理能力建设。深入推进市、区（县）两级安全中心建设，深化行业治理体系建设。持续强化安全专家、支撑团队、法律顾问等现有支撑保障体系。支持邮电大学、城市职业管理学院等人才培养基地建设。

（执笔人：程黎勇）

工业设计产业

重庆市经济和信息化委员会生产性服务业处

工业设计是将策略性解决问题过程应用于产品、系统、服务及体验的综合性创新活动，对促进制造业转型升级、提升企业核心竞争力、推动供给侧结构性改革具有重要意义。生产性服务业处主要负责全市工业设计产业发展，推动工业设计与制造业深度融合，发挥创新发展新优势，赋能重庆制造业高质量发展。

一、2023 年发展回顾

（一）加强主体培育，激发企业设计创新活力

2023 年，全市已建成国家级工业设计中心 11 家，市级工业设计中心 207 家，市级工业设计研究院培育对象 18 家，荣昌、沙坪坝、巴南、垫江、大足等区县共培育区县级工业设计中心 59 家。国家级、市级工业设计中心设计产品销售收入超 2500 亿元，两级中心设计收入超 3.5 亿元，工业设计先导赋能作用不断显现。市经济信息委联合市政府外办共同创建 14 个国际设计合作交流中心，持续加强重庆设计领域全球合作交流。面向重庆 18 个重点区县遴选了 26 个工业设计赋能中小企业公共服务平台，不断开展设计培训、产业对接、政策宣贯，以工业设计赋能中小微企业发展。

（二）强化政策保障，释放工业设计发展潜能

结合工业设计产业发展现状，修订《重庆市级工业设计中心认定管理办法》，明确工业设计主体梯次培育路径。以《重庆市创建“设计之都”行动方案》《加快创建“设计之都”若干政策》为政策基础，加快推动《重庆市工业设计促进条例》立法，成功列入市人大立法审议项目，进一步规范产业发展框架。不断完善“总部 + 区县分中心”设计服务体系，以重庆市工业设计促进中心为载体，辐射建成大足、垫江、秀山等 6 个区县分中心。创新工业设计职称评价体系，率先在全国开通跨省申报通道，完善从设计员到正高级工业设计师的五级职称评价制度，累计评价各级工业设计师 1000 余人，人才队伍建设取得新突破。

（三）营造活动氛围，助力设计产业蓬勃发展

智博会系列活动——中国制造业设计大会成功举办，会上共签约项目 10 余个，搭建起“政产学研用金”合作平台。以市政府名义连续举办 4 届“智博杯”中国（重庆）工业设计大赛，品牌赛事影响力远播海外。在重庆大足召开成渝地区双城经济圈工业设计赋能大会，发布成渝地区双城经济圈设计赋能智造共同倡议，不断深化川渝协作。成功举办 2023 工业设计大会，全国 60 余名行业大咖、专家学者齐聚一堂探讨设计发展机遇。好设计赋能高质量“星火计划”、新设计训练营陆续启动，推动设计驱动型企业家、工业设计师分级分类培育。重庆首部工业设计行业内刊《重庆新设计》刊发，累计出版 4 期、印制 3000 余册，行业领域再添新平台。

（四）塑造产业生态，促进设计制造多维融合

重庆工业设计产业城、重庆设计公园、重庆工业设计总部基地等产业园区招商、建设工作有序推进，合计签约落户企业 70 余家。渝东南片区首个设计集聚区秀山工业设计赋能基地启动建设，设计赋能效用进一步凸显。市经济信息委与陆海新通道运营有限公司、中国移动通信集团重庆有限公司联合共建陆海新通道设计服务平台，设计赋能西部陆海新通道沿线企业发展，助力城市更新、乡村振兴。重庆市制造业设计联合会正式成立，汇聚各级工业设计中心及相关企业、院校及社会团体，搭建开放共享行业服务平台。

（五）迈向国际赛道，加快“设计之都”全球贡献

重庆设计之都申报工作经市政府常务会专题审议，由全市创都工作领导小组整体统筹。2023 年，重庆组建申报专班，搭建国内设计领域专家组成的咨询委员会，连续召开创都工作推进会 30 余次，修订申报材料 8 版，按要求完成申报材料编制工作，经中国联合国教科文组织全国委员会推荐，重庆作为全国两个推荐城市之一，参与全球设计之都竞争，于 2023 年 10 月 31 日成功入选中国第五、西部第一个设计之都。至此，重庆设计产业迈向新赛道。

二、发展中存在的问题

2023 年，全市工业设计发展整体向好，各方面取得不错的成绩，但对比国内其他工业设计发展较好的城市，还存在以下不足。一是市内部分区县、企业对工业设计重视程度不够，许多企业自主创新设计水平依然停留在借鉴、模仿阶段，设计意识不强、设计能力薄弱等问题亟待破解。二是工业设计人才发展缺乏针对性，部分高校、职业院校、培训学校等在培育阶段未跟上市场需求，缺少实践理论和实践训练，导致就业难、职位不匹配、人才流失严重等问题存在。

三、2024 年发展思路

全市将继续围绕设计主体、人才、生态、活动、平台建设方面，推动工业设计高质量发展，助力国家重要先进制造业中心、国家工业设计特色类示范城市建设，全力打造全球设计之都。一是提速推进《重庆市工业设计促进条例》立法审议，为设计产业发展做好制度保障。二是继续做好 2024 年市级工业设计中心和市级工业设计研究院的培育认定工作，进一步壮大市场主体，激活企业发展动能。三是夯实工业设计促进中心区县分中心职能职责，加强市区联动、促进资源下沉、推动设计赋能区域经济发展。四是加强 2024 年工业设计专业职称评审、新设计训练营等人才培育工作，不断壮大重庆设计师队伍，引才聚智提升重庆工业设计整体水平。五是指导重庆工业设计产业城（二期）、重庆工业设计总部基地、重庆设计公园（二期）等产业园区做好规划建设和招商工作。六是瞄准工业设计产业链上下游企业，市区联动招引一批重点项目。七是高水平举办智博杯中国（重庆）工业设计大赛等品牌赛事活动，支持区县、企业打造一批特色化、差异化的活动 IP，不断促进设计交流合作。

（执笔人：廖政东）

第四编　开发区与园区建设

产业园区发展综述

重庆市经济和信息化委员会　产业园区处

全市产业园区（指两江新区、高新区、经开区、综合保税区等开发区中以发展工业和信息化为主的产业集聚区和市级特色工业园区，以下统称“产业园区”）以高质量发展为主线，以培育发展特色产业为核心，以园区开发区和亩均论英雄两大改革为抓手，聚力推进改革攻坚、提质增效、特色发展等重点任务，充分发挥全市工业主战场作用，为全市制造业高质量发展奠定坚实的基础。

一、2023 年发展回顾

（一）两大改革事项稳步推进

根据全市“三攻坚一盘活”改革部署，按照“精简机构、压减平台、优化布局、招大引强”的思路，深入推进产业园区整合提升，着力实施制造业亩均论英雄改革，全市园区开发区数量进一步精简为 49 个，亩均效益提升机制不断完善，全市产业园区亩均税收同比增长 6% 以上，高质量发展态势稳中向好。

（二）经济支撑能力不断增强

2023 年，全市产业园区规上工业总产值同比增长 6% 以上，占全市的比重提高至 86%，高于全国 50% 的平均水平。工业总产值超过千亿元的园区达到 9 个，分别为两江新区、西部科学城重庆高新区（含西永综保区）、两路果园港综保区、江津工业园区、涪陵高新区、长寿经开区、永川高新区、空港工业园区、九龙新城园区。西部科学城重庆高新区（54 名）、重庆经开区（65 名）成功进入赛迪顾问发布的 2023 年中国园区高质量发展百强榜单，占西部地区入选总量的 13.3%。

（三）特色发展格局基本形成

围绕推进新型工业化和“33618”现代制造业集群体系建设，精准培育特色优势产业，构建形成“16+6+100”（16 个国家新型工业化产业示范基地、6 个市级重点关键产业园、100 个市级特色产业基地）的差异化、特色化、集群化产业发展格局。各类产业基地规上工业总产值约占全市产业园区的 80%、全市工业的 70%。

（四）区域协同力度持续加大

紧扣成渝地区双城经济圈“一号工程”，加快推进成渝地区双城经济圈产业合作示范园区建设。新增合作示范园区 15 个、总量达 35 家。2023 年，产业合作示范园区实现营收超 1.6 万亿元，产业承载能力稳步提升，产业集聚效应愈加凸显。长寿经开区等 17 个产业园区成功创建为全市承接产业转移示范园区，有力有序承接发达地区产业转移和市内产业梯度转移。

（五）绿色安全屏障切实筑牢

持续推进产业园区应急管理规范化建设，不断完善管理制度，着力提升园区绿色发展水平和安全发展底数。全市新建国家级绿色园区 4 个，市级绿色园区8个。规范推进化工园区建设管理，7个正式认定化工园区和1个新建培育化工园区扎实推进认定管理“回头看”，所有问题整改到底到边。

二、发展中存在的问题

品牌效应不高。全市产值上千亿元的仅两江新区等9个园区，占全市园区总数的比例不足20%，多数园区规模能级较低，示范带动作用不强，缺少如北京“中关村”、上海“张江高科”、武汉“中国光谷”等知名园区品牌，园区综合实力、产业集聚力和吸引力有待进一步提高。

发展质效偏低。全市园区规上企业平均产出强度不足上海的80%，全市园区亩均税收低于全国平均水平，不足浙江的50%，其中，亩均税收较高的中心城区均值不及杭州、苏州的50%。

三、2024年发展思路

2024年，全市产业园区将全面落实市委六届二次、三次、四次全会及“三攻坚一盘活”改革突破动员部署会要求，以党的政治建设为统领，以新型工业化为主线，以高质量发展为目标，持续推动改革走深走实，着力提升产业园区发展质效。

（一）两大改革实现攻坚突破

锚定园区开发区和制造业亩均论英雄改革重点任务和年度目标，高效完成2023年度园区开发区亩均效益综合评价，着力实施资源要素差别化配置，深化标准地改革，推动实施企业提质增效专项行动，加快推进“经济·亩均论英雄”重大应用开发建设。2024年，产业园区亩均税收、亩均增加值、亩均产值均增长4%以上。

（二）特色发展形成新格局

紧扣“33618”现代制造业集群体系，进一步完善特色产业平台梯度培育体系，持续推进国家新型工业化产业示范基地、市级新型工业化产业示范基地等特色产业平台建设，一批产业链条完整、规模效应明显、核心竞争力强、示范带动能力突出的特色优势产业集群加速兴起。2024年，全市产业园区特色产业产值占比提高到70%以上。

（三）开放合作拓展新空间

区域协同发展持续推进，高标准建设成渝地区双城经济圈产业合作示范园区，每个产业合作示范园区力争取得1~3项具有重庆辨识度的标志性成果。充分发挥三峡对口支援、渝鲁东西协作等通道和平台作用，持续推进承接产业转移示范园区建设，推动“一区两群”产业协调发展。

（四）绿色安全形成新气象

着力推动产业园区安全监控、污水集中处理等各项基础设施建设，大力推进绿色园区和绿色工厂建设。迭代升级《重庆市化工园区认定管理办法》，进一步提升化工园区建设标准，规范化工园区认定管理、扩区审查、项目准入、复核评价等工作，全面实施正式认定化工园区复核评价。

（执笔人：黄越）

两江新区

重庆两江新区管理委员会

一、2023年发展回顾

2023年，两江新区坚持以习近平新时代中国特色社会主义思想为指导，全面贯彻落实党中央决策部署和市委、市政府工作要求，突出稳进增效、除险清患、改革求变、惠民有感工作导向，高频高效调度，精准有效施策，深化改革攻坚，推动经济总体承压前行，趋势逐步向好，延续了恢复性增长态势、保持了基本面的稳定。2023年，新区全域GDP达4654亿元、增长5.5%，经济总量在全国19个国家级新区中保持第4位。其中，直管区生产总值达2441亿元、增长6.5%，规上工业增加值864.6亿元、增长5.4%，社零总额达814.4亿元、增长15.8%，一般预算收入达121.8亿元、增长9.3%。

（一）全面融入服务国家重大战略

一是扎实推进成渝地区双城经济圈建设。对标全市双城经济圈建设"十项行动"，制定新区九项行动实施方案和重大项目、重大政策、重大改革、重大平台"四张清单"。与天府新区共同做强八大产业旗舰联盟，集聚头部企业90余家、会员企业600余家，累计运输四川来渝中转集装箱3.7万标箱。二是以西部陆海新通道建设为牵引加快打造内陆开放门户。果园港国家物流枢纽实现货物吞吐量2650万吨、增长4%，开行西部陆海新通道班列超700班次、增长43.9%。全国首创西部陆海新通道海铁多式联运境内铁路运费扣减，重大件码头建成投用。以通道带经贸促产业，全年实现进出口总额2656亿元、占全市的37.2%，实际使用外资7.3亿美元、增长12%。

（二）加快建设现代化产业体系

一是推动先进制造业提档升级。规上工业总产值、增加值分别增长2.1%、5.4%，工业投资增长15.9%。智能网联新能源汽车持续壮大，新能源整车产量超36万辆、增长66%，占全市的比重达72%，带动汽车产业实现产值1847亿元、增长7.4%。电子信息蓄势转型，锐石创芯建成投产，象帝先"天钧一号"GPU实现量产，助推电子产值完成1589亿元。生命健康产业突破"百亿级"，产值达104亿元，西山科技科创板成功上市。二是推动现代服务业扩容提质。加快建设西部金融和国际消费"双中心"，本外币存贷款余额突破3.6万亿元、增长5.5%，社会消费品零售总额增长15.8%、增速居全市第一。金州社区和邢家桥社区城市一刻钟便民生活圈实践入选商务部典型案例。三是推动数字经济集聚发展。扎实推进"满天星"行动计划，新增软件企业829家，13家企业获评"启明星"企业、居全市第一。软件产业规模突破1250亿元、占全市的1/3。推动数字化转型升级，新建市级数字化车间28个、市级创新示范工厂2个、5G全连接工厂2个。

（三）纵深推进改革攻坚

一是加速形成数字重庆建设重点能力。建立

“1个数字化专班+7个专题组+N个专项工作组”工作机制，政务网扩容升级、数据仓、视频、物联、算法能力平台等建设稳步开展，区级城运中心建成投用，预付消费监管“一件事”作为全市样板加快推进。二是深化重点领域改革。全面启动“三攻坚一盘活”改革，形成“亩均论英雄”改革评价体系，迭代链长制工作机制。加速推进国企改革攻坚，对国有平台资本运营、产业服务等同质化板块业务高效整合，进一步突出主责主业，二级子企业减少8家。扎实做好政企分离改革摸底。全力推进“三资”盘活，国企超额完成资金回收目标。公园市场化改革实现破局，4个公园启动市场化运营建设。三是持续优化营商环境。出台促进民营经济高质量发展20条措施，建立服务企业“双专员”机制，常态化举办“企业家沙龙”，迭代升级“园区服务中心”。优化招商引资“招、落、服”一体化机制，推动全员招商、专业招商，招商签约百亿级、五十亿级、二十亿级项目分别达3个、4个、14个，均居全市前三，到位资金420亿元。

（四）更加突出创新制胜

一是做优做强做大创新主体。启动新型研发机构“一院一策”转型改革，完成首批10家机构转型。深入推进“双倍增”行动，全年净增高新技术企业150家、科技型企业1270家。新增国家专精特新“小巨人”企业8家，市级专精特新企业183家，市级上市后备库企业12家，数量均领跑全市。二是加快搭建重大科研平台。新增国家级科研平台5个、市级科研平台24个，市级及以上研发平台累计达到433个。成功推荐新区企业、院所“揭榜”市级重大科研项目18个。三是全面打造一流创新生态。全社会研发投入强度达5.4%、为全市的两倍。设立卫星互联网产业基金、明月湖畔创业投资基金，推荐66家企业获得债权融资金额3.33亿元。明月湖种子基金建立储备项目40个，已完成16个种子项目投资1500万元。

（五）大力增进民生福祉

一是千方百计保就业促增收。组织各类招聘活动60余场，新增城镇就业3.2万人、青年就业见习基地91家，直属街道城镇居民人均可支配收入增长4.6%。二是有效扩大公共服务供给。完成“基础教育强区布局”，新开工4所学校、建成投用5所学校，集团化办学中小学覆盖率超80%。医疗服务能力逐步完善，武汉协和重庆医院主体结构封顶，重医儿童医院“三大中心”顺利开工，新设医疗机构110余家、总量达539家。三是不断健全社会保障体系。启用全市首个公园式婚姻登记机构。推动职工居民医保参保60万人，超额完成年度目标。基本养老参保人数超额完成市级目标，社区养老服务设施社会化运营覆盖率100%，成功创建全国示范性老年友好型社区3个。

（六）切实巩固安全防线

一是建立健全“141”基层智治体系。8个直属街道基层治理中心全面投用，在全市率先实现网格优化调整率、网格党组织覆盖率、专职网格员配备率“3个100%”，一体化治理智治平台运行评分保持在全市前列。二是着力防范化解风险隐患。持续开展重大事故隐患排查整治行动，安全生产责任事故、死亡人数同比“双降”，深入推进房地产、金融、地方债务等领域风险防范化解攻坚。坚决打好信访突出问题化解三年攻坚战，中央交办第三批“治重化积”事项化解率达98%。三是扎实推进法治建设。积极推动市政府审议通过并公布新修订的《重庆两江新区管理办法》，制定实施街道法定职责事项清单、街道协同配合“属地管理”事项责任清单，深化街道综合行政执法改革。建成“一站式”公共法律服务实体平台 65 个，推动全民守法、精准化普法。

二、发展中存在的问题

新区经济社会发展中还存在一些问题和短板，离建成高质量发展引领区、高品质生活示范区、高效能治理样板区还有差距。一是有效需求较为疲软，固定资产投资增速较低，重大项目储备不足，外资外贸低位运行。二是产业转型还需加快，制造业结构性问题依然存在，汽车、电子两大产业产值占比偏高，新兴产业培育还需加力。三是发展质效有待改善，部分市场主体经营困难，产城融合发展面临短板弱项，城市功能品质还有待提高。

三、2024 年发展思路

2024 年，两江新区将进一步深学细悟笃行习近平总书记重要指示批示精神，全面贯彻落实党的二十大、二十届二中全会和中央经济工作会议精神，认真落实市委六届二次、三次、四次全会部署要求，坚持稳中求进、以进促稳、先立后破，完整、准确、全面贯彻新发展理念，牢牢把握高质量发展首要任务，强化稳进增效、除险固安、改革突破、惠民强企工作导向，锚定目标埋头苦干，奋发有为狠抓落实，努力跑出经济社会发展的加速度，以现代化新重庆建设两江实践新成效迎接新中国成立 75 周年。

聚焦产业体系建设，推动产业能级实现新突破。持续做强主导产业。推动新能源汽车整零协同发展，支持长安、赛力斯等整车企业增产增效，实现新能源汽车产量突破。推动电子信息制造业向价值链高端升级，加快构建集成电路产业集群。落实好“满天星”“启明星”“北斗星”计划，加快招引软件企业以及从业人员。推动高成长性产业加速发展，实施 AI 及服务机器人产业发展行动计划，聚力打造两江生命科技城，加速培育卫星互联网、新型储能、航空航天、数字能源等未来产业，抢滩新兴赛道。

聚焦扩大有效投资，推动重大项目实现新突破。狠抓项目扩大投资。在基础设施投资上持续用力，加快跨区域通道项目和能源项目建设，推动新型基础设施和“平急两用”项目建设。持续用力促进房地产平稳健康发展，加快推进保障性住房建设，全力推动“两久工程”，做好“保交楼”工作。在挖掘制造业存量增能上持续发力，提速在建工业项目、新开工项目建设。抢抓政策机遇，谋划并新开工一批符合政策取向、对经济发展支撑力强的重大项目。

聚焦消费提振扩容，推动国际消费中心城市试点培育建设实现新突破。积极构建消费新空间，深化寸滩国际新城规划研究，打造悦来会展产业生态圈，推动展销融合发展。持续扩大汽车等大宗消费，壮大健康、养老、托育等服务消费，大力发展直播电商、即时零售等数字消费。开展跨境电商零售进口创新试点，探索“保税展示 + 跨境电商”快速配送新零售模式。全面促进房地产消费，增加改善性住房供给，积极引导龙盛新城、水土新城安居置业需求。积极推动文化消费，打造数字文化产业集群，促进旅游产业发展壮大。

聚焦创新成果转化，推动明月湖迭代升级实现新突破。打造高水平创新主体，加快建设明月湖实验室。落实“双倍增”行动计划，加快培育招引高新技术企业、科技型企业。完善全周期创新生态，打造综合孵化集群，以点带面集聚创新资源，加快打造市级以上双创载体。推动创新链产业链资金链人才链深度融合，发挥好两江新区高质量发展产业投资母基金的撬动和引导作用。全面完成新型研发机构优化转型，明月湖入驻企业、科技研发人员实现新突破。

聚焦改革提能增效，推动“三攻坚一盘活”实现新突破。坚决打赢国企改革攻坚战，坚持功能性定位、市场化运作，做强国有企业主业、优化治理结构，实现亏损国企减亏扭亏。坚决打赢园区开发区改革攻坚战，划准划小产业园区，理清园区职责边界，迭代升级亩均效益综合评价，亩均产出增速高于全市平均水平。坚决打赢政企分离改革攻坚战，高效盘活国有经营性资产。加快推动数字重庆建设，区级数字化城运中心实现实体化运行，全面提升 8 个街道基层智治实战能力。抓住关键环节推动降本增效，全面实施工程建设集采改革、有序实施公园市场化改革、系统实施河湖厂网一体化改革，提升管理效能。

聚焦招商引资提质，推动招大引强实现新突破。聚焦机制创新，深化“全员招商”和“一把手招商”，实现招商人员下沉融合，推动“招落服”一体化，优化招商引资全生命周期服务机制。聚焦资源配置，统筹整合土地、楼宇、应用场景、基金，实现“资源跟着项目走”。聚焦重点产业，根据产业规划确定招商计划，持续补链延链强链。聚焦服务提升，设身处地为企业“算账”，着力做好增值服务，不断提高招商引资项目落地转化率、投产达产率。

聚焦城市功能提升，推动龙盛新城集聚度实现新突破。高标准建设明月湖科创小镇，建设高水平城市功能配套。启动建设龙兴大健康产业社区，构建健康行业产教研全面融合发展新格局。全面提档长安赛力斯组团城市功能配套，加快长安汽车全球研发中心配套人才公寓、停车场、邻里中心等设施建设。精心打造御临河高品质生活社区，打造滨水高品质生活示范区。推动协和医院、轨道交通 15 号线等项目加速建设。统筹推动水土新城、礼嘉悦来片区、照母山片区等城市功能提升，引入社会资本改造提升人和老城片区，盘活低效工业用地实现产业升级。

（执笔人：马海波）

西部科学城重庆高新区

重庆高新区技术产业开发区管委会

一、2023 年发展回顾

2023 年是全面贯彻落实党的二十大精神的开局之年，是全面建设社会主义现代化新重庆的起步之年，也是三年新冠疫情防控转段后经济恢复发展的一年。一年来，西部科学城重庆高新区深学笃用习近平新时代中国特色社会主义思想，全面贯彻党的二十大精神，认真落实市委、市政府关于现代化新重庆建设的系列部署要求，强化党建统领，牢牢把握高质量发展这个首要任务，突出稳进增效、除险清患、改革求变、惠民有感工作导向，以成渝地区双城经济圈建设“一号工程”为总抓手总牵引，全力拼经济、稳增长、防风险、惠民生，推动高质量发展取得新成效。全年地区生产总值增长 8.3%，固定资产投资增长 21.7%，社会消费品零售总额增长 8.6%，区级税收收入增长 15.5%，规上工业增加值降幅逐季收窄、全年实现正增长。

（一）科技创新动能不断增强

落实科技创新和人才强市首位战略，围绕全市四大科创高地建设，以成渝（金凤）综合性科学中心为引领，加快打造具有全国影响力的科创中心核心承载区。培育高能级科创平台。超瞬态实验装置、中子源科学装置等重大科技基础设施加速建设，广州、张江实验室重庆基地加快落地。金凤实验室获批首家重庆实验室、全球首台自主知识产权智能荧光扫描分析系统实现量产，北京大学重庆大数据研究院取得新一代有限元工业软件“北达飞易”等全球领先成果，联合微电子国家制造业创新中心硅光陀螺等成果填补国内空白。工业软件云创实验室揭牌，赛宝工业技术研究院获批国家企业技术中心，市级以上研发平台增至 341 个，其中国家级 21 个。集聚高水平科创主体。完善“微成长、小升高、高壮大、大变强”梯次培育机制，抓实高企、科企“双倍增”，新增高企 184 家、总量 402 家，新增科企 1065 家、总量 2515 家，新认定高成长性科技企业 5 家、增至 11 家，新增国家专精特新“小巨人”企业 4 家、总量 19 家，新增重庆市专精特新中小企业 55 家、总量 168 家，高新技术企业产值增长 15%。突出“顶尖、全职、海外、年轻”导向，新引进海内外优秀人才 4500 人，新入库“金凤凰”人才 162 名。加快建设世界大学生创新创业基地，打造“两城汇”校企交流合作品牌，新增 4600 余名高校毕业生等就业创业。构建高质量创新生态。“先投后股”支持成果转化改革入选国家全面创新改革任务清单，助推三维指静脉识别技术等首批 4 个项目实现产业化。全市率先试点企业创新积分制并向 31 家企业提供积分贷超 1 亿元，种子基金投资企业数量和总额均居全市第一，知识价值信用贷等金融产品新增助企融资近 7000 万元、累计突破 10 亿元。全市率先探索人才“双向离岸”创新创业机制，获评全国、全市最佳人才工作改革案例。打造金凤科创园、大学城软信和人工智能等孵化集聚区，新建成市级以上孵化器众创空间5家，其中国家级1家，新培育技术经纪人180人。

（二）现代制造业基础不断夯实

紧扣全市“33618”现代制造业集群体系建设，抓实新型工业化关键任务，构建“3238”现代制造业集群。聚力招大引强育增量。瞄准集成电路、智能网联新能源汽车及核心器件、数智科技、生物医药等领域招大引强、招新引高、招链引群，签约50亿元以上先进制造业项目9个，到位资金378亿元、增长12%。闭环落实项目落地建设投产全流程服务保障，签约项目落地开工率超70%，孔辉科技等3个10亿级以上项目实现当年签约、当年建设、当年投产。推进智改数转优存量。全面落实工业经济稳增长政策包，出台制造业高质量发展10条等措施，实施智改数转项目50个，获批国家级绿色工厂3个、国家级绿色供应链2个，新增数字化生产线84条、数字化车间13个，技改后平均生产效率提高41%、运营成本降低24%。支持15家企业新设立研发机构，规上工业企业研发机构覆盖率增至72%。培育先进制造业扩总量。建设汽车电子产业园、数字医疗产业园、重庆高新大健康产业园等定位鲜明、配套完善、功能完备的特色产业园，科学谷数智科创园等开园。支持华润微、SK海力士、长安跨越等已投企业达产增效，加快建设中电科8时线扩能、中国电信数字产业基地、思拓凡生物药等先进制造业骨干项目，金赛医疗、孔辉科技等新项目投产，智能网联新能源汽车及核心器件、集成电路产值分别增长10%、4.8%，软信产业营收增长41%。

（三）城市功能品质不断提升

坚持“筑巢引凤”，聚焦补短板、树形象，发挥重点工程、重大项目牵引作用，提升城市核心功能品质、综合承载能力。集中打造金凤城市中心。围绕打造集科创、产业、金融、商务、生态、居住等核心功能于一体的城市新样板，提速推进科学会堂等在建项目，国际人才社区一期等项目完工，加快形成科学城科创商业商务的中心区。出台促进金凤城市中心加快集聚发展的若干措施，组建城市中心招商专班，聚力招引优质企业签约入驻。提速推进基础设施建设。轨道27号线等5条轨道有序实施，在建轨道里程67.4公里。科学城隧道等5条隧道加快建设，金凤隧道主线贯通。新开工道路项目36个，在建道路里程252公里，完工道路项目35个，全年开工、完工道路里程各100公里以上。新开工综合管廊建设4.8公里，形成廊体5.6公里，获批全市综合管廊系统化建设改革试点。新建排水管网94公里，更新改造管网9.7公里。智能交通建设顺利通过全国首批智慧交通先导应用试点验收。加大优质公共服务供给。提速实施北师大重庆科学城实验学校等4所高品质中小学，川外科学城中学等3所学校建成投用、新增学位5000个，“新智慧教育”数字化改革是全市唯一入选教育部数字化战略行动典型案例的。重庆大学附属肿瘤医院科学城院区完成医疗综合楼基础工程、主体楼地下层结构，重庆市第四人民医院科学城院区一期主体结构封顶，投用后将新增床位4000张。持续改善生态环境。项目化、清单化实施美丽重庆建设27项重点任务，一体推进“九治”。实施大溪河水系生态修复、梁滩河生态治理修复等项目，完工科学城生态水系示范工程一期、田坝子沟生态修复等项目，梁滩河市级考核断面水质稳定达到Ⅳ类标准，优于考核标准一个水质类别，饮用水水源地水质100%达标。全市率先建立不利气象分级分类管控工作机制，“高新区新能源渣土车推广”项目获评2023年度重庆市绿色低碳典型案例、美丽重庆建设第一批十佳典型案例。区域空气质量优良天数位居中心城区第3，全年无重污染天气，获评2023年市级“无废城市”建设典型案例。

（四）改革开放动力不断积蓄

坚持向改革要动力、向开放要活力，营造市场化、法治化、国际化一流营商环境，打造高质量发展的“强磁场”。纵深推进数字化变革。建成上线区级数字化城市运行和治理中心，10个镇街全覆盖上线基层治理指挥中心，完成线上线下“141”部署，设置项目保障、服务企业等特色岗位19个，全市率先实现镇街“一支队伍管执法”，网格事件办结率99.8%。谋划推进“一件事”特色应用26个，“共享电单车监管一件事”入选全市7个首批全面上线实战的区县“一件事”。攻坚重点领域改革。蹄疾步稳推动开发区（园区）改革，细化落实年度改革任务，完成国企清产核资、沙坪坝区所属西永微电园公司股权划转事宜等工作。实施优化营商环境十大改革行动，纵深推进亩均论英雄、一企一专员、扩产扩能一企一策等改革措施，实现228项企业服务“全域通办”、55项涉企服务全流程“帮代办”、398项事项镇街“就近办”。全力扩大对外开放。深化服务贸易创新发展试点，“知识产权规范化协同机制”“服务贸易科学统计实证调研”入选国务院全面深化服务贸易创新发展试点第四批“最佳实践案例”，“实施精细化货物进出区监管”入选2023年国家服务业扩大开放试点示范“最佳实践案例”，货物进出区“四化”监管新模式等3项改革入选重庆自贸试验区最佳实践复制推广案例。深化区域联动发展。推动成渝地区双城经济圈建设走深走实，11个重点项目、5项重点政策、15个重点平台被纳入全市“十项行动”方案，双城（重庆）信用增进股份有限公司开业，餐饮、孕婴等67个行业“一业一证”跨省通办、“一件事一次办”高效互办，与成都高新区互发的全国第一张跨省营业执照副本被国家博物馆收藏。合作共建“高新·黔江”产业园，挂牌成立科学城黔江孵化中心，完成全市单笔最大规模森林指标交易。

（五）人民群众福祉不断增进

坚持尽力而为、量力而行，解决好人民群众急难愁盼问题，让人民群众得到实惠、看到变化、见到实效。强化惠民有感。落实科学城助企纾困“十二条”，开展高校毕业生等重点群体就业援助，全市率先组织开展创业培训师资研修、EYB高级战略研修，实现城镇新增就业2.4万人，离校未就业高校毕业生就业率100%，全年全体居民人均可支配收入增长5.1%。扎实抓好傅抱石陈列馆及周边文化景观打造项目，推动非遗产品“锁窗·刺绣笔筒”入选重庆外事礼品。小微停车场建设等10件区级重点民生事项全面兑现，新建成白鹭广场等公园6个，完成街头绿地提质项目4个，新增绿化面积90万平方米。全力维护安全稳定。做好金融风险防范化解促稳定，扎实开展金融放贷领域专项整治行动、政府批设民间投资机构、政府投资平台涉非涉稳风险排查，全年未新发非法集资案件。常态化开展安全隐患大整治，明确专业市场等职能交叉行业领域、密室逃脱等新兴行业领域监管责任，全年未发生较大及以上生产安全事故，未发生自然灾害亡人事件。全面落实“打防管控建”各项措施，常态化开展屯点巡线控面，社会治安形势持续向好。“老杨群工”经验被民政部选为全国基层治理优秀案例，康居二社区入选全国完整社区建设试点。

二、发展中存在的问题

一是科技创新的标志性成果不多，原创性颠

覆性技术突破较少，成果运用到具体产业和产业链上不足。二是传统产业转型升级较慢，笔电加工占规上工业的比重超80%但增加值率仅为5%，受订单转移、产能外迁等影响，全年规上工业企业利润下降10.5%。三是未来产业前瞻性布局还不够，以科技创新催生新产业、新模式、新动能还有差距。

三、2024年发展思路

2024年，西部科学城重庆高新区将坚持以习近平新时代中国特色社会主义思想为指导，深入贯彻落实党的二十大、二十届二中全会和中央经济工作会议精神，认真贯彻落实市委六届二次、三次、四次全会和市委经济工作会议部署，坚持稳中求进、以进促稳、先立后破，以推动成渝地区双城经济圈、西部陆海新通道和长江经济带高质量发展等国家战略为牵引，强化稳进增效、除险固安、改革突破、惠民强企导向，全力抓产业调结构、抓平台强支撑、抓项目稳投资、抓改革增动力、抓民生筑底板，力争GDP增长8%左右，规上工业增加值增长8%，固定资产投资增长12%，社零总额增长8%，一般公共预算收入增长7%以上，巩固和增强经济回升向好态势，持续推动经济实现质的有效提升和量的合理增长，努力交出高质量发展高分报表。

（一）培育战略科技力量强引领

聚焦高水平科技自立自强，瞄准科技前沿和重点领域，聚力关键核心技术攻关，提升科技创新辨识度。超瞬态实验装置同步辐射光源主体封顶，争取列入国家重大科技正式项目；中子源大科学装置投用，开展中子治疗、核药生产等应用研究；北大重庆碳基研究院建成研发线，研制碳基射频芯片等产品；国家实验室重庆基地正式落地，在纳米压印和呼吸病理等领域取得标志性成果。

（二）提升创新载体质效增动能

迭代完善分类评价机制，突出考核激励，强化精准支持，提升重大科创平台能级和产业化运行能力。重庆大学科学中心投用并入驻3个全国重点实验室和6个国家级平台，金凤实验室建成国家干细胞资源库西南分中心，西部智联支撑全市创建国家"车路云一体化"首批试点城市，中电科芯片争创先进感知国家产业创新中心。

（三）强化先进制造业支撑促发展

推动创新链产业链深度融合，以科创提升传统产业、培育新兴产业、布局未来产业，加快打造集成电路等3个1000亿级、生物医药等2个500亿级产业集群，开辟AI及机器人、空天信息等未来产业新赛道。安意法月产4.5万片碳化硅衬底和4万片晶圆线项目四季度试生产，中国电信数字产业基地、亦度疫苗、思拓凡生物药等16个重大产业项目投产，制造业投资增长20%，规上工业总产值增至2600亿元，软信产业营收增长30%。

（四）营造一流创新生态激活力

强化产业需求和市场需求导向，以数字重庆建设引领创新服务体系重塑，加快建设金凤城市中心，提升教育、医疗、安居和创新创业等公共服务，构建人才资源、创新主体、科技金融高效协同的创新生态。落实"渝跃行动"和新重庆引才计划，实施人才"积分制+配额制"等改革，新引育海外高层次人才20名、创新创业人才1.1万名。增强金融赋能实效，科创和产业基金新增规模300亿元。落实落细科技激励机制，推行"揭榜挂帅""赛马比拼"等新型组织模式，持续激发各类要素创新创造活力。

（执笔人：吴邓军　方怡焕）

万盛经济技术开发区

重庆市万盛经济技术开发区管理委员会

一、2023年工作回顾

2023年，万盛经开区坚持以习近平新时代中国特色社会主义思想为指导，全面贯彻党的二十大精神和习近平总书记对重庆的重要指示批示精神，认真贯彻落实党中央、国务院决策部署，在市委、市政府和党工委的坚强领导下，突出稳进增效、除险清患、改革求变、惠民有感的工作导向，锚定“一城两区一地”发展定位，迎难而上、承压前行，以超常举措应对多重困难挑战，尽最大努力争取最好成果，万盛高质量发展迈出坚实步伐。全区实现地区生产总值实现261.62亿元、增长6.3%，规模以上工业增加值增长10.8%，固定资产投资增长10.1%，社会消费品零售总额增长6.3%，一般公共预算增长55.1%、增速位列全市第1，全体居民人均可支配收入32885元、增长4.6%，税收收入增长55.7%、增速位列全市第2。

（一）凝心聚力优存量、强增量，工业强区迈出坚实步伐

现代产业集聚成势，聚焦全市“33618”现代制造业集群体系，迭代打造万盛“231”现代制造业集群，集群产值达265.3亿元、占规上工业总产值的88.4%，其中新能源及新型储能、新材料两大主导产业双双突破100亿元大关。规上工业总产值突破300亿元、增长6%，规上工业企业利润实现19亿元、增长65%，制造业税收增长5倍、增速全市第1，工业发展质效全市领先。科技创新添力赋能，稳步推进市级高新区创建，13项目标性量化指标均已达到认定标准。深入实施“双倍增”行动，新增科技型企业202家，科技型企业“双倍增”完成率突破331%、高于全市111个百分点，高新技术企业产值占规上工业总产值的比重达44%。新增市级创新型中小企业31家、“专精特新”企业14家，完成智能化改造项目10个、数字化车间6个，数字经济核心产业年产值8.83亿元。园区发展扩面提质，增加可用工业用地100亩。关坝—扶欢循环经济产业园获市级化工园区认定、应急管理部化工园区C类认定。能源保障不断加强，国能重庆电厂装机容量约占全市火电容量的9.5%，日产页岩气8万立方米。

（二）凝心聚力稳投资、扩消费，市场主体活力有效激发

有效投资稳定增长，重点项目建设提速提效，四川国光、卡斯特铝等35个项目顺利开工，国能重庆电厂环保迁建等17个项目建成投产，实现固定资产投资105.6亿元、增长10.1%，其中工业投资增长20.8%。积极争商招引，签约绿色建材循环经济产业园等招商引资项目35个，协议引资512.7亿元。13个项目被纳入2023年市级重大项目名单，争取上级资金25.75亿元，21个项目争取中央资金3.85亿元。消费活力恢复扩大，成功获批商文旅体融合发展示范城市

试点，实现社会消费品零售总额132.4亿元、增长6.3%。举办“悦动盛城·乐享消费2023万盛新春购物节”等各类促销活动40余场，带动消费增长超6亿元。全年新建商品房销售面积增长9.1%、居全市第4。深入实施全民健身战略，承办国家级、市级体育赛事活动15项次，累计参与人数超3万人次。高质量推进万盛旅游“三次创业”，万盛老街、万盛博物馆分别获评国家4A级和3A级旅游景区，万盛文旅融合发展案例获评“文旅惠农”全国首批专项典型案例，全年接待游客2917万人次、增长6.1%，旅游综合收入233亿元、增长6%。市场主体持续壮大，全面贯彻落实“提信心、稳增长、强主体”系列政策文件，退减免缓各项税费6.4亿元。扎实开展“四上”企业培育攻坚行动，新增“四上”企业39家。

（三）凝心聚力抓改革、扩开放，发展势能不断汇聚

以更实举措全面深化改革，建成区级数字化城市运行和治理中心，《万盛经开区关坝镇协同产业园区处理危化品泄漏典型案例》入选全市一体化治理智治平台首批基层创新案例。开展规上制造业企业亩均效益评价，盘活改造提升闲置工业用地660亩、厂房32.5万平方米。建成国资国企大数据平台，在“2023国资国企高质量发展峰会——第九届国家治理高峰论坛”上作经验交流。以更大力度扩大开放合作，与四川邛崃、青羊签订战略合作协议，共建川南渝西融合发展试验区。成功获批建设中国（重庆）自由贸易试验区万盛联动创新区，全年完成进出口总额3.62亿元，西部陆海新通道货运量374.5标箱、货运值4470万元，全年道路运输周转量位居全市第2。关坝铁路专用线建成通车。“陕煤入渝”1/3的量在万盛销售调配。全面推广“不见面开标”交易模式，在全市率先开展“我陪群众走流程、政务服务体验员”工作，开办企业时间由全市要求的0.5个工作日压缩至平均1小时，营商便利度和市场主体满意度实现“双提升”。

（四）凝心聚力强统筹、促振兴，城乡融合稳步发展

乡村振兴战略全面推进，守住守牢“三条底线”，粮食产量5.16万吨、增长2.83%，完成高标准农田改造提升建设1万亩、撂荒耕地复耕复种7728亩，无1人返贫致贫。提升特色农业效益，全年食用菌产量5.2万吨、占全市的14%，食品及农产品加工业产值达23亿元。南桐镇、丛林镇分别入选全市“强镇带村”试点镇、第一批“万企兴万村”典型乡镇，全区农村集体经济经营性收入达3900万元，村均69万元、最高达218万元，所有村级集体经济组织均实现年经营性收入超10万元。农村生活垃圾分类“市级示范村”创建率94.6%，行政村分类覆盖率100%。新建农村卫生户厕普及率93%。绿水村获评中国美丽休闲乡村。城市形象功能持续提升，完成松林路片区等4个老旧小区改造，新田路片区等10个老旧小区改造项目序时推进。完成城市棚户区改造19户，城镇零星D级危房搬离整治20户。新建建筑全部执行绿色建筑标准，海绵城市达标建成区比例37.4%。提升改造563个生活垃圾分类投放点，城市生活垃圾无害化处理率100%。成功创建市级示范“完整社区”3个。生态文明建设不断加强，持续打好蓝天、碧水、净土保卫战，空气优良天数339天、居主城都市区第1，监测断面水质达到或优于Ⅲ类水质比例100%，城乡集中式饮用水源水质达标率100%，重点建设用地安全利用率100%。加快发展方式绿色转型，万元GDP能耗累计下降14.1%，万元工业增加值能耗累计下降30.6%，成功创建国家级绿色工厂1家。创建“无废城市细胞”11个。

（五）凝心聚力办实事、解难题，群众幸福指数稳步提升

民生保障更有温度，投入民生资金 23.75 亿元，占一般公共预算支出的 64.4%。养老、医疗保险参保率 97%。足额发放各类救助资金 6813.9 万元，各类困难群众实现应兜尽兜、应助尽助。千方百计稳就业，全年城镇新增就业 5039 人，离校未就业高校毕业生就业率 97%，城镇调查失业率控制在 5.3% 以内。公共服务更为完善，普惠性幼儿园覆盖率 93.1%，学前教育毛入学率 95%。高考质量创历史新高，“双一流”高校录取率增长 35.7%，高考本科上线率连续 9 年正增长。职教学生就业率、稳定率均保持在 95% 以上。人民医院“三级”创建及扩建工程稳步推进，中医院新院区建成投用并成功创建“二甲”医院，“基本公卫”考核连续两年位列渝西片区第 1。文体事业更显繁荣，“金桥吹打”“苗族踩山会”入选全国乡村文化产业创新影响力典型案例，成为全国夏季“村晚”示范展示点。区图书馆获批国家一级图书馆。全区人均体育场地面积达 3.5 平方米、连续 6 年位居全市第 1。扎实开展安全生产风险专项整治，生产安全事故、死亡人数持续保持低位，连续 9 年实现较大及以上安全事故“零发生”。万东镇五和村入选全国第三批基层治理示范村。7 个保交楼项目 857 套房屋建成交付并销号。农民工工资支付保障有力，通过专户实名直拨农民工工资 1.1 亿元。精准防范化解债务风险，政府综合债务率、隐债化解等 10 个指标均如期完成。

二、发展中存在的问题

与此同时，万盛经济社会高质量发展正处在爬坡过坎、滚石上山的关键阶段，发展中仍存在一些突出问题和短板。地方经济总量较小，产业基础较为薄弱，创新开放资源优势发挥不足；居民消费尚未完全恢复，民间投资预期偏弱，市场主体培育和发展还不够充分，营商环境还有较大提升空间；就业、教育、社会保障、医疗卫生等民生保障与群众期盼还有差距；少数干部服务发展的意识还不强，创新精神、斗争本领、专业能力与高质量发展要求还有差距。

三、2024 年发展思路

2024 年，万盛经开区将坚持稳中求进、以进促稳、先立后破工作总基调，完整、准确、全面贯彻新发展理念，积极服务融入新发展格局，牢牢把握稳进增效、除险固安、改革突破、惠民强企工作导向，统筹高质量发展和高水平安全，铆足干劲、砥砺前行，奋力推动经开区高质量发展。确保地区生产总值增速 6.5% 以上、力争 7%。

坚持市委“一号工程”引领，持续改革攻坚突破，释放经济发展新动力。纵深推进区域协作发展，深度融入成渝地区双城经济圈、西部陆海新通道建设，全力打造西部陆海新通道渝黔综合服务区。系统落实“三攻坚一盘活”改革部署，确保 70% 的区属亏损国有企业实现减亏、10% 的区属亏损国有企业实现扭亏为盈。强化优质市场主体梯度培育，力争新增“四上”市场主体 50 家，民营经济占 GDP 的 60% 左右。

坚持创新驱动，加快转型升级，全力打造制造业高地。持续壮大产业集群，力争规上工业总产值突破 330 亿元。力争数字经济核心产业增加值增速超 10%。新增专精特新“小巨人”企业 1 家、“专精特新”企业 5 家。全力攻坚市级高新区创建，力争高新技术企业和科技型企业分别突破 70 家、800 家。持续推动园区扩容升级，进一步

提升园区形象、做强产业支撑、完善生活配套。

坚持项目带动，扩大有效投资，夯实高质量发展底盘。深入开展招商引资攻坚突破年行动，确保全年协议引资300亿元、力争350亿元，到位资金突破100亿元。持续强化招商对接，确保全年争商资金突破30亿元、力争35亿元。大力开展项目全周期保姆式服务，力争全年固定资产投资超110亿元。

坚持消费拉动，加速市场回暖，提升三产发展水平。持续推进旅游“三次创业”，加速推进奥陶纪（板辽湖）水世界顺利开园营业，推动国家级旅游度假区创建，申报创建国家A级旅游景区2家、全国等级旅游民宿4家。深入实施全民健身国家战略万盛实践，持续放大商文旅体综合效应。

坚持为民筑城，加快城市更新，打造高能级城市。提升城市品质功能，优化城市综合管理工作考核评价体系，积极开展绿色低碳发展示范城市、绿色小区、节水型城市创建，确保成功创建为市级生态园林城市，提升城市文化内涵，紧紧围绕孝善文化、工矿文化等元素，创作一批有特色、有温度的优秀城市文化IP。

坚持“三农”优先，推进乡村振兴，建设宜居宜业和美乡村。坚决守牢三条底线，坚决防止规模性返贫，完成高标准农田改造提升示范建设7266亩，确保耕地保有量12.72万亩以上、粮食产量5万吨以上。做强农业特色产业，力争农业增加值增长5%，农村居民人均可支配收入增长7%。加快推进乡村建设，创建宜居宜业和美乡村3个。

坚持生态优先，推进减污降碳，厚植绿色发展本底。深入推进环境污染防治，统筹推进生态系统保护修复，紧抓生态环境保护督察等反馈问题整改，加快推动绿色低碳转型，确保空气质量优良天数340天以上、水环境质量持续改善、稳定向好，创建绿色工厂1家、“无废城市细胞”20个。

坚持惠民利民，保障改善民生，扎实推进共同富裕。促进高质量充分就业，确保城镇调查失业率控制在5.5%以内。建强社会保障体系，养老、医疗保险参保率持续巩固在95%以上。稳步发展社会事业，推进学前教育优质普惠行动、普通高中优质特色行动，深化职教中心“双优”创建。完成人民医院“三级”创建。

坚持安全筑底，创新社会治理，营造和谐稳定环境。牢固树立安全发展理念，坚决打好除险固安“六大攻坚战”，切实提升基层治理能力，更好统筹发展和安全，切实保障公共安全，严防发生较大及以上生产安全事故，努力实现高质量发展和高水平安全良性互动。

（执笔人：李兰）

重庆经济技术开发区

重庆经济技术开发区管理委员会

一、2023年发展回顾

2023年，重庆经开区坚持以习近平新时代中国特色社会主义思想为指导，深入学习党的二十大精神，全面贯彻习近平总书记对重庆所作重要讲话及系列重要指示批示精神，认真落实市委六届二次、三次、四次全会工作要求，突出稳进增效、除险清患、改革求变、惠民有感工作导向，以经开区改革优化重塑体制机制，围绕全市“33618”现代制造业集群体系，坚持统筹发展和安全，以奋斗之姿扛起“三十而立”的使命担当，为新时代新征程全面建设社会主义现代化新重庆开好局、起好步奋力作出经开贡献。2023年，重庆经开区地区生产总值513.4亿元，同比增长8.3%，高于全市2.2个百分点，位居全市第一，取得历史最好成绩。其中，工业、建筑业、服务业增加值分别增长6%、14.1%、8%；工业投资25.2亿元，同比增速23.8%，高于全市平均10.5个百分点；一般公共预算收入13.49亿元，区级税收收入12.12亿元；实际利用外资4905万美元，位居全市开放平台第三；外贸进出口总额67.7亿元，增长16.3%，高于全市平均增速。

（一）夯实产业基础

聚焦智能制造、软件信息服务、大健康、节能环保、汽车电子5个方向，规上工业增加值增速6.6%。提升制造业能级，智能制造装备产业入选首批8个市级战略性新兴产业集群；成功申报重庆市近零碳园区试点，涵盖碳排放统计体系搭建、智慧能源等6个项目。发挥“链主”企业效应，14户“双百企业”增速4.9%，拉动全区增长3.3个百分点，其中维沃、美的等龙头企业实现产值403亿元，同比增长1.0%，拉动产值增长0.5个百分点；中移物联网、芯讯通等营收前十“链主”企业形成“满天星”效应，新增从业人员1万余人；圣华曦、桐君阁、国药控股等龙头企业投资放量，吸引医药工业项目20个，投资金额91亿元。升级智能化改造，分别新增国家级、市级绿色工厂1个、4个，合计4个、10个；推动三峡电缆、宏声滤材等一批技改项目开工，同比增长22.9%，技改占比提高至39.6%，均居中心城区第2；新增数字化车间9个，累计35个，生产效率、能源利用率分别提升20%、18%，企业运营成本降低23%；评估智能制造能力成熟度企业36户，累计建成智能工厂4个，美的通用、盟讯电子新入选国家级智能制造示范工厂揭榜单位，美的制冷入选国家级绿色供应链企业，屋顶光伏项目并网投运，年减排二氧化碳3195吨。加快“亩均论英雄”改革，分类完成171家规上制造业企业评价工作，推动亩均营收、工业增加值、税收分别实现1172万元、185.44万元、36.42万元，全员劳动生产率32.6万元/人；盘活土地790亩、闲置厂房11.3万平方米，推动三峡电缆、鹰谷光电、星汉智能等项目落地，实现投资5.8亿元；全年收储载体64.66万平方米，推动投运软信产业发展载体37.8万平方米。创造新赛道历史，以禾赛科技软件全球研发总部落户为开端，开辟汽车电子新赛道，全年聚集汽车配套企业35家，其中规上工业16家，产值35亿元；重庆上方汽车配件5G全连接工厂项目入选全市2023年制造业数字化转型试点示范项目。

（二）打造科创高地

立足“绿色+”“智慧+”“创新+”，重点围绕智能科技、生命科技、绿色科技等领域，发挥四链融合引导作用，打造全市科技创新核心承载区。进一步激活“创新链”，重庆脑与智能科学中心、重庆生态环境科技创新基地建成投用，成渝地区双城经济圈脑与类脑科学共建实验室揭牌；新增重庆机电智能制造有限公司国家级企业技术中心等市级以上研发平台10个，累计121个，重庆机床YE3140数控滚齿机床填补国内七轴数控、四轴联动数控机床空白；新入库科技型企业200家，高新技术企业申报通过率84%，位居主城区第三。进一步完善“产业链”，招商交科入选全国科创企业500强；新增美垦半导体等市级企业技术中心5家、康洲大数据等市级技术创新示范企业5家，机床集团等3家企业9个产品被评为2023年度重庆市首台（套）重大技术装备产品；新增“专精特新”企业39家，其中国家级“小巨人”2家、累计15家，市级37家、累计123家，规上工业研发机构覆盖率提升至54.2%。进一步优化“资金链”，设立广阳湾绿色发展基金等100亿元规模的科创基金，兑现绿色创新政策资金2032万元；建立政银企融资对接常态化机制，107家企业获批应急转贷资金26.62亿元；7家企业获批抵押增值贷5400万元，总额居全市第一；新增“专精特新”信用贷7730万元，助推85家企业新产品研发上市。进一步集聚“人才链”，重庆邮电大学科技园建成33个专业方向的培训、认证体系，新增长江特聘教授1人；设立重庆市博士后创新创业园，累计在站博士后21名，与重庆交通大学合作项目“沙漠土壤化”技术成果运用扩展至内蒙古、新疆、四川等地区，实施面积11000亩；联合重庆邮电大学、龙职中建设学院等80余家校企申报市域产教联合体；推出1000余套人才公寓，重庆人力资本服务产业园一期建成投用，举办广阳湾智创生态城“优企优岗”校园行系列等活动。

（三）建设外向型通道

抢抓与成渝地区双城经济圈建设及西部陆海新通道建设的关联城市、沿线国家的产业链供应链协同机遇，不断强化“通道”建设，促成“通道+经贸+产业”的联动发展。战略通道抢抓政策红利，积极融入成渝地区双城经济圈建设，与成都经开区形成汽车配套产业协同，锁定深化合作项目清单21条，重庆市出版监测中心、成渝地区双城经济圈产业数字化赋能基地等“四张清单”项目落地运营。贸易通道抢抓境外订单，在全市自由贸易试验区联动创新区综合评价中排名全市第一；依托京东智能城市（重庆）跨境电商服务中心，引育深圳汇茂等跨境电商企业28家，其中跨境电商20.9亿元，同比增长685.2%，占经开区外贸总额的30.3%；与英国驻重庆总领事馆、澳大利亚驻成都领事馆缔结战略合作关系。资金通道抢抓有效投资，依托经开区跨境创新服务中心，开展合格境内有限合伙人试点，际艾合伙、庆盛小贷债分别到位外资3800万美元、5600万美元，高技术产业实际使用外资金额占比达9.51%；全年签约项目89个，合同额约454亿元，其中20亿元、10亿元以上项目分别有4个、8个，实际到位资金106.74亿元（不含蚂蚁消金）。交通通道抢抓项目建设，完成轨道6号线刘家坪站、24号线茶涪路站主体结构，分别完成轨道6号线东延伸段、24号线经开区段、27号线经开区段总体形象进度的48%、45%、36.5%，建成后将实现重庆经开区与中部片区、重庆东站、沙坪坝站等重要节点的连接。

（四）加快站城融合

以重庆东站枢纽新城、广阳湾智创生态城两大市级重大战略项目建设为支撑，加快区域交通、基础设施、公共服务设施建设，打造产业、人口和自然生态和谐共生的城市形态。重庆东站枢纽新城新定位实现新进展，按照市委、市政府打造“重庆的城市门户和新地标”的新定位，形成东站枢纽新城核心区3.47平方公里；重庆东站站场主体结构工程全面封顶，与新加坡鹏瑞利集团、中信泰富集团达成战略合作协议，联动开发运营重庆东站TOD项目。广阳湾智创生态城三年建设成效显现，建成长江生态文明干部学院、大河文明馆、广阳营，推进项目市场化运营；广阳岛生态修复项目全岛植被覆盖率在90%以上，获评2023年中国人居环境奖（范例）和第八批国家生态环境科普基地，入选全国37个国土空间生态保护修复典型案例和山水工程首批15个优秀典型案例，形成“三峡水库江心岛消落带生态修复技术导则”等4项标准导则，申报10余项国家专利。品质城市形态初步形成，聚焦基础网络设施、商业及生活功能配套，布局重点建设项目56个，分别完成年度投资、固定资产投资276.24亿元、246亿元；建成投用广阳湾珊瑚中学、江南广茂小学、新城时光幼儿园；巧用低效空间打造口袋公园3个，治理绿地6万平方米，人均公园绿地面积21.17平方米。

（五）强化自身建设

全面贯彻习近平总书记关于党的建设重要思想，坚决扛起管党治党的政治责任，以全面从严治党引领保障重庆经开区建设发展的各项工作。启动开发区改革，建立南岸区、重庆经开区权责清单，形成两区互补的产业发展和城市建设管理机构，构建职责边界清晰的运转体制；搭建“管委会＋公司”运转体系，构建“2+N”赋能产业发展的国企布局体系、园区运营机制，推进以KPI为核心的考核薪酬机制，探索“员额制”和全员聘任制的人事机制。

二、发展中存在的问题

同时，发展中还存在一些问题和短板，主要体现在：经济规模较小，产业结构有待优化，尚未摆脱对“龙头”的依赖，科创对产业引领作用较弱，开放平台功能发挥还不足，基础设施及公共服务配套存在短板。

三、2024年发展思路

2024年，是新一轮开发区改革后的再出发之年。重庆经开区将坚持以习近平新时代中国特色社会主义思想为指导，全面贯彻落实党的二十大和二十届二中全会精神，认真落实市委六届二次、三次、四次全会工作要求，以及市委、市政府主要领导调研重庆经开区指示精神，坚持稳中求进、以进促稳、先立后破的总基调，完整、准确、全面贯彻新发展理念，强化稳进增效、除险固安、改革突破、惠民强企工作导向，积极融入新发展格局，统筹高质量发展和高水平安全，推动重庆经开区向全国一流国家级开发区迈进。

（一）建设“产城站景”和谐共生的“一岛两城”

推动实现广阳岛可持续发展，进一步找准功能定位，统筹推进全岛运营管理，努力实现生态效益、社会效益、经济效益相统一；提速建设广阳湾智创生态城，深化发展定位，优化广阳湾智创生态城产业布局，推进重点项目建设投资可达、投资有效；谋划打造重庆东站枢纽新城，做好站前区开发建设，加快完善配套路网，优化片区功能布局。

（二）实施“攻坚破冰”三大改革攻坚战

高效深化开发区改革，加速推进管理范围调整，明晰管理界定。加速推进内设机构“大部制、扁平化”改革重组，稳妥推进差异化的考核薪酬机制落地。纵深推进国企改革，全覆盖排查所属国企的“出血点”，以效益为中心推动“瘦身健体”，深入推进国有资产盘活，加快推进国企降低融资成本。全力开展亩均论英雄改革，优化工作机制，制定政策措施，强化结果应用。

（三）开展“重点突破”七项专项行动

实施产业转型升级专项行动，优化产业结构，以科技创新推动产业价值提升；实施城市品质提升专项行动，加快综合交通网络建设，完善城市配套，推行城市智慧化管理；实施存量资源盘活专项行动，打好“两久”歼灭战，试点开展“工业上楼”，盘活国资求实效，挖潜存量企业；实施招商引资提质专项行动，做好央地对接，深化产业基金招商，做好产业转移承接，推动项目达产放量；实施安全风险防范专项行动，强化债务风险防控，加强环保安全、安全生产、耕地保护和社会稳定的风险防范；实施营商环境优化专项行动，完善知识产权保护体系，营造高效便捷的政务环境、优质有序的市场环境和完善的要素保障环境；实施队伍能力建设专项行动，实施干部现代化能力提升计划，提升干部创造性执行能力，建立以激发干部活力为核心的管理机制。

（执笔人：敖永桥）

万州经济技术开发区

重庆市万州经济技术开发区管理委员会

一、2023 年发展回顾

坚持以习近平新时代中国特色社会主义思想为指导，全面深入贯彻党的二十大和二十届二中全会精神，认真落实党中央、国务院决策部署，以及市委、市政府工作要求和区委、区政府工作安排，立足新发展阶段，完整、准确、全面贯彻新发展理念，积极服务和融入新发展格局，牢牢把握高质量发展首要任务，坚持党建统领，突出稳进增效、除险清患、改革求变、惠民有感工作导向，全力以赴拼经济、凝心聚力抓项目、千方百计优环境、铆足干劲谋发展，推动经开区高质量发展取得新的成效，为新时代新征程全面建设社会主义现代化新万州开好局、起好步作出了重要贡献。

（一）经济发展稳中有进

2023 年，万州经开区锚定“四年再造一个万州经开区”的目标，依托龙头企业带动、链主企业推动、中小企业联动，稳步做大产业规模、提升产业能级，完成规上工业产值 547 亿元，同比增长 26.7%，占全区的比重达 86.5%；完成规上工业增加值 141.7 亿元，同比增长 31%。完成地区生产总值 310 亿元，同比增长 16.8%。实现限上批零销售额 1068.2 亿元，同比增长 19.4% 以上，占全区的比重达 76%。完成固定资产投资 94.4 亿元，同比增长 31.3%。完成全口径税收收入 23 亿元，同比增长 30.6%。

（二）营商环境持续改善

2023 年，万州经开区坚持“市场主体就是衣食父母”的服务理念，做到机关干部“沉下去”、服务企业“全覆盖”、解决问题“全闭环”，企业诉求问题解决率达 95% 以上，叫响擦亮“万般难，周全解”营商品牌。全面推进“签约即供地”，累计实现“标准地”出让 7 宗 219.6 亩。优化工业发展专项资金安排使用方案，67 家企业累计申报 154 个项目，支持企业提质增效、做大做强。持续优化扶持政策兑付流程，兑现企业优惠政策约 5.2 亿元，办理留抵退税约 2.66 亿元。持续深化政银企合作，为入园企业解决贷款 1.2 亿元。

（三）科技创新释放活力

2023 年，万州经开区新增国家高新技术企业 17 家、达到 75 家，市级科技型企业 55 家、达到 215 家，市级“专精特新”企业 18 家、达到 47 家。新创建数字化车间 5 个、达到 11 个，市级企业技术中心 3 家、达到 20 家，市级工业设计中心 2 个、达到 3 个。41 个智能化改造和技改扩能项目中建成投产 22 个，完成投资 13.2 亿元。规上工业企业完成研发投入约 10.9 亿元、同比增长 30.2%，占主营业务收入的 2%。智慧园区项目成功试运行，变“线下治理”为“园区智治”。

（四）招商引资成效明显

2023 年，万州经开区坚决落实重点产业招商引资“链长制”，推动招商引资一体化运行机制发挥实效，定期调度、赛马比拼，签约中储粮35万吨粮食建仓等重点产业链项目40个，协议总投资243.5亿元、到位资金45.9亿元。投资1.5亿美元的美国J&J绿色包装材料项目为全区历年来引进投资额最大的外商投资项目。开工建设湘渝盐化联碱装置绿色固碳升级改造等项目31个，竣工投产树上鲜年产5万吨调味品等项目26个。

（五）外资外贸稳重提质

2023年，万州经开区新增外资企业3家、达到15家，实际使用外资1115万美元、同比增长637.4%，占全区的99.2%。高新技术产业实际使用外资8万港币，实现零的突破。实现进出口总额70.2亿元，同比增长44.9%，其中，出口额24.4亿元，同比增长103.2%；进口额45.8亿元，同比增长25.8%。完成外商投资企业再投资总额1100万元。

（六）区域协同持续深入

2023年，万州经开区深入践行成渝地区双城经济圈建设、新时代西部大开发、全市“一区两群”协同发展等战略部署要求，成功获批第二批成渝地区双城经济圈产业合作示范园区、市级产业转移示范园区。深化拓展与宁波大榭开发区、西藏昌都新区、西藏吉隆边合区、新疆北屯经开区等合作交流，产业协同持续走深走实。

（七）平台打造提质增效

2023年，万州综合保税区新签约项目10个、协议投资7.6亿元，以万州经开区自贸联动创新区建设为契机，推动投资便利化、贸易便利化，落户全国首个保时捷-WMU新能源能力中心，主城区外首个“保税展示+跨境电商”新零售模式项目正式落地。高质量打造万州科技创新中心，国家备案众创空间达到2个，市级科技企业孵化器新增1个、正在申报2个，签约入驻孵化型企业148家。在商务部国家级经开区综合发展水平考核中排名第173位。

（八）开发建设持续发力

2023年，万州经开区调整优化“一区五园”空间布局，为推动工业经济高质量发展留足产业空间，制定经开区品质提升三年行动方案，持续优化完善产业项目和基础设施配套，竣工檬子标准厂房三期一标段等项目21个、开工建设万州综合保税区生活配套设施等项目27个；竣工投用联合坝M6等标准厂房11.8万平方米、建成桐子园大桥等道路桥梁16.7公里。完成征地拆迁3700亩、土地供应4165亩，完成闲置低效土地处置11宗668亩。

（九）风险防控持续向好

2023年，万州经开区坚持抓好党建统领“三项重点任务”，以“八张问题”清单为抓手，扎实开展除险清患专项行动，全面排查风险隐患，精准绘制、动态更新全景图，逐一制定整改方案，处级以上领导干部包案，风险清患到期整改率100%。扎实开展日常监督检查，深入开展重大事故隐患排查整治等专项行动，企业（项目）安全风险隐患到期整改率达100%，全年未发生较大及以上生产安全事故。坚决贯彻落实长江保护法，严守环境准入门槛，严格执行“三线一单”管控要求，新建项目环评和“三同时”执行率达100%。强化园区生态环境保护日常监管，深入开展水污染整治等专项行动，园区企业达标排放率达100%。深化新田园碳排放评价试点园区建设，巩固天子园市级绿色园区建设成果，新建成市级绿色工厂3家、达到5家，施耐德中欧碳中和创新合作示范项目成效显著。

二、发展中存在的问题

同时，发展中仍然存在一些突出问题和短板。一是持续招大引强难度较大。万州未在全市制造业生态圈中心内，具有相对优势的既有产业链条短，电解铝等关键产业链环节缺失，地形地貌制约产业发展，招大引强处于较为明显的劣势地位。二是资金筹集模式难以为继。财政体量小，刚性债务支出大，资金筹集措施受限，现有投融资模式无法满足开发建设需要。三是干部工作效率有待提升。各级干部工作的责任感、紧迫感仍然不够，在服务企业、招商引资、推进项目等方面的能力水平亟待提升。

三、2024 年发展思路

坚持以习近平新时代中国特色社会主义思想为指导，全面贯彻落实党的二十大和二十届二中全会精神，认真落实党中央、国务院决策部署，以及市委、市政府工作要求和区委、区政府工作安排，坚持稳中求进、以进促稳、先立后破，完整、准确、全面贯彻新发展理念，加快构建新发展格局，强化稳进增效、除险固安、改革突破、惠民强企工作导向，助力全区打赢国资国企、园区开发区、国有资产盘活“三大改革攻坚战”，进一步提振发展信心，增强经济活力，推动高质量发展不断取得新的成效。

（一）抓龙头、育新苗，推动工业经济实现新跃升

一是抓龙头引领。做大做强龙头企业，以重点培育为抓手做大总量，引导企业不断提高核心竞争力、打造更多独门绝技，积极向产业链中高端攀升，推动长安跨越等尽快进入百亿级梯队，带动更多链上企业集群发展、高质量发展。二是抓升规育苗。动态更新规上工业企业培育库，摸排找准限上贸易企业培育目标，加强对重点培育企业的全方位指导服务，推动企业更好更快发展，确保“应升尽升”。三是抓小微成长。重视中小微企业培育，健全“微成长、小升高、高壮大、大变强”梯次培育机制，建立“一企一档”，提供“点对点”精准服务，重点促进江东机械、鑫宝佳、大全泰来等企业成长壮大，加快推动形成“大企业顶天立地、中小企业铺天盖地”的良好态势。

（二）聚优势、补弱项，完善产业图谱绘出新机遇

一是践行“懂你招商”理念。落实好重点产业招商引资“链长制”，大力实施产业链招商、靶向招商、以商招商，围绕链主企业继续补链、延链、强链。二是践行“项目为王”理念。坚持盯着项目干、围着项目转，开展项目全生命周期服务，做到能服务的提前办、能承诺的直接办、能简化的简单办，推动签约项目促开工、开工项目促竣工、竣工项目促投产。三是践行“企业第一”理念。认真落实深化服务企业闭环落实机制，严格执行优化营商环境系列举措，用服务到位的真心，创造营商环境的舒心，坚定市场主体的信心，实现推动发展的齐心。

（三）优规划、强建设，提升园区品质点亮新形象

一是谱写规划“新篇章”。开展高峰园产城融合发展模式研究，借鉴发达地区经验，探索制定适合自身发展的产城融合新模式。二是描绘园区“新颜值”。深入推进经开区品质提升三年行动，实行“一园一貌”管控措施，对既有建筑实施风貌塑造和品质提升，对新建建筑风貌严格管控，开展园区乱搭乱建、乱堆乱放等专项整治。三是拓展城市“新空间”。结合重大产业项目和

重大基础设施项目建设布局，强化土地要素保障，充分利用国土空间总体规划调整“窗口期”，将经开区用地范围内的“天窗”纳入城市开发边界，为开发建设提供空间保障。

（四）激活力、添动能，坚持开放创新走出新路子

一是坚决完成改革任务。落实好全市、全区深化开发区改革部署安排，扎实推进全区经济领域“三大改革攻坚战”各项任务。二是做优做强开放平台。推进自贸试验区联动创新区建设，加快推进万州综合保税区内项目建设进度，做好项目跟踪协调服务，力争早建成、早投产、早达效，充分体现外向型经济效益。三是抓紧抓牢科技创新。落实推进新型工业化发展要求，围绕传统产业转型升级，深入实施高新技术企业和科技型企业“双倍增”行动计划，持续开展“专精特新”企业高质量发展专项行动。

（五）守底线、强保障，狠抓风险防范展现新担当

一是守住安全生产阵线。深化消防、特种设备等重点行业领域安全专项整治，持续推动化工园区专项整治，强化委外作业安全监管，牢牢守住安全基本盘，确保不发生较大以上生产安全事故，全力压减一般生产性亡人事故件数和伤亡人数。二是守好生态环境防线。坚持走“生态优先，绿色发展”之路，严格落实环评和“三同时”制度，持续抓好规划环评和项目环评工作，加快完善经开区生态环境监测网络，不断提升生态环境监管能力。三是守牢社会稳定底线。常态化开展“除险清患”工作，坚持事前预防和目标防范相结合，紧盯重点领域、重点人群，着力做好企业劳资纠纷、民工工资拖欠、房地产保交楼等重点矛盾纠纷化解工作，落实地方债务风险防范化解工作要求，及时发现潜在性、苗头性隐患，靠前预警、排查在前，切实做到早发现、早处置、早化解，高效有力推动矛盾纠纷问题妥善处置，为经济社会发展营造平安和谐稳定的环境。

（执笔人：何俊）

长寿经济技术开发区

重庆市长寿经济技术开发区管理委员会

一、2023年发展回顾

过去一年是全面贯彻党的二十大精神开局之年，是推进现代化新重庆建设起步之年，是全面推进“两地一城”建设关键之年。一年来，长寿经开区坚定“打造世界一流园区，建设具有全球影响力的新材料高地”战略目标，大力实施“3113”项目攻坚行动计划，发挥新材料和先进制造业“主力军”作用，为谱写新时代新征程新重庆长寿华章提供支撑。2023年实现规上工业产值1562亿元，固定资产投资237.3亿元，实际使用外资1082万美元，工业投资181.7亿元，外贸进出口额100亿元。商务部国家级经开区综合发展水平考核列第36位，居西部第三、重庆第一。全口径就业人口7万余人，企业工资性支出总额达56.4亿元，税收收入34.6亿元。

经济发展承压前行。克服大宗原材料价格下行、外资外贸环境复杂严峻等困难，经济呈现“三增长两保持”态势。工业企业产能增长，钢铁产量突破千万吨能级，企业用电增长5%；中小企业纳税能力增长，21家千万级税源企业实现税收收入翻番；生产性服务业营收占比增长，占“四上企业”营收的比重提高2个百分点，达24%。工业投资保持高位运行，投资157亿元，协议引资保持强劲势头，引资414亿元，百亿级项目2个。

一流园区夯基成势。天然气化工新材料产业蓄势待发，斐康 蛋白质、EVOH等项目投产量产，川维化工PVA光学膜突破“卡脖子”技术并实现商业销售，巩固天然气化工技术在全球的领先地位；硅基新材料产业应势而动，超临界纳米级硅基气凝胶产品打开欧美市场，展示硅基新材料产业参与全球分工能力；新能源材料及装备制造乘势而上，壹石通陶瓷粉体、新宙邦锂电及半导体、领新聚合物凝胶固态电池等项目开工并投产，小康动力抢抓市场机遇，加强研发投入，单月订单增长超10倍，奠定新能源材料及装备制造产业生态圈建设基础。

品牌建设扎实推进。塑造绿色安全投资品牌，发布建设具有全球影响力的新材料高地蓝皮书和长寿经开区ESG白皮书。塑造开放人文环境品牌，在日韩等发达国家举行开发区产业发布会，承办第十届中国责任关怀促进大会、首届“汇智成渝”新材料产业发展高峰活动、BDO与锂电材料NMP产业论坛等具有国际影响力的峰会活动，接待国内外投资商、友好开发区、地区150余批次。塑造示范试点品牌，与自贡沿滩高新区共建千亿级天然气化工新材料产业合作示范园区，获批成渝双城经济圈产业合作示范园区，在商务部230家国家级经开区综合发展水平考核中列第36位，居西部第三、重庆第一。

一年来，重点抓好了以下五个方面工作。

（一）夯实产业基础，发展能级加速跃升

以“3113”项目攻坚行动计划为抓手，建圈强链、引优育强，促进产业高质量发展。主导产业质效双升。引入宝武清能、宝武环科、常州

钢劲等企业，加速形成以宝武重钢为龙头的“一基五元”生态圈。渝化新材投资170亿元天然气化工新材料一体化、内蒙古双欣投资45.5亿元PVA光学膜等龙头项目落户，巴斯夫MDI优化提升项目开工，恺迪苏斐康蛋白质项目投产，加速天然气化工新材料产业集群化发展。新兴产业提质进位。吸引宁波宏协、星链电动车等20余家新能源汽车零部件企业落户，以小康动力为核心的新能源装备制造集群效益凸显。华陆科技一步法硅酸脂项目解决关键原料外购问题，着手布局硅基气凝胶上下游产业。国际复合F13线投产，扩大市场占有率，夯实硅基新材料产业龙头地位。弈柯莱布局建设50吨瑞鲍迪苷D/瑞鲍迪苷M项目，成为国内最早通过合成生物学方法批量生产甜菊糖苷的企业，产品HMOs正式获批，是国内唯一获批的企业，筑牢绿色医药产业根基。优势产品走向国际。重钢股份绿色钢铁产品首次出口国际市场，连铸钢坯出口意大利，热轧低碳钢卷出口越南、阿联酋。川维化工产品出口同比增长60%，外贸收入占总销售收入的1/5以上，创历史最好水平。华陆科技完成1500万元气凝胶出口订单，恩捷科技牵手LG开发新一代动力电池隔膜。博腾制药、泓禧科技等企业在斯洛文尼亚、越南等国家投资建厂，深度参与国际产业分工。

（二）提升服务质量，发展环境持续优化

全力强信心、稳增产，完成21家企业升规，新增专精特新25家、国家“小巨人”2家，建成市级数字化车间11个、市级智能工厂1家。服务体系不断优化。深化行政审批和行政执法体制机制改革，进一步提升审批效率、形成监管合力。建立“3113”重大项目工作专班，提供项目规划、立项、审批、建设全流程服务，保障项目按期开工投产。完善企业网格化联系服务体系，落实“三服务”工作机制，全员全覆盖包片服务辖区企业。要素保障愈发稳健。与重庆渝川燃气签订合作协议，构建区域综合能源多能互补机制，降低用气成本，保障重点企业供气。强化天然气电力迎峰度冬度夏调度，全力保障巴斯夫、望变电气、重钢股份、国际复合等重点企业满负荷生产。全年供电90亿千瓦时、水1亿吨、天然气25.4亿方、煤846万吨、蒸汽1056万吨，获批土地1100亩，交付新能源片区及企业用地4000余亩。助企纾困成效显著。落实各级惠企政策，为企业减税降费超10亿元，其中留抵退税5.6亿元、出口退税4亿元。打造全方位融资服务体系，帮助企业获得各类融资160余亿元。出台《经开区人力资源专项补贴办法》，解决企业用工6000余人。引进宁波宏协、青岛顺美等企业收购利用闲置厂房，盘活低效用地1200余亩。引入浙江三美投资29亿元建设氟化工一体化项目，解决海洲化学历史遗留问题，实现天然气化工和氯碱化工耦合发展。

（三）破解升级难点，发展质效显著增强

坚持把创新作为引领发展的第一动力，推动关键技术迭代升级。加快建设生产服务型国家物流枢纽，促进产业结构转型升级。创新融资模式，服务保障高质量发展。科技创新增动力。实施高新技术企业和科技型企业“双倍增”计划，新增科技型企业47家、累计培育277家，新增高新技术企业57家、累计培育136家。推动规上企业建立独立研发机构，累计培育区级及以上研发平台140家，其中国家级3家，博腾制药药物合成工艺技术创新中心获批首批市级技术创新中心。构建产学研用一体化联合创新体系，联合重庆大学、重庆化工职业学院、川维化工获批重庆先进材料产教联合体。开放合作提能级。获批第一批重庆市内陆国际物流分拨中心暨“一带一路”进出口商品集散中心示范基地，提升跨境班

列集货能力。西部陆海新通道长寿班列实现“广西—长寿”双向对开，中欧班列（成渝）首趟长寿多式联运集结中心班列开行。加大生产服务业招商力度，引进三峰靖江港务、曹妃甸祥嘉康实业等10余家企业，合作共建综合物流枢纽。资本赋能促发展。严守金融风险底线，建立资源资产资本资金一体化运作机制，制定专项化债融资方案，按期完成年度筹融资计划。积极开展上市培育，42家企业纳入拟上市资源库，2家企业进入市级上市辅导。支持国有投融资平台开展对外投资，长寿发展集团完成对国际复合IPO战略配售出资，积极参与欣欣向荣、斯泰克、康普化学等企业上市或转板投资。

（四）坚守两条红线，发展本底不断筑实

牢固树立安全生产“红线”意识和“底线”思维，提升本质安全环保水平，全年无较大以上安全环保事故。安全生产体系愈发完善。围绕聚氨酯产业链打造安全链，创新建立经开区产业链安全协同管理体系，整体推动MDI产业链上下游企业安全管理能力提升。建立以企业技术骨干为主的应急专家库，充分发挥专业支撑作用，帮助企业提高安全管理水平。绿色发展水平有效提升。开展绿色工厂建设，巴斯夫、小康动力获批国家级绿色工厂，博腾制药、永航钢铁、大禹防水、卡贝乐获批市级绿色工厂。推动绿色试点建设，入选重庆市首批近零碳园区建设试点及全国第二批清洁生产审核创新试点。打造绿色案例示范，规划环评入选生态环境部温室气体排放环境影响评价典型案例。智慧监管能力全面增强。升级智慧园区平台，有毒有害预警体系、消防安全监测体系等稳定运行。信息化平台全部完成上云部署，安全等级保护达到“三级等保技术标准”。建立健全经开区危化品运输封闭管理制度，采用数字化智能化技术，实现危化品车辆登记预约申报和电子围栏闭环管理。

（五）加强能力建设，发展后劲更加充足

深入开展学习贯彻习近平新时代中国特色社会主义思想主题教育，全面推进经开区改革，奋力打造世界一流园区。深化改革增强竞争力。全面启动经开区新一轮改革，完成总体改革方案编制报备。深化直管国企改革，优化国有资产配置，直管国企资产总规模突破900亿元，长寿发展集团获多个评级机构AA+主体信用评级。飞华环保合并报表实现首次盈利，获高新技术企业认证。完善平台增强承载力。新建路网8.5公里、公共管廊6公里，基础服务能力更加强劲。国际合作产业园破土动工，国际交流中心完成概念性方案，国际社区高起点前瞻性谋划，拉开国际化高端人才创新创业舞台序幕。强基铸魂增强战斗力。深入开展主题教育，开展75项调查研究，梳理问题清单38项，确定重点工作4项，确保相关工作在主题教育期间取得新突破。成立新能源片区土地征迁、双象光学项目投产等6个突击专班，解决26个项目落地和投产滞后问题，仅用48天时间完成新能源片区3000余亩土地423户农户拆迁，领新新能源实现当年签约投产。

二、发展中存在的问题

长寿经开区仍存在体制机制创新不足、要素资源约束趋紧、空间布局亟待优化、服务企业水平还需提升等问题。下一步，长寿经开区将直面问题，以更扎实的举措、更务实的作风，推进一流园区建设。

三、2024年发展思路

2024年是新中国成立第75周年，也是长寿经开区产业转型升级的关键之年。长寿经开区高

举习近平新时代中国特色社会主义思想伟大旗帜，以成渝地区双城经济圈“一号工程”为总抓手总牵引，紧扣全市打造“33618”现代制造业集群体系目标，深度融入“416”科技创新战略布局，大力实施“3113”项目攻坚行动计划，扛起服务全国、全市、全区大局的使命担当，全力推动长寿经开区建设成为享誉全球的世界一流园区。

预期目标：“四上企业”营收增长10%以上，规上工业产值增长10%以上，工业投资增长14%以上，协议引资350亿元以上，进出口100亿元以上，税收增长10%以上。

具体抓好以下五个方面工作。

（一）以建设具有全球影响力的新材料高地为主攻点，加快打造特色鲜明支撑力强的产业集群

一是聚力实施“3113”项目攻坚行动计划。对标“33618”现代制造业集群体系，谋划重大项目107个，力争将高性能玻纤一体化、高性能锂电子微孔隔膜等先进材料项目纳入万亿级主导产业集群，将新能源摩托车、新能源整车试制研发等智能装备及装备制造项目纳入五千亿级支柱产业集群。二是精细谋划四大产业生态圈。引进一批生产加工、商贸物流、产业金融企业，打造宝武重钢“一基五元”生态圈。引进聚氨酯下游企业，提质升级天然气化工新材料生态圈。推动国际复合加快“双百基地”建设，形成全产业链硅基新材料生态圈。创建重庆市智能网联新能源汽车特色产业园区，打造新能源智能网联汽车生态圈。三是加快实施企业梯度培育行动。深入实施“十百千万”行动，培育高成长性企业集群。滚动更新专精特新企业培育库，培育市级专精特新企业10家，其中国家级“小巨人”企业2家。

（二）以全面融入重大战略部署为突破点，构建联通国际发展格局

一是打造成渝地区产业集群重要承载地。以建设成渝地区双城经济圈天然气化工新材料产业合作示范园区为契机，推动企业间相互配套、优势互补，成为成渝地区天然气化工新材料产业集群的重要基地。二是打造西部陆海新通道物流集散地。加快建设生产服务型国家物流枢纽，力争保税物流中心（B型）获批，建设集保税、仓储、通关等口岸功能于一体的现代化长寿港。稳定开行西部陆海新通道长寿班列、渝巴专用铁路中欧班列，联动形成跨区域的先行示范性国际大通道。三是打造重庆外向型经济发展新高地。加快承接国际、国内东部地区产业转移，支持相关机构和企业在海外建设生产基地，吸引出海企业和境外上市企业返长投资。加大对德国、日本、韩国、新加坡等地企业的招商引资力度，不断创新合作模式，拓展和丰富合作领域，开创重大项目招商和科技创新互联互通新局面。

（三）以推动企业转型升级为迸发点，充分激发产业发展内生动力

一是坚持创新驱动。围绕“416”科技创新战略布局，加强创新主体培育和高能级创新平台打造。新增市级及以上研发机构10家、高新技术企业15家、科技型企业40家。实施“十万英才聚长寿”计划，力争引进院士2名、外籍专家高管10名，培育高层次人才100名。二是加快数字赋能。搭建产业特色鲜明的“产业大脑＋未来工厂”数字化功能平台，促进新材料产业集聚发展。全年实施数字化技改项目80个，投资30亿元，新增数字化车间5个、智能工厂1家。三是全面深化改革。扎实推进经开区改革和国企改

革，精简经开区管理层级，推动开发区高质量发展专项行动走向纵深。

（四）以提高产业承载力为支撑点，全力塑造高质量发展新优势

一是抓好资源要素保障。科学调度迎峰度夏度冬，抓好企业端负荷管理，推进光伏、分布式等新能源项目建设。完善口岸功能，推进港口一体化运营，提高物流运行效率，降低企业物流成本。二是提升营商环境水平。持续深化“首席代表制”“承诺制”改革，完善帮办导办等服务机制，提升政务服务质量和行政审批效率。推动长寿经开区“工业社区”建设试点，打通服务企业“最后一米”。三是强化生态文明建设。健全碳排放数据管理机制，全力争创“重庆市近零碳园区”。积极争创全国“一园一策一图”试点，提升突发水污染事件应对能力。围绕产业链打造安全链，建设上下游链条企业一体化安全体系。

（执笔人：逯欢）

双桥经济技术开发区

重庆市双桥经济技术开发区管理委员会

一、2023 年发展回顾

2023 年，在市委、市政府的坚强领导下，双桥经开区党工委、管委会坚持以习近平新时代中国特色社会主义思想为指导，把学习贯彻党的二十大精神作为贯穿全年工作的主线，认真贯彻落实市委六届二次、三次、四次全会精神，以“885”机制为牵引，突出稳进增效、除险清患、改革求变、惠民有感工作导向，以创建国家级经开区为统揽，加快建设先进制造业新高地、着力打造产城景融合示范区，经济社会高质量发展取得新成就。全年实现规上工业总产值 246.2 亿元、同比增长（下同）7.3%；固定资产投资 19.7 亿元、增长 29.9%，其中工业投资 15.4 亿元、增长 32.8%，技改投资完成 4.6 亿元、增长 26%；进出口总额 4.61 亿美元、增长 65.96%；规上工业企业 124 家，其中产值超 10 亿元企业 4 家、产值超 1 亿元企业 30 家。

（一）聚力稳进增效，经济实力显著增强

一是工业经济持续增长。规上工业企业实现营业利润 14.54 亿元，规上工业企业增加值增长 20.1%。智能网联新能源专用车及其零部件、再生资源、锶盐新材料三大产业完成产值 190.5 亿元，增长 9.4%，占比 77.4% 左右。12 家战略性新兴产业工业企业实现产值 65.6 亿元，增长 39%，占全区的 75%。二是招商矩阵撑起大梁。推进“亩均论英雄”改革，强化链长招商、基金招商等，签约项目 44 个，金额达 286.4 亿元，其中投资 106 亿元的江西环锂上榜重庆“招大引强十强榜”，朝航钢构被列入全市“重大项目开工十强榜”。三是项目建设卓有成效。67 个项目完成投资 86 亿元，朝航钢构上榜全市三季度“重大项目开工十强榜”，顺博等 30 个项目竣工投产。申报中央预算资金项目 3 个，总额 4738 万元，增长 838.2%。四是营商环境持续优化。坚持“1224”服务理念，用电、用气接入时限分别压缩 80%、42%，通过“一窗受理、并行办理”“双预告 + 带押过户”等模式办理业务 1515 件。落实“双联双保”“春风暖企”等机制，供应土地 2000 余亩，兑现产业发展资金 1.39 亿元，“小微担”“银政通”等政策助企融资 9.2 亿元，办理留抵退税 703 万元。

（二）聚力转型升级，产业集群加速裂变

一是智能网联新能源专用车及其零部件产业迭代升级。加快向智能网联新能源汽车领域转型升级，推进重汽专用车 1 万辆迁建技改项目，全国首台无人驾驶换电矿卡下线，氢能挂车、新能源全数字化冷藏车等新产品投放市场，新增规上企业 6 家，产值 53.2 亿元。二是再生资源产业精深发展。中天研发出国内首个高氯含铜处置项目、铜的直收率达 99%，足航钢铁获国家循环经济标准化试点示范项目。新增新霆易等规上企业 5 家，产值 41.9 亿元。引进广州工控动力电池循环利用西南基地、3GWH 全固态复合电池

等储能项目。三是锶盐新材料产业方兴未艾。锶盐化工园区通过市级验收，元泰等 8 个项目拟投资 154.5 亿元，达产后预计产值 207 亿元。同时，培育壮大光电、航空地面设备、大健康、现代商贸物流、新能源及新型储能 5 个特色产业。其中，光电及相关产业实现产值 61.2 亿元、增长 32.4%。

（三）聚力科创赋能，发展活力持续迸发

一是创新主体动能强劲。研发投入 13.2 亿元、增长 6.2%，中汽院整车级智能汽车图像感知测试等技术取得突破。新增长足飞越等市级“专精特新”企业 7 家、高新技术企业 18 家、市级科技型企业 56 家。二是科创平台加速培育。星桥电子通过市级科技企业孵化器验收，承接转化成果 5 项，入库企业达 33 家。推进 4 家市区级研发机构建设运营，与江西环锂等共建新能源、新材料科研平台。三是数智赋能增添后劲。5 家企业创建全市“数字化车间”，5 家获评“两化”融合贯标企业，盛泰光电获评市级创新示范工厂、入选国家级 5G 全连接工厂名录，双钱、宇海的 7 个场景入选工信部“优秀场景名单”。

（四）聚力建治并举，产城融合提档升级

一是城市品质不断提升。编制更新双桥—龙水组团、城市更新二年行动等规划，新生·茶隐小镇、产业服务活力绿心、1965 记忆街区 3 个项目纳入市级盘子。建成雍锦华府等改善型住宅 11.4 万平方米，完成邮亭互通绿化品质提升等工程 6 个，建成 280 亩城中花海。二是城市管理更加智慧。建成数字化城市管理指挥中心，覆盖城区 12.6 平方公里，投用“慧眼达”城管机器人，气、水、土和重点排污企业实现在线监测数字化、可视化管理。三是产城景融合加速升温。编制《产城景融合发展三年计划》，实施“花境双桥”一期工程，推进原川汽厂三线遗址、长河煤矿等保护利用。建成生活污水厂三期，修缮雨污管网 13.9 公里，盘活“四久”工程 10 个，收回巨腾、博一公司闲置土地 370 亩。协同创建龙水湖国家级旅游度假区，实施西子湾沙滩浴场等项目，接待游客 72.3 万人次。

（五）聚力开放协同，双圈建设走深走实

一是产业联动蓄势聚能。创建国家级经开区纳入市级部门优先支持事项，举办第十届中国再生资源产业发展暨园区建设论坛，联合川渝 12 个园区组建成渝静脉产业联盟，储备双圈项目 18 个，预计投资 116 亿元。二是互联互通有序推进。国际商贸物流园纳入西部陆海新通道全市重点项目等 3 个清单，海关监管作业场所投用，节约物流成本 2000 元 / 箱。推进成渝高速扩能、大足—永川高速等项目规划建设。对接中国（重庆）自由贸易试验区大足联动创新区、国家市场采购贸易方式试点，打通小微企业产品出口通道。三是协同创新能力跃升。与四川轻化工等组建产教融合共同体，揭牌锶盐化工联合实验室，推进与中科院、中国地质科学院地质研究所共建锶盐新材料产业研究院。

（六）聚力除险固安，社会民生持续改善

一是债务风险稳妥化解。打好财源增长、资产办证等组合拳，化解隐性债务 10.4 亿元，配合开展化债试点，争取到再融资债券 11.4 亿元，实现债务“脱红”。深化国企“瘦身、提质、增效”，优化“1+3+7”组织构架，融资到位 70 余亿元、综合成本控制在 7.8% 以内，资产利用率 83%，资产负债率控制在 38.4% 以内，营收 45.3 亿元，上缴税费 3.3 亿元。二是民生福祉成果丰硕。经开区医院获批“二甲”。推进改造老旧小区 14 个、28.8 万平方米。重庆卫生技师学院完成土地清表，重庆工程学院加快建设。新增本地就业近2000人。三是生态质量持续提升。太平河生态修复、大气污染治理有序推进，饮用水源地水质100%达标，出境断面水质稳定达Ⅲ类，空气优良天数309天，秸秆综合利用经验在渝西片区推广。四是安全形势稳定向好。深化重大事故隐患专项排查整治、火灾防控“除险清患”行动，整改各类安全隐患4254个、整改率99%；防范化解各类社会矛盾，督导足额支付拖欠农民工工资1340万元，化解信访1543件次、2387人次，生产安全事故、信访总量连续4年下降。

二、发展中存在的问题

一是产业集群优势不够突出。产业规模不够大，缺少百亿级企业，产业链条不够完整，部分产品市场开拓不足，产业竞争力亟待提升。二是创新能力有待加强。创新平台层次不够高，人才结构不够优，企业投入还不足，引进高端人才的激励机制还不够。三是全面从严治党责任压力传导还不够。政府自身建设仍有差距，营商环境还有较大提升空间，少数干部创新能力、专业水平还有待进一步提升。

三、2024年发展思路

2024年，双桥经开区将全面贯彻党的二十大、二十届二中全会和中央经济工作会议精神，全面落实市委六届二次、三次、四次全会部署，牢牢把握稳进增效、除险固安、改革突破、惠民强企工作导向，深度融入成渝地区双城经济圈、西部陆海新通道建设，聚焦服务全市“33618”现代制造业集群体系，以创建国家级经开区为统揽，加快建设先进制造业新高地、着力打造产城景融合示范区，迭代“3+5”产业体系，联动做靓宜居城区、宜业园区、宜游景区，着力建设富裕、文明、和谐、美丽、幸福新双桥。

初步预估2024年主要预期目标为：规上工业企业总产值300亿元以上（含产活）、增长25%以上、占全区的55%以上，规上工业增加值率达27%；固定资产投资增长12%以上，其中工业投资增长30%以上；规上工业企业研发投入达15亿元。围绕以上目标，将抓好以下四项工作，做到善作善成、久久为功。

（一）全面深化改革攻坚

一是全力争支持。持续对接商务部、市商务委，争取纳入国家级经开区培育库。二是全力提效能。一体推进“三攻坚一盘活”改革突破，积极推进双桥、邮亭园区整合，加快政企分离，完成国企数量压降、人员优化等任务。加大资产盘活力度，力争再压降15%隐性债务。三是全力补短板。对照国家级经开区考核评价办法，全力填补对外开放、统筹协调等方面的不足，利用中欧班列（成渝）、西部陆海新通道等资源，推进公铁海联运，拓展外经贸发展空间。

（二）加速打造先进集群

一是升级智能网联新能源专用车及其零部件产业。加快重汽等燃油车企向新能源智能网联转型，支持上汽红岩与赛力斯、庆铃等合作开展共享制造、产业协作，推动电驱桥、新能源专用车底盘等项目落地。二是做精再生资源产业。完善再生钢、再生铜、再生铝、废旧电子拆解等产业链，布局锂电、新型储能等上下游产业，加快重庆环锂新能源循环利用、中天二期等项目建设。三是做细锶盐新材料产业。加快完善基础设施，建成瑞得思达、元泰化工等项目，引育沃肯新材料等医药中间体企业，推动锶盐与光电、装备制造、新能源等融合。同时做优光电等五大产业，建好“苗圃+孵化器+加速器”的园中园，壮大光电基金规模到20亿元，建成半导体先进封装项目。

（三）强链补链招大引优

聚焦主攻方向，完善光电等18条产业链图谱清单，大力培育新能源智能网联汽车整车及零部件、新材料、集成电路、汽车电子等战略性新兴产业，前瞻布局电子化工、航空电子、元宇宙等未来产业新赛道。引进1~2家龙头企业，落地盛泰光电半导体先进封装等重点项目，动态储备千亿规模项目库。

（四）共建共享和美民生

一是全力办好民生实事。完成老旧小区改造9万平方米以上，建成重庆卫生技师学院（一期）、双桥中学扩建工程等重点民生项目。接续做好乡村振兴联系帮扶工作。二是全力营造安全环境。积极防范经济、金融等领域风险，严格控制债务规模。认真落实安全生产“十五条硬措施”，防范化解重大安全风险，促进高质量发展和高水平安全良性互动。三是全力改进社会治理。加快镇街“141”建设，打造双路“号手驿站”等镇街示范点，落实街镇基层社会治理责任，走出一条符合经开区特点的社会治理新路子。

（执笔人：彭乾伟）

璧山高新技术产业开发区

重庆璧山高新技术产业开发区管理委员会

一、2023年工作情况

（一）主要经济指标稳步增长

园区入驻弗迪锂电池、康佳研究院、青山工业等企业1950家，其中规上工业企业389家。2023年，璧山高新技术产业开发区实现规上工业总产值1008.5亿元，同比增长7.8%、战略性新兴产业产值379.5亿元、数字经济产业产值354.5亿元，规上工业增加值同比增长8.6%。实现固定资产投资228亿元、同比增长21.9%，其中工业投资195.6亿元、同比增长17.5%，进出口总额达到57亿元。

（二）招商引资成效明显，着力构建现代制造业集群体系

用好产业招商专班，大力实施“一集群一专班一政策”链式招商，大抓行业龙头和隐形冠军招商，持续做好建链延链补链文章。成功签约项目118个，合同投资额672.8亿元，其中20亿元以上的项目11个。智能网联新能源汽车产业方面，签约比亚迪动力电池研究总院、苏州凌创、蔚蓝科技、德濠科技等项目38个，合同投资额260.56亿元；新一代电子信息产业方面，签约康佳新一代终端及智能座舱车载显示、昇印光电、Global Magic、湘巨电子等项目43个，合同投资额201.341亿元；智能装备产业方面，签约科普动力、宇辰高端机床、恒隆科技等项目33个，合同投资额198.81亿元。签约新兴产业及大健康产业项目共4个，合同投资额12.05亿元；宏玮电子、蒙恩机器人等项目48个开工建设，璧山中新智能产业园项目（一期）、新能源汽车驱动电机及控制系统生产项目等25个项目投产达效，资金到位额125.4亿元。

（三）涵养创新生态，全面激活科技创新动能

创新主体规模稳步壮大。制定《科技型企业、高新技术企业“双倍增”行动实施方案》，推动“双倍增”目标任务如期完成。2023年新增科技型企业314家，累计达1901家；高新技术企业新通过专家初评161家；新增“专精特新”企业69家，累计达到207家；国家级专精特新“小巨人”企业累计达到16家；新增市级以上研发平台22个，总数达到171个。创新载体效能实现跃升。制定《科技创新孵化载体建设管理考核方案》，平创半导体研究院获评国家级博士后科研工作站。重庆高新技术产业研究院孵化园成功创建国家级孵化器，累计创建国家级孵化器2家、国家级众创空间1家、市级孵化器3家。总孵面积已达30万平方米，在孵企业（团队）总数563家。建立9家博士工作站。研究院经济带动效应明显。累计建成研究院公司36家，其中重庆高新技术产业研究院已孵化落地“硬科技”项目53个，培育平创、鼎旺等一批市级专精特新企业；重庆理工大学新能源及智能网联汽车产业研究院首年入驻便成功落地“低碳科技装备研发制造项目”“工业数字孪生虚拟仿真平台

项目”等产业化项目4个，申请知识产权38项，实现营业收入2000余万元；中国兵装传动技术研究院搭建完成“1+4+N+1”科技创新体系，形成“新能源变速器+核心零部件+软件生态”产业布局，拥有核心技术135项，成功突破4项国外垄断的“卡脖子”技术，推动青山工业成为新汽车传动系统技术策源地。

（四）坚持服务为本，持续优化“近悦远来”营商环境

创新服务举措。用好“亿元规上”工程机制，实施规上企业“精准画像”，梳理重点产业全链条图谱，做靓“政府搭台、企业唱戏”品牌活动，搭建本地配套平台，帮助19家企业争取到本地重点企业订单5.34亿元。协助78家企业招工4500余人、14家企业招引技术人才118名。深化“审批代办专员”制度，为128个社会投资项目代办行政审批手续280项。“企业吹哨、部门报到”“政企直通车”累计收集问题281个，解决264个，办结率达94%。强化资金保障。组建工业企业流动性信用贷款、科技型企业知识价值信用贷款等“八大资金池”，支持229家企业获得贷款11.7亿元。构建含种子基金、天使基金、股权投资基金等全生命周期的基金支持体系，累计签约基金12只、总规模68.27亿元。抓好企业上市。23家企业进入重庆市拟上市企业储备库，其中6家企业被评定为重庆市拟上市重点培育企业。19家企业成功进入区级拟上市重点企业培育库，其中A类库企业14家，B类库企业2家，重点关注类企业3家。

（五）加强要素保障，全面提升产业承载能力

坚持规划引领。园区远期规划范围105平方公里，获市政府批复国土空间开发用地范围34.13平方公里，现建成区面积33平方公里。完成高新区城镇开发边界划定；完成6.6平方公里南部片区、5平方公里来凤专业市场片区控规修编。高标准谋划打造7.5平方公里的曙光湖智慧城，曙光湖公园、孵化中心等项目已完成方案设计。基础设施稳步推进。开工横三路、锂山路等拓展区道路6条、10公里。有效破解空间难题，完成2000余亩土地征拆、2000亩土地整理。生活配套持续完善，高新区实验学校、凤凰小学二期建成投用，青杠经适房力争年底完工，西部（重庆）科学城先进数据中心正式运行。

二、存在的问题

同时，发展中仍然还存在一些突出问题和短板。一是体量规模还不够大，与全国第一梯队国家高新区和川渝地区其他国家高新区相比，经济总量、规上企业占比和规划、建成区面积仍然偏小。二是产业结构还不够优。传统制造企业占比高，附加值低，抗风险能力弱，缺乏头部、链主高新技术企业。新质生产力培育还处于起步阶段，在知识技术密集、物质资源消耗少的战略性新兴产业、未来产业上谋划推进不够。三是产业链供应链韧性还不够强。汽车产业在智能网联领域有明显缺项，物流基础较为薄弱，全区仅有1家3A级物流企业，在资源整合、时效保障、价格控制等方面不具备竞争优势。四是亩均效益还不够高。与制造业强区相比，在亩均增加值、亩均税收等方面仍有不少差距，规上企业中处于A档的企业占比仅18.5%，处于C、D档的企业占比达31.1%。五是产业承载能力还不够强。城市功能性项目滞后，住房、学校、酒店、医院、商业等生活配套服务能力不足，可用产业土地还不够多，预计到2025年引进项目所需产业用地将完全饱和。六是资金压力依然很大。财政收支

“紧平衡”仍未缓解，两山集团2023年还本付息压力高于以往任何一年，历年应付未付款项远超金年的预计支出。

三、2024年工作计划

（一）聚焦“战略落实”，推动融入新发展格局

纵深推进成渝地区双城经济圈建设。联动乐至、射洪共建产业合作示范园区，协同遂宁、宜宾探讨打造“成渝新能源汽车零部件配套走廊”，与天府数据中心共建全国一体化算力网络国家枢纽节点。抢抓成渝中部地区高质量一体化发展契机，落实先进制造业发展“渝西跨越计划”，打造智能网联新能源汽车零部件产业高地。

（二）聚焦“园区改革”，推动体制机制变革重塑

以开发区园区改革为契机，创新高新区运行管理体制机制，厘清高新区与属地镇街、区级部门职责边界。建立高新区管委会、工业促进中心、国有公司“三位一体”的高效协同机制，坚持“政企分开、管运分离”原则、采取“强管理机构＋强运营公司”模式，管委会聚焦经济发展主责主业，工业促进中心承担现代工业发展调查研究及指导服务，平台公司负责社会融资、开发建设、招商运营，形成“统筹管理在管委会、服务指导在工业促进中心、运作保障在国有公司”的工作机制。建立高新区二级机构高效协同机制，加强基础设施建设、安全环保、招商引资、企业服务等各个领域各个环节协同联动，加强信息互通，主动靠前服务，消除信息不对称、工作相互推诿等情况，大力提升工作质效。

（三）聚焦“项目引擎”，加快培育新的经济增长点

围绕“3+2”产业体系，持续以专班推进为抓手，拓展招商渠道和招商空间，用好产业投资基金，抓好产业链招商，力争引进100亿级项目1个、50亿级项目2个。智能网联新能源汽车产业方面，要主动承接全国、全市汽车产业重大生产力布局和产业转移，建立“主机厂＋总成企业＋专班”互动机制，打通专班与链主企业研发体系、供应链体系日常操作层面对接机制，有效开展精准招商和企业服务。瞄准高功率密度电机、智能座舱、智能车控、智能驾驶等细分领域，寻求产业发展新机遇。紧盯“大小三电”总成项目，密切追踪固态、半固态电池、钙钛矿电池产业进展，全力布局新兴重大产业项目。电子信息产业方面，加大璧山区内GPU芯片、显示驱动芯片、昇印光电精密电路板、寰美晶圆光罩盒、平创半导体等集成电路与半导体企业培育力度，聚焦特色工艺，对接引进一批重大芯片制造项目；依托康佳研究院及产业园在半导体显示芯片研发和新型显示产品技术优势，引领璧山Mini/Micro LED面板显示产业集群式发展；依托中芯产业联合基金，重点招引一批国内外优质集成电路设计和半导体封测、设备制造项目。瞄准被动元器件、印制电路板等重要电子部件招新引优，构建与电子整机制造相适应的元器件本地供应体系。智能装备产业方面，顺应装备行业高端化、智能化、成套化发展趋势，积极布局数控机床、智能检测、通机装备等高成长性产业，重点引进具有中高端数控系统或关键功能部件研发制造能力的企业，支持日联科技、峰极智能等智能检测设备企业做大做强，并引进其重要零部件企业，打造独具特色的智能检测装备制造产业集群。全力保障红宇、嘉陵、虎溪、盾之王等区内重点企

业开发新品、扩大生产，引进一批上下游配套企业落户璧山。与国内知名大学和科研院所建立产学研合作关系，吸引一批科技成果来璧转化和产业化，推动智能装备产品在工业机械、航空航天和汽车等领域广泛应用。生物科技产业方面，加快建设中新（重庆）生命科技城生物医药产业区，引进细胞免疫治疗、靶向药物、生物萃取、数字医疗终端等制药及器械产业，打造中西医结合产业高地。先进材料产业方面，抢抓以半导体材料、新型显示材料、生物医用材料、生物基合成材料为代表的关键战略材料产业发展机遇，进一步夯实先进建筑材料产业基础，做大做强重庆（璧山）绿色低碳材料产业园。

（四）聚焦“提质增效”，推动优势产业放量成势

强化经济数据的监测调度和评估分析。完善监测调度体系，突出领军链主企业、产业链关键节点企业、重点“专精特新”中小企业，紧盯用电、产量、税收等先行指标、同步指标、滞后指标等“三大指标”，结合产业发展情况开展最小颗粒度监测分析，确保规上工业营收增长 17% 以上。加强协作配套，深入推进“大手牵小手”，实施“制造业供应链配套体系发展行动”，加强中小企业与本地领军企业协作配套，鼓励中小企业与比亚迪、青山、蓝黛等大型“龙头”企业配对，带动产业链上下游企业协同发展，力争智能网联新能源汽车产业产值突破 700 亿元、电子信息产业突破 180 亿元、智能装备产业产值突破 120 亿元，新增专精特新“小巨人”企业 20 家、产值过亿企业 30 家。

（五）聚焦“创新驱动”，强化科技创新赋能

加强创新主体培育，推广“总部基地 + 研究院 + 产业园”“研究院 + 产业园 + 基金”等产业创新模式，构建以“研究院”为主体、企业为主导的产学研用创新体系，支持比亚迪、康佳、青山等建设国家级创新中心，支持红宇、龙润等建设市级重点实验室，力争新培育国家级研发平台 1 个、市级研发平台 5 个。建好科创载体平台，联合重庆大学、重庆理工大学等高校开展“揭榜挂帅”，充分发挥重庆高新技术产业研究院、清研理工等平台优势，梳理“卡脖子”技术关键环节，拓宽“产业研究院 + 产业基金 + 产业园区”研究院经济模式，推动科技成果从“实验室”走向“生产线”，促进车规级芯片、域控制器、甲醇重整制氢等一批“高精尖”科技成果在璧转化和产业化，加快形成新质生产力。深入实施“双倍增”计划，力争科技型企业、高新技术企业分别新增 300 家、172 家，全社会研发投入占比达到 3%，研发投入总量增速达到 12%。

（六）聚焦“助企纾困”，持续优化营商环境

深化金融服务支持，常态化搭建政银企对接平台，持续发挥“八大资金池”作用，用好制造业中长期贷款政策，多渠道解决企业融资难题。鼓励金融机构开发适合重点培育企业特点的专项金融产品，给予信贷支持，解决企业发展资金问题，降低融资成本。强化资源要素保障，围绕企业水、电、气能源需求，强化能源调度保障，加强与区级相关职能部门协同联动，对城区老旧电力设施进行改造扩容升级，对正在开发、在建片区的电力基础设施提前布局、超前谋划，鼓励、倡导企业进行节能化改造，大力引导企业建设屋顶分布式光伏、储能等设施，提升企业迎峰度夏抗风险能力。

（七）聚焦“智改数转”，推动传统产业转型提质

坚持以数字化变革引领制造业系统性重塑，

构建“未来大脑 + 未来工厂”核心场景，推进人工智能赋能新型工业化。支持企业“上云上平台”，推进工业物联网发展，加快培育一批综合型、专业型、特色型工业互联网平台，支持清研理工研究院与老虎工业云打造汽车供应链工业云。推进“百企数智技改升级”，力争完成智能化改造项目 50 个，实现技改投资 70 亿元，规上工业企业智能化改造实现全覆盖。创建数字化车间、智能工厂 6 家，创建绿色工厂 2 家、节水型企业 5 家。

（八）聚焦“亩均论英雄”，加快推动产业腾笼换鸟

建立以“亩产效益”为核心的综合评价体系，强化对优质企业技术改造、转型升级的正向激励，加大对低效企业的反向倒逼力度，推动资源要素向优势企业、优势区域集聚，力争规上制造业亩均增加值、税收分别增加到 194 万元 / 亩、16.5 万元 / 亩。持续整治高耗低效企业，形成高耗低效企业“筛选核定—对标整治—达标销号—督评服务”的工作闭环，通过开展合规检查、“标准地”履约监管、落后产能淘汰、兼并重组盘活等手段，对列入名单的企业进行限期整治，坚决腾退低效用地，为先进制造业发展腾出空间。

（执笔人：文善钢）

永川高新技术产业开发区

重庆市永川高新技术产业开发区管理委员会

一、2023年发展回顾

永川高新区在区委、区政府的坚强领导下，坚持以习近平新时代中国特色社会主义思想为指导，深入贯彻党的二十大精神，全面落实永川“一三五”总体发展思路，积极融入成渝地区双城经济圈建设，推动体制机制改革，着力建设现代制造业基地、西部职教基地，进一步做大做强国家高新区。全年规上工业总产值达到1634.49亿元，同比增长11.75%；工业类固定资产投资完成271.14亿元，同比增长17.43%；全口径税收达到54.95亿元，同比增长13.68%。

（一）全面坚持加强党的领导，战斗堡垒作用日益凸显

一是扎实开展主题教育。通过集体自学、专题辅导、集中研讨等多种方式举办主题教育读书班，带动各支部通过“三会一课”、专题培训等读原著、学原文、悟原理，自觉把思想和行动统一到党中央决策部署上来。深入开展调查研究，确定调研课题11个，成果转化23个，形成了一批实践成果、理论成果、制度成果。二是队伍结构不断优化。积极做好非公企业党员发展工作，发展积极分子、预备党员、正式党员69名，党员队伍结构得到进一步优化。坚持党管干部原则，选拔任用科级干部、开展职级交流晋升15人次，永高新集团公开招考员工9名，选人用人质量不断提高。三是红色引擎赋能添力。不断做大做亮党建品牌，激发组织活力，“党建引领 红动高新”入选“年度百佳园区党建品牌案例”。以组织链串起产业链，揭牌成立中共重庆市永川区汽车摩托车产业链综合委员会，奋力推动永川区汽车摩托车产业高质量发展。四是廉政建设落细落实。深入开展“以案四说”、“廉洁过中秋 清风迎国庆”警示教育会，针对新调整、提拔科级干部进行集中廉政谈话，常态化组织观看廉政教育警示片7部，前往廉政教育基地实地开展警示教育，持续筑牢拒腐防变的思想道德防线。

（二）持续深化体制机制改革，新旧动能转换成势见效

一是改革更加深化。在完成对凤凰湖产业促进中心机构整合的基础上，进一步整合三教产业促进中心内设机构和人员，与管委会实现合署办公、人员拉通使用，通过向三教园区派驻工作组的形式保障整合过渡期园区企业服务不脱节、安全管理不放松。二是管理更加高效。建立领导班子每日“早餐会”制度，对重点工作每日调度，搭建“智·永高新”数字平台，汇通企业基础台账、招商引资洽谈情况、重点项目建设进度等数据，实现“一屏统揽”，对上级交办事项及重点工作建立督察督办智能化闭环落实机制，极大提升工作效率。三是人岗更加匹配。充分尊重干部职工个人意愿，因需设岗、因岗配人，建立以实干实绩为导向的绩效考核体系，针对服务水平、服务态度、服务效率等指标建立“金牌管

家”“银牌管家”赛马比拼机制，充分激发干部职工干事创业激情。

（三）全面推动产业提质增效，经济发展支撑强劲有力

一是招商引资成效明显。持续完善“链长制”招商工作机制，创新基金招商、资本招商等方式，参与组建产业基金6只、规模26.39亿元，举办中国齿轮产业大会等招商推介10余场，签约引进东方希望、信义玻璃等项目76个，合同引资604亿元，成功获批重庆市承接产业转移示范园区。二是项目建设加速加力。实施“亩产论英雄”，全年取得土地批文2594亩，出让工业用地1987亩，收回处置闲置低效用地722亩，盘活闲置厂房超过44万平方米；新开工豪斯特、太平洋精锻等项目55个，理文二期等56个项目建成投产，预计新增产值104亿元。三是企业转型升级加快。推进企业用水、用气、能耗降低的生产变革，成功获批国家级、市级绿色园区，培育建设了5个国家级绿色工厂、2个国家级绿色供应链管理企业。推动智改数转，长城炮50万辆成功下线，成功获批1个智能工厂、6个数字化车间。

（四）加快推进开放创新发展，发展动力活力明显增强

一是创新主体培优建强。全面落实“663”行动计划，打造“孵化创新创业企业、科技型企业、高新技术企业”的培育发展梯次和全流程服务，培育科技型企业102家、高新技术企业31家、市级专精特新中小企业24家、国家级“小巨人”2家。二是科创平台加快建设。与重庆文理学院共建永川科技创新中心成功揭牌，华工智造永川产业技术研究院签约入驻，重庆绿色低碳能源技术研究院、重庆永信科技有限公司被认定为区级新型研发机构。三是创新生态不断优化。充分发挥科技金融的支撑作用，为87家企业发放知识价值信用贷款1.9亿元，创新积分平台正式上线投用，为4家企业授信6000余万元，重庆文理学院科技成果抗癌新药PZ-1在永成功转化。四是对外开放不断扩大。与红河蒙自经开区签订合作框架协议，获评重庆市开放型经济先进单位，永川港朱沱港区加快建设，高新区铁路专用线运输汽车突破一万辆，首趟直发中欧班列在栏杆滩站发车，深度融入共建“一带一路”大格局。

（五）一体推进职教均衡发展，西部职教基地建设提速

一是发展水平提档。大力支持院校高质量发展，重庆城市职院由市级高水平学校培育建设单位提档为市级高水平学校建设单位，新培育3个市级A档专业群、4个B档专业群，4所市级“双高”计划高校通过中期验收，5所学校办学条件达标，学生数量达到18.5万人的历史最高值。二是项目建设提速。重电永川校区启动建设前期工作，重庆现代职院主体完工，城职新校区、职教中心一期等5个扩建项目开工建设，9个院校在建项目完成投资12.41亿元，各院校新增校舍面积33.85万平方米。三是产教融合提效。启动产教供需平台建设，校企共建产业学院、订单班、实训基地128个，新增信息安全、虚拟现实技术应用等专业40个，14个产教融合项目集中签约，3个行业产教融合共同体正式成立，西部职教基地产教联合体成功入选第一批国家级市域产教联合体。四是发展生态提级。规划建设职教人文小镇，成功举办2023年成渝地区双城经济圈职业教育活动周、首届西部职业教育高质量发展论坛等活动，西部职教基地发展研究中心正式揭牌，西部职教基地影响力进一步提升。

（六）不断优化提升营商环境，市场主体发展更具活力

一是优流程。高新区企业服务中心建成投用，水、电、气等要素保障部门完成入驻，在“渝快办”认领55项市级行政权力事项并完善相关办事指南，进一步精简办理流程、提升办事效率，实现相关事项的线上办、一次办。二是强服务。创新推行“企业管家”服务机制，围绕“随叫随到，不叫也到，服务周到”的服务理念，“管家包跑腿”让企业“办事不求人”，实施以来帮助企业代办事项、解决问题700余件，永川高新区企业服务部荣获2023年“重庆市工人先锋号”。三是送政策。出台《支持企业发展专项资金“免申即享”管理办法》，搭建惠企政策“免申即享”系统，打通区财政局、税务局等部门企业基础数据壁垒，自动计算、分析相关数据，企业无需提交任何申请资料即可享受政策优惠，全年为187家企业兑现产业发展资金9.92亿元。

（七）抓牢抓实安全稳定环保，社会大局持续平稳有序

一是加强安全执法检查。制定《永川高新区2023年度安全生产监督检查计划》，深入企业、院校开展安全生产抽查检查工作，共检查企业、院校158家次。开展“厂中厂”、食品安全、院校周边环境等专项排查整治行动，建立健全校园周边秩序长效管理机制，督促企业加强安全生产标准化建设，基本实现“两单两卡”制度全覆盖，安全形势总体平稳。二是筑牢生态环保防线。严格落实河长责任制，常态化开展临江河流域巡河、清漂工作，断面水质考核全部达标；有序开展企业大气污染防控、雨污分流等专项整治工作，加强污水处理厂的日常监管，全面杜绝严控超标处理、偷排、漏排等行为；及时做好招引项目环保审查、新材料产业园等建设项目环保手续办理等工作，从源头上遏制新污染源的产生。三是积极化解矛盾纠纷。全年接访群众来访61余次，高质量办理互联网＋督查等信访工作平台交办件410件，按期办结率100%；制定落实清理拖欠农民工工资方案措施，全面开展根治欠薪排查工作，妥善处置企业农民工工资问题62件，切实保障农民工自身利益，协调处置征地拆迁、工程纠纷等问题74件，切实维护辖区安全稳定。

二、发展中存在的问题

一是优化营商环境有待加强。市政府下放了55项市级行政权力，但由于下放的权力未形成闭环，加之现有规模体量不够、专业人员匮乏，实际运行效果不佳。同时，相关区级权力未同步下放，特别是涉及办件量大的企业申办及注销、土地征收、项目建设等，还需到区级部门办理，未真正实现“园区事园区办”。

二是服务管理对象有待加强。创新推行了“企业管家”服务，在帮助企业代办事项、解决困难问题方面取得了明显成效，但在切实帮助企业争取上级政策支持、扶持企业做大做强等方面还有差距，产业资金兑现不够及时。在永院校毕业生留永就业率不高，“以城留人促产、以校育人优产”的效应发挥不够好，企业“用工荒”与学生“就业难”问题未得到一体化解决。

三是防范化解风险有待加强。督促企业履行安全主体责任有差距，全年仍发生多起意外事故。对处置烂尾、土地长期闲置项目等历史遗留问题，因推进力度不够、措施还不够实，没有建立完善的遗留问题处置流程，导致处置缓慢。

四是对非公企业指导有待加强。对非公基层

党组织指导力度不够，园区企业中还存在有“空壳”党组织的情况，部分基层党组织的战斗堡垒作用发挥得不明显、不充分，党组织政治优势难以体现。

三、2024 年发展思路

作为全区的创新策源地，以及高成长企业、高端产业的集聚地，高新区将始终坚持“发展高科技、实现产业化”的初心，发挥优势特色，率先打造新质生产力，以“不进则退、慢进亦退”的战略紧迫感，抢机遇、抓作风、提能力，在科技创新、产业发展、职业教育等方面持续发力，推动高新区高质量发展。

进一步深化改革创新发展。进一步理顺园区管理体制机制，持续优化内部管理，建立责权更加清晰、运行更加高效的扁平化管理体系，真正做大做强永川高新区。持续升级“智永高新”管理平台，上线“数考高新”“数亮高新”等模块，把现代化的理念、手段、机制、方法与数字技术深度融合，推进数据共享共用，打造集中、统一、高效的数字政府。积极承接和运用好市政府下放的 55 项市级权力和区级相关权力，推进更多要素保障部门入驻企业服务中心，持续优化优惠政策“免申即享”机制，探索更多、更高的保障服务措施，不断增强企业的获得感。

进一步加大招商引资力度。持续深化“链长制”招商，围绕“2515”先进制造业集群体系，进一步强化产业链招商、以商引商、基金招商，紧盯 500 强企业、央企国企、大型民企和“独角兽”企业，着力引进产业链供应链上的关键项目、核心企业。围绕智能网联新能源汽车产业园、新材料产业园等新兴产业专业特色园，瞄准智能网联新能源汽车、先进材料、高端装备、新一代信息技术等产业，引进符合未来发展方向的产业项目。

进一步提升产业链现代化水平。围绕“2215”产业体系，集中精力做大汽摩、材料、智能装备等优势产业，推动电子信息、智能家居等产业特色发展，加快建设西部智能网联汽车城、国家装备制造业备份基地、全国汽车后制造基地，形成品牌效应。推动产业高端化升级，推行“一企一策”推进工作机制，建立中小企业梯度成长，培育更多单项冠军、“专精特新”及“瞪羚类”、“独角兽”企业。加快推进“一链一网一平台”运用，加快产业大脑试点建设，培育一批“智能工厂”“灯塔工厂”。推动绿色化转型，加快绿色园区、绿色工厂等建设，发展壮大循环经济和绿色产业。

进一步提升科技创新能力。加快建设永川科技创新中心，实施高端新型研发机构“突破工程”和重大科创新平台“引领工程”，谋划、布局、引进重大创新平台和技术创新中心。高标准打造旺龙湖院士专家基地，注重引进创新能力强的市场主体，高效集聚创新力量和创新资源，加快推进创新联合体、校企联合研究中心等建设，借力借智，提升企业科技创新的核心竞争力。强化“产业研究院 + 产业基金 + 产业园区”的科技成果转化，共享主城优质科技资源溢出效应，注重科技中介服务体系建设，深化科技金融改革，组建科技成果转化基金，开展科技保险试点。

进一步加快西部职教基地建设。加快实体化运作西部职教基地产教联合体，促进职业院校、科研院所、相关企业、金融机构等实体联动发展。加快职教院校在建项目建设，按照“大分散、小集中”思路，建好职教人文小镇，合理规划职教街区，逐步打破围墙和物理界限，建设一批公共实习实训基地。积极筹建重庆技术大学，支持重庆科创职业学院、重庆城市科技学院、重庆文理学院等院校在“创本、申硕、建大”上实现新进展，推动现有职业院校在国家“双高”“双优”项目建设上实现新突破。迭代升级“职教24条”，健全支持职业教育的金融、财政、土地、信用、就业和收入分配、产教融合、人才服务等激励政策措施，切实营造“师资共享、设施共用、专业共建、人才共育”的区域职教生态。

（执笔人：庞胜）

两路果园港综合保税区

重庆两路果园港综合保税区管理委员会

一、2023年发展回顾

重庆两路果园港综合保税区（简称“综保区”）2023年外贸进出口总额在全国综保区中排名第7位，稳居第一方阵，增速高于全市平均水平。规上工业产值超千亿元，一般贸易实现进出口额800亿元、同比增长21.6%，区域进出口总额占比42%，在全国163个综保区中排名第8位。

（一）着力推动开放通道提质增效

坚持通道运营和口岸服务“两手抓”，果园港与广州港、德国威廉港签署三方战略合作协议，实现西部陆海新通道铁海联运班列新能源汽车销往欧洲，开行铁海联运非洲班列，推动通道枢纽取得新成效。全年果园物流枢纽货物总吞吐量2650万吨，同比增长4%；集装箱量92万标箱，同比增长3%；商品车到发85万辆，同比增长2%；发送沪渝直达快线1300艘次，西部陆海新通道班列635班、“渝穗”海铁联运班列120班，分别同比增长9%、30%、200%。推动果园港枢纽公司与陆海新通道运营重庆公司签订战略合作协议，完成水港集装箱智能分拨中心项目概念方案，实现东盟海外仓挂牌运营，建成综合冷链物流果园港基地，布局果园港枢纽区冷链产业，为“通道+口岸+产业”协同发展提供有力支撑。建成重庆大宗商品贸易展示中心，实现对外可视化展示，上线运行大宗商品交易平台（一期），完善挂牌交易及行业信息查询功能，积极对接战略合作伙伴，与银行、期货公司等20家单位签署大宗项目战略合作协议。探索申请设立期货交割库，编制形成可研报告。启动汽车整车进口口岸申报、整车保税进出口及零部件整备中心项目，推动长安汽车KD件集散分拨中心项目落地，开展整车进出口业务。进境肉类、粮食、水果海关指定监管场地通过海关总署验收，并开展实质性业务。建成鱼嘴铁路货运站南场，首发西部陆海新通道集装箱班列。上线运行数智自贸港智慧多式联运信息服务平台系统，完成市口岸办电子口岸中心、重庆港海关查验和卡口、渝穗班列相关数据接入平台，实现数据集成与业务协同。

（二）着力推动开放产业提档升级

聚力打造“汽车+电子”主导产业。率先推动仁宝完成100亿级新一代智能屏显终端产业链一体化项目落地，组建研发中心+制造中心+业务中心，构建面板、背板—背光模组—贴合—封装—总装的本地一体化生产模式，首批次1100台吉利领克智能座舱车载屏产品实现下线出货，平均增加值率突破30%，成为综保区首家电子企业向汽车产业转型的成功案例，实现先“立”后“破”的产业结构调整。扎实推动和硕、纬创借鉴仁宝转型经验，向智能网联新能源汽车产业转型，谋划新的百亿级控制器车电项目，实现“汽车+电子”深度融合。群策群力接洽中国长安集团，推动中国长安零部件集团项目签约，构建集团总部+研发总部+生产基地模式，实现产业+

研发+地方经济贡献全价值链落地，打造全市首个1000亿元级的“中字号”智能网联汽车零部件龙头产业，带动综保区智能网联汽车产业实现跨越式发展。推动雨翔汽车零部件再制造项目、天海汽车电子制造项目落地投产。

创新打造生物医药特色优势产业。着力谋划“口岸+产业”发展，聚焦激活生物医药口岸，打造医疗科技产业平台。积极推动综保区与通用咨询公司签订合作协议，首个医疗科技产业园区项目——中国通用医疗科技产业园项目签约落地，首批引进宜美科技集团、天津御锦人工智能医疗科技公司等多家医疗器械企业，实现生物医药产业零的突破，打造生物医药特色产业新名片。

推动科技创新赋能产业升级。重点围绕智慧能源产业园建设、开放平台建设、科技成果转化、产业规划及科技信息咨询等方面，深化与重庆市科学技术研究院的战略合作，构建“企业+产业”孵化器，营造创新创业生态，推动综保区“保税+科创+产业”融合发展。全年新引入科创类企业25家，累计超过130家，累计培育高新技术企业10家，专利申请数量262件（其中发明专利授权29件，实用新型专利153件，外观专利37件），软件著作权登记125件，科创产业总体发展态势良好。培育菲欧坦（重庆）科技公司、重庆京玲科技公司、重庆赶车科技公司、重庆尚仓供应链公司等4家企业入选重庆市“专精特新”企业。

（三）着力推动开放平台优势再造

高起点规划寸滩重庆自贸中心。启动城市设计方案全球征集，吸引来自全球22家知名机构投标，完成征集方案评审。整合德勤、正大、华为、林同棪等机构力量，同步推进产业规划、商业策划、智慧城市建设、交通规划等研究，形成初步成果。围绕“两高两特三新”（高能级总部经济、高端商务服务、特色功能金融、特色科创科教、数字新经济、文化新创意、时尚新消费）产业定位，引入德勤、新加坡托克、中国长安、国药、传音、网易、华为等知名企业43家。引入俄罗斯中俄商会、老挝工商会等9家商协会。大力发展首店经济，引入阿斯利康智慧药房、京东国际、日本日世冰淇淋等西南首店、重庆首店；引入日本锦川怀石料理、法国庞狄莎餐厅、海煦艺术餐厅等国际化餐饮。

高水平搭建经贸合作平台。推动外贸业态与跨境电商融合发展，利用跨境电商示范园区、重庆造出口基地、跨境贸易平台软件园授牌契机，建成投用成渝RCEP跨境贸易中心，全面建成国货精品贸易中心场馆，打造数智贸易服务平台，做大爱购保税等供应链服务平台，商品SKU突破1000种，构建“商、文、旅、教、展”“五位一体”的新发展格局，正在积极筹办渝俄经贸洽谈暨产品展销会，助力川渝造、重庆产商品融入内外贸一体化，带动实现跨境电商交易额69.5亿元，占全市总额的78%。

（四）着力推动开放环境不断优化

推动创设自贸区企业服务中心。中国（重庆）自由贸易试验区（两路果园港综保区）企业服务中心建成投用，首创“1+2+5+N”服务体系，引入重庆海关、市贸促会、自贸区法院、市金融局、两江政务中心、江北医保局、社保局等10家政务服务单位，打造集成创新服务体系、服务增值新模式、政企联手平台和特色先行项目，为企业提供“一站式”优质高效服务，已累计完成窗口咨询业务400余件、帮办代办业务100余件、走访企业80余家、收集企业诉求100余项，着力提升区内企业的获得感、幸福感、安全感。成功入选中国（重庆）自贸试验区制度创新案例、重庆市巾帼文明岗。

推动基础设施配套不断完善。聚焦产业载体配套，开展仁宝智能制造基地项目一标段主体结构施工工作，主体结构封顶在即；空港A18仓库冷链改造项目基本完工；绿创园一期基础设施产值完成60%，片区基础设施路基、桥梁下部结构已基本完成，同步实施道路水稳层、桥梁上部结构、管网等配套工程。聚焦市政载体配套，扎实推进P分区市政道路一期工程、空港综合配套区北区一期二标、空港综合配套区北区三期、Q分区次支路、丝路花街、跳蹬河滨区交通工程，全年实现新增道路29公里，桥梁18座，区内区外交通“大循环”和区内交通“微循环”进一步打通。聚焦城市形象提升，完成人行道旁空地绿化改造2.5万平方米；完成车行道沿线绿化环境提升2.4公里、3.3万平方米；完成车行道、人行道美化7368平方米，树圈美化3500余个。

（五）着力推动市场化改革见势成效

深入推进区域转型谋划。设立产业发展引导基金，招商模式由传统奖补向股权投资转变，算好区域税收、集团收益、产值贡献“三本账”，形成市场化商业收益闭环，推动集团公司从单一的功能型平台公司向投资运营功能型平台公司转型。参与长安、仁宝、复星等重大项目投资，组建4家股权投资项目公司，严格执行制造业“亩均论英雄”考核标准，全年已储备50余个优质产业项目，基金撬动作用初见成果。

深入推进国企改革。制定集团价值创造行动、提效增能行动方案。优化国有资本布局，制定“三资”盘活专项方案，推动经营性房地产资产盘活超过10亿元，组建重庆果园港保税绿创投资基金。推动子公司“一企一策”改革，推动宝地公司、港腾公司探索大宗进口商品全链条业务合作模式和业务试单；港佳公司拓展市场化项目4个，市场化业务收入从不到10%提升至30.1%。

二、发展中存在的问题

综保区转型发展仍存在一些问题。一是稳外贸外资的难度较大，加工贸易面临全球产业链供应链调整重塑，订单流失严重；二是产业结构优化调整压力较大，智能网联新能源汽车、生物医药产业处于培育发展期，带动力还不够强；三是支撑发展的财政资金缺口较大，短期内难以实现收支平衡；四是基本公共服务配套仍有短板，城市治理领域还有不少薄弱环节；五是房地产领域隐患点多面广，防范化解风险任务繁重。

三、2024年发展思路

2024年是综保区进入转型升级“二次创业”新征程承上启下的一年，是抓项目、建平台、优产业、求突破的关键之年。工作总体思路是：全面贯彻习近平新时代中国特色社会主义思想，深入贯彻落实党的二十大精神和市委六届历次全会精神，坚定拥护“两个确立”、增强“四个意识”、坚定“四个自信”、做到“两个维护”，认真落实市委、市政府工作部署和两江新区工作要求，坚持稳中求进、以进促稳、先立后破工作总基调，坚持从全局谋划一域、以一域服务全局，坚持“项目为要、效率优先、干字当头、结果导向”要求，瞄准未来五年规划发展目标，围绕三大产业主攻方向，集中精力抓落地，集中力量办大事，扎实推动综保区高质量发展、高水平开放和集团公司提效增能，更好统筹发展和安全，奋力在项目攻坚、产业发展、营商环境、改革深化、党建统领上实现新突破、展现新作为。

（执笔人：沈昱廷）

第五编　区县经济

万州区

万州区人民政府办公室

一、2023年发展回顾

2023年，万州区坚持以习近平新时代中国特色社会主义思想为指导，全面贯彻落实习近平总书记对重庆提出的系列重要指示批示精神，践行“总书记有号令、党中央有部署，重庆见行动，万州必落实”，新时代新征程新万州建设实现良好开局、迈出坚实步伐。全年实现地区生产总值1179.4亿元、增长6.9%，总量和增速均位列全市第8、渝东北第1；完成固定资产投资256.9亿元、增长11.6%；完成一般公共预算收入78.3亿元、增长9.5%。

（一）重大部署扎实推进

奋力投身成渝地区双城经济圈建设。川渝万达开地区统筹发展、万开云同城化发展全面提速，21项重大任务、35个重大项目、33项重大政策、49项重大改革、40个重大平台深入推进，川渝东出智慧物流港等十大标志性合作事项基本完成，万达开联合组建首个川渝省市级综合类技术创新中心，万达开公平竞争审查第三方评估交叉互评机制获国家部委推广，办理“川渝通办”事项及万达开特色通办事项8035件；两江新区对口协同发展走深走实，现代产业投资基金实现首批项目投资。加快融入西部陆海新通道建设。江铁海联运班轮入选联结长江经济带与西部陆海新通道全国典型范例，万州经西部陆海新通道货运量、货运值均增长5倍以上。新田港成为三峡库区首个铁公水多式联运枢纽港，开通至果园港和钦州港江铁海联运班轮、宁波舟山港江海联运班轮、达州双向铁水联运班列。开行济宁至万州江河联运航线，实现长江黄金水道与京杭大运河深度衔接。扎实推进数字重庆建设。建立“1+7+N”专班运行机制和“两张清单”，整体提升“三个核心绩效”。区级数字化城市运行和治理中心建成投用，“141”基层智治体系实现全覆盖。滚动谋划“一件事”特色场景132个，“集体土地征收一件事”被纳入全市首批区县应用“一本账”，“五长制”数字化平台入选“数博会”创新成果与实践案例。

（二）产业能级不断增强

工业强区劲足势好。聚焦构建“5+10+X”现代化工业体系，工业增加值占GDP的比重提升至16.9%，完成规上工业产值632.4亿元，规上工业产值和增加值均增长23.6%、增速连续12个月列全市第1位；完成工业投资75亿元、增长15.6%，湘渝盐化绿色固碳升级等51个重点项目开工建设，鑫宝佳集成电路板等32个重点项目竣工投产。新培育规上工业企业20家，3家工业企业跻身全市制造业百强企业，九龙万博、金龙铜管产值在100亿元以上，结束无“百亿级”工业企业历史。现代服务业恢复提振。聚焦构建“4+4+2”现代化服务业体系，全力打造现代服务业集聚区和区域消费中心城市，新增限上商贸单位80家，全年实现社会消费品零售总额

470.6亿元、增长7.4%，天生城文旅街区成功创建市级旅游休闲街区、夜间经济示范街区，凤凰花果山获评国家4A级景区。金融、物流、数字经济提速发展，金融机构本外币存贷款余额增长7.8%，举办“政银企融资对接会”获得现场授信87.8亿元，新培育3A级以上物流企业3家，实施软件和信息服务业“满天星”行动计划，万州云智算中心开工建设。农业发展量增质优。聚焦构建“7+5”现代化农业体系，加快乡村产业全链条升级，完成第一产业增加值119.8亿元，总量保持全市第2。完成“非粮化”核查整治6.3万亩，恢复耕地3.2万亩，新建及改造提升高标准农田9.8万亩。新培育国家级生态农场2家、国家级龙头企业1家、市级龙头企业8家，“万县胭脂鱼”入选全国名特优新农产品名录。

（三）发展动能持续释放

重点改革纵深推进。开展国有资产清理，盘活土地、房屋等闲置资产225.4万平方米，国企营业收入位列全市区县第1。深化园区开发区管理制度改革，探索高铁片区“工作专班+运营公司”运行模式。推进制造业“亩均论英雄”改革，规上制造业企业亩均产值达到600万元、亩均税收达到13.5万元。建立全国首个船舶运输业转型金融改革地方标准，在全市率先发放转型金融贷款、累计额度11.6亿元，绿色信贷余额增至128.7亿元。农村金融改革经验获国家部委推广，集体经济年经营性收入10万元以上的村达到100%。出台优化营商环境3.0版举措，利旧改建新的区政务服务中心，实现了“进一扇门、办所有事”。开放水平持续提升。实现进出口总额73.1亿元，实际使用外资1124万美元。万州机场T2航站楼竣工投用，万州港首次实现出口货物“抵港直装”。万州综合保税区累计签约项目19个、协议投资20亿元。成功举办第十四届“支洽会”等招商活动，签约焦电铬一体化、美国绿色包装材料等重点项目157个，正式合同额386.9亿元、到位资金80.5亿元。创新能力持续增强。全社会研发投入强度提高0.2个百分点。新增国家高新技术企业23家、国家科技型中小企业65家、市级科技型企业391家。环重庆三峡学院创新生态圈“三峡科创智谷”建成运营。成功举办首届三峡人才节，引进高层次人才399人。

（四）城乡品质协同提升

城市品质持续提升。完成全区国土空间总体规划、总体城市设计，城镇化率达到70.4%。北滨公园等30个项目加快推进，高峰大道延伸段等13个城市道路项目开工建设，实施84个老旧小区改造惠及3.5万余户、12万余人。全国文明城区创建扎实推进，国家卫生区创建通过市级技术评估，升级改造城区菜市场8个，新增城市绿地91.9万平方米，绿化美化坡坎崖4.9万平方米。乡村建设全面提速。完成2个镇乡国土空间总体规划、30余个实用性村规划编制工作。“深化乡村地名服务、点亮美好家园”试点工作位列全市第1。升级改造普通干线公路12公里，硬化农村公路252公里，建成农村公路生命安全防护工程350公里。实施农村供水保障项目50个。改造农村危房289户、卫生厕所4500户。甘宁镇楠桥村获评全国第三批乡村治理示范村，柱山乡获评首届全国古村古镇保护利用“十佳案例”。脱贫成果巩固拓展。深入开展“大走访大排查大整改”行动，“两不愁三保障”和饮水安全持续巩固，巩固拓展脱贫攻坚成果考核获全市“两好一A”。实施防止返贫就业攻坚行动，完成消费帮扶6.6亿元。对口支援和三峡后续到位资金11.7亿元，东西部协作到位资金4644万元。

（五）绿色发展成效显著

生态环境质量更优。长江干流万州段水质总体保持Ⅱ类，21 条次级河流水质稳定向好。完成“两岸青山 · 千里林带”营造林 4.4 万亩，全区森林覆盖率 56.8%，城区空气质量优良天数 336 天。生态保护修复有力。实施山水林田湖草沙一体化保护修复项目 22 个。江南、何家岩污水处理厂开工建设，实施 11 座镇乡污水处理厂技改，建成农村生活污水处理站 2 座。完成渝东北岭谷区生态保护修复 4.5 万亩、矿山生态修复 187.2 亩。低碳转型加速推进。入选市首批气候投融资试点，47 个绿色低碳项目进入市级气候投融资对接平台。实施智能化节能改造项目 45 个，新培育市级绿色工厂 3 家。新增绿色建筑 112 万平方米，创建“无废城市细胞”10 个。

（六）民生事业提质增效

教育医疗提质惠民。新建和改扩建公办幼儿园 4 所，新增学前教育学位 1000 个；新建和改扩建中小学 8 所，新增义务教育学位 3480 个。教育综合改革 3 个项目获国家试点，重庆三峡学院顺利通过教育部本科教育教学审核评估，重庆三峡医专、重庆幼儿师专等在万高校扩容提档有序推进。区疾控中心成功创建全市首批三甲疾控机构，区妇幼保健院成功创建市级“五心”妇幼保健院，“先诊疗后付费”信用就医服务入选重庆政务信用应用优秀案例“十佳场景”。文体事业蓬勃发展。成功举办商业演唱会、2023 世界大河歌会、环湖马拉松、全国 U21 青年篮球锦标赛男子组决赛等文体旅活动。现代川剧《峡江月》荣获“田汉戏剧奖”一等奖，《万州年鉴》入选中国年鉴精品工程、全国特等年鉴，中央主流媒体报道万州 1100 余篇（条）。社会保障更加充分。20 件市区两级重点民生实事和 14 个主题教育民生事项全面兑现。城镇新增就业 2.8 万人，城镇调查失业率 5.4%，离校未就业高校毕业生就业率在 90% 以上、就业人数位列全市第 1。新增养老服务机构 3 家，新增托位 2100 个，实施法律援助 1135 件。

（七）社会大局和谐稳定

经济金融风险防范有力。不良贷款率低于全国、全市平均水平，《万达开非法集资举报奖励暂行办法》成为全国首个跨区域非法集资举报奖励制度，实现“政府综合债务率只降不增”目标。安全生产形势平稳有序。深入开展重大事故隐患专项排查整治行动，在全市率先完成经营性自建房安全隐患整改销号。防灾减灾能力持续提升，完工 125 处地灾隐患降险处置，科学应对“7 · 4”“7 · 14”等历史罕见强降雨，高质高效完成灾后重建。基层社会治理扎实有效。开展除险清患攻坚季专项行动并常态长效运行，建立“十项长效机制”，迭代升级党建统领基层治理“五长制”，全面排查各类风险隐患 1.8 万余个、化解整治 1.7 万余个，切实做到“大事不出、小事少出且可控”。

二、发展中存在的问题

同时，发展中仍然还存在一些突出问题和短板。一是产业核心竞争力仍然不强，科技创新能力尚有差距，营商环境需持续优化，改革攻坚任务繁重，高质量发展基础还需夯实。二是城市治理水平仍需进一步提升，乡村全面振兴任重道远，基础设施还有不少短板，绿色低碳转型任务较重，民生领域仍有薄弱环节。三是防范化解风险仍需加力，安全基层基础还不牢固。

三、2024 年发展思路

2024 年，万州全面贯彻党的二十大、二十届二中全会和中央经济工作会议精神，认真落实市委六届二次、三次、四次全会和市委经济工作会议部署，坚持稳中求进工作总基调，完整、准确、全面贯彻新发展理念，积极服务融入新发展格局，着力推动高质量发展，牢牢把握稳进增效、除险固安、改革突破、惠民强企工作导向，全面深化改革开放，统筹扩大内需和深化供给侧结构性改革，统筹新型城镇化和乡村全面振兴，统筹高质量发展和高水平安全，全面落实国家重大战略，以科技创新引领现代化产业体系建设，切实增强经济活力、防范化解风险、改善社会预期，巩固和增强经济回升向好态势，持续推动经济实现质的有效提升和量的合理增长，增进民生福祉，保持社会稳定，加快建设现代化新万州，以一域之光为全市大局添彩。

（一）全面落实重大部署，厚植发展优势

全力投身成渝地区双城经济圈建设，牵头带动万达开一体化、万开云同城化发展，聚焦交通物流互联、产业合作示范、科技创新协同、生态环境共保、乡村全面振兴等领域谋划实施一批标志性合作事项；深化两江新区对口协同发展，强化联合招商和产业协作，促进土地、资金、人才等要素协同高效配置。积极融入西部陆海新通道建设，打造西部陆海新通道市域辅枢纽，推进“一城一港”模式，提升通道营运效益。主动服务国家战略腹地建设，积极承接东部地区、沿江地区产业转移，主动服务战略性产业基地建设；依托长江黄金水道和江海直达优势，谋划建设大宗商品等战略物资储运基地。

（二）加快构建产业体系，释放发展活力

科技创新引领产业发展，聚焦“1457”科技创新工作体系，加快建设川渝地区有重要影响力的科技创新中心，全社会研发投入强度提高0.3个百分点以上。加快构建“5+10+X”现代化工业体系，持续推进新型工业化，推动制造业高端化、智能化、绿色化发展，全力打造川渝地区重要现代制造业基地。加快构建“4+4+2”现代化服务业体系，打造川渝东北金融中心，创建生产服务型国家物流枢纽万州核心区，发展数字经济、总部经济，全力打造辐射川渝东北的现代服务业集聚区。加快构建“7+5”现代化农业体系，推动农业特色融合发展，不断夯实粮食安全根基，大力发展食品及农产品加工产业，第一产业增加值增长5.5%。

（三）深化改革扩大开放，积蓄发展动能

加快推进数字重庆建设，出台政务数字化应用管理暂行办法，健全数字化转型业务应用体系和数据资源体系。坚决打赢国资国企改革攻坚战、园区开发区改革攻坚战、国有资产盘活改革攻坚战。推动民营经济高质量发展，坚持“两个毫不动摇”，在市场准入、要素获取等方面推出一批举措办法，民营经济增加值增长8%、占地区生产总值的比重达到59%。持续优化营商环境，出台优化营商环境4.0版举措，力争经营主体突破15万户。切实提高对外开放水平，大力发展口岸经济、临港经济，实现进出口额80亿元，实际使用外资1500万美元，加快综合保税区招商和建设，竣工新田港二期，开工新田港水运口岸配套工程，推进万州机场T1航站楼改造。

（四）持续提高生活品质，增添发展成色

纵深推进城乡协同联动，大力推动以人为核心的新型城镇化，加快城市更新提升，推进乡村全面振兴，全面提升区域中心城市能级。坚持生态优先绿色发展，服务和融入长江经济带高质量发展，全面推进美丽重庆建设，加快建设生态优先绿色发展示范区。扎实办好惠民利民实事，推动教育优质均衡发展、健康服务公平可及、文化事业繁荣发展、区域消费扩容提质、就业社保健全有力，不断满足人民日益增长的美好生活需要。更好统筹发展和安全，深入践行安全发展理念，推进“八张问题清单”动态管理，防范化解重大风险，完善公共安全体系，以高水平安全护航高质量发展、保障高品质生活。

（拟稿人：王雅雪）

黔江区

黔江区人民政府办公室

一、2023年工作回顾

2023年，全区地区生产总值300.2亿元、增长6.2%，规上工业增加值增长10.1%，固定资产投资增长11.2%，社会消费品零售总额增长7.5%，一般公共预算收入增长33%，全体居民人均可支配收入增长5.1%。

（一）扎实推进重大战略落地，开放能级提升、协作务实有效

融"双圈"，整体成势。积极融入成渝地区双城经济圈建设，25件重大事项、41项重点任务有力推进，承接落实"川渝通办"等跨省通办事项4400余件。正阳工业园区入选川渝铝产业链协同发展和示范园区认定名单，成立成都市黔江商会，搭建与成渝大市场商贸合作的桥梁。深化"圈内"交流合作，与南充市4所学校结对联盟、与内江市建立丝绸产业协同机制、与九寨沟景区达成战略合作意向，实现合作共赢、互惠互利。引导科瑞南海制药等10余家企业，与重庆高新区企业达成合作意向，落地共建项目10余个。建"通道"，重点突破。发挥渝东南唯一的海关优势，衡生胶囊通过中国海关AEO高级认证，外贸实绩企业增长40%，利用外资增长25%。武陵山机场率先成为全市拥有双航站楼的支线机场，旅客吞吐量增长63.9%。渝湘高铁重庆至黔江段形象进度超70%，高铁黔江站站房主体工程完工。黔万高铁、黔务高速公路前期工作取得实质性进展，西部陆海新通道重要节点城市加速建设。

（二）扎实推进产业扩能提质，体系更加完善、基础更加坚实

工业经济聚链突破。新材料产业集聚企业22家，产值达到55.3亿元，增长46.8%。卷烟及配套产业产值达到73亿元，全口径税收收入53.7亿元。食品及农产品加工业产值达到12亿元，新增规上企业2家。新培育耀润电子等市级"专精特新"企业7家，10家企业实现"上云用数赋智"，数字经济核心产业增加值增长5%。工业技改投资增长49%，增速居全市第六。农业质效稳步提升。加速构建山地高效特色农业产业体系，打造茧丝绸、肉制品、烤烟等农业全产业链，农业总产值达到60.8亿元，增长4.8%。蚕茧产量连续13年居全市第一，带动2万余名群众增收，蚕桑产业入选"2023年鲁渝农业协作十大典型案例"。出栏生猪79万头，"黔江黑猪"纳入"全国名特优新农产品"名录。牛奶产量居全市第一，出栏肉牛3.1万头，肉牛全产业链入选全市农业产业发展"十佳典型案例"。种植"羊肚菌"7000亩，产量创历史新高，亩产值突破3万元，荣获第22届中国绿色食品博览会金奖，首次出口北美市场。现代服务业加快发展。举办展销促销活动20余场次，培育引进餐饮、娱乐品牌10个，获批市级消费中心城市培育建设试点区县，设立渝东南首个国家知识产权

局商标业务受理窗口。深化“三品”建设，新认证“重庆老字号”1家、重庆市名牌农产品3个。全链条打造鸡杂产业，制定行业标准，新拓展直营店、连锁店56家，黔江鸡杂成为全市4个地标性美食之一。推动旅游产业场景化、IP化发展，新培育水车坪露营基地、万天宫剧本游等新业态，濯水古镇成功创建中国华侨国际文化交流基地，全区A级旅游景区购票人次增长38.5%。金融服务加力提效，在全市率先推出质量增信产品“黔质贷”，“绿色金融”贷款增长47.2%，园区企业贷款增长14%，蓬江食品等7家企业纳入全市上市企业后备库。建设领域恢复向好。培育引进建筑企业8家，建筑业产值增长20%，增速居全市第四。用好用足国市一揽子政策，开展“新城会 · 汇新城”城市宣传活动，房地产投资增长17.7%，增速居全市第一；成交商品房38.9万平方米，房地产市场量价齐升，库存去化周期降至3个月。

（三）扎实推进改革创新赋能，动力深度蓄积、活力持续迸发

重点改革蹄疾步稳。数字重庆建设推动有力，64个单位核心业务全面理清，区乡两级数字化城市运行和治理中心建成投用。推进国有企业改革，69户国有企业实现集中统一监管，整合注销区属国有企业23户，分流总部人员140余人到生产经营一线，盘活国有资产40.7亿元。聚焦高新区人事薪酬、财政体制、行政审批、公司运营等重点事项，构建“1+N”改革架构。建立制造业“亩均论英雄”评价体系，单位产出强度、要素配置效率明显提高。深化财政预算一体化改革，加强绩效运行监测，盘活存量资金和低效无效资金2.6亿元。“五社联动新格局打通社会治理‘最后一公里’”改革获评2023年中国地方全面深化改革典型案例。营商环境持续优化。加快诚信体系建设，完善协同发力、齐抓共管工作机制，持续打造市场化、法治化营商环境。创设“政务服务体验员”制度，上线运行“一件事一次办”服务事项105个。建立不动产权办理提前介入服务制度，在渝东南率先实现“交房即交证”。新登记市场主体9905户，增长19.3%。新培育“四上企业”45家。高标准开展第五次全国经济普查，单位清查工作取得阶段性成效。科技创新活力迸发。新培育科技型企业184家、高新技术企业27家，数量均保持渝东南领先。新增市级企业技术中心、市级孵化平台3家，企业研发投入增长20.9%。武陵山生物医药联合研究院落地运营，助力中心医院、科瑞南海制药加快技术转化。选派科技特派员62人，引进推广实用技术51项。面向全国引进教育、卫生等领域专业人才933名，聘用退休“双高”人才90名，建成渝东南规模最大的人才公寓。

（四）扎实推进城乡融合发展，城市更新提质、乡村振兴加快

城市品质全面提升。完成《重庆市黔江区国土空间总体规划（2021—2035年）》编制工作，《近期规划》成果作为示范案例在全市推广。武陵水岸沿线园林绿化项目全面完工，桐坪路东段、规划四路西段等市政道路建成投用，石城社区城市更新、机场路雨污分流管网等项目加快建设。改造杏林苑等老旧小区38个，治理违法建筑2.6万平方米，完成经营性自建房D级危房整治。新增城市绿地8.4万平方米、停车位6700余个，建成“口袋公园”4个、市级“园林市街”2条。正阳恐龙化石资源保护发掘获自然资源部批准。乡村振兴取得实效。整合财政涉农资金5亿元，到位中信集团、山东日照和市科技局帮扶集团资金9200余万元，实施项目236个。“四改三”项目超计划推进，获评“四好农村公路”市级示

范区。水系连通及水美乡村建设项目通过水利部终期评估，太极河流综合治理工程完工，罗家堡水库、瓦窑堡水库建成投用，茶园水库导流洞实现贯通。建成水利抗旱救灾和供水保障项目30个，惠及群众19万余人。新建高标准农田5万亩、改造提升1.4万亩，完成耕地恢复补足8900亩，生产粮食23.4万吨、蔬菜28.5万吨，牢牢守住了耕地保护红线和粮食安全底线。引导脱贫人口外出务工2.4万人，公益性岗位安置脱贫人口2500余人，“两不愁三保障”及饮水安全问题实现动态清零，脱贫人口人均纯收入达到2万元，在14个重点区（县）中排第三。村集体经济组织经营性收入全部达到5万元以上，50万元以上的达到33个。常态化开展人居环境整治，完成户厕改造3169户。创新村级事务管理方式，“积分制”“清单制”管理实现全覆盖。

（五）扎实推进公共服务升级，集散功能增强、幸福可感可及

教育教学质量稳步提高。办学条件持续改善，人民小学教学楼、舟白中学运动场等一批项目完工投用。市级骨干教师、名师数量保持渝东南领先，普通高考本科批次上线人数等关键指标保持渝东南第一。区职教中心对口高考本科上线人数连续7年居全市同类学校第一，高职院校在校学生突破1.8万人。区外来黔就读学生占比提升至25.8%。医疗服务能力持续增强。疫情防控平稳转段，应急医院完工投用。中心医院与重庆大学医学院、四川大学华西医院结对联盟，新增市级重点专科学科4个，引进和培养医学博士、硕士30余名。民族医院康养科技大楼封顶，与中国研究型医院学会签订合作协议。20余项先进诊疗技术在渝东南首次开展。区外来黔就医人数占比提升至35%。文化体育事业齐头并进。成功举办2023年武陵文旅大会、2023年中国山马越野系列赛—黔江站活动，推出大型原创民族歌舞诗剧《峡谷柔情》,《黔摆狂欢》荣获2023年重庆市街舞大赛金奖。建成渝东南首个非遗馆，区图书馆获评“国家一级图书馆”。举办全民健身赛事活动2250余场次，重庆经贸职业学院选送的运动员获第31届世界大学生夏季运动会重庆首金，新华小学跳绳队获世界跳绳锦标赛银牌，组团参加国内外各类竞技比赛、获金牌数居渝东南第一。就业形势总体保持稳定。创新推动职业、就业、创业、产业“四业融合”，发放创业担保贷款1.5亿元，减免企业失业保险2400万元，城镇新增就业1.7万人。转移农民工就业15万人次，建成残疾人创业就业孵化园。强化校企合作，优化院校专业设置，中高职毕业生初次就业率分别达到98%、90%。社会保障体系不断健全。全面下放社会救助审核确认权限，推动低保扩围增效，为困难群众发放救助资金1.6亿元，基本养老保险参保率、基本医疗保险参保率分别稳定在97%、95%以上。强化“一老一小”服务保障，新增老年食堂15个、养老床位394张，建成托育机构24家、托位1810个，每千人口拥有3岁以下婴幼儿托位数高于全市平均水平。新增公办幼儿园2所、学位450个，公办园在园幼儿占比达到55.2%。

（六）扎实推进绿色低碳发展，生态优势彰显、转型升级提速

环境保护成效明显。推进“无废城市”建设，实施城镇生活污水、入河排污口专项治理，强化大气污染防治，城区空气质量优良天数达355天，保持全市同组第一。阿蓬江两河断面水质稳定保持Ⅱ类及以上，辖区地表水水质、城乡集中式饮用水水源地水质达标率100%。生态修复加力提效。深化“河（湖）长制”“林长制”，严格落实长江流域重点水域“十年禁渔”规定，三级河长、林长累计巡河护林3万余次，排查整

改问题1000余个。治理河道36.9公里，修复矿山20.1公顷，完成营造林27.5万亩，综合治理水土流失50平方公里，森林覆盖率保持在65%以上。小南海获评重庆市美丽河湖，阿蓬江入选国家重要湿地名录。绿色产业提速发展。麒麟风电场并网发电，金洞风电场等项目加速推进，全区清洁能源总装机容量达到24.5万千瓦，年发电4.3亿度。落实国家“碳达峰、碳中和”部署要求，碳减排支持工具发放低息贷款6.5亿元。渝东南首座“光储充放检”一体新能源汽车快速充电站加快建设。获批重庆市首批气候投融资试点区县。

（七）扎实推进防风险保安全，平安底色更亮、稳定成色更足

基层治理效能提升。推进构建“四全三共”现代化大治理格局，治安警情、刑事警情分别下降13.6%、13.2%，中央信访联席办交办的78件信访积案全部化解，获评首批全国市域社会治理现代化试点合格城市。经济风险防范有力。严格管控政府性债务，着力保信用、控增量、化存量，实现债务总量、成本、风险“三下降”。健全金融纠纷多元化解机制，有效化解15家民营企业信用风险，依法打击非法金融活动，守住了不发生区域性金融风险的底线。安全形势稳定可控。市专业应急救援总队渝东南支队驻防黔江，航空救援基地加快建设，区域应急救援能力持续提升。严格落实安全生产“十五条硬措施”，一般性事故下降50%，火灾事故下降33%，未发生较大及以上安全事故。成功应对强降雨天气21次，处置各类灾害险情130余起，紧急避险撤离群众900余人次，未发生因灾死亡（失踪）事件。

二、发展中存在的问题

主导产业基础薄弱，服务业增长支撑乏力。历史遗留问题仍然较多，部分领域存在风险隐患。国资国企等改革任重道远。少数干部作风效率、担当意识、创新思维、专业水平与改革发展目标要求相比还有不小差距，政府系统党风廉政建设和反腐败斗争还需持续用力。

三、2024年发展思路

全区经济社会发展主要预期目标是：地区生产总值增长7%以上，规上工业增加值增长9%以上，固定资产投资增长8%以上，社会消费品零售总额增长8%以上，一般公共预算收入增长10%以上，城乡居民人均可支配收入分别增长7%和8%以上，城镇新增就业1.5万人以上。

奋力推动中心城市建设取得突破。围绕城市人口30万以上目标，抢抓成渝地区双城经济圈、西部陆海新通道建设等战略机遇，构建多向畅达交通网络，打造渝东南公共服务高地、消费中心、旅游集散中心，持续增强集聚辐射能力，加快建设“宜业宜居宜游”城市。一是打造交通枢纽。二是打造教育高地。三是打造医疗样板。四是打造消费中心。五是打造城市名片。

奋力推动重点领域改革取得突破。严格落实国、市系列部署，高效推进“三攻坚一盘活”改革。聚焦项目建设、招商引资、财政管理等关键领域，优化流程机制，规范运行管理，实现提质增效。一是推动重大改革落地。二是推动项目管理改革。三是深化招商体制改革。四是深化财政管理改革。

奋力推动主导产业发展取得突破。开展主导产业、龙头企业画像分析，完善产业链培育机制，发挥链长统筹、链主企业引领、专班服务作用，加强要素保障和平台支撑，推动一二三产业融合、供产销衔接，实现产业集链成群。一是打造制造业高地。二是加快服务业跃升。三是提高

农业竞争力。

奋力推动发展活力潜能整体提升。抢抓国家重大战略机遇，争取帮扶协同支持，更加注重科技引领和人才支撑作用，以数字重庆建设为抓手，推动行政效能整体提升，持续优化市场化、法治化营商环境。一是深化开放合作协同。二是强化科技人才支撑。三是加快数字重庆建设。四是持续优化营商环境。

奋力推动城市功能品质整体提升。围绕中心城区 30 平方公里以上建设目标，以“三大工程”为抓手，加快新城功能完善、老城更新提质，提升城市规划、建设、管理一体化水平。一是坚持规划统筹引领。二是提质推进城市建设。三是提升城市治理能力。

奋力推动乡村振兴成效整体提升。巩固拓展脱贫攻坚成果，深入学习运用“千村示范、万村整治”工程经验，加快巴渝和美乡村建设，持续提升乡村公共服务水平，积极拓宽增收致富渠道，不断增强乡村发展活力。一是巩固脱贫攻坚成果。二是分类推进镇村建设。三是增强乡村发展活力。

奋力推动社会民生保障持续强化。坚持人民至上，积极落实各项就业和社保政策，全力解决群众“急难愁盼”问题，坚决兜牢民生底线，更好满足人民日益增长的美好生活需要。一是实施就业优先战略。二是落实社会保障政策。三是强化老幼群体保障。

奋力推动生态环境保护持续强化。守住生态环保底线，决不以牺牲生态环境为代价换取一时的经济增长。坚决打好污染防治攻坚战，推动绿色低碳循环发展，打造美丽重庆黔江样板。一是强化生态保护修复。二是加快绿色低碳发展。三是推进生态文明建设。

奋力推动社会治理能力持续强化。锚定四捧“长安杯”目标，着力以高水平安全保障高质量发展，加强重点领域风险防范化解，全力推进平安黔江建设，持续提升人民群众的安全感。一是牢固树立安全发展理念。二是防范化解重点领域风险。三是加快完善社会治理体系。

（执笔人：廖帆）

涪陵区

涪陵区人民政府办公室

一、2023年发展回顾

2023年，涪陵区坚持以习近平新时代中国特色社会主义思想为指导，深入学习贯彻党的二十大精神，扎实开展主题教育，突出稳进增效、除险清患、改革求变、惠民有感的工作导向，落实党建统领“885”机制，强化争先创优、赛马比拼，全力推动各项工作变革重塑，经济快速增长、民生持续改善、社会和谐稳定，高质量发展取得明显成效。全年地区生产总值1626亿元、增长8%、增速居全市第四，规上工业增加值、固定资产投资、社会消费品零售总额分别增长11.2%、5.8%、8.6%，一般公共预算收入突破70亿元、增长16.6%、总量居全市区县第二，其中税收收入完成51亿元、增长6.3%、总量居全市区县第二，城乡居民人均可支配收入分别增长4.5%、6.5%。过去一年，主要抓了七个方面工作。

（一）推动产业提质增效，发展基础更加牢固

一是工业经济势头良好。着力构建“2349”现代制造业集群体系，实现规上工业产值2471亿元、增长6.7%，战略性新兴产业产值达到770亿元、增长8.7%。新签约项目90个，协议引资760亿元、到位资金251亿元，新引进百亿级项目3个。完成工业投资264亿元、增长16.3%，美心翼申成功上市，新铝时代上市顺利过会，新增“小巨人”企业4户、专精特新企业60户、规上企业17户。二是现代服务业提档升级。有序开展“爱尚涪陵·四季消费”等系列促销活动，批发和零售业销售额增长12%。成功举办白鹤梁旅游文化节，全区接待游客3894万人次，实现旅游收入334亿元，分别增长38%和29%。全区港口吞吐量突破3900万吨、居全市第一。存贷款规模突破2300亿元、增长14%，成功创建中央财政支持普惠金融发展示范区。三是特色农业加快发展。“1+2+X”农业特色产业体系持续构建，榨菜、中药材、生态畜牧全产业链产值分别达140亿元、115亿元、60亿元，实现食品及农产品加工业产值305亿元、增长8.3%。

（二）着力强化科技支撑，内生动力更加强劲

一是创新平台加速建设。“1238”产业科创体系加快构建。科创CBD汇聚科创企业125户，重庆智能建造产业研究院主体完工，华峰中试基地开工建设。慧谷湖科创小镇首开区科创基地一期主体完工，环湖步道全面建成，落户万凯聚酯材料研究院等研发平台16个。白涛新材料科技城成功创建国家级高性能塑料及树脂制造创新型产业集群。入选全市智能建造试点示范区县。二是创新主体活力迸发。深入实施“双倍增”行动计划，新增国家高新技术企业61户、市级科技型企业554户，规上工业企业研发费用达44.5亿元、增长10.3%。万达薄板、太极集团等15户企业荣获重庆市企业创新奖，数量居全市第一。华峰化工、鑫源汽车、理工清科等企业研发工作取得新的突破。三是创新生态持续优化。成功举

办国际智能建造产业创新大会等，首次发布“年度十大科创事件”，引育硕士及以上高学历人才479名、科技创新人才426名、创新人才团队41个，新增授权发明专利206项、质量知名品牌21个，新登记技术合同487项，成交额达35.7亿元，居主城新区第一。

（三）扎实推进重大改革，发展活力更加充盈

一是数字重庆破题起势。区级数字化城市运行和治理中心投入运行，乡镇街道基层治理指挥中心基本建成，归集1415类公共数据超7亿条。精心谋划“一件事”，4个应用入选市级试点，“危险化学品货物运输监管”上线试运行。二是重点改革蹄疾步稳。110项重大改革项目梯次滚动推进，培育改革典型案例25项。推进国企“四压”改革，压减国企19户，7户平台国企隐债清零，整合组建涪陵产业集团。制定国资盘活三年行动方案，收回资金2.2亿元。开发区管理体制改革实施方案获市级批复，完成制造业规上企业亩均效益综合评价。修订区属国有企业管理办法，监管体制进一步理顺。新增主体信用评级AA+、AA区属国企各一户。三是拔钉清障强势推进。龙海石化进入司法重整，积极引入战投加快重整、推动复产。中涪南热电混改遗留问题有效解决，成功引进战投，实现扭亏为盈。太极集团央地混改成效显著，利润增长近2倍，大易科技等历史遗留问题妥善处置。引入三峡水利、陕煤集团等战投，完成中机龙桥热电司法重整，实现扭亏为盈。国丰实业与天泰能源合作共建18万吨电解铝项目，推动抱团发展、互利共赢。南充热电完成债务重组，管理进一步加强。中科建设进入司法重整。四是营商环境持续优化。出台支持民营经济健康发展16条措施，新发展市场主体1.5万户、创近五年新高，民营经济占GDP的比重超63%。

（四）统筹城乡融合发展，共美画卷更加亮丽

一是城市品质不断提升。新区集绣大道、平绣路等11条市政道路基本完工，慧谷湖互通建成通车，重大附属涪陵医院高新院区开诊，新涪汇城市公园建成开放。老城“长涪汇”成为新晋网红打卡地，涪陵展销中心主体完工，榨菜历史记忆馆建成投用。

二是和美乡村加快建设。“三条底线”守稳守牢，新改建高标准农田5.5万亩，耕地保有量稳定在118万亩以上，新识别监测对象703户2048人、消除风险530户1351人。集体经济经营性收入5万元以上的村占比达100%。创建市级乡村治理示范镇（村）4个、绿色示范村6个、美丽庭院375个。

（五）深化扩大对外开放，合作空间更加广阔

一是协同发展纵深推进。成渝地区双城经济圈建设“十项行动”“四重清单”深入推进，纳入川渝共建重点项目8个、完成投资68亿元，311个高频事项实现跨区通办。二是开放通道持续拓展。广涪柳铁路预可研、涪武高铁工可及接轨工程设计变更编制完成，白涛园区铁路专用线、清溪码头开工建设，渝万高铁、石沱长江大桥、武两高速平桥至大顺段加快建设，龙头港铁路专用线和12、13号泊位主体完工。成功获批全市唯一的国家粮食物流核心枢纽承载城市。三是外资外贸稳中提质。进出口总额达176亿元，实际使用外资2024万美元。积极融入RCEP行动计划、西部陆海新通道建设，西部陆海新通道货运量超6000标箱、增长28%，与东盟国家进出口额42亿元、增长1.5倍。

（六）切实筑牢生态屏障，绿色底蕴更加深厚

一是污染防治成效明显。完成长江、乌江入

河排污口整治304个，国控断面水质稳定为优。中化涪陵化工南岸浦厂区土壤整治全面启动，页岩气焦岩井场获评全市精品“无废城市细胞”。二是生态修复持续巩固。坚决依法拆除洪澳非法码头，黎香溪、慧谷湖、上桥河成功入选全市首批幸福河湖建设名单，完成营造林22万亩。三是绿色转型步伐加快。获批创建国家农业绿色发展先行区，入选市级气候投融资试点。高新区获评国家级绿色园区和减污降碳协同创新试点园区，新增国家级、市级绿色工厂15个，居全市第一。

（七）不断增进民生福祉，群众生活更加美好

一是社会保障稳步提高。城镇新增就业2.5万人，基本养老保险参保率巩固在97%以上、基本医疗保险参保率稳定在95%以上。二是教育医疗提质发展。重庆工贸职业技术学院加快建设“专精特新”产业学院，长江师范学院申硕条件全面达标。成功纳入国家紧密型城市医疗集团建设试点，区疾控局挂牌成立，区疾控中心获评全市首批“三甲”疾控机构，健康中国重庆行动综合考核居全市第一。三是文体事业亮点纷呈。荔圃春风、乌江行舟记等文旅新地标建成开放。白鹤梁题刻、荔枝古道、龟陵城遗址入围中国世界遗产预备名录。成功承办全国英式七人制橄榄球系列积分赛、中国国际象棋甲级联赛常规赛，获评全国国际象棋之乡。四是社会治理有力有效。未发生较大及以上生产安全事故，未发生自然灾害亡人事故和森林火灾。成功创建全国信访工作示范区、全国市域社会治理现代化试点合格城市。五是民生实事办好办实。办理保障性住房产权证17680套138万平方米，解决了6万人多年“急难愁盼”问题。完成珍溪百汇片区首批7个村农网改造，惠及群众2.2万人。

二、发展中存在的问题

一是部分中小企业经营困难，投资增长后劲不足，经济持续增长面临较大压力。二是数字经济、新兴产业集群发展水平还不够高，科技创新能力有待加强。三是开放通道优势、平台优势、枢纽优势尚需进一步发挥。四是国有企业数量多、层级多、平台多，政府债务化解压力较大。五是生态环保、安全稳定、民生改善需要持续加力。

三、2024年发展思路

聚焦扩量提质，全力促进经济稳定增长。大力提升招商引资质效，力争实现协议资金770亿元、到位资金210亿元，其中百亿级项目2个。全力以赴推动项目建设，完成重大项目投资230亿元，工业投资增长16%。加快建设区域消费中心城市，出台促消费政策措施，持续办好白鹤梁文化旅游节。发挥企业支撑作用，新增专精特新企业30户、“小巨人”企业2户、百亿级企业2户，推动新铝时代成功上市，市场化、法治化推进龙海石化、中科建设司法重整。

聚焦聚链成群，不断增强产业发展实力。坚持工业强区不动摇，聚焦“2349”现代制造业集群体系，着力延链补链强链，力争规上工业产值突破2700亿元、增长10%。着力推进现代服务业升级，深入实施“1+5+N”系列行动，打造旅游业发展升级版，加快发展现代物流业，积极构建“铁公水”多式联运体系，大力发展金融业，力争全区存贷款余额增长10%。加快产业数字化转型，实施智能化改造项目30个，建成智能工厂、数字化车间8个。

聚焦提能增效，加快打造产业科创高地。加快构建“1238”产业科创体系，不断塑造发展

新动能新优势。建成投用重庆智能建造产业研究院、太极创新中心，新创市级以上研发平台5个。推动高新区升建国家高新区、白涛新材料科技城创建全国质量品牌提升示范区。持续推进"双倍增"行动计划，新增国家高新技术企业30户、市级科技型企业300户。

聚焦强村富民，扎实推进乡村全面振兴。夯实粮食安全根基，统筹耕地保护和生态安全。升级打造"1+2+X"特色产业体系，加快推进榨菜"一标准一中心"建设。推动农业"接二连三"，实现食品及农产品加工业产值320亿元。深入实施乡村建设行动，扎实开展农村人居环境整治，持续巩固拓展脱贫攻坚成果同乡村振兴有效衔接。

聚焦宜居宜业，着力提升城市功能品质。推进国土空间分区规划报批，完善"多规合一"规划体系，启动编制江南城区景观视廊规划。加快推进巴兴巷等老旧小区改造，力争开工建设白鹤路二期等改造工程，建成投用G351长江三桥至爻里小镇段改扩建工程。整治提升城市道路、桥梁隧道容貌，加强户外广告管理，全面推进生活垃圾分类，积极创建市级生态园林城市、国家公交都市建设示范城市。

聚焦先行先试，持续深化改革扩大开放。迭代升级数字化改革，纵深推进"一中心四板块一网格"建设。坚决打赢"三攻坚一盘活"改革攻坚战，实施亩均效益示范引领行动。全面提高对外开放水平，力争获批重庆水运口岸扩大开放龙头港区，高质量建设中国（重庆）自由贸易试验区联动创新区，打造跨境商品集散分拨中心。

聚焦绿色低碳，深入推进美丽涪陵建设。扎实推进污染防治，深化"无废城市"建设，创建区级"无废细胞"100个。深入落实河长制，严格落实林长制，深入推进农村面源污染防治，积极创建全市黑臭水体清零区县。加快推动产业结构、能源结构、交通运输结构等调整优化，新增国家级绿色供应链1条、市级绿色工厂5个。争创全国节水型城市、市级低碳发展示范城市。

聚焦繁荣发展，全面推动文化强区建设。巩固全国文明城区建设成果。加强历史文化保护传承，深入挖掘巴文化、白鹤梁题刻文化等，迭代升级"涪陵榨菜"品牌营销，积极争创国家级、市级文化和体育产业示范基地，力争文化产业增加值增长9%。

聚焦共同富裕，稳步提高人民生活品质。落实就业优先战略，完善社会保障体系，不断提升教育质量。实施健康中国涪陵行动。打好房地产、金融、地方债务等领域风险防范化解攻坚战，坚决守住不发生系统性风险底线。启动创建国家安全发展示范城市，打好信访突出问题化解三年攻坚战，健全立体化社会治安防控体系。

（执笔人：刘小静）

渝中区

渝中区人民政府办公室

一、2023年发展回顾

2023年是全面贯彻党的二十大精神的开局之年，是新时代新征程新重庆建设的起步之年，是三年新冠疫情防控转段后经济恢复发展的一年。渝中区突出稳进增效、除险清患、改革求变、惠民有感的工作导向，经济全面恢复提振、城市品质提升、民生保障有力、安全基础巩固，现代化新重庆渝中发展实现良好开局。

（一）综合实力显著提升

2023年，全区地区生产总值突破1600亿元、增长5.2%，地均GDP超70亿元/公里^2。社会消费品零售总额1413.7亿元、增长8%、稳居全市第一。固定资产投资210.4亿元、投资强度达9亿元/公里^2。税收收入占比78.6%、排名全市第三。经济密度、投资强度、消费热度均居全国中心城区前列。引进总部企业45家，视联动力等56个亿元招商项目落地，市外到位资金达155亿元。外贸进出口额70亿元。市场主体总量突破12万户，形成5家百亿级、50家十亿级、300家亿元级龙头企业发展矩阵。新增税收亿元楼宇2栋，楼宇入驻率达85%，重点楼宇税收贡献度达55%，连续两年获“中国楼宇经济总部经济标杆城区”。

（二）产业升级振新

迭代构建“11241”现代化产业体系，现代服务业增加值达1090亿元、位列全市第一。抢抓央地合作、坚持市区协同、强化政银联动，深化西部金融中心主承载区建设。成功争取太平洋保险集团200亿元险资落地，西部投融资中心顺利挂牌。重庆银行自贸区分行、金通融资担保等4家总部型金融机构入驻渝中，成渝银行保险业“五协会一中心”重回渝中，金融集聚能级不断增强。渝欧跨境数字贸易产业园、数字商务产业园等一批园区提质发展。强力推进重庆软件天地建设，“满天星”年度考核居全市第二、应用场景开放居全市第三，引育人才1.15万人、归集载体19.6万平方米、招引重点企业37家，7家企业纳入市级软信“北斗星”“启明星”培育库，软件业务收入突破350亿元。重庆中央法务区落地“三中心一平台”，西部区域性高端专业服务中心加快建设。市体彩中心永久落户，年销售额超100亿元。获批全国文旅市场信用经济发展试点区，文旅产业增加值实现140亿元。重庆数字经济产业园聚链成群，首批国家区块链创新应用综合试点考核位居全国前列，航天宏图等18家链主企业落地，园区产值224亿元，获评中国产业区块链城市核心聚集区。化龙桥国际商务区开放升级，获批中国（重庆）自贸联动创新区。上清寺—大溪沟—两路口创意文体产业园提质增效，华安大厦等3栋老旧楼宇改造升级。大田湾体育产业园等4个特色园区建成投用。环重医大健康产业园引进生命健康、科技研发类企业55家，落地普瑞眼科全国供应链中心，实现成果转化项目5个。陆海国际中心等45万平方米高端载体提速建设。

（三）改革开放创新

全面落实“1361”体系架构，算力存储“一朵云”、通信传输“一张网”、部门核心业务梳理全覆盖，物联感知系统基本成型，区级公共数据仓归集数据量超4000万条，创新推出“两江四岸”开放空间安全联防联控等“一件事”。区块链基础设施升级为全市唯一的区块链底座平台“山城链”。区级数字化城市运行和治理中心、11个街道基层智治中心实体运行。争取国家级改革试点8项，52项改革获得全国肯定性评价，101项改革在全市推广。自贸试验区渝中板块扩展2.6平方公里联动区，在全市最佳实践案例中，渝中占6席、居全市第一。“汇保通”汇率避险、“1+2+N”涉外法律服务新模式获评商务部最佳实践案例。重庆中新金融 & 科技产业园等30个重点项目落地，累计开展133个中新合作金融服务项目，投资额超187亿美元、占全市的50%以上。承办2023年中国—拉美和加勒比国家数字技术合作论坛，成果在第三届“一带一路”国际合作高峰论坛上展示。新增7个市级以上企业技术中心，重庆医科大学8.6万平方米科创中心投用，市级以上孵化器和众创空间累计达23个。实施“双倍增”行动，新认定87家国家高新技术企业、258家科技型企业。出台“青创十条”，完善人才创新创业全周期服务机制。携手西南大学等高校，打造产学研用示范基地。落地2个博士后科研工作站。13项研究成果获全市科学技术奖。综合创新竞争力居成渝地区双城经济圈前列。

（四）城市有机更新

在全市率先开展全域城市体检，精准编制国土空间分区规划和城市更新三年行动方案，优化朝天门金角、滨江银边等重要节点城市色彩、建筑形态。创新出台老旧楼宇绿色化改造等配套政策，推动鲁祖庙等8个更新项目顺利实施。优化财政资金、一般债券、专项债券等统筹分配，城市更新基金首期意向融资达82亿元，深化与市地产集团等战略合作，多形式撬动金融机构和市场主体资金10亿元。大国际村等示范性工程启动建设。300万平方米老旧小区品质功能蝶变，7个项目纳入市级示范，化龙桥、民乐村成为全市首批现代社区试点。古渝雄关朝天门焕新归来，东水门、黄沙溪滨水步道变身舒适宜人的城市公共客厅。山城巷成为全国城市更新典型案例，戴家巷入选中国人居环境奖，罗汉寺妙街荣获中国城市更新十大现象级案例。

（五）人文渝中铸新

重庆海关监督公署旧址等18项文物完成保护修缮、活化利用。老鼓楼衙署遗址公园（一期）基本完工。太平门古城墙遗址等历史遗珠竞绽新颜，母城文化、金融历史主题博物馆群渐次开放。十八梯获评全国非遗旅游街区，贰厂文创街区获评国家级旅游休闲街区，长江索道等山城特色景点持续引流，洪崖洞—磁器口轮渡时隔14年正式复航，千厮门大桥城市景观阳台建成开放，十八梯D区、山城巷后街开门迎客。新增通远大厦等5个市级文化产业示范园区。《东风又起山城岸》等12个沉浸式演出惊艳亮相，重演时代艺术中心等6处场所获评“重庆市演艺新空间”。较场口娱乐广场开业运营，开启“得意”归来序幕。全域旅游秩序持续提升，获评美丽中国首选旅游目的地、国民休闲旅游度假目的地。全年实现旅游收入710亿元。

（六）绿色生态焕新

精扫细保全域环境卫生980万平方米，整

治箱涵、桥隧病害等24处，规范平整道路10公里。匠心打造5处“席地而坐”城市客厅，绿化6.5万平方米坡坎崖，亮化37处节点景观灯饰，20个山城花境、花漾街区美出新境界。入选市级首批气候投融资试点，绿色金融实现两位数增长。生活垃圾分类走在全市前列。深化“四长联防”，完成雨污分流改造20公里，太平门污水溢流问题如期整改销号，“两江”渝中段地表水水质连续五年保持Ⅱ类标准。“两江游”船舶尾气污染治理在全国内河率先示范，餐饮油烟治理“六化”机制入选全国正面典型案例，珊瑚公园治理提升获评美丽重庆建设首批典型案例。

（七）民生福祉添新

城镇居民人均可支配收入突破5.5万元、保持全市第一。新增城镇就业5.16万人，联合3000余家企业发布岗位4.5万个，兑现社会保险补贴、失业保险稳岗返还等补贴2.4亿元。“租售并举”投放1440套高品质人才公寓，多形式保障2万余户住房困难家庭住有所居。基本养老保险参保率超97%，困难群体大病保险起付线降低50%。“救助通”典型案例成为国家示范。家庭适老化改造提质扩面，“四助”服务惠及20万余人次，居家和社区基本养老服务入选国家试点，建成1个国家级健康养老示范街道、5个全国示范性老年友好型社区。推进托幼一体化，新增托位625个，普惠性幼儿园覆盖率达91.3%，适儿化改造3.5万平方米。“医学影像云”在全市率先落地基层，家庭医生签约覆盖率达33%、惠及群众21万余人。承接全国儿童青少年近视防控等改革试点14项，获评国家级教学成果奖3项，新增优质学位2500个，在全市率先通过创建全国学前教育普及普惠区市级督导评估，获评全国普惠性学前教育保障机制实验区。

（八）基层治理出新

“党建扎桩·治理结网”工程深入实施，“一中心四板块一网格”基层智治系统建设扎实推进，在全市率先实现网格调整划分、党组织组建和社区专职网格员配备“3个100%”，成功创建全国首批市域社会治理现代化试点合格城市。优化服务提升治理效能。深化“党建+物业”“街道吹哨、部门报到”“六治融合”治理品牌，迭代“三上三清两提升”社区服务机制，新增8个“渝中怡家”综合服务体、13个社区“法律之家”。“五社联动·家园助力站”项目获全国第五名。白象居“网红”变“长红”成为全国首批文明旅游宣传引导十佳案例。全面落实“十五条硬措施”，扎实推进重大事故隐患排查整治、火灾防控“除险清患”、燃气油气安全整治等专项行动，启动国家安全发展示范城市创建。改造老旧燃气管网74公里、加装燃气安全装置13.3万户。整治1718栋高层建筑消防隐患，高层消防无水建筑动态清零。在全市首创推行智慧街面巡防、“民心天网”“楼宇警务”，“探索立体化安保新路子”获评全国市域社会治理优秀创新经验。刑事案件、八类案件等发案率“七连降”，连续九年未发生较大及以上安全事故，荣获首批全国社会治安防控体系建设示范城市。

二、发展中存在的问题

同时，发展中仍然还存在一些突出问题和短板。一是产业转型升级有待加快，金融、商贸传统支柱产业体量大但增速放缓，软信服务等新兴特色产业增速快但支撑不足，发展动能接续转换亟待加力提速；二是经济持续回升基础仍不稳固，有效投资仍需扩大，民间投资亟须提振，消费潜能有待激发，市场主体经营压力依然较大，保稳促增添后劲仍需付出艰辛努力；三是地理空间受限问题日益突出，发展要素约束趋紧，财政增收困难凸显，在“有限空间”寻求“无限发展”亟待创新突破；四是“两久”历史遗留问题处置和新业态冲击叠加交织，“投、融、建、运”一体推进城市更新还需提效，“老城区”实际与“窗口区”标准还有较大差距；五是政府系统基础性功能性平台建设、大数据智能化应用不足，少数人员现代理念、数字意识不强，比拼抢精神、“扭到费”韧劲不够，系统谋划、前瞻布局、集成创新仍有欠缺。

三、2024 年发展思路

2024 年是新中国成立 75 周年，是“十四五”规划目标任务完成的关键一年，是现代化新重庆建设从全面部署到纵深推进的重要一年。2024 年全区经济社会发展主要预期目标是：地区生产总值增长 6% 左右，区级一般公共预算收入增长 6%，固定资产投资总额增长 5%，社会消费品零售总额增长 7.5%，城镇居民人均可支配收入增速保持与经济发展同步。为实现上述目标，重点做好以下十个方面工作。

（一）坚持以成渝地区双城经济圈建设为总牵引，努力当好领头羊、排头兵

把握“一体化”和“高质量”两个关键，集中精力办好自己的事，齐心协力办好合作的事，进一步在现代化新重庆建设中扛起大区担当、展现母城作为。

（二）深度融入西部陆海新通道建设，擦亮开放窗口

持续增强平台支撑，释放“通道 + 产业 + 经贸”联动效应，增强开放通道带动力，增强开放平台集聚度，做大外资外经外贸开放经济，拓展国际交往，进一步扩大高水平对外开放。

（三）焕新升级“11241”现代产业体系，打造经济高地

推动生产性服务业向专业化和价值链高端延伸、生活性服务业向高品质和多样化升级，巩固金融、商贸支柱产业基本盘，增强文旅文创服务业、软信服务业等新兴产业带动力，培育专业服务业、交通运输业、健康服务业、建筑和房地产业、楼宇工业等潜力产业增长极，树牢楼宇经济、总部经济标杆，进一步提高产业能级和核心竞争力。

（四）坚持以城市更新为主线，提升城市功能

强化城市运营能力，坚持深耕精耕，进一步融通大资金、启动大片区、提速大项目、化解大难题，优化城市形态、功能业态和发展生态。

（五）全面融入长江经济带高质量发展，深入建设美丽渝中

牢记绿水青山就是金山银山，协同推进降碳、减污、扩绿、增长，巩固碧水蓝天生态圈，构建绿色低碳生产圈，打造畅洁靓美生活圈，进一步打造美丽重庆建设高品质成果的最美展示地。

（六）持续厚植人文渝中优势，彰显母城魅力

擦亮人文底色，传承母城优秀历史文脉，全面提升城区文明程度，促进文商旅城深度融合，进一步推动母城文化优势转化为发展胜势。

（七）对标优质高效、首善标准、国际一流，全力打造最优营商环境

坚持“抓经济必须强主体”，营造完整优质

产业生态，塑造“渝中服务”，打造“投资渝中”品牌，让有为政府和有效市场效果在渝中得到更好呈现。

（八）深化数字赋能、改革带动、创新引领，厚植发展沃土

着力推动质量变革、效率变革、动力变革，加力数字重庆建设赋能发展，深化重点领域改革带动发展，奋力推动科技创新引领发展，进一步增强发展内生动力。

（九）加强基础性、普惠性、兜底性民生建设，同筑幸福家园

进一步优化“6 个 10 分钟公共服务圈”，让就业社保更精准有效，让教育发展更优质均衡，让健康服务更便捷可及，让民生实事更顺应期盼，让群众的获得感成色更足、幸福感更可持续、安全感更有保障、认同感更加强烈。

（十）全力守护城市安全、社会安定、市民安宁，建设更高水平的平安渝中

坚定扛起特殊区位赋予的特定责任，更深层次创新基层治理，更严要求守护群众安全，更大力度守好和谐氛围，坚决确保全区社会大局和谐稳定，进一步以渝中之稳服务全市之安。

（执笔人：向恩晓）

大渡口区

大渡口区人民政府办公室

一、2023年发展回顾

一年来，我们坚持以习近平新时代中国特色社会主义思想为指导，全面贯彻党的二十大精神，积极应对经济下行压力，及时调整完善政策措施，有效稳住了经济大盘、守住了风险底线，推动“公园大渡口、多彩艺术湾”建设取得新成效。全年实现地区生产总值362.7亿元，同比（下同）增长0.3%；社会消费品零售总额141.5亿元，增长9.4%；一般公共预算收入20.1亿元，增长9%；全体居民人均可支配收入增长4%。

重点抓了以下几方面工作。

突出“第一要务”促发展，产业协同服务展现新气象。“两机制一方案”引领效能变革。创新落实市、区拼经济工作要求，拼经济、服务产业合力空前凝聚。多措并举发展服务业，服务业市场主体数量达4万户。深入开展观摩拉练、红旗灰旗评比工作，倒逼服务项目建设、产业发展。“三项行动”推动颗粒归仓。开展“五经普”专项行动，大力实施“扫楼”“扫园”行动，全面摸清经济家底，梳理出市场主体4.3万余户，较“四经普”增长85.8%。开展市场主体挖潜专项行动，建立重点企业培育库，在库企业619户；新增“四上”单位201户，创历年新高。部门、镇街联动开展防止“跑冒滴漏”专项行动。“以企为要”强化服务赋能。健全区领导联系企业制度，推行镇街、部门、园区服务企业责任包干制，突出服务营收、税收降幅20%以上波动企业，助力企业抓订单、解难题。深入落实“三服务”机制，“民呼我为”平台办结事项满意率居全市第2，“企业吹哨 · 部门报到”平台诉求办理满意率100%。推动海康威视、潜能集团等企业再投资均超过10亿元，华韶智算中心拟投资上百亿元建设数字产业集群。

突出“公园品牌”抓统筹，城乡面貌发生新变化。公园大渡口成效彰显。新建改建城市公园、街头游园等项目18个，建成区绿地率排名全市前列。4个单位获评市园林式居住区，数量居全市第1。大渡口公园入选全市重点公园，钢铁公园获评全市最美口袋公园。以“绣花”功夫推进城市管理，问题处置率97%。打造“公园+”消费场景模式，盘活公园资源17处，收益增长3倍。多彩艺术湾扎实推进。重庆柴院项目选址钓鱼嘴半岛，实现高校零的突破。建成钓鱼嘴立交，“两江四岸”治理提升葛老溪段，提速推进音乐大道中段、嘉南线连接道等项目。举办重庆乐堡音乐节、世界定向精英巡回赛等活动，工业文化博览园获评国家工业旅游示范基地。城乡融合步伐加快。完成国土空间规划编制和“三区三线”划定工作。金晟路网二期等12个项目完工投用。完成新工社区等12个老旧小区改造工作，启动五一互助片区城中村改造。完成农村集体土地征收2056.8亩、国有土地房屋征收10万平方米，出让土地297亩。乡村振兴深入实施，金鳌田园成功创建国家4A级景区，蒲公英酷玩营地一期开营、二期开工建设。公共服务一体推进，

3个学校建成投用，投用标准化村卫生室11个，城乡养老保险参保率巩固在97%以上，基本医保参保率保持在95%以上。生态底色越擦越亮。深入落实河长制，推进长江“十年禁渔”，长江丰收坝断面水质持续保持在Ⅱ类以上，地表水国控考核断面达标；完成土壤修复治理930亩，重点建设用地安全利用率、受污染耕地安全利用率均居A档。空气质量优良天数达286天。

突出“稳进增效”优结构，经济止滑促增呈现新成效。工业经济企稳回升。腾退低效厂房8.5万平方米，规上制造业亩均税收36.8万元、居全市前列。围绕五大百亿级产业，绘制产业图谱、招商地图，迭代升级招商政策、产业政策，狠抓招商落地，引进项目45个，到位资金94.4亿元。实施软件和信息服务业“满天星”行动，软信产业营收增长1倍，新收储楼宇物业36.8万平方米。重庆小面、大健康生物医药、大数据智能化、生态环保、新材料产业营收分别增长109%、20%、19.1%、7%、5%。服务业提速升级。商贸经济高位增长，社零总额增速居中心城区第3、全市第4；住宿、零售、餐饮业销售额分别增长18.4%、15%、13.3%，居全市前列。重庆市现代产业链服务中心落地运营，获银行授信超1亿元、服务企业91家；国际复材实现创业板上市，井谷元在重庆OTC挂牌，新增上市后备库企业7家。创新能力提档升级。出台支持科技创新十五条，兑现科技奖励资金1800万元、人才奖补资金560万元；市级引导区县科技发展专项资金绩效居全市第一。全区研发投入强度达3.6%，居全市前列；全区综合创新指数72.9%，处于全市第一梯队；创新生态建设活力指数处于A档；专利质量、工业战新产业总产值占工业总产值的比重均处于A档。

突出“改革求变”提效能，对外开放取得新突破。推进国企优化重组。战略重组设立新晟发、城乡建设、城市运营等3家专业化企业。区国资委直管一级企业数量下降50%。深入开展“三资”清理，处置特许经营权、闲置物业等资源资产，实现收益超7亿元。分类制定债务管控措施，多方协调保障企业资金接续，国企综合融资成本下降5%。推进数字重庆建设。围绕“1361”总体构架，推动流程再造、协同高效，深入开展核心业务梳理、数据归集共享、三级中心建设。谋划推进“一件事”58个，7个“一件事”进入市级论证审查。典型案例全市推广，“一中心四板块一网格”基层智治体系实现镇街全覆盖。开放合作走深走实。融入成渝地区双城经济圈建设大局，与成都市成华区等3个市区签订战略合作协议。引入项目5个、投资16.25亿元。联动忠县建设重庆小面产业园，协作到位资金1.8亿元。助力西部陆海新通道建设，建桥园区获批重庆自贸试验区联动创新区。全面深化服务贸易创新发展试点通过商务部验收。全国首个台资企业对接RCEP法律服务中心落地。国际复材获得AEO高级认证。完成外贸进出口总额31.8亿元。

突出“除险清患”促稳定，防风险守底线实现新作为。风险防范有力有效。恒大等10个“保交楼”项目实现销号，11471套房屋全部实现销号。政府债务控制在限额以内。一般公共预算收入增速居中心城区前列。平安稳定持续巩固。严格落实安全生产“十五条硬措施”，开展燃气、危化品、自建房等专项整治。生产安全事故起数、死亡人数均连续3年下降、创历史新低。连续6年未发生较大及以上生产安全事故。社会治安防控有力有效，十类街面警情、可防案件发案率分别下降33.1%、34.7%。公安工作绩效排名全市第1，创历史新高。矛盾纠纷化解率达98.6%，信访积案化解率100%，平安稳定问题清单居市级绿榜。守护未成年人工作获评全市政法领域改革最佳实践典型范例。成功创建市级双拥模范城。

突出“惠民有感”办实事，人民生活品质有了新改善。补短板实现历史性突破。开工建设西大附中、潜能喜来登酒店；公立三甲医院一期项目主体工程竣工，重医附属康复医院开业运营，重钢总医院晋升三级综合医院；轨道交通18号线、江跳线通车运营，5号线全线贯通。社会事业全面发展。新建文图分馆7个，新增体育设施150件。获评首批全国中小学科学教育实验区。37中、茄中高考成绩取得历史性突破。疫情防控获市级督查激励。民生保障更加有力。完成10件主题教育民生事项、15件重点民生实事、57件微型民生实事。城镇调查失业率在5.5%以内。救助困难群众2.5万余人次。筹集保障性租赁住房3010套。新增公办幼儿园学位270个、托位600个。成功创建全国示范性老年友好型社区3个。

二、发展中存在的问题

同时，发展中仍还存在一些突出问题和短板。一是产业层级不高，产业集群发展水平有限，支撑型大企业大项目大平台不多，产业链供应链稳定性和竞争力不强，经济韧性还需进一步增强，转型升级依然任重道远；二是城市基础设施、民生设施还有短板，公共服务供给与群众期盼仍有差距。我们将直面问题，采取有力措施，在今后工作中切实予以解决。

三、2024年发展思路

坚持以习近平新时代中国特色社会主义思想为指导，全面贯彻落实党的二十大、二十届二中全会和中央经济工作会议精神，坚持稳进增效、除险固安、改革突破、惠民强企工作导向，持续推动经济实现质的有效提升和量的合理增长，奋力开启第三次创业新征程，谱写“公园大渡口、多彩艺术湾”建设新篇章。

坚持改革突破，全力实施拼经济促发展提升行动。迭代升级经济工作体制机制。发挥“两机制一方案”协同效应，提升镇街、部门工作合力，持续推进“颗粒归仓”。深化投融资模式创新，发布城市机会清单，有序推进政府和社会资本合作。高频调度监测预警。压实镇街、部门、国企和产业办目标责任，形成唯实争先、赛马比拼氛围。建好经济运行调度平台，建立政企衔接联动机制。用好“企业吹哨·部门报到”平台，推动政策服务精准对接、直达快享。推动“三攻坚一盘活”改革突破。深化国企“瘦身提质”，推动国企资产总额突破700亿元。健全园区管理体系，推动园区规上制造业亩均税收增长4%以上。实现区级经营性国有资产100%集中统一监管。加快数字化治理改革。持续推进“四个贯通”，推动城市治理“一网通办”“一网通管”“一网协同”多维融合。推动线上智治平台与线下“141”体系深度融合，构建一体贯通、高效协同的履职能力体系。

坚持创新驱动，全力实施新型工业化提升行动。加快提升产业能级。细化产业图谱、企业图谱、项目图谱和招商地图，实现招商合同额300亿元、到位资金150亿元。做强做优五大百亿产业，加快建设华韶智算中心，推动海康威视三期、萤石智能家居等项目投产达产；举办第四届重庆小面文化节，实施重庆小面“百城万店”品牌连锁化经营新模式；发挥中元汇吉体外诊断产业链主企业技术优势，探索创新型区域检验中心建设；支持三峰环境等企业延链强链，助力国际复材打造玻纤复合材料下游应用产业园。深入实施“满天星”行动，加快“启明星”“北斗星”

企业培育，实现软件产业营收、从业人员数量均增长30%。推进产业创新赋能。新增科技型企业100家、高新技术企业20家。新增“专精特新”企业12家以上、“小巨人”企业1家。研发投入强度达到3.7%。深入实施科技创新产业创新贯通行动，支持各类创新创业孵化基地建设。新增市级智能工厂和数字化车间5家。提升产业承载能力。推动建桥A区转型，促进二三产业联动发展。加快推进建桥C区拓展区产业规划、用地调规等工作，启动首期1000亩土地征收。深化亩均论英雄改革，开展工业项目履约监管专项行动。

坚持消费引领，全力实施现代服务业提升行动。壮大生活性服务业。提速龙湖剑峤天街、天安数码城三期建设。推动华润万象汇B馆开业运营。打造双山泛巴国城片区、九宫庙步行街餐饮消费聚集区。打造青年活力消费聚集区，推进青年发展型城市建设。培育生产性服务业。引导天安数码城、华伦元石国际打造生物医药商贸专业园区。依托万吨商旅融合总部基地，开展生鲜水果、海鲜等进出口贸易、跨境电商贸易。促进辖区金融机构扩大业务规模，支持中小微企业融资，实现经济金融共赢发展。推动服务业转型升级。加快盘活义渡古镇，推进重庆（国际）小球赛事中心、双山体育公园建设。做靓“公园商圈、多彩生活”消费促进品牌。发展“她经济”“银发经济”等新业态，打造区域特色消费品牌。推动大规模设备更新和消费品以旧换新。

坚持城乡一体，全力实施公园城市提升行动。打造公园城市新范式。创新“公园+消费”经济业态，提升“以园兴园”能力。开工建设重庆柴院，高标准建设俄罗斯特色小镇，加快长江音悦港、宝武西南总部等项目建设。确保嘉南线连接道及南北干道等骨干道路全线贯通。拉开钓鱼嘴、建桥C区拓展园等开发架势。持续提升城乡品质。加快翠柏小区等9个老旧小区和五一互助、民新民乐片区城中村改造。实施城市路桥隧安全整治。推进乡村全面振兴，完成“金鳌田园”配套项目建设，力促蒲公英成长酷玩营地二期投用，力争年经营收入50万元以上村集体占比达60%。加强生态文明建设。落实“三线一单”分区管控，严格执行准入清单。全面落实河长制，持续抓好长江“十年禁渔”，创建农村黑臭水体清零区县。全面落实林长制相关工作。以高压态势，全面排查“散乱污”企业，坚决做到发现一起查处一起，决不手软。

坚持开放合作，全力实施互联互通提升行动。深入落实成渝地区双城经济圈战略。协同构建特色产业集群，加快产业合作示范园区建设。积极推进服务业扩大开放综合试点、全面深化服务贸易创新发展试点，协同推进跨境电子商务综合试验区建设。持续拓展“川渝通办”事项。加快融入西部陆海新通道建设。借力开放通道提升效率，引导企业采用一次托运、一次付费、一单到底等“一单制”服务模式。探索创新数字通道建设，迭代升级重庆市现代产业链服务中心，力促重庆跨境数字资产登记服务中心、国家级军民融合产融联动创新服务平台建成运营。完成外贸进出口额33亿元，增长3%以上。持续深化人才强区战略。迭代运行“1+5+N”人才政策体系，深入推进引才计划，加快链接高端人才资源。启动数字产业学院建设，建好用好“1+5+9”博士后工作平台。推进人才创新创业全周期“一件事”服务改革。

坚持人民至上，全力实施社会民生福祉提升行动。全面发展社会事业。建成李雪芮全民健身中心。举办“花开的声音”音乐会、智跑重庆等文体活动。加快建设西大附中、茄中改扩建等项目。加快公立三甲医院建设，支持重钢总医院创建三甲医院。完成国家卫生区复审。提升民生保障水平。城镇登记失业率控制在5.5%以内。创建全国双拥模范城。做好城乡特困人员集中照护服务。启动建设保障性住房500套。关心关爱"一老一小"。扎实办好民生实事。扎实做好2024年区级重点民生实事，以实际行动增强群众的获得感、幸福感。

坚持底线思维，全力实施风险防范化解提升行动。加强经济运行风险管控。着力化解政府债务，确保综合债务率持续下降。大力推动"两久"项目建设。持续开展拖欠企业账款清理工作，坚决做到应清尽清。加大非法金融打击力度。统筹抓好安全稳定。启动实施安全生产治本攻坚三年行动，加强区级应急救援专业队伍建设。健全立体化社会治安防控体系，推动扫黑除恶长效常治。推进信访问题源头治理三年攻坚。

（执笔人：杨世清）

江北区

江北区人民政府办公室

一、2023年发展回顾

2023年是全面贯彻党的二十大精神的开局之年，也是三年新冠疫情防控转段后经济恢复发展的一年。江北区坚持以习近平新时代中国特色社会主义思想为指导，深入学习党的二十大精神，全面贯彻中央经济工作会议精神，在市委、市政府的坚强领导下，以“885”工作机制为导引，着力“稳进增效、除险清患、改革求变、惠民有感”，坚持高质量发展、创造高品质生活、实现高效能治理，谱写现代化新重庆建设的江北篇章实现良好开局。

（一）坚定不移推动高质量发展，综合实力不断增强

全区实现地区生产总值1744亿元、同比增长6.7%，总量稳居全市第三、增速居中心城区第一；一般公共预算收入80.3亿元、同比增长19.6%，全口径税收253.2亿元、同比增长2.7%，区级税收59.8亿元、同比增长2.3%，一般公共预算收入、全口径税收、区级税收总量均居全市行政区第一；金融资产规模超3.5万亿元、本外币存贷款余额达1.96万亿元，均居全市第一。

一是“两副担子”担稳担好。担好“金融”的担子，加快金融机构、功能、人才“三集聚”，西部金融中心核心承载区建设走深走实。新引进上海证券等项目19个，落地总规模200亿元的中新互联互通母基金，中国银行重庆分行顺利入驻。江北嘴金融中心主体工程基本完工，西部金融法律服务中心升级拓展区建成投用，西部金融培训中心落地运营。建成金融服务港湾43家，为市场主体授信95亿元。新增上市及过会企业3家、累计15家，上市公司数量、市值均居全市行政区第一。顺利举办中新金融峰会金融科技分论坛、第四届江北嘴新金融峰会，与成都交子公园金融商务区等签订合作协议。担好“消费”的担子，推动观音桥商圈面积、人流量、销售额实现“三个翻番”，国际消费中心城市首选区建设见行见效。中環万象城启动主体施工，观音桥好吃街、“有为夜集”成为全市夜间经济名片。新引进区域品牌首店100家、国际高端品牌14个，观音桥商圈单日最高客流量突破百万人次，跻身全国十大夜市商圈。全区网络零售额超800亿元、总量居全市第一，商品销售总额达7286亿元、跃居中西部地区区县第一。成功引入澜湄旅游城市合作联盟总部、全市首家外商独资旅行社，接待国内外游客量、旅游收入分别增长78%、113%。观音桥商圈荣获第三批国家级旅游休闲街区，大九街旅游休闲街区入选长江主题国家级旅游线路，主城都市区唯一获评全国首批县域商业“领跑县”。

二是工业经济量质齐升。锚定“22411”现代制造业集群体系，完成规上工业总产值1509亿元，规上工业增加值增长11%、连续16个月位居中心城区第一，战略性新兴产业产值增长13.8%，家电产业产值占全市三成，全市每产2

辆新能源汽车就有1辆“江北造”。推进“亩均论英雄”改革，港城工业园引进溯联募投等8个项目，博奥赛斯等5个项目建成投产，康巨全弘项目即将完工；鱼复新城引进迈特光电等10个项目，产值10亿元以上企业达15家，以长安为龙头的汽车产业产值首次突破千亿大关。加快推动制造业数字化转型，促进企业“上云用数赋智”，新增智能工厂1个、数字化车间6个。3家企业入选全市领军链主企业，新增升规企业14家、市级专精特新企业25家、国家专精特新“小巨人”企业2家。

三是软信产业加快崛起。新增软信企业872家、规上企业11家、从业人员超1万人，新收储楼宇30万平方米，规上软件信息服务业实现营收198.7亿元、占全市总量的比重超30%。睿创科技园入选第一批“满天星”市级示范楼宇，数字产业示范园A区入驻西部数据交易中心、滴滴西南总部等企业70余家。年营收百亿级的抖音集团懂车帝全国总部、总投资50亿元的360西部总部落地。常态化发布应用场景开放清单和软信企业能力清单，累计发布应用场景176个、企业能力清单125项，揭榜企业达132家。评选“满天星”优秀企业10家、应用场景开放优秀企业7家。

四是发展动能有效积蓄。投资拉力持续显现。北滨路东延伸段等234个市区重点项目加快建设，全区完成固定资产投资310亿元。争取地方政府专项债券资金26亿元。完成征地2062亩。房地产投资缓跌回稳，出让土地4宗395亩、总价75亿元，出让总价及住宅平均楼面单价均居全市第一。招引落地项目150个、投资金额超1000亿元，中国中铁等9个世界500强央企项目落户。开放潜力持续释放。深度参与西部陆海新通道建设，推动果园港形成进口肉类、水果、粮食“三合一”口岸功能，获批全市首批内外贸一体化发展先行区，组织100余家企业出海拓市场、抢订单，完成进出口额超840亿元，其中出口额419亿元、增长17.5%。中新（重庆）跨境电商产业园顺利开园，成渝RCEP跨境贸易中心落地。创新活力持续提升。长安汽车成功重组全国重点实验室，登康口腔获评国家级工业设计中心。强大科技园落地运营。新认定国家级高新技术企业69家、市级科技型企业495家、市级孵化载体3家，13项优秀成果获重庆市科学技术奖，全区研发投入达85亿元、位居全市前列。新增国家级博士后科研工作站1家、市级3家。

（二）坚定不移创造高品质生活，民生福祉成色更足

一是民生福祉持续改善。社会保障全面加强。办好14件市级民生实事，民生支出占一般公共预算支出的比重保持在80%以上。城镇新增就业超5.5万人，城镇调查失业率控制在5.2%。基本养老保险、基本医保参保率分别达97%、95%。强化“一老一小”服务，每千人托位数达3.39个、位列中心城区第一，在全市率先开展老年助餐服务，试点经验获全国示范推广。民生事业持续进步。不断优化教育和医疗资源布局，果园港鲤鱼池小学建成投用，江北国际实验学校等6所学校加快建设，两江新村实验学校、鲁能巴蜀中学综合楼等顺利开工，成功入选全国义务教育教学改革实验区。区中医院二期等7个项目完工投用，区人民医院五里店院区等7个项目有序推进，区人民医院、区中医院双双晋级三级医院，成功通过国家慢性病综合防控示范区复评，以全国第一的成绩创成国家食品安全示范城市。

二是城市生活更加美好。城市空间均衡发展。全面提速“一带双核五片区”建设。“三园两湾”项目全面建成，北滨岸线18公里步道全线贯通。观音桥空中连廊规划通过市规委会审查，江北嘴片区“两久”项目盘活取得突破。长

安科技创新中心启动建设。长安四分厂片区瓦厂嘴城市更新项目全面启动。江北新城片区城中村改造项目已获住建部初审通过，嘉溢华片区整体开发有序推进。五宝生态运动小镇片区运动广场等项目加快实施。城市品质迭代升级。加快“百园城区”建设，建成3个口袋公园，公园总量达109个。启动改造100栋老旧建筑消防设施，加装老旧小区电梯112台。新开工老旧小区改造63.6万平方米、惠及群众1万余户。以塔坪片区为代表的“四老”城市更新成为全市典范，获李强总理现场调研肯定。

三是美丽江北提速建设。生态保护扎实开展。持续巩固长江“十年禁渔”成果，不折不扣落实河长制，各级河长巡河发现并整改问题318件。深化“两江四岸”消落区环境治理提升，江北城段消落区综合治理获评三峡后续工程示范点。污染防治成效显著。持续推进中央、市级生态环保督察问题“回头看”，深入开展区级督查，排查整改问题1874个。统筹开展污染土壤修复处置和“无废城市”建设，重点建设用地安全利用率、危险废物安全处置率均为100%。绿色低碳深化扩面。有序推进“双碳”进程，单位地区生产总值能耗下降3%以上、完成约束性指标。建成国家级绿色工厂3个、绿色商场3个，培育绿色科技型企业106家。

（三）坚定不移推进高效能治理，发展根基更加稳固

一是数字重庆建设稳步推进。率先实体化运行数字化城市运行和治理中心，揭牌运营全市首个数字重庆应用开发中心。贯通市级重大应用8个、承接市级试点应用9个，创新谋划“人员密集活动秩序维护”等“一件事”36个，推出“渝畅停”App等区级特色应用5个，“入学一件事”“九小场所安全智管”全市推广。二是改革动力不断增强。打造营商环境最优区，“百千万”联系服务企业机制实现全覆盖，解决企业诉求1.1万件，兑现企业扶持资金约9.3亿元，新增减税降费及退税缓费超23亿元，新增市场主体3.1万户。营商环境测评蝉联全市第一的位置，中心城区是唯一上榜全市营商环境标杆城市的。深化国资国企改革，区属国企实现利润总额近3亿元、增长18.3%，两大国企通过AA+信用评级。三是平安稳定持续向好。实现信访总量、刑事发案、火灾事故“三下降”，连续81个月较大及以上生产安全事故“零发生”，三湾金季安置房遗留问题等54个信访积案难案有效化解，政府债务管控有力。一年创成全市法治政府建设示范区，区司法局获评“全国新时代‘枫桥经验’先进典型”、单位代表受到总书记亲切会见。

二、发展中存在的问题

主要是发展不平衡不充分的特征依然存在，持续增长动能不足，以企业为主体的创新体系不够健全；除险清患任务依然繁重，基层治理现代化水平有待进一步提升；城市功能品质提升还有较大空间，精细化管理不够；优质教育、医疗、养老、文体等公共服务供给离群众期待还有差距，营商环境仍有待优化；政府自身建设仍存在薄弱环节，一些干部创新意识不强、担当精神不足、执行力不够，作风还需持续改进。

三、2024年发展思路

2024年是中华人民共和国成立75周年，是江北实现“十四五”规划目标任务的关键一年，也是江北加快打造新重庆建设先行区、示范区的起步之年。全区经济社会发展的主要预期目标是：地区生产总值增长6%以上，固定资产投资

增长5%以上，规上工业增加值增长8.5%，社会消费品零售总额增长7.5%以上，一般公共预算收入增长1.8%，全体居民人均可支配收入增长6%。重点抓好以下五个方面工作。

科学构建现代产业体系，在培育高质量发展新动能上当好先行示范。一是巩固金融产业优势。促成中信银行及华夏银行互联网贷款运营中心、邮储银行资金托管中心等落户江北嘴，提速建设生产性服务业功能区，推动西部金融中心核心承载区再上新台阶。二是持续激发消费潜能。基本完成中環万象城主体施工，培育壮大智能家居、数字消费、绿色消费等新增长点，推动国际消费中心城市首选区建设取得新突破。三是发展壮大先进制造业。推动汽车、家电等传统支柱产业提档升级，壮大装备制造、生物医药、新材料、新一代电子信息技术等战略性新兴产业，加快建设先进制造业集聚区。

突出实战实效导向，在推进数字重庆建设上当好先行示范。一是加快推进数字重庆建设。在市级、区县、镇街数字化城市运行和治理中心“三级贯通”方面走在前、作表率，打造一批“一件事”实用实战成果，加快建设数字重庆先行示范区。二是加快培育壮大数字经济。高质量打造江北嘴数字经济产业园、网商产业园。依托西部数据交易中心、国家金融科技认证中心等，创新金融科技、智慧政务等场景应用，以场景育企业带产业。

努力提升经济活力张力，在全面深化改革开放上当好先行示范。一是倾力打造最优营商环境。持续深化“放管服”改革，迭代升级“小江都能办”服务平台和“百千万”机制，助推全区市场主体总量突破14万户。二是持续深化重点领域改革。奋力实现“三攻坚一盘活”等重点改革突破，加快推动国资国企“止血、瘦身、盘活、减负”。三是打造更高层次开放型经济。全力融入西部陆海新通道建设，协同果园港综保区提升成渝RCEP跨境贸易中心、中新（重庆）多式联运示范基地等经贸平台。

全力建设美丽江北，在提升城市品质上当好先行示范。一是以全局视野优化空间布局。高质量推进“两江四岸”治理提升，加快建设北滨路东西延伸段。开工观音桥商圈空中连廊。推进长安四分厂片区数字经济产业园地块出让。完成长安国际文化商业街地块土地整治。二是以精品思维推动城市更新。坚持“三治两升一导入”，实施叶水坊、瓦厂嘴等9个城市更新项目，启动9个城市危旧房改造项目，加快建设美丽重庆样板区。三是以绣花功夫提升管理水平。实施市政提升、园林绿化、秩序整治、桥隧安全等专项行动，加快实施“五化城管”品牌建设。四是以绿色低碳优化城市环境。全力开展守护美丽蓝天、保护一江碧水、土壤安全保卫“三大行动”，确保全年空气优良天数达300天以上。

竭力增进民生福祉，在惠民安民上当好先行示范。一是强化社会保障功能。健全公共就业服务体系，城镇调查失业率控制在5.5%以内。稳步提高基本医保、基本养老保险参保率，争创全国双拥模范城。二是促进社会事业发展。加快推进区域医疗卫生阵地建设。推动优质教育资源持续扩大覆盖面，争创全国义务教育优质均衡发展区、全国学前教育普及普惠区。三是提升社会治理效能。打好社会矛盾纠纷化解处置攻坚战，深入开展安全生产治本攻坚三年行动，争创全国社会治安防控体系建设示范城市。

（执笔人：白丁旭）

沙坪坝区

沙坪坝区人民政府办公室

2023年是全面贯彻党的二十大精神的开局之年，也是沙坪坝发展历程中极不平凡的一年。沙坪坝区紧紧围绕“主阵地、示范区、排头兵、领头雁”目标定位，在市委、市政府的坚强领导下，立足“守牢底线、有大变化”，以创新举措破解多难约束，交出了一份“难中求成、稳中有进”的厚重答卷，推动现代化新沙坪坝建设实现良好开局。

一、2023年发展回顾

2023年全区地区生产总值增长5.3%，规模以上工业增加值增长7.9%、居中心城区第二，固定资产投资增长2.5%，一般公共预算收入40.8亿元、增长1.2%，全体居民人均可支配收入增长4.3%。

（一）坚持创新引领，积蓄发展动能迈出新步伐

一是“4+N”创新平台不断夯实。华宇城生命科技园开园，入驻临床转化中心等项目10个；创客港未来科技园入驻率提升至85%；拾光格数字软件园入驻企业110家；上桥高性能医疗器械产业园开工建设。环大学创新生态圈实现产值52亿元、增长25%。二是创新主体发展壮大。建立高能级企业梯度培育机制，新增“专精特新”企业36家，引育高新技术企业71家、科技型企业1043家，分别增长25%、69%。三是创新生态持续优化。设立全市首个科技成果概念验证中心，建成3个成果转化中试基地，实现技术合同交易额45亿元、增长85.3%。发放知识价值信用贷9000万元，全社会研发投入强度达4.79%，万人有效发明专利拥有量保持全市第1。

（二）坚持产业兴区，经济发展质效实现新提升

一是先进制造业深度转型。赛力斯实现产值120亿元，成为区属首家产值超百亿元的企业。欧林生物重庆研究院等4个项目成功落地，器官智能生物制造中心加快建设，生物医药产业产值达53.3亿元、增长20%。建成数字化车间7个、智能工厂1个，完成工业投资92.7亿元、增长27.1%、居中心城区第1，制造业高端化、智能化、绿色化转型迈出坚实步伐。二是现代服务业提质发展。大力发展城市“后巷经济”，建筑巷、步月湾等7个特色街区焕新呈现，“古镇十二巷”迭代出新，实现旅游综合收入210亿元、增长120%。新增中介咨询、法律服务等法人主体110家、增长10%，其他服务业营收达74亿元、增长16%。金融机构存贷款余额达5372亿元、增长8.2%，金融服务实体经济的作用不断增强。三是数字产业持续壮大。引进千寻位置等软信头部企业6家，落户北京勘察设计院等领军设计企业3家，建成拓维汽车等市级工业设计中心3个，创建市级“满天星”示范楼宇1个，软信与设计产业产值达71亿元、增长92%，形成从“无中生有”到茁壮成长的生动局面。

（三）坚持“双轮驱动”，深化改革开放实现新突破

一是西部陆海新通道建设成效明显。新增国际线路3条、海外分拨中心6个，开行国际班列3923列、货值658亿元。重庆国际铁路港综合保税区完成国家部委审批，陆海新通道无水港、进境肉类口岸投用，进出口整车8.5万辆、居内陆口岸第一。国际物流城年产值达1360亿元、增长6.2%，实际使用外资7121万美元，外贸进出口总额超3000亿元、保持全市第一。二是重点领域改革稳步推进。深化国企改革，优化资源配置，精减国有企业6家，实现国有资本收益上缴11亿元。深化“放管服”改革，广泛推行“并联审批”，行政许可网上办理率达99.5%，立中新材料等5个项目实现“签约即拿地、拿地即开工”。发展壮大民营经济，旺成科技成功上市，新增市场主体3万户，民营经济增加值增长6%，市场活力持续迸发。

（四）坚持全域统筹，城乡融合发展绘就新画卷

一是群众“家门口的风景”可望可及。轨道7号线、科学城隧道等重大基础设施提速建设，新建市政道路13公里。改造老旧小区150万平方米，整治CD级危房10万平方米。深化“四周四沿”整治，重庆智慧气象公园、陈家桥滨河公园投用，绿化美化城市干道20公里。二是“诗意田园”加快呈现。全域开展农村人居环境整治，新改建“四好农村路”30公里，提升农房风貌134栋。深化农文旅融合发展，打造歌乐—中梁乡村旅游精品线，灿若湖耕读研学基地投运，竹玥里、琴仙居等10个项目建成，全区村集体经济收入均达20万元以上。三是“绿水青山”成色更足。新改建雨污管网24公里，高滩岩污水处理厂、伍家河沟水质净化站建成投用，嘉陵江、梁滩河水质稳定达标。空气质量优良天数达307天。治理污染土壤6.4万立方米。深入开展国土绿化行动，完成森林抚育2.8万亩，区域生态质量明显提升。

（五）坚持底线思维，防风险惠民生取得新成效

一是民生保障有力有效。24件民生实事全面完成。新增城镇就业3.8万人。新增家庭养老床位845张、婴幼儿照护托位1625个。融汇沙小B校区等3所学校建成投用。人民医院成功创建三级医院，健康城市建设居西部地区第一。《重庆 · 1949》等演出火爆全网。成功举办区第六届运动会，承办全国艺术体操锦标赛，建成全民健身点10个。二是安全底线守好守牢。安全生产事故和亡人数大幅下降，安全生产形势平稳可控，成功创建全国城市治理风险清单管理试点城市示范区。深入实施“党建扎桩 · 治理结网”工程，矛盾纠纷化解率达98.1%，社会大局和谐稳定。

二、发展中存在的问题

一是经济恢复性增长基础还不牢固，中小微企业生产经营还面临不少困难。二是产业结构转型升级还需要持续用力。三是债务规模依然较大，发展与降债之间的矛盾还将在一段时间持续存在。四是干部适应和引领现代化的能力有待提升。

三、2024年发展思路

2024年沙坪坝区工作总体要求是：坚持以习近平新时代中国特色社会主义思想为指导，全

面贯彻党的二十大、二十届二中全会和中央经济工作会议精神，全面落实市委六届、区委十三届历次全会和经济工作会议部署，坚持稳中求进工作总基调，完整、准确、全面贯彻新发展理念，积极服务融入新发展格局，着力推动高质量发展，突出稳进增效、除险固安、改革突破、惠民强企的工作导向，锚定“主阵地、示范区、排头兵、领头雁”目标定位，以“四个示范区”为载体，接续推进“四个重大”，强化大区担当，体现大区作为，统筹扩大内需和深化供给侧结构性改革，统筹新型城镇化和乡村全面振兴，统筹高质量发展和高水平安全，切实增强经济活力、防范化解风险、改善社会预期，持续推动经济实现质的有效提升和量的合理增长，加快建设现代化新沙坪坝，努力为全国全市发展大局作出更大贡献。

全年经济社会发展主要预期目标是：地区生产总值增长6%，规模以上工业增加值增长8%以上，固定资产投资总额增长5%，社会消费品零售总额增长7.5%以上，一般公共预算收入增长5%以上，全体居民人均可支配收入增长6%以上，空气质量、节能减排降碳完成年度目标任务。

（一）全力以赴推动重大战略成势见效

一是协同共建双城经济圈。加快成渝中线沙区段建设，开工建设科学城站和配套道路，打造产城景融合发展的“高铁城”。联动高新区合力推动重庆大学科学中心建设，打造全国重点实验室聚集地。全力支持三安半导体、12英寸集成电路生产基地建设。二是加快西部陆海新通道建设。新增2条国际班列线路、2个海外分拨仓。高质量建设重庆国际铁路港综合保税区，引进企业50家以上。大力开拓“一带一路”沿线国家新兴市场，落地海外项目10个以上，实际使用外资增长20%，实现外贸进出口增长3%以上。

（二）全力以赴推动创新资源加速变现

一是提升创新平台能级。积极拓展华宇城生命科技园，建成临床转化中心，搭建全市临床研究公共服务平台。推动上桥高性能医疗器械产业园开园。大力开展未来科技园、数字软件园、黄金湾智谷项目招引，引进50家企业以上。二是激发企业创新活力。建成数智重电等3个创新孵化器，新增50家高新技术企业、500家科技型企业。新增1个智能工厂、3个数字化车间，建成吉芯科技、博张机电、水泵厂扩能升级项目，推动规上工业企业研发投入20亿元以上。三是打造科技创新磁场。完善基础研究、概念验证、中试熟化、产业示范的全链条成果转化体系，实行重大项目揭榜挂帅，推动10项高价值科技成果转化为现实生产力。深入实施“沙磁菁英”等人才计划，持续办好沙磁创新论坛等品牌活动，让创新成为时代最强音。

（三）全力以赴推动产业转型提质增效

一是推动新能源汽车产业补链成群。支持“链主”赛力斯建设“产业大脑+未来工厂”，推动问界M7年产量突破20万辆。推动拓普轻量化底盘达产放量，加快建设博俊精密模具制造基地，建成投产文灿一体化车身、快联汽车零部件等配套项目，汽车制造业产值达到400亿元以上。二是推动生命健康产业集聚成势。加快建设国药太极西南医药产业基地。高水平运营器官智能生物制造工程中心、重庆大学精准医学研究院。建成韦翰斯基因检测中心、启妥斯医疗器械临床转化基地。三是推动数字经济和专业服务业蓬勃发展。推动“星耀天地”软件科技园、首创芯汇数字经济产业园开园，全力引进安恒信息等5家头部企业，促进软信产业“满天星”聚光成炬。推动数字与设计产业深度融合，建成2个国家级工业设计中心，推动设计产业增加值增长10%以上。

（四）全力以赴推动内需潜力充分释放

一是充分发挥政府投资的牵引作用。推进1491未来创意设计中心建设，加快凤凰山城市更新，全面建设金碧正街、磁器口外街。加快梁滩河百里生态画廊首开区示范段建设，加快建设国际贸易产业园（一期），开工建设重庆银行科技中心。二是充分发挥社会投资的主体作用。提高招商精准度、实效性，落地10家领军企业、5个50亿级项目，力争100亿级项目实现突破，完成签约金额1000亿元以上，其中主导产业占比70%以上。三是充分发挥消费的基础作用。精心打造壹心巷等10个特色街区，加快“古镇十二巷”延伸拓展，打造10条“城市悠游”“诗意田园”精品线路，实现旅游收入增长15%以上。提质打造“中梁好物”等特色品牌，积极创建中华老字号和巴味渝珍，提升品牌价值。

（五）全力以赴推动重大改革落地生根

一是扎实推动数字重庆沙坪坝实践。完善“141”基层智治体系，提质建设数字化城市运行和治理中心，提升智治水平。打造多跨协同应用场景，承接好市级系统应用，谋划推出一批具有沙坪坝辨识度的“一件事”应用，形成更多具有实战实效的成果。二是深入推进“三攻坚一盘活”改革。深化国企“瘦身健体”，压减企业11家，推动国企100%建立现代企业制度。构建权责清晰、产业聚焦、布局合理的园区开发区发展格局。推动党政机关和事业单位所属企业100%“脱钩”。多措并举盘活闲置资产，确保盘活存量国有资产15亿元以上。三是深化营商环境改革。迭代升级营商环境智慧监管平台，推行政务服务“一窗综办”，80%的事项实现“一网通办”。健全领导联系民营企业机制，“一企一策”解决企业个性需求。推进优质中小企业梯度培育改革，营造市场化、法治化、国际化的一流营商环境，新增市场主体3万户以上，推动民营经济增加值增长6%以上。

（六）全力以赴推动人民城市建设走深走实

一是推进城市能级提升。盘活一批城市楼宇和空间资源，加快推进豫丰里文创园等29个项目建设，打造集“五创”于一体的创业、消费、生活新场景。完成10万平方米CD级危房治理，改造220万平方米老旧小区。新建1500个公共停车位、10公里山城步道，打造一批“小而美”的社区嵌入式公共设施，让城市更加柔软、更有温度。二是推进乡村全面振兴。持续开展农村人居环境整治，新改建50公里“四好农村路”，建成龙泉村、新发村乡村会客厅，加快建设现代都市中的“诗意田园”。大力发展农耕研学、赏花采摘、民宿康养等现代都市农业，推动红岭溪谷等12个农业项目提档升级，促进农文旅深度融合。三是推进生态文明建设。常态化抓好中央生态环保督察问题整改。新改建污水管网10公里以上，完成龙凤河整治，消除农村黑臭水体。积极创建“无废城市”。空气质量优良天数稳定在300天以上。稳妥推进工业、交通等领域碳达峰行动计划，深化生活垃圾分类处理，加快推动经济社会绿色低碳转型。

（七）全力以赴推动民生保障落实落细

一是兜牢基本民生底线。新增城镇就业3万人以上，城镇调查失业率控制在5.5%以内。新建30家社区食堂，新建5个儿童友好社区，新增700个婴幼儿托位。加强社会综合救助，做好残疾人权益保障，提升困难群众服务保障水平。

二是优化公共服务供给。全力创建全国义务教育优质均衡发展区，加快建设3所中小学，持续巩固“双减”成果。加快推进人民医院三甲创建，建成投用疾控中心、妇幼保健院新院区，建成50个“健康小区”。高水平办好重庆青年电影展、国际文化嘉年华等活动，建设朝气蓬勃的“青春之城”。三是深化平安沙坪坝建设。深入开展安全生产治本攻坚三年行动，深化风险隐患排查整治，坚决遏制较大以上安全事故发生。坚持和发展新时代“枫桥经验”，推进信访工作法治化建设，加强社会治安防控，以高水平安全保障高质量发展。

（执笔人：朱朗）

九龙坡区

九龙坡区人民政府办公室

一、2023 年发展回顾

一年来，九龙坡区坚持以习近平新时代中国特色社会主义思想为指导，坚决贯彻党中央、国务院决策部署，认真落实市委、市政府工作要求，真抓实干、砥砺前行，统筹推进高质量发展、高品质生活、高效能治理，取得疫情防控转段后经济社会在稳的基础上进的成效。

稳大区战略，发展格局开新奋进。重大战略落地见效。入选重庆国际消费中心区建设试点，完成社会消费品零售总额 936.4 亿元、固定资产投资 595.9 亿元。加快融入成渝地区双城经济圈，润泽（西南）国际信息港等 8 个项目入围市级重大项目清单，成渝双城国际数字贸易港开园运营。启动实施西部陆海新通道五年行动，江泸北线高速正式通车，渝昆高铁九龙坡段主体完工，黄磏港完成总工程量 70%，公路运输总周转量 44.9 亿吨公里。自贸区九龙坡板块新增企业注册密度和新增外资企业数均居全市第一，全区完成外贸进出口总额 165 亿元。“四轮驱动”竞相发力。西彭园区获评全国首批减污降碳创新试点园区，铝及铝合金制造上榜国家级创新型产业集群，落地西南铝 20 万吨循环经济生产线等项目 27 个。九龙园区获评中国 5G+ 工业互联网大会“数字底座强基之星”，十洋科技等 31 个项目签约落地。九龙新商圈新增商业商务面积 33.8 万平方米，万象城成为全市首个营业额突破 60 亿元的单体购物中心，杨家坪步行街成功创建国家级旅游休闲街区。九龙美术半岛“两江四岸”生态走廊加快实施，重庆美术公园（一期）建成开放，承办中国数字艺术产业论坛等重大活动 25 项。“大区三变”加快推进。地区生产总值完成 1867.1 亿元、居全市第二，人均可支配收入 5.3 万元、居全市第三、增长 4.6%。新开工老旧小区改造项目 21 个，实施 14 个城市更新项目，民主村项目入选全国首批完整社区建设十大案例，全国首批城市更新试点成果顺利通过国家验收；常住人口城镇化率达 94.2%。农村人居环境持续改善，城乡融合内秀外美，“三高三宜”惠民有感，“一江两山四河”生态稳定，累计建成公园游园 201 个，吸引游客 6014.6 万人次、增长 30.2%。

稳增长势头，经济能级攀升递进。经济大盘稳中向好。推动地区生产总值增长 6.5%，高于全国全市水平，产业结构为 0.4 ∶ 34.5 ∶ 65.1。完成区级税收收入 43.3 亿元、增长 10.7%；一般公共预算收入 68.4 亿元、增长 21.9%，增速连续两年居中心城区第一；综合财力连续两年增长 20% 以上，政府综合债务率压降 25 个百分点。新登记市场主体 4.3 万户、总量达 25.8 万户，总量保持全市第一。投资引资稳步提升。固定资产投资增长 11.1%、居中心城区第一，工业投资、基础设施投资分别增长 16.3%、12.2%。争取上级资金 95.4 亿元。招商签约项目 202 个、合同额 1587 亿元、到位资金 230.7 亿元，华为技术应用“新基地”、荣盛盟固利等重点项目签约落地，招商综合效能居全市前列。社会消费稳中回暖。社会消费品零售总额增长 8.6%。实现批发业商品销售总额 5015 亿元、零售业商品销售总额 1165 亿元，分别增长 15.2%、11%。旅游经济、演艺经济加速恢复，旅游综合收入 195.9 亿元、增长 10.1%。

稳支柱支撑，产业体系创新迭进。先进制造业优化布局。集聚规上工业企业 491 家，规上工业增加值增长 3.1%，规上工业企业利润增长 6.5%、高于全市 5.5 个百分点。大力发展“轻氢航空、数创能动”八大新兴产业，新布局东鹏智能制造数字化生产线等重点项目 23 个，战略性新兴制造业企业产值占规上工业总产值比重达 51.5%。现代服务业集聚蓄势。找钢网百亿级西南区域总部、卓钢链西部结算中心顺利落地，钢棒棒、九禾、山姆店等提能放量，全区规模以上服务业企业实现营收 282.6 亿元、增长 14.4%。银行机构存贷款余额突破 5600 亿元、增长 10.1%，实现金融业增加值 154.4 亿元、增长 5.7%。数字经济不断壮大。汇集软件企业 2700 家，完成营收 380 亿元，累计数字经济核心产业增加值 236.69 亿元，增速 11.7%、位居中心城区第一。落地博拉网络、中冉数字等重大项目 117 个、投资额约 983 亿元，建成隆鑫通用国家智能制造优秀场景等试点示范项目 16 个，信通设计院等 4 家企业纳入市级“北斗星”“启明星”培育库，南华中天等 7 家企业认定为国家鼓励软件企业。“数字生态大脑”入选全国“十佳智慧环保创新案例”，数据归集治理率、实战应用贯通数、特色应用贯通数领跑全市，“渣土车监管一件事”成为全市首个“一地创新、全市共享”的区县应用。科技创新驱动赋能。高新技术企业、科技型企业分别增至 645 家、3505 家，中煤科工煤矿灾害防控全国重点实验室获批重组，市级以上创新平台和市级以上认定高层次人才分别达 402 个、1162 名。万人发明专利拥有量 33.9 件，完成技术合同交易额 60 亿元，全社会研发经费投入 66 亿元，区县科技竞争力居全市第二。

稳建设步伐，城乡品质融合并进。基础设施更趋完善。建设与改造投资增长 24.9%，注册地建筑业总产值增长 8.2%。成渝铁路九龙坡段改造项目加快实施，轨道 18 号线正式运营，黄桷坪长江大桥水下基础工程完工，轨道 27 号线等 31 个城市道路和轨道项目完成投资 84.4 亿元、增长 13%。城市治理更富成效。安全治理人行道 6 万平方米，桃花溪廊道等 5 条山城步道修复开放，新增停车位 1.7 万个。新增绿地 100 万平方米，城市建成区绿化覆盖率达 43.8%。实施国有土地上房屋征收 17.5 万平方米、集体土地征收 2500 亩。完成土地供应 6142 亩，实现土地收入 125.3 亿元。乡村振兴更加和美。长江花果山农旅综合体等 8 个项目建设完成，大溪河全域综合治理有序推进。市级以上农业品牌增至 102 个，休闲农业营收增长 11%。建成高标准农田 5200 亩，完成耕地“非粮化”“非农化”整治任务。生态环境更加优良。协同推进降碳、减污、扩绿、增长，试点推行“生态修复 +”和低效用地再开发，全区空气质量优良天数达 325 天、居中心城区第一，中梁山矿山公园修复治理经验入选国家国土空间生态修复典型案例，公众生态环境满意度达 95%，获评全国生态环境领域真抓实干成效明显城市。

稳优先保障，民生福祉日益增进。社会事业提质提品。育才中学科学城校区等 11 所学校加快建设，彩云湖小学（B 区）等 8 所学校建设完成，国家级、市级特色品牌学校占比达 80% 以上，承办第三届全国基础教育论坛等高规格学术交流活动 10 场。全面巩固国家卫生区创建成果，创新构建“13N1”基层健康治理体系，区人民医院成功创建三级综合医院，区疾控中心建设项目基本完工，区妇幼保健院新院区正式投用。新建老年社区食堂13个、养老床位758张，3个社区获评全国示范性老年友好型社区；新增公办幼儿园5所，每千人拥有3岁以下婴幼儿托位数达3.3个；成功创建全国首批医养结合示范区和全国未成年人保护示范区。社会保障有力有为。城镇新增就业4.2万人，发放稳岗补贴6985万元，助企稳岗21.4万人。建成国家智慧医保基层创新应用示范基地，基本养老保险、基本医疗保险参保率均达96%以上，筹集保障性租赁住房4280套，发放低保、特困、临时困难救助等兜底资金9898万元。文体惠民多姿多彩。文明城区创建持续深化，城市“15分钟健身圈”日趋完善，公共文化服务设施开放面积、体育场地设施使用面积居全市前列，公共文化服务活动惠及群众近100万人次。高质量举办第九届中俄青少年运动会游泳比赛、第十二届区运会等赛事活动，青少年体教融合标准化经验全国推广。社会大局平安平稳。挂牌整改销号重大隐患17处，生产安全事故和死亡人数均下降16.7%，未发生较大及以上事故，火灾总起数下降49.3%。扎实开展矛盾纠纷“大排查大起底大化解”专项行动，基层矛盾调解“一件事”等入选全国新时代“枫桥经验”优秀案例，九龙派出所成功创建全国“枫桥式公安派出所”，群众安全感指数保持在98%以上。

二、发展中存在的问题

一是有效需求未完全释放，社会投资信心不足；二是新旧动能转换不顺畅，新产业还未形成新支柱；三是主导产业转型升级仍需提速，龙头企业支撑不足，中小企业经营困难；四是城乡、区域发展不平衡不充分；五是收支平衡持续承压，民生领域仍有短板。

三、2024年发展思路

围绕“三高三宜三率先”宏伟愿景，聚焦“12345”发展思路和“四轮驱动”发展战略，坚持稳中求进、以进促稳、先立后破，强化稳进增效、除险固安、改革突破、惠民强企工作导向，始终展现大区担当，努力作出大区贡献，奋力交出在现代化新重庆建设中开创九龙坡发展新境界的高分答卷。

抢抓战略机遇，创内升外扩新局面。在服务成渝地区双城经济圈建设中形成新支撑。实施航空航天产业园、算力枢纽、氢走廊等十大项目，打造成渝地区双城经济圈重要的先进制造业基地、大宗商品贸易集聚中心。打好商圈牌、首店牌、艺术牌、赛事牌、熊猫牌，加快建设“双城圈”知名的国际消费中心区、文体旅消费目的地。在融入西部陆海新通道建设中拓展新优势。提速科学大道九龙坡段、九永高速入城段等外向道路建设，公路运输总周转量增长6%以上，形成通道带物流、物流带经贸、经贸带产业的良性循环格局。以主城港区黄磏作业区一期建成投用为契机，高起点谋划港城片区一体化发展。在落实数字重庆建设中构建新场景。加快华为赋能示范区等项目实施，提质重通服、联通5G融合创新中心等平台，发挥忽米科技工业互联网平台等创新支撑优势，擦亮“数字贸易港”“数字会客厅”等特色品牌，激活释放极狐、润泽等链主项目带动作用，全力构建全国领先、西部一流的数字生态。在推进“四轮驱动”战略中提升新能级。提速打造“轻量化材料之都”“西部氢谷”，推动中铝高端、和友实业、臻宝科技挂牌上市。大力引培机器人、软件设计、智能制造等优质赛道企业，高标准打造彩云湖数字经济产业园和中梁山产城景融合生态新区。大力发展“四首经济”“总部经济”“潮经济”，支持万象城打造“双百”商圈、杨家坪商圈重显活力、石桥铺商圈焕新腾飞、盘龙商圈新兴消费扩容提质。精雕“一园九珠”滨江生态经济带，高标准建设重庆美术公园，提速推进大平山片区开发，致力打造“三百黄金半岛”。

壮大实体经济，创现代产业新体系。紧盯高端前端提升产业质量。深入推进新型工业化，持续壮大先进材料、汽摩、高端装备、电子信息四大主导产业，力争工业投资增长14%，规上工业总产值突破1500亿元。引进培育新型金融、软件信息、研发设计、现代物流等生产性服务业集群，推动现代服务业增加值达850亿元、商贸规模迈上7000亿元台阶。锚定“轻氢航空、数创能动”八大方向开辟战新产业和未来产业新赛道，战略性新兴制造业企业产值占规上工业总产值的比重突破55%。强化集群集约提效平台体系建设。推动成渝双城国际数字贸易港提升能级，加快建设大飞机零部件装配产业园，提速建设氢燃料电池研发检测基地，推广应用氢燃料电池商用车，推动华为“一基地四园区”落地落效。深化九龙新城园区管理体制和“亩均论英雄”改革，加快千亿园区、千亿产业、千亿企业“三千工程”建设。致力稳企惠企提振企业能级。支持西南铝构建千亿级产业链迈出实质步伐，支持臻宝科技、吉利领悟等企业大力开展合资合作。完善“微成长、小升高、高壮大、大变强”梯次培育机制，合力推动龙头龙身龙尾企业扩量升规上限。实行“专案部署”“专班推进”，做好项目全周期跟踪服务，支持企业提品质、创品牌。

强化数字变革，创发展动能新突破。持续夯实科技支撑基础。加快创建国家轻金属技术创新中心，力争市级以上创新平台达420个。策划实施超轻高强镁锂合金研究等十大科创项目，深入推进高新技术企业和科技型企业“双倍增”行动计划，技术合同交易额突破70亿元。加快发展数字经济。示范推进“一链一网一平台”试点项目，以“产业大脑+未来工厂”为核心场景，提速打造产业数字化赋能中心，新增“上云上平台”企业500家。加力快推“满天星”行动计划，培育壮大工业互联网、开源软件、人工智能等特色数字经济核心产业集群，数字经济核心产业增加值增速达6%以上。纵深推进数字赋能。全面提升“141”基层智治体系实战能力，全力推进政务服务线上线下融合全国试点，聚焦多跨协同领域，加快谋划推出市场智管、商圈服务、健康护理等更多“一地创新、全市共享”的数字惠民案例。

优化市场环境，创扩大内需新空间。打造有竞争力的投资高地。用活用好“主业+配套”等六大合作模式，聚力开展以链招商、存量招商，聚焦世界500强、国内500强等精准招商，加快重大项目落地落户、投产放量，全年合同投资额1500亿元、资金到位额230亿元。打造有吸引力的消费高地。全面开展国际消费中心区建设和文旅融合试点，打造15分钟便民生活圈。推动线上线下与直播消费模式融合发展，服务业贡献达65%以上，文化产业、旅游产业增加值占比分别达6.8%、4.2%。打造有影响力的金融高地。统筹资源支持辖区金融机构发展，推动金融业增加值完成160亿元以上，银行机构存贷款规模突破6000亿元大关，以优质金融服务支持实体经济更好发展，全力打造西部金融中心产业金融集聚区。打造有亲和力的服务高地。致力打造“九久满意”一流政务服务品牌，示范提升政务服务、法治服务、市场服务、创新服务质效，健全落实常态化“三服务”机制，构建“全生命周期”集成服务体系。

深化改革开放，创区域活力新水平。提速推进重点改革。加力加效实施“三攻坚一盘活”，着力推进政府和国企“三资”全面盘活，最大限度增加有效资本、有效资产、有效资源。做实做细“惠企、援企、稳企、安企、强企”，培育更多市级百强民营企业，力争民营经济增长6%、增加值占比达60%。提升开放平台能级。做大做强有色金属、摩托车及零部件国家外贸转型升级基地，高水平建设市级跨境电子商务示范区和市级加工贸易示范区。深入推进自贸区九龙坡板块创新发展，加快推进制度型开放，落细落实跨境数据流动等3项重点改革创新清单任务，新设经营主体3300家。提振“三外”经济发展。持续扩大铝材、通机、汽摩等领域出口优势，拓展中间品贸易、服务贸易、数字贸易、跨境电商出口。落实外商投资准入负面清单和外资企业国民待遇，着力打造高质量外资集聚地，吸引外资入区并投向先进制造业和现代服务业。

突出和谐宜居，创城乡发展新路径。创新城市开发。加快建设500套保障性住房，积极争取“平急两用”公共基础设施建设。深入开展低效用地再开发国家级试点，全面推行工业项目标准地出让，力争全年完成土地出让2500亩。壮大新型建筑业，力争新增建筑业一级资质企业10家、注册地建筑业产值增长10%以上。提升城市能级。渝昆高铁九龙坡段和黄磏港一期工程年内完工，加快建设轨道27号线和中梁山大修基地，提速攻坚黄桷坪长江大桥等桥隧项目。加快推进民主村（二期）等9个更新项目，新启动28个、230万平方米老旧小区改造项目，完成违法建筑整治30万平方米以上。完善城市治理。建立完善的“数字化＋五长制＋网格化＋志愿者”管理机制，打造具有九龙坡特色的城市公共空间治理体系。安全整治人行道10万平方米、道路30万平方米，新建垃圾分类集中收集站点19座。推动乡村振兴。加快市级都市休闲现代农业产业园建设，推进“一村一特色”发展，全面提升食品和农产品加工业能级，力争实现产值100亿元、增长10%以上。

践行绿色理念，创美丽九龙新画卷。加强污染防治攻坚。纵深推进“九治”“五大环保行动”“三大保卫战”，提速入河排污口规范化建设，积极稳妥推进碳达峰碳中和，开展建设用地土壤污染治理修复，确保重点建设用地安全利用率保持在100%以上。加速生态系统治理。强化生态空间管控，深化山水林田湖草沙一体治理，加快构建“一江两山四河”复合型、立体化、网络化生态安全格局。全面推行“河长制”“林长制”，依法严控生态红线和自然资源保护地占用。精准实施生态修复工程，率先实现农村黑臭水体清零。加快绿色发展转型。提速“无废城市”建设，完善再生资源回收体系，创建“无废城市细胞”20个以上。积极探索EOD片区开发模式，加快推进“环境修复（风险管控）＋开发建设”试点。支持绿色产业和绿色企业关键核心技术攻关，积极开展国家级减污降碳协同试点建设，加快建设“绿水青山就是金山银山”实践创新基地。

坚持人民至上，创美好生活新典范。持续深化创业就业。完善“双就近”就业机制，建好用好“一场两库五平台”，确保全年新增城镇就业3.3万人以上。大力建设教育强区。加快全国首个教育强国实验区建设，加力推进优质学校建设三年行动，建成巴国城小学等7所学校，有序实施谢家湾学校临港校区、实验外语校等学校新建改建。全心守护人民健康。推动优质医疗资源稳步扩容和均衡布局，全力推进区人民医院、区疾控中心三甲创建，加快区人民医院新院区及配套建设，加快卫生健康大区向强区迈进。全面夯实民生保障。加快推动基本养老服务体系优化升级，积极开展“渝悦养老”场景运用试点。深入实施社保扩面提质、低保和救助扩围提标专项行动，兜牢基本民生保障底线。

抓实多元共治，创平安建设新成效。筑牢安全生产底线。开展安全生产治本攻坚三年行动，严管严控道路交通、建设施工、食品药品、危化品、燃气、消防等重点领域，坚决遏制较大及以上生产安全事故。切实提升防灾减灾抗灾救灾能力。积极创建国家安全发展示范城市，全面提高风险感知预警、隐患管控处置、应急指挥协调、监管执法跟踪水平。筑实社会治理基础。提速数字化基层治理体系建设，深化“五社联动”治理，推动各类平安建设力量向网格、微网格下沉集约，建强用好群防群治力量。积极开展无诉、无访、无毒、无诈等平安细胞创建，持续夯实公安基层基础，抓实社会稳定风险评估、人民建议征集工作。筑优和谐稳定环境。深入开展打击整治涉枪涉爆、电信网络诈骗、涉黄涉赌、护校安园等专项工作，持续抓好社会治安突出问题专项整治，扎实抓好未成年人保护和预防犯罪工作。推动落实属地属事责任、源头稳控措施和多元化解机制，确保突出问题、矛盾纠纷和风险因素早发现、早化解、早处置。

（执笔人：徐天、石沂灵）

南岸区

南岸区人民政府办公室

一、2023 年发展回顾

2023 年，南岸区坚持以习近平新时代中国特色社会主义思想为指导，深入学习贯彻党的二十大精神和习近平总书记对重庆的重要指示批示精神，认真落实党中央、国务院决策部署和市委、市政府工作要求，团结依靠全区干部群众，统筹推动高质量发展、创造高品质生活、创新高效能治理，现代化新南岸建设实现良好开局。

（一）推动经济运行持续恢复向好

南岸区地区生产总值增长 6.7%、居中心城区第 1。重庆经开区地区生产总值增长 8.3%、居全市第 1。全区第一产业增加值增长 2.8%、扭转了长期负增长的局面，第二产业、第三产业增加值分别增长 6.8%、6.6%，分别居中心城区第 3、第 4。规上工业总产值增长 4%，规上工业增加值增长 6%、居中心城区第 3，工业投资增长 22.5%、居中心城区第 2。社会消费品零售总额增长 6.5%。外贸进出口增长 9.3%、居中心城区第 1。实际利用外资 5218 万美元，连续六年排名全市前列。金融机构本外币存贷款余额增长 39.5%、居全市第 1。一般公共预算收入增长 15.3%，区级税收收入增长 27.4%。全体居民人均可支配收入达到 5.1 万元；农村居民人均可支配收入达到 3 万元，连续 23 年保持全市第 1。

（二）落实国家重大战略部署谋划新布局

加快融入成渝地区双城经济圈建设，制定实施十大重点攻坚任务。加快融入西部陆海新通道建设，构建并推进“135”工作体系，重庆东站主体结构封顶，重庆东站枢纽新城谋划形成“一核六区”总体布局，重庆经开区自贸试验区联动创新区综合评价获评全市第 1。加快融入长江经济带高质量发展，广阳湾智创生态城加快建设，广阳岛国际会议中心、长江书院等项目竣工，广阳岛生态修复入选全国首批山水工程优秀典型案例和中国人居环境奖（范例），南岸区获评“中国天然氧吧”，重庆经开区获评国家级绿色工业园区，美丽南岸建设迈出坚实步伐。

（三）推动产业转型升级实现新进展

加快打造“3+2”产业集群，推动维沃通信、美的通用、长江轴承等优质存量企业扩能，台达电子、鹰谷光电等项目开工，禾赛科技、星汉智能等项目投运。新增国家级专精特新“小巨人”企业 2 家，新增市级专精特新企业 53 家、居中心城区第 3。深入推动服务业加快发展，软件信息服务业、金融业等重点产业持续壮大，消费市场稳定恢复。中移物联网“五个一流”项目建成，商汤（西南）人工智能计算中心启动运营；重庆软件园获评“中国最具活力软件园”；新增企业 700 余家、从业人员 1 万余人，软件业务收入增长 21.5%。蚂蚁消费金融公司增资到 230

亿元、成为全国注册资本金最大的消费金融公司，重庆石油天然气交易中心成交金额同比增长23%，发布长嘉汇金融中心发展规划。金隅五洲皇冠、希尔顿惠庭等高品质酒店建成运营，重庆开埠遗址公园全面投用，引入“四首”经济项目44个；市规划展览馆成功创建国家4A级旅游景区，首届重马国际消费节等活动成功举办，带动消费超100亿元。

（四）科技创新和人才工作注入新动能

广阳湾智创生态城成为全市三大科创核心承载区之一，谋划推动广阳湾实验室建设。迎龙创新港建设初见成效，重庆市生态环境科技创新基地（中国环境科学研究院西南分院）启动运营；重庆脑与智能科学中心建成投用，脑科学与类脑科学重点实验室、蓝翡翠实验室启动建设。新增高新技术企业50家、科技型企业695家。全区每万人口拥有发明专利量居全市第2；高价值专利量居全市第1；技术合同交易额居全市第2。20项科技成果获得重庆市科学技术奖、约占全市的20%。人才强区加快建设，人才环境持续优化。重庆人力资本服务产业园建成投用，培训各类人员3.5万人次。重邮科技园入驻科研团队14个、研究生2000余名。发布“江南菁英”人才品牌，首批入选人才166名。组建人才服务联盟，建立北上广深人才服务中心；广阳湾通江人才社区加速建设；新引进全职院士3名、各类人才超4000人，人才队伍持续壮大。

（五）城市功能品质和城乡融合示范得到新提升

优化提升规划体系，完成国土空间分区规划编制。轨道10号线南岸段开通运行，郭家沱长江大桥及六纵线南段等重点项目持续推进。“保交楼”任务如期完成，盘活闲置超15年的江湾国际地块，完成棚户区改造1431户、老旧小区改造94万平方米，28个区级项目成功纳入全市城市更新试点项目总盘子，实现投资132亿元（居全市第3）。交通缓堵保畅扎实推进，完成上新街、南山片区路网更新，完善提升车行道20公里、人行道35公里，新增停车位2240个，新增、优化公交线路14条，建成山城步道22.7公里，新建一批社区体育公园、口袋公园、公厕，新建、改建绿地面积60万平方米，城市建成区绿地率达到56%，连续9年保持全国文明城区荣誉。

深化落实乡村振兴“四千行动”，市级城乡融合发展先行示范区现代农业示范项目启动实施，国家级健康养殖和生态养殖示范区建成投用，乡村振兴（重庆）数字产业研究院全国总部、国际辣椒联盟文化协会重庆代表处落户，峡口镇启动创建乡村振兴市级示范镇；南山街道获评全国乡村旅游重点镇，双龙村获评中国美丽休闲乡村，放牛村人居环境整治案例入选成渝地区双城经济圈乡村特色风貌保护十大典型案例。探索推进城乡产权流转交易市场化体系建设，与西南大学合作共建温铁军南岸工作室。严格落实耕地保护和粮食安全责任制，全面完成耕地保护和粮食安全年度任务。

（六）数字化统领改革迎来新突破

融入数字重庆建设提速增效，区级数字化城市运行和治理中心启动运行，涂山镇、南坪街道、龙门浩街道入选全市“141”基层智治体系试点。国资国企改革纵深推进，直管国企由8家整合为5家，重庆经开区“管委会＋公司”园区运营模式改革加快推行、“2+N”国企布局完成调整；18户存续全民所有制企业完成改革。大力促进民营经济发展，出台优化营商环境、促进民营经济高质量发展系列措施，“一件事一次办”上线高频服务事项69项、满意度居全市第6，深化“一窗综办”改革、事项进驻率达到100%，“跨域通办”受理事项超70万件，新增经营主体2万余户。镇街财政管理、国防动员等体制改革顺利完成，“亩均论英雄”改革启动实施；建立政银企沟通和融资机会清单发布机制，全年发布融资机会22项、总额超200亿元。

（七）融入内陆开放高地建设形成新成果

开放平台支撑能力持续增强，南岸自贸板块新增注册企业超900家、注册资本金超30亿元；经西部陆海新通道货运量增长55%，对东盟进出口贸易增长10.8%。外贸外资结构持续优化，建成京东智能城市（重庆）跨境电商服务中心；对外承包工程营业额居全市第1，对外直接投资额居全市第4；健全外商投资全流程服务体系，支持复洲私募基金等开展合格境内有限合伙人（QDLP）试点。中西部国际交往中心核心区、展示区加快建设，重庆经开区与英国驻重庆总领事馆、澳大利亚驻成都总领事馆缔结战略合作关系，非洲中国合作与发展协会中国区代表处及重庆代表处落户。招商引资提质增效，招商引资资金到位额超250亿元、增长18%。

（八）美丽南岸建设展现新作为

污染防治有力有效，中央生态环保督察反馈问题全部整改销号；观景口水厂一期扩建项目投用，茶园污水处理厂三期扩建项目竣工，鸡冠石污水处理厂四期项目启动建设，完成143个长江入河排污口整治，新建雨污管网58公里，长江寸滩断面水质等达标率均为100%，地表水环境质量居中心城区第3；建设用地安全利用率、危险废物和医疗废物规范处置率均为100%。生态修复持续强化，完成“两岸青山·千里林带”建设1600亩，全面完成自然保护地问题整改，整治南山区域违建126万平方米；雅巴洞江滩公园、纳溪沟“清水绿岸”治理提升工程完工，广阳岛、南山植物园被评为国家生态环境科普基地。绿色低碳转型加快推进，重庆经开区EOD试点经验两次在生态环境部作交流发言，在全市率先实现绿色节能路灯全覆盖；成功申报市级近零碳示范园区试点，创建国家级绿色工厂3家、市级绿色工厂4家，美的制冷获评国家级绿色供应链管理企业，绿色产业贡献值占GDP的比重达到32%。

（九）社会民生改善取得新成效

主题教育民生项目和市、区两级民生实事圆满完成。就业形势保持稳定，城镇新增就业5.1万人、完成率170%；国家公共就业服务能力提升示范项目建成，建设“一库四联盟”、服务重点群体21万人次。社会保障体系持续完善，城乡养老保险、基本医保参保率稳定在95%以上，城乡居民最低生活保障标准稳步提高；筹建保障性租赁住房1.2万套（间），建成“渝馨家园”残疾人之家15个。更加关爱“一老一小”，打造社区养老服务站60个、农村互助养老点21个，新增普惠性幼儿园11所、学位2640个。全国义务教育优质均衡发展区通过市级督导检查，珊瑚长嘉汇小学、江南广茂小学、广阳湾珊瑚中学建成投用，新增学位5160个。健康服务水平不断提升，市五院迁建工程基本建成，区疾控中心成功创建全市首批三级甲等疾控，区中医院成功创建二级甲等中医院，区精神卫生中心成功创建二级精神卫生中心；医保便民服务工作入选全国典型案例。文化体育事业繁荣发展，公共文化服务体系建设实现“双国标”，弹子石摩崖造像、卜内门洋行旧址等重点文物完成修葺；公共体育场馆开放率达100%，国民体质监测合格率达92.7%。社会治理效能持续提升，成功创建全国市域社会治理现代化试点合格城市，区住房城乡建委"'135'治理模式破解公租房治理难题"入选全国创新社会治理十佳典型案例。平安南岸建设持续推进，安全生产形势稳定，全年未发生较大及以上生产安全事故，安全生产与自然灾害防治工作连续17年获评优秀。扎实开展"治重化积""全民反诈"等专项行动，群众安全感指数创历史新高。

二、2024年发展思路

坚持以习近平新时代中国特色社会主义思想为指导，全面贯彻党的二十大、二十届二中全会和中央经济工作会议精神，全面落实市委六届二次、三次、四次全会和市委经济工作会议精神，按照区委十三届四次、五次、六次全会和区委经济工作会议部署，坚持稳中求进工作总基调，完整、准确、全面贯彻新发展理念，积极服务融入新发展格局，着力推动高质量发展，牢牢把握稳进增效、除险固安、改革突破、惠民强企工作导向，全面深化改革开放，统筹扩大内需和深化供给侧结构性改革，统筹新型城镇化和乡村全面振兴，统筹高质量发展和高水平安全，全面落实国家重大战略，细化落实市委、市政府部署要求，发挥重庆经开区主引擎作用，以科技创新引领现代化产业体系建设，切实增强经济活力、防范化解风险、改善社会预期，巩固和增强经济回升向好态势，持续推动经济实现质的有效提升和量的合理增长，增进民生福祉，保持社会稳定，加快建设现代化新南岸，努力为全市大局作出更大贡献。

2024年经济社会发展主要预期目标是：地区生产总值增长6%左右，规上工业增加值增长6%左右，固定资产投资增长4%，一般公共预算收入同口径增长6%，节能减排降碳指标完成市级下达的目标任务。重点抓好十个方面工作：一是融入成渝地区双城经济圈建设，加快推动区域协调发展；二是加快推动产业转型升级，努力构建现代化产业体系；三是着力扩大内需，多措并举稳投资促消费；四是加快推动科技创新和人才强区建设，打造全市科创核心承载区；五是深度融入数字重庆建设，引领带动全面深化改革；六是融入西部陆海新通道建设，持续扩大高水平对外开放；七是深入推进以人为本的新型城镇化，加快建设城乡融合示范区；八是全面融入长江经济带高质量发展战略，加快建设美丽南岸；九是坚持以人民为中心的发展思想，加快推动社会民生改善；十是全面加强政府自身建设。

（执笔人：邱雄媛）

北碚区

北碚区人民政府办公室

一、2023年发展回顾

2023年是全面贯彻党的二十大精神的开局之年，是全面建设社会主义现代化新重庆的起步之年。一年来，坚持用习近平新时代中国特色社会主义思想凝心铸魂，在市委、市政府和区委的坚强领导下，主动融入和服务国家重大战略，突出稳进增效、除险清患、改革求变、惠民有感的工作导向，聚焦“两大定位”，做好“四篇文章”，团结依靠全区人民，努力克服不利因素，全力拼经济抓发展，交出了一份“难中求成、干中有为、稳中有进”的厚重答卷。

全力以赴“稳进增效”。地区生产总值达到783.58亿元、同比增长4.3%，实现企稳回升、逐季向好；规上工业增加值、社会消费品零售总额分别增长2.8%、8%；固定资产投资总额408.12亿元；区金库一般公共预算收入30.03亿元、同比增长18.5%；全体居民人均可支配收入达到48158元。战略性新兴制造业产值占比达到67.8%，服务业增加值同比增长7.7%、增速居中心城区第2位。

全力以赴“除险清患”。统筹盘活资金资产资源，千方百计开源节流，政府债务处于合理区间，经济金融风险总体可控。全民反诈工作经验获全市推广，刑事和治安警情均同比下降16.3%，安全生产事故和伤亡人数同比分别下降25%、27.8%，初次信访化解率达到97%、居全市前列，发展的信心和底气更强更足。

全力以赴“改革求变”。生态文明体制改革获国务院督查激励，缙云山整治提升经验入选新重庆开局第一年十大工作亮点，并作为主题教育唯一正面典型案例在全市推广。北碚区获授“中国天然氧吧”称号，成功创建全国第六批节水型社会建设达标区（县），助企纾困经验获得国家发展改革委推介，小微企业知识产权质押融资做法获评全市典型案例。

全力以赴“惠民有感”。在财政收支压力增大的情况下，用于民生的一般公共预算支出仍保持在70%以上。高质量完成社区服务提升等23件市、区重点民生实事，“15分钟医保服务圈”、定制公交等惠民服务获群众点赞。“千人千岗”就业创新做法获央视新闻联播宣传报道，国家卫生区、国家慢性病综合防控示范区建设顺利通过“国考”，部门负责人“坐诊问效”等经验做法获全市推广，连续八届获得市级双拥模范城命名表彰，保交楼交付率居中心城区前列。

过去一年，面对部分产业处于下行周期、房地产市场持续低迷、存量债务迎来偿还高峰期等多重约束并存的复杂局面，我们坚持以党建统领“885”机制激发干事创业热情，在挑战中逆势而上，在困难中承压前行，在矛盾中主动变革，有力有序推动各项事业取得新成效。主要做了以下六个方面的工作。

一是聚焦聚力推动重大战略落地落实。以市委“一号工程”为总抓手总牵引，深化央地合作、坚持市区协同，抓纲带目、重点推进，确保各项重大战略部署深入实施。双城经济圈建设加快推进。深化与天府新区、绵阳、巴中、广安等地合作，梳理重大项目198项、重大政策51项、重大改革38项、重大平台35项，中国电子西部创新基地等6个项目被纳入共建成渝地区双城经济圈2023年重大项目清单。绵碚工业互联网创新发展联盟、涪江流域文化旅游发展联盟正式成立，绵碚公平竞争审查第三方交叉互评经验做法获全国推广。西部陆海新通道建设提速提效。构建“1+3+N”物流枢纽体系，东阳陆港物流园项目前期工作加快推进，普洛斯、维碚物流园入驻企业27家，静观农贸物流中心项目签约落地。经西部陆海新通道货运量达到1651标箱，货运值6.25亿元。数字重庆建设成效显现。区级城市运行和治理中心、镇街基层智治中心完成建设，数字驾驶舱、数字工作台、掌上指挥室等基础平台建成投用，城市运行管理服务平台等4个数字治理特色应用上线运行。“会海智治一件事”纳入全市第一批区县应用“一本账”，北温泉、天生、歇马3个街道入选全市第一批精细化实景呈现区域。央地合作取得突破。建立央地互访、工作互通机制，对接中铁集团、中建集团等企业40余家，签订战略合作协议8家，落地中铁开投总部基地、中建固废循环利用产业园等合作项目11个。

二是聚焦聚力推动产业发展提质提效。把制造业放到更加突出的位置，推动“存量变增量、增量变存量”，多点支撑产业格局加快构建。工业经济回稳向好。实施“稳存量、扩增量、提质量”专项行动，新增市级拟上市储备库企业4家、增资扩产企业86家。推动电子产业扭负为正，结束连续17个月的下行走势，实现产值550.68亿元。改造提升传统产业，新增“专精特新”企业79家，新建智能工厂、数字化车间8个，带动材料、装备制造等产业产值同比分别增长31.1%、7.4%。发展壮大新兴产业，新能源汽车产量达到1.2万辆，智能传感器、医药产业产值同比分别增长20.4%、15.8%，成功创建“重庆国家新一代人工智能创新发展试验区智能传感器示范区”，川仪调节阀获评“市长质量管理奖”。加速引育未来产业，举办全市空天信息产业发展论坛，成功引进火眼位置等重点带动性项目。数实融合纵深推进。持续完善工业互联网基础设施，5G基站达到3000个，建成“5G+工业互联网”新场景示范项目5个、工业互联网和大数据平台17个，工业“双碳”大数据平台入选全国“2023特色专业工业互联网50佳”。扎实推进“满天星”行动计划，北碚区科创中心获评首批市级软信“满天星”示范楼宇，规上软信业营业收入同比增长65.2%。现代服务业加快发展。新引进国元证券北碚营业部，金融机构本外币存贷总额同比增长10.3%。吾悦广场顺利开业，蔡家中央大街全铺开街，原雄风百货遗留问题稳妥处置，引进重庆首店5家、北碚首店120余家，创建“缙耘”“缙梅”等本土特色品牌，零售业销售额同比增长8.6%，住宿业、餐饮业营业额同比分别增长18.6%、17.7%。成立全市首个“文商农旅体联盟”，举办第三届中国温泉产业博览会等活动200余场，金刀峡景区获评市级智慧旅游景区。全年接待过夜游客196.5万人次、同比增长14.5%，旅游收入同比增长13.8%。农业生产保持稳定。守牢耕地保护红线和粮食安全底线，新建成高标准农田5000亩，粮食播种面积13.9万亩、产量4.5万吨，蔬菜种植面积12.9万亩、产量20万吨。联合斗南花卉打造川渝地区最大的花木交易市场——静观花木产业谷，项目一期初步建成。成功引进吉跃屠宰智能加工等项目，金刀峡鲈鱼基地入选“无抗水产盒马村”。静观镇获评首批国家农业产业强镇，柳荫镇东升村入选全国巩固脱贫攻坚成果村级实践交流基地。

三是聚焦聚力推动改革创新释放动能。始终把改革开放作为推动发展的“关键一招”，把创新作为引领发展的“第一动力”，不断激发市场活力和社会创造力。重点改革蹄疾步稳。实施“三个一批”重大改革项目59项，承接国家改革试点33个，园区开发区改革有序开展，区属板块206家规上工业企业亩均效益综合评价全面完成，区疾病预防控制局正式挂牌，财税金融、投融资体制等改革加快推进。民营经济企稳向好。出台促进民营经济高质量发展十条措施，建立“企呼我应·接诉即办”制度，解决企业困难问题1750个，兑现政策资金1.6亿元，民营企业贷款余额同比增长11.7%。稳妥高效调处涉企案件330余件，行政执法做到“无事不扰”。开工建设三圣中小企业集聚区。全年新发展市场主体15638户，5家企业入选重庆制造业民营企业100强。科创水平持续提升。新增市级科技型企业652家、市级技术创新中心2家，国家高新技术企业达到431家。综合科技创新指数连续三年居全市第一，全社会研发经费投入强度保持全市前列，重庆自然博物馆被命名为全国科学家精神教育基地。建立“1+N”校地合作发展格局，国家柑橘区域性良种繁育基地建成投用，西南大学科学中心首批示范项目陆续投用，首个转化项目纳锐高科正式投产，西南大学产业技术研究院智慧园区上线运行。促进科技成果落地转化，完成技术合同登记706项，成交金额14.5亿元。承办全球卓越工程师大赛，卓越工程师半岛项目获评全国人才工作优秀案例。开放合作互利共赢。优化调整招商引资体制机制，新引进重点项目42个，签约协议金额560亿元，实际到位资金137亿元、同比增长26%，落地开工率达到62%，中南高科实现拿地即开工。深化自贸区北碚板块建设，中新（重庆）大健康产业运营中心正式揭牌，壳牌西南地区总部项目成功入驻，佳惠玖联供应链总部项目签约落地。全年实现外贸进出口总额214.3亿元，实际使用外资1.1亿美元，均居全市前列。9家企业获评全市内外贸一体化“排头兵”，数量居全市第一，神驰机电获评内外贸产品“同线同标同质”企业，实现全市“三同”企业“零”的突破。圆满完成老挝国家元首等外宾参访接待任务。

四是聚焦聚力推动城乡发展加速融合。全面统筹、一体推进城乡融合发展，实现城市让生活更美好、乡村让人们更向往。基础设施不断完善。渝武高速复线观音峡特大桥、草街特大桥顺利合龙，渝遂高速复线缙云山隧道全线贯通，渝西高铁、成渝中线高铁、宝山嘉陵江大桥等项目开工建设，铁路枢纽东环线黄茅坪支线等项目加快推进，蔡家嘉陵江大桥获评第二批国家优质工程。建成城市道路18.4公里，打通未贯通道路3条。建设改造雨污管网34公里，新（改）建公厕、劳动者港湾20座。建成开放白鱼石公园等一批城市公园，新增城市绿地98.4万平方米。城市品质日益提升。“两久”项目处置稳步推进，卢作孚小镇等9个城市更新项目开工建设，朝阳文星村三期等4个老旧小区片区完成改造，碚都佳园公租房小区成功创建全国“美好家园”。柏林楼等14个历史文化遗址完成保护修缮，四世同堂纪念馆、复旦大学重庆旧址实现活化更新。深化“马路巡查”，数字化城管实现城区全覆盖，全国文明城区创建工作纵深推进。乡村建设全面提速。新建“四好农村路”85公里、碚东绿道20公里、农村饮水管网30公里，安装农村道路“生命防护栏”30公里，创建市级宜居宜业和美乡村示范村3个、市级乡村旅游重点村1个。组建强村公司9家，村集体经济经营性收入20万元以上的占比100%。静观镇王朴村获评全国乡村治理示范村，江东城乡融合示范片区入选全市示范工程。

五是聚焦聚力推动生态环境持续向好。加快融入长江经济带高质量发展，坚决打好长江经济带污染治理和生态保护攻坚战，绘就天蓝地绿、水清景美的美丽北碚新画卷。缙云山综合提升书写新篇。谋划构建缙云山“一心四片”发展格局，中共中央西南局旧址保护利用工程正式启动，柏林村等7个村庄规划编制完成，西门建设全面推进，生态环道（歇马段）全线贯通，新建、修复山城步道12.4公里。入选重庆市生态产品价值实现机制试点区县，环缙云山生态建设及生态产业化EOD试点项目（一期）完成招标。污染防治成效明显。打好蓝天、碧水、净土三大保卫战，臭氧、二氧化氮等主要污染物浓度持续下降，空气质量优良天数保持中心城区前列；高质量完成全国农村黑臭水体治理试点工作，高坪水库、回龙桥水库水生态修复项目全面完工，嘉陵江水质稳定保持Ⅱ类，全域功能水体水质考核达标率100%；全区重点建设用地安全利用率达到100%。全面完成两轮中央生态环保督察、市级各类督查反馈问题整改销号。绿色发展走深走实。加快推进“两岸青山·千里林带”建设，缙云山受损森林生态逐步恢复，完成营造林7600亩。稳妥推进碳达峰碳中和，建成绿色工厂10家，单位地区生产总值能耗降低率达到“十四五”年度预期目标。深化“无废城市”试点建设，全民共建体系获评全市典型案例，长江材料获评市级“无废工厂”。入选首批市级气候投融资试点，投放气候投融资贷款8.4亿元。

六是聚焦聚力推动社会事业稳步提升。树牢以人民为中心的发展思想，持续增进民生福祉，群众的获得感、幸福感、认同感不断增强。民生保障更加坚实。城镇新增就业2.3万人，超额完成目标任务。救助困难群体11.2万人次，发放救助资金8600余万元，困难群体基本生活需求得到有效保障。完成特殊困难老年人家庭适老化改造550户，困境儿童和农村留守儿童心理健康关爱服务市级试点扎实推进。养老保险、基本医疗保险参保率分别稳定在95%、96%以上。教育医疗更加均衡。学前教育普惠率、公办在园幼儿占比分别达到90%、53%以上。建成投用春晖小学等学校（园）4所，新增校舍5.8万平方米、学位4000余个。广州中医药大学第一附属医院重庆医院、市六院北部院区、市十三院蔡家院区落地建设，市九院两江分院主体完工，区妇幼保健院新院正式投用，区精神卫生中心等3家公共卫生单位通过国家二级评审，医务人员“区聘镇用”获国务院督查组充分肯定。文体事业更加繁荣。创作《巴女拓影》等一批国家级、市级文艺精品，博物馆综合利用率连续保持全市第一，中国群众舞蹈专业委员会落户北碚。建成投用青少年健康成长动商培育中心，成功举办中国网球巡回赛·西南大学公开赛、斯巴达勇士赛等大型体育赛事活动，建立全市首支女子青年足球队，职教中心学生在2023年国际跆拳道公开赛上摘夺中国历史首金，西南大学运动健儿在杭州亚运会、成都大运会上取得佳绩。

二、发展中存在的问题

同时，我们也清醒地认识到，全区经济社会发展还面临不少困难和问题，政府工作还存在一些差距和不足。主要是：投资、消费面临较大压力，企业生产经营存在不少困难，经济持续回升基础还不够稳固；主导产业增量支撑不足，新兴产业发展规模较小，产业发展能级仍不够高；债务化解任务较重，统筹化风险与促发展、保民生压力较大；基础设施、民生事业仍存在短板；干部队伍适应现代化建设的能力还需提高。对此，我们将高度重视，采取更加有力的措施加以解决。

三、2024 年发展思路

2024 年是实现“十四五”规划目标任务的关键之年，是现代化新重庆建设从全面部署到纵深推进的重要之年，是改革攻坚突破的奋斗之年。全区经济社会发展的主要预期目标是：地区生产总值增长 6% 左右，规上工业增加值增长 7%，区属板块固定资产投资增长 4%，社会消费品零售总额增长 7.5%，全体居民人均可支配收入增长 6% 以上，粮食生产、节能减排降碳等指标完成市级下达任务。为实现上述目标，我们将重点做好以下九个方面的工作。

着力建设现代化产业体系。以科技创新为引领，以制造业高质量发展为突破口，深化“存量变增量、增量变存量”，发展新质生产力，推进新型工业化。

着力扩大有效需求。激发有潜能的消费，扩大有效益的投资，形成消费和投资相互促进的良性循环，巩固经济高质量发展基础。

着力推进全面深化改革。以数字重庆建设为牵引，加快推进重点领域改革，为推动高质量发展持续注入强大动力。

着力推动开放协同发展。主动服务和融入成渝地区双城经济圈建设、西部陆海新通道建设，聚焦重点领域、重点项目深化央地合作，以开放求突破、以合作促发展。

着力提升城市功能品质。全面践行人民城市理念，推动转变城市发展方式，打造宜居韧性智慧城市。

着力抓好“三农”工作。学习运用“千万工程”经验，有力有效推进乡村全面振兴，让农业更强、农村更美、农民更富。

着力加强生态文明建设。全面融入长江经济带高质量发展，打造人与自然和谐共生现代化的区域范例，让生态成为最厚实的本底，让绿色成为最动人的色彩。

着力彰显人文城市魅力。坚持以文塑旅、以旅彰文，推进文化和旅游深度融合发展。

着力保障和改善社会民生。坚持尽力而为、量力而行，兜住、兜准、兜牢民生底线，努力把发展成果不断转化为群众的生活品质。

（执笔人：陈浩）

渝北区

渝北区人民政府办公室

一、2023年发展回顾

2023年，渝北区政府深学笃用习近平新时代中国特色社会主义思想，认真执行市委、市政府决策部署，在区委坚强领导下，在区人大、区政协监督支持下，完整、准确、全面贯彻新发展理念，积极服务融入新发展格局，主动把各项工作放在中国式现代化宏大场景和新重庆建设大局中谋划推进，加快推动成渝地区双城经济圈、西部陆海新通道等重大战略落地实施，全面服务两江新区开发开放，统筹推进高质量发展、创造高品质生活、创新高效能治理，全区经济在承压前行中螺旋式上升。2023年实现地区生产总值2442.6亿元、增长4.2%；完成规上工业总产值3512.5亿元，固定资产投资保持正增长，实现社会消费品零售总额1153.3亿元、增长10.6%，一般公共预算收入62.1亿元、增长5.4%，其中税收收入48.6亿元、增长4%。地区生产总值、规上工业总产值、固定资产投资总量均稳居全市首位。

扎实推进产业质效稳步提升。先进制造业提质扩能。年产能28万辆整车、产值500亿元的长安新工厂当年开工当年建成，OPPO成功揭榜国家智能制造示范工厂，泰山电缆、天实精工获评工信部智能制造优秀场景。再升科技产品成功应用于国产大飞机C919，获评工信部“制造业单项冠军”。康特智能终端等24个项目开工建设，松下真空节能新材料等15个项目竣工投产，工业投资增长21.8%。新增数字化车间、智能工厂24个，北斗应用获评国家级中小企业特色产业集群。新增市级“专精特新”企业93家、国家级“小巨人”企业4家，新能源汽车产量达到3.5万辆，智能手机占比达到90%，战略性新兴产业产值占比达到50%，规上工业企业利润总额增长87.7%。现代服务业扩容增效。中央公园商圈配套日趋完善，“公园里”绿廊启动建设，临空金融总部、金茂光域商业体建成投用。西南国际汽贸城新开业4S店10家，累计聚集汽车品牌27个。新引进首店首牌36家，新光天地、蘭亭新都汇获评市级“绿色商场”，紫薇路入选市级夜间经济示范街区。举办系列惠民促销活动，批发零售销售额、住宿餐饮营业额分别增长15.8%、15.2%，入选重庆国际消费中心区培育建设试点。依托新牌坊金融集聚区打造西部投资中心，新引进金融项目11个，本外币存贷款余额近1.7万亿元、增长5.2%。中远海运全面完工，中通、川航货运等项目建成运营，空港型国家物流枢纽功能持续增强。重庆动漫产业园落地发展，同泰数智入选市级文化产业示范基地，际华园获评市级智慧旅游景区，文化、旅游产业增加值分别增长21%、35%。数字经济蓬勃发展。“满天星”行动计划深入实施，新收储楼宇15.1万平方米，新增使用面积11.7万平方米，国盛IEC获评市级示范楼宇。出台“软信产业高质量发展十条”，新增软件企业近1000家，软件和信息服务业营收达到340亿元、增长21.8%。长安软件、中科创达获评国家鼓励的重点软件企业，物奇微电子斩获“中国IC设计成就奖”，“重庆地下空间数字产业基地”揭牌成立，西部首个5G智驾社区建成启用，全国首个智能网联汽车数据交易平台入驻运行。数字经济核心产业增加值达到365亿元、增长5.5%，总量居全市第一。

扎实推进改革创新蓄势赋能。重点改革落地见效。以数字化变革引领全面深化改革，区级数字化城市运行和治理中心投用，22个镇街全面完成“141”基层智治体系重构。21项国家级改革试点先行先试，成功创建全国普惠金融发展示范区，获评全国首批中小企业数字化转型试点城市。96项改革工作获国家、市级激励表扬，190余项创新做法被中央、市级主流媒体报道。全社会研发投入强度达到5.26%，跃居全市第一。积极推动数字重庆渝北实践，城市物联感知系统基本建成并升级为市级平台推广，通信保障“一件事”、民呼我为、危岩地灾防治等6个应用纳入市级试点，数智软信“一件事”进入区县名录库。深化国企改革，盘活处置闲置资产资源14亿元，空港城发集团成功获评AA+。“两个健康”先行试点有序推进，新增减税降费及退税缓费20亿元，民营经济增加值增长6.5%。争取政府债券46.7亿元，组建30亿元渝北洪泰基金，设立5亿元成渝创业投资基金。深入推进“放管服”改革，纳入“无差别综窗”事项803个、“一件事一次办”75项，“民呼我为”诉求办结6.1万件，总量居全市第一。企业开办实现“一网通、半日结、零成本”，新增市场主体3.9万户，总量突破19万户。农村产权流转交易市场建成投用，供销综合改革深入推进，集体经济经营性收入达到4.3亿元，连续四年居全市第一。创新活力持续迸发。仙桃数据谷荣获“中国数字与软件服务业匠心服务平台奖”，累计入驻科技型企业241家，营收增长22%，工信部智能汽车专精特新产业学院揭牌运营。“双倍增”行动计划扎实推进，国家高新技术企业、科技型企业总量分别达到506家、2782家。新认定市级以上研发平台42家，达到408家。科技基金累计为612家企业融资36.6亿元，19家企业入选市级科创板上市培育库。实施科技计划项目30个，万人有效发明专利达到40.7件，科技竞争力连续六年居全市第一。

扎实推进开放合作走深走实。“双圈”建设全面提速。落实市委“一号工程”，谋划实施“十项行动”“五张清单”，全方位融入成渝地区双城经济圈。川渝高竹新区总体规划通过两省市审查，产业创新中心一期等15个项目建成投用，宏辰科扬等13个产业项目竣工投产，新区产值、税收分别增长40.5%、44%，获批中国（重庆）自贸试验区联动创新区。川渝首个跨省域“社银一体化”服务网点、公积金服务实体专区、医疗服务共同体投入运营，与广安、德阳等友好城市交流合作不断深化。对口援建云阳17万平方米厂房建成投用。开放通道持续拓展。西部陆海新通道“空中走廊”建设发力提速，江北国际机场T3B航站楼结构完工，第四跑道主体工程基本完成。海航重庆分公司揭牌成立，恢复和新开国际航线12条，完成旅客吞吐量4465万人次、增长106%，居全国第六。洛碛港一期开工，两江—长寿快速通道加快建设，首条机场高铁线路开通运行。成功举办中国（重庆）临空经济大会，与双流、简阳协同推进成渝世界级机场群建设，临空产业占比超40%。开放平台优势集聚。两江协同创新区集聚新型研发机构超50家，四川美院悦来校区破土动工，武汉协和重庆医院主体结构完工。新签约中新数字合作项目5个，中新数字经济人才发展中心正式启动。悦来国际会展城举办高水平展会265场，拉动消费206亿元。新签约中广核等招商项目60个，协议引资超800亿元、到位资金317亿元，招商成效居全市前列。

实现进出口总额1666.5亿元，实际使用外资6.3亿美元，获批市级内外贸一体化发展示范区。

扎实推进城乡融合协调发展。基础设施加快完善。科学划定“三区三线”，分区规划成果持续完善，21个村规划修编成果入库。完成征地5546亩、供地1.3万亩，处置批而未供土地7781亩、闲置土地3756亩。轨道5号线北延伸段、9号线二期建成运营，博翠大道、悦港北路、鹿山隧道等城市主干道和重要节点顺利通车。空港西立交、新牌坊立交全面建成，打通断头路14条，轨道交通、城市道路总里程分别达到160公里、1337公里，居全市前列。新建成公交首末站5个，投用公共停车场5个、小微停车场20个，新增停车位5014个。疆电入渝等重大能源项目开工建设，望乡110KV变电站建成投用，新建改建电力燃气管网160公里。新建成5G基站871个、公共充电桩1020个。碑口水库主体工程完工，新建改建农村供水管网227公里，受益人口近9万人。朗玉路、双关路等普通干线公路升级改造有序实施，南北大道全线贯通，两江大道石船—统景段建成投用，成功创建“四好农村路”全国示范县。城市品质持续提升。公园城市建设攻坚行动成效明显，空港新城片区城市功能更加完善，“人、城、境、业”和谐统一的公园城市形态进一步彰显。花卉园、渝湖路片区城市更新加快推进，余松路、五金机电城路网更新全面完工。改造提升车行道17万平方米、人行道23.3万平方米。7个老旧小区改造项目加快实施，8个片区改造完工。征收国有土地上房屋1.5万平方米，整治违法建筑22.8万平方米。实施“小而美”惠民项目10个，建成劳动者港湾50个，新增山城步道11公里。石坪公园等9个公园游园建成开放，绿化美化坡坎崖59万平方米，新增城市绿地150万平方米。高分通过全国文明城区复查。乡村振兴全面推进。恢复补充耕地5512亩，复耕撂荒地1.9万亩，建成高标准农田2万亩，耕地保护红线、粮食安全底线扎紧筑牢。脱贫攻坚成果持续巩固，实施衔接项目69个，脱贫户年人均纯收入达到20152元、增长13.1%。渝广现代高效特色农业示范带启动建设，新签约涉农项目16个，新发展智慧设施农业5万平方米，新建冷藏保鲜库6个。国家数字乡村试点终期评估居西部第一。重庆都市农业创新中心落户发展，天友乳业成功创建农业农村部重点实验室。新增“两品一标”农产品4个、重庆名牌农产品14个。7家企业入选市级农产品加工“双百”企业，农产品加工业产值达到110亿元。完成农村危房改造1273户，创建市级美丽庭院250个。大盛镇、玉峰山镇成功创建“国家卫生镇”，茨竹大面坡等3个村获评市级“宜居宜业和美乡村示范村”。

二、发展中存在的问题

渝北区在经济运行管理方面取得了一些成绩，但仍然存在一些突出问题和短板，主要是：有效需求不足，企业生产经营困难较多，经济发展速度放缓，地区生产总值、规上工业总产值等指标增速未达预期；临空优势发挥不够充分，主导产业转型升级仍需提速，新兴产业发展水平不高，科技创新和人才支撑能力还不强，重点领域改革还需攻坚突破；城乡区域发展仍有差距，基础设施配套还不完善，教育、医疗、养老、托育等公共服务还有短板；财政收支压力较大；部分领域还存在一定风险隐患；少数干部能力作风还不能适应现代化建设需要，个别工作抓落实还有差距。对此，我们要增强忧患意识，增强信心底气，采取更加务实管用的措施，尽心竭力改进工作、破解难题。

三、2024 年发展思路

2024 年经济社会发展主要预期目标是：全区生产总值增长 7% 左右，规上工业增加值增长 12.5%，固定资产投资增长 5%，社会消费品零售总额增长 8%，一般公共预算收入增长 7%，城镇新增就业 5 万人以上，全体居民人均可支配收入增长高于经济增速，具体而言表现在以下几个方面。

坚定不移强改革、扩开放，不断增强发展活力。坚持以更深层次改革引领转型，以更高水平开放促进发展，推动改革开放相互促进、相得益彰，不断增强高质量发展内生动力。

坚定不移调结构、转方式，全力提升产业能级。推动经济高质量发展，首要任务是产业高质量发展，重中之重是加快构建现代化产业体系，培育发展新质生产力。

坚定不移稳投资、促消费，着力扩大有效需求。推动经济增长，消费是基础、投资是关键，要激发有潜能的消费，扩大有效益的投资，形成消费和投资相互促进的良性循环。

坚定不移强教育、抓创新，加速释放发展动能。以更大力度办教育、兴科技、育人才，加快建设教育科技强区，以科技创新“关键变量”激活高质量发展“最大增量”。

坚定不移优功能、提品质，建设宜居公园城市。全面践行人民城市理念，提高城市规划、建设、治理水平，使城市更健康、更安全、更宜居，充分彰显现代化国际大都市主客厅形象。

坚定不移补短板、谋振兴，加快建设巴渝和美乡村。以国家乡村振兴示范县建设为抓手，学习运用“千万工程”经验，持续打造绿色田园、美丽家园、幸福乐园。

（执笔人：骆皓天）

巴南区

巴南区人民政府办公室

一、2023年发展回顾

2023年，巴南区坚持以习近平新时代中国特色社会主义思想为指导，全面贯彻党的二十大精神和习近平总书记对重庆的重要指示批示精神，认真落实党中央、国务院决策部署，完整、准确、全面贯彻新发展理念，积极服务和融入新发展格局，主动把巴南工作放在中国式现代化宏大场景和现代化新重庆建设的整体布局中谋划推进，突出稳进增效、除险清患、改革求变、惠民有感工作导向，统筹推动高质量发展、创造高品质生活、促进高效能治理，全区经济社会发展呈现稳中向好良好态势。全年地区生产总值1094.1亿元、持续保持全市前十位，同比增长5.2%。规上工业总产值981.8亿元，增长3.1%。固定资产投资增长6.3%，居中心城区第二位。社会消费品零售总额508.8亿元，增长7.5%。一般公共预算收入43.2亿元、增长7%。全体居民人均可支配收入4.9万元，增长4.6%、居中心城区第二位。银行业金融机构本外币存贷款余额2555.2亿元，增长8.2%、居中心城区第五位。主要抓了以下六个方面工作。

着力扩大内需，经济增长呈现新态势。招商引资综合排名连续11个季度居全市第一，新签约项目108个，到位资金309亿元、增长10%，落户上市企业项目8个，引进凌创智能等50亿级引领性项目3个，10亿级以上先进制造业和亿元以上生产性服务业项目63个。新开工科瑞制药等市区重点项目119个，落地开工率91%、居主城都市区第一位。智翔金泰、美利信科技成功上市，新增上市企业数、融资规模均居全市第一位。消费回升跑出“加速度”，举办“陆海之约·畅享巴南”主题活动季，带动消费超100亿元。文化旅游驶入恢复发展“快车道”，规上文化体育娱乐业营业收入增长33.7%。实现旅游综合收入188亿元，增长26%；过夜游客188.5万人次，增长106.9%、高于全市平均18.8个百分点。演艺经济按下复苏“快进键”，华熙举办大型活动场次占全市的93%。

着力产业升级，经济质效再上新台阶。全力打造“1246”先进制造业集群体系，先进动力装备入选国家中小企业特色产业集群，实现工业增加值325.8亿元，增长3.8%。工业投资134.3亿元，增长18.3%。生物药品制品制造创新型产业入选国家创新型产业集群，获第四张“国家级名片”。重庆国际生物城入选成渝地区双城经济圈产业合作示范园区，完成投资96亿元、增长20%，实现产值142.8亿元、增长2.8%。在研创新药物53个，其中进入Ⅲ期临床试验9个，均占全市的3/4。公路物流基地获批国家骨干冷链物流基地、国家示范物流园区、国家电子商务示范基地、商贸服务型国家物流枢纽，助力重庆成为全国首个“五型”国家物流枢纽城市，实现交易额1129亿元、增长8.5%。电子商务交易额750亿元、增长23.4%。

着力数字重庆建设，高质量发展驶入新赛

道。数字经济核心产业规模突破800亿元，居全市第二位。新增智能工厂和数字化车间14家，总数居全市第五位。落实软信产业“满天星”行动计划，实施“星十条”政策，推进巴南软件园建设，入驻数字产业企业112家、实现产值7.7亿元。星理座、星洲座入选全市“满天星”示范楼宇，星云座建成全市唯一的大数据成果转移转化中心。在全市率先实行“城市大管家”改革并上线智慧城管系统，入选全市经济领域改革典型案例。试点推行“巴小智”乡村治理数字化服务，群众满意度100%。“巴巴实”企业服务云平台覆盖川渝13个区县，注册企业6.1万家，助企获贷超8.1亿元。建成全国首个农业产业互联网“耘间”农服平台，“耘农机”“耘农资”上线运营并在全市推广。

着力改革创新，高质量发展凸显新优势。全社会研发投入强度3.43%、居全市第六位，高于全市平均1.07个百分点。新增科技型企业894家，总量达5395家、居全市第一位。培育市级及以上创新平台145个。新授权发明专利452件、增长35.3%，有效注册商标达2.6万件、增长11.4%。实施“巴方来才、南得有你”人才工程，引进高素质人才700余人。成功创建全国科普示范区。开放能级持续提升。进出口总额124.9亿元，增长1.2%、居中心城区第二位。落地重庆RCEP投资贸易服务中心，联动11个海外分中心。揭牌运营西部首个中国—东盟物流行业对接基地。推动“一区两群”对口协同发展，助力丰都乡村振兴、招商引资。市对区营商环境考核稳居主城都市区第一阵营。在全市率先推行“一窗综办”改革，1300余个事项实现“一门一窗一次”服务。新增市场主体2.19万户，增长22.8%。

着力城乡融合，高品质生活展现新画卷。轨道交通24号线、27号线提速建设。渝南大道D段南段二期建成投用。实施路网更新改造项目41个，新建次支干道21.3公里。新增万达—旭辉等人行天桥5座、停车位2806个。完成老旧小区改造183万平方米。深入推进国家城乡融合发展试验区、国家农村产业融合发展示范园建设。在全市率先实现农村建设用地入市出让，带动社会资本下乡2.2亿元。成功试点进城农户“四权”退出，实现农村产权流转交易1.8万余亩。二圣集体村在全市率先实现城市人才入乡落户。规上农产品加工业产值125.6亿元，增长5.8%。建成订单火锅优质配料基地1万亩，打造“巴实毛肚”品牌。建成种养殖智慧农业基地7个，打造“耘农我有+”认养农业品牌。脱贫攻坚成果持续巩固提升，集体经营性收入10万元以上的村达100%。

着力改善民生，群众生活水平得到新提升。民生支出65.7亿元，占一般公共预算支出的82.4%、创三年来新高。专项安排19亿元办好民生实事。养老、医疗保险参保率分别稳定在97%、95%以上，低收入人口参保率达99%。长期护理保险参保28万人，长期照护服务惠及3720人、居全市第一位。城镇新增就业2.59万人，高校毕业生就业率94.6%。通过国家卫生区复审现场评估，国家卫生镇覆盖率达71.4%、居全市第四位。市七院升格三级综合医院，区精神卫生中心获批三级精神卫生中心。全力推进安全发展示范城市建设，获评首批全国社会治安防控体系建设示范城市。率先组建数字化城市运行和治理中心，入选国家城市治理风险清单管理试点城市示范区。“一书一令”纠纷调处机制入选全国“枫桥式工作法”。

二、发展中存在的问题

我们也清醒看到，对照2023年政府工作报告确定的目标，部分指标未达到预期，全区经济社会发展还存在一些困难和挑战，主要是：有效需求动力不足，投资、消费等还缺乏新的重要增长点；产业转型升级任务繁重，制造业龙头企业带动不足，产业新赛道尚在培育；重大项目储备、实施和管理统筹不足，龙头项目落地偏少，开工投产项目不多；城市更新提升面临不少难题，乡村全面振兴还有大量工作要做；就业、教育、医疗、托育、养老、住房等民生事业还有不少短板，增加居民收入还需付出更多努力；安全生产、防灾减灾压力较大，丝毫不能松懈；部分领导干部担当意识、风险意识、底线思维不强，发现问题、解决问题的能力和水平不高。

三、2024 年发展思路

全年经济社会发展主要目标是：地区生产总值增长 6% 左右，规上工业增加值增长 7%，固定资产投资增长 4%，社会消费品零售总额增长 8%，一般公共预算收入增长 6%。全体居民人均可支配收入增长 6% 以上，调查失业率控制在 5.5% 左右，社会事业与经济建设协调发展。重点抓好以下九个方面工作。

聚焦全市“一号工程”，为国家战略腹地建设贡献力量。加快实施“1+10 行动”，迭代更新“五张清单”。扎实推进重点合作事项落地和重大项目建设，加快共建全国一体化算力网络成渝国家枢纽节点，提升成渝花木大数据交易平台，积极承接服务成渝“氢走廊”建设，成渝跨境公路班车联盟发运货值超 60 亿元。实施交通通信、畅游巴蜀等十大便捷深化行动，加快落实“川渝通办”“跨省通办”事项，提升公共服务一体化水平。推动与温江区合作扩面提档。

加快构建现代化产业体系，发展新质生产力。全力推进工业强区建设，加快建设“1246”先进制造业集群体系，战略性新兴制造业增加值增长 6%。大力培育工业设计、现代金融、文化创意、科技服务、法律咨询、检验检测等生产性服务业，积极引进总部型、功能型生产服务机构，服务业增加值增长 6%。做好科技金融、绿色金融、普惠金融、养老金融、数字金融五篇大文章。积极构建产业链条、创新生态、应用场景，争创全市低空经济先行示范区。

稳投资促消费，激发需求潜力和市场活力。加快推进重点项目民生工程建设，完成投资 215 亿元。配合推进渝湘高铁、渝万高铁、渝赤叙高速建设，推进渝黔高速复线连接道、李家沱长江复线桥南引道、新燕尾山隧道、鹿角隧道及东延伸段、轨道交通 24 号及 27 号线等项目，渝湘复线高速巴南段建成通车。实施招大引强攻坚行动，强化“一把手”带头招商、“链长”靠前招商。开展“消费促进年”系列活动，办好“陆海之约 · 畅享巴南”主题活动季。扎实开展“巴心助企巴实服务”行动，着力优化民营经济发展环境。深化涉企“一件事”全程网办，新增市场主体 1.3 万家以上。

加快数字重庆建设，释放高质量发展新动力。全面落实数字重庆建设部署要求，加快推进“1361”建设重点任务，坚持急用先行、久久为功，打造更多实战实用标志性成果。深入实施“满天星”行动计划，全面落实“星十条”，数字经济核心产业规模实现 850 亿元。着力打造“巴南软件园”品牌矩阵，星渝座、星湾座建成投用，引进软信企业 40 家以上，软信产业规模 30 亿元。用好一体化智能化公共数据平台，提升数字赋能水平。建成投用腾龙超大型数据中心、国家“数字住建”西部灾备中心。

深化改革开放，厚植可持续发展新优势。全面落实“三攻坚一盘活”改革部署，加强各项改革衔接配套、系统协同。加快实施“双倍增”行动计划，科技型企业新增500家，高新技术企业达330家。落实加快建设西部陆海新通道五年行动方案，开展建设商贸服务型国家物流枢纽专项行动。实现进出口额增长3%，实际使用外资增长10%。做大通道贸易，深化与共建“一带一路”国家的经贸合作，深入实施外贸高质量发展行动计划。推进区域协同发展，深化与海南三亚市、天津南开区合作；扎实开展“一区两群”对口帮扶，推动与丰都县协同发展走深走实。

系统提升城市能级，打造高品质生活宜居地。高水平实施国土空间分区规划，推进国际生物城、大江科创城等重点片区详细规划编制，深化城中村改造规划和重点片区城市设计。培育和践行社会主义核心价值观，深入实施文明素养提升、诚信教育实践等六大工程，全力冲刺全国文明城区创建。深化城市管理综合行政执法改革，强化城市规建管协同。

聚力推进乡村全面振兴，加快建设巴渝和美乡村。坚决落实耕地保护和粮食安全责任制，实施高标准农田建设1.87万亩，粮食播种面积、产量稳定在56.81万亩、21.86万吨以上。因地制宜做好“土特产”文章，加快建设“双高”农业先行区，培育壮大“一主两辅”特色产业。深化国家城乡融合发展试验区建设，加快打造白象山城乡融合发展核心示范片区，扩面推进农村建设用地入市、城市人才下乡落户改革，推进宅基地盘活利用和自愿退出改革试点。持续深化农村“三变”改革。

扎实推进美丽重庆建设，促进绿色低碳转型。实施长江经济带污染治理和生态保护攻坚战行动，打好“九治”主动仗，制定“一治一方案”，推进38项重点任务落实落细。打好蓝天保卫战、碧水保卫战、净土保卫战。坚持山水林田湖草一体化保护和系统治理，持续推进生态文明建设示范区、“两山”实践创新基地创建。强化生态空间保护，深入实施“三线一单”生态环境分区管控，落实生态保护红线监管执法制度。单位地区生产总值能耗下降3%，二氧化碳排放持续下降。

坚持民生为本，让群众生活更巴实。城镇新增就业2.25万人以上，应届高校毕业生年底就业率达90%以上。落实中等收入群体倍增计划，多渠道增加居民劳务性和财产性收入。深入实施全民参保计划，基本养老、基本医疗保险参保率分别稳定在97%、95%以上。推动创建义务教育优质均衡发展区。推进紧密型城市医疗集团国家试点。实施“公共文化新空间”行动计划。坚决防范化解重大风险，打好除险固安“六大攻坚战”，加快安全发展型示范城市建设。实施安全生产治本攻坚三年行动，推动重大事故隐患动态清零，坚决遏制较大及以上安全事故。

（执笔人：简大建）

长寿区

长寿区人民政府办公室

一、2023年发展回顾

2023年，长寿区扎实开展学习贯彻习近平新时代中国特色社会主义思想主题教育，强化党建统领，坚决落实市委稳进增效、除险清患、改革求变、惠民有感工作导向，以成渝地区双城经济圈建设为总抓手总牵引，全面贯彻市委、市政府战略部署和区委工作要求，经济社会总体呈现稳中有进、稳中向好。全年实现地区生产总值956.7亿元、增长7.1%，规上工业总产值1577.9亿元、增长6.2%，完成固定资产投资346亿元、增长11.5%，社会消费品零售总额338.7亿元、增长9.2%。

积极融入成渝地区双城经济圈建设，区域协调发展纵深推进。着力打造便利交通圈。合广长高速纳入川渝高速路网规划，两江新区至长寿快速通道8个作业面同时施工，乐温大桥实现通车。渝宜高铁长寿至涪陵段完成项目初设，广涪柳铁路前期工作加快推进，明月山绿色发展示范带西部陆海新通道铁海联运班列成功首发。着力打造协同产业圈。承办明月山绿色发展示范带、合广长协同发展示范区党政联席会。中航油西南战略储运基地等12个项目被纳入年度川渝合作共建项目库，数量居全市第一。长寿经开区获批成渝地区双城经济圈合作示范园。着力打造宜居生活圈。成立“行知行”教育共同体、心育共同体，15所学校加入双城古道教育协同联盟。建立合广长环评会商、突发环境应急联动等机制，龙溪河环境综合整治与生态保护等10个重点项目有序推进。

深入实施“3113”项目攻坚行动计划，“两地一城”建设奋进成势。加快建设具有全球影响力的新材料高地。签约PVA光学膜、偏光片及研发中心等新材料项目22个，76个项目开工，82个项目有序推进，恩捷高性能锂电池隔膜等市级重点项目全部投产、新增产能450亿元。在全市率先建成投用能源数据中心，长寿经开区在国家级经开区综合发展水平考核评价中蝉联全市第一的位置。加快建设世界级运动康养旅游目的地。举办“国际博物馆日”川渝主会场活动等20余场大型文旅活动，承办国际棋联女子世界锦标赛对抗赛等重要赛事31场，获评市级体育旅游试点城区。全年接待游客人数和旅游收入分别增长20.4%、18.1%。加快建设中国长寿生命科学城。完成中国长寿城全域空间战略规划、城市品牌战略规划。建成“北斗+新型智慧城市”项目，实现重点区域5G全覆盖。引进火石数智等18家数字健康企业，打造癌症防治中心和西部康复医疗高地。

积极融入西部陆海新通道建设，对外开放与合作走深走实。提高内畅外联水平。制定加快建设西部陆海新通道五年实施方案，谋划物流通道枢纽及产业项目27个。成功开行中欧班列（成渝）长寿多式联运集结中心班列。长寿经开区获批重庆市内陆国际物流分拨中心暨“一带一路”进出口商品集散中心示范基地。提升通道运输能效。加快构建江海联运和西部陆海新通道枢纽节点，深化与宁波舟山港、长航集团市场运营合作，长寿港纳入全市8个重点港区之一，完成重钢泊位功能改造提升、化工码头改扩建工程。“疆煤入长”铁水联运实现首发，经西部陆海新通道铁海联运班列发货货运值达4.5亿元，港口货物吞吐量、铁路货运量分别增长9.6%、16.3%。深化对外经贸合作。携手浙江中国小商品城集团共建重庆义乌数智产业园，探索打造重庆外贸全球供应链数字化服务平台。实现外贸进出口101亿元、离岸服务外包1.5亿美元，外商直接投资1096万美元。

全力推动制造业高质量发展，创新生态持续优化。优化产业布局。积极融入全市“33618”现代制造业集群，形成“1+3+2”产业发展格局，规上工业总产值1577.9亿元、增长6.2%，规上工业增加值增长8.6%。实施“十百千万”领航行动，做强天然气化工新材料、硅基新材料、新能源材料三大核心产业链，先进结构材料获评首批市级战略性新兴产业集群，百亿级种子企业增至16家。盘活存量用地1700余亩，工业用地地均产值、规上工业企业税收率高于全市平均水平。加快智改数转。建成合成材料制造业标识解析二级节点平台，120家规上工业企业上云上平台，数字化研发设计普及率达100%。实施智能化改造项目56个，建成智能工厂1家、数字化车间11个、5G全连接工厂1家。强化创新支撑。谋定科技创新“1416”总体布局，R&D经费投入强度超过全市平均水平。新培育高新技术企业54家、科技型企业289家，专精特新中小企业38家、专精特新“小巨人”企业2家。引进院士1人、市区级人才计划专家204名。

全力提振有效需求，市场主体活力加速释放。促进消费恢复提升。完成金科美邻汇等商圈智能化改造，打造时代中心“光合梦工厂”等网红潮玩夜市。组织房交会、汽车展销会等系列展销，汽车、商品房销售额分别增长24%和22.8%。积极扩大有效投资。全年签约10亿元及以上项目18个，市外项目资金到位额同比增长19.8%。发行新增政府专项债券24亿元，42个年度市级重大项目超额完成投资计划，领新新能源0.5GWh电池生产线等18个项目当年开工、当年投产。激发市场主体活力。出台优化营商环境改革27条举措，获批全国第四批社会信用体系建设示范区，新增减税降费5.7亿元、留抵退税5.8亿元。构建“1+6+N”全周期企业服务工作体系，税收超千万元“四上”企业净增13家，江苏双象等19家企业追加投资81亿元，民间投资逆势增长17.6%。

积极推进数字重庆建设，全面深化改革释放发展活力。系统构建发展骨架。确立打造中国西部数谷“11538”总体格局，落地一体化智能化公共数据平台，建设数据交易中心，引进数商58家，重庆长寿制造业数字化转型赋能中心建成投用，数字经济核心产业增加值增长10%。着力提升治理效能。数字化城市运行和治理中心建成投用，“141”基层智治体系覆盖全部镇街，“网格卡”和社区专职网格员人选库做法在全市推广，在全市率先实现“区—镇（街）”两级中心事件流转贯通，村社赛马智治平台上线运行。集成推进重点改革。开展国家级试点项目21个、市级试点项目56个。搭建长寿产融服务平台，上线金融产品49个。“龙头企业+孵化”双创特色载体获评“2022十大重庆经济改革创新案例”。

全力推动城乡融合发展，城乡面貌持续改善。提升城市功能品质。建成投用桃花大道景观带等27个城市品质提升项目，新增口袋公园2个、城市绿地66万平方米。制定实施城市更新方案，启动17个老旧片区改造，建成城区垃圾分类示范小区30个。推动乡村全面振兴。坚决守住“三条底线”，建设高标准农田8.5万亩，整治耕地“非粮化”2.5万亩。新建“四好农村路”50公里，建成农村生活垃圾分类示范村136个，完成农村小水厂水质提升改造。启动4个场镇品质提升规划编制工作，获评市级宜居宜业和美乡村3个。

全力推进美丽重庆建设，幸福城市美丽乡村更可感知。打好蓝天碧水净土保卫战。提前两年完成“十四五”大气污染物总量减排任务。长江长寿段保持Ⅱ类水质，城乡饮用水源地水质达标率100%，桃花溪是全市唯一入选全国幸福河湖创建试点的。启动“无废化工园区”试点，固危废处置能力全市领先。加强生态空间管控修复。全面启动“三城联创”，“三线一单”减污降碳协同管控国家试点经验获新华社报道。建设“两岸青山·千里林带”约2.2万亩、碳汇林2600亩。47个生态保护修复项目有序推进，修复“四山”矿山生态525亩，水土保持率超过75%。大力推进绿色低碳发展。完成西藏绿电入渝首单交易，新增国家级绿色工厂5个。投用全市首座一站式重卡换电站、川维化工西南地区最大供氢中心，单位地区生产总值能耗下降3%。碳交易市场履约数量、金额和碳减排量均居全市前列，绿色贷款余额增速达38.5%。

全力增进民生福祉，群众获得感成色更足、幸福感更可持续。突出抓好就业增收。强化稳岗扩容，实现城镇新增就业2万人，全体居民人均可支配收入增长5%。新建国家级、高级技能人才培训基地，劳动争议纠纷一站式处置平台获评全国突出基层劳动人事争议调解组织。完善社会保障体系。深入推进全民参保计划，养老保险、医疗保险参保率均保持在97%以上。新增四叶级养老机构2家，完成1050户困难老人居家适老化改造和600户滨江区域危旧房产权置换。优化公共服务。实施基础教育品质提升计划，普惠性幼儿园覆盖率达94.1%，建成幸福学校试点校21所。区精神卫生中心成为全市首家标准化三级精神卫生中心，全国健康区创建通过市级技术评估。

全力推动平安长寿建设，高质量发展根基夯实筑牢。防范经济金融风险。出台6项国资国企管理制度，完成国有“三资”盘活41.1亿元。依法严厉打击非法集资、“伪私募”等违法行为，查处涉嫌非法集资企业5家，清退资金600余万元。坚守安全防范底线。创新出台“两个职责清单”，危化企业隐患深度治理“七步法”在全国推广，代表全市接受国务院安全生产和消防工作考核巡查。气象智能预警信息发布系统获气象局肯定。林火视频智能监控系统建成投用，全年森林火灾零发生。维护社会和谐稳定。常态化开展全民反诈、扫黑除恶等专项行动，群众安全感指数98.6%。完成信访工作法治化试点任务，中央联席办交办“治重化积”案件全部化解。

二、发展中存在的问题

同时，发展中仍然存在一些突出问题和短板，制约经济发展进一步回升向好。一是新兴产业、未来产业发展任重道远。宏观经济有效需求不足，传统行业结构性产能过剩，新材料、新能源项目受市场环境影响落地率不高。二是消费增长缺乏新动能。传统商业商务占比高，缺乏智慧型、数字型、平台型企业。三是资源要素保障不足。能源价格偏高、土地指标紧缺等限制性因素导致重大项目推进困难。

三、2024年发展思路

坚持稳中求进工作总基调，完整、准确、全面贯彻新发展理念，牢牢把握稳进增效、除险固安、改革突破、惠民强企的工作导向，积极服务和融入新发展格局，统筹高质量发展和高水平安全，追求卓越、争创一流，聚精会神、脚踏实地，聚力实施“3113”项目攻坚行动计划，加快建设“两地一城”，奋力书写新时代新征程新重庆长寿华章。

突出稳进增效工作导向。全面融入国家重大战略。积极推动成渝地区双城经济圈建设，协同推进合广长、明月山两大功能平台建设。积极融入西部陆海新通道建设，争创国家首批物流枢纽经济示范区。抢抓国家战略腹地建设政策机遇，争取央企、龙头企业在长寿区布局关键核心生产基地、重大研发平台。坚定不移发展先进制造业。深度融入全市“33618”现代制造业集群体系，培育壮大战略性新兴产业，改造提升传统产业，布局建设未来产业，推动产业高端化、智能化、绿色化发展。加快培育发展新质生产力。深度融入全市“416”科技创新战略布局，深入实施高新技术企业和科技型企业“双倍增”计划，加强关键核心技术和共性技术集成攻关。

突出除险固安工作导向。维护经济金融安全。坚持遏增量、去存量，系统防范化解金融风险，加快高风险企业资产处置、债务重组和司法重整。加强全民反诈，打击电信网络诈骗。维护公共领域安全。扎实开展危化工贸、燃气消防等重点领域排查整治，完善公共卫生应急指挥体系，强化气象监测预警，加强洪涝、地灾隐患监测和危岩地灾治理，进一步提升响应处置能力。维护社会稳定安全。持续完善社会立体化防控体系，推动公共安全治理模式向事前预防转型。深化大调解体系建设、信访制度改革，加强矛盾纠纷动态排查、源头防控。全力护航党的二十届三中全会顺利召开。

突出改革突破工作导向。推进数字重庆建设打造中国西部数谷。加快建设重庆数据要素产业集聚区，试点建设全市“经济·产业大脑能力中心”线上平台，积极申报“双碳”、化工和医药3个产业大脑，启动建设博腾、中润等6家未来工厂。高质高效完成“三攻坚一盘活”改革任务。培育打造信用评价3A级国有公司和核心竞争力强的现代新国企，大力推进央地合作、股权经营等市场化资产模式促进国有资产盘活。统筹推进重点领域改革。以经济体制改革为牵引，梯次推进“三个一批”重点改革项目，抓好标志性改革典型案例培育。

突出惠民强企工作导向。实施高标准市场体系建设行动计划。坚持抓大扶小育新并举、国有民营外资并重，深化营商环境改革创新试点，常态化落实“三服务”机制，促进经营主体充分迸发、市场活力充分涌流。推进城乡融合发展。统筹实施“三大工程”建设，外提品质、内增底蕴，打造宜居韧性智慧城市。坚持“一体两面”推进世界级运动康养旅游目的地建设和乡村全面振兴，加快建设巴渝和美乡村。实施全民全生命周期管理“人人长寿”行动计划。扎实推进24项重点民生实事项目，抓好重点群体就业创业，着力解决“一老一小”问题，推进教育、医疗、养老优质均衡发展。推进美丽重庆建设打造幸福城市美丽乡村。全面启动国家生态园林城市创建，深入推进桃花河“幸福河湖”建设，筑牢“百湖之区·生命之城”生态本底。以“九治”为重点全力打好污染防治攻坚战，全面推动产业、能源、交通等领域的绿色低碳转型发展。

（执笔人：韦庚延）

江津区

江津区人民政府办公室

一、2023年发展回顾

2023年，江津区实现地区生产总值1401.6亿元、增长7%；规上工业总产值1953.3亿元、增长8%；固定资产投资478.9亿元、增长10.4%，其中制造业投资202.2亿元、增长15.2%；社会消费品零售总额455.6亿元、增长9.5%；一般公共预算收入67.96亿元、增长0.5%；本外币存贷款余额2735.1亿元、增长13.3%；全体居民人均可支配收入41243元、增长5.4%，主要经济指标总量或增速保持渝西前列。

一是强力推动经济回升向好。抓项目促投资，新引进华健未来创新医药等50亿元以上重大产业类项目9个，新开工南侨淡奶油、顾家整体家居等工业项目193个。渝昆高铁江津北站、成渝铁路公交化改造江津站等配套站场开工，市郊铁路江跳线过江段、燕子岩隧道、李家湾隧道等重要控制性工程进展顺利。稳主体显活力，新增减税降费15.1亿元，财政直补企业5.3亿元。新发放贷款441.5亿元，平均利率同比下降61个基点，为企业节约融资成本2.7亿元。落地“一件事一次办”集成服务63项，实现“无证明”办理事项129项。全年新增规上工业企业36户、限上商贸主体97户，总量分别达587户、1064户，均居全市第一。新增市场主体2.2万户，总量达13.5万户。民营经济增加值占GDP的比重达到65%。增氛围暖消费，实施消费提振行动，开展形式多样促销活动200余场次、带动消费超10亿元，批发业、零售业分别实现商品销售额968.8亿元、309.3亿元，增长16.8%、11%。商品房销售止滑回升，房地产投资增长7.7%。双福成功创建夜间经济市级示范区，鼎山“莲花市集”获评全市最受欢迎十佳市集。猫山采茶节、贾嗣桑葚采摘旅游文化节、“造趣生活节”“巴山蜀水·运动川渝”体旅休闲消费季活动丰富多彩。“江小白·梅见”获评全市食品及农产品加工业十大爆品。

二是迭代升级现代产业体系。推进工业集聚提质，牢固树立工业为要、大抓工业鲜明导向，着力构建“3+3+X”现代制造业集群，全区工业总产值突破2200亿元，工业增加值603.2亿元、增长7.5%，占GDP的比重为43%。山地丘陵智慧农机特色产业获评国家特色中小企业集群，全年生产农机180万台、居全市第一。工业园区集聚度97.9%，新增先锋食品加工、油溪新型建材市级中小企业集聚区。实施“五大倍增”行动取得成效，全年新增10亿级企业6户，全区亿元级以上企业达到278户。加快数字经济发展，新增数字化车间和智能工厂16个。实现规上战略性新兴产业产值467.5亿元、增长10.6%，规上数字制造业产值229.5亿元、增长15.7%。威马农机成功上市，实现本土企业上市零突破。推进服务业扩容升级，万达莲花石坊、吾悦新印象主题商业街开业，新增商业面积10万平方米，引进知名首店30家。新增重庆老字号3家。国家商品市场优化升级试点通过预验收，专业市场流通额超 800 亿元。建成“津选津品”供应链平台，全区电子商务交易额达 230 亿元。“1+30+N”区、镇、村三级电商站点体系入选全国农村直播电商优秀案例。知识价值信用贷款累计放款金额居全市第一，落户全市首家科技银行，金融业增加值占 GDP 的比重达 4.5%。建成农文旅商综合服务平台“云端四面山”。推进农业培优做特，坚守粮食安全底线，粮食播种面积 145.3 万亩、产量 64.4 万吨。统筹粮食生产和特色产业发展，新增粮油绿色高质高效生产基地 15 万亩，建成全市最大甘薯品比园。实现农业总产值 197 亿元、食品及农产品加工业产值 280 亿元。江津枳壳、江津甜橙获评全国名特优新农产品，江津花椒入选全国农业品牌精品培育名单，全国唯一的花椒 SGS 认证中心落户江津。获评全国休闲农业重点区。产业结构调整为 9.9 ：56.2 ：33.9。

三是系统重塑发展动能。纵深推进改革，数字重庆建设全量化完成两轮核心业务梳理，谋划“一件事”特色应用场景 36 个，区、镇（街）两级治理中心实体化运行。园区开发区体制改革走在全市前列，园区开发区由 8 个整合为 3 个，重组科创产业集团等市场化运营公司 3 家，成立 30 亿级渝津联动基金。亩均论英雄改革入选全市第二批主题教育以学促干推动发展典型案例，新盘活低效用地 800 余亩、消化闲置厂房 11.5 万平方米。扩大对外开放，江津综保区获批自贸区联动创新区，引进香港帝威存储器全球维修、菜鸟天猫国际保税自营仓等项目 21 个，保税租赁、保税研发等新业态实现零的突破，保税加工占比达 50%。建立泰国海外仓，联合老挝北方四省成立木薯贸易联盟，“一带一路”商品展销中心开业运营。全区实现进出口总额 230.1 亿元，其中江津综保区实现进出口总额 141.9 亿元。强化科技创新，环重庆交大创新生态圈加快建设，标能瑞源储能技术研究院、智慧交通研究与协同创新中心等创新平台落地，西工院重庆产业基地等项目开工，公共运输学院二期等项目建成，重庆交大桥隧在线检测科技成果产业化推广，新增市级以上创新平台 17 个，建成市级以上研发机构 90 家。新培育高新技术企业 156 户、科技型企业 586 户，全社会研发经费投入增长 15%。建立首个科技成果库，专利密度为 20 件 / 万人。柔性引进国家顶尖专家领衔的产学研协同创新团队 3 个，新增科技特派员创新创业示范基地 7 个，引进高层次人才 477 名。“科技副总”进企业获评全国人才工作创新最佳案例。综合创新竞争力主城新区第一。

四是整体提升城乡品质。加强城乡规划引领，高质量编制国土空间分区规划（2021—2035 年）和核心板块规划，基本划定“三区三线”，锁定城镇开发边界规模 186 平方公里，国土空间“一张图”加快实现。加力和美乡村建设，打好耕地保护攻坚战，恢复补足耕地 1.3 万亩，在全市率先超额完成预判任务，全面完成 2023 年度国家卫片执法整改，完成永久基本农田划定成果核实处置 1.9 万亩。持续开展“四提三改”行动，建成农村公路 108 公里、入户便道 316 公里，改造农村危房 376 户、户厕 2578 户，打造“津彩大院”12 个。获评国家传统村落集中连片保护利用示范区。村级集体经济组织平均经营性收入 54.9 万元。加快宜居城市建设，58 个宜居城市建设项目完成投资 21.7 亿元，市郊铁路江跳线与轨道交通 5 号线贯通运营、运量突破 1000 万人次，田家炳中学人行天桥、滨江二路等建成投用，滨江体育公园、篆山坪儿童公园等建成开放，新建口袋公园 4 个。建成小微停车场 21 个，新增停车位 2590 个。改造城镇老旧小区 31 个、棚户区 116 户，更新保障性住房燃气管道 1 万余户、老旧供水管网 20 余公里。

五是全面建设美丽江津。推进河长制林长

制，全区 220 个入河排污口整改销号，国控、市控断面水质全部达标，16 个水功能区水质达标率 100%。几江街道、德感街道入选全市长江禁捕一件事应用首批试点。完成国土绿化营造林 6.8 万亩，新增城市绿地 70 万平方米。建成全市首个区县级野生动物疫源疫病监测动物学实验室。改善生态环境质量，实施废弃矿山生态修复治理 14.7 公顷，江顺储运公司等环保督察检查反馈问题整改销号。入选第三次全国土壤普查优秀试点县。先锋、圣泉获评全市生态文明建设示范乡镇（街道）。推动绿色低碳发展，开工大唐燃机发电项目，建成整区屋顶分布式光伏 5 万千瓦。海龙再生资源一般固废资源化利用项目入选全市首批精品“无废城市”建设典型案例，绿色建筑占新建建筑比例达 74.8%。全部党政机关建成重庆市节水型单位。新增市级以上绿色工厂 5 家，江津工业园区获评国家级绿色园区。

六是持续增进民生福祉。扎紧兜牢民生保障，25 件重点民生实事、10 件主题教育民生实事全面完成。农村常住居民人均可支配收入 27222 元、增长 6.6%，均居渝西第一。巩固拓展脱贫攻坚成果，脱贫人口年人均纯收入 19736 元、增长 15.6%。全年城镇新增就业 3 万人，城镇调查失业率控制在 5.5% 以内。城乡养老、基本医疗保险参保率稳定在 97% 以上。发放困难群众救助金 4.8 亿元、惠及 8.8 万人。完成重度残疾人家庭无障碍改造 1636 户，特殊困难老年人家庭适老化改造 2100 户，建成帅乡幸福食堂 20 个。稳定提升教育质量，双福六小等学校建成投用，新增学位 1890 个。获国家级教学成果奖 11 项，市级教育科学规划课题立项数、立项率均居全市第一。发放贫困学生生活补助、营养改善计划补助等资金 1.3 亿元，惠及学生 21 万人次。加快建设健康江津，区疾控中心、区妇幼保健院迁建项目开工，区中心医院科教楼、区中医院住院楼、区精神卫生中心等主体完工。成功创建全国基层中医药工作示范区，国家卫生区、市级慢病综合防控示范区通过复评。区中心医院、区中医院分别成为重庆大学、重庆中医药学院附属医院。区疾控中心、区妇幼保健院成功创建三甲，区管三甲医疗卫生单位数量居全市第一。“一老一小”得到更多关爱，每千人口托位数达 2.8 个，适龄儿童免疫规划疫苗接种率达 96.9%，65 岁及以上老年人健康管理率达 67%。繁荣发展文体事业，举办“钟云舫杯”全国首届楹联书法展、中国（白沙）影视工业电影周等文旅品牌活动。区图书馆被评为国家一级图书馆。举办全国田径大奖赛、塘河流域川渝龙舟文化节等体育赛事，荣获美丽中国·全国门球大赛亚军，且西部地区唯一进入全国门球十强区的。江津籍运动员全年夺取全国冠军 39 个。

七是有效维护平安稳定。提升基层治理效能，深化“141”基层智治体系建设，“三会”解决“三事”、政警融合等基层治理“江津实践”全市推广。获评全国市域社会治理现代化试点合格城市。成立川渝首个“妇女儿童维权站”。推进重点风险化解，超额完成政府隐性债务化解年度任务，完成白沙资金互助社风险出清。“保交楼”交付房屋 19681 套、总量居全市第一。矛盾纠纷化解率 99.4%，民转刑案件零发生。着力筑牢安全防线，生产安全亡人事故起数、死亡人数分别下降 12.5%、6.3%，无较大及以上事故发生。落实食品安全“两个责任”，包保覆盖督导率 100%。刑事、治安警情分别下降 16.6% 和 45.6%，群众安全感指数达 99.34%，创历史新高。

二、发展中存在的问题

经济运行整体好转但基础还不稳固，投资增长面临制约，产业结构有待优化，新兴产业培育不足；部分企业生产经营困难，财政收入结构不优，发展质效亟待改善，营商环境仍需持续优化，基层治理水平还需提高，优质公共服务供给不足，干部适应引领现代化建设能力还需提升。

三、2024年发展思路

2024年，江津区经济社会发展主要预期目标是：地区生产总值增长7%，规上工业增加值增长8.5%，固定资产投资、社会消费品零售总额、进出口总额分别增长8%、9%、3%，城镇调查失业率控制在5.5%以内，全体居民人均可支配收入增长与经济增长基本同步，粮食生产、节能减排降碳完成市下达任务。重点抓好十个方面工作：一是坚持抓纲带目、高效协同，推动国家战略走深走实。加快建设成渝地区双城经济圈先行区，加快建强西部陆海新通道重庆主枢纽，主动服务国家战略腹地建设，加快建设成渝地区现代化宜居城市、先进制造业基地、科技创新基地、丘陵山区农机“三化”示范区。二是坚持科技引领、迭代升级，加快打造先进制造业基地。锚定工业强区不动摇，壮大制造业集群，深化科技创新赋能，推进企业转型升级，厚植产业优势、挺起工业脊梁。三是坚持主动作为、精准发力，推动经济持续向好。突出项目为王、招商为要、落地为大，持续扩大有效投资，持续激发消费潜能，着力扩大高水平开放，让高质量发展动能更足、势头更强、成色更好。四是坚持统筹推进、重点突破，全力推动改革攻坚。坚持敢字当头、善于攻坚，推动“三攻坚一盘活”改革，迭代升级数字化改革，激发市场主体发展活力，奋力在改革突破中争创“最佳实践”。五是坚持因地制宜、分类施策，持续推进乡村全面振兴。坚决守牢“三条底线”，学习运用“千万工程”经验，深入实施“四千行动”，大力发展乡村产业，提升乡村建设治理水平，推进城乡融合发展，打造各具特色的和美乡村。六是坚持以人为本、一体推进，加快建设宜居城市。突出“留改拆增”“四增三减”，推动更新改造、蝶变提升，努力让交通更便捷、让城市更宜居、让治理更高效，打造宜居、韧性、智慧城市，让城市更有人气、更有温度、更有魅力。七是坚持生态优先、绿色发展，扎实推进美丽江津建设。强化问题导向、民生取向，追青逐绿、久久为功，坚决打好生态环境保卫战，强化生态治理提升，推进绿色低碳转型，加快构建天蓝地绿大美格局、持续绘就山清水秀美丽画卷，筑牢长江上游生态屏障，在推进长江经济带绿色低碳高质量发展中发挥示范作用。八是坚持以文彰旅、文旅融合，加快提升文旅质效。打响文化品牌、擦亮旅游招牌，大力推进文化事业，加快发展文体产业，促进文旅多业态发展，推动文旅深度融合、和合共生，同频共振奏响休闲旅游胜地建设最强音。九是坚持问题导向、闭环管理，全力维护平安稳定。推动高质量发展和高水平安全良性互动，下好先手棋，打好主动仗，推动重点领域除险固安，提高公共安全治理水平，营造共建共治共享社会治理格局，以新安全格局保障新发展格局，以更安全环境护航新江津建设。十是坚持用心服务、用情干事，切实保障和改善民生。坚持尽力而为、量力而行，强化就业服务和社会保障，着力办好人民满意的教育，大力促进卫生健康事业发展，抓实办好惠民生暖民心顺民意的民生实事，永葆为民大情怀，干出为民真业绩。

（执笔人：田洪先）

合川区

合川区人民政府办公室

一、2023年发展回顾

2023年，合川区坚持以习近平新时代中国特色社会主义思想为指导，全面贯彻党的二十大精神和习近平总书记重要指示批示精神，认真落实党中央、国务院决策部署，全面落实市委六届二次、三次、四次全会精神，完整、准确、全面贯彻新发展理念，积极服务和融入新发展格局，统筹推动高质量发展、创造高品质生活、创新高效能治理，经济社会发展取得新的成效。全年实现地区生产总值1023亿元、增长5%，规上工业增加值增长11%，社会消费品零售总额增长8.7%，一般公共预算收入增长3.1%，固定资产投资增长4.5%，城乡常住居民人均可支配收入分别增长4.2%、6.3%。

融入和服务成渝双圈建设，区域协调发展迈出新步伐。坚持以市委“一号工程”为总抓手总牵引，全面落实“十项行动”，打表推进“四张清单”，全区域融入融合、全方位共建共赢成效显现。机制共建更顺畅。成功召开合广长第三次党政联席会，携手编制合川—秀山三年协同发展专项方案。产业共建更紧密。合川—岳池—长寿合作示范园纳入第二批成渝地区双城经济圈产业合作示范园，广安—合川生物医药产业园建设顺利推进。新型储能项目建成投产，哈密—重庆、金上—湖北等特高压输电工程破土动工。交通共建更深入。西渝高铁（合川段）有序推进，渝武高速复线控制性工程草街嘉陵江特大桥合龙，西环线和双钱高速加快建设，利泽航运枢纽坝顶全线贯通，合川三汇至华蓥溪口省际公交开行。生态共治更扎实。常态开展跨界河流和大气污染联防联治，广安、合川两地跨界河流水质实现自动监测全覆盖，跨界国家考核断面水质达标率100%。服务共享更高效。311项“川渝通办”事项累计办结17万余件，获评首批成渝地区城乡义务教育一体化发展试验区，实现川渝两地三级公立医院检验检查结果互认、社保服务异地通办、社会治安联防联控。

构建现代化产业体系，实体经济发展取得新突破。现代制造业发展持续向好。“两主四特”产值301亿元、增长15%，占规上工业产值的61%，智能网联新能源汽车零部件、火锅食材、摩托车、现代中药、日用玻璃、信创与网络安全产值分别增长11.6%、26.8%、12.2%、19.9%、12.1%、0.6%。制造业投资增长12%。全市首个智能网联新能源汽车零部件展示中心和重庆火锅食材产业研究院、全市最大食品辐照体系建成投用。现代农业稳中有进。获批创建国家现代农业产业园、国家农业现代化示范区，粮食总产量、生猪出栏量、水产品产量均继续保持全市第一的位置，建成国内首个现代化AI种猪场，新增重庆名牌农产品11个，主要农作物综合机械化水平达到62.6%，国家数字农业（蛋鸡）创新应用基地建成投用。现代服务业蓬勃发展。钓鱼城国家5A级旅游景区创建加快推进，成功举办钓鱼城旅游文化节、全市第三届龙舟公开赛等节会赛事，游客接待量、旅游综合收入分别增长32.6%、85.9%，金融机构存、贷款余额分别增长8%、9%。

深化改革开放创新，内陆开放高地建设开创新局面。数字重庆建设扎实推进。推动数字重庆“1361”整体架构全面贯彻落地，数字化城市运行和治理中心实现三级贯通，新建智能工厂1家、数字化车间5个，30个镇街均建成基层治理指挥中心，“141”基层智治体系实现镇街全覆盖。重点改革任务全面落实。“放管服”改革不断深化，“一窗综办”新增政务服务事项326项，工业项目审批时限平均缩短50%。国资国企改革进展顺利。工业园区多组团一体化运行改革在全市率先推行，高新区形成“一区五组团”空间格局。“亩均论英雄”改革有序推进。对外开放能级持续提升。高水平融入西部陆海新通道建设，渠江航道整治工程主体完工。持续完善渭沱物流园集散功能，保税物流中心一期、招商展览中心主体完工。深入推动“百团千企”国际市场开拓计划，外贸进出口总额22.3亿元。大力实施招商引资提质扩量计划，新签约项目134个，签约金额474.7亿元。创新发展质效不断增强。高新技术企业和科技型企业“双倍增”目标完成率分别达112.5%、267.4%。新增国家级专精特新“小巨人”企业2家、市级专精特新企业35家。

推进城乡一体建设，城乡融合发展呈现新气象。城市更新稳步实施。全国文明城区、国家卫生区通过复审。国土空间分区规划持续优化。体育中心“两场两馆”完成主体工程。完成老旧小区改造91.8万平方米，建成海绵城市18.3平方公里，城市建成区绿地率43.8%。乡村振兴稳步推进。镇域经济加快发展，基础设施加快建设，“镇镇连高速”格局加快形成，和美乡村加快打造，垃圾分类示范村覆盖率55.6%，新增5个国家级、市级乡村治理示范村镇。生态环境稳步向好。三江干流稳定在Ⅱ类水质，国家考核断面、城市集中式饮用水水源地、水功能区水质达标率均为100%。推动绿色低碳转型，在全国率先开展碳排放权融资业务，新增国家级、市级绿色工厂8家，高新区成功创建市级绿色园区。

着力保障民计民生，群众生活品质得到新改善。20件民生实事完成投资8.9亿元。脱贫攻坚成果持续巩固。严格落实“四个不摘”要求，动态开展防止返贫监测帮扶集中排查，脱贫人口人均纯收入增长13.1%。社会保障不断加强。城镇调查失业率控制在5.5%以内。基本养老保险、基本医疗保险参保率分别达97%、95.6%，发放城乡低保、特困供养等各类救助资金4.4亿元，筹集保障性租赁住房1033套、新配租公租房512套，成功创建“渝馨家园（残疾人之家）”8家，退役军人服务保障体系不断完善。教育质量稳步提升。合阳中学花果校区等5个项目主体完工，大南街幼儿园悦府分园等3个项目建成投用。学前教育普惠率96.25%，义务教育阶段学生入学率、巩固率保持100%。健康服务再上台阶。健康中国合川行动深入开展，疫情防控平稳转段，省级区域医疗中心、“智慧医疗”等重点项目加快建设，妇幼保健院、精神卫生中心成功创建三级专科医院。文体事业繁荣发展。瑞映山—纯阳山历史文化街区开工建设，成功举办卢作孚先生诞辰130周年纪念活动、全市第三届龙舟公开赛、钓鱼城半程马拉松等赛事活动，市七运会、市七届残运会筹备工作井然有序，成功接旗2027年第六届全国智力运动会。

防范化解重大风险，平安合川建设迈上新台阶。经济金融风险防范有效。严厉打击非法金融活动，深入推进房地产、金融、政府债务等领域风险防范。政府债务总体可控。治安防控坚决有力。常态化开展扫黑除恶，严厉打击违法犯罪行为，刑事案件、侵财案件、盗窃案件发案分别下降 26.1%、32.1%、47.8%。西南警务技能培训基地建成投用。基层治理积极有为。坚持和发展新时代“枫桥经验”，成功纳入信访工作法治化市级试点区。深化“红细胞 · 微治理”工程，全国市域社会治理现代化试点通过市级验收。保交楼完成房屋交付 1805 套，矛盾纠纷化解成功率 98.1%。安全生产平稳有序。全面开展重大事故隐患、燃气安全、火灾防控“除险清患”专项整治行动，安全隐患整改率 95%，生产安全事故死亡人数下降 25%。

加强政府自身建设，政府治理效能实现新提升。政治建设持续深化。坚决拥护“两个确立”、坚决做到“两个维护”，深学笃用习近平新时代中国特色社会主义思想，确保政府工作始终在党的领导下高效运行。法治建设持续深化。大力推动“八五”普法扩面提质，区政府负责人出庭应诉率 100%，办理人大代表建议 348 件、政协提案 441 件。效能建设持续深化。完善整体智治、多跨协同、闭环落实、赛马比拼工作机制，全力推行“网上办、马上办、专人办”，政府办事效能不断提升。清廉建设持续深化。从严落实中央八项规定及其实施细则精神，积极开展清廉机关、清廉村居、清廉学校、清廉企业、清廉医院、清廉工程等建设，靶向强化重点领域监督管理，严格落实政府过紧日子要求，政府公信力持续提升。

二、发展中存在的问题

一是经济恢复增长的基础还不牢固，经济总量不够大、质量不够优，主导产业转型升级仍需提速，新兴产业集群发展水平还不高，科技创新和人才支撑能力还不够强。二是风险隐患仍然较多，风险防范机制有待健全，统筹化风险与促发展、保民生的压力较大。三是惠民便民成效仍需加强，城市更新、乡村振兴步伐有待加快，生态环境质量有待提升，公共服务供给与群众期盼仍有差距。四是公务人员作风和能力还不能完全适应现代化建设需要，运用创新思维、数字方式、法治手段、市场机制解决问题的能力还不够强。

三、2024 年发展思路

2024 年，合川将以习近平新时代中国特色社会主义思想为指导，围绕“六大功能定位”，加快建设现代化区域中心城市，纵深推进“稳进增效”主题年系列工作，深入实施重点改革突破、产业转型升级、创新集智赋能等“十大行动”，打造新时代市域党建新高地合川样本，全面融入成渝地区双城经济圈和西部陆海新通道建设，积极服务成渝中部崛起，务实推动渝西地区一体化高质量发展，以实干实绩奋力谱写现代化新重庆建设“合川篇章”。2024 年经济社会发展的主要预期目标是：地区生产总值增长 6% 以上，规上工业增加值增长 10%，全社会固定资产投资增长 6%，社会消费品零售总额增长 7.5%，外贸进出口总值增长 10%，单位地区生产总值能耗下降 3%，一般公共预算收入增长 6%，全体居民人均可支配收入增长 6% 以上。

一是毫不动摇推动开放发展。以全面融入和服务成渝地区双城经济圈建设、西部陆海新通道建设、渝西地区一体化高质量发展为牵引，实施开放能级提升行动，持续放大“通道 + 经贸 + 产业”联动效应，加快构建高水平对内对外开放新格局。

二是奋发有为建设工业强区。实施产业转型升级、创新集智赋能行动，坚持以构建“2446”现代制造业集群体系为重点，推动科技创新赋能，抓好市场主体培育，加快发展新质生产力，全力打造产教融合的先进制造业基地，全面加快工业倍增、工业强区步伐。

三是千方百计激发内需活力。进一步促进消费提档升级、投资提速扩量、招商提质增效、旅游提速攻坚，激发有潜能的消费、扩大有效益的投资，推动形成消费与投资相互促进的良性循环，持续增强经济发展后劲。

四是持之以恒全面深化改革。以数字重庆建设为牵引，实施重点改革突破行动，大力推进数字化改革，开展“三攻坚一盘活”改革，深化财税体制改革，优化民营经济高质量发展机制，切实以改革之力助推高质量发展。

五是多措并举提升城市品质。大力推动以人为核心的新型城镇化，实施城市更新提质行动，高标准完善城市规划，高水平推进城市建设，高要求推动城市治理，着力建设宜居、韧性、智慧城市，加快打造成渝“后花园”。

六是凝心聚力推进乡村振兴。学习运用“千万工程”经验，实施和美乡村建设行动，提升乡村产业发展、乡村建设、乡村治理水平和农民收入水平，促进农村一二三产业融合发展，加快推动农业大区向农业强区迈进，为全市农业农村现代化贡献合川力量。

七是全力以赴建设美丽合川。强化上游意识、担起上游责任，实施生态保护修复行动，打好生态环境保卫战、生态修复持久战、绿色发展总体战，全面融入长江经济带高质量发展，着力建设美丽重庆先行区。

八是用心用情增进民生福祉。坚持民生需求导向，实施为民利民惠民行动，用心用情把惠民生的事办实、暖民心的事办细、顺民意的事办好，努力让发展更有温度、幸福更有质感。

九是加力加效发展文体事业。坚定文化自信、秉承开放包容、坚持守正创新，培育践行社会主义核心价值观，繁荣发展文化事业，大力发展体育事业，举全区之力办好市七运会和市七届残运会，加快建设文化强区，打造具有国际影响力的历史文化名城。

十是坚持不懈抓好安全发展。坚持统筹发展和安全，深入贯彻总体国家安全观，实施安全强基固本行动，全面提升社会治理效能，实现发展和安全动态平衡、相得益彰。

与此同时，全面加强政府自身建设，坚持把忠诚为本、法治为基、实干为上、清廉为要贯穿到政府工作全过程各方面，大力弘扬党的优良传统和工作作风，实施作风淬炼提升行动，保持战略定力，负重承压前行，踔厉奋发推进现代化区域中心城市建设，以昂扬姿态走好新的赶考之路。

（执笔人：张虎勇）

永川区

永川区人民政府办公室

一、2023 年发展回顾

2023 年，在市委、市政府和区委坚强领导下，永川区坚持以习近平新时代中国特色社会主义思想为指导，认真贯彻党的二十大精神，突出稳进增效、除险清患、改革求变、惠民有感的工作导向，全面实施“一三五”总体发展思路，统筹推动高质量发展、创造高品质生活、创新高效能治理，交出了一份来之不易的高分报表。全年 GDP 增长 8.1%、位列全市第二，规上工业增加值增长 11.2%、位列全市第三，固定资产投资增长 11%，社会消费品零售总额增长 9.3%，一般公共预算收入增长 19%、迈上 50 亿元新台阶。

（一）抓内需扩开放，经济运行稳中有进

投资拉动强劲有力。引进世界 500 强信义集团、中国 500 强东方希望等优质项目 126 个，正式合同额 964 亿元，招商引资综合考核位列全市第二。太平洋精工、豪斯特等 80 个项目开工建设，长城汽车技改、理文二厂等 128 个项目竣工投产，全区工业投资增长 15.7%，技改投资占比位列全市第二。消费需求加速恢复。永川里·奥特莱斯、爱情广场开业运营，引进渝西首店 45 家，全区社会消费品零售总额达 556 亿元。对外开放成效显著。综合保税区封关运行，利勃海尔中国机床总部落户，全国首例汽车 KD 件集货出口。海峡两岸产业合作区永川产业园正式授牌。全区实际使用外资 5308 万美元，进出口总额达 81.8 亿元。市场主体活力迸发。新增市场主体 1.6 万户、规上工业企业 25 家、限上商贸企业 39 家，长城汽车跃居重庆民营企业百强榜第 12 位，理文纸业等 25 家企业入选全市“双百企业”，民营经济增加值占比达 77%。完成区属国企战略性重组、专业化整合，组建永川豆豉集团，永川高新区实现“三个一”实体化运行。

（二）抓转型促升级，产业发展提质增效

制造业转型加快。智能网联新能源汽车零部件产业园建成投用，新增国家级专精特新“小巨人”企业 2 家、市级专精特新企业 36 家，完成企业智能化改造 50 家，打造数字化车间 7 家，永川国家高新区获批国家级绿色工业园区，全年规上工业总产值实现 1816 亿元、增长 10%。数字经济发展加速。国内单体规模最大、虚拍设备最先进的永川科技片场建成投用，12 部影视作品密集拍摄，中国电影科创峰会永久落户。中国首届智能汽车应用场景挑战赛在永举办，京东无人物流车、白犀牛安防巡逻车实现商业化运营。中国人民大学文化科技园西部分园正式开园，永川大数据产业园获批国家文化大数据标识基地、国家文化和科技融合示范基地，新增服务外包座席 5300 席，数字经济营收达 249 亿元、增长 18.7%。现代服务业韧性加强。全区存贷款规模突破 2000 亿元、增长 8.1%。成功举办国际茶文化旅游节等活动，松溉古镇入选中国旅游休闲街区创新发展案例，乐和乐都成为成渝中部地区唯

一拥有大熊猫的旅游景区。全年接待游客3015万人次，实现旅游收入216亿元，同比分别增长10.1%、11%。

（三）抓城市兴乡村，城乡面貌显著改善

城市宜居品质提升。在全市率先完善“七个一”城市重要标志性功能体系，永川国际会展中心建成投用，规划展览馆改造升级，望城公园成为全市首个城市田园。改建港湾式公交站10座，新增城区停车位5100余个。改造老旧小区204个、燃气设施14万户，老旧小区改造6项工作经验被纳入住建部可复制政策机制清单，保障性安居工程获国务院督查激励。12月，李强总理亲临永川视察调研，充分肯定全区新型城镇化等工作。城乡融合步伐加快。新建“四好农村路”200公里，改建供水管网80公里，建成5G基站1478个，完成天然气入户5000户。临江河治理工程等项目完工，渝西水资源配置等水利工程加快建设，水系连通及水美乡村国家级试点项目启动建设。页岩气日产气量突破400万方，港桥燃机热电联产、松溉化学储能电站项目建成投用，永川500kV输变电工程成功并网。乡村振兴全面推进。改造高标准农田14万亩，新增粮油全程机械化示范基地7个，综合农机化率居全市第一。建成西南地区首个智能化育秧育苗基地、全市首个现代蚕桑产业基地，“永川秀芽”亮相国际茶博会，获评全国“特色魅力茶乡”。创建市级乡村治理示范村4个、和美乡村示范村3个，获批创建国家乡村振兴示范区。

（四）抓项目促协作，成渝地区双城经济圈建设走深走实

重大项目有力推进。江泸北线（重庆段）建成通车，渝昆高铁、永璧高速、永津高速加快建设，成渝高速改扩建、G246公路改扩建（南北大道）等项目前期工作加快推进。重大平台持续完善。联合成都龙泉驿成立汽车产业合作联盟，与泸州共建新材料产业合作示范园，港桥产业园获批川渝两省市第二批产业合作示范园区。组建泸永江医学专科联盟7个，实现三甲公立医院医学影像和检验结果互认。重大事项有效实施。311项“川渝通办”事项全面落地，新增泸永江地区通办事项34项。成功举办川渝首届“巴蜀工匠”杯乡村振兴技术技能大赛、泸永江工业设计创新大赛。建成运行川渝首个毗邻地区治安纠纷联调中心。

（五）抓科技强教育，发展动能全面激发

科技创新成效明显。新增高新技术企业53家、科技型企业500家、市级以上科技平台10家，华工智造永川产业技术研究院落地，西部职教基地入选国家首批市域产教联合体。全国首创绘制豆豉“总状毛霉”基因组精细图，重庆文理学院抗癌新药PZ-1就地转化，新泰机械“超高压复杂油气井关键井口装备”打破世界纪录。全区技术合同登记额同比增长近10倍，新增知识价值信用贷款、知识产权专利质押融资规模均居全市第一。教育强区扎实推进。组建中小学和学前教育集团18个，新改建中小学2所、幼儿园5所，新增学位2700个，成功创建首批成渝地区城乡义务教育一体化发展试验区。重庆城市职业学院新校区、职教中心二期开工建设，重庆农业职业学院、重庆技术大学加快筹建，重庆电子工程职业学院升本、重庆现代制造职业学院办学通过验收，成功举办首届西部职业教育高质量发展论坛。招才引智力度加大。成功举办重庆国际人才交流大会“逐浪奔永”人才荟，设立绿色能源智能探测院士工作站，柔性引进“两院”院士9名，新引进高层次人才55人，全职引进海内外博士等青年人才2100余名，永川获评“中国年度最佳引才城市”。

（六）抓服务惠民生，社会事业稳步发展

卫生医疗水平不断提升。渝西医疗中心（应急医院）竣工，国家区域医疗中心江苏省中医院重庆医院挂牌运行，陆军军医大学附属医院在永共建医联体，区外来永就诊率近30%。国家卫生区通过复评审，获评全市卫生健康事业高质量发展区，卫生人才“县聘乡用”改革入选重庆市基层改革首批典型案例。文体事业加快发展。永川图书馆成功创建国家一级图书馆。《永川年鉴》被评为中国精品年鉴。成功举办中国女子足球超级联赛、全国新闻媒体围棋精英赛、永川马拉松等重大赛事。社会保障不断加强。新增城镇就业2.93万人，城镇调查失业率控制在5.5%以内。医疗保险、基本养老保险参保率分别稳定在95%、97%以上，社会救助标准平均提高2.5%。新增社会办养老机构2所，公办养老服务机构社会化运营率达75%。15件民生实事全面完成，人民群众有了更多的获得感、幸福感、认同感。

（七）抓环保优生态，绿色发展成色更足

污染防治深入推进。空气质量优良天数达303天，大陆溪湾凼国考断面水质提升至Ⅲ类，3个市考断面水质保持在Ⅲ类，临江河全国幸福河建设通过复核评估、治理实践被评为美丽重庆建设典型案例，全区污水集中处理水质达标率达99%。减污降碳协同推进。建成屋顶分布式光伏开发项目37个，成功创建国家级和市级绿色工厂各6家、市级节水型企业5家，规上工业单位增加值能耗下降7%。国有林场森林碳汇试点加快推进，完成营造林1.7万亩。生态治理水平提升。长江上游水土保持生态科技示范园建设有序推进，数字环保“九治”生态环境治理体系迭代升级。

（八）抓安全保稳定，社会大局和谐有序

风险隐患有效防范。政府隐性债务和国有企业债务风险化解攻坚战全面推进，金融风险有效化解，“保交楼”交付率达96.5%，牢牢守住了不发生系统性风险底线。安全生产保持稳定。火灾防控、道路交通、燃气安全等专项行动扎实开展，安全生产事故起数和死亡人数分别下降14.3%、18.8%，全年未发生较大及以上安全生产事故。社会治理能力提升。有力推进数字重庆建设，“141”基层智治体系运行高效，“一表通”应用为基层减负获央视《焦点访谈》报道，成功创建全国市域社会治理现代化试点合格城市。深入开展治安整治、全民反诈专项行动，违法犯罪、电信诈骗分别下降32.2%、16.7%。创新矛盾纠纷多元预防调处机制，“快点调”在线调解成功率达99.7%，信访“治重化积”工作获国家表彰。

二、发展中存在的问题

同时，发展中仍然还存在一些突出问题和短板。一是国家高新区、综合保税区优势尚未充分发挥，科技创新和人才支撑不足，主导产业转型升级仍需提速；二是土地、矿产等要素资源约束趋紧，电、气、物流等生产成本仍然较高，部分中小企业经营困难；三是城市功能品质有待提升，小城镇建设存在短板，乡村振兴任重道远；四是财政运行仍处于“紧平衡”状态，防范化解债务风险任务艰巨；五是部分干部主动服务企业、服务发展意识不强，作风和能力还不适应现代化建设需要。

三、2024年发展思路

永川区全年经济社会发展的主要预期目标

是：GDP 增长 7.5% 左右，规上工业增加值增长 9.5%，固定资产投资增长 7%，其中工业投资增长 9%，社会消费品零售总额增长 8%，进出口总值增长 5%，一般公共预算收入增长 6%，全体居民人均可支配收入增长与经济增长基本同步。

（一）大力推动产业能级提升，加快构建现代化产业体系

坚持把发展经济的着力点放在实体经济上，实施“双招双引”和招大引强行动，加快构建“2515”先进制造业集群体系、“1437”数字经济发展体系、“2235”现代服务业发展体系、“1331”现代农业产业体系，大力培育新质生产力，打造自主可控、安全可靠、竞争力强的现代化产业体系。

（二）大力推动城市品质提升，加快建设宜居韧性智慧城市

坚持人民城市人民建、人民城市为人民，加快推动以人为本的新型城镇化建设，深化城市空间新格局研究，加速“双百”区域中心城市建设，进一步完善城市设施、美化城市环境、推进城市更新，提升城市治理水平，增强城市的时代感和现代感，努力创造宜居宜业宜乐宜游的良好环境。

（三）大力推动基础设施建设，加快筑牢高质量发展基石

坚持立足长远、适度超前，统筹完善传统、新型基础设施和城乡基础设施布局，加快构建“米”字型铁路网、“一环十二射”高速路网体系，加大页岩气、屋顶分布式光伏开发力度，积极推动供电网络、通信基站和管道、综合能源站点建设，打造高效实用、智能绿色、安全可靠的基础设施体系。

（四）大力推动改革开放创新，加快打造内陆改革开放示范区

坚持以改革增动力、以创新强能力、以开放添活力，发挥好永川国家高新区、综保区作用，全力推进“三攻坚一盘活”改革突破、促进民营经济发展壮大、深化强村富民综合改革，加快推动创新平台建设、科技成果转化、高端人才引育，进一步发展壮大开放型经济、扩大对外交往合作，不断释放发展潜能、塑强竞争优势。

（五）大力推动生态文明建设，加快建设山清水秀美丽永川

坚持共抓大保护、不搞大开发，全面融入长江经济带高质量发展，全面实施空气质量持续改善行动计划，深入落实河长制、推进“无废城市”建设，加强自然保护地体系建设，推动形成绿色发展和低碳生活模式，持续改善生态环境，促进人与自然和谐共生。

（六）大力推动社会事业发展，更好创造人民美好生活

坚持尽力而为、量力而行，倾心倾情倾力办好民生实事，进一步推动扩大就业、实施全民参保、强化社会救助，统筹抓好高质量构建基础教育体系和高水平建设西部职教基地，着力打造现代化区域医疗中心，加快繁荣发展文体事业，坚决维护社会安全稳定，努力为百万永川人民守住稳稳的幸福。

（执笔人：王乾臣）

南川区

南川区人民政府办公室

一、2023年工作回顾

刚刚过去的2023年，是南川发展历程中极具压力、极不寻常的一年。一年来，面对复杂严峻的外部环境和前所未有的困难挑战，我们坚持以习近平新时代中国特色社会主义思想为指导，深入学习贯彻党的二十大精神，在市委、市政府和区委的坚强领导下，在区人大、区政协监督支持下，始终保持昂扬向上的精神状态和攻坚克难的奋斗姿态，心无旁骛抓发展，凝心聚力破难题，实干有为，奋斗有成，以扎实的工作成绩推动现代化新南川建设开局起步，经济社会各项事业取得新进展新成效。

经济运行企稳向好。面对有效需求动力不足、政府债务负担沉重等特殊困难，千方百计克服不利因素，推动GDP增长5.3%，全区经济艰难企稳回升。建立重大项目、重点企业服务专班，健全重点项目“周调度、月督查、季晾晒”机制，193个重点项目完成投资303.5亿元，25个市级重大项目加快建设。渝湘高铁、渝湘复线高速等一批重大工程有力推进，西环高速竣工通车，支撑固定资产投资完成211.8亿元、增长8.5%，高于全国、全市平均水平。全力以赴抓招商引增量，全年签约项目103个，协议引资557.2亿元，到位资金128.8亿元。围绕项目建设和发展需求，争取上级资金43.2亿元，融资到位175亿元，获批建设用地2300亩，征收土地1.2万亩，拆迁房屋超20万平方米。精准高效助企纾困，配备规上企业“一对一”服务专员，推出150条惠企政策包，累计减税降费超3.1亿元，提供企业应急转贷资金3.2亿元，新发展市场主体12648户。

工业经济提档升级。把推动工业提质摆在突出位置，着力优化内部结构，提升产业接续发展能力。铝器时代（二期）、宏文机械等25个项目开工建设，拓宇环保涂料、超群轮毂（二期）等28个项目有序推进，华润三九顺利试产，CMP抛光材料、加贝食品等20个项目投产放量，实现规上工业总产值258.2亿元，完成制造业投资41亿元、增长15.1%。新能源汽车及配套、新能源及新型储能、现代中医药等主导产业产值分别增长11.5%、37.6%、148.7%。页岩气勘探投资累计达到170亿元，产能超50亿方。坚持用大数据智能化引领工业，实施智能化改造项目15个，新认定市级数字化车间3个，数字经济核心产业增加值增长5.6%。方略精控获评国家级绿色工厂，16家企业升规入库。工业园区“一园四组团”基础设施不断完善，承载能力显著增强。

文旅康养强势突破。优化旅游发展格局，推动金佛山风景名胜区总体规划修编、自然保护地优化整合，有效释放发展空间。相继出台全区冰雪旅游、民宿、露营地发展规划，新培育精品民宿30家、新建露营基地52个，全年销售康养物业23万平方米。山王坪喀斯特国家生态公园全新亮相，“大金佛山178环山趣驾”火爆“出圈”，上榜“全国体育旅游精品线路”。景区设施不断完善，升级改造一批景区道路，有序推进金佛山数字博物馆、北坡游客中心等项目。成功举办成渝地区双城经济圈新能源汽车环金佛山178定向赛、成渝地区产业联盟暨第六届重庆市体育旅游产业发展大会，全年接待游客3852万人次，旅游综合收入241亿元。以旅游为牵引的现代服务业呈现新气象，举办“味道南川”美食节等系列促销活动，升级改造17个乡镇商贸中心，加快建设昌达智慧物流园，运营金佛山中药材物流配送中心，有效盘活存量商业地产3万平方米。打造电商示范园区，全区电商交易额突破33亿元。新培育限上商贸企业20家，社零总额增长8.9%。

乡村振兴续写新篇。创建国家农业现代化示范区中期评审获得“好”评。现代农业提质增效，新建高标准农田7.5万亩，完成耕地恢复补足1.4万亩、撂荒地复耕复种2570亩。建成绿色精品稻米基地7万亩，方竹笋、大树茶、蓝莓等特色产业扩容提质。新培育农产品加工业“双百”企业2家，“南川农安溯源码”上线运行，农业全产业链建设在全市赛马比拼中名列前茅。乡村环境持续改善，建成生产生活便道118公里，新开通5条农村客运线路。改造农村供水管网155公里、农村无害化卫生厕所2771户，全区行政村生活垃圾无害化处理率达100%，废弃农膜回收率达91.7%。成功创建市级绿色示范村3个，木凉镇汉场坝村获评中国美丽休闲乡村。洪塘水库完成大坝截流，鱼枧水库顺利通过下闸蓄水阶段验收，城乡集中式饮用水源达标率100%。农业农村改革成效明显，探索开展林长制改革创新试点示范，集体经营性收入超10万元的村占比达94.4%。

城市功能日臻完善。城市更新有序推进，实施棚户区改造15.4万平方米，完成26个老旧小区改造，治理违法建设3.1万平方米。房地产业健康发展，商品房销售面积90万平方米，7个保交楼项目累计交付房屋7746套，保障性租赁住房建设超额完成任务。优化城区交通环境，全面启动城市路桥隧安全整治三年行动，实施城区停车秩序和低速电动车专项整治。景城大道加快建设，和平支路、渝南大道延伸路建成通车，东街路网、广坝路等老城区道路相继打通，群众出行更加便捷。城区智慧停车管理系统基本建成，新增小微停车场44个、停车位3155个，逐步解决停车难、交通堵等问题。推动城市管网升级，实施黄淦河、凤嘴江污水管网更新改造，完成城区雨污管网改造19公里。城区供水一体化项目投入试运行。新建“口袋公园”3个，开放“劳动者港湾”17座，“潮汐摊区”让城市更有人情味、烟火气。常态化推进“马路办公”，构建规范化城市管理机制，确保市容规范整洁，努力实现城市让生活更美好。

改革创新不断深化。有效承接国家级、市级改革试点80项，谋划实施“三个一批”重大改革项目58个。以数字化改革引领系统性变革，搭建数字重庆“1+1+7+N”工作架构，全面开展部门核心业务梳理。城市运行与治理中心基本建成，镇街一体化治理智治平台全面覆盖，“渣土车监管一件事”应用实现三级贯通运行，“露营服务一件事”被纳入全市名录库。稳步推进园区改革，建立“亩均效益”综合评价机制。加快推进国资国企改革。做实“一窗综办”，推进“川渝通办”“跨省通办”，政务服务事项“一次办”覆盖率达99.5%。科技创新活力迸发，市级高新区创建13项指标全面达标，新培育国家高新技术企业33家、市级科技型企业194家、市级专精特新企业36家、市级技术创新示范企业2家。加速科技成果转移转化，技术交易额首破亿元大关。

民生保障持续增强。深入开展惠民暖心优服行动，全面兑现21件民生实事。着力抓好稳就业工作，累计发放创业担保贷款9713万元，城镇新增就业8786人。加强防止返贫动态监测，全区无一人返贫致贫。开展“救助通”推广应用，累计发放各类救助资金1.6亿元。推动社会保险覆盖扩面，居民养老、医疗保险参保率保持稳定。优先发展教育事业，重庆工业职业技术学院南川校区引进入城，新增公办幼儿园2所，隆化职中获国家级教学成果一等奖,《勇叔》获中小学校园影视作品“金杜鹃”奖。医疗惠民成效突出，区中医医院通过三级医院评审，疾控中心迁建工程即将完工，医共体建设纵深推进。社会大局和谐稳定，实现重要节点进京走访、重大案（事）件、负面舆情“三个零发生”，刑事类、治安类警情分别下降26.2%、22.7%。严格落实安全生产责任制，坚持防较大、减总量，开展重大事故隐患专项排查整治十大行动，完善三级应急救援体系和全链条综合性灾害防治体系，代表重庆顺利通过国务院安委会考核巡查，生产安全事故起数和死亡人数实现“双下降”。

政府效能有效提升。坚持把加强党的政治建设摆在首位，扎实开展主题教育，认真落实党建统领三项重点任务，推动重大决策落地、重大任务完成、重大风险防控，政府系统“四个意识”更加牢固、“四个自信”更加坚定、“两个维护”更加坚决。深入推进法治政府建设，执法公信力排全市前列。依法接受人大监督，自觉接受政协民主监督，高质量办理人大代表建议257件、政协委员提案220件。强化政府债务管控，全区综合债务率稳步下降。切实树牢“过紧日子”思想，严控“三公”经费预算，压减一般性支出超1亿元。严格落实党风廉政建设责任制，加强重点领域风险防范，强化工程建设项目招投标管理，着力解决发生在群众身边的不正之风和腐败问题。锲而不舍纠“四风”、树新风，努力营造风清气正的政务环境。

二、发展中存在的问题

一是经济结构性矛盾仍然比较突出，产业接续成长支撑格局尚未形成，恢复增长的基础还不牢固；二是土地约束、环境容量限制、资金瓶颈，以及债务化解任务依然艰巨；三是社会治理存在短板，公共服务供给质量不高，惠民便民实效仍需增强；四是部分干部能力作风与新任务新要求不相适应，特别是服务发展的“手艺”还没有“跟上趟”。

三、2024年发展思路

2024年是实现“十四五”规划目标任务的关键之年，是现代化新南川建设从全面部署到纵深推进的重要之年，是改革攻坚突破的奋斗之年。全区经济社会发展的主要预期目标是：GDP增长6.5%左右，规上工业增加值增长10%左右，固定资产投资增长8%以上，其中工业投资增长12%以上，社零总额增长8%以上，城镇新增就业7000人以上，一般公共预算收入增长6.2%，全体居民人均可支配收入增长6%左右。

着力补链成群，提升先进制造业能级。坚定工业强区不动摇，树立“大抓工业、首抓制造业”鲜明导向，全力打造南川制造业升级版。

聚焦品牌提升，构建文旅康养发展新格局。坚持高起点谋划、高标准建设，发挥资源优势，突出示范带动，把南川打造成为重庆文旅康养第一品牌、首选之地。

积极扩大内需，千方百计提振市场信心。打好投资消费“组合拳”，发挥好政府投资的带动放大效应，为经济稳增长提供更加强劲、更为持久的动力。

坚持不懈做好“三农”工作，推进乡村全面振兴。以国家农业现代化示范区建设为统揽，学习运用“千万工程”经验，深入实施“四千行动”，建设宜居宜业和美乡村。

立足生态宜居，巩固提升城市品质。以精致理念引领城市发展，推动城市结构优化、功能完善和品质提升，彰显城市颜值魅力。

深化改革开放创新，不断释放发展活力。以数字化变革为引领，坚持创新驱动、改革推动、开放带动，为现代化新南川高质量发展注入新的动力与活力。

坚持普惠共享，不断改善基本民生。坚持尽力而为、量力而行，针对性解决好群众急难愁盼问题，不断提升人民群众的获得感、幸福感、安全感和认同感。

2024 年，南川区将更加紧密地团结在以习近平同志为核心的党中央周围，坚持以习近平新时代中国特色社会主义思想为指导，在市委、市政府和区委的坚强领导下，务实担当、砥砺奋进，努力推动高质量发展、创造高品质生活、实现高效能治理，奋力书写现代化新南川建设的崭新篇章！

（执笔人：任攀）

綦江区

綦江区人民政府办公室

一、2023年发展回顾

2023年，綦江区深入开展学习贯彻习近平新时代中国特色社会主义思想主题教育，全面贯彻落实党的二十大和二十届二中全会精神，认真学习贯彻习近平总书记重要讲话重要指示精神，按照党中央、国务院决策部署和市委、市政府工作要求，抢抓成渝地区双城经济圈、西部陆海新通道等国家战略机遇，在经济社会各个领域攻坚突破，不断开创高质量发展新局面。全年地区生产总值增长6.5%，固定资产投资增长19.9%，规上工业增加值增长8.6%，一般公共预算收入增长6.8%，社会消费品零售总额增长7%，全体居民人均可支配收入增长4.3%。推进质量强国建设工作获国务院督查激励，数字产业和数字政府建设、营商环境等6项工作获市政府督查激励。

项目投资取得新突破。全年实施重大项目91个、完成投资超125亿元。国家区域医疗中心——江苏省人民医院重庆医院全面进入主体施工阶段，国家重大水利工程——藻渡水库主体工程开工，西南地区首座百万千瓦级大型抽水蓄能电站——蟠龙电站1号机组投产发电。关坝铁路专用线建成投用，三江公铁联运枢纽至雷神店互通连接项目进入交通运输部“补链强链”项目库。新建页岩气井11口，全区页岩气日出气能力达100万立方米。引入资金实力雄厚的央企参与城市和园区整体开发，中建八局等7家央企全年在綦投入项目建设资金超130亿元。聚焦西部陆海新通道渝黔综合服务区建设，完成重庆南部综合物流园项目概念性方案设计。立足重庆重要能源和工业基地定位，与中煤集团签署总投资约100亿元的合作协议，加快打造煤炭—煤电—新能源联营示范基地。

工业发展焕发新气象。做强主导产业，加快转型升级，推动工业强区建设提质增效。深化五大行动。提升亩均效益，引进一批新项目盘活闲置土地707亩、厂房12.7万平方米。开工建设中国电信綦江云数据中心等36个项目，竣工投产有研重冶粉体材料等15个项目，完成26个项目技改扩能。聘任15名招商大使“以商招商”，开展专业公司委托招商，全年签约招商项目123个，协议资金506.1亿元。完善产业体系。积极融入全市“33618”现代制造业集群体系，明确构建“两主四特”产业发展方向。轻合金材料产业持续壮大，全区汽车用铝年产能达10万吨。智能装备制造产业提速发展，获批国家级智能关键基础零部件制造创新型产业集群，荆江半轴等29家汽摩零部件领域规上企业与比亚迪、赛力斯等新能源汽车龙头企业深化合作。火锅食材及预制菜产业强势推进，高规格举办首届中国（綦江）食品产业高质量发展大会，挂牌重庆市非遗食品产业园。信息安全产业取得突破，成功举办2023年中新国际数字合作论坛数字安全分论坛，网络安全领军企业奇安信入驻国家网络安全产业园（綦江）。天然气化工产业蓄势待发，稳步推进煤—气耦合化工示范项目。装配式建筑部品部件产业注入新动能，换电重卡物联网项目有力提升物流运输能力。增强创新动能。持续推进国家高新区创建，国家级创新平台实现零的突破。新增入库科技型企业330家，认定通过高新技术企业53家，多次元新材料获国家级专精特新“小巨人”称号，新增市级专精特新中小企业15家。技术合同认定登记工作获科技部表扬。

改革效能释放新活力。持续深化各领域改革，不断增强发展内生动力。率先推进园区改革。主动扛起全市开发区（园区）管理体制改革试点任务，改革典型案例在全市推广。重塑园区管理架构，明确高新区管委会主体责任，整合组建1个国有资本投资公司，统筹优化7个工业组团运营公司，推行全员聘任制，建立三级KPI考核体系。精准放权赋能，首批次下放97项区级审批事项，完善企业全生命周期服务。领先打造营商环境。成功入选全国第四批社会信用体系建设示范区。成为全市4个优化营商环境标杆城市之一。在全市首推政务服务“云窗口”平台。积极推行“信用+模拟审批”，工程竣工联合验收办理时限从12个工作日缩短至7个工作日。加强对外经贸合作，中国—老挝跨境公铁联运班车綦江首发，实际使用外资、外贸进出口总额分别增长97%、78%。优先提振市场消费。举办爱尚重庆·成渝黔仲夏清凉节暨第十一届美丽乡村休闲消费节等活动，全区接待游客人数、旅游综合收入分别增长31.1%、32.3%。做强红星“夜猫街”等夜间消费集聚区，丰富消费供给，带旺消费人气。成功创建全国首批、西南地区首个网络市场监管与服务示范区，“一核双轮”农村电商发展模式获国家市场监管总局高度肯定并在全国推广。

城乡融合打开新格局。坚持统筹城乡融合发展，协同提升城市与乡村的基础条件、生活环境和发展能级。城市提升更具内涵。全面完成綦江东站2.6万平方米站前广场及旅客服务设施改造，城市规划展览馆正式开馆，城市形象窗口焕新升级。完成市级示范项目双龙路、代家岗片区老旧小区改造，新增口袋公园10个，建设小微停车场59个，以小见大提升群众幸福感。启动綦河综合治理一期工程，护佑綦河长久安澜。建成城市运行管理服务平台，构建“一网统管”智治新模式。乡村振兴更见质效。扎实推进恢复补足、“非粮化”整治等耕地保护工作。改造提升高标准农田6万亩，保持粮食播种面积和产量稳定，连续5年在市对区耕地保护和粮食安全目标考核中被评为优秀。加快“一主两辅”产业发展，正大集团100万头生猪全产业链项目有序推进，生猪出栏量达57万头。入围国家蔬菜产业集群，成功创建全国玉米单产提升整建制推进示范区。赶水镇入围首批国家农业产业强镇。成功创建全国城乡交通运输一体化示范区县、全市首批农村物流三级服务体系融合发展示范区县。生态保护更加严密。安全稳妥消纳处置临近綦河的178万吨存量磷石膏，切实清除水环境污染隐患。在全市率先启用“天眼”智慧生态环境监控系统，森林草原火情智能监控系统覆盖95%以上的重点林区，现代化监测体系加快成型。系统推进生态修复，启动总投资47.6亿元的全国重点采煤沉陷区综合治理及绿色产业转型EOD项目。

民生福祉达到新水平。始终坚持以人民为中心的发展思想，努力通过高质量发展保障和改善民生。切实兜牢民生底线。落实就业优先战略，城镇新增就业1万余人。在全市率先试点投用“重庆救助通”智能系统，探索建立多维度贫困指标识别体系，救助精准度、及时性不断提高。在全市率先实现分散供养特困人员居家照护和助医陪护服务全覆盖。切实提升生活品质。聚焦“一老一小”服务，推动镇街中心幼儿园实现全覆盖，养老机构全面配置安全智能监管平台。

签约落地重庆埃森经济科技大学，重庆市医科学校等全面建成，全区在校大学生近3万人。区中医院成功创建“三甲”中医医院，区精卫中心晋级三级精卫中心。通过国家食品安全示范城市省级初评验收。切实维护安全稳定。稳步推进“保交楼”，创新运用以房抵税、以房抵费等措施，推动恒大世纪梦幻城、奥园水晶城等8个项目交付房屋7502套。着力推动社区警务和社区事务一体化，打造“警网融合”綦江样板，全区盗窃案件、八类刑事案件、未成年人犯罪案件、性侵未成年人案件分别同比下降53.8%、14.6%、47.3%、30.3%。电诈发案同比下降35.8%、追赃返还率达41.6%，均列全市第一。成功创建全国首批市域社会治理现代化试点合格城市。

二、发展中存在的问题

同时，发展中仍然存在一些问题和短板。一是作为重要支撑的工业经济处于波浪式发展进程中，工业企业利润等部分指标不够理想。二是社会投资的信心和力度不足，招商引资成果转化偏慢，部分社会投资项目进度未达预期。三是居民消费恢复动力偏弱，文旅商贸市场人气回升但消费不足，大宗商品消费持续下降。四是财政平稳运行持续承压，国企债务压力较大，统筹化债与发展、公共服务与社会事业各项投入的任务更为艰巨。

三、2024年发展思路

2024年，綦江区坚持以习近平新时代中国特色社会主义思想为指导，全面贯彻党的二十大、二十届二中全会和中央经济工作会议精神，全面落实市委历次全会部署，坚持稳中求进工作总基调，完整、准确、全面贯彻新发展理念，积极服务融入新发展格局，着力推动高质量发展，全面深化改革开放，统筹扩大内需和深化供给侧结构性改革，统筹新型城镇化和乡村全面振兴，统筹高质量发展和高水平安全，全面落实国家重大战略，牢牢把握稳进增效、除险固安、改革突破、惠民强企工作导向，持续推动产业转型、城乡融合、教育提质、医疗提速“四个轮子”一起转，不断巩固和增强经济回升向好态势，在现代化新重庆建设中奋力谱写“多彩綦江·创新之城”新篇章。

重点抓好以下工作。一是落实市委“一号工程”，构建发展战略优势。更好发挥成渝毗邻地区的合作示范作用，不断充实西部陆海新通道渝黔综合服务区功能，打造渝黔合作标志性成果，提升城市发展能级。二是实施工业强区战略，集聚产业发展动能。持续深化“五大行动”，下大力气挖潜增效，推动重点企业投产达产、满产增产，鼓励企业加强研发、升级工艺，推动一批契合产业布局的优质项目签约落地，提升企业家综合素质，推动工业迭代升级、做大做强。三是加力扩大消费需求，夯实经济重要支撑。深入推进“抓项目促投资”工作，提速藻渡水库等重大项目建设。培育壮大新型消费，推出更多具有聚集性、带动性的消费产品。拓展线上消费市场，加快培育外贸新动能，形成消费和投资相互促进的良性循环。四是深化支点城市建设，打造优质城市载体。实施綦河综合治理等一批城市更新项目，推动城市基础设施有序更新。统筹推进“三大工程”，进一步增强城市韧性。完善创建全国文明城区长效机制，提升城市智管水平，加快建设宜居城市。五是推进乡村全面振兴，加快创建和美乡村。守好耕地保护和粮食安全底线，探索解决耕地撂荒问题。抓好“一主两辅多特色”产业发展，壮大食品及农产品加工产业，培育农业拳头产品。深入推进强村富民综合改革，持续巩固拓展脱贫攻坚成果。加快提升乡村建设整体水平，不断激发乡村治理活力动能。六是持续深化改革攻坚，交出发展高分报表。深化园区（开发区）体制改革，健全“管委会＋公司”管理运营机制，探索市场化运作，进一步优化审批体制。深化国企国资改革，按照“重塑、减量、转型、强管、增效”思路，推动国有企业回归主责主业。在规定时间内完成机构改革任务，以数字化推进业务流程再造。七是坚决维护安全稳定，营造和谐社会环境。统筹抓好发展与安全，强化重点领域监管，坚决防范和遏制较大以上生产安全事故发生。严格防范化解债务风险，深化社会治理模式创新，坚决整治群众身边的突出生态环境问题，夯实全面安全、全域安全基础。八是全力保障改善民生，办好惠民利民实事。坚决兜住、兜准、兜牢民生底线，持续完善社会保障网络，强化就业、养老、救助等领域的供给保障能力，加快优质教育资源和医疗资源区域均衡布局，不断增强人民群众的获得感和幸福感。

（执笔人：吴峰）

大足区

大足区人民政府办公室

一、2023年发展回顾

2023年是全面贯彻党的二十大精神的开局之年，是三年新冠疫情防控转段后经济恢复发展的一年。大足区坚持以习近平新时代中国特色社会主义思想为指导，认真贯彻落实党中央、国务院决策部署和市委、市政府工作要求，突出稳进增效、除险清患、改革求变、惠民有感的工作导向，聚焦“三篇大文章”，加快做靓享誉世界的文化会客厅、建强链接成渝的“两高”桥头堡，较好地完成了区三届人大三次会议确定的目标任务，经济运行平稳健康、符合预期。全年地区生产总值增长6.5%、固定资产投资增长12.1%、规上工业增加值增长9%，分别高于全市0.4个、7.8个、2.4个百分点。

抓实抓好“双圈”合作共建，全区域融入、全方位推进迈入新阶段。把落实成渝地区双城经济圈建设任务作为“一号工程”和全区工作总抓手总牵引，推动“双圈”建设走深走实。成渝中线高铁（大足段）建设顺利，重庆都市圈铁路西环线设双桥综合枢纽站。渝蓉高速“大足石刻”服务区建成投用。被纳入全国第三批“城乡交通运输一体化示范县”创建名单。联动川渝地区推出巴蜀文化旅游走廊精品线路11条。大安农业园区（东部片区）成功列入国家农村产业融合发展示范园创建名单。28家川渝企业入驻雕刻共享产业园。与内江合作开展市场监管第三方评估检查模式获全国推广。

抓实抓好经济恢复提振，扩投资、促消费、强主体取得新成效。推动有效投资扩量提质、消费市场加快恢复、经营主体活力增强，稳住了经济基本盘。投产投用重点项目132个，工业投资增长31.4%，向社会投资主体出让商住用地378亩。重塑招商体系、创新招商方式，签约项目204个。培育大融城、吾悦广场等5个消费集聚区，举办国际五金博览会等消费促进活动，社会消费品零售总额增长8%。电商产业园获评全国十佳“国家电子商务示范基地”。千方百计兑现产业扶持资金2亿元，为企业办理新增减免缓退税费4.2亿元，新发展经营主体13469户、增长16.5%。

抓实抓好制造业高质量发展，产业升级、创新赋能实现新突破。落实先进制造业发展“渝西跨越计划”，迭代升级“246”先进制造业集群体系。牵头组建成渝“双圈”静脉产业园区发展联盟，签约绿源新能源摩托车、亚星链等重点项目，投产专用车轻量化构件、航钢构等项目，开发全国首台无人驾驶换电矿卡等专用车新产品。新增科技型企业278家、高新技术企业24家，推动规上企业建立市级研发机构89个。新培育“小巨人”企业1家、市级“专精特新”企业24家，盛泰光电车载摄像头量产供应比亚迪等知名车企，宇海科技、双钱轮胎入选工信部智能制造优秀场景。大足锶盐新材料产业园通过市级认定，五金产业获评科技部创新型产业集群，入选全国首批“快递业与制造业融合发展试点先行区”，双桥经开区成功创建重庆市承接产业转移示范园区，大足高新区获批国家级绿色工业园区。市区共建 1.4 亿元光电产业基金，引导金融机构投放实体经济贷款 337.4 亿元。

抓实抓好文旅融合发展，“日月辉映、繁星闪烁”形成新格局。始终牢记“一定要把大足石刻保护好”的重要要求，加快建设国际文旅名城。实施大佛湾水害治理工程等项目 18 个。大足石刻数字球幕获评全国首批“智慧旅游沉浸式体验新空间”，石刻景区购票游客 116.3 万人次、创历史新高。龙水湖温泉及水世界、大龙湾酒店恢复营业，游船购票数超过 11 万人次。棠香人家成功创建 4A 级景区，宝顶小住等 5 个民宿开门迎客。成功承办首届全球石窟寺保护国际论坛，为世界石窟寺保护提供了中国方案。策划举办国际旅游文化节、川剧旅游文化艺术节等文旅活动，获评中国旅游高质量发展县（区）案例。

抓实抓好城乡融合发展，城市品质、乡村面貌发生新变化。持续打造城乡融合发展示范区，实现各美其美、美美与共。基本完成“一中心四组团”详细规划，制定出台城市设计导则、“小镇焕新”导则、农房建设管控指导图则。高起点规划建设大足石刻文化城，海棠国际财信中心完成拆降。大力发展“一主两辅”农业主导产业，建成首个万头立体羊舍，存栏种羊 7.5 万只。新发展“稻渔”2.7 万亩，被纳入全国油菜单产提升整建制推进县。评选首批“五星村庄”24 个，创建全市宜居宜业和美乡村 3 个。

抓实抓好全面深化改革，数字化变革、重点领域改革释放新活力。突出数字化引领、赋能、撬动作用，扎实推进数字重庆建设，建成投用数字经济产业园，升级打造数字化城市运行和治理中心。制定国企“瘦身健体”三年计划，办理资产资源权证 220.4 万平方米，压减融资平台公司 11 户。抓实“5513”创新举措，探索推进农村“五合一”综合改革，推动“沉睡”资源变为改革红利。国家市场采购贸易方式试点成功“破冰”，试点出口 1316 票、11 亿元，西部陆海新通道货运量增长 20%，进出口总额 46 亿元、增长 102.3%。统筹推进重点改革事项 94 件，形成制度创新成果 78 项。全面落实 117 项营商环境创新试点措施，建立“快马”“蜗牛”“锦旗”“灰旗”评比机制，成功创建全国社会信用体系建设示范区。

抓实抓好美丽重庆先行区建设，生态优先、绿色发展迈出新步伐。持续推进污染防治攻坚、绿色低碳转型、生态保护修复，绿水青山颜值更高、金山银山成色更足。深入实施“岸上能看景、下河能游泳”五年行动计划，系统整治淮远河等 5 条河流，国考市考断面水质全部达标。整改 190 家重点企业涉气问题，获评首批市级气候投融资试点区，城区空气优良天数 322 天、列渝西地区第一。扎实开展“无废城市”建设，打造国家级绿色工厂 3 家。完成营造林建设 1.8 万亩，创建市级生态文明建设示范镇 17 个、市级绿色示范村 3 个。

抓实抓好惠民暖心优服行动，群众的获得感、幸福感、安全感有了新提升。坚持在发展中保障和改善民生，看力解决群众急难愁盼问题。多种方式筹集房源 5580 套，为 13002 名延期交房群众实现“新房梦”。改造老旧小区 92.6 万平方米，完成农村旧房整治提升 1603 户。扎实开展“千手护蕾”等“五个专项行动”，“足够爱你”预防轻生专项服务入选全市民政领域十佳实践案例。城镇新增就业 12316 人，发放城乡低保金、特困供养金等 3.1 亿元。新增婴幼儿托位 817 个，建设运营社区老年食堂 10 个。成功创建市级双拥模范城。新（扩）建大足中学昌州校区等学校 6 所，新增学位 9340 个。新增名校长、学科带头人、骨干教师等 126 名，普通高中教育质量明显提升。区人民医院正式挂牌重庆医科大学附属大足医院，经开区人民医院创升“二甲”。区图书馆入选全国优秀文化空间案例，青少年体育运动学校纳入“国家体育后备人才基地”。

抓实抓好除险清患，安全防线、发展底线得到新巩固。坚决打好债务风险防范化解攻坚战，圆满实现政府债务“脱红”目标。集中力量防范房地产领域风险，提前2个月全面交付6个“保交楼”项目。“铁腕”落实最严格的耕地保护制度，粮食增量综合贡献率居全市第二。果断高效应对大足有气象记录以来的“7·26”最大暴雨洪灾，实现“人员零伤亡、财产少损失”。消除巴岳山煤矸石复燃隐患79处，完成地灾避险搬迁292人。开展党建统领网格治理专项行动，加强治安打击整治和“全民反诈”，化解各类矛盾纠纷1.1万件、信访积案74件，获评全国信访工作示范区。

二、发展中存在的问题

同时，发展中仍然还存在一些突出问题和短板：一是稳进增效的基础尚不牢固，企业生产经营困难较多，发展质量效益不高，发展方式亟待转变。二是主导产业集群优势不明显，新兴产业引进培育不足，创新和数字赋能亟待加强。三是文旅业态不丰富、配套设施不完善，文旅资源尚未充分转化为产业优势。四是中心城区首位度不高，产城、城景、城乡融合步伐还需加快。五是民生事业还有不少短板，增加居民收入还需要更多的办法。六是风险隐患仍然较多，统筹化风险与促发展、保民生的压力较大。七是营商环境仍待优化；政府效能还需提升。

三、2024年发展思路

坚持以习近平新时代中国特色社会主义思想为指导，全面贯彻党的二十大、二十届二中全会和中央经济工作会议精神，坚持稳中求进工作总基调，统筹扩大内需和深化供给侧结构性改革，统筹新型城镇化和乡村全面振兴，统筹高质量发展和高水平安全，持续推动经济实现质的有效提升和量的合理增长，增进民生福祉，保持社会稳定，加快建设现代化新大足，努力为全市发展大局作出更大贡献。全区经济社会发展的主要预期目标是：地区生产总值增长7%，规上工业增加值增长12%，固定资产投资增长10%，社会消费品零售总额增长8%，一般公共预算收入增长6%，全体居民人均可支配收入与经济增长基本同步，节能减排降碳指标完成市级下达的目标任务。全年将抓好以下十个方面重点工作。

（一）全力落实和服务国家战略

加快建设成渝中部交通枢纽，全面启动成渝中线高铁“大足石刻站”站房建设，加快构建“4+N”现代综合物流体系。深入实施“十项行动”、落实“四张清单”，唱响“点石成金”“资足常乐”品牌，加快建设川渝雕塑共享产业园。加快打造成渝腹地中小企业外贸集聚区，力争进出口总额达到80亿元以上。

（二）全力扩投资促消费稳增长

实施年度建设项目359个，工业投资增长25%以上，推动民间投资增长12%以上。完成商品房销售60万平方米以上，打造龙中路等特色商业街区，提升吾悦广场等时尚消费集中地，盘活昌州古城、大足印象。坚持“1224”招商服务理念，全年签约投资20亿级项目5个、50亿级项目2个以上，到位资金60亿元以上。

（三）全力推进制造业跨越发展

聚焦“246”先进制造业集群体系，建强两大主导产业，做优四大特色产业，拓展六大产业新赛道。深入实施“苗圃、育林、参天”成长计划，新培育年营业收入10亿级企业2家、50亿级企业1家。抓好创新主体和平台培育，高新技术企业、科技型企业分别达到210家、1600家以上。

（四）全力提升文旅产业竞争力

编制《大足石刻保护方案》，完成北山168窟抢救性保护等6个保护项目，实施科研课题28项。推动规上文旅企业达到45家以上，完成舞剧《天下大足》首演并启动巡回演出。完善大足石刻博物馆配套服务设施，加快创建龙水湖国家级旅游度假区，推动大足石刻文创园、雍溪里创建4A级景区。

（五）全力深化重点领域改革

推动“三攻坚一盘活”改革突破，企业法人压降19户，融资平台公司压减7户，提速创建国家级经开区、国家高新区，全力打赢政企分离改革攻坚战，盘活变现锶矿、文旅、闲置房产等优质资产资源。深度融入“1361”整体构架，创新谋划“一件事”场景，实体化、常态化运转数字化城市运行和治理中心。深化“企业吹哨·部门报到”，完善服务企业专员制度。

（六）全力推进以大足石刻文化城为牵引的新型城镇化

健全“多规合一”国土空间规划体系，实施征地拆迁3000亩，供应土地2800亩以上，盘活闲置低效土地1000亩以上。稳步建设文化城核心区，加快盘活利用老城物业，完善经开区城市功能。完成2.7万户老旧燃气管道更新改造，新（改）建城区雨污管网17公里。

（七）全力建设巴渝和美乡村

做强做优“一主两辅”特色主导产业，建成“万头羊场”4个，新发展“稻渔”2万亩、大足冬菜5000亩。完成高标准农田改造提升8万亩，新（改）建“四好农村路”100公里、农村电网100公里。实施石马、三驱等“小镇焕新”工程，深化龙水、万古“强镇带村”试点，全域推进农村“五合一”综合改革。

（八）全力建设美丽重庆先行区

严格落实“河湖长制”，确保国考、市考断面水质全部达标，城区空气优良天数达到320天以上。清零农村黑臭水体，完成77座农村生活污水处理站问题整改。完成6个自然保护地优化整合，实施河流生态修复49.5公里和森林质量提升1万亩。

（九）全力防范风险守好底线

打表推进“1+1+10”三年攻坚方案和到期债务资金平衡计划，做好“保交楼”工作，销号“四久工程”4个以上。实施安全生产治本攻坚三年行动，持续开展风险隐患专项整治。聚力“141”基层智治体系建设，认真落实“1234”信访机制。

（十）全力保障和改善民生

实施“稳岗扩岗”就业容量拓展工程，城镇新增就业1.2万人。深入推进“千手护蕾”、根治民工欠薪等专项行动。投用双桥中学新校区，加快推进荷棠小学建设。持续深化紧密型医共体建设和“县聘乡用”改革，实现全区二级及以上公立医疗机构的医检结果互认。

（执笔人：刘义）

璧山区

璧山区人民政府办公室

一、2023年发展回顾

2023年是疫情防控平稳转段后经济恢复发展的一年，璧山区坚持以习近平新时代中国特色社会主义思想为指导，深入贯彻党的二十大精神，完整、准确、全面贯彻新发展理念，在市委、市政府和区委的坚强领导下，全面落实现代化新重庆建设要求，紧紧围绕“五新四城”发展定位，真抓实干、奋楫争先，有力推动地方经济社会发展。地区生产总值实现983亿元、增长7.2%，一般公共预算收入完成53.2亿元，固定资产投资增长14.7%，社会消费品零售总额增长8.8%，规上工业总产值突破千亿大关、增加值增长8.6%，全体居民人均可支配收入达到44704元、增长5.4%。

发展平台跃升新高度。高质量共建成渝地区双城经济圈。璧山高新区与乐至、射洪两地经开区入选成渝地区双城经济圈产业合作示范园区，先进计算产业创新中心GPU、国科量子通信全国运营中心建成投用，西部（重庆）科学城先进数据中心获批“东数西算”示范项目。承办重庆四川党政联席会议第七次会议。高质效融入西部陆海新通道建设。重庆新机场选址璧山获民航总局批复，渝昆高铁、成渝中线高铁、渝遂高速复线、永璧高速建设有序推进。落实“百团千企”国际市场开拓计划，组团赴俄罗斯、新加坡等国开展经贸活动，新增进出口企业33家，进出口总额达到70.9亿元、增长33.7%。高起点谋划中新生命科技城。完成中新生命科技城60平方公里空间和产业规划，成为中新重庆实体化合作重点项目，中新合作（璧山）肿瘤治疗与研究中心等项目实现落户。

产业能级实现新提升。“千亿集群”成型起势。汇集规上新能源汽车产业链企业135家，产值突破600亿元、增长14.8%。恒通客车实现全工序批量生产，比亚迪刀片电池产能达到35GWh。新能源汽车电驱系统、光电显示两大产业集群入选国家特色产业集群，汽车关键零部件产业集群获评科技部绿色智能制造创新型产业集群。“百亿链主”扩能提质。青山、辰致等龙头企业的引领作用持续增强，拉动规上工业产值增长5.2%。签约落地蔚蓝创造等118个项目，总投资672亿元。中国长安璧山智能网联低碳产业园等54个项目开工建设，汇迪能源等33个项目投产。“亿元规上”成效显现。实施新培育百家产值过亿元企业三年行动计划，新增亿元产值企业22家。“万家创新”活力迸发。新增高新技术企业57家、科技型企业321家，12家企业入选2023年重庆民营企业科技创新指数100强，上榜数量位居全市第一。高新技术产业研究院上升为市级平台，璧山特色“研究院经济”获国务院督查肯定。产业转型加速推进。投用“专精特新”产业园，新培育专精特新企业69家、“小巨人”企业3家，新升规企业6家、小升规企业11家。实施智能化改造项目59个，新增国家级绿色工厂5家、市级绿色工厂6家。

经济活力展现新气象。投资质量稳中有升。51个片区开发子项目动工建设，绿岛丽景二期等121个项目加快实施，新能源汽车特色产业园等39个项目建成投用，累计完成投资337.5亿元。渝西水资源配置工程（璧山片区）完成工程总量的90%，建成西南地区最大用户侧储能电站，新铺设天然气管线73公里，新建5G基站301个。消费市场稳定恢复。积极融入国际消费中心城市建设，服务业增加值实现465.2亿元、增长6.8%。打造优质旅游线路5条，举办国潮璧山、西部动漫节、户外露营生活节等节会10场，全年过夜游客接待人数达到158万人次、增长76%，实现旅游收入97.4亿元、增长253.2%。数字经济蓬勃发展。高标准打造“梦界空间”数字经济产业园，玉泉湖公园、动漫公园投入使用，世界级电竞战队主场落户璧山，“东数西算”二期数盾工程、阿里元境产业园等项目启动建设。积极发展数字消费、电商直播等新型消费，实现网络零售额12亿元、增长17.7%。

深化改革打开新局面。数字重庆建设探索推进。聚焦“1361”整体构架，梳理职能部门及镇街核心业务510项，归集数据超240万条，源起璧山的“入学一件事”“身后一件事”等应用上线“渝快办”，区级城运中心和镇街基层治理中心实体化运行，“141”基层智治体系覆盖全部镇街。重大改革加快破题。推进园区开发区和国有企业管理体制优化，国有资产总额突破1100亿元，3家区属国企主体信用评级实现AA+。国企控股上市公司惠程科技注册地、生产地双迁至璧山，海光信息战略配售实现收益2.16亿元。实施“亩均论英雄”改革试点，规上制造业亩均增加值、税收分别达到186.3万元、15.8万元。承办全国推动家政社区一体化发展和社区嵌入式服务设施建设现场经验交流活动，改革经验做法被纳入2023年重庆首批社会民生领域改革典型案例。营商环境持续优化。在全市率先建立法治营商服务站和“检侨驿站”，“企业之家”赋能市场主体经验做法入选全国典型案例。“八大资金池”新增助企贷款326笔、金额14.2亿元，全年减税降费及退缓税费共计11.5亿元。引进高层次人才748人，人才资源总量达到12.9万人。

城乡融合迈出新步伐。城市建设提质增效。金凤隧道双向贯通，轨道27号线璧山段土建工程完成80%。新增城市道路15.5公里，新开工老旧小区改造67.9万平方米、完工76.7万平方米，改造棚户区和零星C、D级危房173户、1.7万平方米，常住人口城镇化率提高到73.5%。全市垃圾分类治理工作现场会在璧召开，打造“公园之城”等经验做法入选全国典型案例。乡村振兴亮点呈现。江家坪七彩田园、喜观乡村振兴驿站、万亩梯田会客厅等相继投用，承办2023年中国农民丰收节全市主会场活动。完成2000亩垦造水田建设，改造提升1.5万亩高标准农田。新认证绿色食品23个、重庆名牌农产品9个，“璧山葡萄”“璧山番茄”入选全国名特优新农产品名录。持续巩固拓展脱贫攻坚成果，村集体经济经营性收入10万元以上的村实现全覆盖，农村居民人均可支配收入达到27018元、增长6.4%，城乡居民人均可支配收入比缩减至1.9∶1。城乡面貌日渐焕新。PM2.5年均浓度低于全市平均水平，“三河”出境断面水质达到Ⅲ类，城市集中式饮用水源地水质达标率100%，获批全国农业面源污染综合防治试点，污染防治攻坚战成效考核连续4年获评“优秀”。

造福民生彰显新作为。民生实事扎实推进。15件年度重点民生实事全部完成，3项主题教育民生项目取得阶段性成效。精神卫生中心医技楼、福禄镇卫生院迁建项目主体完工，3693名适龄在校女学生免费接种HPV疫苗。学前三年毛入园率、普惠性幼儿园覆盖率分别达到98.5%、92%，每千人口拥有3岁以下婴幼儿托位数达到2.83个，入选建设国家儿童友好城市名单。保障体系不断健全。城镇新增就业1.8万人，城镇调查失业率降至5.1%，累计发放低保、特困、临时救助等保障金1.03亿元，发放优抚金、补助金9200万元，惠及群众13.5万人次，基本养老、基本医疗保险参保率稳定在95%以上。社会事业稳步发展。新建幼儿园3所，新建及改扩建中小学9所，新增学位1.4万个。重庆中医药学院、璧山巴蜀中学初中部实现招生。通过国家卫生区复审，被纳入紧密型城市医疗集团建设市级试点。中医院新院区主体完工，人民医院“三甲”复审达标，妇幼保健院、疾控中心分别通过“三甲”“二甲”创建评审。

平安建设取得新成效。发展底线不断巩固。耕地“非农化”“非粮化”得到有效遏制，完成1083亩“非农化”问题地块处置和3.4万亩存量“非粮化”地块整改。粮食播种面积达到41.3万亩、产量17.1万吨，完成原粮和成品粮油储备任务。制定落实“1+12”化债工作方案，偿还政府隐性债务本金22.7亿元，压减行政支出2100万元。争取国家专项借款8.5亿元，落实配套融资9.4亿元，竣工销号保交楼项目14个，实现交房20241套。社会治理有力有效。完善立体化信息化社会治安防控体系，刑事案件、电信网络诈骗立案数分别下降29.4%、20.8%，常态化推进扫黑除恶，暴恐案事件“零发生”。开展欠薪治理“百日攻坚”，保障农民工工资按时足额支付。持续推动信访问题源头治理和化解攻坚，信访件次、人次分别下降6.1%、8.1%。安全形势持续平稳。深入开展重大事故隐患排查整治、火灾防控“除险清患”专项行动，消防指挥中心、森林防火监测预警中心投用，全年安全事故次数和死亡人数双下降、自然灾害零伤亡。黛山大道交通综合整治经验在全市推广，商务领域的安全管理工作成为全国先进。

二、发展中存在的问题

同时，经济发展过程中也面临一些问题和挑战。一是综合实力还不够强。产业集群优势还不明显，龙头企业带动地区产业链供应链发展力度不够。高技术产业发展动力不足，科技创新和人才支撑能力有待加强。二是投资消费还需提振。基础设施投资增长动力偏弱，技改在建项目、新开工项目不及预期，需求不足、利润下降导致企业投资扩产意愿不强。房地产市场面临承压，家装、家居、家电等消费疲软。三是城乡区域发展不充分不协调。农村地区基础设施建设相对滞后，农业产业基础薄弱、机械化生产普及程度低、产品竞争力不强，城乡居民在教育、医疗、就业、收入等方面差距明显。四是重点领域改革仍需久久为功。数字重庆建设处于攻坚突破关键期，区级中心与镇街中心数据一体贯通梗阻仍存，本地特色“一件事”应用、各领域“一网通办”服务仍有差距。五是统筹发展和安全任务繁重。信访突出问题化解、消防安全隐患整治、安全生产治本攻坚、房地产领域风险防范等问题依然存在，分析预判和应对处置能力需再加强。六是财政收支“紧平衡”仍未缓解。政府性基金收支矛盾较突出，专项债券末端支出缓慢，国有资产资源盘活力度不够，财政预算平衡难度加大。

三、2024年发展思路

坚持以习近平新时代中国特色社会主义思想为指导，全面贯彻党的二十大、二十届二中全会和中央经济工作会议精神，全面落实市委六届二次、三次、四次全会和市委经济工作会议部署，统筹扩大内需和深化供给侧结构性改革，统筹新型城镇化和乡村全面振兴，统筹高质量发展和高水平安全，以深层次改革牵引高质量发展、高品质生活、高效能治理，力争2024年经济增长7%、规上工业增加值增长9%、固定资产投资增长7%，全体居民人均可支配收入增速与经济发展基本同步。

深入推动战略落实。落实先进制造业发展“渝西跨越计划”，规上工业营收增长17%以上。扩大新能源汽车、锂电池、车载充电机等产品出口，新增进出口企业5家，进出口总额达到72亿元，引进外资项目4个，实际使用外资2000万美元以上。全力推进“三攻坚一盘活”改革突破，推动实现“园区事园区办”“企业事不出园”，分层分类推动国企“止损治亏、瘦身健体”，“一企一策”推动经营性国有资产监管全覆盖。

深入推动产业集聚。实施“双倍增”行动计划，力争高新技术企业、科技型企业分别达到490家、2250家。投用比亚迪动力电池研究总院，建好中国长安璧山智能网联低碳产业园。发挥康佳、台冠等重点企业的带动作用，提升集成电路设计、先进封装测试、晶圆制造和新型显示等关键技术水平。引育数控机床、智能检测、动力装备等企业，推动智能装备产业向研发、设计、总部等高端业态升级。

深入推动扩大内需。大力开展产业链招商、资本招商、驻点招商，力争引进100亿级项目1个、50亿级项目2个。提振大宗消费，落实好新能源汽车、电子产品、智能家居、绿色建材等消费促进政策。推动房地产与装修装饰、家电销售、金融信贷联动，更好地满足工薪群体刚性住房需求。提升信息基础设施能级，深化数字化装备、信息系统集成应用，数字经济核心产业增加值实现80亿元以上、增速达到10%。

深入推动数字变革。迭代梳理职能部门及镇街核心业务，着眼重要、高频、急迫、多跨需求，力争开发一批具有璧山辨识度的应用纳入市级“一件事”清单。完善数字化城市运行和治理机制，推动城市治理“一网统管”，加快三级数字化城市运行和治理中心业务贯通。优化企业准入、准营、注销等事项办理流程，推出更多“一证通办”事项和“一件事”集成办服务场景。

深入推动城乡融合。推进以中心城区为重要载体的城镇化，完成国土空间分区规划编制和“一张图”数据库建设工作，实施保障性住房、城中村改造、“平急两用”公共基础设施三项工程。学习运用“千万工程”经验，接续实施“四千行动”，打造以云雾花涧为代表的农文旅体康重点项目，发展“蔬菜、柑橘、生态渔”一主两辅优势产业。

深入推动民生建设。坚持量力而行、尽力而为，集中力量办成一批群众可感可及的实事。加大援企稳岗和技能培训力度，落实创业担保贷款发放政策，支持高校毕业生、农民工、退役军人等重点群体就业创业。推进全国义务教育优质均衡发展区、学前教育普及普惠区创建，常态化开展校园及周边安全隐患排查整治，深入实施“家校社共育五项行动”，守护未成年人健康成长。

（执笔人：颜锐）

铜梁区

铜梁区人民政府办公室

一、2023 年发展回顾

2023 年，是全面贯彻党的二十大精神的开局之年，是三年新冠疫情防控转段后经济恢复发展的一年。铜梁区坚持以习近平新时代中国特色社会主义思想为指导，全面贯彻党的二十大精神和习近平总书记对重庆的重要指示批示精神，认真落实党中央、国务院决策部署和市委、市政府工作要求，以成渝地区双城经济圈建设为总抓手总牵引，全面落实市委党建统领“三项重点任务”，突出大抓招商引资、项目建设、数字化发展、实体和惠民服务，强化改革探索和开放发展、科技创新和人才支撑、生态环保和安全稳定、社会治理和民生保障，努力发挥在渝西地区高质量发展过程中的主阵地、主力军作用，社会主义现代化新铜梁建设迈出了坚实的步伐。全年地区生产总值增长 6.3%、高于全市 0.2 个百分点，规上工业增加值增长 2.3%，固定资产投资增长 13.4%，社会消费品零售总额增长 8.7%，一般公共预算收入增长 16.5%，全体居民人均可支配收入增长 5.5%，主要经济指标符合预期、运行在合理区间。

抓共建促发展，双城经济圈建设走深走实。一是基础设施加速完善。成渝中线高铁建设序时推进，城轨快线璧铜线全面铺轨，重庆都市圈环线铁路确定线型并在铜设站，铜安高速重庆段建成通车，渝遂复线高速主线路基全部完成。同心桥水库下闸蓄水，川渝特高压交流工程铜梁 1000 千伏变电站启动设备安装，川气东送二线工程开工建设。二是区域联动持续深化。成功创建第一批川渝产业合作示范园，涪江流域科创走廊大型科学仪器共享平台惠及 32 家在铜企业。成功承办第二届成渝地区双城经济圈消费与发展论坛。共建成渝古道文化旅游带，联合打造精品旅游线路 5 条。与 7 个毗邻市区县合作实现跨界流域生态环境联防联控联治。三是对外开放不断扩大。生鲜农产品首次自营出口到东南亚国家，经西部陆海新通道货运量、货运值分别增长 50.6%、39.3%。成功创建中国（重庆）自贸区铜梁联动创新区。铜梁龙舞代表重庆赴马来西亚、香港等国家和地区开展文化交流。组团参加进博会等展会 17 个。招商引资签约项目 95 个，协议引资 661 亿元，到位资金 204 亿元，海辰储能、厚生隔膜项目入选全市“重大项目投资榜”“招大引强榜”。

优结构促转型，工业经济回升向好。一是“2+4”产业集群加快构建。海辰储能首批量产电池下线，引领全市储能产业发展布局，开创了百亿级工业项目当年签约、当年开工、次年投产的“铜梁速度”。10 平方公里新型储能产业园初具规模，9 个产业配套项目落地建设，累计建成应用场景 24 个，新型储能成为最具铜梁辨识度的特色优势产业。新引进智能网联新能源汽车产业项目 13 个，传统汽配企业向智能网联新能源汽配转型率 58.3%。新型储能、汽车转向制动产业集群获评市级中小企业特色产业集群。机电设备、智能家居、合成材料、冷链食品等特色产业实现产值350亿元。二是“智改数转”稳步推进。实施数字化智能化改造项目52个。3家企业获评国家级绿色工厂。新培育市级智能工厂、数字化车间、绿色工厂13个。制造业企业“上云”10家，新认定国家专精特新“小巨人”企业1家、市级专精特新企业40家。新三板创新层和OTC挂牌6家。三是发展要素保障有力。高新区人才公寓建成投用，大庙企业服务中心主体完工。供应工业用地3041亩，盘活低效产业用地340亩、闲置厂房33万平方米，制造业“亩均论英雄”改革取得积极进展。新设担保公司1家、基金3只、项目银团3个，引导金融机构投放实体经济贷款203.4亿元。

提质量促效能，内需消费加速释放。一是投资拉动成效明显。有序推进重点项目199个，完成年度投资480亿元、增长30%。青少年足球训练基地等80个项目开工建设，淮远独立储能电站等70个项目建成投用。建立“三百项目库”，储备项目352个。二是商贸业态持续繁荣。吾悦广场焕新开业，铜梁记忆民俗美食文化街正式营业。引进铜梁首店6家，新增重庆老字号4家。举办房交会、汽摩展等线上线下活动40余场次，拉动消费15.6亿元。龙城天街商圈成功创建市级步行街，足球啤酒狂欢节获评不夜重庆生活节十大夜间特色活动。三是文旅市场提质升级。“周末到铜梁”享誉巴蜀，成功被纳入全市商文旅体融合发展城市试点，铜梁龙足球队夺冠升甲、荣膺足协杯黑马奖，成功被举办铜梁龙马拉松、中华龙狮大赛、“一镇一主题”乡村节会等系列赛事活动，球迷经济、节会经济蓬勃兴盛，“夜经济”不断升温、“烟火气”更加浓厚。全年游客人数、旅游综合收入分别达1950万人次、126亿元。

抓提升促融合，城乡发展协调共进。一是城市更新持续提升。升级打造老街8条，改造老旧小区28万平方米，改造城市危旧房141户，老旧楼房加装电梯105部。14条道路建成投用，新增停车位3050个。改造雨污管网8.3公里，规范设置临时摊位980个。整治违法建筑3.5万平方米，新增城市绿地50万平方米。成功创建全国首批自然资源节约集约利用示范区。二是乡村振兴扎实推进。新改建高标准农田10万亩，粮食产量36万吨。脱贫攻坚成果持续巩固，脱贫人口人均纯收入增长14.9%。建成设施蔬菜科技园1000亩，入选国家生猪产能调控基地5家，建成投用“铜梁黑鸡”原种场。新建农村联网公路50.6公里、硬化泥结石路98公里，改造农村供水管网260公里、危房111户、户厕2000户，创建巴渝和美乡村示范村3个。城乡融合改革纵深推进，“巴岳农庄”强村富民综合改革入选全市经济领域第一批改革典型案例，试点村集体经济经营收入增长127%，首宗50亩农村集体经营性建设用地成功入市交易。三是生态环境稳中向好。完成6条河流生态修复治理，实施巴川河沿线水体治理8.5公里，搬迁环保问题企业10家，整治涉挥发性有机物问题企业73家。主要河流水质稳定达标，土壤环境质量总体稳定，全年空气质量优良天数304天。完成矿山生态修复治理41.1公顷，新建“两岸青山 · 千里林带”7100亩，双碾林场获评全国“十佳林场”。

谋创新促变革，发展动能持续增强。一是数字重庆建设有力有序。聚焦数字重庆“1361”整体构架，推广应用一体化智能化公共数据平台，全覆盖建成镇街基层治理指挥中心，基层智治体系基本形成实战能力。全面推广应用“渝快政”“渝快办”。“家医有约”“电力荷储智管”等“一件事”特色应用初见成效。新建5G基站306个，新铺设光纤1000公里，实现光纤网络城区全覆盖、农村“村村通”。二是科技创新资源加速集聚。落实“双倍增”行动计划，高新技术企业、科技型企业分别累计达224家、1185家。新培育市级创新平台 18 个、区级 10 个，引进各类人才 1357 名。新型储能产业技术研究院启动首批技术攻关项目。发放知识价值信用贷款 1.5 亿元，技术成果交易额 4.5 亿元。高新区入列科技部“企业创新积分制”试点。全社会研发经费投入强度预计达 2.45%，科技竞争力指数排全市第 12 位，上升位次居全市第一。三是优化营商环境成效明显。落实常态化“三服务”机制，“一窗综办”持续深化，承接政务服务事项 1572 项、“一件事一次办”60 个。设立营商环境观察员、政务服务体验员，发挥党政亲商恳谈会、企业服务专员等作用，解决企业实际问题 573 个，帮办代办服务 1300 余次。经营主体新增 8557 户、总量突破 7 万户。

惠民生增福祉，高品质生活持续提升。一是社会保障不断强化。城镇新增就业 1.3 万人，调查失业率控制在 5.5% 以内。养老保险、医疗保险参保率分别稳定在 97%、95% 以上。率先在全市开展“救助通”全区试点。新建敬老院 4 所。建成社区老年食堂 27 个，完成家庭适老化改造 1400 户。每千人口 3 岁以下婴幼儿托位数提升至 3.19 个。筹集保障性租赁住房 939 套，公租房配租率达 97% 以上。二是社会事业稳步发展。新增普惠性幼儿园学位 1080 个，教室新增空调 928 台，实施护眼灯改造 1.2 万盏。中小学心理健康辅导室、交互式“班班通”配备率均达 100%，成功创建国家级研学营地、全国乡村温馨校园。区人民医院成功创建“三甲”综合医院，区中医院顺利通过“三甲”中医医院周期性评审，新增市级卫生镇 7 个。中国群众文化学会龙灯龙舞委员会在铜成立，开展文化惠民活动 1 万场次以上。成功举办第六届区运动会，铜梁体育健儿斩获市级及以上竞技体育赛事金牌 33 枚、创历史最好成绩。三是社会大局保持稳定。扎实开展重大事故隐患排查整治等专项行动，未发生较大及以上生产安全事故，火灾起数下降 58.7%。改造城镇燃气管线 974 公里，加装燃气安全报警装置 9.6 万户。矛盾纠纷调解成功率 99.6%。建成公安战训基地、消防应急救援指挥中心。“巴川共坊”社区治理和“铜心小院”院落微治理经验在全市交流推广，获评全国市域社会治理现代化试点合格城市。

二、发展中存在的问题

一是经济恢复的基础尚不牢固，实体经济特别是中小微企业生产经营仍然困难，发展质效还需改善；二是主导产业集群规模还不够大，科技创新和人才支撑较弱，数字化改革成效尚未充分显现，开放发展水平有待进一步提升；三是解决群众急难愁盼问题还有差距，就业、教育、医疗、养老、托幼等领域的短板较多；四是城乡发展不平衡、农村发展不充分问题较为突出，生态环境还需持续改善。

三、2024 年发展思路

2024 年是新中国成立 75 周年，是实现“十四五”规划目标任务的关键之年，是加快建设社会主义现代化新铜梁的重要之年，也是改革攻坚突破的奋斗之年。铜梁区将坚持以习近平新时代中国特色社会主义思想为指导，坚持稳中求进、以进促稳、先立后破，突出稳进增效、除险固安、改革突破、惠民强企工作导向，全面落实国家和全市重大战略，努力发挥在渝西地区高质量发展过程中的主阵地、主力军作用，切实增强经济活力、防范化解风险、改善社会预期，巩固和增强经济回升向好态势，持续推动经济实现质的有效提升和量的合理增长，增进民生福祉，保持社会稳定，加快建设成渝地区双城经济圈发展先行区，奋力打造成渝中部产业新高地。经济社会发展主要预期目标是：地区生产总值增长6.5%，规上工业增加值增长8%，固定资产投资增长10%，社会消费品零售总额增长7.5%，一般公共预算收入增长7.5%，城镇调查失业率控制在5.5%以内，全体居民人均可支配收入增长6.5%，在实际工作中努力争取更好结果。重点抓好九个方面工作：

一是聚焦渝西地区高质量发展，纵深推进双城经济圈建设。落细落实“十项行动”和“四张清单”，推进通道互联互通，深化区域协作共享，持续做大开放经济，切实提升综合竞争力，努力争当成渝中部崛起排头兵。二是聚焦制造业高质量发展，升级打造现代化产业体系。坚定不移聚焦制造业，坚持以科技创新推动产业创新，加快发展新质生产力。锚定新型储能产业发展不动摇，壮大“2+4”产业集群，持续优化产业结构，提高招商引资实效，全面推动工业经济向更高水平、更高质量、更高能级迈进。三是聚焦释放内需潜力，着力稳投资促消费强保障。树立大抓项目导向，强化重大项目投资，扩大有效益的投资。深入推进商文旅体融合发展城市试点培育建设，激发消费市场活力，以高质量供给引领和创造新需求，形成消费与投资相互促进的良性循环。四是聚焦增强发展动力，全面深化重点领域改革。坚持以数字化改革为引领，推动“三攻坚一盘活”改革突破，积极破解体制机制障碍，促进民营企业发展壮大，营造更加优质营商环境，推动发展动能转换，让经济发展信心更强、质量更高、成色更足。五是聚焦新型城镇化建设，持续打造宜居韧性智慧城市。深入践行人民城市理念，强化城市规划统筹，提升城市功能品质，提质城市综合管理，提升城市综合承载力和宜居度，让市民生活更方便、更美好、更舒心。六是聚焦乡村全面振兴，扎实推动农业农村现代化。坚持不懈抓好“三农”工作，学习运用“千万工程”经验，全面落实“四千行动”，守牢“两个确保”底线，提质增效特色农业，扎实推进乡村建设，有力有效推进城乡融合发展。七是聚焦美丽铜梁建设，推动生态环境质量整体跃升。深入践行“两山”理论，迭代升级“九治”生态环境治理体系，打好长江经济带污染治理和生态保护攻坚战，加强生态保护修复，促进绿色低碳发展，打造更好环境更优生态。八是聚焦打造文旅胜地，全力推进文旅体融合发展。坚定文化自信，坚持守正创新，深化文化传承利用，繁荣发展文体事业，培育壮大文旅体产业，扩大对外文化交流，加速发展文化生产力，全面提升城市软实力。九是聚焦增进民生福祉，提高人民群众生活品质。坚持在发展中保障和改善民生，促进就业和社会保障，办好人民满意教育，优化医疗健康服务，提高安全发展水平，以高效能治理、高水平安全保障高质量发展，实现人民对美好生活的向往。

（执笔人：唐波）

潼南区

潼南区人民政府办公室

一、2023年发展回顾

2023年是全面贯彻党的二十大精神的开局之年，是新时代新征程新重庆建设的起步之年。一年来，潼南区坚持以习近平新时代中国特色社会主义思想为指导，全面贯彻党的二十大精神和习近平总书记对重庆的重要指示批示精神，在市委、市政府的坚强领导下，积极抢抓双城经济圈建设、西部陆海新通道建设、国家战略腹地建设、渝西地区一体化高质量发展、数字化变革五大历史机遇，全面落实党建统领“三项重点任务”，地区生产总值增长6.8%、高于全市0.7个百分点。

全力融“双圈”增动能，落实市委“一号工程”成势见效。重大项目有序推进。精准对接落实全市“十项行动”“四张清单”，创新实施融入成渝地区双城经济圈建设20项标志性事项，24个市级重点项目开工率91.7%，开建全市“平急两用”重点保供基地，建成成渝中央厨房产业园一期，双江航电枢纽提前完成主体工程，渝西水资源配置城北干线全线贯通，铜潼安高速、潼安大道竣工通车。重大政策深化落实。谋划推出“十个先行”事项，编制遂潼合作园区专项规划45个，策划全国首个“零碳绿能”田园综合体，创建双城经济圈政策协同示范区。重大改革持续突破。积极探索“两区”分离改革，联动共建医疗专科联盟24个，率先启用遂潼“一卡通一码通”平台，311项事项“川渝通办”，社保、医保等23项功能互认互通。重大平台加速建设。遂潼涪江创新产业园扎实推进，联合引入年产5万吨导电新材料、绿色低碳储气调峰基地等项目，开园运营川渝毗邻地区人力资源服务产业园。

全力稳工业夯基石，制造强区全面起势。产业体系迭代升级。大力实施制造业“涪江奔腾”计划，迭代优化“3+3+N”产业集群，化工新材料、电子元器件结构件、柠檬加工3个产业获批全市中小企业特色产业集群，全国率先开展园区循环化改造示范试点，积极打造全国第一汽车后市场。企业转型步伐加快。着力构建科技创新“1351”体系，新增高新技术企业31家、科技型企业262家，培育规上工业企业11家，新入选“专精特新”企业29家、“双百”企业5家，高新区入选2023年省级开发区高质量发展百强名单。发展动能持续增强。创新开展“问计涪江”等活动，新增市场主体1.06万户、增长7.9%。“区域招商+产业招商”双轮驱动，共济润道、航天驭星等124个项目签约落户，狮力达、泰盛等4个项目入选全市招商赛马榜。滚动推进项目“三张清单”，阿尔特汽车、立之力科技等49个项目开工建设，华沃德源、快思瑞科技等51个项目竣工投产，工业投资增长28.5%。要素保障有力有效。建成产业道路5公里，完成场平2平方公里，东区污水处理厂升级扩建，小桥110千伏变电站竣工投用。

全力强农业扬优势，乡村振兴纵深推进。农

业生产稳中向好。全市率先启用“渝耕保”，改造提升高标准农田13万亩，新增耕地5860亩。发展油菜制种1万亩，粮油、蔬菜、生猪产量均稳中有升，获批全国油菜单产提升整建制推进县、国家农作物品种展示评价基地，高质量承办全国油菜品种技术观摩交流会，制种经验入选全国十大经典案例。特色产业融合提质。迭代举办柠檬产业发展大会，启动建设全国首个“柠檬产业大脑”，蔬菜产业纳入全国优势特色产业集群，产业发展获《人民日报》整版报道。大力实施“六项行动”，改造标准生产园30个，雪王农业、檬泰生物等龙头企业竣工投产，规上食品及农产品加工业产值增长36.2%、居全市第1。农科城拔节生长，投用果蔬书院、农科数谷，组建产业科技研究院，成立单杨院士潼南食品工作室，落户西部科学城大科学种质创制分中心，率先获批全国农业科技现代化先行区。和美乡村扎实推进。新建“四好农村路”120公里，改造户厕2028户，生活垃圾收运行政村全覆盖。入选全市首批“万企兴万村”行动先进典型区。获批市级宜居宜业和美乡村3个，塘坝镇天印村获评全国乡村治理示范村。

全力扩内需促消费，市场活力恢复提振。消费供给提档升级。创新推出“一镇一宴”“黄门流水宴”。加快推进城乡配送体系建设，新建镇级物流配送站2个、村级综合便民服务站69个，创建市级放心消费示范单位12个，建成投用“潼南绿”冷链物流项目。新增限额以上商贸企业19家。消费场景持续丰富。潼南博物馆开馆运营。持续推进区域商业建设行动，竣工镇域商贸中心3个，打造涪江天街等夜间经济集聚区6个。入选全市首批“千秋红岩”红色资源建设试点区县。“涪江风情游”成为川渝体育旅游精品线路。崇龛镇明月社区获评第四批重庆市智慧旅游乡村示范点。消费潜力加速释放。建成直播电商基地和网货基地6个，电商交易额增长16.2%。开展欢乐消费季、美食文化展、灯饰采购节等活动，带动千家市场主体让利促销，社会消费品零售总额增长8.6%。举办菜花节、龙舟赛、川渝汽车场地越野赛、滨江田园彩虹泡泡跑等特色节会，接待游客突破1500万人次、增长35%。

全力抓改革扩开放，发展动能充分激发。数字变革加快推进。全市率先建成“数字农业大脑”。“141”基层智治平台实战化使用，应急社会动员入选全市优秀融跨场景，“潼心照护”等特色应用上线。开建昇之云大数据产业园，数字经济核心产业增加值增长5.7%。重点改革加快突破。国家、市级78项改革试点顺利推进。行政许可案卷评查入选全国优秀案例。农村集体经营性建设用地入市改革被纳入全国试点、顺利交易，新农城被纳入全市城乡融合重大示范工程。强村富民改革助推经营性收入10万元以下村全部清零。开放格局加快构建。贝宁驻华大使来潼考察洽谈合作，与尼泊尔昌德腊阁特市建立友好交流合作关系。全面融入西部陆海新通道，落户洪九果品等外贸龙头企业，“百团千企”海外抢单8亿元，出口货运量增长377.6%，外贸进出口总值15亿元，获批重庆自贸试验区联动创新区。

全力优环境提品质，生态本底更加厚实。环境质量稳步提升。强化“五气”共治，空气优良天数316天、居主城都市区第4。严格落实“河长制”，涪江、琼江分别稳定保持Ⅱ类、Ⅲ类水质，琼江入选首批市级示范河流。投用医疗废物处置设施工程，农村社区堆肥资源化利用获评双圈人居环境整治十大典型案例。绿色发展势头强劲。化工企业环保技改升级搬迁有序推进，实施清洁能源改造企业36家，培育市级绿色工厂3家，规模以上工业单位增加值能耗下降8.1%。深入开展“白色污染”减量行动，城市建成区绿化覆盖率40.7%,“无废城市”创建被纳入全市典型案例，获批全国首批城市减污降碳协同创新试点区。生态共治成效明显。建成城镇雨污管网45公里，新改建污水处理设施23座。完成“两岸青山·千里林带”3.41万亩，成功撤销松材线虫病疫区。“遂潼一体化”林长制纳入全市首批试点示范。中央、市级环保督察反馈问题年度整改任务清零销号。

全力办实事暖民心，民生福祉持续改善。民生实事扎实办理。打表推进市、区26件民生实事。改造老旧小区38个、棚户区444户，瓦厂湾片区征拆提前完工，新增“小而美”惠民提升项目10个，新建燃气管网36公里、小微停车泊位1585个，全市率先推行便民地图App。安装农村公路“生命工程”42公里。社会事业稳步发展。重庆电力高专潼南校区顺利投用，喜迎首批师生5000余人。区教师进修学校成功创院，获评首批成渝地区城乡义务教育一体化发展试验区。建成投用精卫福利中心，中医院获评市级美丽医院，人民医院晋级三级综合医院，顺利通过国家卫生区等4项复审。新增城镇就业1.26万人。社会保障更加充分。升级改造农村敬老院4个，建成社区老年食堂13个。投用区军休中心，成功创建市级“双拥模范城”。发放救助优抚及福利金3.16亿元、惠及5.8万人次。城乡居民养老、医疗保险参保率稳定在95%以上。脱贫成果持续巩固。扎实开展“大走访大排查大整改”专项行动，走访农户10.1万户次,“三落实一巩固”不断深化。动态监测帮扶1061户2760人，新实施危房改造484户，2.5万名脱贫群众成功就业，脱贫群众人均纯收入增长15.6%，认可度达96.2%。

全力保平安护大局，治理效能全面提升。平安建设扎实推进。建成投用区群众来访接待中心，信访问题清单整改销号88.6%，重要敏感节点实现“五个零”目标。深入开展常态化扫黑除恶、全民反诈等专项行动，刑事、治安警情分别下降14%、4.4%。“三所一队”全面投用，升级运行“情指行”一体化实战平台，公共区域、重点部位视频监控联网率达100%。安全基础不断夯实。深入开展重大事故隐患专项排查整治行动，火灾起数、死亡人数分别下降44.6%、66.6%，安全生产形势持续向好。全覆盖包保食品生产经营主体，未发生食品药品安全事件。应急广播系统实现镇村全覆盖。防汛救灾经验做法入选全市法治政府示范项目。基本公共法律服务指数居全市前列。风险隐患有效化解。细化“过紧日子”措施，一般性支出压减0.39亿元。完善“631”机制，债务风险总体可控。严厉打击非法集资犯罪，持续压降不良贷款，守住不发生区域性金融风险底线。清偿拖欠中小企业账款4.04亿元。“保交楼”新交付房屋4000套，完成年度任务。

二、发展中存在的问题

同时，发展中仍然还存在一些突出问题和短板。一是经济恢复基础尚不稳固，有效需求不足，社会预期偏弱，居民消费意愿有待进一步激发，房地产市场仍较疲软，部分中小微企业生产经营困难。二是产业转型升级亟须提速，工业经济能级不高，农业生产标准化程度有待提升，外向型经济尚未完全打开局面，生产性、生活性服务业有效供给不足，新兴产业尚未形成有力支撑。三是风险隐患仍然较多，财政收支矛盾比较突出，债务风险防范化解任务艰巨，国企改革任务繁重，重点领域信访矛盾突出，统筹化风险、促发展、保民生压力较大。

三、2024年发展思路

2024年，潼南区将坚持以习近平新时代中国特色社会主义思想为指导，全面贯彻落实党中央决策部署、市委工作要求，坚持稳中求进工作总基调，完整、准确、全面贯彻新发展理念，牢牢把握高质量发展首要任务，强化稳进增效、除险固安、改革突破、惠民强企的工作导向，实施“涪江奔腾”计划建设“制造强区”，建设国家农业现代化示范区，建设宜居智慧活力有尺度的滨江新城、“世界宽谷·田园城市”绿色生态城，打造国家战略腹地建设重要承载地、数字经济新兴高地，全力打造成渝地区中部崛起增长极、成渝腹心高水平开放桥头堡。

以市委“一号工程”为总抓手总牵引，着力打造高水平区域协作发展样板。坚持融入双核、联动周边、做强自己，迭代梳理重大项目、重大改革、重大平台、重大政策清单，主动服务国家战略腹地建设，支撑推动渝西地区高质量发展，深化全方位区域合作，在推动双城经济圈建设中力争取得更多突破性进展、标志性成果。

突出“制造强区”首位战略，着力构建现代制造业集群体系。深入推进新型工业化，加力实施“涪江奔腾”计划，发展新质生产力，强化科技赋能，壮大“3+3+N”现代制造业集群，梯度培育市场主体，加快建设成渝中部重要先进制造业基地。

突出全面激发需求潜力，着力扩大有效投资促进消费升级。用好用活各项政策，进重点领域投资，深挖内需市场潜力，推进高质量招商，扩大有效益的投资，推动文旅产业迭代出圈，充分激发消费活力，形成消费和投资相互促进的良性循环。

突出推进农业农村现代化，着力当好乡村振兴排头兵。学习运用好“千万工程”经验，固根基、扬优势、提品质、塑品牌，在重要农产品供给、农业科技、产业发展、和美乡村建设上作示范，建好国家农业现代化示范区，当好全市乡村振兴的排头兵。

突出推进新型城镇化，着力打造宜居智慧活力有尺度的滨江新城。坚持“一个尊重、五个统筹”，突出“小而美、小而特、小而精、小而雅”，建设有法度的精美城市、有宽度的田园城市、有厚度的人文城市、有高度的创新城市、有维度的智慧城市、有温度的宜居城市、有速度的枢纽城市、有风度的开放城市，全力打造宜居、智慧、活力、有尺度的滨江新城。

突出深化改革扩大开放，着力增强市场活力和内生动力。用好改革开放“关键一招”，以数字重庆建设引领全面深化改革，勇当改革开路先锋、构建成渝中部南向开放枢纽之城、建设民营经济高质量发展活力之城，全面融入西部陆海新通道建设，不断拓展现代化新潼南发展空间。

突出完善风险隐患闭环管控体系，着力打好重点领域风险防范化解攻坚战。下好风险防范先手棋、打好风险管控主动仗，有效防范化解债务风险、促进房地产市场加快回暖、抓好金融领域风险化解，坚决守住不发生系统性风险的底线，轻装上阵推动高质量发展。

突出加强生态文明建设，着力打造人与自然和谐共生的现代化滨江田园城市。牢固树立和践行“绿水青山就是金山银山”的理念，建设山清水秀新范例、绿色发展新高地、城乡大美新样板、数智生态新实践，为筑牢长江上游重要生态屏障贡献更多潼南力量。

突出保障和改善民生，着力提升市民生活品质。坚持尽力而为、量力而行，办好市区两级民生实事，巩固拓展脱贫攻坚成果、突出抓好就业增收、加快补齐公共服务短板、全力维护社会安全稳定，在高质量发展中增进民生福祉。

（执笔人：罗瑞）

荣昌区

荣昌区人民政府办公室

一、2023年发展回顾

2023年，我们坚持以习近平新时代中国特色社会主义思想为指导，全面贯彻落实党的二十大精神和习近平总书记对重庆的重要指示批示精神，在市委、市政府的坚强领导下，突出稳进增效、除险清患、改革求变、惠民有感的工作导向，坚持“6666”工作思路，深化落实党建统领“885”工作机制，全力推动高质量发展、创造高品质生活、创新高效能治理，交出了经济社会发展的高分报表，实现了社会主义现代化新荣昌建设的良好开局。

旗帜鲜明讲政治，切实增强“四个意识”、坚定“四个自信”、做到“两个维护”，风清气正干事创业的良好政治生态实现了新发展。牢记“学思想、强党性、重实践、建新功”总要求，扎实开展学习贯彻习近平新时代中国特色社会主义思想主题教育。全面融入成渝地区双城经济圈、西部陆海新通道等国家重大战略，深入推进数字重庆、美丽重庆、平安重庆和新时代制造强市、文化强市等全市重要部署落地落细，坚决做到“总书记有号令、党中央有部署，重庆见行动，荣昌抓落实”。

竭尽全力拼经济，加快调结构、促转型、提质效，高质量发展取得了新突破。地区生产总值同比（下同）增长6.6%，第一、二、三产业增加值分别增长4.5%、7.5%、6.3%。一般公共预算收入完成32.6亿元、增长21.5%。成功举办第十届中国畜牧科技论坛，《关于加快推进国家畜牧科技城发展的建议》获得国务院李强总理批示。在全市首设并举办“民营经济高质量发展活动周”，“123456”营商环境品牌已成为荣昌最靓丽的发展名片。

不遗余力增福祉，持续解民忧、纾民困、惠民生，高品质生活见到了新成效。城镇和农村常住居民人均可支配收入分别为47382元、24686元，分别增长4.3%、6.1%。区人民医院获评“三甲”，区中医院晋升三级。西大附中荣昌实验学校高中开始招生，区中医院新院区、区疾控中心新址正式投用。启动实施“照亮家园”工程，开工建设龙湖重庆荣昌天街。圆满举办“千年荣昌”主题系列活动，“千年荣昌”历史文化名城已成为荣昌最闪耀的城市名片。

凝心聚力强基础，坚决防风险、保安全、护稳定，高效能治理迈上了新台阶。加快构建“141”基层智治体系，率先启动“农村地区最小应急处置单元”建设试点。“渝事荣易解”入选市级最佳创新实践典型案例，全年未发生较大及以上生产安全事故，成功创建国家食品安全示范城市。

（一）加快建设现代化产业体系

构建“2335”现代制造业集群体系，新增规上工业企业26家，规上工业总产值、增加值分别增长10.8%、8.2%。工业用电、用气分别增长21.5%、7.9%，工业税收增长56%。陶瓷产业入选市级中小企业特色产业集群，荣昌高新区获批重庆市承接智能网联新能源汽车零部件产业转移示范园区。获批建设重庆自贸试验区联动创新区。落地首只中外合资基金，无刺花椒首次走出国门。启用川南渝西综合物流园，新增A级物流企业7家。完成智能化改造项目79个，新增数字化车间10个，新认定国家级两化融合贯标企业8家。“农数谷”被纳入重庆市数字经济产业园，3个项目入选全市数字经济产业发展试点示范。持续开展为企业“解难题、办实事”“服务企业专员”等活动，投用企业之家。新增民营经营主体1.2万户，民营经济税收收入占全区税收总额的78.9%。

（二）深入实施扩大内需战略

全社会固定资产投资增长12.3%，其中工业投资增长23%。102个项目开工建设，52个项目竣工投产。推行“1+9”专班工作机制。新签约市外项目88个，正式合同额593.76亿元，其中20亿元以上重大项目8个。高新技术企业、专精特新企业占比达到56.7%。成功引进4家大型建筑央（国）企在荣成立一级建筑资质子公司。社会消费品零售总额增长8.1%，批发、零售、住宿、餐饮分别增长18%、11.1%、15.3%、13.1%。开展系列促消费活动，打造夜间经济集聚区3个。文体旅消费持续火爆，接待游客1589.32万人次，拉动消费超20亿元。网络零售额达到38.6亿元、增长10.3%。

（三）纵深推进双城经济圈建设

承办首届双城经济圈民营经济高质量发展合作峰会，成立双城经济圈绿色产业技术创新联盟。成渝高速扩能荣昌段、荣昌环线高速等项目前期工作稳步推进，G348安富至四川界、S303城区至双河、S546吴家至盘龙等道路加快建设，G348南迁广顺至安富段建成通车。卫生健康、就业社保等便捷生活行动事项稳步扩大，森林防火、生态环保等联防联控工作机制持续完善。入选首批成渝地区城乡义务教育一体化发展试验区，举办第二届川渝毗邻地区群众体育荟。

（四）全力推动科技创新提质

加快推进国家生猪技术创新中心、国家级生猪大数据中心建设。荣昌高新技术产业研究院建成投用。培育市级创新平台12个，新增市级众创空间和科技孵化器2个。91家企业通过国家高新技术企业认定，新增市级科技型企业284家，新获批市级专精特新企业37家，海尔血液技术、思昱兴电子获评国家级专精特新“小巨人”企业。综合科技创新指数迈入全市第一梯队。获批国家知识产权强市建设试点城市。发放知识价值信用贷款1.5亿元。商标有效注册量达到1.51万件。

（五）统筹推进城乡融合发展

完成市级历史文化名城保护规划编制，新增市级历史建筑8处。改造老旧小区、棚户区39.86万平方米，新改建城市公园、口袋公园6个，新增城市绿地140万平方米。提升改造市政道路13条，代家坡路建成通车。黄金坡水厂（二期）竣工投用。落实粮食安全责任，守牢耕地保护红线。整治“非农化”“非粮化”和撂荒耕地1.24万亩，新改建高标准农田6.16万亩。持续巩固拓展脱贫攻坚成果，新增农民专业合作社39家，5万元以下集体经济“薄弱村”全部清零。新改建“四好农村路”151.3公里，水系连通及水美乡村建设工程竣工。场镇品质提升三年行动圆满收官。创建市级宜居宜业和美乡村13个。

（六）持续推动全面深化改革

建立国企债务风险应急“虚拟”资金池，中长期贷款增长33.9%。组建两只20亿级产业发展母基金，盘活闲置资产5.04亿元。知识产权质押融资达到3.06亿元。全区银行机构存贷款规模达到1159.84亿元、增长13.4%。开通“荣易办·帮您办”，发布5个重点产业项目“一业通办”办事指南，60个高频“一件事一次办”实现全程网办。

（七）大力推进生态文明建设

空气质量优良天数达到307天，较2022年增加10天，3个国考市控断面水质均值全部达到Ⅲ类。整治农村黑臭水体8个，治理修复废弃矿山250.05亩，新改建城镇雨污管网66.37公里。濑溪河、荣峰河入选市级幸福河湖。新增国家和市级绿色工厂各1家、市级绿色园区1个。实施装配式建筑57.78万平方米、绿色建筑71.19万平方米。入选全国首批自然资源节约集约示范县（市），新增市级生态文明建设示范镇5个。

（八）着力保障和改善民生

发放各类社会救助资金1.8亿元。基本医保参保率稳定保持在95%以上。城镇新增就业1.2万人。全区首个老年食堂投用。新改扩建公办幼儿园、中小学8所，新增公办学位2340个。重庆城市管理职业学院荣昌校区主体完工。区人民医院新院区开工建设。国家慢性病综合防控示范区通过复审，全国基层中医药工作示范市（县）和3个国家卫生镇创建通过市级评审。荣昌历史文化展览馆、邓在军电视艺术馆开馆，历史文化长廊、陶廉文化长廊投用。举办各类体育赛事活动185场次。

（九）扎实推进平安荣昌建设

深入开展重大事故隐患排查和火灾防控“除险清患”专项行动。投用消防救援指挥中心，建成全域“20分钟”救援圈。防汛抗旱、森林防火和地灾防治有力有效。全力防范化解重大风险，坚定维护意识形态安全。重大信访矛盾纠纷化解率达到91.4%。打击电信网络诈骗、跨境赌博成效突出，全区刑事发案、治安警情同比实现双下降。

二、发展中存在的问题

同时，发展中仍然还存在一些突出问题和短板。一是经济恢复增长的基础还不牢固，有效需求不足，居民消费和企业投资意愿不强；二是发展质效亟待改善，产业体系现代化水平还不高，科技创新支撑能力较弱；三是各类风险隐患增多，防控压力加大；四是公共服务供给与群众期盼、发展需要仍有差距；五是少数干部推进现代化新荣昌建设的能力本领有待提升。

三、2024年发展思路

坚持以习近平新时代中国特色社会主义思想为指引，全面贯彻党的二十大、二十届二中全会和中央经济工作会议精神，认真落实市委六届二次、三次、四次全会以及市委经济工作会议要求，坚持稳中求进、以进促稳、先立后破，完整、准确、全面贯彻新发展理念，积极服务和融入新发展格局，牢牢把握高质量发展首要任务，紧盯市委“一号工程”，锚定渝西地区战略定位，突出稳进增效、除险固安、改革突破、惠民强企工作导向，按照“6666”工作思路，落实党建统领“885”工作机制，统筹扩大内需和深化供给侧结构性改革，统筹新型城镇化和乡村全面振兴，统筹高质量发展和高水平安全，切实增强经济活力、防范化解风险、改善社会预期，巩固和增强经济回升向好态势，持续推动经济实现质的有效提升和量的合理增长，增进民生福祉，保持社会稳定，加快打造形成更多具有荣昌辨识度和影响力的标志性成果，奋力建设渝西地区一体化高质量发展先行区，努力在推动现代化新重庆建设进程中展现更大担当、作出更大贡献。

持续用力加快成渝地区双城经济圈建设。深入实施市委“一号工程”，加快双昌产业合作园、电子电路产业园等重大合作项目建设，推动产业、基础设施、公共服务一体化发展，争当双城经济圈建设的“桥头堡”，打造渝西地区一体化高质量发展先行区。

持续用力构建现代化产业体系。深入实施科技创新提质专项行动，打造高能级创新平台、培育高水平创新主体、营造高品质创新生态。深入实施制造业高质量发展专项行动，全力打造“2335”现代制造业集群体系，争当“渝西跨越计划”的“排头兵”。做强生产性服务业，做优生活性服务业。深入实施数字经济培育专项行动，加快数字化转型升级，推动产业数字化、数字产业化。

持续用力扩大投资和提振消费。深入实施抓项目促投资专项行动，加大谋划储备力度，坚持“四色挂牌”“四级调度”机制，加快投资放量速度，争当抓项目促投资的“新引擎”。深入实施招商引资突破专项行动，坚持“1+9”招商专班工作机制，进一步完善招商图谱，优化跟踪服务。推动消费从疫后恢复转向持续扩大，统筹“一都三城”建设，不断丰富消费供给，优化消费环境。

持续用力推进全面深化改革。以数字重庆建设为引领，推动“三攻坚一盘活”改革突破，争当改革攻坚突破的“生力军”。扎实推进数字化变革，坚决打赢国企改革攻坚战、政企分离改革攻坚战、园区开发区改革攻坚战，全力推动国有资产盘活，深入推进财税金融体制改革。

持续用力促进民营经济发展壮大。深入实施民营经济发展壮大专项行动，深化营商环境改革突破，迭代升级“123456”营商环境品牌，培育壮大市场主体，提高园区承载能力，推动民营经济高质量发展。

持续用力提升城市发展能级。实施城市更新提质行动，优化城市空间布局，完善城市功能品质，启动城中村改造。推进市级生态园林城市和全国文明城区创建，争当推进新型城镇化的“先行区”，加快建设更加宜居、韧性、智慧的现代化城市。

持续用力推动乡村全面振兴。严格落实耕地保护和粮食安全党政同责，夯实粮食安全根基。深入实施“四千行动”，全面启动双“十百千万”工程。加快推动荣昌猪、河包粉条等特色产业发展。实施防止返贫攻坚行动，提高巩固拓展脱贫攻坚成果质效。提升乡村建设水平，创建巴渝和美乡村。推进“强镇带村”试点建设，深化强村富民综合改革，促进农民致富增收。

持续用力改善生态环境。持续深入打好蓝天、碧水、净土保卫战，加快建设全域“无废城市”。持续抓好中央和市级生态环保督察反馈问题整改，争取获批市级“两山”实践创新基地。实施绿色转型创新发展行动，推动绿色低碳发展。

持续用力发展社会民生事业。兜牢基本民生底线，用心办好重点民生实事，全面提升就业、教育、医疗、养老等公共服务水平，推进教育现代化、卫生健康现代化、文化强区建设。有效防范化解重大风险，全面提升安全发展水平。

（执笔人：张从亮）

开州区

开州区人民政府办公室

一、2023年发展回顾

坚持以习近平新时代中国特色社会主义思想为指导，全面贯彻党的二十大精神，在市委、市政府和区委的坚强领导下，在区人大、区政协的监督支持下，坚持以成渝地区双城经济圈建设“一号工程”为总抓手总牵引，以推进数字重庆建设为支撑，以党建统领“885”工作机制和“五个一批”推进落实机制为载体，突出稳进增效、除险清患、改革求变、惠民有感的工作导向，统筹推动高质量发展、创造高品质生活、实现高效能治理，加快建设“一极两大三区”现代化新开州。全年实现地区生产总值686.9亿元、同比（下同）增长6.7%，高于全国1.5个百分点、全市0.6个百分点，居全市第12位、渝东北第4位；规模以上工业产值269亿元、增加值增速逆势上升。固定资产投资247.3亿元、增长16.2%，社会消费品零售总额421.6亿元、增长8.9%，全体居民人均可支配收入32199元、增长4.7%，城乡居民收入比缩小至2.08:1。产业结构调整为13.9 ∶ 38.3 ∶ 47.8。

发展厚度不变。渝西高铁、成达万高铁建设有序推进，巫云开、万州经开州至达州高速建设超序时进度，雪宝山互通通车，小江航道提升工程顺利开工。高新区成为全市首批近零碳园区试点，新增国家级“小巨人”企业、绿色工厂各1家，入园企业购地自建审批时限优化压缩至以前的1/4，工业标准地出让破“零”。

执行力度不减。争取到位上级资金104.8亿元、创历史之最，其中专项债券、特别国债额度均居全市第2位。引进项目110个，合同引资434亿元、增长33%。一般公共预算收入实现37.05亿元、增长21.1%（其中，税收收入13.69亿元、增长8.3%）。综合债务风险总体可控，“三保”底线兜牢兜实。深化医药卫生体制改革获国务院督查激励，8项工作获市政府督查激励。

帅乡热度不凡。“中国香肠之乡”等18张国家级“名片”全新加持，汉丰湖成为重庆首个全国美丽河湖优秀案例，获评全市“绿水青山就是金山银山”实践创新基地。开县春橙队夺得首届“村BA”重庆冠军和全国总决赛第7名。全市双拥模范城实现“六连冠”。“渝味360碗，金厨360天”出新出圈，“开州，吃‘厨’爱的只有你”已成开州金厨的“显眼包”。主要做了以下工作。

（一）建机制、搭平台、重合作，双圈建设频现“新亮点”

“一体化”更深入。获批《推动川渝万达开地区统筹发展总体方案》。成功召开万达开第三次党政联席会议，九大项目、8个事项被纳入市级“十项行动”“四张清单”。万达开技术创新中心成功获批。342项事项实现“川渝通办”。万达开公务员跨省一体化遴选成为全国首例。“推动川渝万达开一体化走深走实”获《人民日报》专题报道。“同城化”更紧密。举办全国桨板锦标赛等会展节庆赛事13场次，共推4条万达开云精品旅游线路。开州千能实业、万州长安跨越、云阳三木汽车等企业形成配套产业链，年合作产值突破12亿元。“协同化”更亮眼。东西部协作、中央单位定点帮扶和区县对口协同发展持续深化。4285亩“开州产”寿光菜高光上市，“东菜西移”模式获全市推广。与中石油西南油气田分公司等签订各类合作协议18项，潍开教育协作获评全市乡村振兴典型案例一等奖。

（二）强农业、稳工业、活三产，产业迭代再创“新纪录”

现代农业提能发展。成功创建国家农业绿色发展先行区、国家农产品质量安全县，荣创全国农业现代化示范区、全国绿色食品高质高效试点区。新建和改造提升高标准农田11万亩，恢复耕地面积居全市第4位。粮食播面172.59万亩、居全市第1位。9家企业获评市级农产品加工“双百”企业，食品及农产品加工业产值突破150亿元。新增“名特优新”“两品一标”产品33个。“开县春橙”入选“中国品牌·典范100”“中国500最具价值品牌”，品牌价值超52亿元。第一产业增加值达到95.31亿元、增长4.6%。绿色工业提速转型。“1234”现代制造业集群体系加速构建，电子信息（电子元器件）获评市级中小企业特色产业集群，战略性新兴产业、高技术产业占比分别提高4.7个、2.4个百分点。开州高新区成为全市首批承接产业转移示范园区。临江智能家居产业园获批全市中小企业集聚区。新认定市级“专精特新”企业32家。院士工作站有力推进，市级重点实验室实现“零”突破。工业增加值达到124.6亿元、增长2.1%。建筑业增加值增长13.4%。第三产业提档升级。开州金街升级出新，辰时里·奥特莱斯引入国际品牌30余个。国家电子商务进农村综合示范项目在商务部中期绩效评价中获评“优秀”，网络零售额达25.6亿元、增长12.3%。再创国家4A、3A级旅游景区2个。辖区内金融机构存款、贷款余额分别超过1000亿元、500亿元，实现“双突破”。第三产业增加值达到328.3亿元、增长6.5%。

（三）扩投资、促消费、育主体，供需结构趋向“新平衡”

有效投资持续给力。31个市级重大项目完成投资52.4亿元，投资完成率145.2%、居全市第2位。制造业投资、民间投资分别增长14.5%、10.2%，技改投资增速居全市第2位。提标升级G211等国省干线100公里，实施“四好农村路”、安防工程、窄路面拓宽各150公里。水环境综合治理项目加快推进，马扎营水库提前下闸蓄水，天白水库配套电站并网发电，鲤鱼塘水库成为全市首个水利部标准化管理工程。消费提振更加有力。成功跻身全市夜经济影响力区县20强、获评市级夜间文化和旅游消费集聚区。首届“开州金厨”大赛等活动拉动消费近60亿元。新培育“巴味渝珍”授权产品12个，新认定“重庆老字号”2家。出让商住用地428.93亩，规模居“山区库区”第1位。“保交楼”工作获住建部通报表扬。经营主体迸发活力。新发展经营主体2.3万户。新培育“四上”经营主体110家。9家优质企业纳入市级拟上市后备库，天致药业启动上市辅导。发放中小微企业贷款39.7亿元，新增减税降费近4亿元，办理留抵退税3300余万元。

（四）抓建设、提品质、促振兴，城乡面貌焕发“新魅力”

城市开发有序实施。编制山水公园城市规划导则，完善城市规划体系，城市规模拓展至“双47”。高铁片区、丰乐片区征地拆迁有力推进，开州大桥竣工通车，观音山隧道、凤凰梁大桥即将全线贯通。浦万大道建成通车。城乡功能有序完善。启动高桥、麻柳等绕场道路改造。新建5G基站1580个。改造城镇老旧燃气管道475公里，新建北部山区燃气管网56公里。临江、临港输变电项目建成投用。城区生活垃圾集中转运站、建筑垃圾填埋场启动建设。开州中学、西街中学人行通道建成投用。累计达标海绵城市15平方公里，新建城市公园60万平方米、新增小微停车泊位2700个。乡村振兴有序推进。实施乡村振兴项目228个，高质量通过市级有效衔接考核评估现场核查。"四个一"产业帮扶模式在全国、全市推广。实施农村改厕6500户，打造国家级绿色示范村37个、市级美丽宜居乡村37个。满月镇甘泉村、马营村分别获评全国乡村治理示范村、全国民主法治示范村。

（五）推改革、扩开放、抓创新，内生动力跃升"新能级"

重点改革多点突破。13项国家级改革试点通过评估验收。数字重庆建设扎实推进，"家庭成长环境风险防控一件事"进入区县应用"一本账"。改革重组国有企业31家，盘活存量经营性资产1000余处，统筹"三资"增加财力17.8亿元。农村"三变"改革试点扩面至60%的行政村。开放能级有效提升。新培育外向型企业12家，开州港货物吞吐量增长60%，获批"中国（重庆）自由贸易试验区联动创新区"，进出口总额3亿元。创新驱动转型提速。国家智慧园区5G融合创新运用项目建成投用。新培育科技型企业208家、高新技术企业27家，新发放知识价值信用贷款1.21亿元，高新区高新技术企业产值占比超60%。与合作高校共建产业技术研究院8个，新增知识产权专利授权252件，每万人口发明专利拥有量增长7%。创建市级技能大师工作室1个。举办第八届中国创新挑战赛，落地成果转化项目10个。

（六）优生态、治污染、筑屏障，绿色发展开辟"新境界"

污染防治深入推进。市级污染防治攻坚战成效考核连续4年"优秀"。出境断面水质全年保持Ⅱ类，城市集中式饮用水水源地水质达标率100%。空气质量优良天数居全市27个重点区域的第6位。化肥、农药使用量连续6年递减。创建市级生活垃圾分类示范村176个。公众生态环境满意度居全市第8位。问题整改大力推进。第一、二轮中央和市级生态环保督察等反馈交办问题整改率达99.7%。铁峰山国家森林公园开州区域违建整改与生态提升攻坚战取得全面胜利，入选美丽重庆建设典型案例。保护修复积极推进。治理水土流失69平方公里，完成矿山生态修复28.8公顷。营造林3.6万亩，森林覆盖率稳定在56.4%，马云林场入选全国"十佳林场"。崖柏保护与繁育工作获央视深度报道。

（七）保民生、增福祉、护稳定，惠民安民满足"新需要"

市、区23件重点民生实事圆满完成。社会事业不断发展。云枫实验学校、高桥初中建成招生。学前教育三年毛入园率、义务教育巩固率分别达92.5%、100%。中高考成绩再创新高。学校体育与健康工作经验在全国推广，全市首个幼小衔接现场会在开州召开。区人民医院、安康医院顺利通过等级复评，区疾控中心成功创建二甲。满月镇创建国家卫生乡镇通过市级评审，雪宝山镇获评市级健康乡镇。人均体育场地面积超全市平均水平。大型情景史诗剧《致敬军神》成功首演。社会保障基础不断夯实。新增城镇就业8285

人。药品耗材集采为群众节支2.54亿元，基本医保参保人数居全市第1位，“智慧医保”成为全市典范。发放城乡低保等资金5.63亿元。落实80岁以上老人高龄津贴。区未成年人保护中心建成投用。保障性租赁住房、人才住房、公租房实物配租惠及群众3000余人。基本养老保险参保扩面3.4万人。保障农民工工资支付工作连续5年获全市考核A级。社会治理不断加强。获评“中国好人”2人、“感动重庆十大人物”1人，“明德帅乡”蔚然成风。八类重大刑事案件下降32.3%；打击电信网络诈骗，为群众挽回损失1900余万元。承接全国县域自然灾害综合风险普查成果应用试点，连续20年地质灾害隐患点“零”伤亡。安全生产形势稳定可控。矛盾纠纷“屏网键”三智化解工作法在全市推广，群众信访事项满意率达98.9%。

二、发展中存在的问题

同时，发展中仍然还存在一些突出问题和短板。一是主导产业支撑不强，科技创新能力较弱，产业转型升级仍需持续提速；二是实体经济特别是部分中小企业发展困难较多，重点领域改革仍需持续深化；三是城乡区域发展不够平衡，群众就业增收压力较大；四是风险隐患仍然不少，统筹防风险与促发展、保民生仍需持续努力。

三、2024年发展思路

坚持以习近平新时代中国特色社会主义思想为指导，全面贯彻党的二十大和中央、市委经济工作会议精神，全面落实市委六届历次全会、区委十五届历次全会和区委经济工作会议部署，坚持稳中求进工作总基调，完整、准确、全面贯彻新发展理念，积极服务融入新发展格局，坚持高质量发展是新时代的硬道理，牢牢把握稳进增效、除险清患、改革求变、惠民有感的工作导向，全面深化改革开放，统筹扩大内需和深化供给侧结构性改革，统筹新型城镇化和乡村全面振兴，统筹高质量发展和高水平安全，抓实“五个一批”和“抓落实、赛实绩”工作，以科技创新引领现代化产业体系建设，切实增强经济活力、防范化解风险、改善社会预期，巩固和增强经济回升向好态势，持续推动经济实现质的有效提升和量的合理增长，增进民生福祉、保持社会稳定，加快推进“一极两大三区”现代化新开州建设走深走实，努力为全市发展大局作出更大贡献。

全区经济社会发展的主要预期目标是：地区生产总值增长7%、争取实现更好的结果；规上工业增加值增长6%；固定资产投资增长10%以上；一般公共预算收入增长2%左右（其中，税收收入增长20%）；社会消费品零售总额增长9%以上；全社会研发经费支出占GDP的比重提高到1.95%；新增城镇就业7300人以上，全体居民人均可支配收入增长7.5%，节能减排降碳等约束性指标完成市上任务；经济社会发展报表“A+B”档占3/4以上，其中经济报表力争进入全市前十。重点抓好八个方面工作。

同频聚力抢抓机遇与有效投资，跻身跨越发展“更宽赛道”。推进川渝万达开地区统筹发展50项重点任务，推动万开云同城化发展，深化区县对口协同发展。打造西部陆海新通道渝东北川东北运营中心，保障渝西高铁、成达万高铁建设，开工巫云开高速开州段通车、开万梁高速，启动航空飞行营地建设，加快小江航道提升、开州港二期建设，提速国省道升级改造，加快内外贸一体化发展。坚持“大抓项目、抓大项目”，提速项目推进，全力争资争项，促进民间投资。

同频聚力产业升级与创新发展，赋予实体经济“更足成色”。优化新质生产力布局，深入实施稳链补链强链行动，健全“1234”现代制造业集群体系，建设制造强区、质量强区。实施“招大引强、招优引特”攻坚行动，提升招商质量和引资效益。全面实施科技创新、人才强区首位战略，做大创新驱动平台，做优企业创新主体，做强人才引领驱动。

同频聚力改革突破与企业兴盛，催生经营主体“更强能级”。推动国企改革、园区开发区改革、政企分离改革、国有资产盘活，深化新一轮财税体制改革。深化“五大行动”，推动数字重庆建设重点突破、整体推进。完善落实“两个毫不动摇”的体制机制，增强民营经济综合实力和竞争力。深化营商环境创新试点，建设渝东北川东北营商环境高地。

同频聚力文化强区与消费兴区，推出融合发展“更多爆款”。创建汉丰湖国家级旅游度假区，争创市级商文旅体融合发展城市建设试点。建设万开云同城化发展区域消费中心城市。深化新时代文明实践中心建设，培育社会主义核心价值观，强化意识形态阵地建设和管理，推动全民健身与全民健康深度融合，提速国际友城、青年发展型城市建设。

同频聚力农业强区与和美乡村，成就乡村振兴“更美图景”。以创建国家农业现代化示范区为抓手，因地制宜做好“土特产”文章，促进农业产业“接二连三”。学习运用“千万工程”经验，深入实施“四百行动”，建设巴渝和美乡村。落实防止返贫动态监测帮扶机制，坚决守住不发生规模性返贫底线，扩面“三变”改革，深化“三社”融合，创建全市首批乡村人才振兴示范区，探索建立普惠性农民补贴长效机制。

同频聚力城市发展与城乡融合，展现山水人文“更高颜值”。推进以人为本的新型城镇化，推动“小县大城”试点，拓展环湖城区发展空间，提升浦里新区发展能级，推进城市更新，完善乡镇功能，基本建成“一心两带”的“双50”中等城市。推动城市治理“一网通办”“一网统管”“一网协同”多维融合，深化城市管理综合行政执法改革，强化消防救援、公共卫生、应急处突能力建设。

同频聚力绿水青山与金山银山，释放绿色发展“更大价值”。深入打好污染防治攻坚战，全面落实河湖长制，开展土壤污染源头防控行动，加快建设无废城市。强化“三线一单”分区管控，坚决遏制“两高一低”项目盲目发展。做实林长制，加强野生动植物保护。加强汉丰湖水质保护提升，落实长江“十年禁渔”。推进工业等领域清洁低碳转型，健全生态产品价值实现机制，鼓励绿色低碳产品消费。

同频聚力“急难愁盼”与“一枝一叶”，夯实民生福祉“更亮底色”。办好22件年度重点民生实事。加快建设教育强区，推进全国义务教育优质均衡发展区、全国基础教育课程改革实验区和全国学前教育普及普惠县创建。优化卫生健康服务，打造“15分钟医保服务圈”。确保高校毕业生等重点群体就业稳定，提高灵活就业人员等重点群体的参保率，加强退役军人服务保障，推进养老服务体系改革，发展婴幼儿照护服务，加强困境儿童、留守儿童关爱服务，加大低保对象等特殊困难群体救助帮扶力度。推进平安开州建设，防范化解房地产等领域风险，开展安全生产治本攻坚三年行动，打好社会矛盾纠纷化解处置攻坚战，深化电信网络诈骗、养老诈骗打击治理，常态化开展扫黑除恶斗争。

（执笔人：罗乐）

梁平区

梁平区人民政府办公室

一、2023年工作回顾

2023年，梁平区坚持以习近平新时代中国特色社会主义思想为指导，深入学习贯彻党的二十大精神和二十届二中全会精神，认真贯彻落实党中央、国务院决策部署和市委、市政府工作要求，稳妥应对经济复杂形势，坚持高质量发展不动摇，交出了一份难中求成、殊为不易的答卷。地区生产总值同比增长（下同）3%，产业结构优化为12.6∶41.2∶46.2，固定资产投资增长13%，工业投资增长48.8%，社会消费品零售总额增长7.2%，一般公共预算收入增长17.4%，税收收入增长18.4%，经营主体新增1.7万户、新发展率为23.1%，新入库“四上”企业143家、数量超前两年之和。

（一）扎实推进新型工业化，“232”现代制造业体系加快构建

产业活力迸发。预制菜“三区五中心九平台”产业生态加快形成，实现预制菜全产业链产值280亿元、增长18.6%；荣登工信部赛迪研究院“2023预制菜产业基地百强”榜首，位居人民网总网“全国十大预制菜创新发展地区优秀案例”第一位，获评“中国·预制菜美食地标城市”，创成全市百亿级农产品加工业示范园区。集成电路入选全市三大集成电路产业园。新材料、智能家居、装备制造等特色产业势头正劲。通用航空、能源等“新星”产业提速发展。中铁十五局西南公司、巨能建安等一批央企、市级国企落地梁平。科创动能强劲。新增市级科技型企业133家，新获批国家高新技术企业57家。新培育专精特新企业41家、国家“小巨人”企业1家，专精特新企业增量排渝东北第一。金融支撑有力。平伟实业完成上市辅导备案，新增OTC股改挂牌企业5家。民生银行支行落地梁平。存贷款总额增长9.6%。

（二）扎实推进新型城镇化，城市品质提质跃升

城市规划建设有力推进。完成国土空间总体规划、城市设计、综合交通规划编制，“一心两轴三组团”城市格局加快形成。知德中学、都梁大剧院、都梁新经济产业园主体完工。62万平方米商品房竣工投用，房地产投资增速排全市前列。城市更新持续优化。市民文化艺术中心建成营运，20个老旧小区旧貌换新颜，实施春秋季植绿补绿项目48个、新增绿地面积54万平方米，完善提升人行道20公里，创成绿色社区48个。双桂湖获评中国人居环境范例奖。城市治理精细有效。完成数字化城市运行和治理中心基础平台建设，基本形成城市治理要素“一本账”。智慧公交、智慧停车、智慧公园等一批应用场景建成投用。背街小巷更加畅通整洁有序。获评新华社“2023绿水青山就是金山银山实践优秀城市”。

（三）扎实推进农业农村现代化，乡村振兴走在全市前列

“三条底线”守得更牢。粮食连年丰收，产

量达36.3万吨。改造提升高标准农田3万亩，因地制宜恢复补足耕地2.7万亩。脱贫攻坚成果持续巩固拓展，村集体经营性收入5万元以上的村达100%。特色产业提质增效。蔬菜产业集群入选农业农村部2023年优势特色产业集群建设名单，梁平柚跻身国家级地理标志运用促进重点联系指导名录，获评全国绿色原料（水稻）标准化生产基地，创成国家农业科技园区。和美乡村示范建设。高水平承办市委农村工作会议暨学习运用“千万工程”经验加快建设巴渝和美乡村现场推进会，赢得各方赞誉。创成“四好农村路”全国示范县，长塘村、匾槽村、席帽村等村（社区）分获国家级、市级荣誉，促进乡村产业振兴改善农村人居环境等工作得到国务院督查激励。

（四）扎实推进旅游产业化，“旅游+”“+旅游”呈现多元融合发展

“旅游+”提质扩面。积极融入巴蜀文化旅游走廊建设和“大三峡”旅游一体化发展，双桂田园景区盛装迎客，百里竹海国家级旅游度假区创建提速推进。“+旅游”多点融合。农、文、商、交插上旅游“翅膀”，梁娃夜市、乾街夜市、农贸商超消费繁忙，渔米路获评全国首批“交通运输与旅游融合发展典型案例”，百里竹海入选国家级森林康养试点基地，长龙村创成市级乡村旅游重点村。品牌活动丰富多彩。第二届明月山生态旅游文化节、梁娃闹新春·预制向“味”来等品牌节会精彩纷呈，年货节、“5·17预制菜节”备受消费者青睐，旅游综合收入增长15%。

（五）扎实推进改革开放，区域开放高地加快形成

重点改革稳妥推进。有序推进数字重庆建设，落实一体化数字资源系统建设管理任务，上线推广“一件事一次办”50项。11595项服务纳入“渝快办”平台，《你承诺 我登记 你守诺 我保障》等5项经验在全国推广。国企改革稳步推进，资产规模突破1200亿元，资产负债率下降8.8%。农村“三变”改革全域覆盖，新增农村产权交易金额1.3亿元。对外开放跑出加速度。全面落实成渝地区双城经济圈建设市委“一号工程”要求，共建明月山绿色发展示范带取得新成效，医保稽核区域协调联动等经验入选全国典型案例，污染治理设施共建共享经验模式入选《川渝跨界河流联防联控典型案例汇编》。梁平至开江高速通车在即，梁平至黔江、武隆通用航空航班在全市首飞。预制菜产品通过西部陆海新通道远销东南亚。

（六）扎实推进生态文明建设，美丽梁平成色更足

污染防治持续巩固。空气质量优良天数达337天。农村黑臭水体治理“5653”梁平经验入选全市首批美丽重庆建设典型案例，主要河流出境水质达到或优于水环境功能要求。土壤环境质量保持稳定。生态修复持续改进。湿地生物多样性保护入选全国优秀案例，创成首批国家林草科普基地，林长制工作获国家林草局通报表扬。左柏水库荣获中国水利工程优质（大禹）奖，水网建设等3项工作被市政府督查激励。绿色发展持续转型。牵头成立全国首个小微湿地创新联盟，《小微湿地大能量》被中央电视台《焦点访谈》专题报道。垃圾焚烧发电及厨余垃圾处理项目并网发电，生态环境满意度排名全市前列。

（七）扎实推进社会民生事业发展，民生福祉不断增进

居民收入稳步增长。人均可支配收入增长5.4%，城乡收入比缩小至2.06∶1。农村公路助力共同富裕经验在全国推广。教育质量稳步提

升。建成投用双桂幼儿园、福德学校，新增城区学位2340个，获批创建成渝地区城乡义务教育一体化发展培育试验区。医疗卫生水平明显提高。区人民医院建成国家四级智慧医院，梁山街道社区卫生服务中心获评全市首批社区医院，深化医药卫生体制改革入选全市典型案例。社会保障体系更加健全。新增城镇就业6129人，城乡困难群众基本生活保障金、残疾人“两项补贴”、80周岁以上老年人高龄津贴及时足额兑现，职工医保门诊共济保障制度改革惠及更多患者。文体事业蓬勃发展。区图书馆获评国家一级馆，“梁山驿”获评“全国交通运输优秀文化品牌”，2出梁山灯戏获评中国少儿戏曲小梅花奖。

（八）扎实推进平安梁平建设，群众获得感幸福感安全感持续增强

安全基础能力进一步增强。深刻吸取“6·28”较大生产安全事故教训，深入开展安全生产、火灾防控、燃气安全、城乡结合部“五小场所”等专项整治行动取得实效。防灾减灾基础进一步筑牢。完成水旱灾害风险普查，成功处置福禄镇陆坪村大型滑坡地质灾害，森林火情、城乡火灾双下降、零伤亡。经济金融风险防线进一步织牢。房地产领域健康发展，金融风险绿色可控，政府债务化解稳妥推进。基层治理效能进一步提升。全面推进“一中心四板块一网格”基层智治体系建设，打击涉黑涉恶以及电信网络诈骗、黄赌毒、盗抢骗等违法犯罪成效突出，获评全国市域社会治理现代化试点合格城市，社会大局保持和谐稳定。

二、发展中存在的问题

经济总量不大，稳增长基础不牢，部分指标没有达到预期，产业发展能级不高，城市治理有短板，公共服务欠完善，安全生产、防灾减灾有短板，生态环境需持续改善，政府效能仍需提升，干部能力、作风不适应现代化建设要求的状况依然存在。

三、2024年主要任务

2024年，经济发展主要预期目标是：地区生产总值增长7%以上，规模以上工业增加值增长10%以上，固定资产投资增长13%以上，社会消费品零售总额增长10%以上，城镇新增就业4500人以上，一般公共预算收入增长8%以上，高质量发展态势加快恢复呈现，经济活力、创造力和质量效益进一步提升。

重点抓好十个方面重点工作。一是聚焦中国西部预制菜之都扩能提级，推动制造业高质量发展。持续提升产业能级，狠抓市场主体“招引培”，强化生产服务保障。二是聚焦“小县大城”建设试点，提升现代城市承载能级。拓展城市空间，提升城市品质，深化城市治理。三是聚焦“十百千万工程”点面齐抓，建设“巴渝和美乡村”示范区。提升农业产业质效，提升乡村颜值品质，推动乡村智治善治。四是聚焦深化文旅商贸融合发展，进一步推动消费提质扩容。优化文旅产品供给结构，提升商贸服务水平，推进大健康产业融合发展。五是聚焦国家战略腹地见行见效，推动重大项目投资放量。加快推进战略性产业基地建设，加快推进战略性物资储备基地建设，加快推进战略性基础设施建设。六是聚焦数字化变革引领带动，持续深化重点领域改革。加快推进数字重庆落地，推进“三攻坚一盘活”改革突破，统筹抓好其他重点领域改革。七是聚焦明月山绿色发展示范带落地见效，持续提升区域协作和对外开放水平。积极共建明月山绿色发展示范带，全面融入西部陆海新通道，深化对口协

同发展。八是聚焦美丽梁平建设迈上新台阶，持续筑牢长江上游生态屏障。深化污染防治攻坚，加强生态保护修复，推动绿色低碳发展。九是聚焦民生实事可感可及，不断实现人民对美好生活的向往。落实就业优先战略，促进教育优质均衡，深化健康梁平建设，繁荣公共文体事业，健全社会保障体系。十是聚焦除险固安防范化解风险，持续抓好平安重庆建设先行区。推进应急管理固本强基，防范化解债务金融风险，维护社会治安稳定。

（执笔人：张潇俊）

武隆区

武隆区人民政府办公室

一、2023年发展回顾

2023年，实现地区生产总值273.46亿元、增长5.5%。规上工业增加值、固定资产投资、一般公共预算收入、社会消费品零售总额分别增长7%、13.8%、33.7%、7.5%。居民消费价格指数下降0.5%，城镇登记失业率2.71%。城镇、农村常住居民人均可支配收入分别增长3.4%、7.9%。全区高质量发展、人民高品质生活迈出新步伐。

过去一年，我们坚持把落实国家战略、服务全市大局和推动武隆高质量发展高度统一起来，确保中央和市委、市政府各项决策部署落地生根、开花结果。坚持"总书记有号令、党中央有部署，重庆见行动，武隆强落实"，融入"成渝地区双城经济圈"建设的70个重大项目完成年度投资70.78亿元；鸭江货运火车站完成（一期）扩容改建，"西部陆海新通道"货运实现零的突破；"长江经济带高质量发展"49项任务序时推进。仙女山建设生态康养基地等事项被纳入全市"一县一策"支持清单。全区上下加快建设"一地一区"，推动现代化新武隆建设蹄疾步稳。

过去一年，我们牢记"学思想、强党性、重实践、建新功"总要求，扎实推动主题教育走深走实。深入开展学习贯彻习近平新时代中国特色社会主义思想主题教育，认真践行大学习大调研大服务大落实，精选调研课题687个、深入走访调研1356次，解决问题615个，422项检视问题整改清零。探索建立重点任务评估评价机制，引导干部树立和践行正确政绩观；坚持一届接着一届干，强力推进以国际化为引领的武隆旅游"三次创业"的做法分别获中央主题教育办、中央指导组充分肯定。

过去一年，我们强力推进以国际化为引领的旅游"三次创业"，"文旅主力店"打造成效初显。落实链长制推进102个产业链项目，完成投资54.5亿元。主力店建设七大项28个事项有序推进。喀斯特文化休闲中心主体完工，小火车风景线实质性推进建设，启明东方星聚城加快建设；国际山地户外运动公开赛、冰雪旅游季火热出镜。获评"2023年中国康养产业可持续发展能力百强县""成渝十大文旅产业地标"，全年接待游客4494万人次、旅游综合收入217亿元，均增长10%以上，旅游人均消费1003元，景区持票游客545.7万人，境外游客9.1万人次，创历史新高！

过去一年，我们聚焦"双招双引"主题、加快打通"大通道"，高质量发展基础不断夯实。收获"水风光储"一体化项目"百亿大单"，签约傲得航空器等项目44个，到位资金70.9亿元。文旅青创中心开园，招引青年人才454人，引进高层次人才68人，柔性引进专家人才（团队）26个。渝湘高速复线全线贯通，渝湘高铁打通主要节点，武隆至重庆主城"车行1小时""高铁30分"进入倒计时；白马航电枢纽、3条高速公路加快建设，项目、资金、人才等加速集聚。

过去一年，我们用心用情办实事解难题，人民群众的获得感、幸福感、安全感不断提升。四方街改造、汽车站上盖物业等民生项目广受好评，24件民生实事全面兑现。完成125栋、1248户城区砂砖房涉险群众搬迁撤离，涉险房屋有序拆除。隆城国际全面交房，江上明珠等11个问题楼盘逐步打通建设堵点，群众安全感指数达99%。沧沟乡"乡村土地纠纷'证、核、调'解纷工作法"获评全国新时代"枫桥经验"先进典型，成功创建国家食品安全示范城市。我们主要做了以下工作。

（一）千方百计促增长，内需持续有效释放

抓项目促投资见成效，实施重点项目"赛马比拼"，争取各类资金50.2亿元，103个重点项目完成投资78.9亿元，全区牵头的28个市级重点项目完成投资23.5亿元；产业和社会投资占比分别达53.5%、74.2%。助企政策精准到位，坚持区领导"餐叙恳谈"、区政府领导常态化入驻政务服务中心等制度，推动解决问题102件次，兑现惠企资金1.93亿元。新增市场主体6403户、增长18.1%；净增"四上"企业26户。预计民营经济增加值占比达60.3%。有效刺激消费恢复，开展"爱尚武隆"等营销活动，成功打造"品牌+首店"等4种消费新场景，带动消费6.36亿元，批、零、住、餐营业额分别增长12.3%、8.6%、12.7%、10.3%；实现电商交易额70.9亿元、增长16.3%，其中农产品上行3.2亿元。房地产恢复向好，销售面积增长2.5%。

（二）优化结构建链群，生态产业持续升级

旅游产业链提速构建。研学基地增至24个，喀斯特博物馆建设有序推进；世界首家女子马球俱乐部加快建设；建成西南地区首家蜂疗中心；成功举办世界蜂疗大会、西部边防暨驻渝部队官兵集体婚礼等活动；酷客酒店等项目建成投运。全国文化和旅游市场信用经济发展试点获评优秀。成功入选国家文旅产业融合发展示范区建设单位。预计旅游产业增加值增长8%，文旅产业增加值占GDP的11%。新型工业化步伐加快。"2332"制造业高质量发展稳步推进，成功举办第五届中国·重庆绿色发展实践论坛暨旅游装备博览会、中国产业转移发展对接武隆专场。"亩均论英雄"改革启动实施。建成投产和顺风电等项目10个，钻井岩屑资源化利用等36个项目有序推进，完成投资20.2亿元、增长15%，工业增加值增长6.2%。培引智能制造、数字产业项目9个，数字经济增加值增长5%。建筑业扩量提质。实施建筑业"+旅游"项目62个，完成投资33亿元、增长3.2%，新培育一、二级资质建筑业企业8家，建筑业增加值增长6.3%。"一主两辅多元"高效生态农业格局基本形成。高山番茄等特色产业在地面积增至27万亩、出栏山羊21万只，新认证有机农产品2个；建成高山番茄谷智慧工厂等项目，甘薯全产业链加快构建，实现规上农产品加工业产值3.5亿元。5条乡村旅游精品线路持续升级，乡村旅游学院挂牌成立，平桥镇获评首批国家农业产业强镇。一产业增加值增长4.8%。服务业稳步恢复。实施商文旅体融合发展城市试点项目20个，新培育限上商贸和服务业企业19家；国际露营音乐季获评"不夜重庆"十大特色活动、全国影响力品牌节会。金融机构存贷款规模突破600亿元大关、增长10.1%。服务业增加值增长5.1%。

（三）改革开放添活力，发展动能持续激发

创新动能持续增强。国家农业科技园区成功创建，能源装备安全野外科学观测研究站建设顺利推进。"青创·武隆"科技成果产业孵化器建成运营，科技型、高新技术和"专精特新"企业分别新增115家、7家、4家。新增中小企业市级研发机构6个、区级专家大院1家、示范基地3个；新增授权专利86件，全社会研发经费投入预计增长20%以上。选派科技特派员153名，引进推广新品种新技术148个。重点改革成效显著。数字化变革实现区治理中心实战运行，“一件事”论证审查和备案位居全市前列，“安心游”特色应用上线运行，成功获评“国家级数字档案馆”。国企改革形成“1+4”框架，建立化债成效与国有企业负责人薪酬挂钩机制，“三资”统筹盘活率达69.9%，国有企业营收和利润分别增长15%、16.3%。农村产权交易平台挂牌运营；集体经济组织经营性收入10万元以上村达100%。区疾病预防控制局挂牌成立。纳入全国殡葬领域跨部门综合监管试点地区，集体林权、供销综合改革持续深化。营商环境持续优化。区政务服务中心搬迁新址、行政审批事项集中进驻率100%，依申请类政务服务事项承诺时限压缩23.2%。优化营商环境五大专项行动落地见效，工业园区环境持续提升、用气大户实现直供气，解决企业诉求267个，获评首批“重庆市优化营商环境标杆城市”。内陆开放步伐加快。仙女山机场开通8条航线10个目标城市，9个商品入选“陆海优品”。与日本泉佐野市、秘鲁马丘比丘市达成友城合作关系。新培育外资外贸企业6家，实现进出口总额8477万元、增长5.2%。

（四）统筹城乡促融合，大美武隆颜值更佳

精品旅游城市功能逐步完善。国土空间规划纳入市级审批，控制性详规实现“一张图”。常住人口城镇化率52%。实现城建投资34.2亿元、增长6.8%。建成城市门户更新项目11个，完成投资1.4亿元。提质改造老旧小区22个，南溪沟片区启动开发。城市运管服平台有效运行，整治违建8100平方米，城市生活垃圾回收利用率达41.2%；人民广场、世纪广场安全隐患加快整治，新增停车位1050个，新改建公厕4座、“微公园”11处。乡村振兴扎实推进。“两不愁三保障”及饮水安全问题动态清零，脱贫人口人均纯收入17771元、增长12.1%。严守耕地进出平衡，改造高标准农田2.66万亩，粮食面积和产量实现“双增长”。统筹整合涉农资金4.44亿元，实施项目195个，东西部协作、水利部定点帮扶、市委政法委集团帮扶、涪陵和南川对口协同发展各项目标任务顺利完成，争取帮扶资金3.46亿元。中岭村、高寿村获选军队支持乡村振兴百村示范建设对象。沧沟乡28个项目全面完工，获评市级乡村治理示范乡镇。建成生活垃圾分类示范村31个、美丽庭院300个，农村改厕758户，3个村入围市级宜居宜业和美乡村示范创建村，文凤村入选中国美丽休闲乡村。城乡“五网”进一步织密。赵家至豹岩等5条公路改造完工，完成“四好农村路”230公里，打通“断头路”40公里，新增公路安全护栏78公里；姜家溪水库大坝建成，车盘等4座水库建设序时推进，完成供水保障工程75个，新建、改建乡镇污水处理厂6座。农网改造17个村。推进燃气配套基础设施改造项目9个，新增公用充电桩304个。完工白马货运码头。新建5G基站150个。

（五）保护修复优生态，“两山”实践持续推进

坚持“生态优先、绿色发展”。实施“两岸青山·千里林带”、渝东南生物多样性保护与生态修复11.1万亩。“两江一河”水质稳定在Ⅱ类以上，国控水质监测断面、集中式饮用水水源地水质、功能区环境噪声达标率均为100%，回收废弃农膜404吨。城区空气质量优良率94.2%。河（湖）林长制纵深推进，天生三桥畜禽养殖污染等各类督查、检查、巡查反馈的生态环境问题

整改清零。美丽中国建设交流会成功举办。景区基础设施公募REITs推进顺利。完成全域GEP核算，入选全市首批生态产品价值实现机制试点区县，启动生态资源转化平台建设。

（六）用心用力惠民生，社会事业持续进步

发放各类困难资助1.8亿元；城镇新增就业3159人；城乡养老、医保参保率均在95%以上。公办幼儿园占比56.6%、普惠率98.3%，高中教育质量再创新高。考古发现国内最早有明确纪年的西汉墓、西南地区保存最为完好的木椁墓——江口镇“关口西汉一号墓”，出土文物近700件。福康医院迁建投用，医共体“三通”和人民医院创“三甲”有序推进。国家卫生城市进入复审，石桥乡、后坪乡成功创建国家卫生乡镇。成功创建市级双拥模范城。化解信访疑难积案和清单问题124件，人民调解成功率99.4%；刑事发案、破案率、移送起诉实现“一降双升”，命案零发生。仙女山漆子坳自建房火灾隐患落实整治，“5·28”陡磊子滑坡避险入选全国地质灾害成功避险十大案例。安全生产实现“双下降”，未发生较大及以上生产安全事故，社会大局和谐稳定。

二、发展中存在的问题

产业结构性矛盾突出，过度依赖水电等清洁能源产业，工业产值增长乏力；跨区域重大投资项目少，重大产业项目储备不足；消费恢复不及预期；招商质效有差距，链主招商不足；砂砖房治理任务艰巨，城市提升需下足功夫；脱贫成果仍需巩固，乡村全面振兴需加大力度；教育、医疗等民生领域还有不少短板；财政运行、安全稳定、生态环境等领域风险挑战不容忽视；等等。

三、2024年发展目标

地区生产总值增长6.5%；工业增加值、固定资产投资、社会消费品零售总额、一般公共预算收入分别增长7.5%、10%、8%、10%；全体居民人均可支配收入增长7%；居民消费价格涨幅3%以内；完成市上下达的主要节能减排任务。

一是深度融入成渝地区双城经济圈建设。紧扣“文旅主力店”打造，在主动融入和重点突破上体现新作为。二是激发有效需求。扩大以实体经济为重点的有效投资，提振以文旅为重点的消费，形成消费和投资相互增益的良性循环。三是构建旅游引领的现代化产业体系。坚决扛牢全市旅游国际化试点责任，以武隆旅游30周年为契机突破推进“三次创业”，加快“6+4”产业链强主体、补链条、聚集群。四是推进以人为本的新型城镇化。统筹推进改旧和扩新、功能完善和形象打造，全力建设国际精品旅游城市。五是加快乡村全面振兴。学好用好“千万工程”经验，大力建设巴渝和美乡村。六是推动创新驱动发展。围绕构建“310”科技创新体系，不断增强高质量发展新动能。七是深化改革开放。坚持以更深层次的改革引领发展转型，以更高水平开放促进发展提质。八是提质增效“两山”实践创新。积极融入长江经济带高质量发展，全面落实美丽中国武隆建设行动，让武隆天更蓝、山更绿、水更清、底色更美。九是全力保障和改善民生。坚持尽力而为、量力而行，集中力量办成一批民生实事，着力提高人民生活品质。十是推进高水平安全发展。坚持总体国家安全观，更好统筹发展和安全，扎实推进更高水平的平安武隆建设。

（执笔人：李创）

城口县

城口县人民政府办公室

一、2023 年发展回顾

2023 年，城口县全面贯彻党的二十大精神，深入学习贯彻习近平新时代中国特色社会主义思想，在市委、市政府和县委的坚强领导下，在县人大、县政协的监督支持下，强化稳进增效、除险清患、改革求变、惠民有感的工作导向，加快推进“三县一城一枢纽”建设，全面建设社会主义现代化新城口迈出坚实步伐。全年地区生产总值增长 6%，固定资产投资增长 8%，财政总收入和税收收入分别增长 15% 和 39.1%，全体居民人均可支配收入增长 5.4%，农村居民人均可支配收入增长 7%。

全力抓巩固促衔接，乡村振兴的基础更加坚实。脱贫成果有效巩固。“两不愁三保障”和饮水安全问题动态清零，实施以工代赈项目 60 个，开发公益性岗位 7121 个，脱贫人口转移就业 2.3 万人，脱贫人口人均纯收入增长 11.4%，户均生产经营性收入增长 22%，城口以工代赈经验入选全国新时期以工代赈工作指引。乡村振兴呈现新颜。整合资金 5.3 亿元，实施巩固衔接项目 347 个，创建“一村一品”示范村镇国家级 1 个、市级 3 个，农业增加值增长 4.4%。积极发展新型农村集体经济，村集体经营性收入达 1.2 亿元，经营性收入 10 万元以上的村占 87.9%，强村富民综合改革经验在市委农村工作会议上交流。创建市级乡村治理示范乡镇 1 个、示范村 3 个，龙田联丰村获评全国乡村治理示范村，高燕星光村入选全国乡村振兴优秀案例。帮扶成效持续提升。用好水利部、山东临沂、市发展改革委帮扶集团、九龙坡对口协同等帮扶平台资源，临沂 · 城口山地鸡产业联动发展获评全市鲁渝农业协作十大典型案例，北屏松柏村鲁渝协作“万企兴万村”新模式入选全国乡村振兴典型案例。

全力强基础增势能，“区域发展”的动能日趋强劲。“一号工程”深入推进。积极融入万达开川渝统筹发展示范区、渝东北三峡库区城镇群、“大三峡”旅游圈，举办红军挥师城口 90 周年系列活动。联动万源共同推动丹江口库区及上游地区综合治理支持政策落地，万源至城口天然气长输管道建成，推出首批川渝“一件事一次办”“免证办”等服务措施，311 项“川渝通办”事项落地。重大交通强势推进。西渝高铁城口段进入主体工程施工，G69 银百高速大巴山隧道加快推进，城宣大邻高速启动工可编制，城万、城巫高速及支线机场前期工作有序推进。新改建“四好农村路”123 公里，实施生命防护工程 185 公里。“双进双产”强力迈进。完成固定资产投资 44 亿元，建筑业增加值增长 5.4%。实施“三企入城、城商归城”行动，引进亿元以上投资项目 13 个、10 亿元以上投资项目 1 个，协议资金 52 亿元、到位资金 10.9 亿元。重大要素保障跟进。实施农用地转用和土地征收 4061 亩，处置闲置用地 117 亩。西渝高铁城口站电力线路迁改工程进度达 80%。新铺设燃气管道 50 公里，新建 5G 基站 165 个。全年向上争取资金 38 亿元，其中，中央预算内投资4.3亿元。争取特别国债2.8亿元、一般债1.6亿元、地方政府专项债10.5亿元。

全力抓转型促升级，“绿色产业”的质效日益凸显。绿色工业起势突破。推进园区开发区改革，工业园区进驻企业55家，其中规上工业企业13家，营收亿元以上工业企业3家。城口老腊肉产量突破1万吨、产值达10亿元，中药材加工产值达6亿元，规上食品及农产品加工产值增长15.7%。规上工业总产值和增加值超过锰矿关闭前水平，规上工业增加值增长15.1%、排名全市第二。清洁能源发电量11亿度，战略性新兴产业产值达4.1亿元。生态旅游全域突破。中国·亢谷旅游度假区正式运营，新创建3A级景区1个、市级森林康养基地1个、A级景区村庄20个、市级乡村旅游重点村2个，过夜游客270万人次，旅游综合收入11.8亿元。现代服务业加快发展。开展第二届美食文化暨直播电商节，获评“中国药膳地标美食城市”。新建电商直播站点20个，电商零售额达3.4亿元，社零总额增长6%，服务业增加值增长6.1%。科技创新引领力持续增强。新增“专精特新”企业5家、高新技术企业6家、科技型企业32家，新增发明专利授权14件，全社会研发经费投入增长22%。新增规上工业企业研发机构3家，认定市级新型研发机构2个、市级中小企业技术研发中心1个，工业研发投入增长20%。育主体强企业持续发力。减税降费1.3亿元，发放企业应急周转贷1.2亿元。打好质量、标准、商标、品牌、知识产权强县“组合拳”，赵孝春老腊肉获批“中华老字号”，鲁渝矿业获批钡新材料国家标准制定单位，天宝药业成为市级农产品加工百强领军企业，赵孝春、美缀美成为全市百强成长性企业。新增规上工业企业7家、规上服务业企业2家、限额以上商贸企业5家，新增市场主体3053户，新增4家企业获得自营进出口权。

全力育重点带全域，“城乡面貌”持续提升。生态环境向“一直美”领跑。国控断面、地表水、饮用水水源地水质达标率均达100%，空气优良率、PM2.5均值全市领先，成功创建“中国天然氧吧”。综合治理河道62公里，完成矿山生态修复74.6公顷，治理水土流失64平方公里，完成营造林12.8万亩，深化国储林建设70万亩，实施非国有林生态赎买2500亩，成为全国深化集体林权制度改革先行推进区，森林经营碳汇成为全市首个获批的国储林“碳汇通”项目。新建充电桩146个，新能源汽车上牌量增长45%，充电桩充电量增长42%。特色县城向“融合美”迈进。推进以县城为重要载体的城镇化建设，纳入全市“小县大城”试点。高铁站前广场等基础设施配套项目开工，滨河南北两岸环线贯通，任河生态拦水坝投用，四塘坝任河大桥、沱溪河桥通车。累计建成城市绿道10.8公里、城市公共绿地89.8万平方米、公园绿地52万平方米。推进名豪广场、碧桂园等房地产项目建设，在全市率先完成“保交楼”任务，完成水晶丽城、阳光水岸等9个房地产项目总证和4503户分证办理。美丽乡村向“全域美”扩展。推广“千万工程”经验做法，启动农村污水治理“四大行动”，新改建农村卫生厕所1920户、农村生活污水集中处理率达53%。岚天、北屏、高楠成功创建国家卫生乡镇，修齐白果小院入选成渝地区双城经济圈人居环境整治十大典型案例。

全力办实事增福祉，“惠民有感”的民生持续改善。社会事业加快发展。15件重点民生实事全部兑现，育才中学主体工程完工，以县总医院为抓手的医药卫生体制改革全面启动。完成公益性安葬设施专项规划，青龙山陵园工程形象进度达80%。社会保障稳步提升。新增城镇就业1579人，推动8.8万人转移就业，基本养老保险、基本医保参保率均保持在95%以上，创建市级残疾人家庭无障碍改造示范村社5个。平安城口全面加强。信访件次、人次分别下降27.3%、20.6%，“治重化积”“清仓见底”案件在全市率先清零。刑事、治安、电诈案件分别下降24%、36.8%、35%，破获全国“双督办”案件1起，连续14年无较大及以上安全生产事故发生，连续4年无因灾伤亡事件发生。

全力强引领提效能，“改革求变”的活力充分释放。健全党建统领“885”机制。完善高质量发展目标体系、工作体系、政策体系、评价体系，建立乡镇街道季度现场评比工作机制，健全争先创优、赛马比拼评价规则，“八张报表”151项指标细化落实，“八张问题清单”归集问题1.1万个、整改问题9792个。推动数字重庆建设。建成县级数据仓，建设城市管理运行中心，归集数据40.4万余条，设施农业用地办理等3项“一件事”被纳入市级应用。完成乡镇（街道）基层治理指挥中心建设，3个乡镇街道被纳入全市试点，一体化治理智治平台全面运行。深化重点领域改革。国有资产规模、营业收入、利润总额、利润率分别增长13.7%、2.1%、26.5%、11.6%。融资平均期限拉长到12.3年，综合成本控制在3.6%以内，金融业增加值增长11.2%。不断优化营商环境。出台支持民营经济高质量发展十二条，开展优秀民营企业和企业家评选活动，开展最难办事科室评议。县政务服务大厅主体工程完工。深化公共资源交易改革，交易金额达24.5亿元、增长37.6%。加强政府自身建设。扎实开展学习贯彻习近平新时代中国特色社会主义思想主题教育，人大代表议案建议、政协提案办复率和满意率均达100%。行政机关负责人出庭应诉率100%。严格落实过紧日子要求，压减财政一般性支出、非急需非刚性支出2366万元。

二、发展中存在的问题

发展不平衡不充分的矛盾依然突出，经济总量小，内生动力弱，稳经济增长压力较大，财税增收渠道单一，收支矛盾突出；产业结构调整需要提速，产业平台承载能力不强，科技、人才等创新要素不足，支撑经济发展的“大好高”项目缺乏；土地、物流、能源等要素成本高，企业生产经营比较困难，社会投资意愿不强，营商环境亟须优化；城市能级和带动性不强，公共服务供给与群众期盼仍有较大差距；生态环境较为脆弱，自然灾害易发频发，生态治理修复任务重，风险隐患仍然较多；少数干部能力和作风还不能适应现代化新城口建设需要；等等。

三、2024年发展思路

2024年，城口县将坚持以习近平新时代中国特色社会主义思想为指导，全面贯彻党的二十大、二十届二中全会和中央经济工作会议精神，全面落实市委六届二次、三次、四次全会和市委经济工作会议部署，突出稳进增效、除险固安、改革突破、惠民强企工作导向，加快建设“三县一城一枢纽”，努力在秦巴山区强县富民现代化建设中展现新担当新作为。力争地区生产总值增长6.5%，规上工业增加值增长15%，固定资产投资增长8%，社会消费品零售总额增长7%，一般公共预算收入增长7%，全体居民人均可支配收入增长6.5%，农村居民人均可支配收入增长7.5%。

聚焦“乡村全面振兴”，推动“和美乡村建设”实现新突破。以学习运用“千万工程”经验为引领，提升乡村产业发展水平、乡村建设水平和乡村治理水平，创建国家乡村振兴示范县。抓实“巩固衔接”任务，推进乡村振兴示范建设，推动特色农业高质高效。

聚焦“成渝双圈建设”，推动“项目有效投资”实现新突破。坚持以成渝地区双城经济圈建设“一号工程”为总牵引，打好项目建设和招商引资主动仗，提升项目投资的杠杆效应、放大项目招引的雪球效应、联动要素支撑的链条效应。全力促进区域协同、全力优化交通路网、全力攻坚项目推进、全力推动招商引资、全力争取资源要素。

聚焦“现代产业体系”，推动“产业集聚集群”实现新突破。打好产业发展主动仗，打造更高能级、更强支撑的产业生态，加快构建特色现代化产业体系。进一步做大绿色工业、做精全域旅游、做优现代服务业、做强市场主体、强化科技赋能。

聚焦“小县大城试点”，推动“城乡共美共融”实现新突破。实施“小县大城”试点建设行动，开展“美丽县城、美丽城镇、美丽乡村”三级联建，举全县之力创建全国文明城市。进一步增强县城承载能力、扮靓镇村颜值、促进城乡互联互通。

聚焦“生态文明示范”，推动“降碳减污扩绿”实现新突破。实施美丽城口建设提升行动，推进生态优先、节约集约、绿色低碳发展。以更严举措“减污”、以更高标准“扩绿”、以更大力度“降碳”。

聚焦“重点领域攻坚”，推动“全面深化改革”实现新突破。以数字重庆建设为总牵引，实施全面深化改革攻坚突破提升行动。深入推进数字重庆建设，实施强村富民改革，持续优化营商环境，打赢“三攻坚一盘活”攻坚战。

聚焦“社会民生改善”，推动“幸福可观可感”实现新突破。集中精力抓好办成一批群众可感可及的民生实事，兜住、兜准、兜牢民生底线。让民生实事更加彰显民意、让社会事业更加优质优享、让社会保障更加公平可及、让平安城口更加健全有力。

聚焦“全面从严治党”，推动“政府自身建设”实现新突破。以忠诚为本、法治为基、发展为重、实干为要，持续提升政府治理能力和水平。始终牢记绝对忠诚第一要求、坚持依法行政第一准则、强化担当实干第一导向、严守清正廉洁第一底线。

（执笔人：杨坤）

丰都县

丰都县人民政府办公室

一、2023年发展回顾

2023年，我们紧紧围绕成渝地区双城经济圈建设“一号工程”，突出稳进增效、除险清患、改革求变、惠民有感的工作导向，着力扩大内需、优化结构、提振信心、防范风险，推动经济实现质的有效提升和量的合理增长。全年地区生产总值达到406.1亿元、增长6.5%，固定资产投资增长14.1%、增速居全市前列，社会消费品零售总额增长9%、增速居渝东北片区第3位，一般公共预算收入27.7亿元、增长9.8%，全体居民人均可支配收入增长5.9%、增速居全市第1位。

一年来，我们知重负重、奋楫争先，合力攻坚取得新突破。坚持创造条件、整合优势，历经300个日夜苦寻矿源，投资200亿元的玻璃纤维及复合材料项目在全市集中开工。坚持项目为王、高效保障，历时6年的丰彭二级路全线贯通，100个重点项目超额完成年度投资任务。坚持科技赋能、揭榜挂帅，联合西南大学创建丰都首家博士后科研工作站，与院士团队实现新材料产业发展战略合作。

一年来，我们准确识变、科学应变，重点改革激发新活力。实施新农人培育提升行动，创新并发放“新农人贷”2.7亿元，培育新农人4053名，联结农户4.4万户12.7万人。探索“1+5+X”共富模式，发展肉牛共富农场32个、“共富+”产业187个，带动经营性收入10万元以下的村集体经济组织全部清零，试点经验在全市推广。成功入选全市“一窗综办”系统试点区县、跻身全市“小县大城”试点。

一年来，我们顶住压力、迎接挑战，风险防控展现新作为。严格防范债务风险，综合债务率持续下降。强力攻坚碧溪河污染治理，沿线场镇污水厂网全面改造，榨菜废水、养殖尾水全面管控，流域水质由Ⅴ类跃升至Ⅲ类，实现由乱到治的根本性转变。

一年来，我们夙夜在公、枝叶关情，民生福祉交出新答卷。丰都中学结对重庆大学推进“县中振兴”，育才中学、谢家湾学校丰都幸福小学引领形成“家门口”优质教育体系。县人民医院、县中医院成功创建国家三级医院，承接国家级试点项目2个，县域内就诊率达95.6%。就业、社保、医保、社会救助等工作超额完成既定任务，16件民生实事全面兑现，民生福祉、生活品质有了较大提升。

一年来，主要做了以下工作。

（一）有效投资持续放量

基建投资稳定增长，渝万高铁路基桥隧全线铺开，垫丰武高速路兴义长江大桥启动建设，培元中学等44个项目实现开工，丰都港提升改造等16个项目建成投用，完成基础设施投资105.2亿元、增长22%。产业投资势头强劲，栗子湾抽水蓄能电站替代水源王家山水库建成投用，共建道路南江大桥启动建设，东方希望固废处置中心建成点火，制造业投资增长 80.3%、增幅居全市第 5 位。第一、第三产业投资分别增长 13.2%、22.4%。房地产市场平稳发展，创新举办旅游地产房交会、土地推介会，完成投资 57.2 亿元。持续拓宽民间投资行业领域，完成投资 45.4 亿元、增长 21%。投资后劲不断增强，纳入市级储备库项目 46 个 197 亿元、中央预算内投资储备项目 147 个 203 亿元，新签约项目合同引资 364.4 亿元、增长 72%，到位资金 43.6 亿元、增长 8.7%。

（二）产业发展更有成效

优化形成“2+3”新型工业产业体系，绿岛源绿色矿山、恒都牛肉精深加工及冻库等项目建成投用，金籁电子二期、龙璟纸业二期开工建设，8 口页岩气井、430MW 风电等项目稳健运行，创新央地合作保障 6 亿方工业优惠用气。全县工业增加值增长 2.7%，呈现回升向好态势。持续壮大农业特色产业，新建肉牛庭院牧场 102 家，建成存栏 2400 头的生猪代养场 42 个、存栏 1 万只的肉鸡代养场 50 个，打造十直、社坛 10 万亩优质榨菜示范带，投用温氏肉鸡屠宰厂，农产品加工业产值突破 70 亿元，榨菜、藠头、冷水鱼出口量全市第一，“乡姑榨菜”“恒都牛肉”获中国绿博会金奖，获评“中国麻辣鸡之乡”“中国 · 丰都麻辣鸡美食地标城市”。全面激发消费市场活力，打造澳洲城商业街、四方田好吃街等消费场景，枣丰麻辣鸡产业园入驻企业 18 家，新增电商市场主体 141 家，农产品网销 25.4 亿元、增长 10.4%，新发展网络货运企业 4 家、总交易额居全市第一，获评全市内外贸一体化改革试点基地。

（三）乡村振兴稳步推进

严格落实耕地保护和粮食安全责任制，建设高标准农田 9 万亩，整治撂荒地 1.3 万亩、非粮化 2.7 万亩，全年粮食产量达 6.67 亿斤。坚决守住不发生规模性返贫底线，风险消除 38 户 97 人，引导脱贫人口稳岗就业 3.5 万人，发放小额信贷 2.15 万户次 9.9 亿元、累计获贷率稳居全市第一，完成消费帮扶 2.5 亿元，脱贫人口人均纯收入达到 20553 元、增长 12.7%。统筹涉农资金 2.2 亿元发展乡村产业，到位水利部定点帮扶、山东枣庄协作、河北对口支援资金 2.5 亿元，争取市人大帮扶集团资金 1500 万元、巴南荣昌援助资金 2223 万元。加快建设和美乡村，新（改）建农村道路 100 公里，安装生命护栏 200 公里，开工十直水库、幸福水库，新建农村卫生厕所 1000 户。打造乡村治理“数字化”试点村 25 个，“积分制”“清单制”实现涉农村社全覆盖，栗子乡双石磙村获评国家乡村治理示范村，包鸾镇入列市级乡村振兴示范镇创建名录。

（四）城市品质提档升级

持续优化城市功能，升级改造王家渡滨江公园 26 万平方米，双向贯通 16.6 公里龙河生态廊道，丰都图书馆即将投用，龙河东滨江公园加快推进。不断完善路网格局，开工建设横五路，建成投用丰武路一二标段、久桓星城市政配套道路，持续推进平都大道改造升级，全面打通龙河二桥西桥头、长江二桥南桥头等城市堵点。有序推进城市更新，改造老旧小区 168 个 400 万平方米，整治城市违法建筑 3.2 万平方米，增设既有住宅电梯 34 部，新（改）建城市公厕 18 座，新增小微停车场 26 个、停车位 2691 个，新增城市绿地 37.7 万平方米。高效保障城市运行，龙河东不稳定斜坡治理全面完工，垃圾填埋场渗滤液处理项目、丁庄截污工程建成投用，垃圾焚烧发电项目主体完工，分类处置生活垃圾 10.2 万吨，新增市政雨污管网 10 公里，城市更具韧性更加安全。

（五）文化旅游多点发力

名山景区亮化提升工程建成投用，小官山民俗文化体验馆正式开放，创新推出民俗文化主题光影秀，成功创建市级旅游服务标准化试点，景区实售门票突破130万张、创历史新高。南天湖景区天堂谷提升项目主体完工，新增湖畔营地、林隐时光等休闲旅游场景10个，荣获“中国体育旅游精品项目”“市级文明旅游示范单位”。精心打造董家飞龙瀑布、青龙滑翔伞基地、高家镇漂流等特色景点，成功创建包鸾石里红枫国家AAA级旅游景区。首辑出版《丰都文化通览》，完成城市徽标、城市雕塑征集制作工作，开发“钟福福”“凤祥祥”系列文创产品，接续举办丰都庙会，市场化举办祈福文化节，圆满举办冰雪旅游、避暑露营、鲜果采摘等旅游活动。全年接待游客2980万人次、实现旅游综合收入133.6亿元，分别增长19.1%、5.2%。

（六）改革开放走深走实

推进数字重庆建设，迭代建成“两级中心”，全覆盖开展核心业务梳理，报请备案“一件事”8件，归集高频应用数据257.6万条。大力实行“亩均论英雄”“标准地出让”改革，收回闲置土地307亩、报批土地310亩，清理闲置厂房1.5万平方米、开工标准厂房4.5万平方米，规上制造业亩均产值达到398万元。主动融入西部陆海新通道建设，建成投用渝东南、渝东北地区首个冷链公用型保税仓库，成功落地全国首笔陆海新通道多式联运“一单制”数字提单动产质押融资业务，完成货值增长12.5倍。借势借力深化外贸外资合作，签订8200万美元肉类采购订单，全年进出口总额实现1.8亿元、增长34%。刚性落实减税降费2.7亿元，清偿拖欠企业账款2.8亿元，兑现招商引资优惠政策1.03亿元，新增市场主体11532户、增长92.1%，总量突破7万大关。持续增强科技创新能力，建成麻辣鸡产品研发分析检测中心，新增“专精特新”企业6家、高新技术企业4家、科技型企业158家、县级以上创新平台7个，全社会研发投入增长20%。

（七）生态底色更加亮丽

全面贯彻市级总河长令，整治销号长江干流入河排污口236个，提升改造生活污水处理设施20座，完成小佛溪、汀溪生态修复治理，国控、市控考核断面和水功能区全部稳定达标，包鸾河入选全市首批幸福河湖建设名录。持续开展打击非法捕捞专项行动，“十年禁渔”取得阶段性成效。强化臭氧污染和细微颗粒物污染防控，实施大气污染智能监管，完成东方希望2号线、龙璟纸业超低排放改造，恒都食品成功创建国家级绿色工厂，空气优良天数达到344天。建立农用地土壤污染管控体系，完成2356.7亩耕地重金属污染源排查。开展畜禽养殖粪污专项整改行动，养殖废弃物资源化利用率、农村生活污水治理率分别达89%、59.8%。实施“山水林田湖草沙”项目21个，建设“两岸青山·千里林带”营造林2.41万亩，七跃山林场入选全国森林可持续经营试点单位。

（八）民生福祉持续增进

全面实施就业优先战略，建成投用丰都零工市场，发放创业担保贷款8573万元，城镇新增就业6058人。坚持教育优先发展，丰都育才中学建成招生，全面消除义务教育“大班额”，入选首批全国学校、家庭、社会协同育人实验区，获评全市中小学劳动教育实验区。县人民医院肿瘤放疗中心主体完工，县中医院住院综合楼建成投用、城西院区启动改造，社坛卫生院成功创建基层甲级医疗机构，医共体衔接用药实现全覆盖，适龄儿童免疫接种率居全市第一。建成“15+5”人社便民服务圈，城乡养老保险、居民医疗保险参保率均稳定在95%以上，发放民政救助2.3亿元，资助购买残疾人意外伤害保险2.4万人，建成并实体化运行老年食堂350个，村（居）未成年人保护工作室覆盖率100%。开展“龙河杯”、社区艺术节等大型文体活动34场，送文化下基层1748场。提前完成2082套“保交楼”交付任务，专项整治经营性自建房52栋，视觉危房、CD级危房动态清零。安全生产抓实抓严，防灾减灾、食品药品安全常态监管，扫黑除恶常治长效，电诈、涉未等重点案件有效遏制，社会大局保持平安稳定。

二、发展中存在的问题

对照2023年政府工作报告确定的年度目标，工业增加值、批发业销售额等指标未能达到预期。这其中，有“需求收缩、供给冲击、预期转弱”三重压力的制约，也暴露出发展中还面临不少困难和问题，主要表现在：经济稳进增效基础不牢固，产业发展基础很薄弱，城市环境和配套服务建设中存在不少难题；防范化解风险任务仍然艰巨，财政“三保”压力加大，本质安全水平有待提升；政府现代治理能力有待加强，营商环境还需优化，少数干部能力作风与新时代新要求还不够匹配。

三、2024年发展思路

2024年经济社会发展的主要预期目标是：地区生产总值增长6.5%，规上工业增加值增长8%，固定资产投资增长8%，社会消费品零售总额增长11%，全体居民人均可支配收入增速与地区生产总值增速基本同步。

抢抓战略机遇，在全局中展现丰都作为。积极融入“双城圈”、建好用好“新通道”、全力推进“数字化”，力争开工栗子湾抽水蓄能项目电站主体工程、落地保税物流中心、培育引进数字产业化、“一件事”应用场景部署上线2个。

挖掘需求潜能，充分释放高质量发展活力。坚定不移抓项目，多措并举促消费，全力以赴强主体，推动50个项目建成投用、完成固定资产投资175亿元以上，力争新设立4500家以上。

聚力“小县大城”，加快推进以人为本的新型城镇化。高品质推进城市建设、高效率促进转移人口市民化、高标准打造宜居韧性智慧城市，力争改造老旧小区213.7万平方米、促进转移进城1.5万人以上。

构建“2+3”工业体系，筑牢经济增长“压舱石”。积极融入“33618”现代制造业集群体系，力争建成玻璃纤维及复合材料项目主体工程，全面投产固废处置中心、垃圾焚烧发电等项目，新培育规模以上食品加工企业8家。

推进“十百千万”创建，打造乡村振兴试点示范。学习运用“千万工程”经验，牢牢守住底线红线，加快推进乡村产业发展，深化强村富民综合改革，推动脱贫人口人均纯收入突破2.1万元，培育经营性收入50万元村100个。

深化“文旅双创”，高品质打造融合发展示范区。积极融入巴蜀文化旅游走廊，高质量推动“一园三线”建设，全力创建国家文化产业和旅游产业融合发展示范区，力争全年接待过夜游客突破70万人次。

聚焦“三攻坚一盘活”，持续释放改革创新活力。打好重点领域改革攻坚战，着力优化营商环境，加快创新驱动发展，力争盘活存量国有资产8.6亿元、营商环境满意度达到95%、新增高新技术企业3家以上。

深化“两山”实践，高水平建设美丽丰都。

深化污染防治攻坚，加快绿色低碳转型，提升城乡风貌整体大美，推动包鸾河成功创建市级幸福河湖，治理长江沿岸消落带12.87万平方米。

坚持人民至上，持续提升群众的获得感、幸福感、安全感。落实就业优先政策，大力发展教育事业，加大医疗服务保障力度，繁荣发展文体事业，筑牢民生保障体系，力争新增城镇就业6000人以上、基层总诊疗量占比达60%、人民群众的安全感保持在98%以上。

（执笔人：刘昱彤）

垫江县

垫江县人民政府办公室

一、2023年发展回顾

2023年，垫江县坚决贯彻党中央、国务院决策部署和市委、市政府工作要求，加快建设“三个功能区”，深入实施“四大工程”，大力开展“八项行动”，经济社会发展态势良好。地区生产总值达到568.9亿元、增长6.9%；一般公共预算收入26.3亿元、增长25%；全体居民人均可支配收入35909元、增长5.8%。连续6年入围中国西部百强县，列第26位、提升3个位次，居重庆上榜县首位。

（一）经济增长跨上新台阶

投资消费支撑有力。实施重点项目提速行动，固定资产投资增长10.7%，投资完成率创近三年新高。社会消费品零售总额增长9.3%。实施电商壮大行动，创成西部食品电商供应链基地，电商交易额、网络零售额分别增长21.2%、27.6%，其中限上单位网络零售额增长396.7%。招商引资成效明显。协议引资518亿元、到位资金91亿元，招引10亿元级以上项目8个；实施“逐梦他乡、回报垫江”垫商回归行动，招引垫商回归项目60个，引进阀门企业48家。市场主体量质齐升。总量达到7.8万户、增长25.4%，新发展率23.3%。建筑业市场主体1041户，企业数量增长16.5%；新培育“四上企业”47家、增长17.5%，12家企业纳入全市拟上市企业后备库。营商服务精准有效。实施金牌“垫小二”助企行动，“垫小二·政务服务大众点评”获评全市法治政府建设示范项目、政法领域改革“十大最佳实践”范例。

（二）产业发展取得新进步

工业发展集聚成势。新增规上工业企业12家，规上工业增加值增长4.4%。明确“2+1”主导特色产业方向，先进材料产业实现产值125亿元、增长9.2%：建筑新材料板块，引进绿色建筑配套部品生产项目13个，中材渝建硅酸钙板项目半年内投产达效；光伏产品板块，金富源新材料进军光伏领域、产值增长23%，信华新材料项目实现当年签约、当年投产、当年升规；天然气化工板块，鼎发集团脱硫厂、博杰能源技改扩能项目相继投产放量，带动产值分别增长18%、60%。食品药品及农产品加工产业实现产值52.8亿元，获评市级农产品加工业百强领军企业、成长性企业各2家。汽摩装备产业实现产值39.7亿元、增长7.7%，国扬阀门等17个项目开工建设，永晟新能源等7家企业税收实现翻番。建筑强县深入实施，建筑业总产值增长13.5%。工业承载力不断增强，高新区获评重庆市承接产业转移示范园区、市级绿色园区，高安食品加工园区晋升全市十强。特色农业巩固提升。农业增加值增长4.1%。实施种业提升行动，新发展水稻、油菜制种8000亩。扩面种植榨菜3万亩、再生稻6.5万亩。水果产量增长13%。生猪出栏头数增长3.7%。改造精品牡丹园4个，建成芍药鲜切花基地5000亩，入选重庆市道地优势中药材生产基地。实施农业机械化扩面行动，农业综合机械化率达到61%。文旅商贸出新出彩。获评全国县域旅游发展潜力百佳县，接待游客860万人次、旅游综合收入55亿元，均增长28%。明月山露营基地群等16个文旅项目开工建设，新添闲云茗居、落日乌托邦房车露营基地和太空舱民宿营地，引进裸心集团运营明月竹乡度假村和峰门驿站精品民宿，明月天香旅游度假区获评市级旅游度假区，三合湖湿地公园获评国家4A级旅游景区。牡丹文化节获评中国西部最具影响力文旅节会。举办节庆展会、促销活动等35余场次，集聚一线品牌36个。渝东国际农贸城一期投入运营，明月山网货研发加工营销基地开工动建。实施本土品牌塑造行动，培育“垫江优品”等特色品牌、梅咂酒等重庆老字号，山胡椒蒸土鸡获评“重庆地标菜”，创成绿色食品9个、重庆名牌农产品4个、重庆精品民宿4家。

（三）城乡面貌发生新变化

城市功能不断完善。东部新区“三馆一中心”基本完工，湖畔翰文酒店建成投用；给排水、燃气、电力、通信等管线有序入廊。迎春里城市更新项目加快推进，高标准完成方案设计、房屋征拆等工作。改造棚户区约5万平方米、老旧小区74万平方米，整治城市违法建筑2万平方米，拆除建筑物外立面防护网和雨篷8100余个；新建停车场32处，建成充电站13个，白龙儿童公园和2个口袋公园全面开放，新增城市绿地20万平方米；垃圾焚烧飞灰填埋单元、黄沙弃土消纳场建成投用。乡村振兴有力推进。农村常住居民人均可支配收入23582元、增长7%，劳务品牌培育入选全市乡村振兴典型案例；实施农村“三大革命”“六项行动”，创成市级卫生乡镇5个；建成“四好农村路”100公里，新民镇创成“四好农村路”市级示范乡镇；获评全市首批县乡村公共服务一体化试点县，首批国家数字乡村试点县终期评估成效居西部地区前列。农村集体经济经营性收入5万元以下村全面“清零”。生态质量持续提升。完成龙滩水库饮用水水源地保护区划定。长龙污水处理厂建成投运，澄溪组团污水处理及配套设施二期等项目主体完工，新建雨污管网25公里。龙溪河等主要河流水质保持Ⅲ类。城区空气质量优良天数比例达到91.5%。桂溪河黑臭水体整治被纳入全市生态环保督察整改典型案例。

（四）改革创新实现新突破

重点改革深入推进。推动数字重庆建设，科技特派员服务农业生产“一件事”成为全市首批通过备案评审的区县“一件事”，“民呼我为”应用在全市率先实现三级贯通。实施“亩均论英雄”改革，开展“七清理六落实一兑现”专项行动，盘活闲置厂房10万平方米。深化重点国企职能职责、机构人员、薪酬绩效改革，县属国企资产规模增长15.8%。在全市率先推行警务协作区“两队一室”勤务模式改革。开放合作深化拓展。明月山绿色发展示范带基础设施等4个项目纳入川渝重点合作事项，受理“川渝通办”、川渝毗邻地区“医检互认”事项9100余件，西部陆海新通道货运标箱量增长10倍以上，进出口额增长8.1%。创新活力加速释放。数字经济核心产业增加值增长15.2%，高技术产业、战略性新兴产业增加值分别增长11.6%、12.7%。引育国家高新技术企业22家，新增市级科技型企业73家，15家企业被纳入市级“专精特新”企业。万人有效发明专利拥有量增长16.7%，获评国家知识产权示范企业2家。

（五）社会民生得到新改善

社会保障兜牢兜实。脱贫攻坚成果有效巩

固，脱贫人口人均纯收入增长12.5%，城镇新增就业增长18.2%。发放各类救助补助资金2.3亿元、惠及群众43.9万人次。取缔非法治丧点4处，“惠民殡葬”减免群众治丧费用225万元。民生事业多点发力。实施独居老人关爱行动，配备“健康守护”设备6000余套，完成适老化改造919户。松林小学主体完工，朝阳幼儿园天铂园建成投用，新增学位1980个；公办在园幼儿占比超过56%，义务教育阶段学生入学率达到100%，高考特殊资格线上线率达到37.7%，垫江中学获“清华大学生源中学”称号。县养老护理服务中心建成投用，中医院成为重庆中医药学院附属医院。新建文化、图书分馆22个，竞技体育获市级以上奖项33项、增长56%。底线底板守稳筑牢。按时交付“保交楼”商品房2900套。信访总量下降11.3%，矛盾纠纷化解率达到99.6%。全民反诈避免和追回群众经济损失近2000万元。刑事案件、可防性案件、侵财案件分别下降21.5%、51.3%、27.5%。生产安全事故起数和死亡人数分别下降22.2%、11.1%，火灾起数下降37.2%，森林防灭火经验获市政府督查激励并入选全国应急管理良好实践案例。

二、发展中存在的问题

主要体现在：一是工业占比较低、支撑作用不强。二是财政收支矛盾突出。三是城市基础设施、功能配套、环境改善还需加强。四是教育医疗、“一老一小”、安全生产等领域仍有短板。

三、2024年发展思路

2024年是新中国成立75周年，是“十四五”规划目标任务完成的关键一年。经济社会发展主要目标是：地区生产总值增长6.5%，固定资产投资增长8%，社会消费品零售总额增长8%，一般公共预算收入增长7%，全体居民人均可支配收入增长6.5%以上，粮食生产、耕地保护、节能减排降碳等指标完成目标任务。

建强园区、壮大工业，聚力提档产业能级。提速推进高新区建设工程，全面完成市级高新区“以认促建”任务，加快园区基础配套完善、厂房盘活、园区形象提升。推动“2+1”主导特色产业集链成群，全力推动企业创新转型，新增规上工业企业10家以上，规上工业增加值增长8.5%。

精准招商、精心服务，聚力积蓄发展势能。抓实发展第一要务、干好招商引资第一要事、提升营商环境第一竞争力。完善招商工作体系机制，突出抓好“一把手”招商、以商招商、产业链招商等，注重招大引强、招优引特；不断优化营商环境，助力解决融资难、回款难、用工难等“关键小事”，实现招商项目协议引资500亿元以上、到位资金80亿元以上。

大抓项目、拉动投资，聚力筑牢发展支撑。统筹债务化解与有效投资，积极谋划争取一批重点项目。做深做细项目前期，健全重点项目建设工作专班、线上线下评价、动态监测调度等机制，做好用地、用电、用气等要素保障。强化重大项目牵引和政府投资撬动作用，激发民间投资活力，实现固定资产投资262亿元，力争工业投资突破100亿元。

改革突破、集中攻坚，聚力激活发展动能。扎实推动数字重庆建设，主动融入“双城”协同发展，落实西部陆海新通道建设任务，提速推进交通物流枢纽建设工程，深化自贸试验区联动创新区建设。坚决抓好“三攻坚一盘活”，推动国企“止损、瘦身、提质、增效”。有序推进政府机构改革，最大限度提高行政效率。

示范引领、促进振兴，聚力建设和美乡村。

学习运用"千万工程"经验，推动乡村产业发展、乡村建设、乡村治理水平同步提升。全面提升农田、水利、道路等基础设施，做精做深"一主两辅"特色农业。提速推进明月山乡村振兴示范带建设工程，大力发展文旅研学。持续深化强村富民综合改革，积极培育新型农业经营主体。

精建细管、塑形铸魂，聚力提升城市品质。统筹抓好新区品质提升和老城修复改造，提速推进东部新区建设工程，完成迎春里城市更新项目，同步提高城市管理水平、优化城市生态环境，着力塑造宣传具有垫江辨识度的城市品牌形象，不断提升城市的吸引力和美誉度。

优化供给、增流引流，聚力挖掘消费潜力。对接成渝地区双城经济圈和县内外消费客群需求，提档升级核心商圈，提质打造汽车、农产品交易、家具建材等专业市场，提速发展电商物流，持续培育消费热点，着力以场景供给优化、消费环境改善推动消费流量回引。

心系群众、办好实事，聚力增进民生福祉。扎实做好高校毕业生、退役军人、脱贫人口等重点群体就业创业工作，扎牢织密社会保障网络，根据人口流动趋势增强医疗、教育等公共服务供给，切实解决群众"急难愁盼"。

防微杜渐、除险固安，聚力打造平安垫江。坚持底线思维和极限思维，抓小抓早、抓实抓细社会安全稳定各项基层基础工作。严密防范化解房地产、地方债务、耕地保护等重点领域风险，深化矛盾纠纷排查化解，净化社会治安环境。严控道路交通、输电通道、建设施工、危险化学品、燃气、消防等安全生产领域风险，提升本质安全水平。

（执笔人：黄莹倩）

忠县

忠县人民政府办公室

一、2023年工作回顾

2023年，是全面贯彻党的二十大精神的开局之年，是新时代新征程新忠县建设发展的起步之年，也是三年新冠疫情防控转段后经济恢复发展的一年。在市委、市政府和县委的坚强领导下，在县人大、县政协的监督支持下，我们坚持以习近平新时代中国特色社会主义思想为指导，全面贯彻党的二十大精神，认真落实市委六届历次全会精神和县委十五届四次、五次全会精神，坚持“1116”总体工作思路，实现地区生产总值539.79亿元、增长6.7%，规上工业增加值增长6.6%，固定资产投资264.46亿元、增长13.2%，社会消费品零售总额276.24亿元、增长8.7%，财政一般公共预算收入25亿元、增长10.8%，财政民生支出保持65%以上，全体居民人均可支配收入35363元。

（一）紧盯政府自身建设，党建报表勇攀新高度

坚持党建统领，推动全面从严治党走深走实。一是政治建设纵深推进。深入开展学习贯彻习近平新时代中国特色社会主义思想主题教育。严格落实“第一议题”制度，认真落实《持续修复净化政治生态十项举措》，加快建设新时代“红岩先锋”变革型组织。执行重大事项请示报告制度，向县委请示报告90余次。二是法治建设稳步推进。实施重要决策“一调三征求、三审两评估”工作机制，决策重大事项260件。办理人大代表建议235件、政协提案163件。兑现企业政策性补贴超5亿元。行政机关负责人出庭应诉率保持100%。三是作风建设从严推进。严格落实中央八项规定及其实施细则精神，“四风”特别是形式主义、官僚主义得到有效遏制。大兴调查研究之风。审减不合理财政投资近3亿元。清理规范机关办公用房，“三公”经费预算逐年下降。

（二）紧盯产业能级跃升，经济报表迈出新步伐

紧紧围绕全市“33618”现代制造业集群体系，培育新的经济增长点。一是绿色工业提速进位。“2+4”制造业集群体系持续壮大。特瑞新能源跻身重庆民营企业100强，锂电新材料产业创建国家级中小企业特色产业集群，忠润能源成为西南地区最大LNG加工处理基地，天地药业成为西南地区最大化学原料药生产基地，海螺水泥入选全市装配式建筑产业链“链主”企业，10家企业获评市级农产品加工“双百”企业，建成全国最大NFC橙汁加工中心。二是高效生态现代农业提质增效。新建高标准农田9万亩，盘活撂荒地1.1万亩。粮食播种面积114万亩，产量超41万吨，出栏生猪73.2万头；油菜亩均产量获全市赛马比拼第1名。打造长江两岸柑橘标准果园带20余万亩，省部共建国家级柑橘产地市场获批大宗商品交易场所牌照。被选为全球高端食品及优质农产品（深圳）博览会主宾县。三是现

代服务业提档升级。农批智慧城等项目加快建设，万达广场盛大开业，商业街区持续繁荣，举办“爱尚忠州”等系列活动11期。培育三峡橘乡美食和“忠州好味”特色餐饮品牌，打造市级星级农家乐4家，3道特色菜入选重庆地标菜。电商交易额突破50亿元。金融机构存贷款规模超1000亿元，制造业贷款余额17.5亿元、增长29.1%。

（三）紧盯社会安全稳定，平安报表取得新成效

深入推进基层治理和平安忠县建设。一是安全生产趋势向好。安全生产“五查四改月述考”工作机制被国务院安委办专题报道、《中国应急管理报》头条刊登，生产安全事故起数同比下降28.5%。落实“七个第一”应急处置机制，“4·25”新桥社区滑坡避险入选全国地质灾害成功避险典型案例，地质灾害防治连续10年零伤亡。在全市率先建成“数字森林”视频监控前端，“十步打火法”被《人民日报》报道，森林火灾近三年零发生。二是社会治理效能提升。“141”基层智治体系覆盖全部乡镇（街道）。用好“三查四化解、一控两处置”信访工作机制和群访事件处置“九步工作法”，信访件次同比下降54.3%、人次下降55%。肇事肇祸和个人极端案事件零发生。三是风险防范扎实有力。提前三个月完成全年1105套保交楼任务，交楼率位居全市前列。综合债务率压降明显。刑事案件现案破案率高于全市5.2个百分点，电信网络诈骗案同比下降35.2%、下降率居全市第三位。深化媒情网情社情“三情”联动机制，妥善处置网络舆情风险138起。亡人交通事故下降18.5%。

（四）紧盯数字重庆建设，改革报表迭代新水平

坚持以数字化变革引领全面深化改革。一是改革动力不断增强。建成县数字化城市运行和治理中心，“文化·重庆方志”进入区县应用“一本账”。慢病管理、县聘乡用等医疗卫生改革经验全国推广。成为全市唯一的全国农业社会化服务创新试点重点县。推进国有经营性资产统一出租改革试点，租借收入超5000万元。二是市场活力不断迸发。实施优化营商环境“三会三员、两评两督”工作机制，新发展经营主体1.5万户、增长79.7%。用好“走宣解”服务民营经济工作机制，完成民间投资165.9亿元、增长11%。实施招商引资“三长一专员”工作机制，举办首届全国忠商大会，引进项目148个，协议引资510亿元、到位113亿元。安途仕服饰从考察洽谈到落地投产仅15天。向上争资100.5亿元。三是开放效力不断释放。推动与川地深度合作事项68项，重大项目78个。创建中国（重庆）自由贸易试验区联动创新区，新生港年吞吐量435万吨。渝万高铁忠县段完成总工程量的20%。举办“忠橙”开园出口启动活动。外贸进出口总额达1亿元、增长7.6%。

（五）紧盯创新驱动发展，创新报表增添新活力

坚持推动以科技创新为核心的全面创新。一是创新平台加速集聚。建成国家级科技平台3个、市级技术创新平台12个。建成高新区规划展览馆。完成26家企业、56个智能化改造项目，新增数字化车间2个。举办首届“‘忠’爱人才·‘州’等你来”系列引才活动。二是创新主体持续壮大。全社会研发投入近4亿元，为495家企业发放知识价值信用贷款6.2亿元。新增高新技术企业7家、科技型企业173家，“专精特新”企业累计达31家，63家企业纳入工信部优质创新型中小企业培育库。三是创新成果不断涌现。特瑞新能源氧化铁工艺、忠润能源提氦技术

全国领先，南泰电子高频变压器填补国内导磁性能空白，瑞竹“以竹代塑”成为中国标准、获评中国竹产业品牌十强企业。打造品牌产品57个，发明专利增长22.6%，综合科技创新指数居全市县域首位。

（六）紧盯减污降碳增效，生态报表再创新佳绩

深入推进美丽忠县建设，生态报表居全市第一位。一是有力推进污染防治。长江干流及其主要支流总体水质稳定达Ⅱ类标准，集中式饮用水水源地水质达标率100%。城市生活垃圾资源化利用率达39.2%。农用地、重点建设用地安全利用率均达100%。中央生态环境保护督察、长江经济带警示片等问题整改完成率100%。二是有序推进节能降碳。累计完成碳履约超3000万吨。创建国家级和市级绿色工厂各1个，万元GDP能耗下降3.5%，海螺水泥成为全市唯一的绩效评级A级企业。农村秸秆综合利用率提升至90.3%。创建节水型企业、小区、公共机构99个。三是有效推进生态修复。三峡橘乡田园综合体获批全国“绿水青山就是金山银山”实践创新基地，实施“两岸青山·千里林带”工程3.58万亩，森林蓄积量超600万立方米。综合整治水土面积5910公顷，河道岸堤修复28.1公里。与垫江县建立全市首例跨界饮用水水源地生态保护补偿机制。

（七）紧盯惠民利民便民，民生报表实现新作为

坚持在发展中保障和改善民生。一是全力推进城乡面貌优化改善。实施老旧小区改造提升项目39个，消除城市历史易涝点位。实施街头绿地提质及山城花境28处，新增城市绿地45万平方米，临江公园、东坡花园相继开园。建设农村生活垃圾分类市级示范村258个，生活垃圾无害化处理率100%。“山水磨子”开湖开湾开跑，获评全市宜居宜业和美乡村3个。二是着力推进社会服务优质共享。县政务服务中心新大厅启用，1309个事项实现集中提供服务。“渝快办”优化升级在忠试点运行，全程网办率提至93.2%。大班额问题逐步化解，重庆一中忠县分校如期开学，重庆数字产业职业技术学院揭牌成立。三是倾力推进社会保障扩面提质。城镇新增就业5879人，城镇调查失业率控制在5.5%以内。为困难群众、优抚对象等发放低保及各类救助（物资）超6亿元，牢牢守住不发生规模性返贫底线。实施网上民生实事“七办”机制，网下年度15件重点民生实事全面完成。深化巩固全国文明城市创建成果。

（八）紧盯精神文化需求，文化报表推动新进展

坚持把“忠”文化融入新时代忠县人文精神。一是文体事业高效推进。举办“忠州八景新景开·忠义之城请您来”活动。皇华城遗址被纳入“川渝宋元山城体系”。皇华城考古遗址公园、三峡港湾军事主题公园成为全市第二批国防教育基地。新建文化馆分馆3个、图书馆分馆2个，举办大型品牌群众文化活动10余场。举办长江三峡马拉松、长江三峡电子竞技大赛等大型赛事活动10余场。二是文旅产业蓬勃发展。三峡橘乡田园综合体创建AAAA级旅游景区，与灌湖水乡入选全国乡村旅游精品线路。乌杨青岭社区入选市级乡村旅游重点村。举办系列乡村旅游活动13场。全年接待游客1460.1万人次、增长18.2%，旅游综合收入87.3亿元、增长21.5%。

二、发展中存在的问题

过去一年，经济恢复基础尚不稳固，经济

运行中面临的困难依然不少。一是对标高质量发展，产业优化升级有待加快，龙头企业还不够多，财税增长较缓慢，消费潜力释放仍然不足。二是对标高品质生活，城乡融合度还不高，教育、医疗、养老、社保、托育、文化、体育等公共服务还未达到群众期盼水平。三是对标高效能治理，安全生产等领域风险隐患仍未根治，突发事件应急处置能力还需进一步加强，有的工作颗粒度不细，作风和效能还需进一步改进。

三、2024 年发展思路

2024 年经济社会发展的主要预期目标是：地区生产总值增长 7% 左右，规上工业增加值增长 11% 以上，固定资产投资增长 10% 以上，社会消费品零售总额增长 10% 以上，一般公共预算收入增长 10% 以上，全体居民人均可支配收入增长 7% 以上。主要约束性指标是：长江干流忠县段水质满足水域功能要求，PM2.5 年均浓度控制在 35 微克 / 米 ^{3} 以内，城镇新增就业 5300 人以上，粮食产量稳定在 41 万吨以上，居民消费价格涨幅控制在 3% 以内，单位地区生产总值能耗下降 3% 左右。

（一）推进成渝地区双城经济圈和西部陆海新通道建设

以“一号工程”为总抓手总牵引，融入西部陆海新通道建设，推进“三攻坚一盘活”和机构改革，用好各项工作机制，一体推进重点项目、招商引资、经营主体、向上争资，实现经济质的有效提升和量的合理增长。

（二）推进工业能级提升

做大做强新能源材料、化学药 2 个主导产业，加快发展智能制造装备、装配式建筑部品部件、粮油加工、果蔬加工 4 个特色产业。构建“一园四组团”，以科技创新赋能工业发展，努力建设千亿工业、千亿园区、市级高新区。

（三）推进农业农村现代化

学习运用“千万工程”经验，深入实施“十百工程”，抓细抓实高标准农田改造提升、生态特色产业培育、巴渝和美乡村示范创建、农民增收致富促进“四大行动”，全面推进乡村振兴。

（四）推进现代服务业提质扩量

坚持文商旅融合发展，着力繁荣壮大现代服务业。打造长江三峡国际黄金旅游带知名目的地。升级打造并统一运营“忠州八景”。做旺商贸服务，持续繁荣特色街区。做强现代物流。

（五）推进数字重庆建设

推动忠县在数字重庆建设中打造更多特色亮点。谋划储备“一件事”。用好“141”基层智治体系。发挥数字化城市运行和治理中心实战实效作用。着力打造“重庆数字（电竞）产业发展高地”。提速建设柑橘产业大脑。

（六）推进城乡融合发展示范建设

探索城乡融合新路径，提升城市规划水平，补齐公共服务设施短板。打造城市功能新标杆，积极创建市级生态园林城市。强化城市人文关怀，着力打造宜居、韧性、智慧城市。

（七）推进美丽忠县建设

协同推进降碳、减污、扩绿、增长，坚决筑牢长江上游重要生态屏障。一体推进治水、治气、治土、治废、治塑、治山、治岸、治城、治乡。发展绿色低碳产业，倡导绿色低碳生活方式。发挥绿色金融的牵引作用。

（八）推进民生保障精准化精细化

用心用情办好民生实事。提升教育文化水平。推动医疗服务提质。切实办好市、县重点民生实事。抓好重点群体就业帮扶。推动社保扩面提质和最低生活保障提标。加强妇女儿童、残疾人关爱和权益保障。

（九）推进基层治理和平安忠县建设

贯彻总体国家安全观，落实“五查四改月述考”工作机制、“八个必须到位”要求。筑牢公共卫生安全防线。落实“三查四化解、一控两处置”信访工作机制。坚决守住不发生系统性风险底线。

（执笔人：罗超繁、付荟文）

云阳县

云阳县人民政府办公室

一、2023年发展回顾

2023年，云阳县坚持以习近平新时代中国特色社会主义思想为指导，全面贯彻落实党中央、国务院决策部署和市委、市政府工作安排，坚持稳中求进工作总基调，完整、准确、全面贯彻新发展理念，积极服务融入新发展格局，真抓实干、唯实争先，山区库区强县富民现代化新云阳建设迈出坚实步伐。实现地区生产总值601.7亿元，增长6.8%；一般公共预算收入19.7亿元，增长8.6%；全社会固定资产投资357.6亿元，增长18.3%；社会消费品零售总额430.7亿元，增长9.2%；城乡收入差距缩小到2.09∶1。191项工作获国家、市级荣誉表彰，98项经验做法全国、全市交流，9项工作获国务院、市政府督查激励。

突出稳进增效导向，着力抓项目强产业，高质量发展取得新进展。一是推动市委"一号工程"走深走实。深入落实"十项行动"，95项年度任务扎实推进，普安恐龙地质公园等4个项目纳入共建成渝地区双城经济圈重大项目清单，与成都市金堂县缔结友好城市，办理"川渝通办"事项5819件。深度融入川渝万达开地区统筹发展，四地装备制造、文化旅游等领域合作产值超25亿元。联动万州、开州打造优质粮油、中药材等五大百亿级特色产业集群，三地共同获评市级承接产业转移示范园区。二是推动经济稳增长有力有效。深入实施"抓项目促投资"专项行动，国家级重点项目向阳水库、建全抽水蓄能电站加快推进，220个重大项目完成投资260.4亿元、增长26%，工业技改投资增长52.2%、居全市第7；首届"天生云阳"云商荟成功举办，引进亿元以上项目24个、20亿元以上项目3个。实施市场主体培育"双增"、农工商"小巨人"企业培育行动，净增市场主体1.1万户，新培育县级"小巨人"企业160家。开展"五美"消费季、"天生云阳"金秋节等系列活动，拉动消费151亿元，"1+7"商圈发展格局基本成型。恐龙IP"龙宝""乖妹"惊艳亮相，普安恐龙化石遗址、龙缸岩溶天坑入选中国首批特品级旅游资源推荐名录，清水土家族乡歧山村成功创建全国乡村旅游重点村，连续六年登榜全国县域旅游综合竞争力百强县，旅游综合收入突破100亿元。三是推动"十链产业 千亿制造"出新出彩。建立"四增一稳"赛评机制，新培育国家高新技术企业8家，市级科技型企业129家、"专精特新"企业12家，"十链产业"规上工业产值突破175亿元。以科技创新赋能产业发展，渝东北首个中试基地落地云阳，与北京理工大学等12所院校院所建立"产学研用"协同关系，万人发明专利拥有量增长70%、居渝东北第一。工业园区成功创建市级绿色园区。金田塑业成功创建国家级绿色工厂、获评国家级专精特新"小巨人"企业。农高宏霖预制菜获评全国助力乡村振兴典型案例，"云阳红橙"成功注册国家地理标志证明商标，"三峡阳菊"入选中国农业品牌目录。航运运力达281万载重吨、居全市第一。

突出除险清患导向，着力防风险保安全，高效能治理迈上新台阶。一是着力防范化解重点领域风险。坚决打好防范化解重大风险攻坚战，债务管控目标和10项量化指标全面完成，政府债务化解成效全年保持A档。有效防范金融风险，银行不良贷款率保持低位运行，非法集资陈案全面“清零”。在全市率先完成“保交楼”任务。二是全力维护社会平安稳定。深入践行新时代“枫桥经验”，构建“一警包片+一辅多格+多元共治”模式，刑事案件、信访件次分别下降11%、11.5%，社会矛盾纠纷排查化解率达99.3%。筑牢“人防+物防+技防”防范网络，重大事故隐患专项排查整治2023行动全面推进，地灾“点、线、面”一体化防控水平全面提升，林火视频智能监控系统全面推广，受灾人口、直接经济损失、火灾起数、生产安全事故起数分别下降43.7%、61%、38.4%、50%，较大及以上生产安全事故连续五年“零发生”。三是稳步改善生态环境质量。一体推进美丽云阳“九治”，完成长江入河排污口整治126个，“一江九河”17个断面水质稳定保持在Ⅰ~Ⅲ类，15个水功能区水质达标率保持100%，空气质量优良天数达345天，PM2.5浓度下降3ug/m^2，危险废物、医疗废物规范化处置率达100%。提质实施“两岸青山·千里林带”工程，完成营造林42.6万亩，全县森林覆盖率达61.3%。成功入选全市首批气候投融资试点县、“无废城市”典型案例。

突出改革求变导向，着力优环境促开放，高水平改革实现新突破。一是数字化变革破题起势。城市运行和治理中心加快建设，42个乡镇（街道）基层治理指挥中心建成投用，“一中心四板块一网格”基层智治体系高效运转。建成城市综合管理服务平台，赋能城市部件“数字身份证”。“入学一件事”“就医服务一件事”等4个“一件事”应用获全市试点。二是重点领域改革纵深推进。加快实施110项“三个一批”重大改革项目，全民所有自然资源资产所有权委托代理机制、基础教育教师队伍建设等14项国家级改革试点落地见效，数字赋能“三农”信用、财政资金引导金融资本投入乡村振兴重点项目机制等一批改革经验全国推广。深入实施国企改革提效增能行动，“5+N”县属国有资本布局持续优化，县属国企实现营业收入22.6亿元、增长25.2%，资产总额突破700亿元。三是营商环境优化升级。迭代升级“云上·企业·家”平台，4.2亿元惠企资金实现直达快享，企业诉求一次办结率达98%；创新推出“云智办”，1700余项政务服务事项实现智能导办。深化“一窗综办”改革，449项业务实现“无差别”受理，审批时限压缩57%，办理民生事项50余万件、满意率达99%；云上营商环境数字化治理平台入选全国“2022~2023数字城市创新成果与实践案例”；获评2023年重庆市优化营商环境标杆城市。四是对外开放深入拓展。川渝万达开云地区西部陆海新通道跨境班车在云首发，云阳保税仓封仓投运，新增自营出口企业7家，完成进出口总值3亿元、增长18.2%。尼泊尔共产党（联合马列）考察团、多国知名侨商来云访问，重庆幼儿师专梨园校区加入“中国—老挝职业教育发展共同体”。

突出惠民有感导向，着力办实事增福祉，高品质生活得到新提升。一是人民城市成色更足。统筹推进“五城同建”，黄石高铁新城绽放新颜，东部新城基础成型，水口产业新城规模初显。持续完善城市功能，打造各类城市阳台130个，改造老旧小区145个、383万平方米，新增城市绿地62万平方米、停车泊位3000余个，运动公园、规划展览馆、新时代文明实践中心建成投用，环湖绿道获评中国人居环境奖、美丽重庆建设典型案例。二是和美乡村品质更高。牢牢守住“三条底线”，粮食产量达41万吨，耕地恢复补足1.3万亩，发放各类救助金4.1亿元，实现脱贫人口、监测对象应享尽享。持续开展“返乡农民工就业服务”等专项行动，脱贫人口转移就业6.5万人以上。探索构建“股权平等、利益共享、风险共担”联营机制，村集体经济经营性收入达1.7亿元、增长24%。累计实施通道环境整治750公里，新建垃圾分类示范村43个，改造农村户厕5394户，创建市级乡村治理示范村镇7个、宜居宜业和美乡村3个，清水土家族乡建兴村荣获全国乡村治理示范村。三是基础设施覆盖更广。江龙高速、巫云开高速建设进度分别达78%、65%，江龙高速南溪至县城段、长松大道、龙普路、龙耀路竣工通车；实施“四好农村路”254公里，村民小组通畅率达100%。荷花、幸福、柳园水库建设进度分别达31%、50%、78%；建立投融建运维管“六位一体”工作机制，改造提升规模化标准化水厂38座，农村饮水集中供水率达91%。完成智慧广电平台建设，实现42个乡镇（街道）应急广播体系全覆盖。四是民生福祉举措更实。建成县级零工市场，打造“零工驿站”10个、“家门口就业”服务站42个，城镇新增就业1.2万人。新改（扩）建县城学校11所、新增学位2990个，学前教育普惠率达98.1%，构建课后服务新生态被教育部评为“双减”典型案例。县人民医院成功创“三甲”，县妇女儿童医院建成投用，“云上健康”创新案例全国推广，“国家健康县”创建通过验收评估。医疗保障基金支出超13亿元。培育星级养老机构20家，建成社区食堂14家，完成居家适老化改造1000户。25件年度重点民生实事全面完成。

二、发展中存在的问题

同时，发展中还存在一些结构性矛盾和深层次问题，主要是：经济增长基础不够稳固，消费潜力释放不足，产业发展仍需提速；重点领域改革标志性成果不够多；城乡区域发展不平衡不充分问题仍然存在；生态环境需持续改善；人民群众在就业、教育、医疗、养老、托育等方面还有不少新需求，公共服务供给与群众期盼还有差距；政府系统部分干部推进现代化建设的能力素质有待提升。

三、2024年发展思路

坚持以习近平新时代中国特色社会主义思想为指导，全面贯彻党的二十大、二十届二中全会和中央经济工作会议精神，全面落实市委六届二次、三次、四次全会和市委经济工作会议部署，细化落实县委十五届四次、五次、六次全会和县委经济工作会议安排，坚持稳中求进工作总基调，完整、准确、全面贯彻新发展理念，积极服务融入新发展格局，着力推动高质量发展，牢牢把握稳进增效、除险固安、改革突破、惠民强企工作导向，把深入落实市委“一号工程”、全面建设现代化新云阳作为全县工作的总抓手总牵引，以“小县大城”“强镇带村”试点为突破口，围绕“强县”目标、“富民”目的，强化政策引导、优化资源配置、深化改革集成，切实增强经济活力、改善社会预期、增进民生福祉、防范化解风险、保持社会稳定，全力打造西部地区“小县大城”新样板、山区库区城乡融合发展新样板、“绿水青山就是金山银山”新样板、市域基层治理现代化新样板，率先形成一批可复制可推广、具有云阳辨识度的标志性成果，加快建设山区库区强县富民现代化示范县。2024年全县经济社会发展的主要预期目标是：地区生产总值增长7%，规上工业增加值增长10%，固定资产投资增长10%，社会消费品零售总额增长9%，进出口总值达到4亿元，一般公共预算收入增长6%以上，全社会研发经费投入增长10%以上，单位GDP能耗下降2.8%，城镇新增就业1万人以上，人才总量突破18万人，全体居民人均可支配收入增长7%以上，城乡收入差距缩小到2.05∶1以内，力争常住人口城镇化率达到58%。

一是聚焦提升能级、提高品质、有机更新，抓好现代化城市建设落地落实。积极开展“小县大城”试点，高质量推进“四街四镇”一体化，加快实施承载区市政设施提档升级、新市民安居、公共服务扩面提质“三大工程”，加快推动“五城同建”，高标准打造高铁门户、迎宾大道、商业中心、现代化医院、城市阳台、数字化城市运行和治理中心六大标识性要素，加快建设具有鲜明云阳味道的“七个城”。二是聚焦强镇带村、强村富民、城乡共美，抓好现代化农业农村建设落地落实。按照“33125”工作体系，积极开展“强镇带村”试点，牢牢守住粮食安全、耕地保护、防止规模性返贫“三条底线”，加快打造人口转移的中转站、农业生产的服务站、绿水青山的守护站“三站”，全力促进农民增收，持续强化双轮驱动，深入实施百园示范、百村共富、百企培育、百村和美、百雁返乡“五百工程”。三是聚焦补链强链、科技赋能、内需释放，抓好现代化产业体系建设落地落实。坚持把制造业高质量发展放到更加突出的位置，积极为成渝地区四大万亿级产业配套，推动“十链产业·千亿制造”高质量发展，强化科技创新赋能，发挥有效投资关键作用，推动消费扩容提质，提升招商引资质效。四是聚焦人人有责、人人尽责、人人享有，抓好基层治理体系和治理能力现代化落地落实。动态迭代乡镇（街道）“一中心四板块一网格”体系架构，完善党建统领“四治融合”乡村治理体系，加快形成县、乡、村、网格“四级联动”共治新局面。五是聚焦协同联动、融合发展、对口帮扶，抓好区域协作落地落实。把握“一体化”和“高质量”两个关键，充分发挥在成渝地区双城经济圈中的“节点作用”，联合万达开打造“3+3”现代制造业体系；更加突出“造血”功能，合力打造对口帮扶“升级版”。六是聚焦改革突破、优化环境、扩大开放，抓好全面深化改革开放落地落实。不断提升数字化改革牵引力，打赢打好“三攻坚一盘活”改革攻坚战，开展“我为民企办实事大比拼”行动，打造“办事不求人、服务在身边”的营商环境“升级版”，实施“百团千企”国际市场开拓计划。七是聚焦风险防范、安全生产、社会稳定，抓好平安云阳建设落地落实。持续打好地方政府和国有企业隐性债务风险防范化解攻坚战，扎实推进安全生产治本攻坚三年行动，迭代升级“云上民声”。八是聚焦污染防治、生态修复、绿色转型，抓好美丽云阳建设落地落实。坚持共抓大保护、不搞大开发，一体推进美丽云阳“九治”，坚决筑牢长江上游重要生态屏障。九是聚焦保护传承、繁荣发展、惠民利民，抓好新时代文化强县建设落地落实。积极融入长江国家文化公园建设，实施文化体制改革试点示范工程，培育“云字号”全域文化活动品牌。十是聚焦就业增收、教育提质、保障扩面，抓好保障和改善民生落地落实。深入实施高质量充分就业促进工程，优化城乡义务教育学校布局和资源配置，全面承接市级重点民生实事。

（执笔人：李宏亮）

奉节县

奉节县人民政府办公室

一、2023 年发展回顾

2023 年，全县坚决做到“总书记有号令、党中央有部署，重庆见行动，奉节抓落实”，紧扣“五大工程”“九项行动计划”，以超常规举措应对超预期挑战，主要做了以下工作。

（一）抓共建促发展，融入国家战略

实施“十项行动方案”，细化“八项协作措施”，系统谋划“四张清单”，推动实施项目 85 个。增设推动双城经济圈建设事务中心，建立四项协作机制，签订成渝两地合作协议 180 余项，举办奉节好品进成都、川渝气候经济发展大会等大型活动 20 余场次，四川赴奉游客增长 210%。借助 RCEP 东风，打开夔门、为世界奉上好品，推动与白俄罗斯、巴基斯坦、越南等 10 余个国家的对外交流合作，探索建立脐橙出口“快进快出”新模式，实现进出口贸易额 1.3 亿元。开展三峡库区危岩地灾治理攻坚，落实全县 1530 处地灾点“一点一策”，避险搬迁 2306 人。全面落实河长制，扎实推进长江“十年禁渔”，“一江五河”水质连续 7 年稳定在Ⅱ类。严格落实林长制，提质建设“两岸青山 · 千里林带”4.88 万亩、营造林 22.2 万亩，森林覆盖率达 64.05%。城市空气质量优良天数达 358 天。

（二）延链条建体系，提升产业能级

全力推动“一主两辅”高质量发展，奉节脐橙产量达 48.1 万吨、综合产值超 60 亿元，中药材综合产值达 15 亿元，生态畜牧产值达 37 亿元，农业产业化市级龙头企业达 29 家，第一产业增加值增长 5.1%。新增工业企业 436 家、总量达 1552 家，规上工业企业达 89 家，新引进眼镜企业 46 家，累计投产 51 家，产值达 23.3 亿元，新增食品及农产品加工企业 542 家，总产值达 10 亿元。杉树包二期风电、龙家坪风电、康乐复合光伏项目投产，金凤山风电扩建项目开工，清洁能源新增并网发电 14 万千瓦。打造滨河街区消费场景，举办“爱尚奉节”、房交会等消费活动，构建“奉上好品”区域公共品牌矩阵，评选推广“奉节十大名菜”，新能源汽车销售增长 65.32%，电商销售增长 10.56%。中国银行奉节支行正式营业，全县存贷款余额 862.98 亿元、增长 10.8%。提速创建兴隆国家级旅游度假区，白帝城 · 瞿塘峡景区入选长江国际黄金旅游带精品线路，全年过夜游客 176 万人次、购票游客 194 万人次，旅游综合收入 180 亿元，分别增长 16.8%、40.4%、25.1%。

（三）守底线促振兴，打造和美乡村

严格落实“四个不摘”要求，常态化排查和动态清零“两不愁三保障”及饮水安全问题，“一户一策”精准帮扶监测对象 2467 户、8113 人，全县无一人返贫。落实最严格的耕地保护制度，原址整改变更调查耕地流出 3.4 万亩，恢复补足耕地 2.6 万亩。建设高标准农田 8 万亩，打

造万亩粮油基地4个，入选全国大豆单产提升整建制推进县。深化鲁渝协作、对口帮扶、中央单位定点帮扶和市内协同发展，全力打造市级乡村振兴重点乡鹤峰乡，启动兴隆镇“强镇带村”试点，创建巴渝和美乡村示范村3个。建成“四好农村路”58公里，安装农村公路防护栏295公里，实施农村饮水安全“一改三提”11处，新建5G基站812个，改造农村卫生厕所2870户。龙桥土家族乡创成全国“一村一品”示范镇，大坝村、三沱村创成全国乡村特色产业产值超亿元村。培育农业社会化服务组织51个，“三变改革”整镇推进试点18个，农村集体经济村均收入达25.72万元。加快构建“141”基层智治体系，打造“四访”工作2.0版，推广“四员四进”治理模式，丰富新时代文明实践积分超市运用场景，安坪镇入选全国乡村治理示范镇。

（四）扩空间拓功能，加快城市更新

全面铺开西部新兴产业集聚区、小微创业园建设，大数据产业园引入企业44家。加快万达广场建设，获评五星级酒店1家、五钻级酒家1家。临时寄递物流园建成投用，甘溪沟冷链物流集散中心、邮政邮件处理及仓配中心开工建设，现代物流企业达33家，新增水上运力19.6万吨。完成县级国土空间总体规划编制，实施城市提升重点项目24个，儿童公园、科技馆建成投用，滨江步道、中国诗词大会服务中心等项目加快建设。新增公共停车泊位2000个、充电桩303个，改造老旧小区322万平方米，商品房销售增长30.6%。启动“无废城市”建设，生活垃圾焚烧发电厂建成投运，新建污水管网17.1公里，整治销号长江入河排污口136个，城市生活污水集中处理率达95%。建立“城管+”联勤联动机制，整治城市安全问题151个，治理违法建设7.7万平方米。开展楼道革命、环境革命、管理革命，142个“三无小区”实行自治管理，物业管理覆盖率提升20%。

（五）抓创新优服务，全面深化改革

以数字重庆建设引领全面深化改革，推动“农文旅数”跨界融合，建成县级数字化城市运行和治理中心，谋划“一件事”应用场景9个。深入推进国资“五统一”、国企“六统一”监管，实现国有资产盘活处置收益3.1亿元。扎实开展乡镇财政体制改革，兑现补助1833万元。丰富“奉公办·更快捷”应用场景，大力推进一网通办，“零跑动”事项达1069项，“最多跑一次”事项占比99.5%，“一件事一次办”群众满意率超99.9%。迭代更新稳企惠企政策71条，减税降费15.5亿元，普惠小微企业贷款余额达64.17亿元、增长18.35%。科技型企业、高新技术企业、“专精特新”企业分别达653家、30家、20家，全社会研发费用投入增长10%。新扩建返乡创业园9个，就业帮扶车间达142家、位居全市第一。招引硕博研究生115人、“高精尖缺”人才53人，选派市级科技人才48名、县级科技特派员100名。

（六）办实事增福祉，保障民生供给

城镇新就业10727人，城镇调查失业率控制在5.5%以内。发放社会救助资金3.1亿元，城乡居民养老保险、基本医疗保险参保率均保持在95%以上。建成孝善食堂20个，养老床位达4500张，创建渝馨家园4个；新增公办幼儿园2家，建成托育机构40家。与复旦大学、重庆八中、重庆市人民小学合作办学，三江初中新校区建成投用，新增城区学位2197个，高考特殊资格上线1726人。提升医疗卫生服务水平，县中医院新院区投入使用，建成一站式数字化慢病管理中心，兴隆镇、永乐镇、龙桥土家族乡通过国家卫生乡镇市级技术评估。加速医共体一体化建设，双向转诊服务人次增长4.5倍。严控政府债务风险，兜牢兜实“三保”底线。“保交楼”项目交付率100%。推动应急管理体系改革，成立南北应急救援基地，举办长江三峡库区危岩地灾应急救援实战演习。深入开展火灾防控、燃气油气安全等专项整治，出台两三轮摩托车监管“十条硬措施”，安全生产死亡人数下降33.3%，未发生较大及以上安全事故。推进“两攻坚两整治”，创新“一表一图一体系”风险闭环管控机制，妥善化解重大历史遗留问题14个，110警情下降12.5%，命案现案破案率连续17年保持100%。

二、发展中存在的问题

同时，在发展中仍然还存在一些突出问题和短板，高质量发展基础不牢固，公共服务供给与群众期盼仍有差距，政府系统体系重构、流程再造、能力跃升尚有差距，少数干部解放思想不够、理解政策不透、适应转型不快，能力和作风与高质量发展、现代化建设不相适应。全县上下一定会正视差距、增强信心，有效解决这些问题。

三、2024年发展思路

全县坚持把推进中国式现代化作为最大政治任务，深刻把握新时代做好经济工作的规律性认识，以党建统领“885”工作机制为牵引，把“五大工程”和“九项行动计划”一以贯之抓到底。2024年全县经济社会发展主要预期目标是：地区生产总值增长6.5%左右，规上工业增加值增长7%，固定资产投资、社会消费品零售总额分别增长12%、7.5%，城镇新就业10000人以上，城镇调查失业率控制在5.5%左右，一般公共预算收入增长6%以上，全体居民人均可支配收入增长6.5%以上。

（一）坚持打好“五大工程”攻坚战，巩固好全县经济社会发展的基础支撑

一是坚持把企业作为发展之基，打好营商环境改善工程攻坚战。打造“奉公办·更快捷”政务服务品牌，迭代升级“快帮快办”“不见面开标”等特色服务，推进线下办事“只进一门”、线上办事“一网通办”、企业和群众诉求“一线应答”。加快服务和融入全国统一大市场建设，吸引更多社会资本参与重大项目，力争民营经济增加值增长10%以上。

二是坚持把投资作为关键变量，打好项目建设提速工程攻坚战。精准谋划实施重大项目“双百行动”，社会投资占固定资产投资比重超70%。推动三峡库区高质量发展长效扶持前期工作，加速重点项目建设，稳步推进保障性住房建设、“平急两用”公共基础设施建设、城中村改造“三大工程”。制定“产业图谱+产业地图”，全年签约项目200个、协议投资200亿元，招引链主企业2家，引进亿元以上项目45个，到位资金40亿元以上。

三是坚持把创新作为第一动力，打好科技创新赋能工程攻坚战。深化国家创新型县建设成果，大力发展新质生产力，发布重点产业链科技创新需求清单，综合科技创新水平指数达34%，全社会研发费用投入增长12%以上。探索“高校飞地”模式，争取建设院士工作站1个、博士流动站1个，新增创新平台3个以上，推动科技成果转移转化5项，科研服务业营业收入增长3%。

四是坚持把人才作为第一资源，打好夔州英才集聚工程攻坚战。构建符合奉节实际、具有

奉节特色的人才政策体系，绘制高层次人才图谱，编制急需紧缺人才目录，实施“四进三回”行动，完善奉节籍大学生常态化联系机制，举办高校巡回引才入奉活动，靶向引进硕博人才100名、青年人才1000名，新增重庆人才A卡1人、B卡20人。

五是坚持把品牌作为城市名片，打好奉节品牌提升工程攻坚战。建设“奉上好品”数字中心、检测中心、展销中心，成立“奉上好品”区域公共品牌协会，推出“奉上好品”产品目录，打造“奉上好品”旗舰店，选聘“奉上好品”推荐官，开展品牌助企、品牌保护、TOP评选行动，培育一批中国礼、重庆老字号、国货潮品，打造10亿级爆款产品1个，实现电商销售100亿元。

（二）深入实施“九项行动计划”，打造更多具有奉节辨识度的有形载体、有效抓手

一是在全面推进乡村振兴上迭代升级、整体成势。落实最严格的耕地保护制度，坚决守住81.3万亩耕地红线和54.4万亩永久基本农田红线。实施防止返贫攻坚行动和农民增收促进行动，不发生规模性返贫。新培育农产品加工龙头企业10户、种养大户100户，第一产业增加值增长5.3%，新增绿色优质农产品品牌10个，培育发展社会化服务组织30个，力争年经营收入10万元以上的村占比达75%。培育特色专业功能镇6个，推动兴隆镇“强镇带村”试点，创建市级巴渝和美乡村示范村5个，创成全国广播电视基本公共服务标准化建设试点县、全国智慧广电乡村工程试点县。

二是在提速生态工业发展上迭代升级、整体成势。园区工业总产值达70亿元，园区税收收入增长15%，确保亩均增加值、亩均税收均增长5%以上。工业投资增长20%以上，引入研发设计项目5个、贸易结算企业10家，招引眼镜企业50家，新增投产眼镜企业35家，引入食品及农产品加工项目30个以上，实现农产品加工总产值增长15%以上。开工华电高桥风电、甲高光伏和汾河农光互补等清洁能源项目，新增并网投产装机37.2万千瓦。推动中小企业梯度成长，实现新增制造业企业150家、规上工业企业15家，培育“专精特新”企业5家。

三是在促进文旅融合发展上迭代升级、整体成势。招引知名文化类企业5家，培育本土文化企业10家，推出特色文创产品30项，文化产业增加值增长10%。高标准建设长江国家文化公园（奉节段），持续擦亮“六张名片”，做实“六绝十城”旅游联盟。培育品牌餐饮店20家，新增餐位1200个，推动“䀄子鸡”等特色美食预制产品开发，新增连锁酒店4家、民宿客栈10家，新增床位1000个以上，游客投诉率下降30%以上。

四是在做强现代服务业上迭代升级、整体成势。加快万达广场商业综合体建设，丰富夔门印象街区主题业态，争创市级夜间经济示范区。实现批发、零售业销售额分别增长7%、8%，住宿、餐饮业营业额均增长12%。新招引水上运输企业10家，新增运力20万吨，新引进现代物流企业10家，升级210个末端服务网点，实现乡镇网点覆盖率100%，村级快递网点覆盖率达50%。深化实施“智融惠畅”工程，金融业增加值、存贷款余额分别增长8%、12%以上。创建普惠金融发展示范区，常态化开展政银企对接活动，实现普惠小微企业贷款余额增速15%以上。

五是在提升城市发展品质上迭代升级、整体成势。提升带型城市精细规划、功能分区，加快高铁站城TOD一体化开发，提高城市工业用地占比达20%，中心城区建成面积突破16平方公里，常住人口城镇化率达53%以上。新改造老

旧小区196万平方米，新增城市绿地10万平方米，新改建城市公厕4座、小微停车泊位2000个。深化“以城养城”城市运行模式，城市生活垃圾分类回收利用率达41%。全力推动全国县级文明城市创建，实施“城管进社区、服务面对面”行动，开展城乡环境卫生“拉网”整治，强力整治城市顽疾，业主自治和物业管理覆盖人口70%以上。

六是在推动生态文明建设上迭代升级、整体成势。坚决打好长江经济带污染治理和生态环境保护攻坚战，一体推进“九治”，生态环境满意度稳定在95%以上。开展第三次全国土壤普查，确保农膜回收率、受污染耕地安全利用率分别达91%、98%，重点建设用地安全利用率达95%以上。深入实施“三线一单”生态环境分区管控制度，创新“林长制+”工作机制，积极稳妥推进“双碳”工作，单位地区生产总值能耗下降3%，绿色贷款余额达80亿元以上。完善生态产品价值实现机制，试点林业碳汇交易，积极创建“无废城市”、县域节水型社会。

七是在深化改革开放创新上迭代升级、整体成势。聚焦“三攻坚一盘活”改革，实行揭榜挂帅制、项目包干制、绩效考核制，实施“一企一策”。打好打赢园区开发区改革攻坚战、政企分离攻坚战，实现园区企业服务不出园，党政机关、事业单位和所属企业彻底“脱钩”。全面盘活国有资产，实现国有资产盘活处置收益7.5亿元以上。深化机构改革、财税体制、综合行政执法等重大改革，争取全国改革试点5项以上。打造辽宁对口支援、三峡集团定点帮扶、山东滨州东西部协作和沙坪坝区协同发展“升级版”。深化三张清单编制和核心业务梳理，做好“一件事”场景谋划，推动“141”平台上下一体贯通、高效协同。

八是在保障和改善民生上迭代升级、整体成势。实施“稳岗扩岗”就业容量拓展工程，发放创业担保贷款1亿元以上，开发公益性岗位2000个以上。高标准打造返乡入乡创业2.0版，新建返乡创业园3个，创建市级返乡创业园2个，新建就业帮扶车间30个、共富工坊20个，新增就业岗位1500个以上。推动人力资源服务产业园实体化运营、市场化运作，入驻孵化服务机构20家以上，开展职业技能培训1万人次，回引外出务工人员1万人以上。创建义务教育优质均衡发展示范县，培育优质教育集团6个，新增城区学位2000个，义务教育巩固率保持在100%。城乡居民养老保险、基本医疗保险参保率巩固在95%以上，积极创建三级中医医院、二级甲等疾控中心。

九是在统筹发展和安全上迭代升级、整体成势。坚定不移贯彻总体国家安全观，聚焦六大重点领域，守住不发生系统性风险底线，银行业不良率控制在0.7%以内。开展安全生产治本攻坚三年行动，全县各类生产安全亡人事故起数、死亡人数实现“双下降”，不发生较大及以上生产安全事故。坚决打好三峡库区危岩地灾防治攻坚战，积极抓好极端灾害天气应对，不断提升救灾救援能力。深化新时代“枫桥经验”奉节实践，完善社会治安防控新体系，实现全年刑事案件、未成年人案件、八类案件分别下降5%、10%、10%。扎实开展信访问题源头治理，持续整治信访突出问题，深入推进信访工作法治化。

（执笔人：张诚然）

巫山县

巫山县人民政府办公室

一、2023年发展回顾

2023年是全面贯彻党的二十大精神的开局之年，是现代化新巫山建设的起步之年，也是三年新冠疫情防控转段后经济恢复发展的一年。面对艰巨繁重的发展改革任务，巫山县始终高举习近平新时代中国特色社会主义思想伟大旗帜，衷心拥护“两个确立”、忠诚践行“两个维护”，坚持稳进增效、除险清患、改革求变、惠民有感的工作导向，全力抓好“两件大事”、打造“四张名片”，经济社会发展取得明显成效，山区库区强县富民新巫山建设迈出坚实步伐。

（一）围绕“稳进增效”，直面挑战、攻坚克难，经济发展回升向好

顶住外部压力、克服内部困难，着力扩大内需、提振信心，地区生产总值同比增长6.5%，一般公共预算收入同比增长27.5%。56个市县级重点项目投资完成率100%。实施商文旅体融合发展试点，落实系列消费促进政策，发放家电家居、餐饮住宿消费券以及购车购房补贴，拉动消费近18亿元，社会消费品零售总额同比增长7.4%。开展“浓浓乡情·共建巫山”“早（晚）茶会”系列活动，中交路桥、明阳三海等一批优质企业选择巫山，签约项目24个、签约资金351.29亿元。

（二）围绕“改革求变”，勇于革新、系统重塑，发展活力有效激发

承担全国8项改革试点，休闲农业新模式等14项工作获全国肯定性评价。清理盘活国有资产资源，56家国有公司资产总量增长9.12%。“放管服”改革纵深推进，“一窗综办”事项达160件，全程网办事项占比提升到76.29%。科创能力有效提升，研发经费投入增长42.6%，新增国家级高新技术企业1家、市级科技型企业48家，培育数字经济核心产业企业13家。深入推进“数字重庆”建设，申报“一件事”13项。惠企政策全面落实，新增经营主体7943户。

（三）围绕“除险清患”，坚守底线、守牢防线，社会大局和谐稳定

2.2万名党员干部坚守岗位，869名群测群防员、585名地防员冲锋在前，实现威胁长江航道安全的35处危岩点下住户清零，成功处置“7·4”抱龙镇暴雨灾害、“10·9”铜鼓镇水流村特大型滑坡等70余起险情，获应急管理部、市政府通报表扬和全市首个地质灾害成功避险奖励。扎实开展政府和国有企业隐性债务风险化解攻坚战，综合债务率下降超过30个百分点。深入推进火灾防控、道路交通等专项整治，一体推进信访问题源头治理，实战运用数字化城市运行和治理中心，全覆盖建立“141”基层智治体系，

火灾事故、生产安全事故、九类警情、上访人数分别下降22.2%、33.3%、33.9%、10.7%。

（四）围绕“惠民有感”，坚守初心、节用裕民，社会民生可感可及

15件重点民生实事如期完成，一般公共预算中民生投入占比达83%。城镇新增就业2980人。基本养老保险、医保参保率均达95%。发放各类民政保障金2.5亿元。完成保障性租赁住房500套、保交楼480套。创建全国国防教育示范校2所，巫山教育案例多次登上央视。县域医共体覆盖率100%，全市首个“行走的医院”落户巫山，县人民医院成功创三级综合医院。下庄村被列入全国“四季村晚”示范展示点，龙骨坡遗址第五轮发掘取得阶段性成果。

（五）围绕“和谐共生”，用情呵护、用心改善，山清水秀美丽之地成色更足

五里坡国家生物多样性监测平台成为全国十佳示范点。大昌湖被纳入国家重要湿地名录。完成65个长江入河排污口整治销号、66座小水电清理整改，集中式饮用水水源地水质达标率100%，长江巫山段水质稳定保持Ⅱ类。完成营造林、国储林25.33万亩，治理水土流失64.87平方公里，修复矿山396.15亩、裸露地803.8亩，森林覆盖率达67.6%。空气、噪声、土壤污染有效防治。绿色防控覆盖率、农膜回收率分别达98.5%、97.4%。空气优良天数比例达98%。

（六）围绕“巩固拓展”，示范引领、全面推进，乡村振兴走在前列作出示范续写新篇

脱贫成果更加稳固，实施巩固提升项目223个，农村饮用水安全达标率、道路通畅率、电力通信覆盖率均达100%，中央单位定点帮扶、东西部协作、对口支援等项目扎实推进，消除返贫致贫风险658户2009人，帮扶脱贫群众稳定就业51416人，脱贫人口人均纯收入增长11.16%，坚决守牢不发生规模性返贫底线。乡村产业提质发展，守牢52.9万亩耕地保护红线，稳住粮食播种面积81.94万亩，脆李、柑橘、中药材产量分别同比增长12.2%、13.8%、8.5%。311个村级集体经济经营收入达9369.26万元，农村居民人均收入增长7.9%。乡村治理扎实推进，完成环境整治70个村、改厕1915户，开展“小院家”试点，当阳乡高坪村被评为国家级传统村落，双龙镇白坪村荣获“中国美丽休闲乡村”。

（七）围绕“量质齐升”，强基固本、挖潜育新，具有巫山辨识度的现代化产业体系加快构建

打造全国优质生态产品供给地成效明显，农业增加值增长6.8%，巫山脆李标准化种植纳入国家农业农村标准化试点示范案例，龙骨坡大米被评为全国名特优新农产品，荣获全国种植业“三品一标”基地、国家农业绿色发展先行区、全国平安渔业示范县；规上工业增加值增速6%，并网光伏、风电装机容量240MW。打造世界级知名旅游目的地深入推进，康养文旅综合收入达到136.32亿元，巫峡·神女景区被评为全国文明旅游示范单位，国际红叶节、艺术电影周、云上生活季等活动火爆出圈，吸引四方宾客2900万人次，购票游客超过200万人次、增长120%以上，过夜游客超过70万人次、增长35%以上。打造多式联运商贸物流枢纽迈出新步伐，“水公铁空”客运、货运吞吐量分别达382.5万人次、1250万吨，探索推进“邮运通”物流模式，脆李航班运输实现全国千余城市“次日达”。外贸进出口总值达6000万元、增长46.5%。限上贸易总额达92.4亿元、增长15%。

（八）围绕“品质提升”，精心塑造、精细管理，产城景融合三峡港湾城颜值更加亮丽

完成全县国土空间总体规划编制，实施生态康养区、县城新区等城建项目43个，中心城区建成区8.28平方公里，城镇化率46.5%。畅通城市“主循环”，龙门复线桥、巫官高速、南大路正式开工，下庄大环线、桂花连接道等竣工投用。完成城市色彩风貌设计，建成区绿地率40.73%。规划展览馆、自然遗产馆、乡村振兴馆对外展示，温德姆酒店、洲际酒店主体完工。棚户区改造742户，整治修缮雨污水管网10公里、市政道路16公里。创建市级生活垃圾分类示范村23个、示范社区9个。

二、发展中存在的问题

全县在发展中依然面临一些困难和问题。一是对标高质量发展，产业链发展层次低，战略支撑项目少，投资拉动能力弱，新的经济增长极尚未形成。融资难、用地难、人才短缺等问题仍未得到有效解决。二是对标高品质民生，财政收入质量不高，刚性支出增长较快，“三保”压力仍然较大。基础设施建设和公共服务保障能力，与人民日益增长的美好生活需要还有差距。三是对标高效能治理，政府效能有待提高，基层治理还需加强，防范化解风险能力仍要提升。政府系统个别干部缺乏系统思维、执行力较弱。

三、2024年发展思路

2024年，是新中国成立75周年，是实现“十四五”规划目标任务的关键一年，是现代化新巫山从全面部署到纵深推进的重要一年。全年工作预期目标是：地区生产总值增长7%以上；一般公共预算收入增长7%以上；固定资产投资增长7%左右；社会消费品零售总额增长8%以上；城乡居民收入增长快于经济增长；耕地保护、粮食生产、节能减排降碳等约束性指标完成目标任务。

锚定“产业结构升级”，推动实体经济塑优提质。实施文旅提升行动计划，创建巫峡·神女景区5A，实施神女片区旅游开发EOD项目。迭代升级旅游业态，打造三峡里·竹枝村沉浸式文旅体验街区。实施产业平台拓展行动、特色制造业提质行动、清洁能源提升行动，建成现代食品产业园、大健康产业园，培育浓缩果汁、预制菜等消费品，建设大风口、官渡等风电光伏项目，投用垃圾焚烧发电站。大力引进咨询设计、会计法务等现代服务企业，抓好大型货运码头、港口、物流园区建设，实施电商新农人培育计划。依托数字重庆建设开放场景，积极引进软件开发主体。

锚定“扩大有效需求”，推动经济运行稳进增效。深入开展项目投资攻坚行动，全力实施产业类、城建类、民生类等168个投资项目，重点推进40个市县重点项目。深化商文旅体融合试点建设，盘活时代中心、中昂新天地等商业项目。引进一批投资体量大、带动能力强的链主项目，全年协议投资300亿元以上。大力实施人才引进计划，引入高层次、专业化、紧缺性人才300余名。强化政府投资和政策激励带动，健全多元化投融资渠道。积极创建绿色金融改革创新试验区。推动闲置资产市场化经营、特许经营权转让，抓好绿色矿山、生态林票、土地出让等收益。

锚定“宜居宜业和美”，推动乡村振兴全域提升。坚决守牢粮食安全底线，提升特色农业效益，提升农产品加工水平，推进100万头生猪、10万头数字化肉牛全产业链项目。加快下庄、同

心、光明、燕子等示范村落建设。实施农村人居环境整治提升行动，创建国家、市级和美乡村5个。实施乡村治理提升行动，创建一批市级乡村治理示范镇村。实施农民增收专项行动，盘活农村闲置资源资产，发展新型农村集体经济、庭院经济，集体经济经营性收入10万元以上的村达到100%。持续开展防返贫动态监测、低收入群体帮扶，坚决守住不发生规模性返贫底线。

锚定“品质功能提升”，推动城市环境筑景成势。加快建设职教园、南拓片区综合体、科教产业基地等项目，配套完善污水处理厂等基础设施。统筹推进“强镇带村”，补齐乡镇基础设施短板，培育一批特色乡镇。启动城市整体色彩换新、城市更新设计。加快打通龙门复线桥、平桂路等路网节点。建设新型智慧城市项目二期，持续推进“物业城市”建设。探索开通旅游通用航空航线，扎实抓好江南高速、埠头大桥前期，提速推进巫官高速、两巫高速二期。加快推进红石梁、鳊鱼溪、葡萄坝等码头建设。加快建设庙堂、孙家槽等水库。

锚定“改革创新突破”，推动发展活力蓄势赋能。实施“三攻坚一盘活”改革攻坚，国企利润增长7%以上；园区发展模式重组，实现人员、赋权、招商等领域创新；全面理顺政企关系，实现经营性国有资产100%集中统一监管；盘活存量国有资产22亿元以上。打造数字重庆建设示范县，培育数字产业、数字物流、数据交易等。深入推动科技创新赋能，全年研发经费投入增长10%以上。加快审批流程再造，深入实施告知承诺、容缺后补，推出免申即享、一码办事、智能审批等应用模式。

锚定“山水人城共美”，推动生态环境持续改善。深入落实“河湖长制”，长江干支流水质保持Ⅱ类。统筹臭氧、细颗粒物（PM2.5）协同治理，空气优良天数达标率98%以上。完成生态保护红线勘界定标，森林覆盖率67.6%以上，争创国家生态文明建设示范县。全面执行绿色建筑标准，绿色低碳建材应用比例不低于60%，城市公共交通纯电动化占比90%以上。加强绿色低碳创新，探索推动碳汇、排污权、用水权、气候资源等指标交易，力争绿色GDP占比80%以上。创建“无废城市细胞”30个。

锚定“普惠共建共享”，推动民生事业优质发展。落实就业优先政策，零就业家庭动态清零，高校毕业生就业率90%以上，城镇调查失业率控制在5.5%以内。城乡居民养老保险、基本医疗保险参保率均达95%以上。深化“医共体”三通建设，推动县人民医院创三甲、县中医院创三级、疾控中心创二甲。加快创建国家学前教育普及普惠县，争创国家义务教育优质均衡县。广泛开展全民健身活动。继续加大民生投入，全力办好老旧小区改造、城市绿荫工程等15件市级重点民生实事，推动6件县级民生实事落地。

锚定“平安稳定和谐”，推动社会综治攻坚突破。打好政府和国有企业隐性债务风险化解攻坚战，坚决遏制新增隐性债务。支持刚性和改善性住房需求，启动建设保障性住房500套，加快推进城镇移民搬迁不动产权证办理。全力夯实公共安全基础，实施安全生产治本攻坚三年行动，坚决遏制重特大安全事故发生。深入打好危岩治理攻坚战，推动黄岩窝、龙门寨等地灾点治理。深入推进市域社会治理现代化试点，推动城市管理事项“一网统管”。

（执笔人：黄泽彬）

巫溪县

巫溪县人民政府办公室

一、2023 年发展回顾

2023 年，面对复杂多变的外部环境、日益趋紧的要素约束、交织叠加的矛盾风险、赛马比拼的竞争态势，巫溪县坚持稳进增效、除险清患、改革求变、惠民有感的工作导向，全面融入成渝地区双城经济圈建设，扎实抓好党建统领“三项重点任务”，奋力推动高质量发展、创造高品质生活、实现高效能治理，经济发展稳中有进，社会大局和谐稳定。全县实现地区生产总值 130.6 亿元，同比增长 6.5%，圆满完成年度预期目标，增速排全市第 17 位、渝东北第 6 位。其中，第一产业实现增加值 28.2 亿元，同比增长 4.7%；第二产业实现增加值 34.9 亿元，同比增长 13%；第三产业实现增加值 67.5 亿元，同比增长 4.0%。产业结构比调整为 21.6∶26.7∶51.7，对经济增长的贡献率分别为 17.1%、50.7%、32.2%。全县固定资产投资增长 17%，增速排全市第 6、渝东北第 3。一般公共预算收入增长 33.1%，增速排全市第 2、渝东北第 1。全县居民人均可支配收入 22049 元、增长 5.4%，增速排全市第 8 位、渝东北第 4 位。其中，城镇、农村常住居民人均可支配收入分别为 33305 元、14084 元，分别增长 3.7%、6.9%。

巩固拓展脱贫攻坚成果同乡村振兴有效衔接取得新进展。坚持兜牢底线、乡村建设、乡村治理齐头并进，增强脱贫群众内生发展动力。防返贫底线持续守牢，整合各类资金 6.9 亿元，实施项目 659 个，“两不愁三保障”问题动态清零，消除返贫风险 807 户 2477 人，脱贫人口人均纯收入增长 12.1%。乡村振兴衔接推进，“1+2+5+10”乡村振兴示范体系成效明显，全县巩固脱贫成果后评估、东西部协作和衔接资金绩效考核连续三年“两好一优”。和美乡村建设初显成效，“五和五美”社会治理经验做法获市委、市政府肯定；龙池村获评全国乡村治理示范村，市级美丽宜居村庄达 23 个。帮扶力量用好用活，479 名驻镇驻村工作队员集中轮换，争取到位帮扶资金 1.5 亿元，推动帮扶走深走实。

加快构建现代化产业体系取得新成效。坚持“旅为龙头、农为基础、工业支撑、商贸带动、三产融合”的思路，推动产业体系迭代升级。生态旅游业加快培育，红池坝“双创”扎实推进，大宁盐场遗址等完成修缮；耕歌龙池、兰英天路、一线天获评 3A 级旅游景区，旅游收入 60.1 亿元、增长 15.3%。生态农业提质增效，建成优质粮油示范基地 10 万亩，粮食产量 24 万吨，耕地保有量 51.1 万亩；“一主两辅”主导产业加快发展，“巫溪烤鱼”全产业链初步形成，巫溪独活、太白贝母荣获全市道地优势药材奖，巫溪老鹰茶获评全国名特优新最受欢迎产品，绿色优质农产品达 121 个，实现一产增加值 28.2 亿元、增长 4.7%。绿色工业加快发展，建成园区标准厂房 4.5 万平方米，江苏永冠新型管材制造项目建成投产，湖南慧泽、聚慧食品等龙头企业成功签约，国能 70 兆瓦光伏并网发电，三峡电力、华电光伏开工建设，峰然食品、展华药业、宁河数字实现升规，工业投资、规上工业增加值分别增长 17.8%、10.6%。商贸服务业恢复发展，县域商业体系不断完善，水园商城全面升级，漫滩路烤鱼一条街开市迎客，大宁古城入选市级夜间消费集聚区；巴绣、晚李、蜜柚、富锶蛋远销境外，农产品自营出口实现零的突破；新增限上商贸企业 17 家，社零总额增长 6.1%。

匠心打造最美县城彰显新颜值。强化城市规划建设管理，持续打造“森林之城、宁静之城、灵动之城”。城市布局不断优化，国土空间规划“三区三线”划定获国家批准。城市建设稳步推进，澜溪别院、北景城建成入住，春申云玺、锦绣御府等项目加快建设，竣工城镇房屋 35.4 万平方米，改造棚户区和老旧小区 4886 户。配套功能不断完善，白马大道建成通车，南环大道控制性工程全面开工，马镇坝殡仪馆、县人民医院生命之光广场建成投用。城市管理持续加强，深入推进“六项创建”，强化“党建 + 物业”管理，获评国家级县域节水型社会建设达标县，创成中国气候宜居县，生态宜居城市品质持续提升。

持续完善基础设施实现新突破。围绕“内畅外联、补齐短板”建设思路，加快改善以交通为主的基础设施条件。交通投资创历史新高，巫镇高速建成通车，巫云开高速建设进度过半，安张铁路、巫神路三期前期工作有序推进，道路通畅水平稳步提升。凤凰水库启动建设，金鱼和马坪水库主体浇筑施工，柏杨河流域综合治理快速推进，北门沟排洪隧道竣工投用；农村供水保障提升 25 处、受益 14.5 万人；农配网工程持续推进，天然气长输管道全面建成，移动基站增加 312 个，千兆宽带重点区域全覆盖，行政村通光纤率达 100%。

深化改革开放创新激发新动力。坚持市场导向、资源整合、协同发力，推动深层次改革、高水平开放、大力度创新。重点领域改革不断推进，数字重庆建设核心业务全面梳理，归集公共数据 658 万条，构建“141”基层智治体系；“放管服”改革持续深化，“全程网办”事项占比 80%，政务服务事项进驻率 90%、评价满意率 100%；农村“三变”改革扩面增效，集体经营性收入 10 万元以上村提升至 73.7%。区域开放协作不断拓展，谋划实施成渝地区双城经济圈建设“十项行动”，推进“四重清单”落地见效；招商引资大力推进，签约正式合同额 74 亿元，到位资金 16.9 亿元、增长 84.3%；深化实施鲁渝协作、吉林对口支援、渝中巫溪协同发展项目 39 个。科技创新能力不断增强，新增科技型和高新技术企业 58 家；企业获批知识价值信用贷款 2580 万元，知识产权质押融资实现零的突破；选派国家“三区”人才 17 名、市级科技特派员 40 名，全年授权专利 2453 件，万人有效发明专利拥有量 3.3 件，综合创新指数提升 6.4%。

推进美丽巫溪建设厚植新优势。认真践行“绿水青山就是金山银山”的理念，切实筑牢长江上游重要生态屏障。生态保护修复全面加强，划定并严守生态保护红线，统筹山水林田湖草系统治理，完成营造林 14.3 万亩，红池坝林场获评全国十佳林场。环境质量持续向优，大宁河花台国考断面 6 个月达到 I 类水质，地表水环境质量保持全市前列；城区空气质量优良天数 344 天；生活垃圾无害化处理率达 100%，城乡生活污水处理率分别为 98%、85%。生态环境问题扎实整改，中央和市级生态环境保护督察反馈问题全面整改，主动排查整改问题 559 个，森林督察、生态流量监管等重点问题得到有效解决。绿色低碳发展稳步推进，获批市级气候投融资试点，完成林业生态产品总值核算评价，非国有林生态赎买 1000 亩，生态优势持续转化为发展优势。

增进民计民生福祉得到新提升。社会事业加

快发展，教育质量不断提升，凤凰水城新建学校医院前期工作加快推进，筹集建设资金8亿元；县疾病预防控制局挂牌成立，三级医院创建工作有序推进，县妇幼保健院获评二级甲等妇幼保健院；"两馆一宫"基本建成，文体惠民活动广泛开展，22件文艺作品获市级以上奖项。社会保障全面加强，城镇新增就业3012人，兑现1.7亿元惠民资金，发放社保待遇13.3亿元；推进养老机构公建民营，"救助通＋铁脚板"服务模式获民政部肯定；发放抚恤补助3752万元，180名退役军人实现就业。社会环境更加安全，"平安巫溪"建设深入推进，"三查技战法"获公安部表扬，维护妇女儿童合法权益工作获全国妇联表彰，法律援助惠民服务成效明显，地灾风险点防治有力有效，生产安全事故起数和死亡人数实现"双下降"，社会大局和谐稳定。

二、发展中存在的问题

巫溪发展中仍然还面临一些突出问题和短板：一是居民人均可支配收入、社零总额增速等指标表现不及预期；二是工业稳产增效难度较大，壮大市场主体、构建现代化产业体系需久久为功；三是民生领域仍然存在短板，教育、医疗卫生等领域优质资源明显不足；四是债务风险防范化解任务艰巨，"三保"压力增大。

三、2024年发展思路

2024年，全县经济社会发展的总体要求是：坚持以习近平新时代中国特色社会主义思想为指导，深入学习贯彻党的二十届三中全会精神和习近平总书记视察重庆重要讲话重要指示精神，紧扣总书记赋予重庆"两大定位"，聚焦重庆市委打造"六个区"部署要求，按照市委六届四次、五次全会部署，坚持稳进增效、除险固安、改革突破、惠民强企的工作导向，积极服务融入新发展格局，扎实推动高质量发展，全面深化改革开放，统筹扩大内需和深化供给侧结构性改革，统筹新型城镇化和乡村全面振兴，统筹高质量发展和高水平安全，强化党建统领"三项重点任务"，以"三攻坚一盘活"改革为突破口，以构建现代化产业体系为着力点，切实增强经济活力、防范化解风险、改善社会预期，巩固和增强经济回升向好态势，持续推动经济实现质的有效提升和量的合理增长，增进民生福祉，保持社会稳定，努力为奋力谱写中国式现代化重庆篇章作出新的更大贡献。

全年经济社会发展的主要预期目标是：全县地区生产总值增长6.5%左右，固定资产投资增长10%以上，规上工业总产值增长15%，社零总额增长8%，一般公共预算收入增长6.2%，单位GDP能耗持续下降，全体居民人均可支配收入高于经济增速。

重点抓好以下工作：一是打好乡村全面振兴主动仗，用好用活政策资源，推进农业农村现代化，打造渝陕鄂川边区乡村振兴示范标杆。二是做好提质增量文章，加快融入全市"33618"现代制造业集群体系，聚力推进"一主两辅"产业发展，奋力推动绿色工业高质量发展。三是用好人文自然资源，坚持以文塑旅、以旅彰文、融合发展，提升"巫溪天地有灵气"品牌的知名度和影响力，加快建设全域旅游示范区。四是推动消费升级扩容，实施县域商业三年行动计划，升级扩容现代服务业，推动消费从疫后恢复转向持续扩大，发挥消费拉动经济增长的基础性作用。五是提升城镇品质，推进以县城为重要载体的城镇化建设，促进县城扩容提质，提升县城综合承载能力，积极探索城乡融合、强县富民新路子。六是深化改革创新开放，坚持依靠改革开放增强发展动力、科技创新引领现代产业发展，为县域经济高质量发展注入强劲的动力。七是夯实绿色发展根基，全面推进“天蓝地绿、山清水秀、城美乡靓”的美丽巫溪建设，筑牢长江上游重要生态屏障，加快打造美丽重庆“巫溪范例”。八是持续增进民生福祉，全力保障和改善民生，让群众获得感成色更足、幸福感更可持续、安全感更有保障、认同感更加强烈。九是毫不放松坚持党的领导、加强党的建设，以风清气正的政治生态护航高质量发展。

（执笔人：廖亚鑫）

石柱土家族自治县

石柱县人民政府办公室

一、2023 年发展回顾

2023 年，地区生产总值再创新高，达到 230.46 亿元、同比增长 8.1%；完成固定资产投资 127.8 亿元、增长 20.3%；城镇居民人均可支配收入达到 42630 元、增长 4.3%；农村居民人均可支配收入达到 19807 元、增长 8.1%；规上工业增加值、社会消费品零售总额、一般公共预算收入分别增长 9.1%、8.7%、19.9%。

现代化石柱建设开启新篇章。成渝地区双城经济圈建设走深走实。谋划实施 39 个重点项目、33 个重点事项，年度目标任务全面完成。聚焦康养旅游、商贸物流、特色农业、科技协同等方面深入开展合作，全县 20 余个部门、企业与四川省有关市区县建立合作关系，协同承办“成渝地区双城经济圈专家团走进石柱”等系列活动。西部陆海新通道建设加快实施。深入实施外贸优进优出行动，县内企业通过西部陆海新通道实现货运快捷通达东南亚等地区，带动全年实现进出口总额 23.6 亿元。数字重庆建设有序推进。“141”基层智治体系建成运行。核心业务梳理实现全覆盖，数据归集率达到 99.4%。“民呼我为”应用办理满意率达到 92.8%。

特色产业发展厚植新优势。山地特色高效农业稳中提质。耕地“非农化”“非粮化”有效遏制，粮食面积和产量连续 4 年分别稳定在 66 万亩、22 万吨以上。“三色”产业提质发展，以辣椒为主的调味品被纳入国家麦制品产业集群，“石辣 7 号”获评“全国辣椒十大新优品种”，“林连互利共生”林下经济发展模式入选全国林业发展改革典型案例，莼菜荣获国际有机食品博览会金奖、入选市政府外事礼品目录，“三色”产业带动实现农业增加值 38.5 亿元、增长 5.1%。农业“接二连三”深入推动，累计培育壮大农产品加工企业 151 家，泰尔森获评重庆市农产品加工业百强领军企业，金东东、同和春获评重庆市农产品加工业示范企业。“三品”建设实现新进展，新增绿色食品 20 个、有机产品 11 个、重庆名牌农产品 6 个，成功创建“全国绿色食品（辣椒）原料标准化生产基地”，中益乡、三河镇被认定为首批国家农业产业强镇。绿色生态工业集群成链。“四大产业集群”实现量的积累和质的突破。全市清洁能源基地、全市泵阀产业基地建设被纳入市级“一县一策”支持范围，清洁能源、装备制造“两个百亿级”产业链加快构建，全年完成工业投资 32.8 亿元、增长 35%，实现规上工业产值 94.3 亿元、增长 9.2%。围绕全市清洁能源基地建设，成功引进中核汇能、国能集团等头部企业，累计建成风电总装机容量 34.2 万千瓦，在建 43.7 万千瓦，拟新开工 66.5 万千瓦。围绕全市泵阀产业基地建设，聘请中国工程院泵阀技术研究领域的唯一院士马玉山担任发展顾问，联合重庆川仪等头部企业组建全市泵阀行业协会，累计签约泵阀制造项目 51 个，核谷伟岸、金璋阀门等项目落地建设，强钢精密铸造、渝东阀门等项目建成投产。王家乡熔剂用灰岩矿产业一体化开发、加快推进，龙潭片区铅锌矿产业优化整合、恢复发展。康养休闲旅游业蓬勃发展。全域康养旅游格局加快构建，黄水国家级旅游度假区作为全市唯一推荐对象上报文旅部、所有评审程序全部完成，太阳湖景区成功创建国家4A级旅游景区，桥头艺术写生、中益思政研学等业态不断壮大。“氧”你一夏体育旅游线路入选2023年中国体育旅游精品项目，“秋收农忙”体验之旅入选全国乡村旅游精品线路。全年接待游客2390万人次、增长22.6%，创旅游综合收入170亿元、增长16.4%，石柱成功跻身2023年中国县域旅游综合竞争力百强县市。现代服务业量质并举。消费潜力不断激发，新增限额以上商贸单位30家，新增千万级电商企业5家，电商交易额达到48.6亿元、增长10%。现代物流体系加快完善，渝东南综合物流园仓储配送中心、新能源物流配送中心等项目建成投用，全县快递业务量增长33.2%。金融服务实体经济质效不断提升，银行机构存贷款余额达到657.8亿元、增长8.2%。

城乡融合发展迈出新步伐。乡村振兴深入推进。脱贫成果持续巩固，脱贫人口人均纯收入达到19494元、增长15.9%，脱贫人口人均纯收入低于1万元的户由2022年的376户（1104人）降为24户（67人）。乡村产业振兴蹚出新路子，桥头镇创建全国“万企兴万村”示范镇案例获评全市乡村振兴十大示范案例，石柱成功入选国家乡村振兴示范县创建名单。农村环境更加宜居，启动黄水、鱼池等11个乡镇（街道）农村人居环境综合治理改革试点，桥头镇入选市级美丽宜居示范乡镇。乡村治理持续深化，中益乡坪坝村等10个村成功创建市级乡村治理示范村。乡村人才加快集聚，引育卫生、教育等领域各类人才1120人。新创建悦崃镇新城村等文明村镇37个。城市品质加快提升。城市配套更加完善，水环境综合治理PPP项目全面推进，污水集中处理率达到100%；更新较场坝、新开路等片区供水管网；完成城北、城南等片区燃气管网改造；实施南宾路、五一路等15个老旧小区改造。城市环境提档升级，芭蕉路口人行天桥、石柱西高速标准化智慧收费站拓宽改造等项目建成投用，玉带河等重要节点土家文化元素不断丰富。城乡基础设施加速完善。黄水动车站全面投运，渝宜高铁石柱段正式获批并成功争取在石柱设立两个站点。G351县城绕城公路、城东滨河大道等骨干交通项目启动实施，悦川路桥头至三河、G350黄水至火石岭公路改建等项目全面完工，新建和改建“四好农村路”145.8公里。回龙场水库进入主体施工阶段，崔家坪水库完成主体工程的60%，七曜湖水库获市级可研批复。

高质量发展积蓄新动能。重点改革蹄疾步稳。县属国有企业全面“瘦身健体”。强村富民改革扎实开展，冷水镇入选全市“强镇带村”试点单位，中益乡华溪村入选全国首批农村集体经济发展村级典型案例，全县村集体经济组织经营性收入10万元以上的村占比达到95%以上。乡镇（街道）综合行政执法改革全面启动。医疗改革深入推进，“互联网+医疗健康”案例入选全市深化医改年度典型案例。国防动员体制改革全面完成。创新能力不断增强。成功入选国家创新型县创建名单。新增“专精特新”企业6家、高新技术企业5家。中核产业基金、渝东南科创基金成功落户石柱，全社会研发投入强度达到0.9%。推动实施智能化技术改造项目19个，黄连产业化关键技术攻关与示范推广应用获重庆市科技进步一等奖。营商环境持续优化。清廉市场建设试点示范获评全市优秀实践案例。常态化落实“三服务”机制，全年新增市场主体6783户、增长34.6%。招商质效显著提升，全年合同引资200.5亿元、增长37.1%，到位资金46.1亿元、增长3.42倍。

美丽石柱建设取得新进展。污染治理有力有效。扬尘污染、露天焚烧得到有效管控，空气质量优良率稳定在95%以上。创新建立“全覆盖履职、全员化落实、全过程管控”工作机制，各级河长发现问题整改销号率达到100%，城乡生活污水集中处理率分别达到98%、92%，4个出境断面水质稳定达标。狠抓土壤污染源头防控，畜禽养殖废弃物资源化利用率达到85%，受污染耕地安全利用率达到100%。生态修复深入实施。深入落实“林长制”，创新“林长+检察长+山林警长”协作机制，新增营造林16万亩，森林覆盖率在63%以上。治理水土流失面积57平方公里，修复历史遗留矿山26.5公顷，千野草场、龙河源头等山水林田湖草沙一体化保护和修复项目扎实推进，龙潭片区铅锌矿环保问题有效整治。绿色转型加快推进。全力推进碳达峰碳中和行动，50万亩国家储备林项目启动建设，大唐火电、西南水泥等企业实施节能低碳改造，累计完成碳排放交易33.8万吨。成功创建节水型公共机构100个、节水型小区42个，全国节水型社会建设达标县创建通过市级验收。支持绿色技术创新成果转化，新增授权专利12项。大力发展绿色金融，绿色贷款余额达到38.9亿元、增长17.7%。

群众幸福指数实现新提升。社会保障不断加强。新增城镇就业4800余人、就业困难人员就业2000余人。建成养老服务中心27个、养老服务站144个，完成400户特殊困难老年人家庭适老化改造。城乡居民基本养老、医疗保险参保率稳定在95%以上，“惠民济困保”参保达2.2万余人。教育事业稳步发展。南宾中学迁建、西沱云梯幼儿园等项目建成投用。学前教育毛入园率、义务教育巩固率分别达到93%、100%，职业教育毕业生就业率稳定在95%以上。成功承办全市中小学德育工作会。三河小学女足荣获第二届追风联赛全国总冠军。医疗条件持续改善。县人民医院、县中医院成功晋级三级医院。县人民医院西沱分院主体工程全面完工，“一横两纵十中心”新型健康服务模式基本形成。文体事业繁荣发展。开展送文化下基层活动393场，文化服务进村1023场，惠及群众43.4万人次。新增规模以上文化企业3家，县图书馆获评国家一级图书馆，中益夏布非遗工坊入选全国“非遗工坊典型案例”。成功创建全国民族团结进步示范县。体教融合走出山区办学新模式，新增体育场地面积13万平方米，总面积突破100万平方米。

二、发展中存在的问题

同时，发展中仍然面临一些困难和挑战。一是产业投资、社会投资需加力；二是产业链能级需持续提升；三是营商环境需进一步优化；四是城镇规划、建设、管理等还有待优化；五是乡村全面振兴仍有大量工作要做；六是就业、教育、医疗、托育、养老等民生事业还有不少短板。

三、2024年发展思路

2024年，经济社会发展主要预期目标是：地区生产总值增长7.5%左右；规上工业增加值增长9%左右，固定资产投资增长20%以上；一般公共预算收入增长10%以上。

全面落实重大战略，加快推动区域协调发展。深入推动成渝地区双城经济圈建设“十大专项行动”，持续深化与四川有关市区县的合作。深度参与“百团千企”国际市场开拓计划，积极对接西部陆海新通道相关平台公司。

深入打好乡村振兴主动仗，加快推动乡村全面振兴。加快创建国家乡村振兴示范县。“一户一策”精准落实帮扶措施，坚决兑现“一个都不能返贫”承诺。全面推开县域农村人居环境综合治理改革。持续壮大村集体经济，积极培育农村致富带头人，让农业增效有路、农民增收有方，实现农村居民人均可支配收入增长 8% 以上。

深入打好产业升级主动仗，加快构建现代化产业体系。大力推动以“三色”产业为重点的特色农业种植标准化、基地化，巩固壮大特色农业。围绕四大产业集群，持续在延链强链、提质增效上下功夫，延链提质生态工业。积极扩大本地消费，吸引聚集外来消费，提档升级商贸消费。提升旅游服务质量，开发文旅消费场景，创新文旅宣传营销，打造旅游度假胜地。

深入打好城市更新主动仗，着力打造精致山水城市。加强城市风貌统筹规划，提升“两河四岸”颜值。加快推进 G351 县城绕城公路、城东滨河大道等骨干路网建设，全面完成水环境综合治理 PPP 项目建设，加大老旧小区、城郊结合部供水、燃气管网改造力度。全力开展城市综合管理大整治、大提升、大保障行动，全面提升城市形象。

深入打好动能提升主动仗，持续激发经济发展活力。加强精准招商、专班招商、产业链招商，提速推进渝宜高铁石柱段、回龙场水库等重大项目建设，加快推动重点项目投资放量。全力推动“三攻坚一盘活”改革突破取得重大成果。用好用活中核产业基金、渝东南科创基金，深化与高校院所、企业科技合作。

深入打好绿色转型主动仗，不断厚植绿色生态本底。深入落实“河湖长制”，保持 4 个考核断面水质稳定达标。强化交通、扬尘、工业污染管控，空气质量优良率稳定在 95% 以上。全面落实“林长制”，推进国土绿化高质量发展。巩固长江“十年禁渔”成果。推进工业、城乡、交通等重点领域碳达峰行动计划。积极创建绿色园区、绿色工厂。集约化开发清洁能源，推动能源绿色转型。

凝心聚力解决群众急难愁盼，加快发展社会民生事业。持续推进就业创业帮扶工程。落实职工医保门诊共济保障机制。推进保障性租赁住房项目建设。全面推进全国学前教育普及普惠县创建。推进县人民医院、县中医院、基层医疗卫生机构服务能力提升和西沱、黄水县域医疗卫生次中心建设。完善竞技体育人才培养机制。承接办好市级重点民生实事，办好办实 10 件县级重点民生实事。

（执笔人：李瑞东）

秀山土家族苗族自治县

秀山县人民政府办公室

一、2023年发展回顾

2023年是全面贯彻党的二十大精神的开局之年，是三年新冠疫情防控转段后经济恢复发展的一年。县政府坚持以习近平新时代中国特色社会主义思想为指导，在市委、市政府和县委的坚强领导下，突出稳进增效、除险清患、改革求变、惠民有感的工作导向，围绕渝鄂湘黔毗邻地区中心城市总体定位，坚定不移抓发展、拼经济、保稳定，团结一致、全力以赴、真抓实干，全面建设社会主义现代化新秀山实现了良好开局。

（一）经济运行稳中有进，发展势头持续向好

地区生产总值完成369.53亿元、增长6.4%，总量持续领跑渝东南，连续五年入选西部百强县，排名逐年上升。第一、二、三产业增加值分别增长4.6%、8.7%、5.5%。一般公共预算收入完成20.23亿元，增长18.7%。社会消费品零售总额完成261亿元、增速排名全市第5。全体居民人均可支配收入29950元，城乡收入差距持续缩小。金融机构存贷款余额突破700亿元。专项债券双通过项目50个，发行额度22.5亿元。争取上级资金55亿元，其中长江经济带绿色发展专项资金3.87亿元，创全县中央预算内投资单个专项历史新高。出让土地40宗1839亩，成交价款16.54亿元。集中开工重点项目126个，全年179个重点项目完成投资171.08亿元，投资拉动经济增长明显。“十大专业市场”县外业务占比超三成，外地来秀投资市场主体、就读学子双双破万，周边40个区县的群众投资6亿元在秀山购房置业，外地患者秀山就医达到7.5万人，成功入选“小县大城”试点区县，区域性中心城市建设迈出坚实步伐。

（二）招大育强科创铸魂，工业转型明显提速

规上工业总产值完成137亿元、增长8.6%。海王药业、众鑫电子等9家重点企业扩大产能，振雄塑胶、中昂碳素等12家重点企业订单增长20%以上，规上工业企业新增8家、产值过亿元达到52家，新材料、生物医药、电子信息、汽车配件等产业产值分别增长26.2%、10.0%、14.1%、33.9%。食品及农产品加工企业达22家，实现产值28亿元。高新区入驻工业企业达116家，工业税收占全县的比重接近一半，获评全市承接产业转移示范园区。支持企业开展技术攻关，新增专利授权195件，技术合同成交额2000余万元，新增高新技术企业21家、科技型企业296家，分别完成“双倍增”目标的1.5倍、4.1倍，完成率分别排全市第1、第7。互为上下游企业达20家，产业集聚效应越发显现。签约引进100万头生猪屠宰加工、李宁运动鞋等优质项目39个、协议引资120.4亿元、到位资金59亿元。

（三）商贸物流扩容增量，文旅消费持续回暖

抢抓西部陆海新通道建设机遇，铁路集装箱

货场扩能至10万标箱，成功举办物流通道与枢纽经济（武陵山）合作论坛，签订孟加拉国黑虎虾等通道项目协议11个，武陵山班列首达、跨境班车首发，通道运量增长近12倍，进出口额完成2.8亿元，同比增长278.3%，增速位列全市第二。引育星巴克、进口商品展销中心等40余家名品名店，爱琴海、秀城外滩2个现代化商业综合体开业运营，消费层次加快提升。陆续扩建华南生鲜、福广建材等专业市场，商业面积达240万平方米。第十一届武陵山商品交易博览会成功举办，农特产、生鲜、大宗消费成交额破亿元。落地运行"汇外秀中"跨境电商孵化器，打造火锅底料、小面调料等6款抖音、快手平台销冠，网络零售额实现43.2亿元。韵达快递分拨中心完成扩能升级，辐射至周边13个区县网点，快递上、下行总量突破5000万件。洪安边城风情小镇基本建成并启动招商，游客服务中心完工交付，老街风貌大幅提升。黑洞河特大桥建成通车，川河盖核心区草场提升工程、户外运动基地均已完成提升改造，"桌山"文旅节首次景区商演取得成功。西街完成西门塘土地房屋征收。接待游客量、旅游综合收入分别增长20.0%、24.0%，入选全国首批文化产业和旅游产业融合发展示范区。

（四）改革攻坚纵深推进，发展动能加速集聚

以改革报表为抓手，新增数字孪生灌区国家试点、巴渝和美乡村规划示范试点等重点改革24项。农村集体产权制度改革等11项国家级重要改革试点高标准通过验收。改革工作获全国性肯定评价13次、全市推广254次。完成水权交易400万立方米、48万元，单笔交易水量、交易金额均创全市新高。房票安置中心如期竣工，房票安置方式有序扩面。制造业"亩均论英雄"改革加快推进，完成70家规上企业综合效益评价，实现首宗"标准地"出让。全面启动乡镇（街道）综合行政执法改革，56项行政职能提速下沉。抢抓数字重庆建设机遇，49个部门单位和27个乡镇（街道）完成核心业务梳理，4个"一件事"应用进入市级审查流程，"公益性岗位一件事"被纳入全市首批应用名单。"突发事件直报快响"等7个市级应用贯通部署、正常运行。企业群众全生命周期服务不断优化，"一件事一次办"集成改革快速推开，1.4万件有效办件满意率达到100%。

（五）基础设施日益完善，城市品质持续提升

完成国土空间总体规划、中心城市规划编制工作，建设用地新增4300亩，县城建成区面积拓展至24.5平方公里。改造老旧小区18个、棚户区331户，凤凰、建设和凤栖社区加快更新。完成29个海绵城市建设项目，"海绵化"率达到57%。新增2家一级资质本地建筑企业，锦华府、凤凰悦府等品质楼盘加快建设，畅销70.1万平方米。"智慧城管"连通16座执法服务站、整合1516路视频终端，管理效能大幅提升。规范管理渝秀、西街、商贸中心农贸市场，新增城市绿地面积20万平方米，市容市貌明显改善。打通丹凤路（黄杨大道至重百支路段）、石莲路（G319线至黄杨大道段），城市"微循环"加快畅通。黔吉高铁启动勘察设计，秀印高速开展特许经营方案编制，鹭秀至武营出城快速通道顺利通车。马西中型水库大坝主体封顶，桐梓中型水库完成左右坝坝肩开挖，平邑大型水库进入可研编制，红岩水库加快建设。新建新能源汽车充电桩120台，新增5G基站272个，铺设光纤2081公里，能源、通信等基础设施加快完善。

（六）深耕"三农"强基固本，乡村振兴蹄疾步稳

部门派驻278名驻村干部扎根基层。常态

化监测风险对象4346人，引导脱贫人口稳岗就业3.6万人次，脱贫人口人均纯收入增长15.8%，满意度达到98.6%，均排名全市第2。平马社区集体经济发展经验入选第四届全球减贫案例。新培育经营主体109家、农产品加工企业26家。耕地流出恢复补足1.6万亩，新建高标准农田2.2万亩、改造提升示范3.3万亩，粮食、蔬菜分别完成产量30.17万吨、36.32万吨，分别增长2.64%、4.65%，入选全国首批油菜单产提升整建制推进县。猪、牛、羊、禽分别出栏26.67万头、1.54万头、5.36万只、410.91万羽，分别增长4.82%、4.56%、7.17%、2.56%。成功举办茶文化节、山银花节等活动，签约订单金额9.17亿元。制定“一药两茶”高质量发展方案，发布全国首个山银花及其制品食品安全地方标准，中药材、茶叶、油茶综合产值分别增长12.0%、13.8%、20.0%，带动群众增收9亿元，227个村集体经济经营性收入全部达到5万元以上。再添一张金名片，被中国林学会认定为“中国黄精之乡”。突出特色重传承，传统村落集中连片示范保护项目全面竣工。268个村（社）划为615个网格管理，开展农村人居环境整治成效季度赛马比拼，打造乡村治理“数字化”“院落制”示范村（社）10个，“积分制”覆盖227个村（社）。三村一镇获评市级乡村治理示范，隘口镇百岁村获评全国模范调解委员会。

（七）污染防治精准发力，生态环境显著改善

23个渣场“一场一策”分级分类治理，渣场地下水入渗量减少80%，锰环境年释放量减少87%，锰污染治理成效明显。PM2.5达到国家二级标准，城区空气优良天数357天、增加7天，创有监测记录以来的最优水平。环境噪声和辐射环境质量保持良好。全面强化河长制，国控、市控断面均达到Ⅲ类水质以上，城乡集中式饮用水水源地水质达标率100%。建成城市污水管网7.9公里，改造雨污合流管网5.5公里，14个农村生活污水治理项目加快推进，城乡生活污水集中处理率分别在98%、88%以上。治理水土流失面积96平方公里，生态修复矿山30公顷。深入推进林长制，国家储备林建设项目顺利启动，完成营造林建设20.1万亩，创建市级绿化示范村5个，被纳入全市首批生态产品价值实现机制试点培育地区。在全市率先拔除松材线虫病疫区，获评全国森林病虫害防治先进县。

（八）社会事业蓬勃发展，民生福祉保障有力

务实推进十五件民生实事，民生领域资金投入占财政支出的72.0%。深化鲁渝劳务协作和对口协同发展，提供用工岗位1万余个，职业技能培训5000人，发放创业担保贷款7000万元，高校毕业生帮扶就业率达96.4%，城镇新增就业3443人，完成年度目标任务的114.8%。新建公办幼儿园5所，东风路小学（平凯校区）如期开学，凤凰中学（新校区）开工建设，秀山一中（高中）扩建即将完工，职教中心扩建有序推进，成功引进民办高中，各阶段学位有序扩充。重庆五一技师学院秀山校区正式招生，高考特殊资格上线率保持5连增，清北上线9人录取6人，核心指标持续领跑“两群”地区。紧密型医共体建设深入推进，县人民医院晋升国家“三级”，中和街道社区卫生服务中心升级为渝东南首个社区医院，龙池镇、洪安镇卫生院被纳入市级区域医疗次中心建设范围。新增体育场地27万平方米，体育设施免费开放率达99.7%。“秀山民歌大家唱”系列活动掀起庆祝自治县成立四十周年热潮。18家乡镇敬老院“公建民营”，养老服务水平大幅提升。城市公益性公墓加快推进，完成烈士陵园迁建，获评市级双拥模范县。

（九）平安建设持续推进，社会大局和谐稳定

严格执行“1+1+12”化债方案，化解隐性债务15.66亿元，县属国企还本付息57.3亿元，政府综合债务率下降到243.0%，牢牢守住了“三保”和不发生区域性系统性金融风险的底线。用足用活政策工具，廊桥水岸实现全面复工，黔龙阳光御园、中昂·新天地、碧桂园·江山樾3个“保交楼”项目稳步推进。深入推进根治欠薪行动，为828名农民工追回工资1294万元。扎实开展“重大事故隐患专项排查整治2023”和“火灾防控‘除险清患’”两大专项行动，生产安全事故起数、死亡人数分别下降75.0%、33.3%。自然灾害防治有力，在全国非煤矿山安全整治现场会议上交流发言，成功紧急转移安置88名洪涝受困群众案例获得央视媒体广泛报道。深度治理信访突出问题，成功退出“进京访挂牌治理区县”。全面开展重点领域餐饮食品安全专项检查，全力守护群众舌尖上的安全。扎实推进社会治安突出问题整治、“莎姐守未”、扫黑除恶等专项重点工作，刑事、电诈立案分别下降24.3%和20.2%，“一标三实”入户核查率100%。

二、发展中存在的问题

同时，发展中仍然存在一些突出问题和短板。一是产业转型升级需提速，重大项目和有效投资不足，新动能培育力度需加大；二是医疗、教育、养老、交通等事业发展离群众期盼仍有差距，城乡不平衡不充分问题仍然存在；三是部分干部抓发展、拼经济的能力和敢担当、讲效率的作风还有待提升。

三、2024年发展思路

2024年将全力以赴“抢发展先机、拼经济质量”，确保地区生产总值增长6.5%以上，固定资产投资增长8.0%以上，规上工业增加值、社会消费品零售总额、一般公共预算收入分别增长9.0%、8.5%、5.3%，全体居民人均可支配收入与经济同步增长，约束性指标完成目标任务。

（一）抓项目建设

全力推动黔吉高铁开工，启动高铁站综合客运枢纽可研编制工作。全面开工秀印高速项目，力争完成秀来高速投资人招标工作，积极推进秀沿高速前期工作。推动平邑大型水库完成可研编制、平邑大型灌区开展前期规划论证工作，马西水库下闸蓄水、水厂建成投用，提速推进桐梓水库建设，开工建设红岩水库，加快打造骨干水源。建立产业链“链长制”，围绕新材料、生物医药、电子信息等重点产业梳理“链主”名录，制定“产业图谱”“产业地图”，力争引进东旭光电、鑫茂新材料等“链主”企业2家以上，密切对接阿里、京东等行业龙头，力争落地头部项目2个以上。确保全年签约项目50个以上、协议引资100亿元以上、到位资金50亿元以上。抓好项目储备、做实前期、充分论证可行性，制定任务表、时序表，推动全年项目有序实施。持续优化平台服务，加快推进标准厂房建设，确保新增标准厂房30万平方米以上，招商入驻率达到80%以上。新增职工公寓1000套左右，满足更多企业职工住房需求。开展常态化招工，实施一批光伏及储能项目，力争引进商业银行1家以上。

（二）抓产业发展

扎实推进“双倍增”行动计划，新增科技型企业100家以上，高新技术企业总量超过60家。大力支持企业开展技术革新和产品研发，确保新产品销售收入比重超20%，企业研究和试验发展

经费投入占高新区生产总值的3%以上。其余指标达到“创高”标准。常态化运行武陵山班列，确保通道运量突破5000标箱。加快建设东盟集采城、陆海新通道综合服务中心，全力创建B型保税物流中心。启动创建国家多式联运示范工程，推动韵达分拨中心升为全国二级，快递上下行量增长1000万件以上。建成投用直播（跨境）电商孵化园，推动网络零售额增长15%以上。改造提升花灯广场商圈和7个乡镇商贸中心，激活传统消费。提升景区运营质效，破题发展川河盖旅游地产，建成投用边城文化会客厅、川河盖亲子乐园，加快打造经营性项目。逐步完善景区配套，建成投用王家坪至太平坝公路，加快建设王家坪游客中心、川河盖配套安置区。支持市场主体发展乡村旅游，开发更多农文旅融合业态。精心举办节会活动，力争过夜游客增长20%以上。争创全国文化产业和旅游产业融合发展示范区。稳定农村群体就业规模，使脱贫人口人均纯收入增长15%以上。扛稳粮食安全责任，严守粮食安全底线和耕地保护红线，完成高标准农田改造提升4万亩，确保粮油播种面积稳定在100万亩以上、油菜亩产增长3%以上。稳定生猪、家禽、水产养殖规模，保障肉蛋奶供给。深入推进“141”基层治理体系建设，力争创成市级乡村治理示范镇村3个以上。

（三）抓城市品质

开工建设城市文化演艺中心，建成投用全民健身中心、青少年活动中心、智慧跑道二期，完成体育馆修缮改造。建成通车黄杨大道（石莲路至牛市井段），加快建设渝秀大道、秀南大道、纵一路延伸段等城市道路，开工建设香林大桥，建成投用花灯广场人行天桥，打通城市“中梗阻”。积极争取城中村改造政策，完成留金广场等18个老旧小区改造，启动凤凰现代社区建设。全面完成“保交楼”项目，提速推进朝天门市场改建，加快建设时光云锦等品质楼盘，全力引进五星级酒店、高品质房地产开发企业和一级建筑资质企业。以城市景观“三化”提升城市颜值，扎实开展交通秩序、占道经营、背街小巷、城乡结合部等市容市貌专项整治，新增20万平方米城市绿化面积，巩固提升国家卫生城市创建成果，创成国家级卫生乡镇1个以上。大力完善基础设施，新建5G基站250个以上、新能源汽车充电桩100个以上。建成投用秀山—酉阳110KV电力应急通道，在建光伏、风电项目完成并网发电，力争新开工光伏、风电项目100兆瓦，不断提升能源供给能力。

（四）抓改革攻坚

稳步推进国企改革，促进3家县属国企实现扭亏。开展高新区“亩均论英雄”实践，确保制造业规上企业亩均税收增长4%以上。推进政企分离改革攻坚，分类推进机关事业单位与所属企业全面“脱钩”。建立资产盘活“一本账”，盘活存量国有资产4亿元以上。纵深推进“大综合一体化”行政执法改革，实现一支队伍管执法。全力推进“小县大城”试点，深入实施农民进城安居等五大工程。推动农村宅基地制度改革，力争开展农村集体经营性建设用地入市试点。积极推行殡葬改革，启动3个农村公益性公墓建设，建成人文纪念园。深入推进“一件事”改革，实体运营数字化城市运行和治理中心，高质量谋划“一件事”应用场景，支持优势企业部署工业互联网平台，新增智能工厂和数字化车间3个以上。加快建设智慧数据孵化园和数字街区，打造毗邻地区数字生活典范。

（五）抓民生事业

加快建设民办高中，新增普高学位5000个以上，启动建设民族中学（新校区），凤凰中学（新校区）秋季建成招生，开工建设高新区小学，争创全国学前教育普及普惠县，全力打造武陵山区教育强县。全力推进县人民医院创“三甲”工作，建成投用肿瘤中心、医技楼，建成投用平凯街道、官庄街道社区卫生服务中心和梅江镇中心卫生院，加快完善医疗基础设施。扎实做好就业创业服务，持续完善社会救助、社会福利、慈善事业等制度。共享高质量发展成果，持续办好15件重点民生实事。开展秸秆焚烧、建筑施工、交通扬尘、餐饮油烟等专项治理行动，建成投用城市污水处理厂三期，深入打好蓝天、碧水、净土保卫战。扎实抓好各级督查反馈问题整改，统筹山水林田湖草沙系统治理，做好锰污染综合治理“后半篇文章”。稳妥有序推进碳达峰碳中和，确保单位地区生产总值能耗下降2%以上。深入贯彻总体国家安全观，严防金融、房地产等领域风险。启动实施安全生产治本攻坚三年行动，突出抓好重点行业领域安全监管，有效防范遏制各类安全事故。攻坚电信网络诈骗、跨境赌博等新型犯罪，严厉打击违法犯罪活动，深入推进信访问题源头治理三年攻坚，推动社会平安稳定。

（执笔人：周豪）

酉阳土家族苗族自治县

酉阳土家族苗族自治县人民政府办公室

一、2023年发展回顾

2023年，酉阳县深学笃用习近平新时代中国特色社会主义思想，全面贯彻习近平总书记对重庆作出的重要指示批示精神，深入学习贯彻党的二十大和二十届二中全会精神及市委六届历次全会精神，认真落实市委袁家军书记对酉阳提出的系列指示批示要求，统筹推动高质量发展、创造高品质生活、创新高效能治理，全面建设社会主义现代化新酉阳迈出坚实步伐。全年完成地区生产总值244亿元、增长5.5%，一般公共预算收入增长26.3%；金融机构存贷款余额380亿元、321.9亿元，分别增长13.5%、11.2%；全体居民人均可支配收入23512元，增长5.6%；居民消费价格涨幅控制在3%以内。

坚持生态优先、绿色发展，奋力打好生态牌，打造山清水秀美丽之地新样板唯实唯先。获批全市首个县级国家储备林总体规划，完成收储40万亩，林业总产值增长10.7%。开展GEP核算，成功纳入全市生态产品价值实现首批试点区县，菖蒲盖片区成功入选市级“两山”实践创新基地。单位GDP能耗稳步下降，生态经济占比提高到6.1%。县城区空气环境质量优良天数364天。

坚持兜牢底线、探索创优，奋力打好乡村牌，打造全国乡村振兴新示范有力有效。召开首届乡村振兴大会，全世界50多个国家和地区专家学者为酉阳乡村振兴添智赋能，何家岩村入选全国巩固拓展脱贫攻坚成果村级实践交流基地。乡村振兴典型经验获中央农办、市委改革办等国家部委、市级部门高度肯定，被新华每日电讯、新华社内参选编等中央和市级主流媒体宣传推介。实现农村居民人均可支配收入14878元，增长7.9%。

坚持放大优势、形成胜势，奋力打好文旅牌，打造世界知名旅游新胜地出新出彩。酉水河湾、花田梯田景区新晋国家4A级旅游景区，国家级文旅品牌增至20类76个，国家4A级以上旅游景区和市级以上旅游度假区达10个。入选全国县域旅游发展潜力百佳县、国家文化产业和旅游产业融合发展示范区建设名单，文化和旅游产业增加值增长14.8%。接待游客3073.2万人次，实现旅游综合收入151.6亿元，分别增长44.8%、49.2%。

（一）全力扩投资、促消费、强产业，在稳进增效上展现新作为

项目投资稳健扎实。争取各类政策性资金55.7亿元，落地债券资金33亿元。取得市政府用地批复2663亩。核准风电项目6个，总装机容量22.7万千瓦。“十四五”规划中期评估新谋划项目286个，实施市级重大项目35个、县级重点项目219个。现代农业格局重构。“酉阳800”区域公用品牌在京成功发布，授权会员企业39家。推出“茶米油蜜青蒿酵素”主导产品33类133款，建设“云稻米”等直供基地3万亩，

产品平均溢价率超40%。新（改）建高标准农田10.6万亩。建成油茶基地41.2万亩、粮油绿色高质高效示范基地2.6万亩，稳定粮食播面125.8万亩、产量37.3万吨，实现农业总产值73.5亿元、增长4.9%。生态工业提质培优。华润三九（酉阳）百亿级医药健康产业园、柚香谷50亿级全产业链、鑫宝联年处理5万吨铝灰渣、武陵岩茶茶创园、鲜食用菌加工、武陵山LNG储配调峰项目落地建设。建成投用12万平方米服装产业园，酉水河酒业、沪敏科技盘活生产，雨伞全产业链、琥珀调和油生产线建成投产。完成技改投资1亿元，实现规上工业总产值32.2亿元，增长2.4%。文旅融合提档增色。实施重点文旅项目23个，完成投资3.6亿元。建设景点直连线11条79公里，开发乡村旅游景点24个，打造网红打卡地100个，媒体曝光量突破8亿人次。培育星级农家乐23家、星级酒店5家，开发文创产品100款、旅游商品600款。建成非遗工坊13个，酉州苗绣非遗工坊获评全国非遗工坊典型案例。商贸物流扩容增效。县级物流中转中心、自动快递分拣线建成投用，完成鲁渝消费协作1.1亿元、江北对口协同消费帮扶3496万元。“酉云·满天星”行动计划深入实施，新培育电商企业3452家，电子商务交易额突破101.6亿元、增长25.4%，入选商务部2023年农村直播电商县域优秀案例。开展商文旅体融合发展城市试点创建，实现社会消费品零售总额108.4亿元，增长9.1%。

（二）全力抓建设、拓空间、保安全，在除险清患上展现新作为

新城建设提质提速。完成房屋征收协议签订5148户，征收土地7753.7亩。实施新城建设项目12个，完成投资16亿元。迁改天然气长输管道20公里。新城供水（一期）铺设管网20公里，桃源新宸（一期）预售。建成游农大道、迎宾大道等骨干路网5公里。开展G65渝湘高速桃花源互通、G319和S522过境段改建工程前期工作。老城建设管理再上台阶。改造提升老旧小区17个，桃源世家、鸿福公寓、酉粮·中央花园、兰花山汽车城投放市场，销售商品房13.2万平方米、增长5.9%。公园绿地提质增量5.8万平方米，新增立体绿化2万平方米。建成小微停车场45个、车位2572个，提档升级公厕25个。交通水利立体构建。渝湘高铁黔江至吉首段开展可行性研究，酉彭高速进入扫尾。酉永高速完成可研编制，秀酉来高速、通用机场开展可研招标。“一环七射”交通网络加快建设，城北入城大道、城南至板溪物流快速通道实现初通。桃花源水库主体工程完工，大水坝水库加快建设，戏沙湖、夹州、菖蒲、挖金坝水源项目前期工作有序推进。小河坝河花田段、铜鼓至小河段综合治理和大水坝水库、龙潭水库灌区续建配套节水改造工程完成投资1.2亿元。生态环境持续改善。建设营造林30万亩、“两岸青山·千里林带”9700亩，完成农村“四旁”植树1万亩，森林覆盖率64.5%。落实市第3号总林长令，获松材线虫病疫情防控全国先进单位。颁布落实第4号县总河长令，整治入河排污口314个，“河长+检察长”协作机制被评为全市典型案例。回收废弃农膜807吨，秸秆综合利用率、畜禽粪污综合利用率达90%以上，受污染耕地安全利用率达92%以上。5个电解锰（尾矿库）渣场综合整治有序启动。风险防范扎实有效。有序偿还地方政府债务、国有企业经营性债务，清偿中小企业欠款、到人到户惠民补助资金和重点项目、民生工程欠款。扎实开展重大事故隐患专项排查整治2023行动和火灾防控“除险清患”专项行动，安全生产事故起数、死亡人数实现“双下降”，连续18个月未发生较大及以上安全事故。社会治理切实加强。开

展乡村治理“四个三”试点，构建“一中心四板块一网格”基层智治体系，实施“八五”普法规划，推进“四治”融合，“一村（社区）一法律顾问”全覆盖。加强民族团结进步教育，成功创建第十批全国民族团结进步示范县。建设平安酉阳，常态化推进扫黑除恶，持续攻坚全民反诈，圆满实现“五个零发生”目标，群众的安全感指数达98.8%。

（三）全力推改革、抓数治、优环境，在改革求变上展现新作为

数字重庆建设全面起势。谋划“一件事”，编制“一图两清单”45个，编报小切口应用场景27个。获批建设“一件事”5个，承接市级试点3个。城市运行和治理中心、基层治理指挥中心加快建设，“一中心四板块”八项保障机制在全市率先推行。重点改革纵深推进。农业农村改革深入实施，建成农村产权流转交易市场。实施非国有林权赎买改革试点。“强村富民”改革扎实有力，276个涉农村（社区）集体经济平均经营性收入达51.5万元。国有企业加快“瘦身健体”，资产总额763.2亿元、实现营收34.2亿元，分别增长24.5%、50.4%。营商环境持续改善。推行“企业吹哨·部门报到”“一窗一受理、并联审批”，开通“酉诉即办”服务企业专线，开展社会投资项目“帮代办”服务，企业群众诉求全天候接收办理。企业开办时限压减至0.5天。新增减税降费2.2亿元，惠及企业2.4万家次。新培育入库“四上企业”66家，总量达291家。兑现奖励资金591.1万元，新发展市场主体6888家、增长12.6%，民营经济贡献率提高到57.5%。招商开放持续赋能。建成投用海关办事机构和酉阳保税仓，新发展对外贸易市场主体10家，完成进出口总额16亿元。细化落实推动长江经济带发展重点任务73项、成渝地区双城经济圈建设十项行动47件事项，酉州油茶产业园项目纳入市级重大项目清单，中（国）老（挝）农商贸易示范园纳入西部陆海新通道市级重点项目和成渝地区双城经济圈重大平台建设。与四川泸州、眉山和浙江常山签订战略合作协议，结成友好城市。实施“双倍增”行动计划，培育科技型企业211家、高新技术企业5家、“专精特新”企业5家，完成知识产权价值信用贷款9820.4万元。大力开展招商，签约重点招商项目19个，合同引资额24.5亿元、到位资金10.4亿元。

（四）全力兜底线、促振兴、强治理，在惠民有感上展现新作为

切实巩固脱贫成果。开展防止返贫动态监测，新识别监测对象606户2447人，“两不愁三保障”和饮水安全问题动态清零。实施补短板项目376个、11.4亿元。兑现教育资助6867.8万元、医疗救助1740.4万元，改造农村危旧房401户。实施江北·酉阳对口协同项目15个，完成投资5068万元。完成消费帮扶2.8亿元。落实产业发展资金2.9亿元，新增发放脱贫人口小额信贷、富民贷、渝快助农贷3.7亿元、融资担保贷款3.2亿元。引导脱贫人口外出务工6.3万人，开发公益性岗位1.6万个，脱贫人口人均纯收入同比增长14%。融合建设和美乡村。实施第二批村庄规划修编。强化农村建房审批管理，落实耕地保护“长牙齿”硬措施，耕地恢复补足2.6万亩，全县耕地、永久基本农田稳定在124.1万亩、81.6万亩。推广新时代文明实践积分制、清单制，县级以上文明村、文明乡镇分别占比82.1%、74.4%。建设市级宜居宜业和美乡村3个。共富乡村扩面至15个行政村，注册成立共富乡村合作社15个，吸纳农户2019户，培育乡村职业经理人47人、各类经营管理人才1207人，村集体经济经营性收入增长60%。教育强县步履坚实。完成教

育支出16.1亿元，完工教育项目73个，新增校舍8.6万平方米、运动场7.5万平方米。完成桃花源新城“七小三初”概念方案和“两小一初”建设方案。建成投用乡镇中心幼儿园4所、小学1所，新增公办幼儿学位990个、义务教育学位1970个。成立教育发展基金、赵君陶基金，基础教育、职业教育教学质量实现新突破。医疗水平不断提升。县精神病医院标准化心理门诊建成投用，成功创建二级精神卫生中心。龙潭中心卫生院成功创建甲级乡镇卫生院，李溪、酉酬中心卫生院获批全市首批县域医疗次中心。国家级、市级临床重点（特色）专科增至7个。就业社保筑牢夯实。14件重点民生实事全部完成。动态清零城镇零就业家庭，高校毕业生就业率保持90%以上。落实创业担保贷款3.6亿元，扩面失业保险参保2.4万人。城镇新增就业3716人，调查失业率控制在5.5%以内。动态统筹城乡低保对象4.1万人，稳定兜底脱贫人口1.6万人、急难救助困难人群3855人，发放各类救助补助资金3.7亿元。升级改造集中供养福利养老机构13个，新增护理型养老服务床位460张。完成特殊困难老年人家庭适老化改造1000户。建成运行278个村（社区）老年食堂，惠及老年群体12.5万人。

（五）全力讲政治、提素质、增本领，在提升干部能力上展现新作为

政治忠诚筑牢坚定。深入扎实开展学习贯彻习近平新时代中国特色社会主义思想主题教育，衷心拥护“两个确立”、忠诚践行“两个维护”。强化党建统领，建设新时代“红岩先锋”变革型党组织，党的领导力组织力不断提升。能力素养加快提升。以数字变革推动整体智治，开办数字夜校27期，培训干部职工4万余人次，党员干部数字化认知、数字化思维、数字化能力持续提升。建立落实晾赛评比工作机制，持续开展“酉州赛道·比拼赶超”活动，党员干部争先创优、激情迸发。工作作风持续转变。扛稳扛牢管党治党政治责任，党风廉政建设“一岗双责”一贯到底。坚持过紧日子、苦日子，“三公”经费只减不增。落实中央八项规定及其实施细则精神，抓实市委巡视反馈问题整改，呈现出干净尚廉风气正、心无旁骛谋发展、凝心聚力抓落实的良好局面。

二、发展中存在的问题

同时，发展中仍然还存在一些突出问题和短板。一是有效需求不足，社会预期偏弱，产业转型仍需加力；二是重点产业链短弱小，财源税源培植不够，财政收支平衡压力较大；三是公共服务存在短板，社会治理水平有待提升；四是少数干部适应现代化新酉阳建设能力不够，主动服务发展意识不强，营商环境还需进一步优化。

三、2024年发展思路

2024年，坚持以习近平新时代中国特色社会主义思想为指导，全面贯彻落实党的二十大、二十届二中全会和中央经济工作会议精神，全面落实市委六届二次、三次、四次全会、市委经济工作会议和县委十五届六次全会、县委经济工作会议部署，坚持稳中求进工作总基调，完整、准确、全面贯彻新发展理念，积极服务和融入新发展格局，着力推动高质量发展，全面深化改革开放，以深化落实成渝地区双城经济圈、西部陆海新通道建设、长江经济带高质量发展、渝东南武陵山区城镇群建设等国家和市级重大战略为牵引，统筹扩大内需和深化供给侧结构性改革，统筹新型城镇化和乡村全面振兴，统筹高质量发展和高水平安全，坚持稳进增效、除险固安、改革

突破、惠民强企、提升干部能力，持续打好“三张牌”，高水平打造民族团结共同富裕示范地、美丽重庆先行地、巴渝和美乡村样板地，加快建设社会主义现代化新酉阳，努力走出一条山区民族地区强县富民的现代化新路子。力争地区生产总值增长7%，固定资产投资增长15%，一般公共预算收入增长12.8%，社会消费品零售总额增长10%，进出口总额增长5%，农业增加值增长6%，规上工业增加值增长10%，存贷款余额分别增长9%、8%。常住人口城镇化率提高到45.5%。城镇新增就业3000人以上。全体居民人均可支配收入增长7.2%以上。

（一）优先发展农业农村，着力在乡村全面振兴上有更多成果

持续巩固拓展脱贫攻坚成果。严格落实“四个不摘”要求和防止返贫监测措施，实施“扩中提低”行动，深化中国石化集团、市委办公厅帮扶集团定点帮扶、鲁渝协作、江北对口协同、与中国民族贸易促进会合作，推进乡村全面振兴。做大做强乡村特色产业。建设“酉阳800”数字中心、展销中心、检测中心，推动茶米油蜜青蒿酵素等特色产业标准化、品牌化发展，大力发展食品及农产品加工业，加工产值增长30%。建设巴渝和美乡村。扩面建设共富乡村50个，扎实推进农村人居环境整治提升五年行动，发展数字乡村新业态，提升乡村公共服务便利度。加快推进新型城镇化。完善城市基础设施，争取“小县大城”试点，建设低碳、绿色、现代新城。

（二）增强县域发展动能，着力在全面深化改革上有更大突破

深化数字重庆酉阳实践。对接数字党建、数字政务、数字经济、数字社会、数字文化、数字法治“六大应用系统”，打造一批管用实用好用的“一件事”重大应用。抓实“三攻坚一盘活”改革。打赢国企改革攻坚战，推进国有企业市场化转型。打赢园区开发区改革攻坚战，实现最优布局、最高效率。打赢政企分离改革攻坚战，实现经营性国有资产100%集中统一监管。分批分步盘活存量国有资产。积极融入国家重大战略。落实融入成渝地区双城经济圈建设47项重点任务，深化酉阳·泸州、酉阳·眉山发展合作，专业化运营保税仓。与浙江常山、武陵山各县（市、区）协同推动产业承接、市场互补。深化驻点招商，强化链式引进、集群承接。激发有效投资新活力。新储备项目358个、总投资1107亿元，实施县级重点项目267个，完成投资133亿元以上。开工渝湘高铁黔江至吉首段，酉永高速全路段完成工可编制报审，酉彭高速建成通车。促进绿色低碳领域投资，强化投资要素保障，最大限度满足各类项目建设资金、用地需求。全力促进消费恢复扩大。以桃花源新城新家园为中心，做实房地产刚性需求。提升商业集聚区功能品质，升级完善时尚特色商圈功能，加快构建一体化县域商业体系。实施“数商兴农”工程，升级“酉云·满天星”行动，培育新业态。持续壮大绿色生态工业。深化制造业“亩均论英雄”改革，支持重点产业补链延链，加快打造时尚服装、医药健康、绿色食品加工百亿级产业，力争工业总产值突破80亿元。

（三）聚焦幸福酉阳建设，着力在增进民生福祉上有更高水平

持续兜牢民生底线。滚动实施一批民生实事，民生支出增长8%以上。落实稳就业政策措施，发展银发经济、幼儿普惠托育服务，建设儿童友好社区，开展妇女儿童综合服务体建设试点。实效推进青年发展型城市建设。加强退役军人服务保障，巩固发展军政军民团结。加强公共

服务供给。深化教育教学改革，实施集团化办学。巩固“双减”成果，创建市级“双优”中职学校。融合发展特殊教育，规范发展民办教育，大力发展成人教育。实施公共卫生能力提升三年行动计划，加快建设紧密型县域医疗卫生共同体。全力筑牢生态屏障。打好蓝天、碧水、净土保卫战，实施交通、扬尘、工业、生活污染控制行动，开展第三次全国土壤普查，完成锰渣场年度综合治理任务。加强农村面源污染治理，提质建设“两岸青山 · 千里林带”，落实河长制、林长制，加强生物多样性保护，持续推进矿山生态修复，创建市级生态文明示范县。深化平安酉阳建设。开展安全生产治本攻坚三年行动，落实食品安全包保责任制，实体化运行“一中心四板块一网格”基层治理体系，完善现代公共法律服务体系，依法严厉打击各类违法犯罪，切实守护社会安定、人民安宁。

（四）促进团结奋斗繁荣，着力在铸牢中华民族共同体意识上有新进展

建设各民族共同精神家园。依法管理宗教事务，全面加强网络生态治理，提档升级新时代文明实践中心，加快传统村落集中连片保护利用示范县创建，实施集镇靓化工程，推动社会和谐共进，增强民族凝聚力向心力。深化民族团结进步示范创建。用好赵世炎故居、南腰界革命根据地等红色资源，持续深化民族团结进步宣传教育，积极构建各民族群众互嵌式的社会结构和社区环境。强化传统文化保护利用。加强非物质文化遗产申报和保护传承，强化文物古迹、传统村落、少数民族特色村镇开发利用，建设国家文化产业和旅游产业融合发展示范区，推动文旅深度融合。大力支持民营经济发展。持续优化营商环境，深化“企业吹哨 · 部门报到”，推动惠企政策直达快享、应享尽享，民营经济增加值增长6% 以上。

（五）持续加强党的建设，着力在营造良好政治生态上有新作为

始终坚持政治引领。坚持党的领导不动摇，贯彻党的路线方针政策绝不含糊，落实上级部署要求绝不打折扣，确保政令畅通、令行禁止。始终坚持依法行政。加强行政执法监督机制和能力建设，规范行政执法行为，切实提升政府公信力，做厉行法治的行动派。始终坚持实干担当。抢占数字赛道，落实“885”工作机制，深入开展“酉州赛道 · 比拼赶超”，持续出色出彩、创先争优，争当善于落实的执行者。始终坚持清正廉洁。牢固树立和践行正确政绩观，强化工风肃纪反腐，严格落实中央八项规定及其实施细则精神，建设清廉酉阳，做干净廉洁的实干家。

（执笔人：吴燕飞）

彭水苗族土家族自治县

彭水苗族土家族自治县人民政府办公室

一、2023年发展回顾

2023年，是全面贯彻党的二十大精神的开局之年，是全面建设社会主义现代化新重庆的起步之年，是三年新冠疫情防控转段后经济恢复发展的一年，也是彭水发展进程中很不平凡的一年。在市委、市政府坚强领导下，在县委直接领导下，在县人大、县政协监督支持下，我们坚持以习近平新时代中国特色社会主义思想为指导，全面贯彻党的二十大精神和习近平总书记对重庆的重要指示批示精神，认真落实党中央、国务院决策部署和市委、市政府工作要求，按照市委六届二次、三次、四次全会和县委十五届四次、五次全会部署，坚持稳中求进工作总基调，完整、准确、全面贯彻新发展理念，积极服务和融入新发展格局，着力扩大内需、优化结构、提振信心、防范化解风险，统筹推动高质量发展、创造高品质生活、创新高效能治理，经济运行回升向好、社会大局平安稳定。

（一）经济运行持续好转

全年实现地区生产总值（GDP）304.66亿元，按可比价格计算，比上年增长8.2%。其中，第一产业实现增加值42.51亿元，增长4.6%；第二产业实现增加值121.46亿元，增长9.8%；第三产业实现增加值140.69亿元，增长7.9%。三次产业对经济增长的贡献率分别为8.5%、47.9%和43.6%，分别拉动经济增长0.7个、3.9个和3.6个百分点。产业结构比由上年的14.9∶35.5∶49.6调整为13.9∶39.9∶46.2。

（二）产业实体量质齐升

做强红薯“一主”产业，做大中药材、畜牧“两辅”产业，做优烤烟、茶叶等传统产业，种植红薯30万亩、在地中药材10万亩、茶叶5万亩，出栏生猪61万头，收购烟叶16.3万担，中蜂保有量13万群，有效期内“三品一标”产品达100个，迭代优化“1+2+N”工业园区产业发展格局，开工风电项目2个，新落地工业项目10个，完成工业投资12亿元、增长53.4%，清洁能源、健康食品、特色轻工对工业经济贡献率达75.3%，实现规模以上工业总产值56亿元、增长3.7%。做实“九苗”“三养”文章，连续举（承）办十二届“中国·乌江苗族踩花山节”“中国·彭水水上运动大赛”、七届“渝东南生态民族旅游文化节”、两届“武陵山国际森林音乐季”，接待游客2429万人次、旅游综合收入130.37亿元，连续五年入选全国县域旅游综合实力百强县。围绕“两江四岸”打造“大转盘—十字街”和“两江广场”商圈，升级乌江东路、乌江西路夜市街区，新增限额以上商贸企业27家，改造升级乡镇商贸中心20个、村级便民商店300个，建成农产品网货示范基地2个，实现电子商务交易额61亿元。

（三）乡村振兴扩面提质

严格落实耕地保护和粮食安全党政同责，强

力推进耕地恢复补足和“非粮化”整改，耕地保有量121.5万亩，粮食播种面积120.22万亩、产量31.91万吨；完善防止返贫和低收入人口“一户一策”精准帮扶机制，集中开展“三查三访三评”等9项质效提升专项行动，全县无返贫和新致贫，脱贫对象人均纯收入增长15.9%，易地搬迁后续扶持工作被国家发展改革委在全国推广。投入资金9.7亿元、实施巩固脱贫攻坚成果和乡村振兴项目591个，新建“四好农村路”258公里、波形护栏260公里，投用水利抗旱救灾工程27个，改造农村户厕2000户，建成人居环境整治示范点13个，入列第四批市级传统村落名录2个，入选市级宜居宜业和美乡村示范村创建名单3个，成功创建市级乡村治理示范乡村4个，鞍子镇木瓯水传统村落保护工作在全国作经验交流，润溪乡白果坪村入选全国村级议事协商创新试点，三义乡五丰村获评全国乡村治理示范村。承接完成中央外办定点帮扶、聊城市东西部协作、市农业农村委帮扶集团、永川·潼南对口协同等协作帮扶任务，累计到位各类帮扶援助资金2.2亿元，区县对口协同招引项目14个，实施东西部协作项目34个、完成消费协作2800万元，“聊城—彭水百部中药材”获评鲁渝农业协作十大典型案例。迭代完善“1+3+8+2”示范体系，布局打造“六线六片”示范带，成功承办全市乡村振兴国际合作示范点创建研讨会，乡村振兴国际合作示范展厅建成开放，引入意法半导体、新加坡凯德、英国德勤等国际资源助力乡村振兴，与泰国、老挝等五国智库签署合作协议，形成“一县联五国”国际交流格局。

（四）城市建设蓄势发力

累计实施县城城镇化补短板强弱项建设示范项目28个、完成投资21.1亿元。启动实施汉葭街道鼓楼片区基础设施改造提升项目，完成老旧小区改造1个，城市道路改造5条，投用城市口袋公园2座，新建燃气管网20公里，城市新建居住区配套养老服务设施达标率100%。新城骨干路网基本形成，有序实施“双创”孵化平台、新城河道整治工程等重点项目34个，在建商品房面积78.2万平方米，累计集聚市民5.3万人。竣工九黎城文化区景观绿化及配套建设，农特产品展销中心正式投用，黄庭坚文化展示馆揭牌开馆，彭水苗绣非遗工坊荣获全国非遗工坊典型案例。引入中国水电基础局等5家央企全面启动高铁片区建设，综合交通枢纽、站前大道、水系治理等重点项目提速实施，完成投资9.8亿元。深化“大城三管”“马路办公”机制，新建城市公厕4座，新增公共停车泊位1155个，投用新能源纯电动公交车20台，建成山城花境5个、山城绿道3个，实施街头绿地提质和城市坡坎崖绿化项目6个，新（改）建绿地面积50万平方米。

（五）生态本底筑牢夯实

完成国土空间总体规划编制工作，划定生态保护红线1351.9平方公里、完成生态保护红线勘界定标工作，稳步推进国土绿化、“两岸青山　千里林带”等重点生态工程，县城空气质量、地表水环境质量长期保持在全市前列，郁江获评全市美丽河湖优秀案例，全国首创烤烟设施生物质燃料替代减排方法学并被纳入市级“碳惠通”备案清单，为全国唯一举办四届绿色中国行大型系列主题公益活动的区县。

（六）发展活力竞相迸发

实施重大改革项目10项，着力将改革创新“关键变量”转化为推动发展“最大增量”。谋划推进中小学生防溺水等“一件事”22个，县数字化城市运行和治理中心建成投用；探索推出“信易＋招标投标”应用场景，投标人违法失信处罚保持“零”记录；创新上线乡村振兴重点项目和资金监管平台，率先实施乡村振兴项目全生命周期数字化监管获财政部宣传推广。成功申报强村富民综合改革试点村2个，“三变”改革试点扩至100个村（社区），全县村集体经济经营性收入5万元以上的达100%；园区开发区改革、制造业“亩均论英雄”改革启动实施，投融资多元化改革加快推进；合规体系建设不断强化，县属国有企业利润总额增长5%。在全国设立“5个招商窗口”，依托广州南沙国际邮轮母港，打造世界苗乡生态民族文化旅游（亚太）展示中心，签约招商项目54个、协议引资113亿元，连续三个季度入选全市招商引资综合排行十强榜。渝东南科创基金首支子基金签约落地彭水，选派科技特派员61名，新培育科技型企业109家、高新技术企业4家、“专精特新”企业2家，新增授权专利101件、有效注册商标428件，地理标志证明商标、有效注册商标总量分别位居全市第1位、渝东南第1位。实施优化营商环境激发市场活力108条措施，为市场主体减免缓退税费1.7亿元，新入库规模以上市场主体80户，新培育市场主体9175户、总量突破5万户大关。竣工通车S522湖北界至连湖段升级改造工程，石（柱）彭（水）务（川）高速公路前期工作有序推进，渝湘高铁、渝湘复线高速公路彭水段基础工程分别完成86%、98.2%，乌江航道整治工程开工建设。

（七）民生福祉日益增进

积极落实稳岗就业政策，发放各类就业创业补贴8000万元，城镇新增就业4139人，脱贫人口就业规模稳定在5万人以上。民族幼儿园、依云水岸幼儿园实现开园招生，完成彭水第二小学教学楼拆除重建，摩围中学提速建设，集团化办学模式初具雏形，教师评价改革取得重大突破，普惠性幼儿园覆盖率、义务教育巩固率均达100%，普通高中新课程新教材示范校改革试点有序实施，“四环”档案袋评价激活教师自主专业发展改革案例荣获市级特等奖，职业教育《二手车交易与评估》《餐饮服务与管理》入选全国首批“十四五”职业教育国家规划教材。疫情防控实现平稳转段，县疾病预防控制局挂牌成立，县人民医院公共卫生院区、县中医院新城院区、康嘉精神病医院投入运营，药品和医用耗材集中带量采购为群众减负1200万元，基层医疗卫生机构标准化率100%、诊疗量占比67.4%，基层医疗卫生机构集团化管理改革获评全市深化医改年度典型案例，入选全市真抓实干成效明显地方名单。实施“德润苗乡”文明实践项目，拓展“鹿鸣书院”等基层公共文化空间，新建体育场地11个，开展送流动文化进基层1200场次，黄家镇红军街获授第二批全市国防教育基地。升级改造养老机构30个，靛水街道养老服务中心获四叶级评定，城乡居民低保覆盖2.8万人、特困供养3093人、临时救助3014人次，脱贫人口、低收入人群等困难群体基本养老和基本医疗保险实现应保尽保、应助尽助，新建退役军人服务站227个、成功创建全国高质量示范型退役军人服务中心（站）2个。

（八）社会大局平安稳定

严格落实安全生产“十五条硬措施”，扎实开展重大事故隐患专项排查整治2023行动，销号地质灾害隐患点47个、地质灾害避险搬迁890人，“乌江画廊航运安全气象监测及预警示范项目”获评全市优秀典型实践案例，烟花爆竹“打非治违”、非煤矿山“三大机制”经验做法在全市推广，连续20年杜绝重大及以上生产安全事故。健全媒情网情社情“三情”联动机制，入围2023年度“全国信访工作示范区县”；完善“141”基层智治体系，探索网格事件“红橙黄蓝”四色管理机制，基层社会治理、食品药品监管在全市作经验交流，“打击假冒傍名牌及误导食用野生鱼虚假宣传行为”获评全国食品安全社会共治优秀案例。制定地方债务防范化解实施方案，严格执行债务管控“631”机制，清偿政府拖欠企业账款，政府综合债务风险有效管控在橙色范围。刑事、治安发案量分别下降24.2%、10.4%，成功侦破涉案流水高达500亿元的“122渝017号”部督专案，“0102”生产销售伪劣产品案得到市委主要领导肯定性批示，“3·31案”荣获公安部致电祝贺；深入开展矛盾纠纷“大排查大起底大化解”专项行动，复工复产房地产项目6个、按时完成保交楼任务1483套。

二、发展中存在的问题

一是有效需求不足，社会预期偏弱，产业实体支撑乏力，居民消费和企业投资意愿仍需激发，稳增长压力较大。二是科技创新有待加强，营商环境还有较大提升空间；城乡区域发展不够协调，人民群众在基础设施、公共服务供给上还有很多新诉求。三是财政收支矛盾突出，国企运行、房地产、自然灾害防治等领域面临风险。四是深化改革、提升效能仍需持续加力。

三、2024年发展思路

坚持以习近平新时代中国特色社会主义思想为指导，全面贯彻党的二十大、二十届二中全会和中央经济工作会议精神，全面落实市委六届二次三次四次全会、市委经济工作会议和市“两会”部署，按照县委十五届四次、五次、六次全会和县委经济工作会议安排，紧扣“三四六”发展思路，坚持稳中求进工作总基调，完整、准确、全面贯彻新发展理念，积极服务融入新发展格局，着力推动高质量发展，牢牢把握稳进增效、除险固安、改革突破、惠民强企工作导向，全面深化改革开放，统筹扩大内需和深化供给侧结构性改革，统筹新型城镇化和乡村全面振兴，统筹高质量发展和高水平安全，全面落实国家和全市重大战略，切实增强经济活力、防范化解风险、改善社会预期，巩固和增强经济回升向好态势，持续推动经济实现质的有效提升和量的合理增长，增进民生福祉，保持社会稳定，奋力谱写现代化新重庆建设的彭水篇章，为全国全市大局作出更大贡献。

2024年经济社会发展的主要预期目标是：地区生产总值增长7%以上，规模以上工业增加值增长11%，固定资产投资增长13%，社会消费品零售总额增长12%，一般公共预算收入增长13%，城镇和农村常住居民人均可支配收入分别增长8%、9%，粮食产量稳定在32万吨以上，节能减排降碳指标完成市级下达目标任务。

（执笔人：赵桂林）

第六编　附录

2023年重庆经济和社会发展要事选登

2023年1月

1月1日　科学城重庆大学科学中心开工建设，总投资约15亿元，将打造成西部地区科技创新高地。

1月2日　重庆农业农村信息化水平达43.3%，力争“十四五”新建智慧农业试验示范基地200个。

1月3日　重庆两江协同创新区入选全国首批国家级专利导航服务基地。

1月4日　重庆出台23条政策措施加力振作工业经济。

“新时代　新征程　新重庆”重庆发布稳经济181条政策“大礼包”。

1月5日　重庆启动“百团千企”国际市场开拓计划，首批23家企业启程赴马来西亚泰国抢订单。

1月6日　重庆新增54家市级科技企业孵化器和众创空间。

重庆出台19条人社政策，援企稳岗稳就业，纾困帮扶保民生。

1月7日　重庆两江新区2023年首批重大产业项目开工。

1月8日　重庆中小企业2022年获政府采购332亿元。

1月9日　2022年重庆综合交通投资超1300亿元。

1月10日　“新时代　新征程　新重庆”2023年全市软件和信息服务业营收力争达3500亿元。

1月11日　“小巨人”释放大能量，2484家专精特新企业成为重庆高质量发展“助推器”。

1月12日　重庆等9地入选内外贸一体化试点地区。

1月13日　2022年重庆签约项目合同额1.78万亿元。

1月14日　2022年重庆发展呈现“七个显著特点”。

1月15日　东盟行圆满结束，重庆团收获颇丰，一周时间签约超3000万美元，涉及农机、汽摩、五金、农产品等多个领域。

1月17日　2022年重庆外贸进出口总值8158亿元。

1月18日　2022年重庆市新增发放脱贫人口小额信贷8.74亿元。

1月19日　重庆出台优惠政策培育发展养老托育服务业。

1月20日　2022年重庆实现GDP 2.9万亿元，比上年增长2.6%。

1月21日　2023年重庆春节消费“新”观察之一：新趋势预制菜成“新宠”销量飙升。

1月23日　西部陆海新通道江津班列2022年开行超500班。

1月24日　2.5万人在岗！重庆两江新区企业赶订单、争进度、忙生产。

1月26日　重庆技能人才达503万人。

1月27日 重庆新商机，消费加速回暖，餐饮等行业商家开新店。

1月28日 春节长假重庆线上线下消费旺盛，主要商圈和重点商贸企业实现零售额156.67亿元，同比增长13%。

1月29日 7天400万人次逛景区。重庆文旅春节跑出“加速度”。

川渝高竹新区2023年至少要实施70个重大项目。

1月30日 西部（重庆）科学城为就业困难群体提供6300余个岗位。

1月31日 双城开新局，高质量完成“一号工程”，重庆要走出巴蜀特色国际范。

2023年2月

2月1日 重庆春运客流发送量同比上升4.4%。

2月2日 重庆将大力培育科普类社区社会组织，力争到2025年达到1000个。

2月3日 川渝联合申请设立国家文化和旅游创新改革试验区。

2月5日 2022年研发投入超15亿元，两江新区软件和信息服务业创新活力更充足。

2月6日 重庆经开区抓项目、促生产，推动经济稳健开局。

2月7日 重庆跨境人民币结算首次突破3000亿元，居中西部第一。

2月8日 重庆涪陵做大做强榨菜产业——全链条发展扩规模促增收。

2月9日 重庆民营企业税收占全市的53.2%，超过“半壁江山”。

2月10日 重庆经开区构建新能源汽车及碳中和产业集群，计划“十四五”时期建成充换电站1200~1800座。

2月11日 2023年成渝地区双城经济圈重大项目清单发布，总投资超过3万亿元。

2月12日 川渝推出23项税务合作举措，助力两地营造一流营商环境。

2月13日 工信部公示2022年度绿色制造名单，29家渝企入选国家级绿色工厂。

2月14日 总投资50亿元，中国联通数字创新产业基地落户西部（重庆）科学城。

2月15日 2023年重庆将改造提升200万亩高标准农田。

2月16日 重庆首个锂电化学储能整装项目年内投产。

2月17日 2023年重庆商务经济发展定下“施工图”，加速打造国际消费中心城市，支持1000家以上企业“走出去”。

2月18日 重庆国际物流枢纽园区——建设“产城景港”融合的国际物流城。

2月19日 重庆354个重大项目集中开工，总投资3194亿元。

2月20日 “川渝通办”累计办件量超1300万件次，创新打破省级行政壁垒。

2月21日 深入推进改革创新，开创重庆网信事业高质量发展新局面。

2月22日 为推动经济企稳恢复提振，重庆再出台36条“政策干货”。

2月23日 重庆九龙坡——数字赋能传统制造业加快转型升级。

2月24日 重庆实施高新技术企业和科技型企业“双倍增”行动。

2月25日 2023年重庆力争科技型企业超4.8万家。西部陆海新通道万达开云铁海联运及跨境公路班车成功开行。

南岸区、重庆经开区2023年力争汽车电子产业规模突破百亿元。

2月26日 重庆金融助农产融平台上线，当日完成授信、融资11.8亿元。

2月28日 万州打造西部内陆开放型经济新高地。

2023年3月

3月1日 重庆2023年将完成水利投资390亿元。“新时代 新征程 新重庆”重庆永川综保区通过国家正式验收。

3月2日 重庆奉节县63个重点项目开工总投资190亿元。

3月3日 重庆力争到2027年全域“无废城市”建设全国领先。

3月4日 文旅部精品项目交流对接活动在渝举行，签约31个项目，总金额超192亿元。

3月6日 推动消费、投资、外贸“三驾马车”齐发力，重庆经济恢复提振，奋力跑出加速度。

3月7日 重庆交通建设2023年计划完成投资1100亿元，未来五年有望实现北上广高铁6小时通达。

3月8日 重庆8.4万家小面门店年产值超400亿元。

3月9日 海峡两岸产业合作区在渝授牌，为全国第六个。

3月10日 川渝携手从七方面发力，争取到2027年成渝地区基本实现市场一体化。重庆新增71个互联网小镇、678个互联网村。

3月15日 启动重庆市高校毕业生就业行动，川渝145家企事业单位抛出2600个热门岗位。

3月16日 西部（重庆）科学城核心区一季度软件产业规模预计增长50%。

3月17日 重庆人工智能创新中心试运营，助力成渝数字经济发展。

3月18日 中科院重庆科学中心首批团队入驻。

3月19日 1~2月重庆基础设施投资同比增长16.8%，带动全市固定资产投资同比增长6.8%。

3月20日 重庆江津签约4个空天信息产业项目，投资超30亿元。

3月22日 重庆国际消费中心城市 首选区江北消费升级观察。

3月23日 “重庆造”新能源汽车首次从西部陆海新通道出海。

3月24日 四颗“重庆”卫星成功发射升空。到2030年，重庆将建成卫星互联网综合应用示范区，形成千亿级空天信息产业集群。

3月25日 重庆出台推动成渝地区双城经济圈建设行动方案，将实施提升主城都市区极核引领等10项行动。

3月29日 川南渝西地区融合发展总体方案获批，到2025年地区生产总值达2万亿元左右。

3月30日 中国国际地下空间展览会及高峰论坛在渝开幕，构建数字化平台，提升重庆地下管网智慧运维能力。

3月31日 提信心、稳增长、强主体，积极财政政策为重庆经济企稳回升添动能。

2023年4月

4月1日 “一号工程 · 十项行动”重庆两江新区——加快建设现代基础设施网络。

4月2日 重庆彭水阿依河社区78家微企“吃上旅游饭”。

4月3日 川渝统计局联合发布《2022年成渝地区双城经济圈经济发展监测报告》，双城经济圈地区生产总值77587.99亿元。

4月4日　央企加快新一代信息通信技术在渝落地，中国移动助推重庆加速智慧交通建设。

4月5日　打造西部种业高地　重庆渐入佳境。

4月6日　共建基础设施共享生态旅游资源，共用红色资源，川渝城宣万2023年将共同推动37项目标任务。

4月7日　网易助力重庆打造数字经济高地。

4月8日　重庆70个重大招商项目集中签约，一季度招商签约突破4700亿元实现“开门红”。

4月9日　中欧班列（渝新欧）持续赋能重庆汽车产业，一季度出口商品汽车超1.4万辆，环比增长148%。

4月10日　近10万人次观展、交易金额超5000万元——重庆文博会激活文化变量与力量。

4月11日　“五一”假期旅游市场预订火爆，重庆住宿订单较2019年同期增长超350%。

4月12日　央地合作又出新成果！全国最大5G物联网开放实验室将在渝投用。

4月13日　共建绿色生态　共谋绿色发展，首届西部“碳博会”在渝开幕。

4月14日　从4到N……中新合作再“扩圈”。

4月15日　一号工程川渝共建重大项目，一季度开门红！

4月16日　723万人次参与2023年“乡村振兴·重庆专场”公益活动，线上线下、配捐配套募集资金3.3亿元。

4月17日　总投资169.94亿元！西部陆海新通道17个重点项目集中开工。

4月18日　一季度重庆交通投资同比增长14.8%。

4月19日　激发重庆金融业高水平开放新活力，中新金融合作带动中国西部与东盟互联互通。

4月20日　重庆绿色金融大道集聚金融机构120余家。

4月21日　开局良好！一季度重庆GDP达6932.89亿元、同比增长4.7%。

90个重点项目、1110亿元！第五届中新金融峰会开幕第一天全拿下。

4月22日　西部陆海新通道金融服务联合体在重庆成立。

4月23日　重庆加快推进交通强市建设，一季度完成投资251.7亿元、同比增长14.8%。

4月24日　一季度重庆社会消费品零售总额、增长4.7%。

4月25日　4月3家重庆企业成功登陆A股。

4月26日　一季度重庆市城镇新增就业16.14万人，全市引才1.12万人，吸纳博士后32人。

4月27日　4月28日至6月28日重庆举行“6·18”电商节期间将发放两亿元消费券。

4月28日　全国体量最大的城市更新项目——重庆九龙坡民主村片区焕新亮相。

4月29日　新修订《重庆市科研项目管理办法》实施，聚焦产业创新设立重大专项单个项目最高资助3000万元。

4月30日　49个核心商圈、80个消费地标！重庆构建起国际消费空间版图。

2023年5月

5月3日　2023年“五一”期间重庆重点零售和餐饮企业销售额同比增长超两成。

5月4日　2023年“五一”期间重庆消费市场复苏势头强劲。

5月5日　消费品工业“三品”战略峰会将在渝

举行。

5 月 8 日　重庆地区开行首趟“全景东北”跨省旅游专列。

5 月 9 日　40 家重庆企业将亮相 2023 年中国品牌日活动，“云展馆”尽显巴山渝水。

5 月 10 日　重庆启动民营企业引才服务月活动。

5 月 13 日　重庆一季度新增减税降费及退税缓费 97.9 亿元。

5 月 14 日　《重庆市技术创新中心建设运行管理办法（试行）》出炉，新认定国家技术创新中心最高资助 1000 万元。

5 月 15 日　双城经济圈重大项目 2023 年已开工 226 个，累计完成投资 8133.4 亿元。

5 月 16 日　重庆新增 7 个学科进入 ESI，世界排名前 1%。

5 月 17 日　重庆 5 个试点地区的数字乡村建设在全国处于领先水平。

5 月 18 日　重庆开州农产品加工业 2023 年产值有望突破 165 亿元。

5 月 19 日　西洽会央地合作暨重点项目签约仪式举行，重庆签约 84 个项目、揽金 2854.15 亿元。

5 月 20 日　近千家企业走进重庆共洽西部发展未来。

5 月 21 日　2023 年重庆市科技活动周启动 200 余项科技创新和科普成果，“组团”亮相。

5 月 22 日　唱好双城记　共建经济圈——重庆全力推进成渝地区双城经济圈协同发展。

5 月 23 日　为数字重庆建设提供网络支撑，2023 年重庆“千兆城市”试点将拓展至主城都市区全域。

5 月 24 日　加快融入成渝地区双城经济圈建设，重庆高新区将实施 5 项行动 23 项任务。

5 月 25 日　1800+ 项目，2000 亿元总投资！数读重庆水利建设“加速度”。

5 月 26 日　推动静脉产业高质量发展，川渝两地 12 个产业园区组成联盟。

5 月 27 日　当“就业难”遇上“招工难”，看重庆如何缓解就业结构性矛盾。

5 月 28 日　重庆北碚气候投融资战略合作协议签订，签约金额 150 亿元。

5 月 29 日　规上产值突破 5000 亿元大关，重庆消费品工业悄然崛起。

5 月 30 日　九龙万博深耕重庆万州，百亿基石“压仓”新材料产业。

5 月 31 日　重庆将统筹推出五十项“一件事一次办”集成服务。渝西地区协同发展智能网联新能源汽车零部件产业。

2023 年 6 月

6 月 1 日　重庆万州深耕照明电气，点亮“光彩夺目”产业链。

6 月 2 日　重庆新增 3 家国家级科技企业孵化器，全市已孵化毕业企业 4800 余家，吸纳创业就业人员 12 万余人。

6 月 3 日　“重庆造”汽车加速扬帆出海。

6 月 4 日　重庆市财政局调查研究不打招呼、直奔基层、直指主题——一沉到底探实情办实事。

6 月 5 日　重庆忠县签约 39 个项目协议，引资 306 亿元。

6 月 6 日　立足现有基础，放大特色优势，构建“四梁八柱”“33618”，重庆未来五年全力打造现代制造业集群体系。

6 月 7 日　重庆基本实现高速公路每隔 50 公里一座充电站。

6 月 8 日　重庆到 2025 年将建成全国一流千兆光网城市。

6月9日 院士专家支招助力重庆智慧农业设施农业发展。

6月10日 重庆将投资2000亿元提升水安全保障能力。

6月11日 2023年中央专项支持重庆污染治理22个项目。

6月12日 “高质量发展调研行 · 双城‘链’事”，川渝汽车产业协同奔向万亿级。

6月13日 1~5月重庆市级重点项目完成投资1847.9亿元、同比增长21.9%，投资进度达42%。

6月14日 重庆出台“黄金十条”，打造食品及农产品加工全产业生态。

6月15日 川渝共建卓越工程师创新研究院。

6月16日 100亿元！重庆设立食品及农产品加工产业生态基金。

6月17日 成渝地区双城经济圈专家团走进石柱，聚焦文化旅游等五大领域献智献策。

6月18日 前五月重庆6条铁路完成固定资产投资82.6亿元。

重庆180余项创新成果集中“招亲”，8个项目现场签约，总金额超8000万元。

6月19日 重庆奋力书写民营经济高质量发展新篇章，民企贡献一半税收、提供八成就业岗位、在全市科技型企业中占比达99.6%。

6月20日 把重庆打造成为西部地区营商环境排头兵。

6月21日 签约金额97亿元！陆海新通道重点项目签约仪式收获满满。

重庆2023年软件营收总规模预计超3600亿元！

6月22日 西部陆海新通道金融服务联合体在重庆成立。

6月23日 重庆市发展改革委抓好调查研究成果转化，惠民助企促消，推动“信用重庆”跑出加速度。

6月24日 重庆璧山区打造新能源汽车产业“千亿集群”。

6月25日 从重庆到哈萨克斯坦再到白俄罗斯24家渝企组团“出海”拓市场。

6月26日 推动成渝地区双城经济圈建设，重庆四川党政联席会议第七次会议举行成果发布会。

6月28日 中数科技西南研发总部落户西部（重庆）科学城。

重庆“6 · 18”电商节网络零售额391.6亿元、同比增长17.9%。

6月29日 重庆巫山第二季“脆李航班”启航，24小时内可到达全国1000多个城市。

2023年7月

7月1日 一批临空产业重大项目集中签约落地，重庆渝北合同投资额超300亿元。

7月3日 渝西地区汽车产业引资逾千亿元。

科学城10个重点建设项目投用包括科学谷一期，总投资86.4亿元。

7月5日 香港企业组团来渝寻求合作。

7月7日 2023年重庆武陵文旅大会举行签约超200亿元。

7月8日 重庆专精特新中小企业，+1366家！

7月9日 重庆江北签约71个项目投资额672.5亿元。

7月10日 重庆新增服务器研发中心，填补我市计算机产业链服务器研发空白。

7月11日 上半年重庆市级重点项目累计完成投资2411亿元、同比增长17.3%，超额完成“时间过半、任务过半”目标。

7 月 13 日 优化营商网络环境、保护企业合法权益，重庆市优化民营企业营商网络环境座谈会召开。

7 月 15 日 2035 年重庆要建成现代化区县城。

7 月 17 日 加速打造万亿级智能网联新能源汽车产业集群，重庆招商团欧洲行积极对接头部企业。

7 月 19 日 重庆跨境数字贸易发展战略合作在新加坡启动。

7 月 20 日 重庆 30 条金融举措支持乡村振兴开展重点农业产业链“一链一策”专项行动。

7 月 21 日 上半年重庆实现 GDP14345.95 亿元，同比增长 4.6%。

真金白银条条干货，重庆出台 30 条措施完善科技型企业培育体系。

7 月 23 日 重庆出台先进制造业发展“渝西跨越计划”，五年内规上工业企业实现营收 1.4 万亿元。

7 月 24 日 81 家国企联合在渝招聘高校毕业生，1000 余人达成就业意向。

7 月 25 日 重庆“中介超市”交易体量跻身全国前三，累计交易项目 21 万宗，成交金额超 70 亿元。总投资超 400 亿元，重庆 20 余个市级重点项目开工。

7 月 27 日 重庆劳务品牌产业链年均经济效益约 1700 亿元。2022 年全国“最具特色劳务品牌形象代言人”中，重庆占两席。

7 月 30 日 重庆成为全国首个拥有“五型”国家物流枢纽城市。

7 月 31 日 渝西页岩气田足 203 井区年底将具备 9 亿立方米年产能。

2023 年 8 月

8 月 1 日 重庆合川区签约 23 个智能网联新能源汽车项目，投资总额 210 亿元。

8 月 2 日 重庆上半年城镇新增就业 41 万人。

8 月 3 日 上半年重庆市区县 GDP 出炉，渝北体量最大涪陵增速最快。

1~7 月 447 户次境外企业在渝减免税款 3.7 亿元。

8 月 4 日 重庆国际生物城上半年规上工业产值达 70.59 亿元。

8 月 6 日 重庆全力实施成渝地区双城经济圈建设“十项行动”，1~7 月重大项目投资进度达 59%。

8 月 7 日 大企业“发榜”、中小企业“揭榜”，重庆推动大中小企业协同创新。

8 月 8 日 研发费用加计扣除新规落地重庆，2947 户企业减免企业所得税超 27 亿元。

8 月 9 日 重庆上半年新增减税降费及退税缓费 249.2 亿元。

8 月 10 日 1~7 月国家生猪市场交易额达 97.4 亿元。

8 月 11 日 上半年重庆社会融资规模增量超 4200 亿元。

8 月 12 日 凭知识价值信用就能贷款，重庆逾 1.1 万家（次）科技型企业获贷近 200 亿元。

8 月 13 日 重庆实施六大工程，加快培育农业优势特色产业。

8 月 15 日 重庆跨境公路班车 1~7 月发车 2777 车次，同比上升 113%。

8 月 17 日 重庆公布 45 个巩固拓展脱贫攻坚成

果同乡村振兴有效衔接典型经验。

8月19日 重庆汽车软件园获授牌将带动超2000亿元产值。

8月21日 2023年以来重庆新增发放脱贫人口小额信贷4.84亿元，帮助1万余户发展产业。

8月22日 1~7月川渝黔在建铁路项目完成投资485.3亿元。

8月23日 以下一代互联网为引领，重庆将在明月湖打造全球数字科技创新高地。

8月24日 重庆两江新区全力构建“33511”现代制造业产业集群，推动制造业跨越新关口迈上新台阶。

8月25日 前7月重庆数字基础设施完成投资50.9亿元。

8月26日 第二届川渝气候经济发展大会在奉节召开，加快推动气候资源经济转化深化气候生态品牌建设与利用。

8月27日 重庆大学入围“101计划”首批试点高校，将推出一批计算机领域名课名师名教材。

8月28日 18项指标已完成13项，重庆全力冲刺国家生态园林城市创建。

8月30日 推动成渝现代高效特色农业带建设，川渝将在松潘携手共建“高原粮仓”。

8月31日 上半年重庆村集体经济组织经营性收入超5万元的占73%。

龙湖公益基金会将捐赠1600万元助力垫江打造乡村帮扶示范区。

2023年9月

9月1日 深化央地合作，落实国家战略，携手共建西部金融中心。

9月3日 成渝两个区共同发布城市发展机会清单，包括44个重点项目推介、106条供需信息。

9月4日 中信集团党委书记、董事长朱鹤新——全方位助力现代化新重庆建设。

9月6日 重庆人工智能创新中心投用，川渝陕云达成算力“四方合作”。

9月7日 第六届智能制造和工业互联网创新发展论坛举行，重庆启动制造业数字化转型“八大行动”。

75家A股上市渝企公布2023年半年报，近八成企业实现盈利，长安汽车净利润最多。

9月8日 重庆现代农业产业园综合产值达千亿元。

1~7月重庆新能源汽车产业项目完成投资85.4亿元、同比增长3.6倍，年度计划投资进度达85.8%。

9月11日 重庆5G发展位居全国第一梯队。全市每万人拥有5G基站数24个。

9月12日 三年内形成500亿级产值规模。重庆推动实施北斗产业发展行动。

9月13日 重庆机场旅客吞吐量2023年已突破3100万人次。

重庆拟在5年内建成智能网联新能源汽车零部件产业集群。

9月14日 五年内实施技改项目一万个以上，重庆拟出台工业企业数字化行动方案。

共建双城经济圈重大项目，完成年度投资计划的74.3%。

9月16日 国家健康战略资源中心（筹）在渝揭牌，将建“三库二平台二基地”年产值达10亿元以上。

年生产能力超50000兆瓦，日立能源全球变压器智能制造基地在渝投产。

9月18日 农业农村部公示2023年中国美丽休

闲乡村名单，重庆 12 个村上榜。

9 月 19 日　重庆推出促进和扩大家居消费 12 条措施。

9 月 22 日　“十四五”时期重庆已获中央专项彩票公益金 1.8 亿元，将助力城口等 4 县打造乡村振兴示范区。

9 月 24 日　三年内实现元宇宙千亿级产业规模，重庆出台元宇宙产业发展行动计划。

9 月 25 日　双城经济圈 18 条经验做法获国家推广。

9 月 26 日　签订购销订单 126.7 亿元、引资投资协议 311 亿元，第二十一届西部（重庆）农交会圆满收官。

9 月 28 日　11 万亿元！重庆建设西部金融中心立下新目标。

2023 年 10 月

10 月 3 日　重庆西部科学城 13 个重点招商项目集中签约，主要涵盖智能网联新能源汽车核心零部件、软件和信息服务、生物医药等新兴赛道和重点领域。

10 月 7 日　中秋国庆假期国内旅游出游 8.26 亿人次、同比增长 71.3%。

10 月 8 日　1~8 月市级重点消费品产业项目完成投资 47.6 亿元。

10 月 11 日　让民企发声为民企松绑帮民企引路，重庆两江新区全力推动民营经济高质量发展。

10 月 12 日　首次开展基层联合协商，加强革命文物保护利用，川陕渝地方政协携手助推革命老区振兴发展。

10 月 13 日　建成示范道路 48 公里，车路云一体化“中国方案”在西部（重庆）科学城“落地开花”。

10 月 15 日　重庆大学双选会吸引上万名大学生求职。

10 月 17 日　重庆碳市场累计成交额突破 10 亿元，累计成交量 4586 万吨。

2023 年重庆已改造提升 156 万亩高标准农田。

10 月 18 日　在“一带一路”企业家大会上签约，长安汽车将在泰国投资建新能源汽车工厂。

10 月 19 日　鲁渝消费帮扶产销对接活动在山东举行，渝鲁两地企业现场签约 5500 万元。

西部（重庆）科学城将设立 300 亿元产业发展基金。

10 月 21 日　重庆市前三季度 GDP 同比增长 5.6%，呈现七大亮点。

在第十四届全国对口支援三峡工程重庆库区经贸洽谈会上招商引资重大合作项目在万州区现场签约 76 个、总投资 1237.4 亿元。

10 月 22 日　重庆劳务品牌斩获全国荣誉创业项目，获千万投资。

重庆前三季度市级重点项目投资进度达 81.4%、完成投资 3584 亿元，大项目投资带动作用增强。

10 月 24 日　川渝实施网络安全产业高质量协同发展行动，计划三年内产值规模超 2000 亿元。

10 月 26 日　1~9 月渝港进出口贸易总额达 391 亿元，香港成为重庆第三大贸易伙伴。

10 月 27 日　《2023 年重庆市股权投资市场发展报告》发布上半年重庆新募集基金规模，居西部城市前列。

10 月 28 日　2023 年重庆创投大会举行，300 亿元产业发展基金发布，西部创投中心成立。

重庆在建高铁开展“百日攻坚”赛马比拼。前三季度，5个高铁项目投资同比增长60%。

10月29日 助推双城经济圈宜居宜业和美乡村建设，川渝联合发布农村人居环境整治典型案例。

2023年11月

11月1日 2023年1~9月重庆城镇新增就业59.6万人。

11月2日 多平台搭起“云、联、数、算、用”大框架，国企担当数字重庆建设“领头羊”。

11月3日 前三季度重庆工业经济运行赛马比拼结果出炉，涪陵区、万盛经开区、璧山区居主城都市区前三位。

11月5日 开通6条西部陆海新通道运输线路，重庆跨境公路班车累计开行突破1.5万班。

11月8日 “一带一路”大学科技合作联盟在渝成立，首批成员单位包括12所“一带一路”共建国家高校。

11月9日 “从山城跨越山海”，西部陆海新通道主题传播（重庆站）活动正式启动。

11月11日 交通一体化加速——前三季度川渝交通建设投资同比增长均超9%。

11月13日 前三季度重庆沿江承接产业转移示范区成效显著，承接东部产业转移项目292个，协议总投资3259.7亿元。

前三季度重庆文化及相关产业实现增加值851.07亿元。

11月14日 重庆扩大上市企业“后备军”，新一批59家企业拟入库。

11月16日 重庆七成以上区县完成投资实现同比增长。

川渝两地建筑业融合发展步伐加快、2500家渝企入川、3000家川企入渝。

11月17日 重庆集体林改革为农民带来47亿元收益。

11月18日 七大领域“齐头并进”，重庆2023年前10月市级重点项目投资总量突破4000亿元。

11月19日 院士专家学者谈人工智能如何助力制造业发展。2023年中国自动化大会在渝举行。

11月20日 第十二届重庆文博会闭幕近10万人次逛展打卡购好物，线上线下成交金额近5000万元。

11月22日 重庆81家企业将亮相第二届全球数字贸易博览会。

11月25日 重庆出台“27条”，加大力度支持民间投资。

重庆绘制先进制造业发展产业地图，各区县建立“名品+名企+名产业+名产地”产业集群提升机制。

11月29日 重庆市第二批主题教育单位通过理论学习进一步增强安全意识、强化安全措施，压实责任、抓好落实，更好统筹发展和安全。

2023年12月

12月1日 重庆推出18条举措恢复和扩大消费，覆盖汽车、住房家居、文化旅游等五个方面。

12月3日 把握新趋势，重庆加速建设会展名城，3 年内将培育 5 个国际级会展项目。

重庆启动智能网联新能源汽车零部件产业提升行动，五年内实现营收 7000 亿元、新增企业 800 家。

12 月 5 日 数字化工具赋能专业市场“一件事”，重庆高新区打造出全市首个数字一体化专业市场服务系统。

12 月 8 日 加快推进跨境电商高质量发展，重庆出台 15 条举措。

12 月 9 日 成渝地区双城经济圈一体化发展论坛暨成果发布会在重庆举行。

12 月 10 日 川渝机关党建协同服务成渝地区双城经济圈建设联席会议第三次会议在渝召开。

12 月 11 日 新重庆开局第一年——2023 年前 10 月市属国企承担市级重大项目完成投资超过 1100 亿元。

12 月 12 日 前三季度，重庆文化及相关产业实现增加值 851.07 亿元，同比增长 6.6%，健全现代文化产业体系，推动文化繁荣发展。

12 月 15 日 全国跨区域首家——川渝共建信用增进机构在渝开业。

12 月 16 日 2023 年立下的 Flag，重庆提前一个月完成!

12 月 17 日 重庆科技攻关“揭榜挂帅”项目发布共计 28 个项目，发榜金额 2.21 亿元。2023 年重庆已改造提升 156 万亩高标准农田。

12 月 18 日 川渝发布 1458 个急需紧缺岗位，涉及装备制造、汽车、特色消费品、新材料等十大重点产业集群。

12 月 20 日 西部陆海新通道江津班列 1~11 月累计开行 1075 列。

12 月 21 日《重庆科技创新指数报告 2023》发布，重庆综合科技创新指数达到 70.70%。西南地区最大供氢中心在渝投运每日可满足 260 辆氢燃料重卡车用氢量。

12 月 22 日 前 11 月实现利润总额 362.8 亿元，同比增长 7.1%——改革激发内生动力，重庆国有经济持续向好。

12 月 24 日 重庆打造“2346”AI 及服务机器人产业集群，到 2027 年实现营收 300 亿元以上，研发能力和应用深度走在全国前列。

12 月 25 日 成渝设立 100 亿元产业投资基金，将精准投向川渝两地现代制造业等领域。

12 月 27 日 重庆2023年粮食平均亩产360.6公斤，较上年提高 11.1 公斤，增幅达 3.2%。

12 月 28 日 加快中心城区旧城改造，重庆推出 20 项新举措。

12 月 30 日 重庆金融助农，为产业发展送去“及时雨”，已签约放贷 27 亿元。

2023 年直辖市及西部省（区）经济发展统计比较

表 1　地区生产总值

地区	地区生产总值（亿元）	三次产业增加值（亿元）			人均地区生产总值（元）	构成（地区生产总值 =100）			指数（上年 =100）				
		第一产业	第二产业	第三产业		第一产业	第二产业	第三产业	地区生产总值	第一产业	第二产业	第三产业	人均地区生产总值
直辖市													
北京	43760.7	105.5	6525.6	37129.6	200278	0.2	14.9	84.8	105.2	95.4	100.4	106.1	105.2
天津	16737.3	268.5	5982.6	10486.2	122752	1.6	35.7	62.7	104.3	101.2	103.2	104.9	104.6
上海	47218.7	96.1	11613.0	35509.6	190321	0.2	24.6	75.2	105.0	98.5	101.9	106.0	105.0
重庆	30145.8	2074.7	11699.1	16372.0	94147	6.9	38.8	54.3	106.1	104.6	106.5	105.9	106.4
西部地区													
内蒙古	24627.0	2737.3	11703.6	10186.1	102677	11.1	47.5	41.4	107.3	105.5	108.1	107.0	107.4
广西	27202.4	4468.2	8924.1	13810.1	54005	16.4	32.8	50.8	104.1	104.7	103.2	104.4	104.2
四川	60132.9	6056.6	21306.7	32769.5	71835	10.1	35.4	54.5	106.0	104.0	105.0	107.1	106.0
贵州	20913.3	2894.3	7311.4	10707.5	54172	13.8	35.0	51.2	104.9	103.9	104.4	105.5	104.7
云南	30021.1	4206.6	10256.3	15558.2	64107	14.0	34.2	51.8	104.4	104.2	102.4	105.7	104.6
西藏	2392.7	215.0	883.0	1294.7	65642	9.0	36.9	54.1	109.5	114.9	107.7	109.9	109.7
陕西	33786.1	2649.8	16068.9	15067.4	85448	7.8	47.6	44.6	104.3	104.0	104.5	104.1	104.3
甘肃	11863.8	1641.3	4080.8	6141.8	47867	13.8	34.4	51.8	106.4	105.9	106.5	106.4	106.9
青海	3799.1	387.0	1612.8	1799.2	63903	10.2	42.5	47.4	105.3	104.7	104.1	106.5	105.3
宁夏	5315.0	428.1	2487.2	2399.6	72957	8.1	46.8	45.1	106.6	107.7	108.5	104.7	106.3
新疆	19125.9	2742.2	7710.3	8673.4	73774	14.3	40.3	45.3	106.8	106.3	107.2	106.6	106.6

注：表中绝对数按当年价格计算，指数按不变价格计算。数据为初步核算数。

表2 居民消费价格分类指数

（上年=100）

地区	总指数	食品烟酒	衣着	居住	生活用品及服务	交通和通信	教育文化和娱乐	医疗保健	其他用品及服务
直辖市									
北京	100.4	100.1	100.6	100.3	100.3	98.3	102.8	100.2	104.2
天津	100.4	100.5	101.0	100.5	100.0	97.2	103.1	100.4	103.6
上海	100.3	98.8	102.0	100.2	100.4	99.1	103.6	100.2	104.8
重庆	99.7	98.6	101.0	100.2	99.8	98.8	101.3	100.2	102.4
西部地区									
内蒙古	100.6	100.6	101.2	100.1	100.5	98.0	101.5	103.3	103.5
广西	99.8	100.0	102.1	99.1	99.0	96.9	101.8	101.5	102.1
四川	100.0	99.8	99.0	100.4	100.0	97.9	102.5	100.6	102.6
贵州	99.7	99.8	102.0	99.8	100.0	97.3	100.4	100.0	101.9
云南	100.3	100.9	100.5	100.3	100.2	97.2	102.2	100.7	103.0
西藏	99.9	99.9	100.1	100.2	100.0	98.1	100.6	101.0	103.7
陕西	100.1	99.8	100.4	100.4	99.7	97.9	101.0	101.4	103.8
甘肃	100.5	100.3	100.2	99.6	100.0	99.2	101.6	103.5	103.2
青海	100.5	99.4	100.5	100.1	100.1	99.2	104.2	102.1	103.5
宁夏	100.4	100.3	100.5	100.6	99.8	98.5	101.7	100.8	104.6
新疆	100.0	99.6	102.5	100.0	99.4	98.0	101.0	100.3	104.4

表 3 居民人均消费支出构成

单位：元

地区	消费支出	食品烟酒	衣着	居住	生活用品及服务	交通通信	教育文化和娱乐	医疗保健	其他用品及服务
直辖市									
北京	47586	10142	2053	18668	2352	4858	3799	4276	1438
天津	34914	9815	1796	7772	1927	4698	3673	3937	1296
上海	52508	13214	1996	17944	2270	5728	4976	4650	1730
重庆	26515	8644	1696	4920	1707	3337	2873	2646	691
西部地区									
内蒙古	27025	7446	1862	5058	1500	4717	2656	2935	851
广西	19749	6255	736	4098	1009	2668	2630	2021	334
四川	23550	7846	1355	4157	1450	3300	2418	2435	589
贵州	20161	5858	1129	3512	1198	3446	2611	1895	511
云南	20995	6816	1057	4197	1142	2949	2261	2110	463
西藏	17220	6406	1445	3543	1188	2460	913	838	427
陕西	22012	6212	1331	4759	1341	2897	2293	2704	475
甘肃	19013	5687	1222	4065	1057	2604	2071	1893	414
青海	20327	6361	1458	3631	1072	3504	1551	2174	576
宁夏	21629	6150	1366	3941	1397	3301	2469	2455	549
新疆	19715	6261	1432	3585	1106	2753	1725	2173	679

表 4　农林牧渔业总产值及指数

年份 地区	绝对数（亿元）					指数（上年 =100）				
	农林牧渔业总产值	农业	林业	牧业	渔业	农林牧渔业总产值	农业	林业	牧业	渔业
直辖市										
北京	252.6	135.6	65.9	42.0	4.0	95.4	104.7	76.4	105.8	103.5
天津	511.3	269.4	6.0	145.5	71.9	101.3	96.0	83.3	109.6	107.2
上海	269.6	145.2	7.2	47.0	52.7	99.3	98.7	86.9	107.2	97.7
重庆	3154.3	1978.0	188.1	766.6	142.9	104.5	104.6	107.6	103.5	103.6
西部地区										
内蒙古	4447.3	2288.0	116.9	1898.7	32.2	105.5	104.4	106.8	106.6	104.2
广西	7229.3	4253.5	543.7	1505.3	583.0	104.7	104.4	106.0	105.0	103.6
四川	9977.8	5821.7	481.8	3035.6	359.1	104.0	104.9	109.9	101.6	104.7
贵州	4953.6	3360.3	358.5	907.9	81.2	104.0	104.0	106.7	102.8	104.9
云南	6834.5	4041.8	485.2	1969.3	125.4	104.3	104.5	107.0	103.4	103.9
西藏	320.1	132.6	9.5	170.0	0.3	113.1	107.9	134.4	116.7	125.2
陕西	4724.9	3468.1	96.4	864.4	36.7	104.0	104.0	102.6	104.0	106.2
甘肃	2927.7	2001.6	37.3	700.1	1.8	106.1	105.0	102.3	109.2	101.6
青海	575.6	259.3	12.6	290.9	4.3	104.7	105.3	96.3	104.8	100.8
宁夏	885.7	459.5	10.6	358.0	22.8	107.6	102.1	92.7	116.3	105.7
新疆	5648.3	3991.4	55.6	1210.6	33.6	106.5	106.0	108.8	107.7	108.8

注：表中绝对数按当年价格计算，指数按可比价格计算。2003 年起总产值包括农林牧渔专业及辅助性活动产值。

表5 货物进出口总额

单位：亿元

地区	按收发货人所在地分			按境内目的地和货源地分		
	进出口	出口	进口	进出口	出口	进口
直辖市						
北京	36448.5	5999.5	30449.1	9656.5	2062.5	7593.9
天津	8008.6	3631.4	4377.2	10505.6	3768.7	6736.9
上海	42135.3	17371.7	24763.6	40360.8	13916.0	26444.9
重庆	7128.5	4776.5	2352.0	6399.3	4325.4	2073.9
西部地区						
内蒙古	1960.0	781.0	1179.0	2456.0	861.2	1594.8
广西	6913.9	3625.4	3288.4	7797.8	2766.6	5031.3
四川	9558.1	6031.0	3527.2	9877.5	5870.4	4007.1
贵州	759.5	520.5	239.0	729.7	543.6	186.1
云南	2588.0	925.9	1662.1	2808.7	1140.7	1668.0
西藏	109.8	98.2	11.5	43.4	39.2	4.2
陕西	4042.0	2630.6	1411.4	3678.5	2538.2	1140.3
甘肃	491.6	123.8	367.8	565.1	191.5	373.6
青海	48.7	29.5	19.2	48.2	35.5	12.8
宁夏	205.5	149.8	55.7	312.8	236.5	76.3
新疆	3573.6	3024.6	549.1	4438.2	2790.6	1647.6

表 6　社会消费品零售总额

单位：亿元，%

地区	2022 年		2023 年	
	社会消费品零售总额	比上年增长	社会消费品零售总额	比上年增长
直辖市				
北京	13794.2	-7.2	14462.7	4.8
天津	3572.0	-5.2	3820.7	7.0
上海	16442.1	-9.1	18515.5	12.6
重庆	13926.1	-0.3	15130.3	8.6
西部地区				
内蒙古	4971.4	-1.8	5374.3	8.1
广西	8539.1	0.0	8651.6	1.3
四川	24104.6	-0.1	26313.4	9.2
贵州	8507.1	-4.5	9011.2	5.9
云南	10838.8	1.0	11560.7	6.7
西藏	726.5	-10.3	879.8	21.1
陕西	10401.6	1.5	10759.0	3.4
甘肃	3922.2	-2.8	4329.7	10.4
青海	842.1	-11.2	987.7	17.3
宁夏	1338.4	0.2	1354.9	1.2
新疆	3240.5	-9.6	3849.7	18.8

表 7 企业信息化及电子商务情况

地区	企业数（家）	期末使用计算机数（台）	每百人使用计算基数（台）	企业拥有网站数（个）	每百家企业拥有网站数（个）	有电子商务交易活动		企业电子商务销售额（亿元）	企业电子商务采购额（亿元）
						企业数（家）	比重（%）		
直辖市									
北京	44193	5149193	78	23000	52	10415	23.6	42301.7	22713.0
天津	26563	1177617	48	8377	32	2553	9.6	8267.5	4556.8
上海	51776	5078350	70	31121	60	7661	14.8	47257.7	38057.2
重庆	27777	1319054	32	11734	42	4790	17.2	9406.9	4917.8
西部地区									
内蒙古	12433	646400	38	3480	28	1386	11.1	5316.7	2198.4
广西	27680	1017919	35	7460	27	3447	12.5	4022.6	1976.2
四川	63196	2793689	36	25153	40	9046	14.3	11126.7	5846.1
贵州	19084	629810	36	4934	26	2521	13.2	4963.9	1321.5
云南	24877	887615	38	7484	30	3450	13.9	3135.2	1063.8
西藏	1744	49637	41	664	38	222	12.7	326.1	98.5
陕西	30460	1440424	43	13039	43	4093	13.4	5467.2	2906.5
甘肃	12252	428512	33	3700	30	1317	10.7	1403.5	1039.6
青海	2735	139496	41	867	32	368	13.5	483.8	353.3
宁夏	4392	205282	36	1540	35	544	12.4	751.0	482.9
新疆	18851	613833	33	4051	21	1816	9.6	3372.3	2505.3

表8　规模以上工业企业新产品开发及生产情况

单位：项，万元

地区	新产品开发项目数	新产品开发经费支出	新产品销售收入	#出口
直辖市				
北京	18031	7032647	56484637	8982306
天津	17475	3060245	41246491	6385926
上海	29520	12572812	103849988	17792835
重庆	23069	5534886	75867349	12903945
西部地区				
内蒙古	5477	1949972	25748596	1320288
广西	12372	2368579	29752124	1971036
四川	32723	5926139	60814817	3389225
贵州	5920	836460	11072480	477236
云南	7108	1872295	22045901	253018
西藏	118	13731	146836	
陕西	16419	3459332	32682050	1600948
甘肃	2830	631067	13770262	597185
青海	364	211329	2056030	22957
宁夏	2699	802872	8138665	156921
新疆	3233	1664914	8540581	129984

编纂说明

由重庆市人民政府办公厅主管，重庆社会科学院、重庆市人民政府发展研究中心主办的《重庆经济年鉴》，是一部全面介绍重庆经济发展状况的大型工具书，极具史存性、实用性和工具性。2024年卷为《重庆经济年鉴》的第二十四卷。

一、本卷《重庆经济年鉴》的特点

本卷年鉴总体结构上由“特载、部门经济运行与管理、产业发展、开发区与园区建设、区县经济、附录”共六编组成。

二、本卷《重庆经济年鉴》的稿件来源

本卷年鉴主要收录了市第六届人民代表大会第一次会议上的部分文献，其他文稿、数据、图表等主要来自市级有关部门、各区县政府，部分开发区与工业园区，围绕重庆经济社会热点难点开展的专题研究成果。

三、本卷《重庆经济年鉴》编纂的有关技术性说明

（一）本《年鉴》以编为单位进行编纂。每编大体反映一项相对独立的经济内容；编以下不设章、节；本卷共六编。

（二）本《年鉴》侧重对重庆市2023年度经济运行状况的反映，这与其他类型的年鉴有明显的区别。为了突出经济内容，本书对文化、教育、体育、卫生等社会发展方面的内容未专设编目。文中涉及社会事业发展方面内容的，根据具体情况，作了适当保留。

（三）本《年鉴》表现形式大体采用专题文章。文章体例大致是：年度主要状况及分析、存在的问题、发展展望。“特载”、专题研究、“附

录”等编目，则未作统一的体例要求。

（四）本《年鉴》中的统计数据，截止到2023年底，个别内容则稍作延伸。统计资料来源于重庆市统计公报、市统计局和国家统计局。另外，有必要指出的是，因统计口径的不同，有关部门和各区县（自治县）所用数据与“统计公报”中的数据不尽一致，采用时请予注意。

（五）本《年鉴》有关材料，系相关单位、部门所撰写，所用技术术语、专业名词、名称以稿件提供单位为准。不属于专业用语的，从习惯。

（六）根据年鉴因承相袭的惯例，本年度反映上年度的内容。2024年卷《重庆经济年鉴》也从这一惯例。

2024年卷《重庆经济年鉴》的编辑工作，得到了重庆市各部门、各单位、各级领导及广大读者的热情支持，在此深表谢意。另外，尽管编辑部的同志在编纂过程中尽了最大努力，但因时间紧、内容多、来稿渠道广，加之编辑部水平能力有限，本卷《重庆经济年鉴》存在疏漏，热忱希望得到读者的指正。

《重庆经济年鉴》编辑部

二〇二四年十二月

图书在版编目（CIP）数据

重庆经济年鉴．2024 / 刘嗣方主编．-- 北京：社会科学文献出版社，2025. 1. -- ISBN 978-7-5228-4397-1

Ⅰ．F127.719-54

中国国家版本馆 CIP 数据核字第 20247PQ417 号

重庆经济年鉴 · 2024

主　　管 / 重庆市人民政府办公厅
主　　编 / 刘嗣方

出 版 人 / 冀祥德
责任编辑 / 吴　敏
责任印制 / 王京美

出　　版 / 社会科学文献出版社（010）59367127
地址：北京市北三环中路甲29号院华龙大厦　邮编：100029
网址：www. ssap. com. cn
发　　行 / 社会科学文献出版社（010）59367028
印　　装 / 三河市东方印刷有限公司

规　　格 / 开 本：889mm × 1194mm　1/16
印 张：32.75　字 数：769 千字
版　　次 / 2025年1月第1版　2025年1月第1次印刷
书　　号 / ISBN 978-7-5228-4397-1
定　　价 / 498. 00元

读者服务电话：4008918866